作者简介

张义丰　中国科学院地理科学与资源研究所　研究员

邮箱:13911822213@163.com

电话:13911822213

张义丰研究员简介:

毕业于北京大学地理系,长期从事区域发展与规划研究,主要研究领域:一是区域发展研究;二是生态文明建设与规划;三是沟域经济与山区发展;四是区域农业与乡村发展;五是旅游发展与规划;六是长寿之乡与长寿经济;七是生态文化与文学地理。主持国家自然科学基金和国家部委委托项目10余项,获得国家和省部级奖6项,发表学术论文100余篇,著作10部,主持各类规划100余部,指导各类规划60余部,为国家和部委撰写咨询报告10篇。

一、主要学术贡献

1. 中国沟域经济理论创始人、提出者
2. 中国"岱崮地貌"理论创始人、提出者
3. 中国生态名山理论创始人、提出者
4. 中国长寿经济理论创始人、提出者
5. 中国长城经济带理论创始人、提出者

二、主要承担的社会责任

1. 建设创新型国家战略指导委员会　专家
2. 中国长城学会　副秘书长
3. 中国长寿之乡绿色产业发展联盟专家委员会　执行主任
4. 中国农业与资源区划协会休闲农业专业委员会　副主任
5. 全国有机农业产业联盟　副理事长
6. 中国中医农业产业联盟　专家
7. 中国老年学和老年医学学会长寿发展分会　主任
8. 北京农研沟域经济发展促进中心　主任
9. 中国科学院精准扶贫评估研究中心　专家
10. 中国中药协会金银花专业委员会　主任
11. 中国国际投资促进会绿色创新专家委员会　专家
12. 北京城郊经济研究会　副理事长

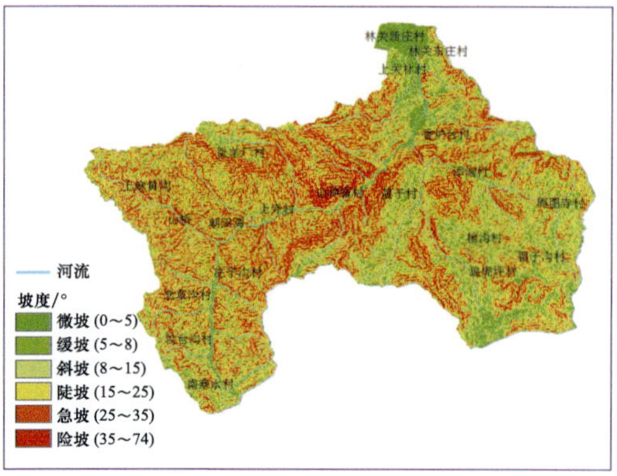

彩图 3-4　长江峪流域内不同类型坡度区间土地的空间分布特征

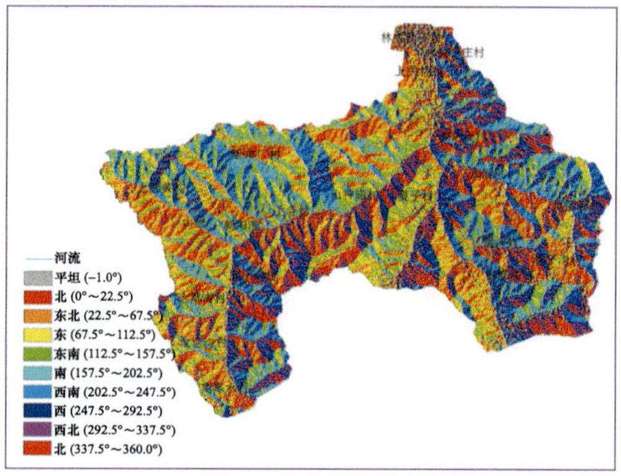

彩图 3-6　长江峪流域内不同坡向区间的土地空间分布特征

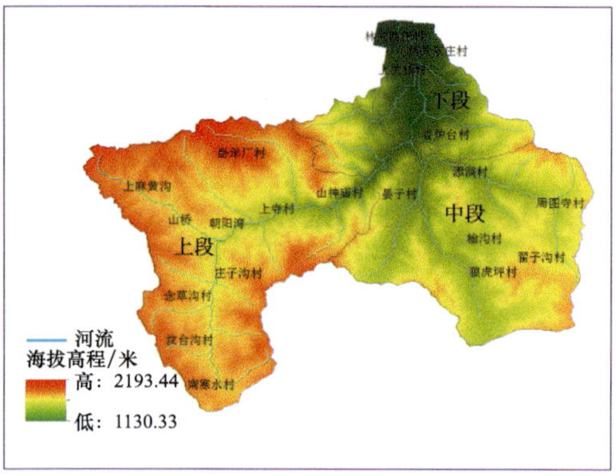

彩图 3-9　长江峪沟域分段

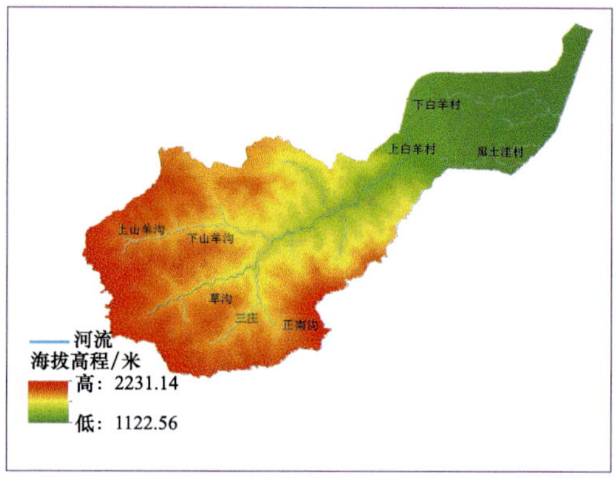

彩图 3-10　白羊峪流域内地势区域变化特征

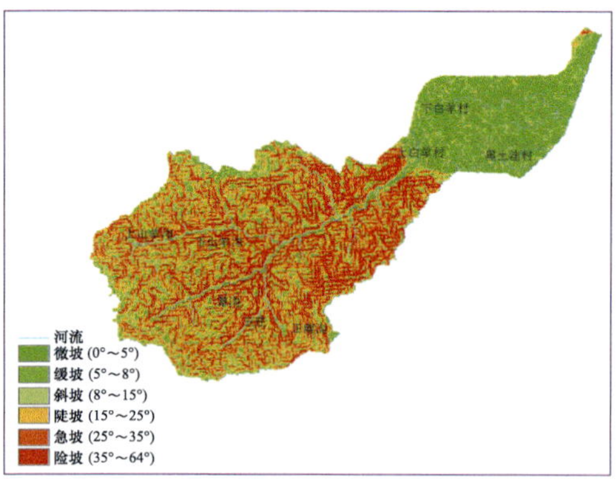

彩图 3-13　白羊峪流域内不同类型坡度区间内土地的空间分布特征

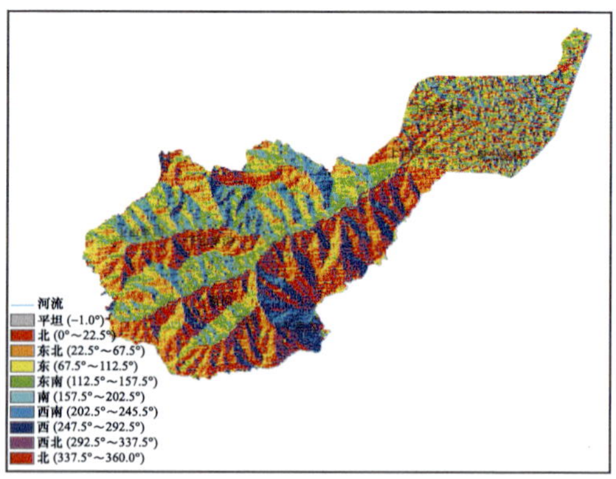

彩图 3-15　白羊峪流域内不同坡向区间的土地空间分布特征

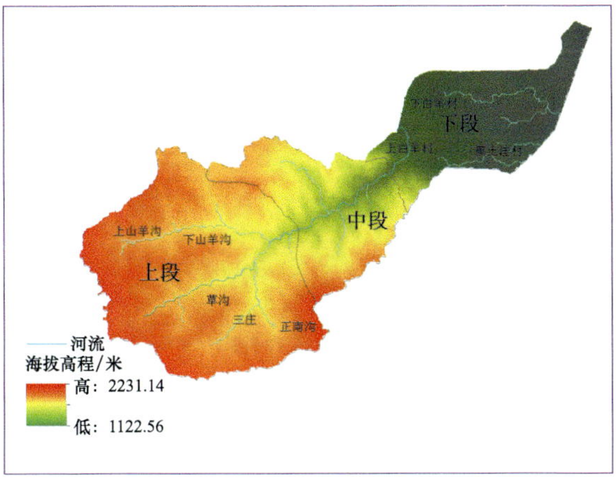

彩图 3-18 白羊峪沟域分段

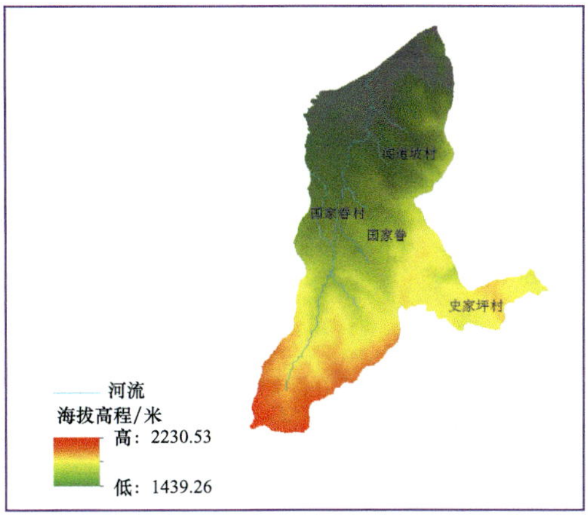

彩图 3-19 圣眷峪流域内地势区域变化特征

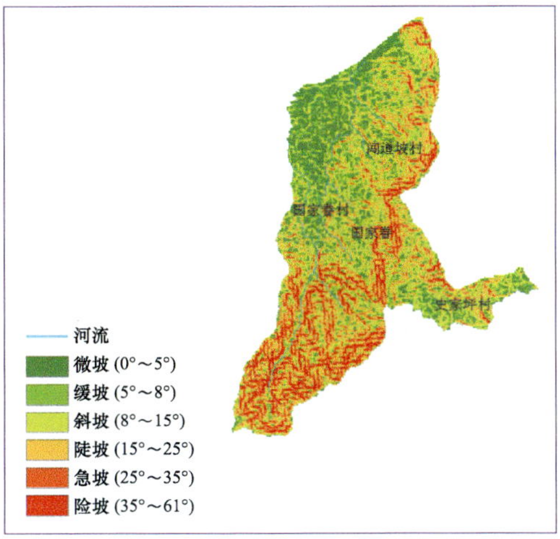

彩图 3-22 圣眷峪流域内不同类型坡度土地的空间分布特征

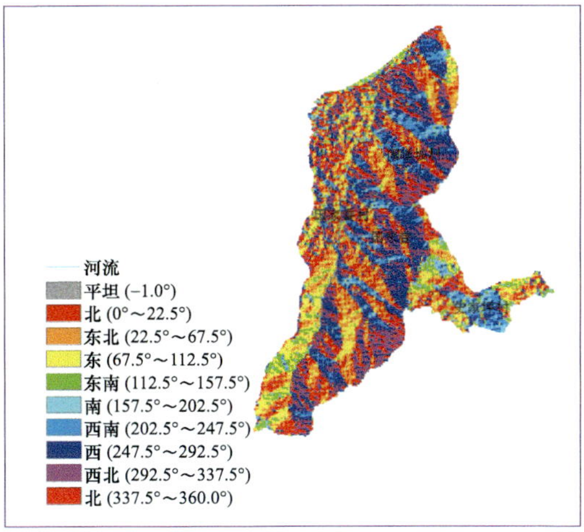

彩图 3-24 圣眷峪流域内不同坡向区间的土地空间分布特征

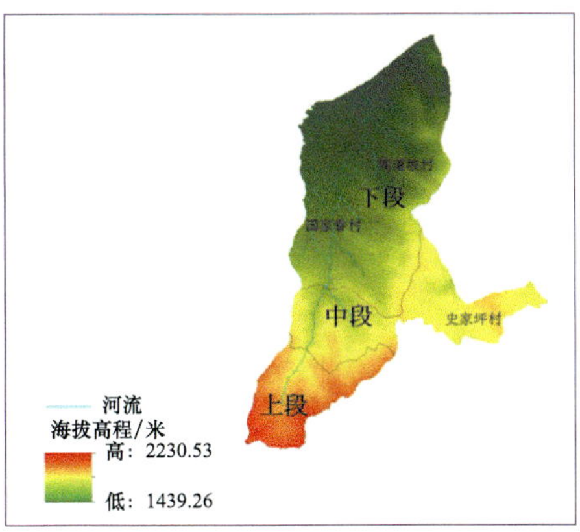

彩图 3-27 圣眷峪沟域分段

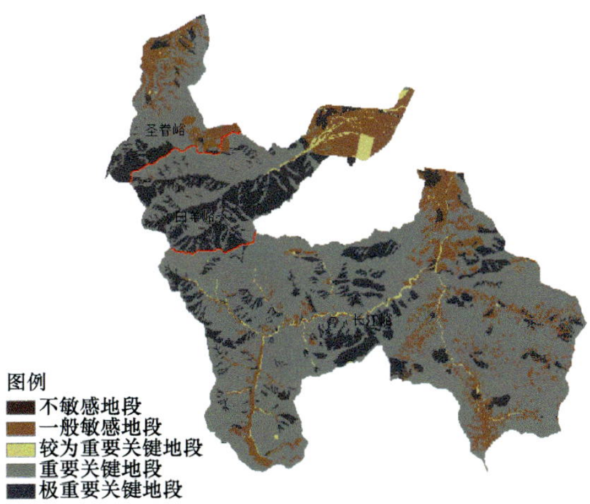

彩图 15-1 植被覆盖度生态敏感重要性等级分布

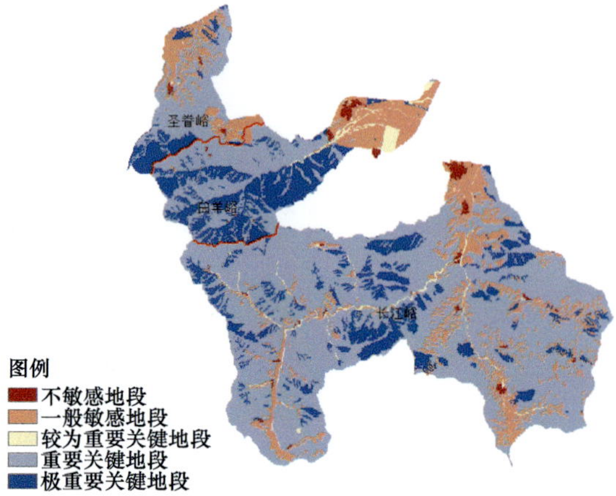

彩图 15-2　现状地类生态敏感重要性等级分布

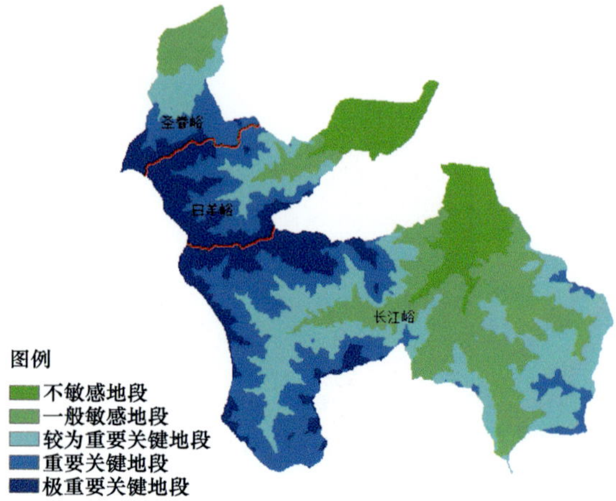

彩图 15-3　高程生态敏感重要性等级分布

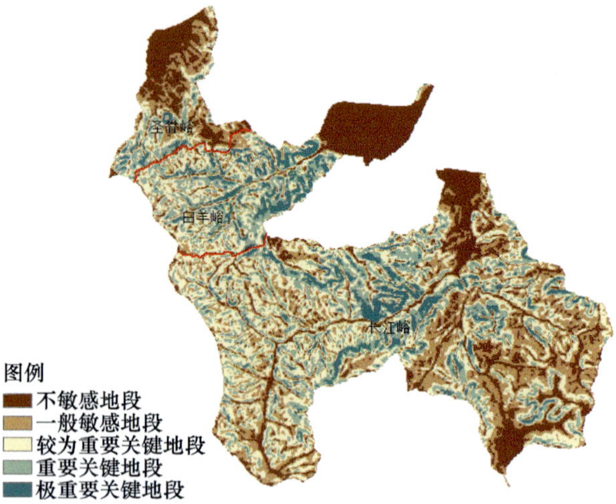

彩图 15-4　坡度生态敏感重要性等级分布

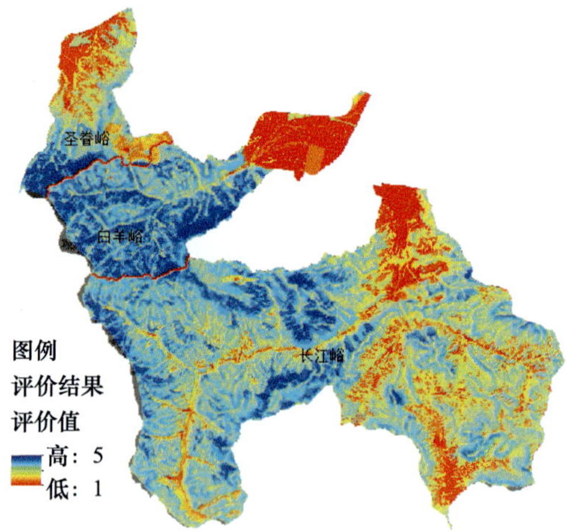

彩图 15-5　生态敏感性评价结果分布图

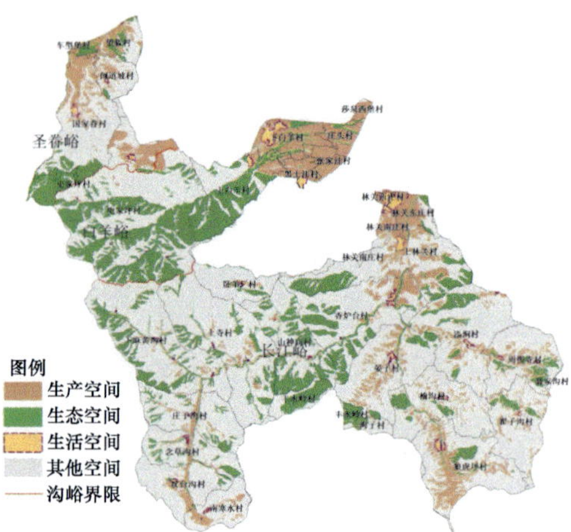

彩图 15-6　三生空间分布图

彩图 15-13　三生空间优化结果图

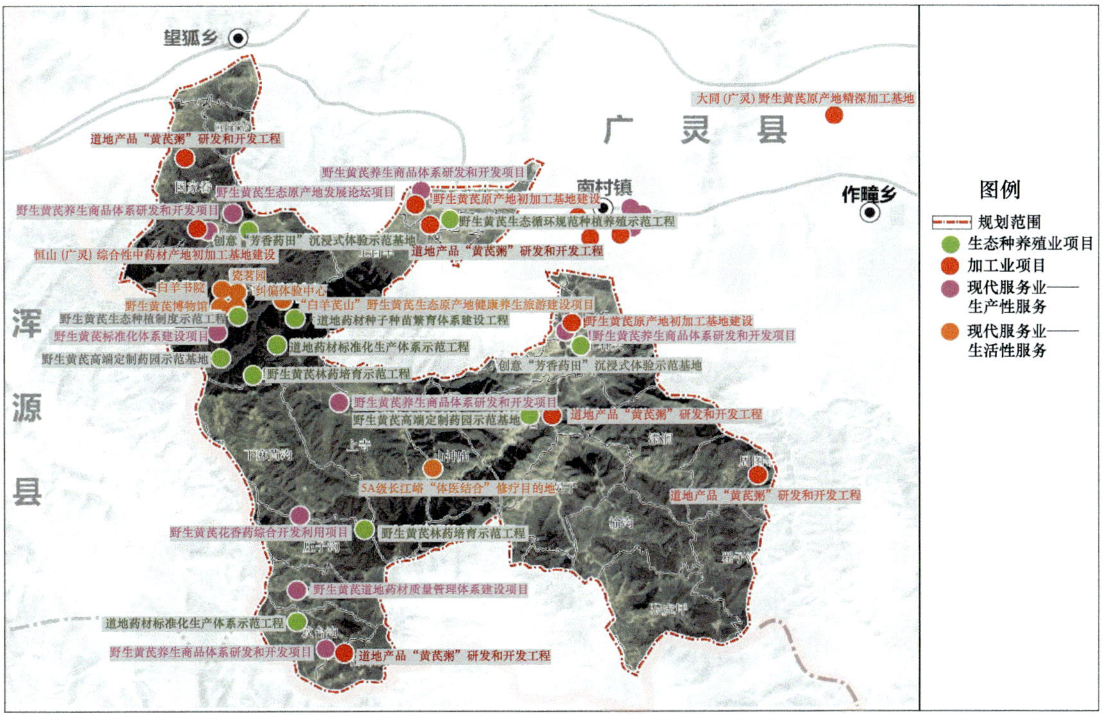

彩图 32-3　重大生活性服务业建设项目布局图

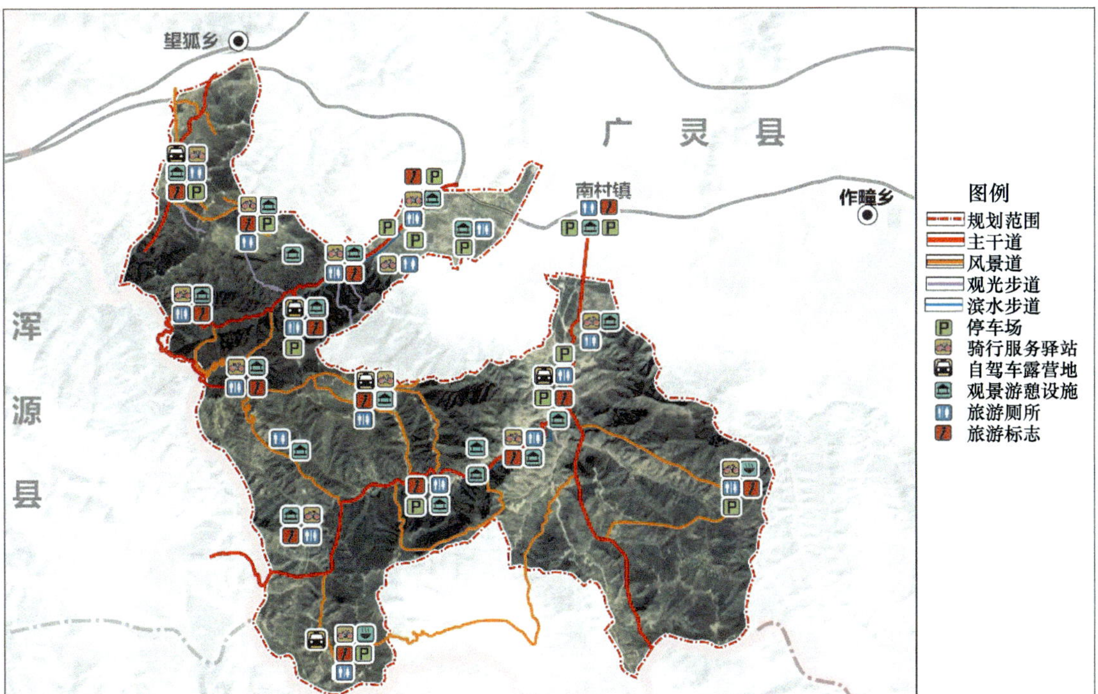

彩图 33-1　道路交通和静态设施布局图

彩图 34-3　白羊芪山 Logo 标准组合一

彩图 34-4　白羊芪山 Logo 标准组合二

彩图 34-5　白羊芪山 Logo 应用一

彩图 34-6　白羊芪山 Logo 应用二

彩图 34-7　白羊芪山 Logo 应用三

彩图 34-8　白羊芪山 Logo 应用四

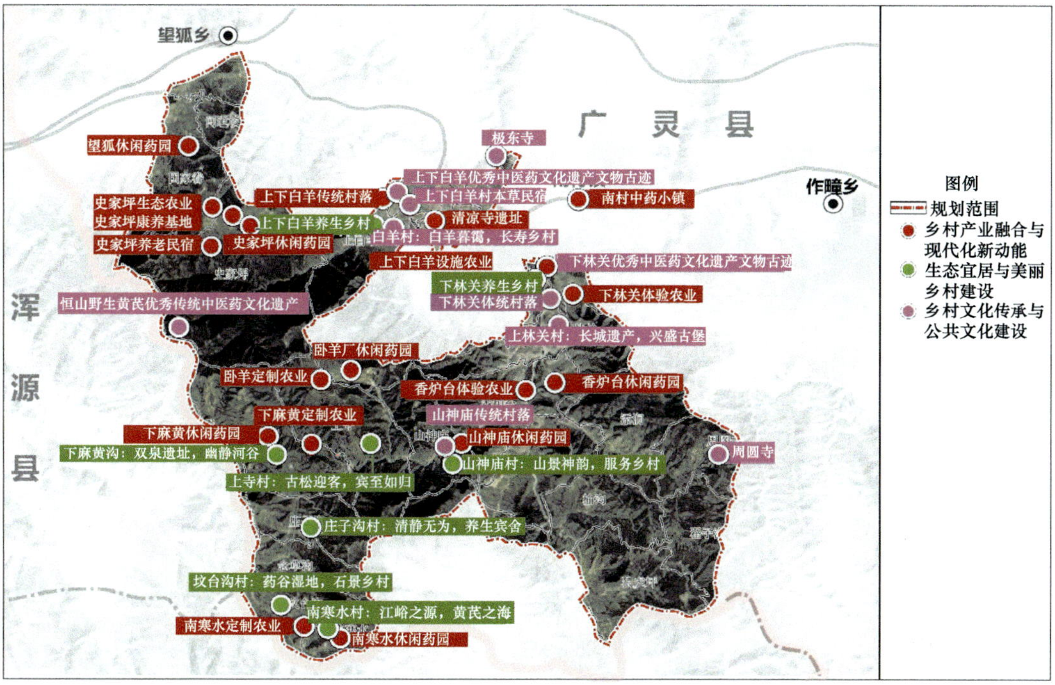

彩图 36-1 乡村振兴布局图

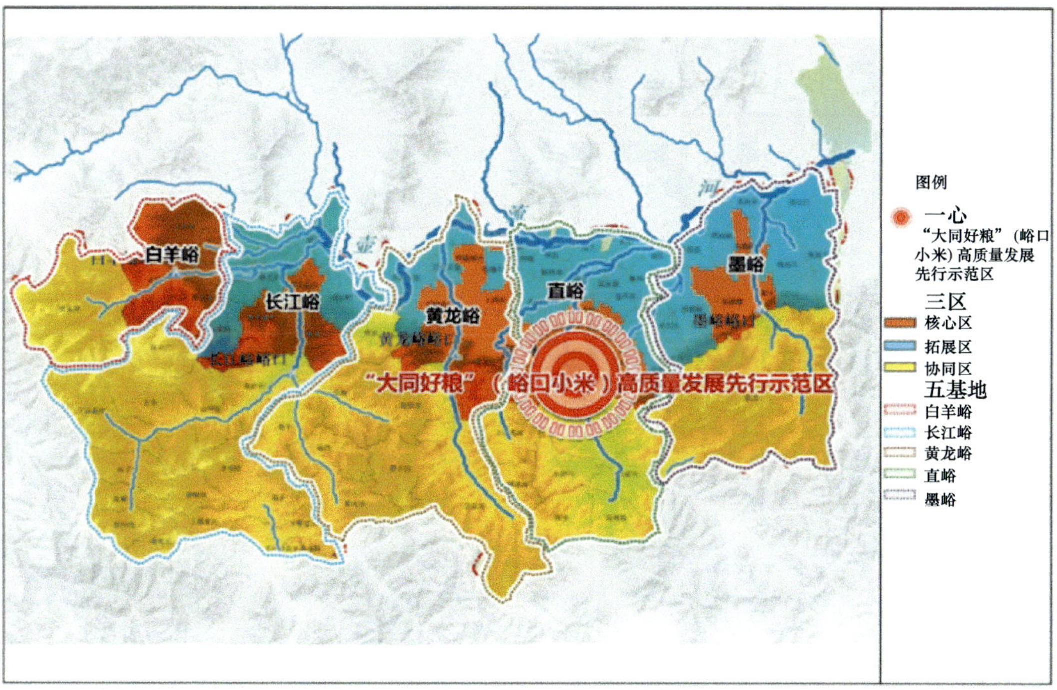

彩图 41-1 总体空间布局图

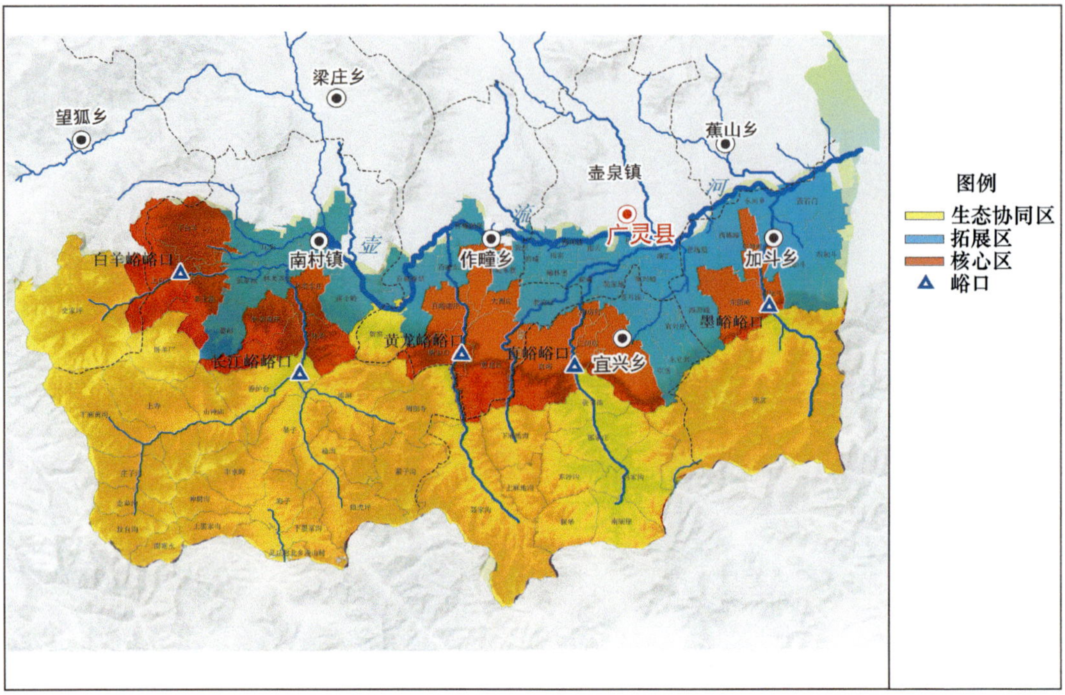

彩图 42-1 峪口小米高质量发展示范区分区

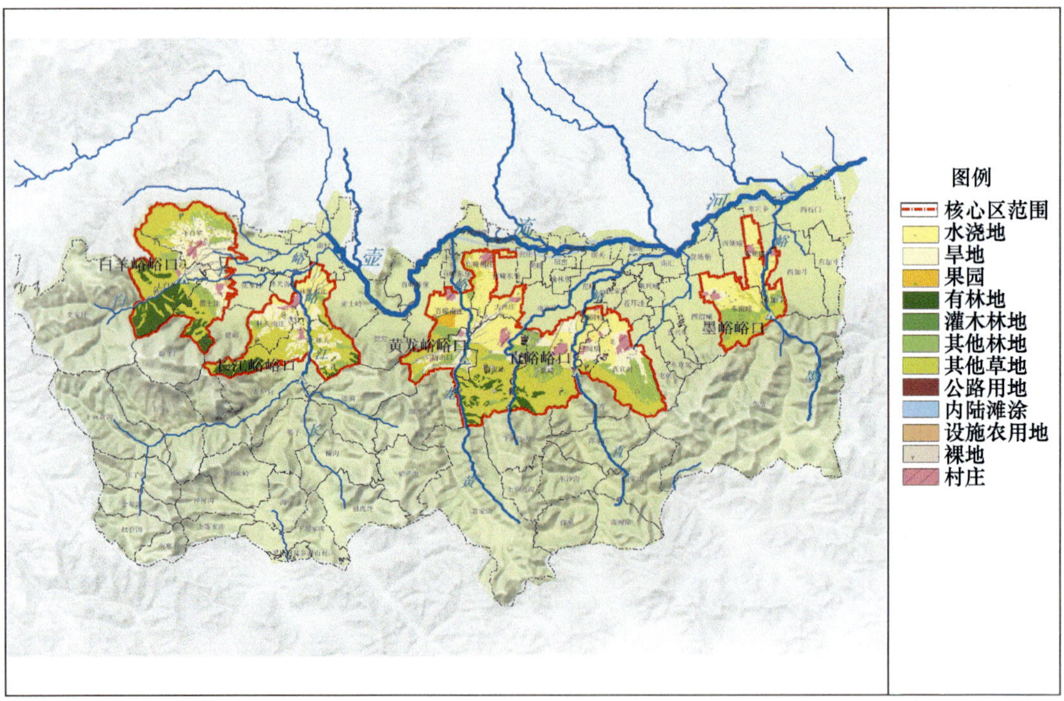

彩图 42-2 核心区土地利用现状图

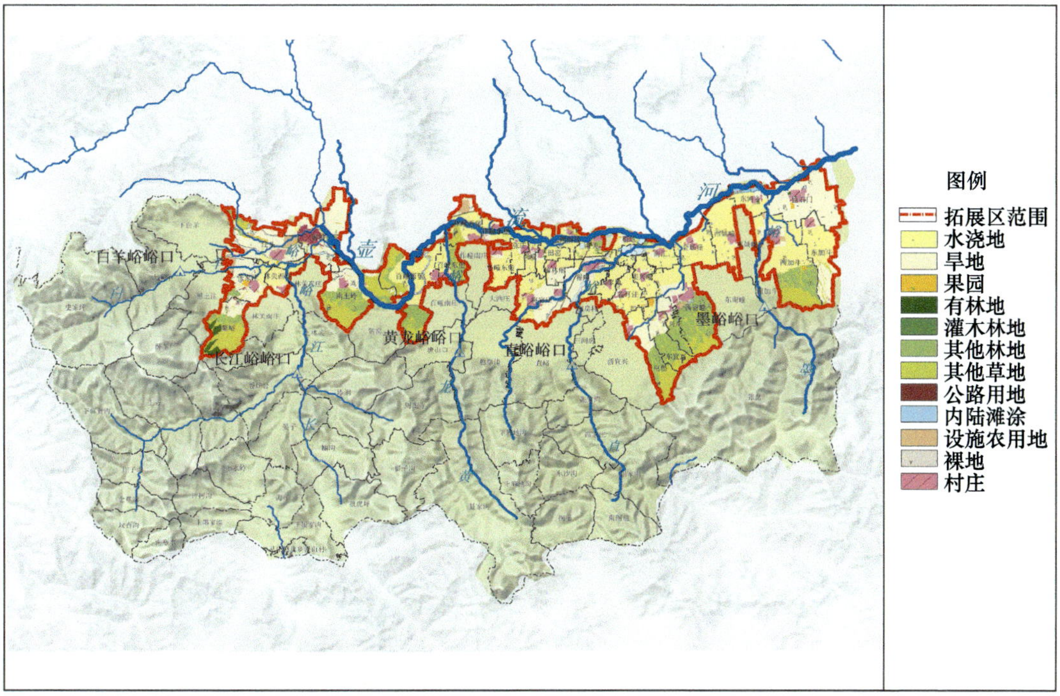

彩图 42-3　拓展区土地利用现状图

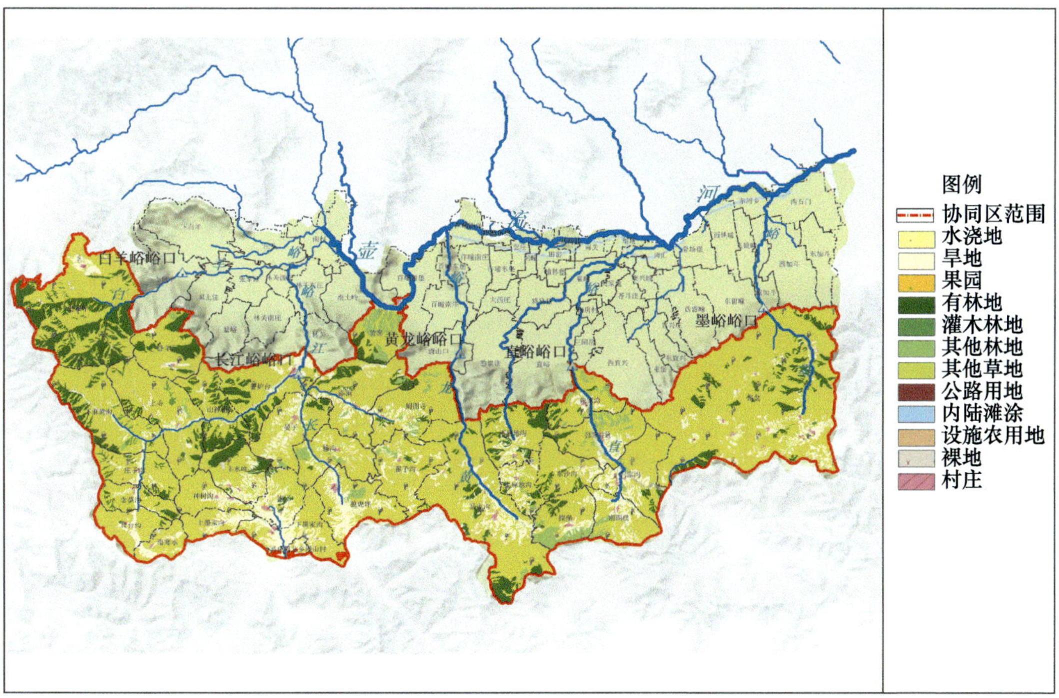

彩图 42 4　生态协同区土地利用现状图

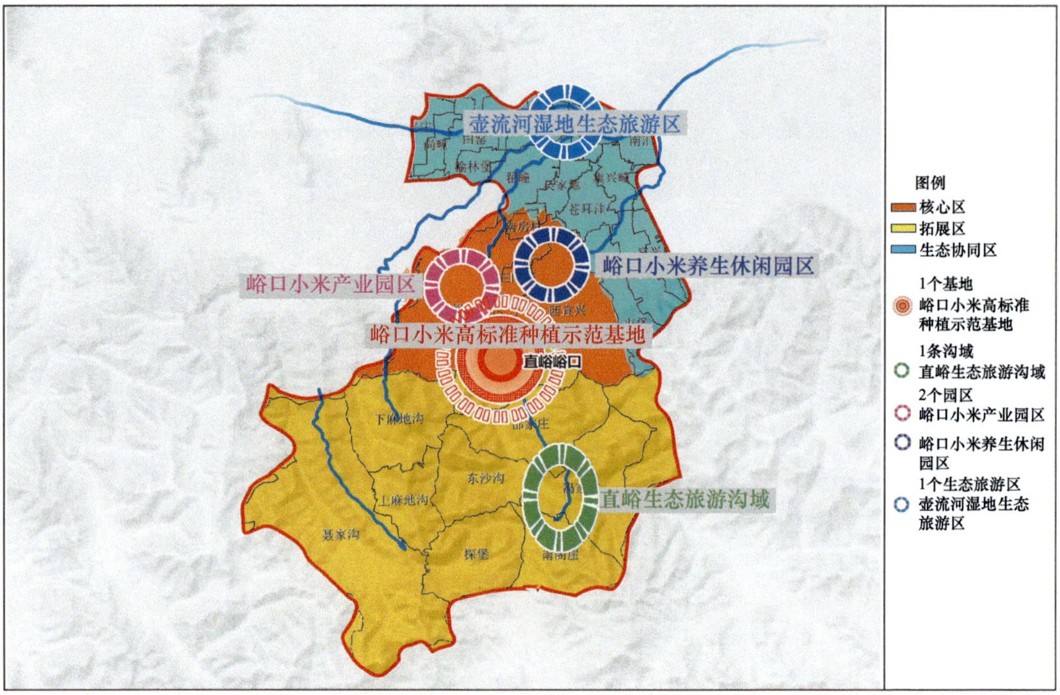

彩图 42-5 直峪项目空间布局图

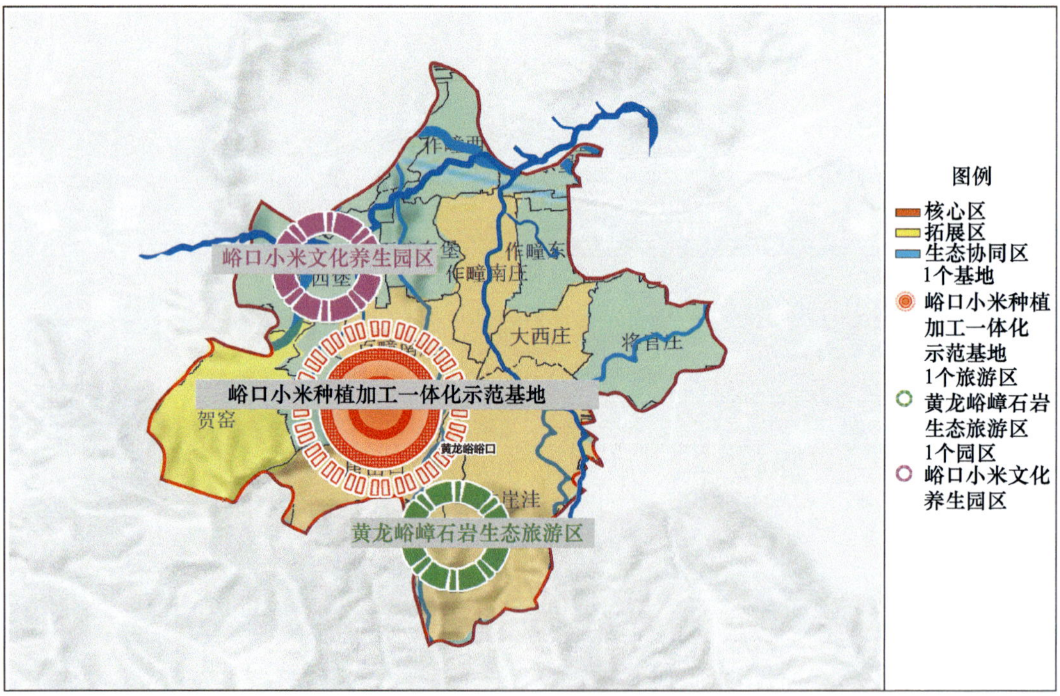

彩图 42-6 黄龙峪项目空间布局图

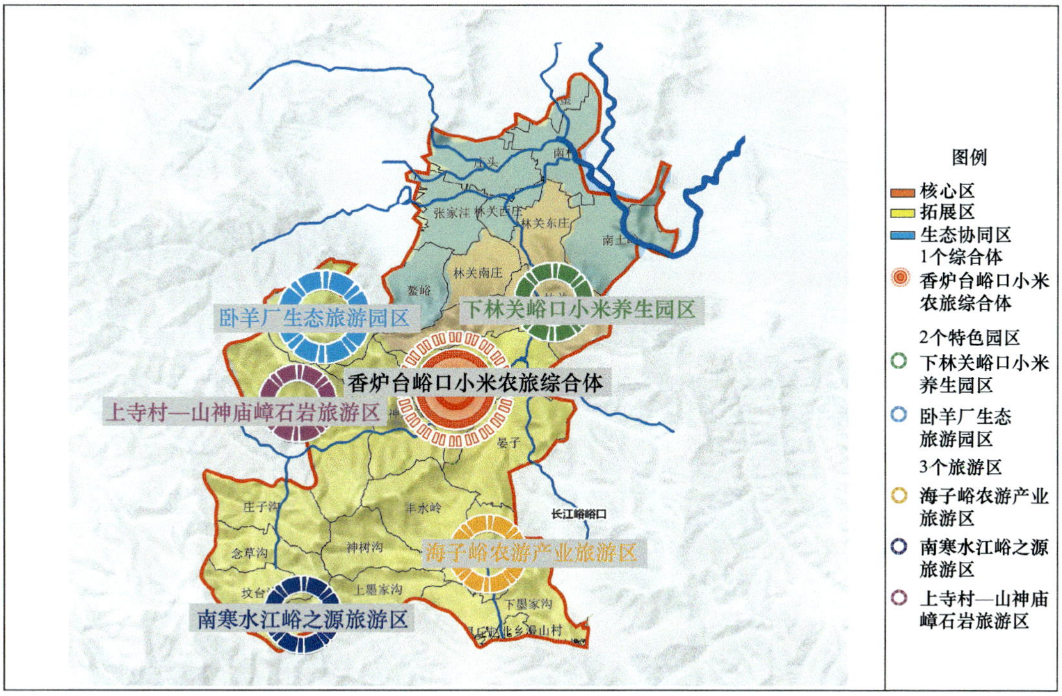

彩图 42-7　长江峪项目空间布局图

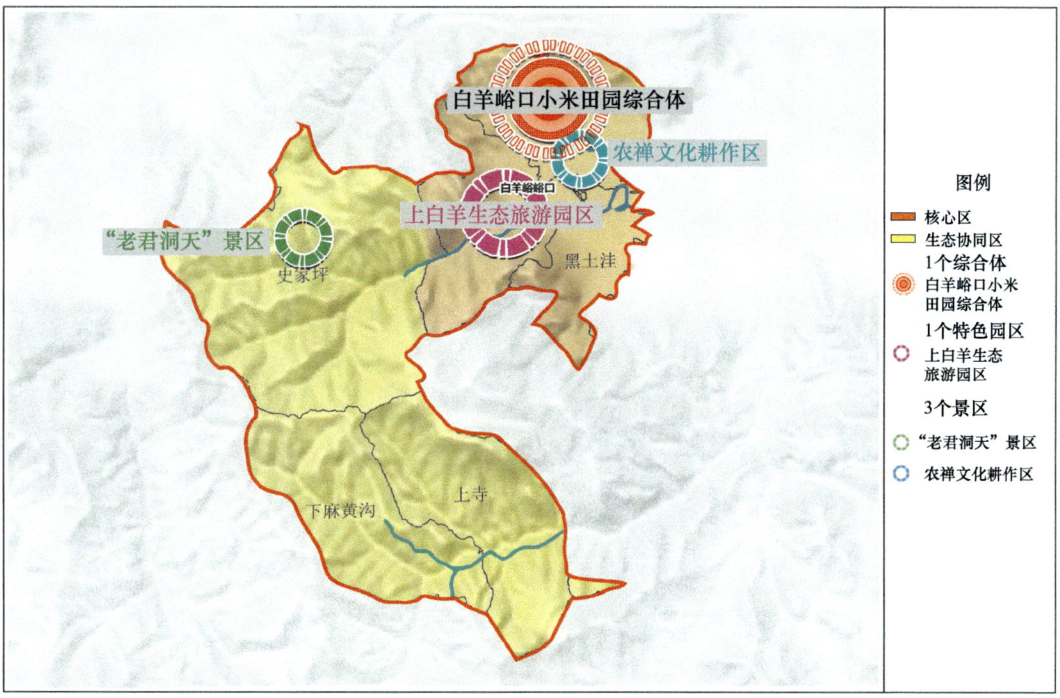

彩图 42-8　白羊峪项目空间布局图

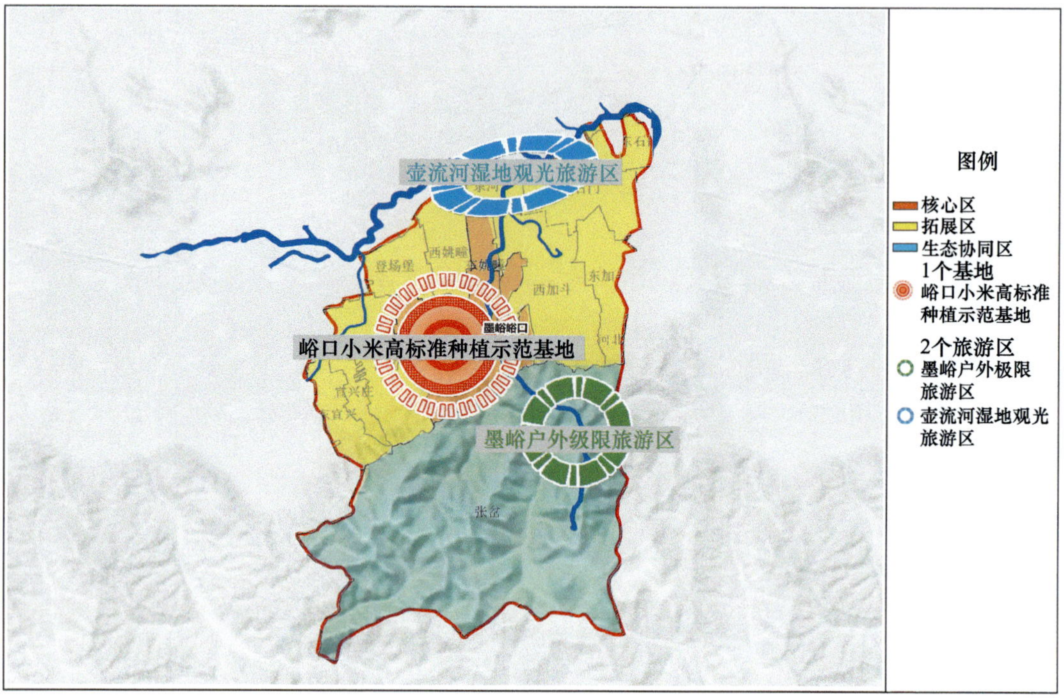

彩图 42-9　墨峪项目空间布局图

白羊芪山
中国道地药山培育及其价值

张义丰　编著

气象出版社
China Meteorological Press

内 容 简 介

本书为作者在持续对山西省大同市“三黄”产业（黄芪、黄花、小米）调查研究基础上，提出了白羊芪山中国道地药山的发展构想，旨在深入剖析道地价值，聚力培育生态动能，促进白羊芪山中医药健康产业发展，为国家中医药产业发展和山地道地药材产区发展提供示范与经验。

本书共分 6 篇。第 1 篇分析广灵县特色沟域地质地貌水文条件，第 2 篇构建“山水林田湖草”生态安全格局，第 3 篇分析野生黄芪生态原产地的生态资源与健康环境，第 4 篇研究山地野生黄芪的沟域经济发展路径，第 5 篇探索生态原产地道地价值及其生态动能产业发展，第 6 篇研究黄芪产业与“峪口小米”的地域共生条件。最终推出道地药山的命名与培育价值。

图书在版编目（CIP）数据

白羊芪山中国道地药山培育及其价值 / 张义丰编著.
北京 ：气象出版社，2025. 2. -- ISBN 978-7-5029-8441-0

Ⅰ. F426.7

中国国家版本馆 CIP 数据核字第 2025RN6034 号

Baiyangqi Shan Zhongguo Daodi Yaoshan Peiyu jiqi Jiazhi

白羊芪山中国道地药山培育及其价值

出版发行：气象出版社

地　　址：北京市海淀区中关村南大街 46 号　　**邮政编码**：100081

电　　话：010-68407112（总编室）　010-68408042（发行部）

网　　址：http://www.qxcbs.com　　**E-mail**：qxcbs@cma.gov.cn

责任编辑：郝　汉　张锐锐　　**终　　审**：张　斌

责任校对：张硕杰　　**责任技编**：赵相宁

封面设计：地大彩印设计中心

印　　刷：北京建宏印刷有限公司

开　　本：787 mm×1092 mm　1/16　　**印　　张**：30.75

字　　数：807 千字　　**彩　　插**：6

版　　次：2025 年 2 月第 1 版　　**印　　次**：2025 年 2 月第 1 次印刷

定　　价：240.00 元

序

张义丰先生的新著——《白羊芪山中国道地药山培育及其价值》一书与读者见面了，这是十分有意义和值得祝贺的。

张先生是中国科学院地理科学与资源研究所一位资深研究员，研究硕果累累。近年来，他带领研究团队数十次深入山西省大同市广灵县研究县域经济，潜心研究县内以长江峪、白羊峪、圣眷峪三条沟域为代表的野生黄芪的生境、繁育、保护和开发利用，经过对沟域经济社会发展、生态环境保护、黄芪种质资源空间分布等的深入考察研究，他从生物多样性保护和珍贵中药材资源保护利用视角，创造性地提出了"中国黄芪药山"的科学构想。在对黄芪资源价值、药用价值和生境特征评价的基础上，依据中国名山分类理论，他首创药山理论与实践独特研究，给出了"白羊芪山"学术定位和命名。同时，他还就黄芪繁育、养护和开发利用，促进当地中药产业和康养事业发展，促进就业和提升富裕程度等诸多方面，提出了供领导和企业家决策的有益建议和落地举措。

广灵县长江峪、白羊峪、圣眷峪位于太行山脉北端的西缘——恒山山脉，海拔1200～2100米，属正北芪恒山道地产区，三条沟域总面积约192平方千米，分布有南村镇、望狐乡等26个乡镇，居民约9400人。

在土壤资源方面，这些沟域土壤多种元素含量符合国家土壤环境质量二类标准，有的还达到一类标准，对健康有益的微量元素锶等含量明显优于土壤背景值。

在水资源方面，沟域地表水质呈微弱碱性，锶含量丰富，是优质的饮用水源地。富硒土壤、富锶水质及山地坡度和土层厚度等，为野生黄芪生长提供了独特的良好生长环境。

在药材资源方面，黄芪多呈野生或半野生状态，长期自然选择和进化、自然杂交和变异形成了独特种群，黄芪甲苷、毛蕊异黄酮、葡萄糖苷和总多糖含量丰富，黄芪有效药用成分优于国家药典标准。

在农作物方面，小米富含人体所需的铁、锌、锶等元素，其中钾、铁、锌和锶等平均含量均达到或优于国家标准值水平。

由此可见，这些沟域的生态环境优势明显，水土资源质量良好，所产黄芪和小米品质尤为优异。"白羊芪山"作为黄芪道地药材基地和生态原产地实至名归！张先生这些研究成果和学术建树，填补了山地生态研究领域的一项空白。

与此同时，对"白羊芪山"野生黄芪优势产区地位的确立，有利于积极推动广灵中药材产业和康养事业发展，有利于县境内"绿水青山"变为财富持续增长的"金山银山"！这必将强劲地推动广灵县经济、社会、环境可持续发展和生态文明建设。

21世纪初以来，张义丰研究员曾多次受邀参加原环境保护部和有关司组织的省、市、县级生态文明建设规划评审和生态研究项目审议和评定。作为一位非常"接地气"的、深受民众欢迎的科学家，为了推动北京市郊区沟域经济发展，他不顾高龄和不辞辛劳，带领研究团队几乎走遍北京市远郊区县两百多个沟峪，编制了符合当地实际、推动沟域经济发展和生态文明建设的高质量规划，受到群众和领导一致称赞。

我多年在原国家环境保护总局政策法规司、生态保护司担任领导工作，担任过中国环境与发展国际合作委员会三届副秘书长，曾多次应邀到大同市考察调研。近年来，我有幸与张研究员一起多次赴大同市和广灵县考察，共同就黄花、黄米(小米)和黄芪种植与开发利用，为当地领导和企业家做过咨询、培训和演讲。

张义丰先生新著付梓前夕，他希望我为新著出版说点什么，我感到很高兴，这是使命所系，责任使然，欣然应允了！于是就写了上面这些话，是为《白羊芪山中国道地药山培育及其价值》一书之序。

2024 月 10 月 30 日

前　言

我国是世界山地大国，山地是我国生态安全屏障的主体、自然资源的重要蕴藏区、生物多样性的宝库，是我国生物多样性保护的关键区域。其地形错综复杂，气候条件多种多样，不同区域的地形、土壤、气候等条件，形成了不同的道地药材。道地药材是我国传统优质药材的代表，其保护与利用对我国中医药事业发展至关重要。道地药材是中药资源的核心，是当前优质中药资源的代表，是天、地、人三方共同作用的产物，是自然发展规律的体现，是中医药文化的精髓，也是传统文化的传承和创新。目前，道地药材多以地理标志产品出现，受到全世界的关注和认可，道地药材形成过程是中华民族对中医药的探索和实践的体现，是劳动人民智慧的结晶。

道地药材的形成受土壤、水分、光照、温度和地形等外部因素的影响，植物体内的真菌也影响其代谢产物的形成和积累。这些因素之间也相互联系和相互作用，关系复杂，正是这些因素造就了道地药材。道地药材是生物圈和谐共生的结果，也是中医防病治病的物质基础，在“回归自然”的国际传统医药热中备受青睐，在“一带一路”等建设活动中，道地药材作为中医药文化的名片，在经济与文化交流中发挥着重要的作用。同时，民以药为主，地以药为显，药以地为贵，道地药材在脱贫攻坚与乡村振兴中也发挥了重要的作用。

白羊芪山是恒山山脉野生黄芪的传统道地产区，蕴藏着恒山山脉的物华天宝。凭借珍稀的野生黄芪种源、悠久的道地栽培历史、独特的水土气生环境、赓续的恒定药性功效，成为全国为数不多又极为珍贵的野生黄芪道地药材生态原产地。中国科学院专家组多年来持续对广灵县经济社会发展，特别是广灵县沟域经济发展、野生黄芪及峪口小米的地域识别、发展基础及存在问题进行综合研究，特别提出了白羊芪山中国道地药山的发展构想，确立了“白羊芪山”的发展定位，旨在深入剖析道地价值，聚力培育生态动能，促进白羊芪山中医药健康产业发展，为国家中医药产业发展和山地道地药材产区发展提供示范与经验。

“白羊芪山”作为天然的生态屏障、生态建设的重要空间载体，是生态服务价值的最大源泉，也是自然资源的储备库，尤其是珍稀动植物、中药材资源等“战略物资”，在国内外享有盛誉。其道地价值，归根结底是地域独特性和种质独特性的生态、经济、健康、文化等价值。一是独特的海拔，野生黄芪具有典型的海拔识别特征，主要集中分布于海拔 1200～2100 米的白羊峪、长江峪和圣眷峪的芪坡，该区域基本保持了道地产地的特定地域；二是独特的种质，白羊芪山野生黄芪长期处于野生、半野生状态，经过千年来自然选择、自然进化，自然杂交、变异形成了独特的种群；三是独特的气候和土壤，经过检测化验，区域典型富硒土壤、富锶水及独特的季节性气候，地形、坡度、土层厚度等均为野生黄芪生长提供了独特的健康环境；四是独特的生产技术和加工方法，目前普遍采用的种植方法仍然是传统的半野生种植，或称为“仿野生种植”“生态种植”“野生抚育”；五是独特的品质和疗效，广灵野生黄芪外观形态、色泽气味以及富含健康微量元素均保障其独特而优质的品质。

白羊芪山位于太行山脉北端的西缘，恒山末梢，属传统正北芪恒山道地产区，该山由三条沟域组成，白羊芪山整体生态环境质量较优，水土质量较好，黄芪品质优异。一是在水土资源环境方面，其土壤所测限值元素基本达到了国家土壤环境质量的二类土壤标准要求，其中大多数样品达到国家土壤环境质量的一类土壤标准要求，富含微量元素锶与锰。二是在地表水水样方面，其符合国家地表水环境质量标准，属于微碱性水，达到矿泉水标准的要求；其锶、钙、镁、铁含量比较丰富，属优质的饮用水源地水。三是在中药材方面，其黄芪甲苷、黄芪毛蕊异黄酮葡萄糖苷、黄芪总多糖、黄芪浸出物含量等，多糖含量平均为39.14％；皂苷类含量平均为37.5％，远高于国家规定的17％；黄酮类含量平均为8.58％，黄芪有效成分含量均高于国家药典标准。四是在特色作物方面，其小米富含人体必需的铁、锌、锰、锶等，其中钾的平均含量比一般小米参考值多3倍，铁多约3倍，锌多约2倍，锶平均含量达到0.36毫克/千克，比国家标准值高3倍。

本书积极挖掘白羊芪山野生黄芪“道地价值”特色，积极培育以生态一、二、三产相融合的“生态动能”产业，将野生黄芪道地价值优势转为生态产业现代化高质量发展新动质能。与广灵县中医药康养资源设施和名医名方结合，丰富白羊芪山生态动能产业内涵，延伸白羊芪山生态动能产业链条，带动升级壶流河湿地生态经济和夜经济，促进广灵县县域经济高质量发展。

本书作者及其团队长期从事山地研究、地域经济及其特色产业研究，有较为系统的积累和实践基础，并逐步形成了多学科联合的研究队伍。在本书的编写过程中，王随继副研究员负责地质地貌专题，吴秀芹教授负责生态专题，周盈副研究员负责黄芪专题，秦伟山教授负责峪口小米专题，本人负责总体设计，并得到了彭近新、杨明森、李明德、王道龙等资深专家的指导和大同市、广灵县相关部门的大力支持，在此致谢！由于时间和经验等方面的原因，书中不足之处，敬请批评指正！作者希望通过本书的出版，和大家共同交流我国道地药山的保护与利用，提供借鉴。

2024月10月18日

目 录

第1篇　广灵县特色沟域地质地貌水文条件分析

中国名山荟萃，其类型多样并各领风骚。无论是高山还是中低山，无论是以自然景观著称还是以文化特质彰显，所有的名山都有其独特的品质，也都有其历史沉淀的密码。

白羊芪山作为大同盆地南部广灵县小盆地西南缘的三个小流域(长江峪、白羊峪和圣眷峪)组成的小尺度中低山地带，其景观并未超出中国诸多的风景名山，其人文禀赋也远不及中国各地的文化名山。但是，该山以中药材道地野生黄芪的天然繁育而初为世人知晓，也必将以道地药材与山的相互成就而终获盛名。

道地药材以其深厚的历史底蕴和广泛的民间基础著称，有着极为广泛的发展前景和巨大的市场潜力。发挥道地药材资源优势，加强战略谋划，推动中医药在健康产业发展中发挥更大作用，积极利用现代科技做大做强中医药健康产业。中国科学院地理科学与资源研究所与大同市人民政府签订了“院地合作”战略协议，专家对大同市经济社会发展进行系统研究，特别是通过对大同市“三黄”产业(黄芪、黄花、小米)栽培历史、资源现状、发展基础以及发展中所存在的问题进行综合研究分析，提出了“白羊芪山”和创建“中医药健康旅游示范基地”的发展构想，旨在通过创新驱动，快速促进产业发展，为国家中医药产业发展提供示范与经验。

白羊芪山是广灵县高产盛产黄芪的三条沟域——长江峪、白羊峪和圣眷峪的合称。

广灵县位于山西省东北边陲，永定河上游，地理坐标在113°51′—114°25′E、39°35′—39°55′N，东西长约48.6千米，南北宽约39.6千米，总面积1207平方千米。地处恒岳东襟，北枕桑干，南连恒山，东接太行北端，西抵六棱山颠，中带壶流河，古长城横亘南部群山，属太行山系恒山山脉腹地尾部边缘区，地形为半山半川，西高东低，为山西省东北门户。东与河北省蔚县毗邻，南同山西省灵丘县接壤，西连山西省浑源县，北接山西省阳高县和河北省阳原县。广灵县地处环京津经济圈内，东距首都北京296千米，东北距张家口200千米，南距山西省会太原353千米，属晋冀蒙交汇之地。永定河源流壶流河横贯东西，属海河水系。全县最高点为六棱山(与阳高县的界山)海拔2375米，最低点是壶流河出县境处，为海拔930米左右。

以上简述了白羊芪山的基本特性及道地药材的基本情况。而白羊芪山的形成基础、地形地貌和气候水文到底有何特点？生态格局、资源环境和沟峪经济发展到底有何特色？这些都是理解作为道地药材黄芪之乡的白羊芪山时需要解答的鲜明或者隐含的问题。以下逐篇论述的不同章节将会有侧重地揭开其神秘面纱。

第1章　白羊芪山赋存的构造背景及宏观地貌特征

白羊芪山位于恒山—太行山北端的恒山之肩部(图1-1),因此,其形成的大地构造背景和地质构造单元无疑与恒山和太行山密切相关。为了解白羊芪山的地质地貌特征,首先需要了解较大空间尺度上的构造演变特征,其次需要了解较小空间尺度上的构造场特征,这两种空间尺度的构造演变及其他地质和地貌特征分别从太行山和恒山的地质地貌特性来揭示。以故,本章依据空间尺度由大到小、构造规模由大到小依次介绍太行山、恒山、广灵县和白羊芪山等不同层次上的地质地貌及水系特征,有助于全面了解白羊芪山的地质构造背景、地质特征、地貌特征和水系发育特征。

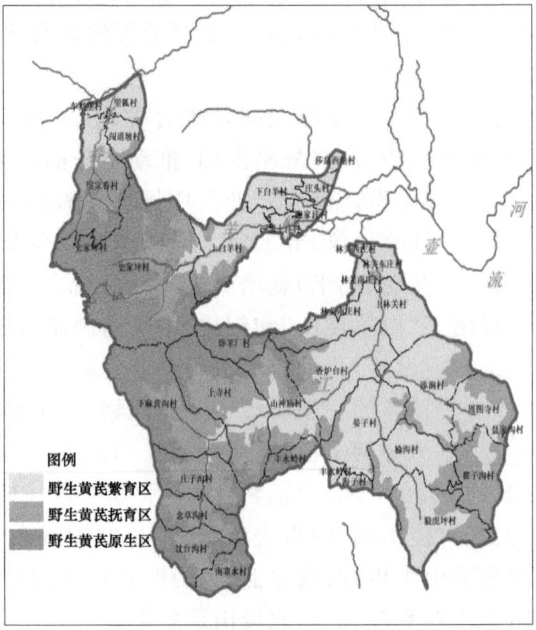

图1-1　白羊芪山的组成沟域——长江峪、白羊峪和圣眷峪

1.1　太行山地质地貌与构造运动

1.1.1　太行山地质地貌特征

白羊芪山位于太行山脉北端的西缘,太行山脉是白羊芪山得以赋存的大型地质构造带。在大地构造上,太行山属华夏系和新华夏系第三隆起带体系的太行褶皱带,为一复背斜构造阶状断裂隆起。山脉的东翼发育大断层,因此地势急剧下降到华北平原,以分布广泛的多样化悬

崖绝壁为典型特色。相较而言，山脉的西翼的地势总体上更高、坡度更缓，多为丘陵、低山或中山。

构成太行山脉的岩层可分为三段：滹沱河以北的北段山脉轴部多为太古界混合岩化变质较深的片麻岩系及元古界变质较浅的千枚岩、板岩、各类片岩和变质砾岩等，古生界寒武系、奥陶系石灰岩分布在两翼，在一些大型的沟域沟床近底部两侧呈现厚层露头。滹沱河以南至浊漳河以北为中段，山脉轴部多为太古界混合岩化呈条带状变质较深的片麻岩系，以含磁铁石英岩为特征；元古界为变质较浅的沉积变质岩，并夹有大量变质中性、基性火山岩；震旦亚界主要是一套巨厚的碎屑岩；两翼多为古生界寒武系、奥陶系灰岩和石炭，二迭系砂岩、页岩及含煤炭系。浊漳河以南至王屋山为南段，多为古生界寒武系、奥陶系石灰岩及石炭，二迭系砂岩、页岩及含煤岩系。

太行山脉在地势上属中国第一阶梯与第二阶梯的过渡区，海拔一般为 1000～1500 米，最高山段为北段与中段，在 2000 米以上，相对高差 200～1500 米。太行山东麓海拔 100 米左右，由东向西急剧上升，主要山峰海拔均达 2000 米以上；太行山西部地区地势较缓，多黄土丘陵，其海拔一般为 1100～1400 米，其间的河谷盆地相对较低，海拔多在 1000 米左右(图 1-2)。

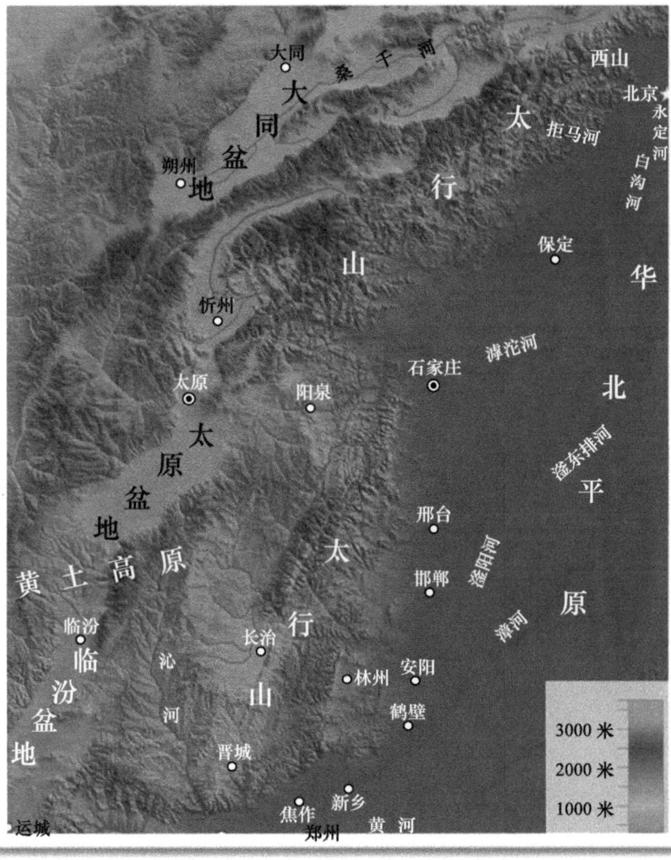

图 1-2　太行山走势及地势图

受到地势、地貌以及岩性的影响，太行山南段发育众多河流，属黄河水系或海河水系。区域内较大型河流有漳河、丹河和沁河，都发源于山西境内，由西向东穿过太行山流向华北平原，东部山区发育有子房河、峪河、淇河等。

1.1.2 太行山地区构造运动简史

早在28亿年前，太行山地区被海水淹没，沉积了巨厚的碎屑岩、含铁硅质岩及碳酸盐地层，受五台运动和吕梁运动等大地构造运动的影响，太行山地区的造山运动强烈，区内古老的地层普遍遭受挤压而发生褶皱变形，一些地段的岩层则经受高温高压而使古岩层发生了变质作用，并伴随着断裂的发生和岩浆沿断层侵入而形成多种多样、形态各异的石英岩脉。至距今18亿年前，形成了混合岩化的结晶基底岩层。

自距今18亿年前的吕梁运动以后，太行山地区的地壳进入差异升降阶段，出露海平面的一些陆相地区由此也曾经历了海进海退的多次往复运动，分别形成了中元古代地台沉积盖层，以及上覆的古生界寒武系、奥陶系、石炭系和二叠系地层。其中，奥陶系和二叠系为含煤地层。发生在中生代的燕山运动使太行山新华夏系褶皱带逐渐形成，并发育了太行东缘的山前深大断裂带。

发生在新生代的喜马拉雅运动使太行山强烈隆升，而东缘山前的华北平原则相对下沉，太行山地势或高差逐渐增大，由此引起的地表的差异剥蚀和侵蚀作用也逐渐增强，一些抗侵蚀较弱的地层薄弱带或者次断裂带逐渐被汇水河流的河道所占据，河流持续下切侵蚀而山势更显突兀，最终形成了驰名已久的“太行八陉”。太行八陉主要包括拒马河、滹沱河、漳河、沁河、丹河等，它们不但是从太行山脉向华北平原输送径流的河流，由其形成的深邃河谷也是穿越太行山主脉的东西交通要冲。山西高原东部河流切过太行山进入华北平原，几乎都汇入海河水系东流入渤海，仅有西南部的沁河水系向南汇入黄河（图1-2），最终也随黄河一起东流入渤海。

太行山地壳的差异升降加上河流的持续切割，在形成了诸如“太行八陉”等大型以横向为主的河谷外，也形成了一系列次级山脉及其山峰。例如，由北向南有恒山、太白山、白石山、狼牙山、南坨山、阳曲山、王莽岭等山峰。

太行山由于山势的突兀而高耸于华北平原的西缘，成为黄土高原和华北平原的分界线，也是气温和降水等的典型分界线，这些差异导致植被群落在太行山脉东西部存在明显不同，其中东部的华北平原是落叶阔叶林地带，西侧的黄土高原是森林草原地带和干草原地带。因此，太行山成为中国东部的一条重要地理界线。

太行山的许多大河谷发育了多样化的峡谷地貌，其中最为典型的当属驰名已久的嶂石岩地貌。太行山脉中有多个横向的大峡谷成为交通要冲，因此自古以来就形成了多个要冲关隘，成为通关的咽喉口。例如，位于河北的紫荆关，位于山西的平型关、娘子关、虹梯关、壶关、天井关等。峡谷的深邃绵长加上关隘的险要，使得这些关隘也逐渐成为太行山脉的知名旅游景点。

1.2 恒山地貌特征及其水系分布

1.2.1 恒山地貌及水系特征

恒山，作为一个山体的地理标识名称，因其所涉及的山体的空间展布范围的不同，或者因主峰和脉脊的侧重所指的不同，长期存在着狭义和广义之区别。

狭义的恒山，即所谓的北岳恒山，古称玄武山、崞山、玄岳等，位于山西省浑源县城南10千米处，与恒山景区范围相当，面积147.51平方千米，地理坐标39°23′—39°44′N、113°36′—113°

57′E。主峰天峰岭海拔 2016.8 米。恒山自明代被列为北岳，清初北岳国家祭祀也逐渐由河北省曲阳县移至浑源县恒山，五岳文化始融入恒山文化中。恒山的道教文化始于西汉，兴盛于北魏，成为道教主流全真派的圣地之一。相较于太行山的广阔和巍峨，位于太行山北端的恒山则集山岳地貌景观和道教文化于一体，文化气息更为兴盛。

广义的恒山，即恒山山脉，是山西省大同市东南部、河北省张家口市南部，桑干河、滹沱河之间一系列山峰的总称，大致呈西南—东北走向，东西长近 300 千米，南北宽约 80 千米，最高峰为位于山阴县和应县交界处的馒头山，该山的海拔为 2426 米。

恒山横亘于山西北部高原与冀中平原之间，地处塞外高原通向太原盆地、冀中平原之咽喉要冲，以故因其地理位置独特及山势险峻，历来成为兵家必争之地。山间河谷处成为通行要冲，而位于河谷的一些关隘，如倒马关、紫荆关、平型关、雁门关、宁武关等，均可虎踞为险阻断敌军前进路线，敌军企图攻克这些天险难上加难。与这些关隘作战相关的其他驻军及防御设施如城堡和长城，以及情报设施，如一系列烽火台等，都作为众多古代军事遗迹保存于恒山山脉不同地点。

恒山主脉位于桑干河以南，滹沱河上游谷地与灵丘盆地之间，呈北东走向延伸，向东伸入河北省境内，为大同盆地与忻定盆地的分界。西南与吕梁山脉之云中山相接，其西隔恢河与管涔山相望。恒山在山西省境内绵延约 200 千米。浑河以北又伸出一支，以六棱山为最高，海拔 2375 米。六棱山向东北延伸至河北省，分为两支，北支与六棱山相接，在阳原县与蔚县之间，称熊耳山；南支在蔚县南部，称蔚县南山，东接小五台山。

恒山山系，按照山峰展布情况，大致可以分为主脉、北支脉、南延支脉三部分。主脉主要在山西省境内，桑干河支流浑河、滹沱河之间，隔滹沱河与五台山山系相望。北支脉位于桑干河、桑干河支流浑河之间。南支脉从主脉自灵丘县北部向东北延伸至河北省蔚县南部。恒山东南，并列的山脉为五台山，有时也归为恒山南支脉。

恒山主峰天峰岭如图 1-3 所示，海拔 2016.8 米，距浑源县城南 4 千米，是中国著名的五岳之一。主峰南面的山腰上，有北岳庙，为历代帝王臣民祭祀之地。还有“悬根松”“琴棋台”“夕阳返照”“果老岭”“步云路”“虎风口”“潜龙泉”“会仙府”“白云洞”等著名的“恒山十八景”。地险山雄，风景秀丽，景观奇妙，为旅游佳景。

图 1-3　恒山主峰天峰岭局部景观图(王随继/摄)

恒山为海河流域多条河流的发源地和分水岭，主脉南与五台山之间为滹沱河上游，主脉与北支之间为桑干河支流浑河，北支北麓山沟汇入桑干河上游，北支东南端是壶流河的发源地，南支与主脉之间有唐河发源，流向河北省。

1.2.2 恒山构造及“玉山”和草甸资源

恒山作为太行山脉的北端山系，其大地构造背景及形成过程总体上与太行山脉一致。恒山是在历次造山运动和历次地壳升降运动基础上形成的一座断层山，其山体的构成岩层主要为寒武系和奥陶系石灰岩。这类灰岩在恒山山体的绝壁陡崖处大面积裸露，风化破碎严重（图 1-4 左）；但在山体坡面上，由于较厚的岩石风化层的覆盖和地表植被的遮蔽，很难看见灰岩露头（图 1-4 右）。

图 1-4　构成恒山山体的早古生代灰岩地层及发育良好的坡面植被（王随继/摄）

六棱山，作为山西省广灵县与阳高县交界处的最高峰，位于恒山山脉北支东北端，最高峰黄羊尖海拔 2420 米，为大同第一高峰，号称“大同屋脊”。主峰黄羊角附近分布有汉白玉石林（图 1-5）。众所周知，汉白玉是颜色纯白的大理石，而大理石则是石灰岩变质作用下形成的坚硬细腻的岩体。在中国，汉白玉常常作为建筑行业的雕刻石材，对原石进行切割从而建造宫殿的石阶，或者对原石切割后进行精细雕刻从而产出精美的护栏，或者以汉白玉雕刻佛像供长久供奉，这类石材的应用广泛。相传，采用这种近似白色玉石的石材及其加工工艺始于汉代，故通常称之为汉白玉。当然，汉白玉作为优质石材并非东方人所独享，西方从古希腊时代开始就用白色的大理石作为人像雕刻材料。

图 1-5　太行山脉北支东北端的六棱山出露的汉白玉岩体（王随继/摄）

恒山以岩石为体，以河流峡谷为血脉，以植被为肤，构成了山岳地貌景观、森林生态景观、峡谷绝壁景观、山地河流景观等，这些景观成为恒山乃至太行山旅游的主要自然景观资源。当然，还有一类植被景观对于恒山山系来说是较为罕见的，那就是发育在六棱山主峰之南的数百亩[①]高山草甸（图 1-6），以及被称为空中草原的甸子梁草甸（位于山西省灵丘县柳科乡刁泉村

① 1 亩≈666.67 平方米，下同。

东南，与河北省保定市涞源县、张家口市蔚县交界处，面积达 3 万亩），一起构成了恒山东北端的高山草原生态系统。

图 1-6　六棱山南坡发育的草甸（王随继/摄）

1.2.3　恒山宗教文化和建筑文化

依存于恒山山系实体的还有道教文化和佛教文化等精神文化体系。恒山的道观、庙宇有多处，长期传播宗教文化。

在恒山的山麓河谷绝壁上所建造的悬空寺（图 1-7），长期传播包括佛教文化在内的多种宗教文化。悬空寺位于山西省大同市浑源县恒山金龙峡西侧翠屏峰峭壁间，原叫“玄空阁”，始建于北魏后期（公元 491 年），距今已有 1500 多年，是佛、道、儒文化合一的独特寺庙（山西省浑源县志编纂委员会，1999）。“玄”取自于中国道教教理，“空”则来源于佛教的教理，因此，玄空阁本身蕴含了道教和佛教的双重寓意。至于“玄空阁”后来因何改名为“悬空寺”，则众说纷纭。对于以芸芸大众为主的游客，或许因为远观该阁就像悬挂在山崖绝壁上一样，故形象地称为“悬空寺”，如此得名显得自然而贴切；当然，对于学者墨客，自会咬文嚼字，甚至念音转意，“悬”与“玄”同音，“悬”易“玄”后，自然获得如此新名。无论如何，庙阁犹如悬空境，道玄佛空理长存。

图 1-7　恒山北端河谷绝壁上的悬空寺（左）和恒山主峰的北岳庙（右）（王随继/摄）

恒山悬空寺是在悬崖绝壁处修建的中国传统建筑。建筑群距地面超过 50 米，其建筑特色可以概括为“奇、悬、巧”三个字，悬空寺发展了中国的建筑传统和建筑风格。整个悬空寺建筑群共有 40 间殿阁，寺内有佛像 80 多尊。悬空寺建寺时因地制宜，充分利用峭壁的自然状态布置和建造寺庙各部分建筑，将一般寺庙平面建筑的布局、形制等建造在立体的空间中，山门、钟鼓楼、大殿、配殿等都有。传说唐开元二十三年(公元735年),诗仙李白游览悬空寺后,在石崖上书写了"壮观"二字;明代旅行家徐霞客称悬空寺为"天下巨观"。这些名人的赞誉实际上是对悬空寺建筑群精巧、玄幻的盛赞,也是对古代能工巧匠设计能力和建筑才华的钦佩。

恒山庙群,始建于北魏太武帝太延元年,后经唐、金、元重修,到明清时仅主峰即有大小祠庙60余处。现在仅存20余处,均为明清所建。整个建筑群占地范围东西1400米,南北900米,主要殿宇有:恒宗殿(又称北岳庙,俗称朝殿,如图1-7右所示)、寝宫、会仙府、九天宫、纯阳宫、关帝庙、文昌庙、灵官庙、龙王庙、山神庙、疮神庙、马神殿、十王殿、得一庵、阎道祠、紫微阁、魁星楼、羽化堂、接官厅、龙泉观等。其中,朝殿为恒山主庙,是恒山中最大的庙宇;寝宫为恒山最古老的建筑;会仙府是恒山最大的仙道居住之处,内塑八仙像。还有近200处摩崖题刻和数十通御祭古碑以及塔林。恒山建筑群建筑规模宏大、文化底蕴深厚,自古就是中国道教圣地。

1.3 广灵县境内地形特征及水系结构

1.3.1 广灵县地理及地形基本特征

广灵县,介于113°51′—114°25′E、39°35′—39°55′N,隶属山西省大同市,位于山西省东北部,永定河上游,恒山东北端山麓。东邻蔚县,南接灵丘县,西连浑源县,北接阳高县、阳原县。

广灵县地质构造属恒山构造带东北尾部边缘,是黄土高原与太行山构造体系的过渡带。广灵县呈现出西、南、北三面环山的地势(图1-8),属恒山山系;中部低凹平坦,属于河流冲积带,壶流河由西向东流贯全境。

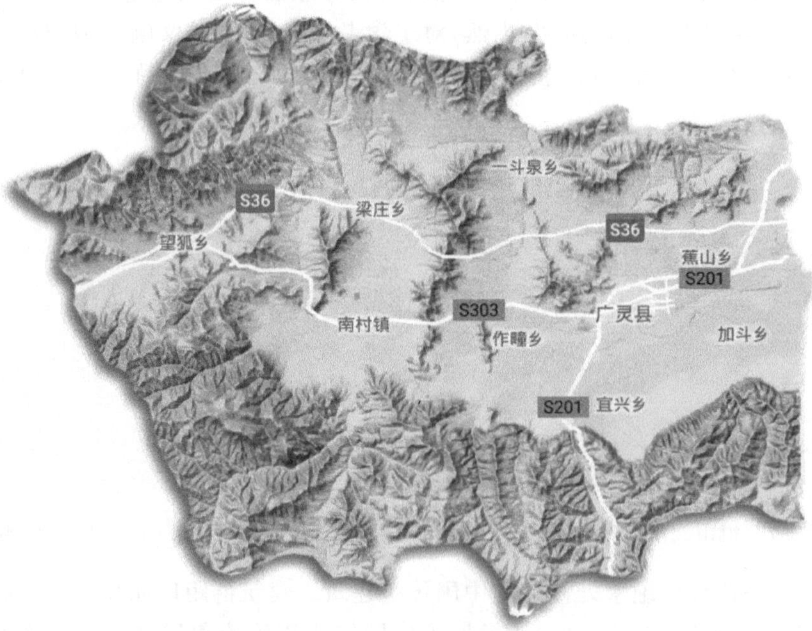

图1-8 广灵县全域地形分布图

1.3.2　壶流河水系分布及主要沟域简介

广灵县位于壶流河流域，故其境内最大干流为壶流河，支流发育并由南、西、北向中东部汇集于壶流河。壶流河在广灵县境内的主要一级支流有白羊峪、长江峪、直峪、唐山峪、墨峪、圣眷峪等，其中位于南部山区的沟域由东向西分别为墨峪、直峪、黄龙峪、长江峪和白羊峪，而长江峪为其中最大的沟域，直峪次之。

壶流河：属于海河流域永定河水系，是桑干河一级支流，发源于浑源县、广灵县交界处的石人山一带，大致由西向东流经广灵县全境，于洗马庄出山西省境，流经河北省蔚县、阳原县，在钱家沙洼汇入桑干河。山西省境内干流全长 66.0 千米，河道平均纵坡 6.73‰，糙率 0.025～0.030。河流由西向东上窄下阔，呈壶状，上白羊以上段为土石山区，河床为沙砾石，河道为"V"字形顺直河段，河床基本稳定。上白羊至贺窑为黄土丘陵区，河道较不稳定。贺窑以下河段为冲积平原区，河道为"U"字形宽浅式游荡河段，易淤积，河床稳定性差。主要支流包括白羊峪、长江峪、直峪、唐山峪、墨峪、圣眷峪、黄龙峪、木草涧峪等。

白羊峪：是壶流河一级支流，位于广灵县的西南部山区，发源于望狐乡上山羊沟，由西南向东北流经上白羊村、下白羊村，于南村镇北土岭村汇入壶流河。白羊峪干流全长 17.0 千米，平均宽 4.54 千米，河道平均纵坡 29.60‰。河道呈"V"字形蜿蜒河段，沙卵石河床，河床基本稳定。

长江峪：是壶流河一级支流，位于广灵县的西南部山区，发源于香炉台的南寒水，由西南向东北流经宽会、香炉台、林关等村，于南村镇南土村汇入壶流河。长江峪干流全长 24.0 千米，河道平均纵坡 26.30‰，糙率 0.03。河道呈"V"字形蜿蜒河段，沙卵石河床，河床基本稳定。流域地理位置介于 113°57′—114°10′E、39°37′—39°44′N。

直峪：是壶流河一级支流，发源于灵丘县柳科乡磨石沟村，由南向北流经灵丘县的北上庄、苟家庄和广灵县的邵庄、直峪等村，于县城南部南汇村汇入壶流河。直峪干流全长 30.0 千米，河道平均纵坡 16.02‰，糙率 0.032。直峪峪口以上为土石山区，河道呈"V"字形，沙卵石、块石河床，河床基本稳定；峪口以下为冲积平原区，河道呈宽浅的"U"字形游荡河段，河床易淤积，稳定性差。直峪流域地理位置介于 114°12′—114°26′E、39°36′—39°45′N。

唐山峪：为壶流河一级支流，发源于广灵县宜兴乡聂家沟，于壶泉镇西河洼进入壶流河，干流长度 23.0 千米，流域面积 49.2 平方千米，河流比降 24.05‰，河源高程 1691.4 米，河口高程 980.0 米。

墨峪：为壶流河一级支流，发源于河北省蔚县下宫村乡中庄子村，由加斗乡进入广灵县境内，于加斗乡西石门村汇入壶流河，流域面积 57 平方千米，在河北省境内 3.9 平方千米，广灵县境内 53.1 平方千米，干流长度 19.0 千米，河流比降 32.76‰，河源高程 1700.3 米，河口高程 945.0 米。

圣眷峪：是壶流河一级支流，位于广灵县的西北部黄土丘陵沟壑区，发源于望狐乡的刘庄，由西向东流经望狐乡，于水涧折向南流经梁庄、南村等乡镇的村庄，于南村镇的北土村汇入壶流河。圣眷峪干流全长 31.5 千米，河道平均纵坡 14.20‰，糙率 0.03。河道呈"V"字形弯曲河段，河床易冲刷，稳定性较差。流域地理位置介于 113°54′—114°06′E、39°44′—39°45′N。

在上述所介绍的沟域中，长江峪、白羊峪和黄龙峪的嶂石岩地貌分布极为广泛。嶂石岩地貌构造极为典型，形成了非常典型的丹崖、碧岭、奇峰、幽谷等地貌景观，具有重要的科研价值和旅游开发价值。此外，在壶流河干流中部附近有一片湿地生态系统，主要构成单元有泉湖、林地和草地，其中泉湖是地下石灰岩层的潜水因承压而喷涌于地表、人为而成的微小型水库，这样的泉湖在县城东部共有两处，分别称为枕头河水库和下河湾水库，其水质都达到了矿泉水标准。在枕头河水库的中部有一岩石构成的壶山，壶山上有古建筑群，水神堂位于其中。水神堂及其古建筑群和湿地生态系统成为广灵县知名的旅游景观。

第2章　白羊芪山岩性地层区域及垂向分布特征

2.1　地貌地势空间变化特征

广灵县地形呈东西较长、南北略狭窄的不规则多边形，呈现出在东部开口的盆地地貌景观，其南、北、西三面呈现出恒山及其支脉环抱态势，地势在南、西、北部边界处高，中部及东部低，高差超过1300米。多条沟域自南、西、北部高处呈向心状汇流于盆地中部的东西向干流，在汛期，沟域洪水挟带洪积物冲出沟口，沉积于峪口之外的冲洪积扇上，年复一年，既改造着山区地貌形态，也塑造着山前地貌形态。县域中北部向南伸出的山岭将本县盆地内部区域分为岭东和岭西两部分，其中岭西由望狐盆地、南村盆地组成，岭东则是广灵盆地。县域东部与蔚县平原相连，壶流河收纳北、西、南三向汇入的多条支流水系，主流东西成轴线，贯穿全境，并于县域东边（即广灵盆地的东口）流出辖区（山西省广灵县志编纂委员会，1993；中共广灵县委党史研究室 等，2020）。

广灵县属黄土高原台阶区，中部的大岭将全县分为岭西山区和岭东平原区，南北高、中间低，县境内西北部六棱山海拔为2361.4米，而东部河流出境处海拔降至936.8米左右。境内流域地貌分为土石山区、黄土丘陵区和中部冲积河谷平原区以及洪积扇区，其中，土石山区占37.7%，黄土丘陵区占23.1%，平川区占24.9%，洪积扇区占14.3%。

广灵县属山西舌背斜与燕辽酒窝沉降带间的过渡地区，主要构造单元包括南山大断层、壶流河断层和蔚广单斜构造等。

2.2　岩性地层区域分布特征

广灵县北、西、南广泛分布着岩石山体，出露地层信息丰富。盆地中部为冲积河谷地带，沉积地层深厚，除了第四系松散沉积物广布外，其他古老地层全被覆盖、鲜有出露。

白羊芪山所涵盖的三条沟域是广灵县南部山区西部的沟域，其地质构造背景和地层构成总体上具有较好的一致性，但因为岩层的倾斜及沟道水流切割的差异，出露的岩层同样具有区域差异性。岩性的相同和差异，也会影响沟域的发育程度、沟坡的侵蚀状况，以及峪口以下冲积扇的沉积状况。

综合分析不同地质年代形成的地层在广灵县境内的时空分布特征，可以进一步揭示这些沟域的岩石类型及其形成时代。总体上，各条沟域的岩性组成较为单一，形成年代久远，除了沟域风化层和局部聚集的第四系外，基本都是寒武系形成的以灰岩为主的沉积岩系（其间夹杂一些变质岩体）及其之前形成的古老变质岩系。

分布在广灵县南部山系西部的沟域，包括长江峪西部和白羊峪，其境内主要出露以古老变质岩和寒武系灰岩为主的岩石类型。其中，主要包括太古界的含伟晶岩脉的浅红色花岗片麻岩、角闪片麻岩、黑云母片麻岩等，元古界含黑色燧质条带或肉红色石英条带的灰白色硅质灰岩，以及古生界寒武系下统的夹浅绿或灰白色的泥灰岩、板状灰岩的红色页岩、中统的灰色厚层鳞状灰岩、上统的黄褐色和灰色薄层竹叶状灰岩及致密白云质灰岩。县域南山西部地区的沟域，其地表风化层的母岩包括沉积岩和变质岩两大类，这些沟域输送到山前冲洪积扇的物质类型也较为丰富，至少含有变质岩风化产物和沉积岩风化产物两大类。

分布在广灵县南部山系东部的沟域，包括墨峪、直峪和黄龙峪等，其境内主要出露以元古界变质岩和寒武系灰岩为主的岩石类型。其岩石特征如下，出露的元古界为含黑色燧质条带或肉红色石英条带的灰白色硅质灰岩，古生界寒武系为夹浅绿或灰白色的泥灰岩、板状灰岩的红色页岩、灰色厚层鳞状灰岩、黄褐色或灰色薄层竹叶状灰岩和致密白云质灰岩。与西部沟域物源区岩石相比，这里并未出露太古界，即太古界仍然深埋于地下，从而尚不是这些沟域水流所能够侵蚀到的岩层。显然，县域南山东部地区的沟域，其地表风化产物及输送到山前冲洪积扇的物质远没有西部山区的沟域那样丰富，基本以沉积岩风化产物为主。

简言之，广灵县南部山系西部沟域出露地层为变质岩和沉积岩两个岩性大类，而东部沟域仅有沉积岩这一大类岩石，由此导致这两个岩石类型不同地区的沟域洪水输送到山前冲洪积扇的碎屑物，在岩屑类型丰富性上也具有明显差异。

2.3 岩性地层垂向分布特征

广灵县境内主要出露有太古界，元古界，古生界寒武系、奥陶系、石炭系、二迭系，中生界侏罗系、白垩系，新生界第三系和第四系地层，从老到新简述如下。

(1)太古界(Ar)

仅在西南部和西北部有所出露，以浅红色花岗片麻岩为主，其次有角闪片麻岩、黑云母片麻岩，并有伟晶岩脉穿插，厚度在 2 万米左右。

(2)元古界(Pt)

分布在南山及西北部山区，以灰白色硅质灰岩为主，夹黑色燧质条带及肉红色石英，坚硬致密，上覆 30 米浅紫、浅灰色石英长石砂岩。

(3)古生界(Pz)

①寒武系(∈)

上、中、下统地层均存在于县域南山、西山及西北山，且均有出露。

下统以紫红色页岩为主，夹浅绿和灰白色泥灰岩、页岩及薄层板状灰岩。底部可见 1 层或 2 层角砾岩，铁质或硬质胶结，砾石成分为硬质灰岩。该层砾岩中常形成小型赤铁矿。

中统以灰色厚层鳞状灰岩为主，质硬性脆。

上统底部以砾岩与中统分界，下部以黄褐色、灰色薄层竹叶状灰岩和泥质条带状灰岩为主，向上竹叶状灰岩减少，而致密状白云质灰岩增多。

②奥陶系(O)

假整合于寒武系地层之上，分布在中部弧山与北山，以中厚层白云质灰岩为主，夹少许竹叶状灰岩及豹皮灰岩。

其他古生界在本区缺失，这些缺失地层含下古生界的志留系和整个上古生界(包括泥盆系、石炭系和二叠系)。

(4)中生界(Mz)

侏罗系:因该区缺失下中生界的三叠系,故本区的侏罗系假整合于奥陶系地层之上,仅在北山板塔寺一带有所出露,为灰色中粒长石、石英砂岩、夹薄层紫红色页岩及褐色灰质页岩,含三层煤层。上古生界白垩系也缺失。

(5)新生界(Cz)

①第三系(R)

不整合覆盖于侏罗系之上,分布不广,仅有零星出现,如江峪沟中,岩性由暗紫红色黏土、亚黏土组成,含钙、锰质薄膜及少量钙质结核。

②第四系(Q)

a. 下更系统(Q1):本县范围内没有出露地表,但在盆地广大范围内地下数米或数十米,均有埋藏,岩性为灰、灰绿、灰黄等色淤泥质亚黏土、亚沙土及沙卵石层组成,为一整套湖相沉积物质,该物质的粒度分布不论在水平方向或垂直方向,均带有明显的规律性。

b. 中更系统(Q2):靠近边山沟谷壁上出露,为浅红色湖相黏土、亚黏土夹沙砾石层,含钙质结核 2～4 层古土壤,靠近盆地中央仍表现为湖相沉积,与下覆 Q1 呈角度不整合接触,并有砾质粗沙层为标志与 Q1 分开。

c. 上更系统(Q3):该统分布普遍,由于所处地貌单元不同,岩性成因各异,该区表现出的是风积黄土及冲洪积物,岩性为黄土状土类沙砾石层。

d. 全新统(Q4):由冲积物和洪积物组成,其冲积物分布在现代河谷中,以粉沙土、亚黏土及沙卵石层组成;洪积物分布在南村及广灵县的南山前缘一带,为砾质亚沙土及沙砾石胶结结构,厚 7 米。

长江峪坐落于南村镇南 5 千米处,白羊峪位于广灵县南村盆地西南隅的白羊山区域,圣眷峪位于广灵县西部,三条沟域通过省道 S303 能够连通。

2.4　沟域典型岩性及分布特征

嶂石岩地貌为中国三大砂岩地貌(丹霞地貌、张家界地貌)之一,为地貌学按岩性分类确立的一种新型地貌类型,主要由易于风化的薄层砂岩和页岩形成,多形成绵延数千米的岩墙峭壁、三叠崖壁,除顶层为石灰岩外,多由红色石英岩构成。远远望去,赤壁丹崖,如屏如画,甚为壮美。因此,被地质、地理学家命名为嶂石岩地貌。

1972 年,河北省科学院地理研究所的郭康在太行山考察中发现了一种气势壮阔的红崖长墙砂岩地貌,后经多年考察研究,正式将该地貌命名为嶂石岩地貌(图 2-1)。嶂石岩地貌有五大特点:丹崖长墙连续不断、阶梯状陡崖贯穿全境、"Ω"形嶂谷相连成套、棱角鲜明的块状结构、沟谷垂直自始至终,并蕴藏着大量奇特的地质、地貌景观和与之相关的"天人合一"的历史与地方文化景观。它与丹霞地貌、张家界地貌有本质上的区别。嶂石岩地貌建立了一套独特的形成与演化模式,丰富了地貌学的内容,开拓了应用地貌学研究领域。

白羊芪山所包含的长江峪、白羊峪和圣眷峪,都不同程度地出露嶂石岩地貌景观,由于峡谷处切割深度和风化程度不同,其典型性也有所区别。白羊芪山范围内的长江峪可谓嶂石岩地貌景观的重点分布区。

图 2-1　嶂石岩地貌景观(王随继/拍摄)

第3章　白羊芪山沟域地形特征定量分析

3.1　沟域地形分析的主要内容

基于数字高程模型分析沟域地势和地形的相关表达参数可以较为细致揭示沟域的微地形特征。这里主要探讨广灵县西南部地区白羊芪山的组成沟域——长江峪、白羊峪和圣眷峪的地势地形特征。地势和地形决定着沟域不同部位的土地立地条件，结合其土壤特征、气温特征和雨水利用能力等，从而决定着包括黄芪等药用植物在内的各种人工栽植或者野生植物产量和品质。

沟域的地势特征主要指沟域内海拔高程区域和空间变化特征，土地利用条件指相关沟域内海拔高程的变化范围、优势区间，进而确定不同高程范围内的土地面积，累积总面积求得土地面积占比。这里采取固定高程间隔（比如相隔 100 米）来划分高程区间，再统计不同高程区间的土地面积等。这些数据有助于详细了解沟域内不同区域土地的高度特征、主要高程区间等基础数据。

沟域的地形特征主要包括坡度和坡向两个方面。

沟域的坡度是指沟域内部不同地块的坡度大小、各类坡度地块的空间分布特征，以及不同坡度区间的地块总面积等。根据规划区沟域的实际情况，坡度可以划分为微坡（＜5°）、缓坡（5°～8°（为了数据不致重复或者遗漏，这里及以下显示的区间都包含左边界数值、不含右边界数值））、斜坡（8°～15°）、陡坡（15°～25°）、急坡（25°～35°）和险坡（≥35°）等 6 类，而坡度变化在上述相应坡度范围的土地可以称为微坡地、缓坡地、斜坡地、陡坡地、急坡地和险坡地。

沟域的坡向是指沟域内不同地块的倾向（方向，理论上该倾向在 0°～360°），根据给定的坡度范围可以确定若干主要倾向或者主要坡向。这里以 0°作为起点，以 22.5°作为间隔，可以将理论存在的所有坡向简化为 16 个主要方向，再以 0°、45°、90°、135°、180°、225°、270°、315°这些主方向为中间值，取其前后各 25°范围构成 8 个主要方向，包括北向（坡向范围 337.5°～22.5°）、东北向（坡向范围 22.5°～67.5°）、东向（坡向范围 67.5°～112.5°）、东南向（坡向范围 112.5°～157.5°）、南向（坡向范围 157.5°～202.5°）、西南向（坡向范围 202.5°～247.5°）、西向（坡向范围 247.5°～292.5°）和西北向（坡向范围 292.5°～337.5°）；为方便起见，可以代号分别表示为 0°、45°、90°、135°、180°、225°、270°和 315°。由这些方向可以综合揭示沟域内土地主要倾向于哪个方向，并且统计不同坡向的土地占比等。

下面，以构成白羊芪山的三条沟域——长江峪、白羊峪和圣眷峪为研究对象，分别从其高程—面积关系、坡度—面积关系和坡向—面积关系等方面揭示这些沟域地表的地势、地形变化特征及潜在的规律性。

3.2 长江峪地形空间变化

3.2.1 长江峪地形概况

长江峪是壶流河一级支流，位于广灵县的西南部山区，发源于香炉台的南寒水，由西南向东北流经宽会、香炉台、林关等村，于南村镇南土村汇入壶流河。干流全长 24 千米，河道平均纵坡 26.3‰，糙率 0.03。河流呈"V"字形蜿蜒河段，沙卵石河床，主沟岸线带都是基岩，非常稳定，河床上分布巨型崩塌岩块和碎屑沉积物，沟床基本稳定。流域地理位置介于 113°57′—114°10′E、39°37′—39°44′N。

3.2.2 长江峪高程面积统计分析

长江峪总面积 137.81 平方千米，其高程分布如图 3-1 所示。其总体特征是地势西部高、东部低、北部最低，其沟域内部的海拔高程差异较大，高值区出现在西部主沟和支沟的分水岭及其邻近地段。该沟域最大海拔高程为 2182.7 米，最小海拔高程为 1146.3 米，海拔高程中位数为 1665 米。

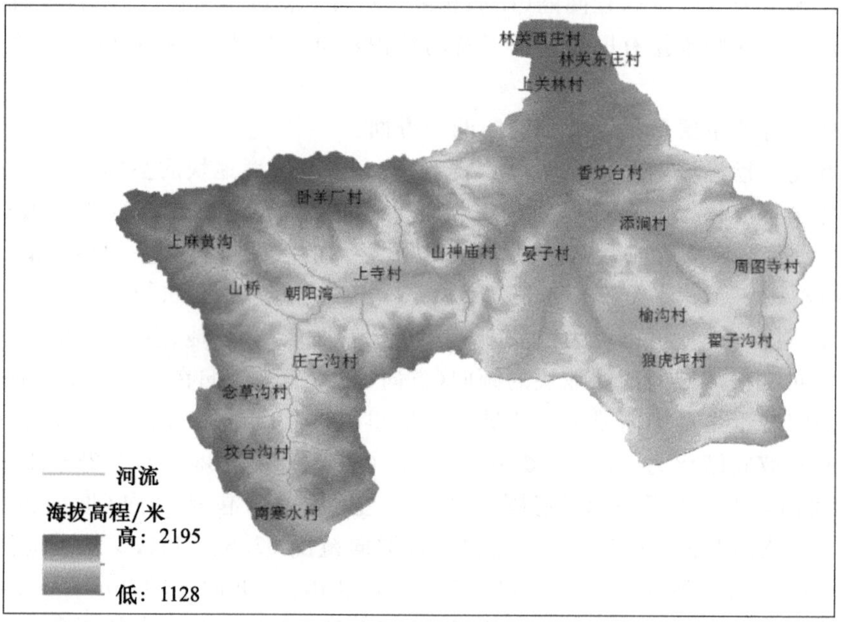

图 3-1 长江峪流域内地势区域变化特征

按照海拔高程间隔 100 米来划分不同的高程区间，统计这些不同高程范围内的沟域面积，其结果如表 3-1 所示。长江峪沟域内具有主导性的海拔高程介于 1700～1800 米(图 3-2)，这一高程范围内的土地总面积达 28.09 平方千米，占该沟域总面积的 20.38%；第二主导性高程区间为 1800～1900 米，这一高程范围内的土地总面积达 26.98 平方千米，占该沟域总面积的 19.58%。在 1600～2000 米海拔高程范围内的土地总面积高达 91.36 平方千米，占该沟域总面积的 66.29%。

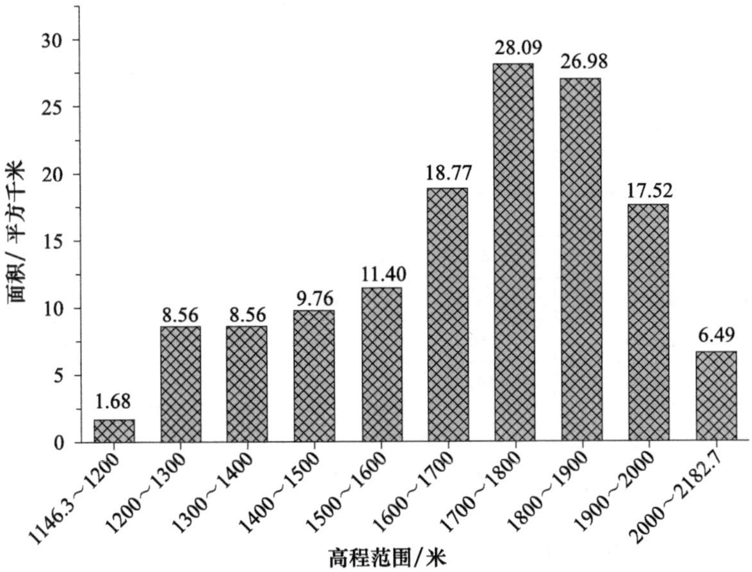

图 3-2　长江峪不同高程区间的土地面积

从长江峪不同高程区间的土地面积直方图可见(图 3-2),各高程区间的土地总面积不具有正态分布规律,而呈现正偏特征,即向海拔高程中位数以上方向偏斜。从不同高程区间的累积土地面积及其累积占比可见(图 3-3),累积曲线斜率最陡和较陡的部分位于 1600～2000 米高程范围内,表明长江峪沟域内主要土地面积分布在该高度范围内,即沟域内黄芪种植的主要地带在该范围中。

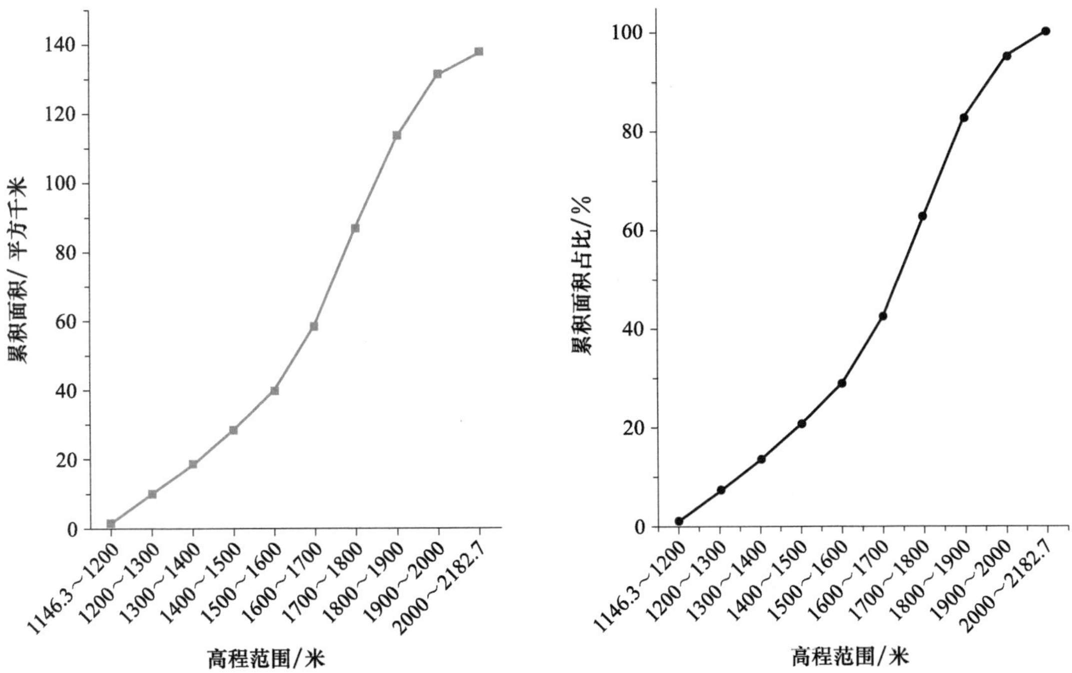

图 3-3　长江峪不同高程区间的累积土地面积(左)及其累积占比(右)

表 3-1　长江峪不同海拔高程区间内的土地面积、累积土地面积及其占比

高程范围/米	面积/平方千米	面积占比/%	高程范围/米	累积面积/平方千米	累积面积占比/%
1146.3～1200	1.68	1.22	1146.3～1200	1.68	1.22
1200～1300	8.56	6.21	1146.3～1300	10.24	7.43
1300～1400	8.56	6.21	1146.3～1400	18.80	13.64
1400～1500	9.76	7.08	1146.3～1500	28.56	20.72
1500～1600	11.40	8.28	1146.3～1600	39.96	29.00
1600～1700	18.77	13.62	1146.3～1700	58.73	42.62
1700～1800	28.09	20.38	1146.3～1800	86.82	63.00
1800～1900	26.98	19.58	1146.3～1900	113.80	82.58
1900～2000	17.52	12.71	1146.3～2000	131.32	95.29
2000～2182.7	6.49	4.71	1146.3～2182.7	137.81	100.00

3.2.3　长江峪坡度面积统计分析

土地的坡度大小、坡度区间土地总面积及其空间分布特征也是反映沟域特色的基本表征参数。长江峪地势梯度变化复杂，各种坡度的空间分布如图 3-4(彩)所示。流域地表平坦的微坡占 6.16 平方千米，占流域总面积的 4.47%(表 3-2，图 3-5)，主要分布在河谷两侧及出口地带，这里的农田可以进行适量的灌溉。缓坡区域的土地面积为 7.37 平方千米，占沟域总面积的 5.35%，主要分布在河谷两侧台地，属于旱地。斜坡区域的土地面积为 30.61 平方千米，占沟域总面积的 22.21%。陡坡地、急坡地和险坡地的土地面积分别为 55.84 平方千米、17.41

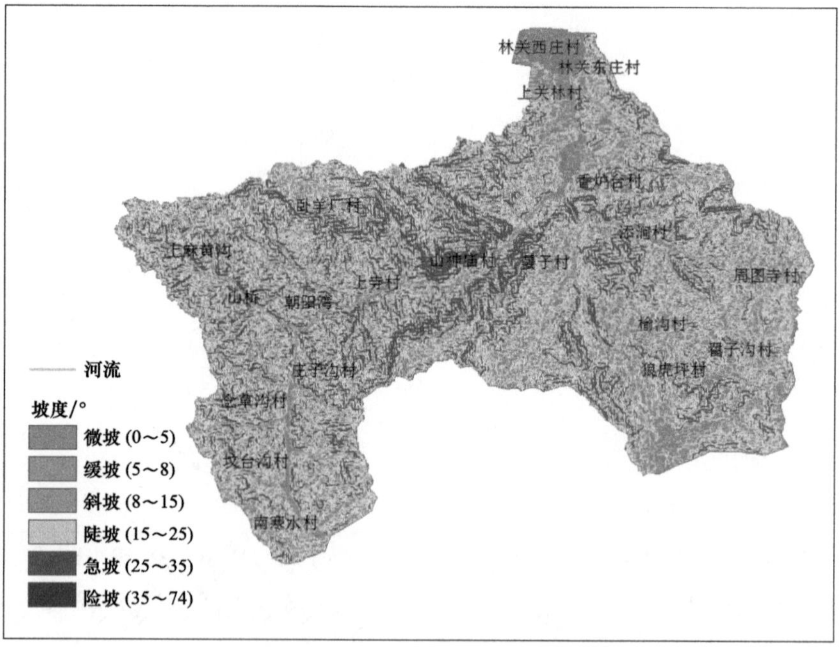

图 3-4　长江峪流域内不同类型坡度区间土地的空间分布特征

平方千米和 20.42 平方千米，各占沟域总面积的 40.52%、12.63%和 14.82%。显然，长江峪境内的陡坡地是主要土地类型，加上急坡地和险坡地，这三类高坡度土地总面积高达 93.67 平方千米，约占沟域总面积的 68%，这些地方因为土地陡峭，所以难以开垦为易于耕作的农田，但有相当一部分土地因为风化层较厚而可以进行黄芪种植。

表 3-2　长江峪不同坡度区间内的土地总面积、累积面积及其占比

坡度类型	面积/平方千米	面积占比/%	坡度类型	累积面积/平方千米	累积面积占比/%
微坡(0°～5°)	6.16	4.47	微坡(0°～5°)	6.16	4.47
缓坡(5°～8°)	7.37	5.35	微坡和缓坡(0°～8°)	13.53	9.82
斜坡(8°～15°)	30.61	22.21	微坡至斜坡(0°～15°)	44.14	32.03
陡坡(15°～25°)	55.84	40.52	微坡至陡坡(0°～25°)	99.98	72.55
急坡(25°～35°)	17.41	12.63	微坡至急坡(0°～35°)	117.39	85.18
险坡(35°～62°)	20.42	14.82	微坡至险坡(0°～62°)	137.81	100.00

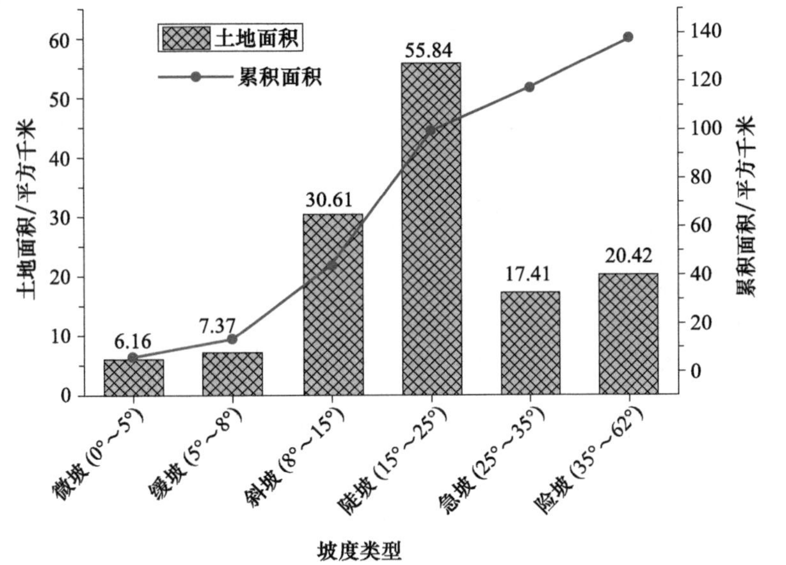

图 3-5　长江峪流域内不同坡度区间的土地面积及累积面积

3.2.4　长江峪坡向面积统计分析

土地的坡向对于生长在其上的植物有着不同的影响，这主要表现在光照强度及时间长短的不同、地表水汇流过程的差异等方面，即影响植物对于地表水分的利用程度和接受热量的差异性。长江峪植被的空间分布受坡向影响显著，具体表现为阴坡多被森林覆盖，而阳坡多为灌木、草地，这实际上反映的是半干旱区平均入渗土壤的水分有限，但阳坡的蒸发比阴坡更为强烈，使得阳坡的土壤水分不足以滋养森林植被，阴坡上的森林植被因为蒸发量相对较小而能够存活。

长江峪土地坡向的空间分布如图 3-6(彩)所示，统计出的 8 个坡向的土地面积及其占比见表 3-3。东北向的土地面积最大且达到 21.92 平方千米，其次为东向可达 20.30 平方千米。除了微不足道的平坦土地(0.01 平方千米)外,西向面积最小,为 14.04 平方千米,西北向次小,为 14.37 平方千米。图 3-7 和图 3-8 更为清晰地揭示了不同坡向的土地面积分布特征,北向、东北向、东向和东南向的土地总面积约为 77.9 平方千米,占沟域总面积的 56.51%,为综合优势坡向。

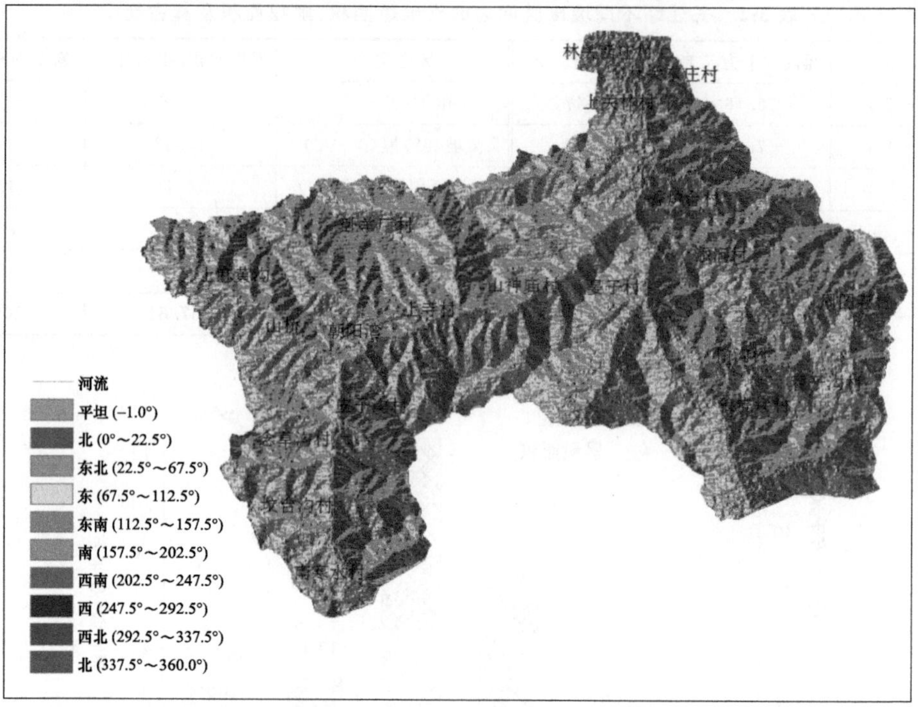

图 3-6　长江峪流域内不同坡向区间的土地空间分布特征

如果把表 3-3 中 8 类主坡向中的南向、东南向和西南向看作为阳坡,北向、东北向和西北向看作为阴坡,那么长江峪阴坡的总面积为 55.22 平方千米,阳坡的总面积为 48.24 平方千米,这两类坡向的土地分别约占长江峪沟域总面积的 40.1%和 35.0%. 显然,阳坡土地面积相对较少,这与沟域的形态和主体走向有关。

表 3-3　长江峪流域内不同坡度区间内的土地面积及其占比

坡向类型	坡向范围/°	坡向代号/°	面积/平方千米	面积占比/%
平坦			0.01	0.01
北向	337.5～22.5	0	18.93	13.74
东北向	22.5～67.5	45	21.92	15.90
东向	67.5～112.5	90	20.30	14.73
东南向	112.5～157.5	135	16.74	12.14
南向	157.5～202.5	180	16.22	11.77
西南向	202.5～247.5	225	15.28	11.09
西向	247.5～292.5	270	14.04	10.19
西北向	292.5～337.5	315	14.37	10.43

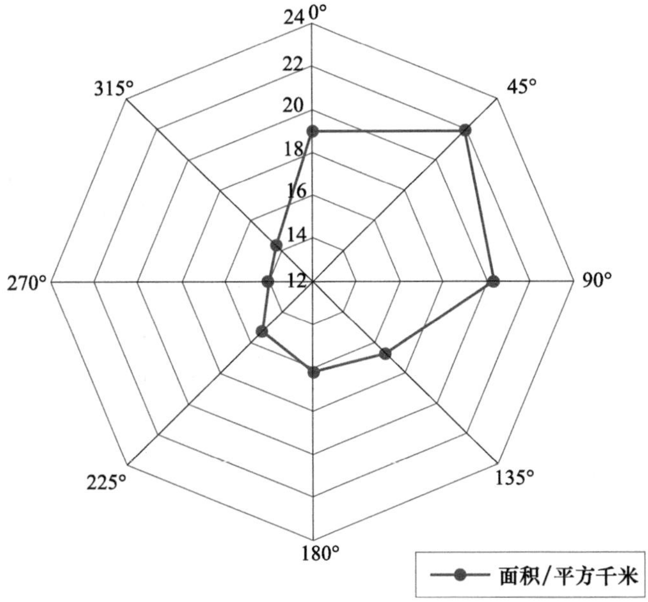

图 3-7　长江峪 8 个主坡向的土地面积统计

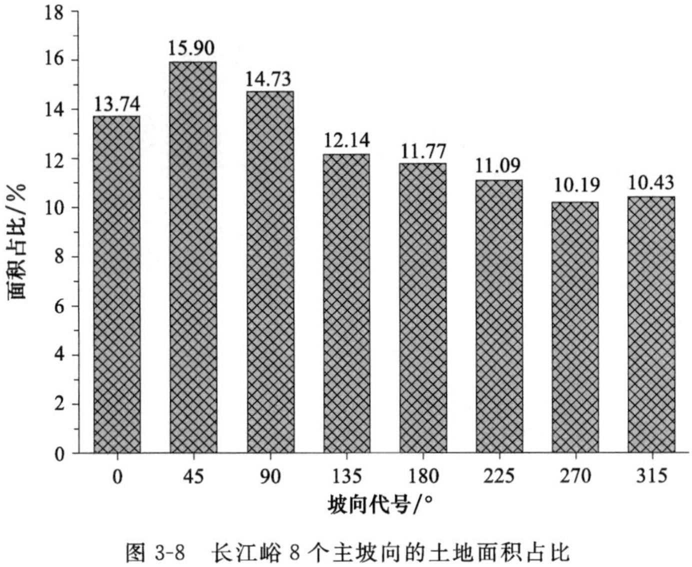

图 3-8　长江峪 8 个主坡向的土地面积占比

3.2.5　长江峪不同区段地形特征比较

长江峪沟域从沟口到河源，从河道、河谷以及两侧山势地貌到土壤植被，均呈现一定的差异性。在生态文明规划过程中，要对自然地理环境差异性进行综合考虑，这是开展国土资源布局与开发建设项目统筹安排的基础。

从河道几何形态、坡度、植被覆盖等自然特征出发，以保持水文单元完整性为原则，兼顾各段主导性生态、社会经济功能，基于 GIS（地理信息系统）平台综合数字高程模型（DEM）、植被覆盖等数据，对长江峪沟域进行上、中、下段的划分工作，如表 3-4 和图 3-9（彩）所示。

长江峪上段村落较多，以山神庙村和晏子村为界，属于沟道上游区域，山体陡峻、植被覆盖相对良好(尤其是阴坡)。上段平均海拔为1838.9米，河道长12.43千米，面积为137.81平方千米，平均坡度为18.7°。这一区域是麻地沟流域生态涵养区，开展生态保护、提升生态质量和涵养水源能力是其主导功能定位。

长江峪中段以榆沟村为中心，河谷地势相对开阔，是若干支流汇集所在地。中段平均海拔为1456.2米，河道长2.56千米，面积为56.26平方千米，平均坡度为23.3°，两侧山体植被相对稀疏。

长江峪下段包括香炉台村、上关林村、林关东庄村、林关西庄村等村落，处于沟道出口与平原相接处。下段平均海拔为1189.4米，河道长4.89千米，面积为18.04平方千米，平均坡度为6.5°。其水资源、交通等条件相对较好，现有经济开发建设基础条件良好。

表3-4　长江峪上、中、下三段特征信息表

分段	长度/千米	面积/平方千米	平均海拔/米	平均坡度/°
上	12.43	137.81	1838.9	18.7
中	2.56	56.26	1456.2	23.3
下	4.89	18.04	1189.4	6.5

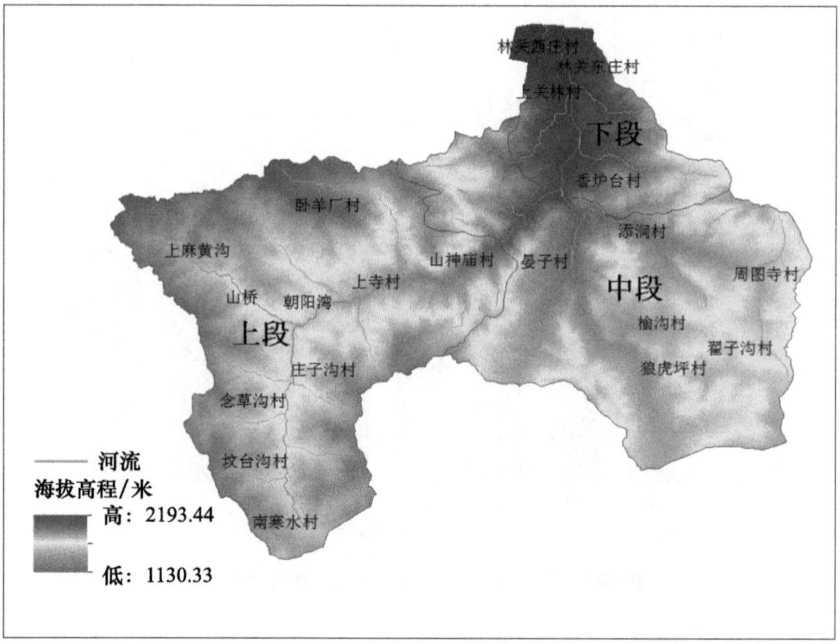

图3-9　长江峪沟域分段

3.3　白羊峪地形空间变化

3.3.1　白羊峪地形概况

白羊峪是壶流河右岸的一级支流，位于广灵县西南部山区，东邻长江峪，西接圣眷峪。白羊峪发源于望狐乡上山羊沟，由西南向东北流经上白羊村、下白羊村，于南村镇北土岭村汇入壶流河。流域面积 3845.34 公顷；干流全长 17.0 千米，平均宽 4.54 千米；主河道平均纵坡 29.6‰。河流断面呈“V”字形，蜿蜒河段，沙卵石河床，河床基本稳定。

3.3.2　白羊峪高程面积统计分析

白羊峪沟域总面积为 38.28 平方千米，沟域水流走向呈西南—东北方向，沟域长轴方向与水流走向相同，高程分布如图 3-10(彩)所示。其总体特征是地势西南部高、东北部低，沟域内部的海拔高程差异较大，高值区出现在西南地区分水岭及其邻近地段。该沟域最大海拔高程为 2219.34 米，比长江峪的最大高程略高一些；最小海拔高程为 1252.54 米，海拔高程中位数为 1736 米。

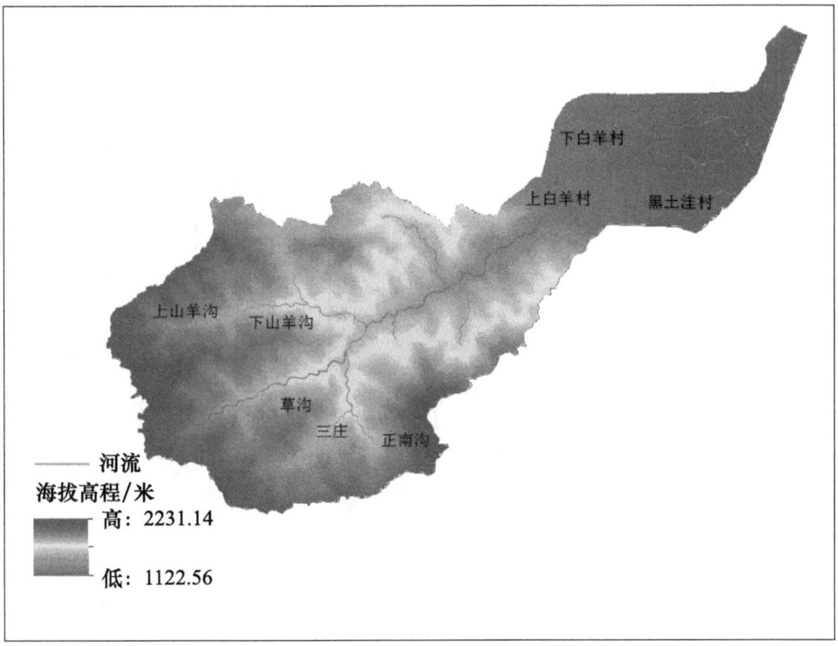

图 3-10　白羊峪流域内地势区域变化特征

以 100 米海拔高程间隔来划分白羊峪境内的不同高程区间，统计这些不同高程范围内的沟域面积，其结果如表 3-5 所示。白羊峪流域内具有主导性的海拔高程介于 1700～2000 米(图 3-11)，这一高程范围内的土地总面积达 22.45 平方千米，占该沟域总面积的 58.66%。土地面积最大的高程区间为 1800～1900 米，该区间的土地总面积为 8.92 平方千米，占白羊峪沟域总面积的 23.30%；土地面积第二大的高程区间为 1900～2000 米，这一高程范围内的土地总面积达 7.58 平方千米，占该沟域总面积的 19.81%。

表 3-5　白羊峪不同海拔高程区间内的土地面积、累积土地面积及其占比

高程范围/米	面积/平方千米	面积占比/%	高程范围/米	累积面积/平方千米	累积面积占比/%
1252.54～1300	0.23	0.60	1252.54～1300	0.23	0.60
1300～1400	0.79	2.06	1252.54～1400	1.02	2.66
1400～1500	1.51	3.95	1252.54～1500	2.53	6.61

续表

高程范围/米	面积/平方千米	面积占比/%	高程范围/米	累积面积/平方千米	累积面积占比/%
1500～1600	2.81	7.34	1252.54～1600	5.34	13.95
1600～1700	4.72	12.33	1252.54～1700	10.06	26.28
1700～1800	5.95	15.55	1252.54～1800	16.01	41.83
1800～1900	8.92	23.30	1252.54～1900	24.93	65.13
1900～2000	7.58	19.81	1252.54～2000	32.51	84.94
2000～2100	4.29	11.20	1252.54～2100	36.80	96.14
2100～2219.34	1.48	3.86	1252.54～2219.34	38.28	100.00

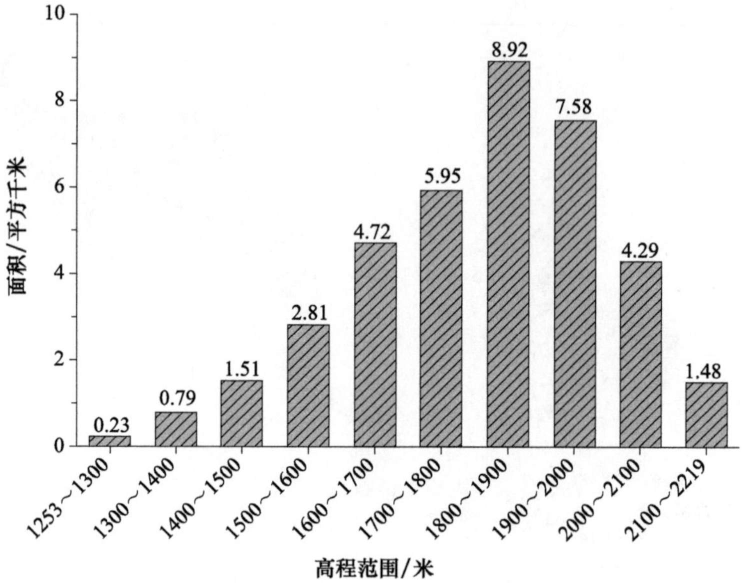

图 3-11　白羊峪不同高程范围内的土地面积统计

从白羊峪不同高程区间的土地面积直方图可见(图 3-11),各高程区间的土地总面积不具有正态分布规律,而呈现出正偏特征,即向海拔高程中位数以上方向偏斜。从不同高程区间的累积土地面积及其累积占比可见(图 3-12),累积曲线斜率最陡和较陡的部分位于 1600～2000 米高程范围内,表明白羊峪流域内主要土地面积分布在这一高度范围内,这与长江峪非常相似。

3.3.3　白羊峪坡度面积统计分析

白羊峪境内土地坡度变化明显,分为西南和东北两大区域,如图 3-13(彩)所示,西南部的土地坡度很陡,空间上坡度变化频繁。流域地表平坦的微坡地仅有 1.08 平方千米,占白羊峪流域总面积的 2.81%(表 3-6,图 3-14),主要分布在河谷地带,常为河道或河道两侧水浇农田。缓坡区域的土地面积为 1.61 平方千米,占沟域总面积的 4.21%,主要分布在河谷两侧台地,属于旱地。斜坡区域的土地总面积为 7.08 平方千米,占白羊峪沟域总面积的 18.49%,这一区域土层较厚,可以开发为梯田。陡坡地、急坡地和险坡地的土地总面积分别为 18.70 平方千米、8.93 平方千米和 0.88 平方千米，分别占沟域总面积的 48.86%、23.34%和 2.29%。显然，白羊峪境内几乎占总土地面积一半的陡坡地是该沟域内分布最广的土地类型。

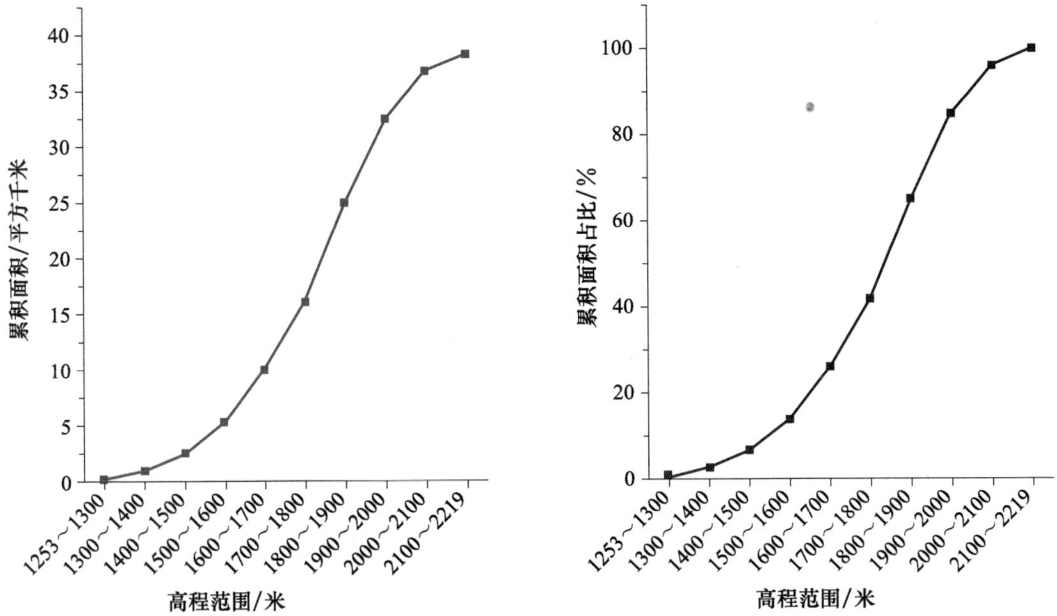

图 3-12　白羊峪不同高程区间的土地面积累积(左)及累积面积占比(右)

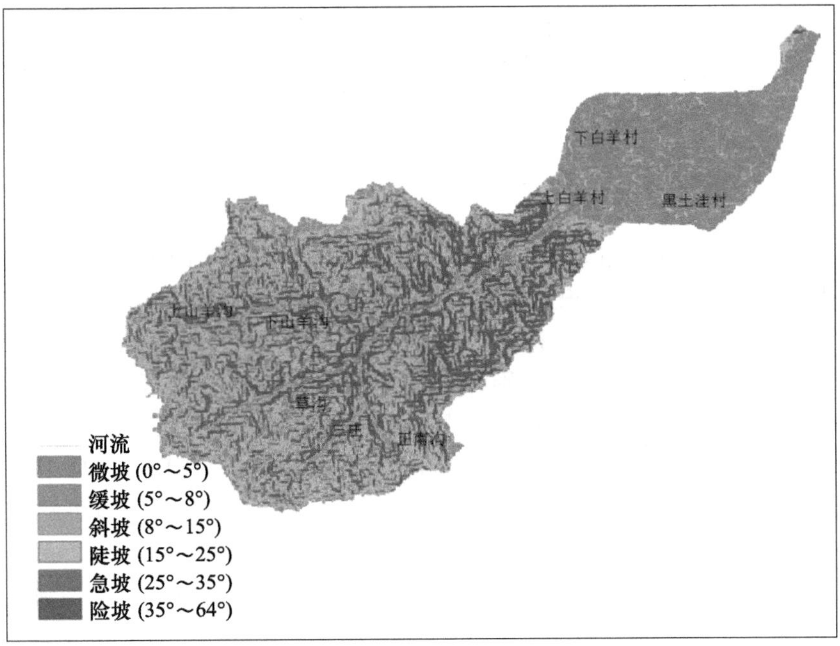

图 3-13　白羊峪流域内不同类型坡度区间内土地的空间分布特征

表 3-6　白羊峪不同坡度区间内的土地总面积、累积面积及其占比

坡度类型	面积/平方千米	面积占比/%	坡度类型	累积面积/平方千米	累积面积占比/%
微坡(0°～5°)	1.08	2.81	微坡(0°～5°)	1.08	2.81
缓坡(5°～8°)	1.61	4.21	微坡和缓坡(0°～8°)	2.69	7.02
斜坡(8°～15°)	7.08	18.49	微坡至斜坡(0°～15°)	9.77	25.51
陡坡(15°～25°)	18.70	48.86	微坡至陡坡(0°～25°)	28.47	74.37
急坡(25°～35°)	8.93	23.34	微坡至急坡(0°～35°)	37.40	97.71
险坡(35°～47°)	0.88	2.29	微坡至险坡(0°～47°)	38.28	100.00

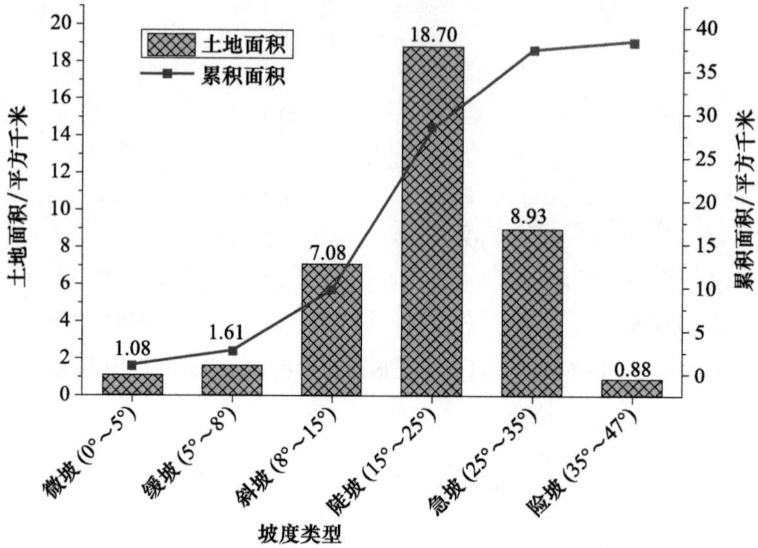

图 3-14　白羊峪沟域境内不同坡度区间的土地面积及其累积面积

3.3.4　白羊峪坡向面积统计分析

白羊峪土地坡向的空间分布如图 3-15(彩)所示，不同坡向区间的土地面积及其占比见表 3-7。与长江峪境内东北向的土地面积占比最大不同，白羊峪境内北向分布的土地面积最大，达到 6.82 平方千米(图 3-16)，占沟域总面积的 17.81%(图 3-17)，面积占比居第二、第三和第四位的依次为东北向、东向和东南向，其面积分别为 6.16 平方千米、5.68 平方千米和 5.37 平方千米，分别占沟域总面积的 16.10%、14.83%和 14.04%。然后是西北向的土地，其总面积为 4.98 平方千米，占沟域总面积的 12.98%。由雷达图可见(图 3-16)，该沟域坡向朝西南、西、南三个方向的土地总面积依次为最小、小和较小，其面积分别占沟域总面积的 7.38%、7.92%和 8.92%(图 3-17)。

表 3-7　白羊峪不同类型坡向区间的土地面积及其占比

坡向类型	坡向范围/°	坡向代号/°	面积/平方千米	面积占比/%
平坦			0.01	0.02
北向	337.5～22.5	0	6.82	17.81
东北向	22.5～67.5	45	6.16	16.10
东向	67.5～112.5	90	5.68	14.83

续表

坡向类型	坡向范围/°	坡向代号/°	面积/平方千米	面积占比/%
东南向	112.5～157.5	135	5.37	14.04
南向	157.5～202.5	180	3.41	8.92
西南向	202.5～247.5	225	2.83	7.38
西向	247.5～292.5	270	3.03	7.92
西北向	292.5～337.5	315	4.98	12.98

图 3-15　白羊峪流域内不同坡向区间的土地空间分布特征

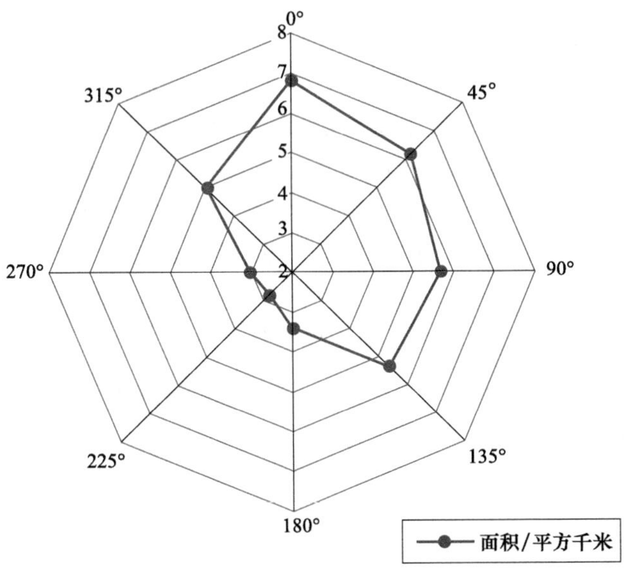

图 3-16　白羊峪 8 个主坡向上的土地面积统计

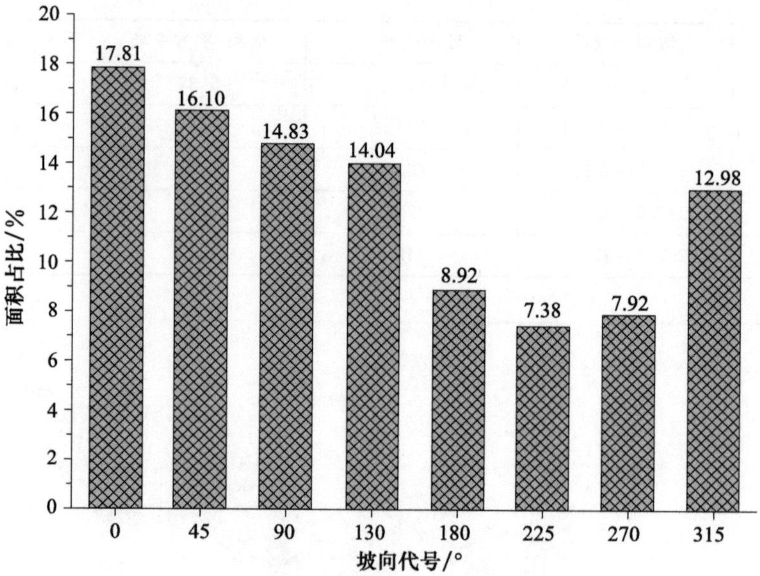

图 3-17　白羊峪 8 个主坡向上的土地面积占比

3.3.5　白羊峪不同区段地形特征比较

白羊峪沟域从沟口到河源，从河道、河谷以及两侧山势地貌到土壤植被，均呈现一定的差异性。在生态文明规划过程中，要对自然地理环境差异性进行综合考虑，这是开展国土资源布局与开发建设项目统筹安排的基础。

从河道几何形态、坡度、植被覆盖等自然特征出发，以保持水文单元完整性为原则，兼顾各段主导性生态、社会经济功能，基于 GIS 平台 DEM、植被覆盖等数据，对白羊峪沟域进行上、中、下段的划分工作(表 3-8，图 3-18(彩))。

白羊峪境内村落分布较少，上段主要包括上山羊沟、下山羊沟、草沟、三庄、正南沟等 5 个村落，属于沟道上游区域，山体陡峻、植被覆盖相对良好(尤其是阴坡)。上段平均海拔为 1869.5 米，河道长 5.41 千米，面积为 20.49 平方千米，平均坡度为 19.3°。这一区域是麻地沟流域生态涵养区，开展生态保护、提升生态质量和涵养水源能力是主导功能定位。

中段无村落分布，河谷地势相对开阔，是若干支流汇集所在地。中段平均海拔为 1413.7 米，河道长 2.76 千米，面积为 8.29 平方千米，平均坡度为 22.1°，两侧山体植被相对稀疏。

下段包括黑土洼村、上白羊村、下白羊村等村落，处于沟道出口与平原相接处。下段平均海拔为 1165.5 米，河道长 1.51 千米，面积为 9.50 平方千米，平均坡度为 8.9°。其水资源、交通等条件相对较好，现有经济开发建设基础条件良好。

表 3-8　白羊峪上、中、下三段特征信息表

分段	长度/千米	面积/平方千米	平均海拔/米	平均坡度/°
上	5.41	20.49	1869.5	19.3
中	2.76	8.29	1413.7	22.1
下	1.51	9.50	1165.5	8.9

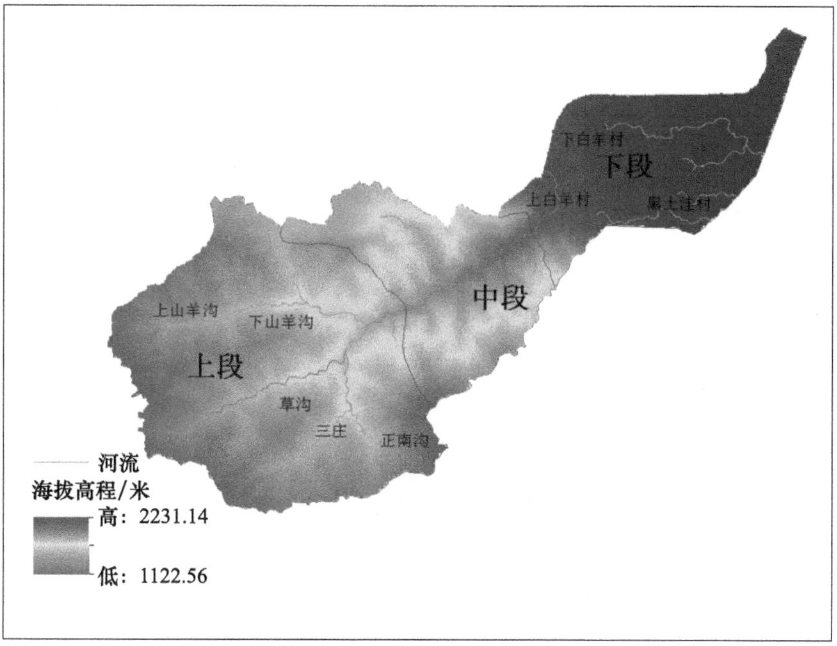

图 3-18　白羊峪沟域分段

3.4　圣眷峪地形空间变化

3.4.1　圣眷峪地形概况

圣眷峪是壶流河的一级支流，其地理位置介于 113°54′—114°06′E、39°44′—39°45′N，流域总面积 18.36 平方千米，位于广灵县西南部黄土丘陵沟壑区，发源于望狐乡刘庄，由西向东流经望狐乡，于水涧折向南流经梁庄、南村等乡镇的村庄，于南村镇的北土村汇入壶流河。其干流全长 31.5 千米，河道平均纵坡 14.2‰，糙率 0.03。沟域主河道其横断面呈“V”字形，河道的平面形态具有弯曲河流的特性，中下游河床沉积物较细因而易于被水流冲刷，河床稳定性较差。

3.4.2　圣眷峪高程面积统计分析

圣眷峪的沟域水流为南—北走向，沟域长轴方向与水流走向相同，其高程分布如图 3-19（彩）所示。其总体地势特征是南部低、北部高，沟域南部分水岭及附近土地的海拔高程差异较大，中部到北部的海拔高程差异较小。海拔高程的高值区出现在沟域南部地区的分水岭一带。该沟域最大海拔高程为 2219.6 米，和白羊峪的最大高程大致相当；最小海拔高程为 1437.4 米，比白羊峪和长江峪明显偏高，这也正是该沟域相较于前二者位于壶流河更上游的特征的客观反映；海拔高程中位数为 1828.3 米，分别比长江峪和白羊峪海拔高程中位数高 163.3 米和 92.3 米。显然，这三条沟域的海拔高程中位数具有沿着壶流河流域向上游明显升高的变化趋势。

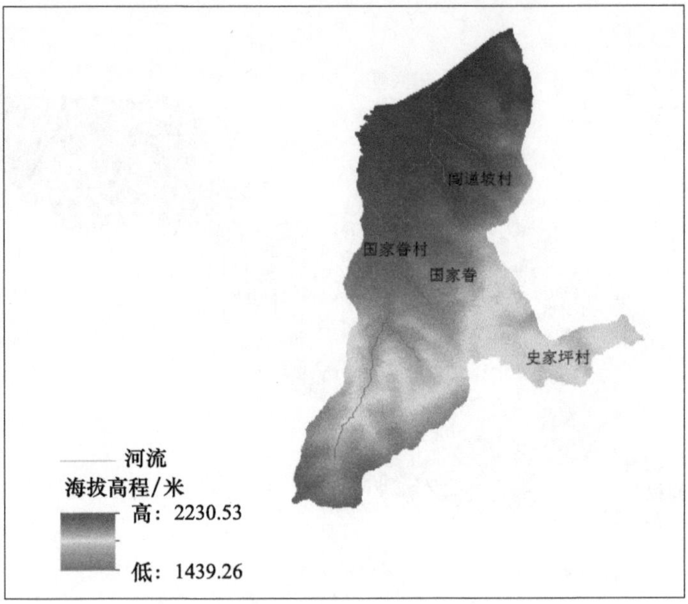

图 3-19　圣眷峪流域内地势区域变化特征

以 100 米海拔高程间隔来划分圣眷峪境内的不同高程区间，统计这些不同高程范围内的沟域面积，其结果如表 3-9 所示。圣眷峪流域内具有主导性的海拔高程介于 1437.4～1700 米(图 3-20)，这一高程范围内的土地总面积达 10.83 平方千米，占该沟域总面积的 58.97%。土地面积最大的高程区间为 1500～1600 米，该区间的土地总面积为 4.08 平方千米，占圣眷峪沟域总面积的 22.21%；土地面积第二大的高程区间为 1437.4～1500 米，这一高程范围内的土地总面积达 3.73 平方千米，占该沟域总面积的 20.30%。

表 3-9　圣眷峪不同海拔高程区间内的土地面积、累积土地面积及其占比

高程范围/米	面积/平方千米	面积占比/%	高程范围/米	累积面积/平方千米	累积面积占比/%
1437.4～1500	3.73	20.30	1437.4～1500	3.73	20.30
1500～1600	4.08	22.21	1437.4～1600	7.81	42.51
1600～1700	3.02	16.46	1437.4～1700	10.83	58.97
1700～1800	2.27	12.39	1437.4～1800	13.10	71.36
1800～1900	2.18	11.89	1437.4～1900	15.28	83.25
1900～2000	1.28	6.95	1437.4～2000	16.56	90.20
2000～2100	1.20	6.56	1437.4～2100	17.76	96.76
2100～2200	0.58	3.14	1437.4～2200	18.34	99.90
2200～2219.6	0.02	0.10	1437.4～2219.6	18.36	100.00

从圣眷峪不同高程区间的土地面积直方图可见(图 3-20)，各高程区间土地总面积不具有正态分布规律，而呈现出明显的负偏特征，即向海拔高程中位数以下方向偏斜。随着海拔高程的升高，其不同高程区间土地面积大致呈现出显著减少的变化趋势，有别于长江峪和白羊峪境内土地面积随高程变化的趋势。

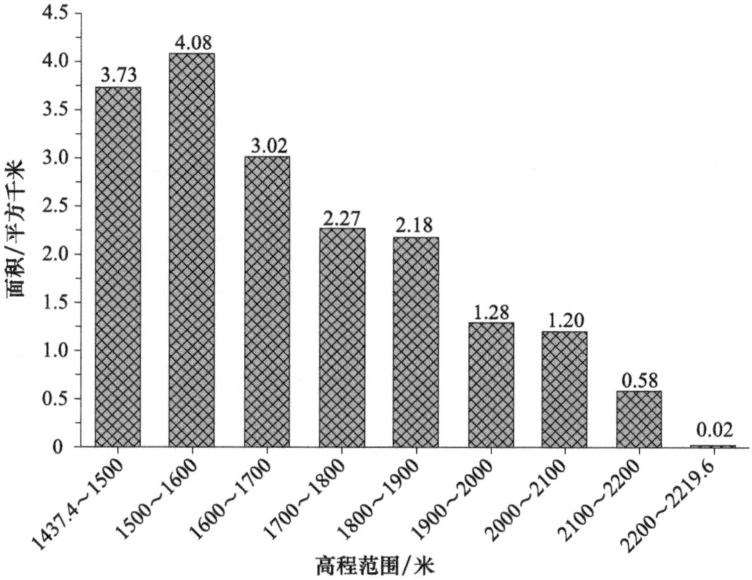

图 3-20　圣眷峪不同高程区间土地面积统计

从不同高程区间的累积土地面积及其累积占比可见(图 3-21)，累积曲线斜率最陡的部分全部位于海拔高程较低的范围内(1700 米以下)，这表明圣眷峪流域内主要土地面积分布在低海拔高程这一高度范围内。此外，累积曲线的斜率随着海拔高程的升高而降低，这一变化趋势也明显有别于长江峪和白羊峪主要以中高海拔高程的土地为主这一特征。

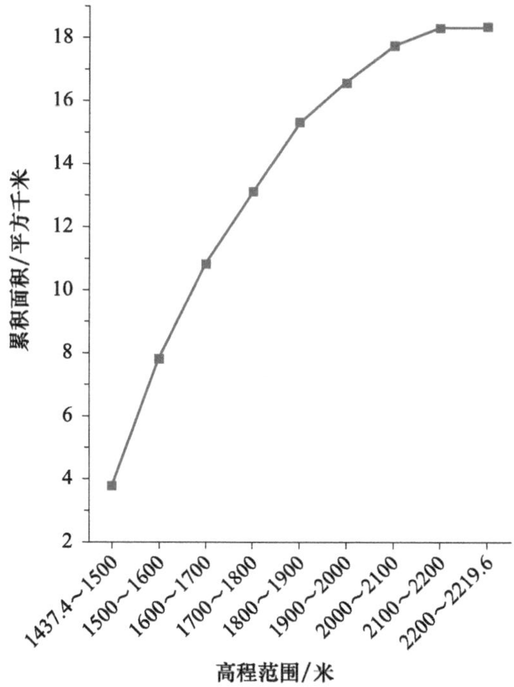

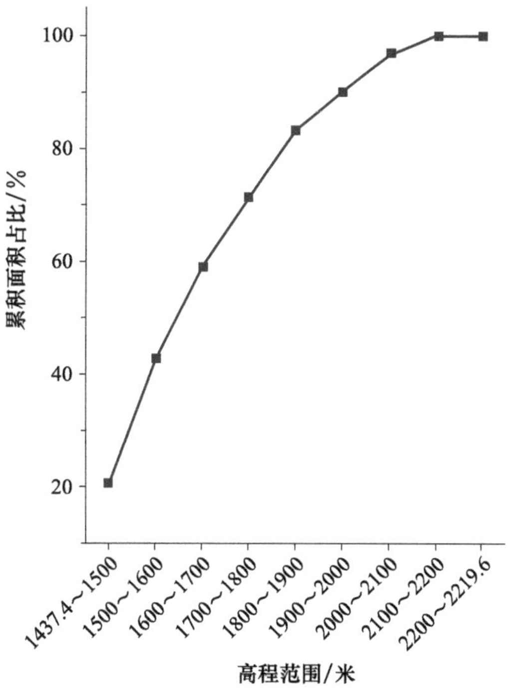

图 3-21　圣眷峪不同高程区间土地面积统计

3.4.3 圣眷峪坡度面积统计分析

圣眷峪境内土地坡度变化明显，分为西北部的低坡度区和其他地区的较高坡度区两大主要区域(图 3-22(彩))。流域地表平坦的微坡地总面积为 3.97 平方千米，占圣眷峪流域总面积的 21.63％(表 3-10，图 3-23)，主要分布在河谷地带，常为河道或河道两侧水浇农田。缓坡区域的土地总面积为 2.66 平方千米，占沟域总面积的 14.50％，主要分布在河谷两侧台地，属于旱地。斜坡区域的土地总面积为 4.81 平方千米，占沟域总面积的 26.18％。陡坡地、急坡地和险坡地的土地总面积分别为 5.04 平方千米、1.87 平方千米和 0.01 平方千米，分别占沟域总面积的 27.44％、10.23％和 0.02％。显然，圣眷峪境内险坡地总面积极小，几乎可以忽略不计。纵观全域可以发现，圣眷峪沟域中以陡坡地和斜坡地为主要土地类型，二者合计面积为 9.84 平方千米，占全沟域总面积的 53.62％。

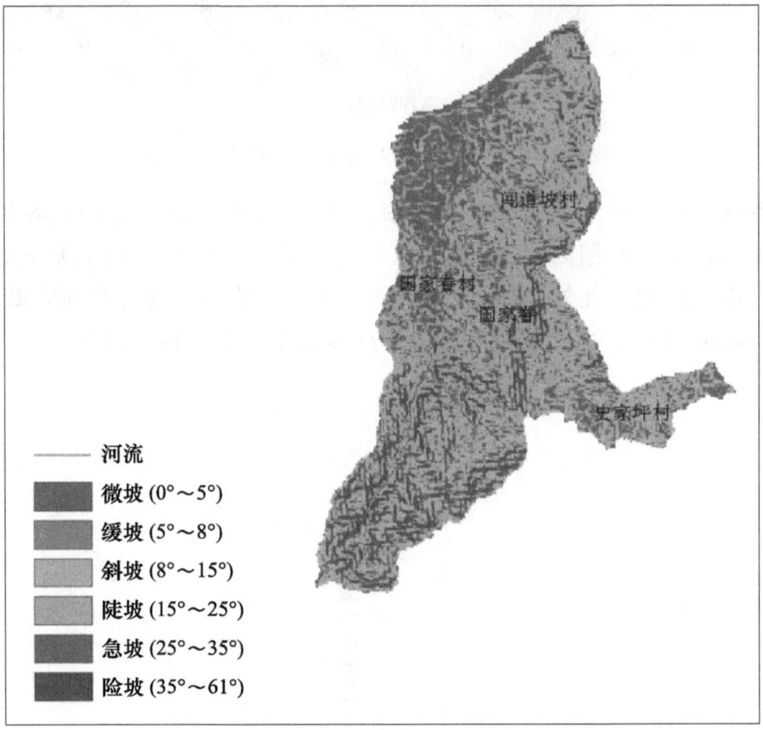

图 3-22　圣眷峪流域内不同类型坡度土地的空间分布特征

表 3-10　圣眷峪不同坡度区间内的土地面积、累积面积及其占比

坡度类型	面积/平方千米	面积占比/％	坡度类型	累积面积/平方千米	累积面积占比/％
微坡(0°～5°)	3.97	21.63	微坡(0°～5°)	3.97	21.63
缓坡(5°～8°)	2.66	14.50	微坡和缓坡(0°～8°)	6.63	36.13
斜坡(8°～15°)	4.81	26.18	微坡至斜坡(0°～15°)	11.44	62.31
陡坡(15°～25°)	5.04	27.44	微坡至陡坡(0°～25°)	16.48	89.75
急坡(25°～35°)	1.87	10.23	微坡至急坡(0°～35°)	18.35	99.98
险坡(35°～47°)	0.01	0.02	微坡至险坡(0°～47°)	18.36	100.00

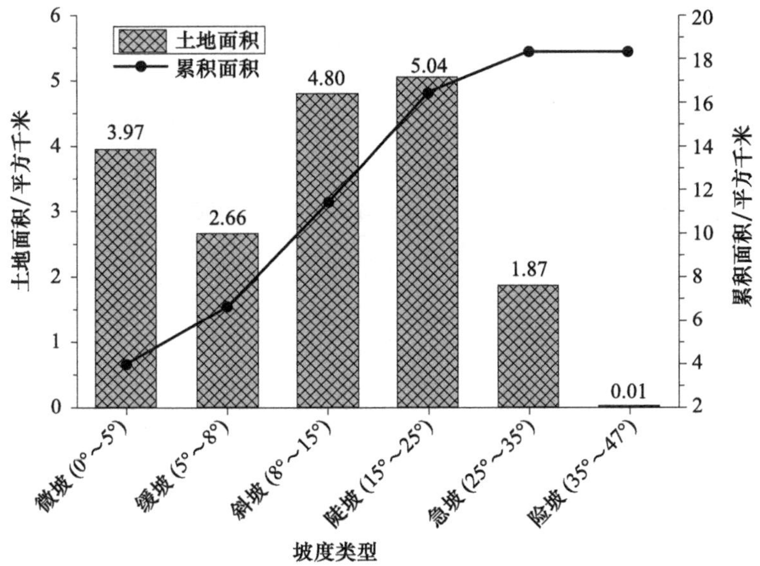

图 3-23　圣眷峪流域内不同坡度区间的土地面积分布特征

3.4.4　圣眷峪坡向面积统计分析

圣眷峪土地坡向的空间分布如图 3-24(彩)所示，不同坡向区间的土地面积及其占比见表 3-11。圣眷峪境内北向分布的土地面积最大，达到 3.12 平方千米(图 3-25)，占沟域总面积的 17.00%(图 3-26)，面积占比居第二和第三位的依次为东北向和东向，其面积分别为 2.88

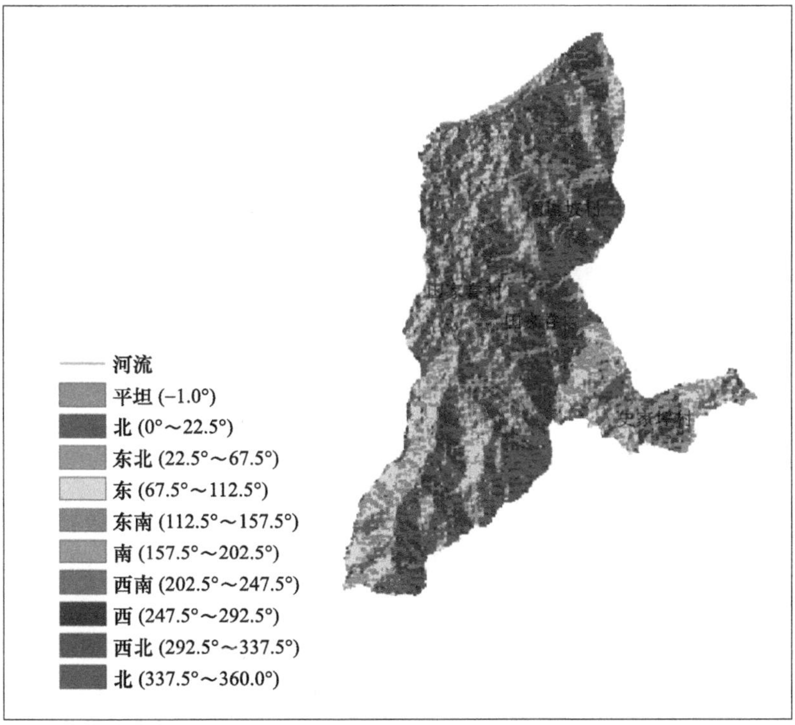

图 3-24　圣眷峪流域内不同坡向区间的土地空间分布特征

平方千米和 2.65 平方千米，分别占沟域总面积的 15.67%和 14.42%。由坡度分布的雷达图可见(图 3-25)，该沟域坡向朝西、西北和西南三个方向的土地的总面积依次为最小、小和较小，其面积分别占沟域总面积的 9.58%、9.84%和 10.55%(图 3-26)。坡度雷达图还揭示了下述现象，即从北向(0°)开始，沿着逆时针方向，除了西北向外，其他不同坡向区间的土地总面积均逐渐减小。

表 3-11　圣眷峪不同类型坡向区间的土地面积及其占比

坡向类型	坡向范围/°	坡向代号/°	面积/平方千米	面积占比/%
平坦			0	0.02
北向	337.5～22.5	0	3.12	17.00
东北向	22.5～67.5	45	2.88	15.67
东向	67.5～112.5	90	2.65	14.42
东南向	112.5～157.5	135	2.14	11.66
南向	157.5～202.5	180	2.07	11.26
西南向	202.5～247.5	225	1.94	10.55
西向	247.5～292.5	270	1.76	9.58
西北向	292.5～337.5	315	1.81	9.84

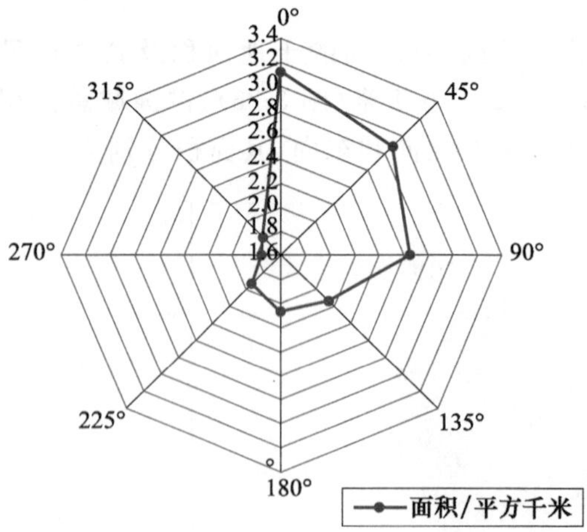

图 3-25　圣眷峪 8 个主坡向上的土地面积统计

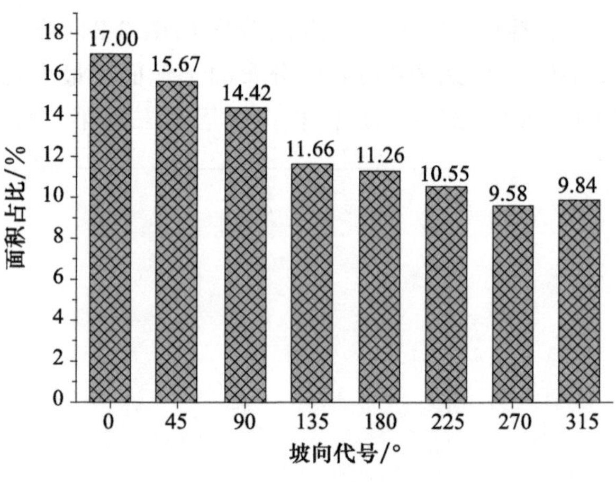

图 3-26　圣眷峪 8 个主坡向上的土地面积占比

3.4.5　圣眷峪不同区段地形特征比较

圣眷峪沟域从沟口到河源，从河道、河谷以及两侧山势地貌到土壤植被，均呈现一定的差异性。在生态文明规划过程中，要对自然地理环境差异性进行综合考虑，这是开展国土资源布局与开发建设项目统筹安排的基础。

从河道几何形态、坡度、植被覆盖等自然特征出发，以保持水文单元完整性为原则，兼顾各段主导性生态、社会经济功能，基于 GIS 平台 DEM、植被覆盖等数据，对圣眷峪沟域进行上、中、下段的划分(图 3-27(彩)，表 3-12)。

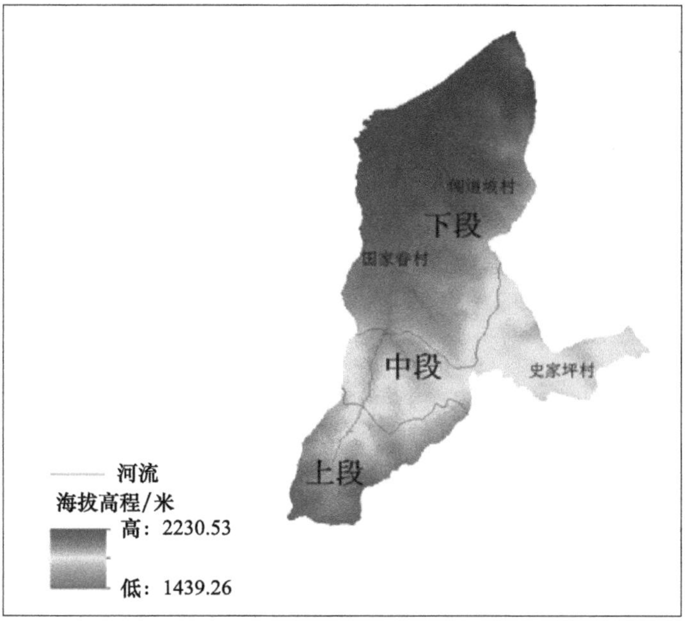

图 3-27　圣眷峪沟域分段

表 3-12　圣眷峪上、中、下三段特征信息表

分段	长度/千米	面积/平方千米	平均海拔/米	平均坡度/°
上	0.82	2.88	1936.7	23.5
中	1.23	4.62	1616.8	13.9
下	4.17	10.86	1485.3	4.6

圣眷峪上段无村落分布，属于沟道上游区域，山体陡峻、植被覆盖相对良好（尤其是阴坡）。上段平均海拔为 1936.7 米，河道长 0.82 千米，面积为 2.88 平方千米，平均坡度为 23.5°。这一区域是圣眷峪流域生态涵养区，开展生态保护、提升生态质量和涵养水源能力是主导功能定位。

中段境内也无村落分布，河谷地势相对开阔，是若干支流汇集所在地。中段平均海拔为 1616.8 米，河道长 1.23 千米，面积为 4.62 平方千米，平均坡度为 13.9°，两侧山体植被相对稀疏。

下段包括史家坪村、国家眷村、闯道坡村等村落，处于沟道出口与平原相接。下段平均海拔为 1485.3 米，河道长 4.17 千米，面积为 10.86 平方千米，平均坡度为 4.6°。其水资源、交通等条件相对较好，现有经济开发建设基础条件良好。

3.5　沟域间地形变化的相似相异性

前面简述了长江峪、白羊峪和圣眷峪三条沟域各自地形变化的趋势及规律。下面，将这三条沟域的相关特性进行对比，以比较它们之间的地形在空间分布及变化上的相似性及差异性。

3.5.1 沟域间土地面积随高程变化比较

图 3-28 展示的是长江峪、白羊峪和圣眷峪三条沟域在不同高程下的土地面积占比的变化趋势。由此可见，三条沟域之间既有相似性，也有差异性。

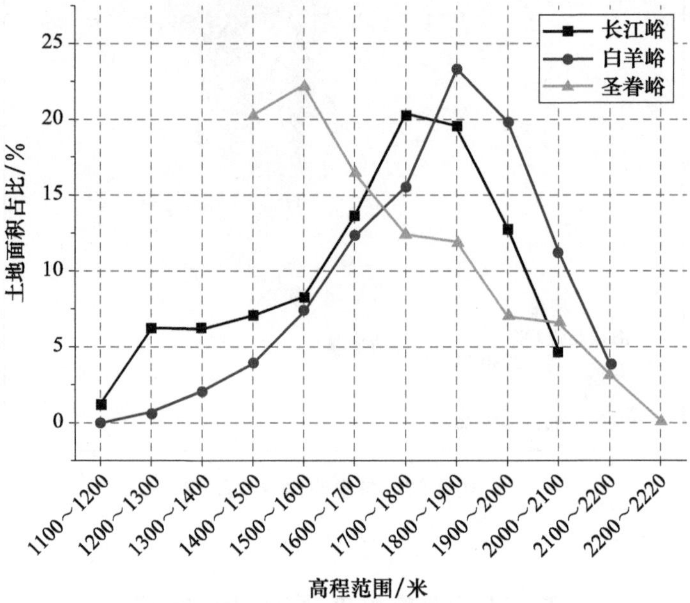

图 3-28 长江峪、白羊峪和圣眷峪不同高程下的土地面积占比变化趋势

相似性在长江峪和白羊峪间相对更为明显。虽然二者最大土地面积占比分别出现在 1700～1800 米和 1800～1900 米的高程范围内，这是二者的些许不同处；但是在此高峰值之前，它们的土地面积占比都随着高程区间值的增大而增大；在此高峰值之后，它们的土地面积占比都随着高程区间值的增大而减小。相对来说，圣眷峪的最大和次大土地面积占比分别出现在高程区间 1500～1600 米和 1400～1500 米，且二者差异不大，不存在高程更低的区域，其土地面积占比曲线总体上表现为逐渐下降的折线。各条沟域中出现的最大高程区间由东向西(即从长江峪向白羊峪再向圣眷峪方向)有所增大，这与壶流河流域南部分水岭西高东低的总体地势特征一致。

3.5.2 沟域间土地面积随坡度变化比较

长江峪、白羊峪和圣眷峪三条沟域在不同坡度区间的土地面积占比的变化趋势如图 3-29 所示。由此可见，三条沟域之间既有相似性，也存在差异性。

三条沟域土地面积占比最大的坡度区间都是 15°～25°，相对来说，该区间白羊峪的土地面积占比最大，高达 48.86％，长江峪次之，为 40.52％，圣眷峪最小，为 27.44％。此外，圣眷峪在低坡度(＜15°)的土地面积占比远高于长江峪和白羊峪，表明圣眷峪中益于耕种的土地面积占比相较于其他两条沟域更大。长江峪除了在大于(或等于)35°坡度范围的土地面积占比相较于其紧邻的低坡度区间更大以外，其他各区间的土地面积占比随坡度变化趋势均与白羊峪十分相似。

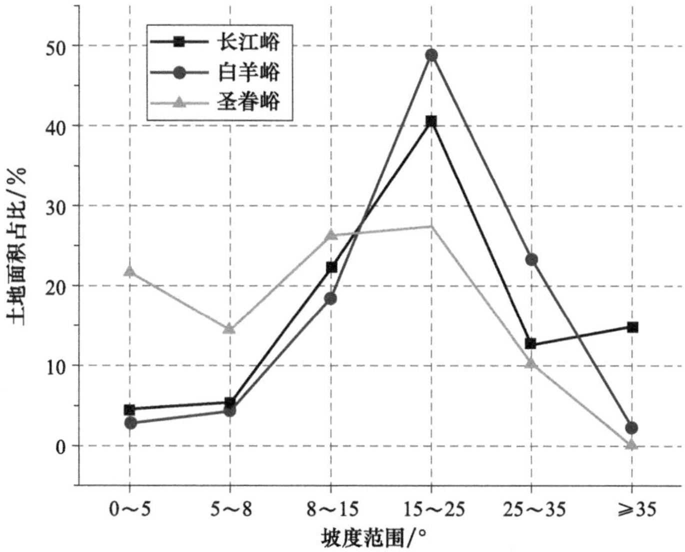

图 3-29　长江峪、白羊峪和圣眷峪不同坡度区间的土地面积占比变化趋势

3.5.3　沟域间土地面积随坡向变化比较

长江峪、白羊峪和圣眷峪三条沟域在不同坡向的土地面积占比的变化趋势如图 3-30 所示。由此可见，三条沟域之间的相似性总体上较高，但差异性不容忽视。

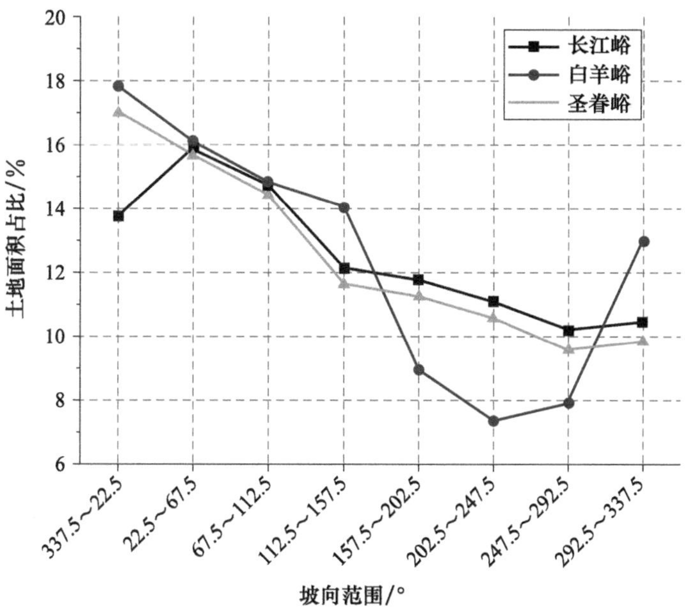

图 3-30　长江峪、白羊峪和圣眷峪不同坡向的土地面积占比变化趋势

这三条沟域不同坡向的土地面积占比，在从北向东再向南的顺时针方向上总体具有逐渐变小的趋势，例外情况仅体现在长江峪北向（337.5°～22.5°）土地面积占比相较于其东北向（22.5°～67.5°）较低，以及白羊峪在西向（247.5°～292.5°）和西北向（292.5°～337.5°）的土地

面积占比相较之前呈现依次增大的趋势。从土地面积占比随坡向变化的关系上可见，长江峪和圣眷峪极为相似，而白羊峪在南向、西南向和西向的土地面积占比远小于前二者。

无论如何，这三条沟域的土地坡向都以北向、东北向和东向为主。其中，北向和西北向的土地年接受的太阳辐照时间相对较少、辐照强度相对较低，这是半干旱区域防止土地水分过多蒸发的优势方向。因此，在这些坡向的土地上种植作物或黄芪等多年生药用植物，可以保证其成活率和产量。

第 4 章　白羊芪山峪口以上的微地貌景观及地表物质

白羊芪山涉及的三条沟域，基本都由峪口以内（以上）的汇水区域和峪口以外（以下）的冲积扇或者洪积扇两个基本地貌单元组成。

根据沟域地貌、地形、地势和水流动力空间变化机制可知，一个沟域的汇水是降水时坡面水流逐渐汇聚于主流并最终在主沟道的沟域口排出的过程，通常情况下这是一个沟道水流流量持续增大的过程，也是坡面沟道发生侵蚀而大量输沙的过程。而在峪口之外，由于地貌单元已经由山地河谷逐渐变为山前平原，河道的比降相较峪口以上区域也已大幅度变小，河流水动力也随之急剧变弱，由此而成为一个水流开始分散、流速变缓、河流泥沙大量淤积的过程。也可以说沟域的峪口以上区域基本上是一个水流发生侵蚀的区域，而峪口以下区域则是以水流大幅度下载而以沉积为主的区域，可见，这两个区域的水动力及其与地表物质的相互作用机制是完全不同的。有鉴于此，对白羊芪山沟域微地貌景观及其地表物质组成特征的研究也依照峪口位置而分上下两个不同区域解读。

考虑到一个同类地貌和地质单元的小区域内并列出现的沟域，它们在地貌演变和地表物质冲淤过程中存在着诸多共性，而彼此的差异性毕竟有限，因此，这里不再针对单个沟域而分别进行微地貌及地表组成特征的阐述，而是以长江峪、白羊峪和圣眷峪三条沟域在其侵蚀区域或沉积区域所呈现出的同类微地貌单元，来总结其所赋存的共性，揭示其特征。

下面，以白羊芪山各条沟域的侵蚀区为研究对象，主要从沟域的沟床、沟谷、沟坡、山脊等微地貌解读其各自特征。至于沟域的峪口以下区域的冲积扇或洪积扇微地貌，将在第 5 章进行详述。

4.1　白羊芪山沟域的沟床特征

在沟域的侵蚀区，从下游向上游，或者从谷底到分水岭，存在的典型微地貌首先是沟床（图 4-1），这是经受沟域内最大洪水的最强烈侵蚀而形成的过水通道。其横断面通常是“V”形，当然，在一些沟谷相对较宽的地段，由于水流可在侧向发生往复摆动，因此也会形成横向高差并不悬殊的似“U”形沟床面。

长江峪和白羊峪沟床的纵向坡度相较于其他地貌单元变得显著平缓，床面横向高差不显著，结合沟谷两侧的沟坡形态，总体上依然呈现“V”形河谷特征。长江峪沟床沉积物大小相差悬殊（图 4-1），有分散分布的漂石粗砾，然而，大面积沉积的却是中砾至粗沙等，床面沉积物分选差。由于大小沉积物混杂在一起，沟床沉积物内部的孔隙度比较发育，因此，长江峪沟口沟床在干旱时不见床面径流，小的水流基本在沉积物的孔隙中潜流。这些现象表明，沟床沉积物是不同水位、不同流速等水动力条件下的水流冲淤的结果。

图 4-1　白羊茋山长江峪(左)和白羊峪(右)沟床特征(王随继/拍摄)

对于白羊峪来说，由于该沟域植被覆盖度高，无论是森林还是草被都生长茂密，沟域中较粗的泥沙来源少，使得沟口附近沟床的沉积物相对较细，很少发现漂石和巨砾沉积物，而是以中砾以下的沉积物为主。同时，沙砾沉积物中的泥质和黏土质沉积物填隙物相对发育，因此，在旱季时也可见床面有径流流动(图 4-1)。在白羊峪沟口沟床上能够沉积泥质沉积物，是因为沟床的边部有树木生长，这些树木根系阻止泥沙被侵蚀，从而形成局部稳定的床面环境，这有利于草本植物的发育和生长。树木和草被共同稳固了沟床边部的床面环境。

随着水流大小的变化，沟床沉积物冲淤状况也会发生变化。当汛期发生洪水时，携带大量泥沙的山洪具有强劲的冲击力和冲刷能力，这时，沟床相对较细的沉积物会被水流冲刷而重新向下游搬运，其中有相当一部分的泥沙会被搬运出峪口，并参与冲积扇或者洪积扇环境部位的沉积过程；而那些粒径相对较大的巨砾和卵石甚至漂石，也会在水流的强劲冲击下发生移位或翻转，从而引起粗粒物质的重新排列，即导致沟床的沉积结构进行必要的调整。洪水过程中，沟床上因侵蚀作用而形成的侵蚀槽、冲刷坑等，会在洪水后期水位逐渐降低过程中被较弱水流带来的较细沉积物所填充，使洪水过程中河床差异化冲刷而形成的高滩低槽等较大的起伏状态逐渐恢复至如洪水之前的状态。因此，沟床的外貌也总在变化之中，其沉积物的颗粒空间分布和沉积结构也是经常发生变化的。

4.2　白羊茋山沟域的沟谷特征

白羊茋山沟域的沟谷整体上呈现出“V”形特征，其中一级支沟以及二级支沟更为典型(图 4-2)。由于“V”形沟谷谷坡朝向不同的缘故，植被在沟谷两侧的发育程度出现较大差别，其中阴坡植被发育好、长势高而茂密，以森林植被为主；而阳坡植被稀疏低矮，且以草本为主。

图 4-2　白羊峪沟谷临近沟头处的沟谷形态及森林植被和草本植被长势和区域分布的分异特征(王随继/拍摄)

圣眷峪的主沟谷和支沟谷基本都呈现“V”形(图 4-3)。主沟谷受到人类活动的影响很大，包括疏浚和护岸工程在内的沟道整治，以及公路修建等，使得沟谷底部的形态呈现非自然属性；支沟谷除了以前的放牧等，很少受到人为干扰，因此其形态具有天然属性。这些"V"形沟谷共同表明，沟域的沟谷仍然处于侵蚀下切阶段，属于地貌演变的青年期。

图 4-3　圣眷峪主沟谷（左）和支沟谷（右）的形态特征以及沟谷中植被生长的差异性特征（王随继/拍摄）

沟谷的纵比降通常是临近沟头处最大，向下游则逐渐降低，即沟谷的纵剖面呈现出下凹的曲线特征。如果出现支沟谷，那么支沟谷的谷道纵比降要大于其入汇处的主沟谷的纵比降。

此外，从沟谷的沉积物特性可见，主沟谷的谷道中常常是滞留的粗粒冲积物和洪积物，还有细粒的低水位低流态条件下水流因失能而卸载的沉积物；支沟谷的沉积物常常是沟谷两侧谷坡上风化产物的坡积物，这是汛期洪水清理沟道沉积物后的重力作用和风力作用下的冬春季沉积物，大多是暂时性的，一旦夏季洪水发生，则几乎都会被洪水水流轻而易举地向下游输送，成为沟域泥沙输移的主要来源之一，也是峪口外冲积扇沉积物的来源之一。

4.3　白羊芪山沟域的沟坡特征

沟坡实际上也是沟谷的组成部分，但从其形态、沟谷两侧沟坡的差异性、沟坡物质组成等进行更细致的分析则显得非常有必要，因此可以将其单独列为一类微地貌单元。当然，沟坡的坡度变化范围较大，这与地质构造作用的强度，包括断层、不同抗冲性岩性的区域分布、地表地势的变化梯度、汇流区的形态等密切相关，即受到多重因素的控制。

由于沟域的主沟道走向通常也是呈现弯曲形的，因此，发育在主沟道两侧的沟坡其朝向也会发生变化。如果有支沟谷与主沟谷交汇，那么沟坡就发生了切割。如果这些沟坡上还发生大小不一的冲沟，那么沟坡就会有更多的变形。经过不同级别的主支沟谷切割，又经历过各种冲沟侵蚀改造的这类沟坡，可以称为复合型不规则沟坡（图 4-4），白羊芪山范围内大部分是这类沟坡。从沟坡出露的岩性可见，大多数为早古生代的石灰岩。石灰岩抗风化能力弱，尤其是其抵抗化学风化的能力很差；因其存在大量的构造节理，其抗物理风化的能力也很一般。这样一来，在夏秋季的地表雨水、冬春季的西北风等的接力式侵蚀下，谷坡的发育和变形也就显而易见。

还存在一类简单的单斜式谷坡，其主要是以基岩风化剥蚀而成的坡面或者是风化物剥落的坡积物作为地下基岩的表层物质遮蔽覆盖而成，其展布范围较小，且常常会过渡为其他类型的谷坡。当然，从谷坡地表的物质组成特征可以将谷坡分为基岩风化层组成的谷坡（图 4-5）、基岩组成的谷坡（图 4-6）、坡积物组成的谷坡（图 4-7）等。这三类谷坡在白羊芪山地区都很常见。

图 4-4　多坡向多冲沟侵蚀下的复合型不规则沟坡（王随继/拍摄）

图 4-5　基岩层风化产物组成的谷坡（王随继/拍摄）

基岩风化层组成的谷坡（图 4-5），具有单斜的坡面特征。沿坡面向下画一条坡面线，则该线条总体上比较顺直。这是因为原有的不平整的基岩，在经历了长期的风化剥蚀作用后，地表会逐渐变得顺直。同时，这类谷坡的风化层较厚，总体上具有均衡性，有利于黄芪等多年生药用植物的深扎根生长。

基岩组成的谷坡十分陡峭（图 4-6），这是基岩比风化物或者坡积物具有更强的抗冲性能所决定的。这类出露于沟谷的基岩的组成物质主要是早古生代的石灰岩，其受构造作用频繁而导致节理发育。因此，白羊芪山的基岩谷坡的形成，主要是受流水侵蚀和淘蚀下石灰岩沿节理崩塌作用所导致的。由于节理多向存在，岩层变形严重，因此，基岩谷坡的坡面通常不平整。

坡积物组成的谷坡（图 4-7），在较为宽阔的主沟谷两侧常见。坡积物是山脊和更高山坡表层风化层剥蚀滑落，而在谷道底部两侧适宜位置堆积而成的。这些坡积物常常经受谷道水流的淘蚀侵蚀而呈现出侧向侵蚀面，其上的粒度组成层序性不高，但可见不同于风化层原地形成的异地来源特征。

图 4-6　基岩组成的谷坡（王随继/拍摄）

图 4-7　坡积物组成的谷坡（王随继/拍摄）

上述三类谷坡的划分都是从组成它的物质结构来考察的。此外，还有森林完全覆被的沟谷坡面（图 4-8），其极可能是基岩风化层组成的谷坡，因为只有这类谷坡才可以提供大面积的可供植被生长发育的较厚土层。而基岩谷坡无土层、坡积物谷坡范围局限在谷道底部两侧，它们都不可能提供区域分布的土壤层。

图 4-8　森林完全覆被的沟谷坡面(王随继/拍摄)
(依据森林分布的面积占比高及其生长所需要土壤等立地条件,可推测这些谷坡是基岩风化层组成的)

4.4　白羊茂山沟域的山脊特征

白羊茂山的山脊是沟域微地貌的关键组成单元(图 4-9),也是沟域之间的分水岭。无论是主沟道还是支沟道的山脊,其横剖面形态都呈现倒"V"形态,但是,支沟谷的山脊线常常呈流线形态,而主沟谷的山脊则起伏多变,呈不规则波浪形态。

图 4-9　白羊茂山的沟域山脊微地貌特征(王随继/拍摄)

研究区的沟域山脊多以基岩风化壳的形式存在,而以基岩出露为特征的则极为罕见。与沟谷下坡面的风化层厚度相比,山脊的风化层厚度则更薄。这种很薄的风化层形成的土壤特征,加上山脊降水短期内迅速流走而导致的土壤水分不足,使得在山脊上很难形成林带,仅有灌木和草本植物生长发育。对于黄芪等多年生的长根型药用植物来说,这一地貌单元并非其适宜的生长环境。

4.5　白羊茂山的其他组分特征

(1)黄土地层:在白羊茂山沟域面积比较开阔、地势比较低且平坦的阶地地段,发育着厚的黄土地层(图 4-10)。这些地段因地势比较平缓,地表径流的侵蚀作用相对不强烈,土壤层得以长期保存;也因地势较为平缓,降水在形成地表径流之前会在土壤中大量入渗,这为土壤水分含量的提高提供了条件;又因其地势较低,使得有利于植被生长的适宜性气温的持续时间较长。凡此种种,都是该地段农作物和其他植被适宜生长的必不可少的自然条件。

图 4-10　白羊芪山沟口及其以下地段阶地上发育的黄土地层(王随继/拍摄)

当然,这类黄土地层不仅出现在沟域沟口以上的阶地地段,也广泛发育在沟口以下的阶地地段。从黄土地层出现的面积占比和出露频率来看,其在峪口以上区域的分布具有特殊性,而在峪口以下地段的分布则具有普遍性。

(2)沟域风化层的典型剖面:白羊芪山的沟域广泛发育着较厚的风化层,而风化层的地层层序也展现出较为一致的特征,即由上向下呈现出表层土壤层、上部沙层、中下部含砾层、下部砾石层和底部半风化或未风化基岩层(图 4-11)。其中,土壤层的厚度对植被的生长具有决定作用,而沙层和砾石层透水性很强,其厚度对土壤层水分状况具有较大影响。图 4-11 所示的白羊芪山沟域的典型风化层剖面,各种类型的沉积物厚度如下:土壤层 20 厘米、沙层 5 厘米、含砾层和砾石层 20 厘米、半风化或未风化基岩层出露厚度 3.8 米。该剖面是为了基建而挖掘的,这里的土壤层厚度中等,沙砾石层较厚,适宜黄芪的根系深扎。

图 4-11　白羊芪山沟域的典型风化层剖面特征(王随继/拍摄)

(3)腐殖层较厚的典型坡面:由于草被落叶对土壤的长期改造作用,白羊芪山的沟域风化层顶部常常形成一层富含有机质的腐殖层(图 4-12)。这类覆盖腐殖层的土壤具有很好的肥力，茂密草被生长其上如同草甸，加之气温适宜，这里还生长着白桦林。白羊峪主沟道的沟头以上的坡面发育着一片茂密的白桦林，构成了白羊茋山独一无二的白桦林生态系统。

图 4-12　白羊茋山白羊峪沟头附近腐殖质土壤出露特征及发育在其上的白桦林（王随继/拍摄）

第5章 白羊芪山沟域口外冲洪积扇地貌浅析

5.1 冲洪积扇一般形态及成因概述

冲积扇是河流出山口处的扇形堆积体。当河流水流流出谷口摆脱沟谷岩壁的侧向约束时，水流呈散射状分布，其所挟带的各类碎屑物质铺散沉积下来，便会形成冲积扇。冲积扇平面上呈扇形，扇顶起自谷口，立体上大致呈半埋藏的锥形，是以山麓峪口为顶点，向开阔低地展布的河流堆积扇状地貌。它是山地河流向冲积平原河流环境的过渡区，是冲积平原远端的一部分，其规模大小不等，从数百平方米至数百平方千米。广义的冲积扇包括在干旱区或半干旱区河流出山口处的扇形堆积体，即洪积扇；狭义的冲积扇仅指湿润区较长大河流出山口处的扇状堆积体，不包括洪积扇。

冲积扇的形成及其面积大小和坡度状况主要与沉积物供给量、气候因素、物质来源区与堆积区的地形条件有关。在温带或湿润地区，降雨和洪流频率高，侵蚀作用阻碍了冲积扇的增长，湿润地区贯通冲积扇的水流把沉积物多半都搬运到冲积扇范围以外去，也阻碍了大冲积扇的发育。未受构造变形或邻近冲积扇增长所限制的冲积扇，其形状近似部分锥体，横剖面呈凸形，纵剖面略呈凹形。扇的坡度受冲积扇大小、物质来源、物质来源区主要岩性、堆积历史和构造运动史的影响。上升区，扇面可以很陡。粗大砾石多形成陡扇，页岩、泥岩区的细粒物质多形成平缓扇。与泥石流堆积有关的小冲积扇很陡，物质来源丰富的大冲积扇也很陡。

广灵县境内南山山前发育的一系列缓坡扇状堆积体，实际上是以半干旱区雨季或暴雨期洪水挟带的碎屑物质为主、非汛期长流水挟带的较细粒碎屑物质为辅而形成的冲洪积扇，其形态类似冲积扇，成因上则以洪水挟带的碎屑物质沉积为主，剖面结构上与冲积扇仍有区别。下面，针对白羊芪山三条沟域（长江峪、白羊峪和圣眷峪）在其峪口外形成的典型冲洪积扇，来分析其成因。

5.1.1 降水径流因素

制约冲洪积扇形成过程的因素主要有气候因素、地形因素、物源区物质供给因素等。下面，首先分析广灵县降水量年内分配特征，查明该区降水量在不同季节和月份的分配特征，由此溯及既往，可探知冲洪积扇在地貌历史时期的形成特点及其发育过程。

由广灵县境内8个雨量站（包括壶流河的望狐、梁庄、南土岭和广灵4站，直峪河的探堡、邵家庄、荆家窑3站，以及赵北河的海子站）多年实测数据计算的降水量季节分配结果可知（图5-1），夏秋季的降水量占全年的比例超过了88%，这是半干旱地区的显著特征之一。此外，夏季和秋季降水量占全年的比例分别为47.87%和40.53%，夏季略多于秋季。前述的降水量年内分配特征实际上展示了夏季大雨暴雨频发、秋季连续多日降雨常见的现象，这是有利于白羊芪山沟域口外冲洪积扇发育和形成的气候因素。尤其是大雨暴雨导致的短时大洪水，可以从峪口以上的汇水区带来大量的碎屑物质，从而为冲洪积扇在山前的形成提供沉积物质。

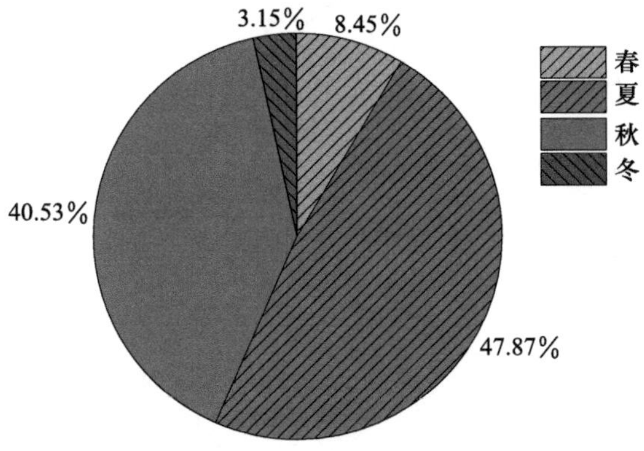

图 5-1　根据广灵县境内 8 个雨量站多年实测数据绘制的降水量季节分配图

除了前述的降水量在季节性分配上存在明显差异外，还存在区域差异，这对峪口外冲洪积扇的形成也具有明显影响。广灵县年降水量高值分布区为南部山区一带，降水量大于 450 毫米，而低值区基本分布在壶流河盆地中部的平原区，降水量小于 375 毫米。山区降水量的相对偏大对于沟域洪水形成具有诱发和促进作用，有助于沟域口内地区地表产流量增大，为短时形成大流量、高动能的径流也创造了条件，这为沟域输送大颗粒碎屑物质创造了机遇。

研究区冲洪积扇形成的气候背景为半干旱气候，这类气候已经长期控制本区，虽然气候在多年演变中会有所波动，但大致没有偏离这一基本特征。故可以认为，研究区冲洪积扇水沙来源区的气候决定了大暴雨时期高能量、高输沙能力和洪水暴涨猛落的特征，因此，从沟域输送到冲洪积扇区的泥沙等碎屑物质也具有突发性和阶段性特征。这说明冲洪积扇上水道自古以来往复不断迁移摆动，以此使得输送来的碎屑物呈较为规则的扇形，逐渐逐次铺开，最终形成了冲洪积扇的基本构架。

此外，不同时期的暴雨径流量有大有小，水动力大小各异，因此，所带来的碎屑物粒度大小差异极大。这使得不同时期扇面沟道的河床沉积物粒度差距悬殊，尤其是不同时期沟道的沟床沉积物与沟道间的沉积区的粒度差距悬殊，并成为这些峪口外的冲洪积扇的普遍特征。

5.1.2　坡度等地形因素

制约冲洪积扇形成的地形因素主要包括坡度的分布特征及峪口外的地形条件等。由第 3 章可知，白羊芪山三条沟域内的坡度分布与地势变率密切相关，土地面积占比最大的坡度区间都是 15°～25°，其中，白羊峪此区间的土地面积占比高达 48.86%，长江峪为 40.52%，而圣眷峪最小，也有 27.44%。并且，三条沟域中大于(或等于)15°的土地面积占比分别为 68.0%、74.5%和 37.7%(图 5-2)。显然，在相同降水条件下，汇水效率最高的为长江峪，白羊峪次之，而圣眷峪最小。这势必会影响到其峪口外的冲积扇形成规模和发育状态。

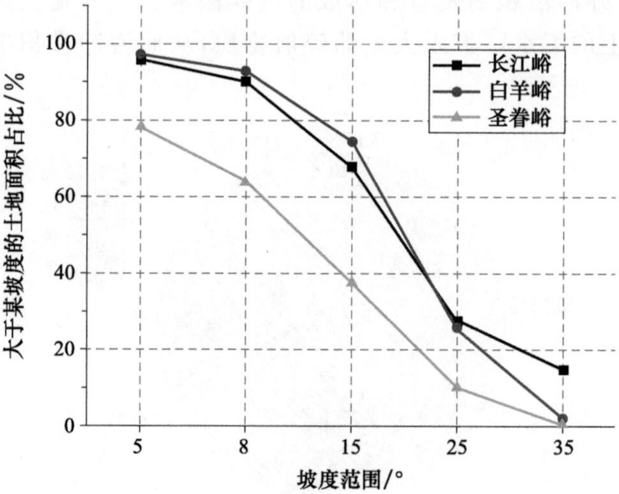

图 5-2　白羊芪山三条沟域大于某一坡度的累积面积

从沟头到峪口，沟道的纵比降在逐渐变小，沟域汇水水流的流速在持续变小。沟谷出口处地貌发生突变，地势突然变得平缓宽阔，沟道的纵比降突然急剧变小，这为冲洪积扇的泥沙沉积、扇体发育、形成演化提供了优越的地势和地形条件。

5.1.3　源区物质供给因素

白羊芪山沟域的岩性构成特征和物质供给特点也是决定其峪口外冲洪积扇发育的基本条件之一。下面，以长江峪为例，来阐述物源区物质供给多样化、优势区及其对峪口外冲洪积扇的潜在影响。长江峪的地表物质类型多样化，具体包括基岩崩塌、谷坡风化层、坡麓堆积物、沟床滞留物等(图 5-3)。

图 5-3　长江峪不同类型沉积物供给状况(王随继/拍摄)

(包括沟缘发育节理的基岩、沟坡坡麓堆积体、沟缘风化地层或者黄土地层的沟道侵蚀、主沟谷谷床的前期碎屑物滞留体等)

长江峪沟坡处出露的基岩大多为石灰岩，地层相对破碎，节理较为发育，岩石露头多为陡崖状，易于发生重力崩塌，从而为沟道提供大量巨型和大型的岩块，或者更小一些的碎屑物。随着汛期洪水挟带的碎屑物质的击打碰撞，这些大颗粒的石灰岩碎屑物会逐渐变成粒度较小的卵石质碎屑物质，或者由前期的沟缘坡麓堆积体在汛期经洪水的再侵蚀搬运至出山口，或者在基岩上覆盖的风化物质或黄土堆积层在汛期大雨或暴雨的强烈侵蚀下而被挟带至沟口以下地区，或者是沟道中早有的滞留碎屑物堆积体的后期汛期再侵蚀搬运等。所有这些沟域内侵蚀区不同类型泥沙，多期次经洪水的侵蚀、输移和再聚集，从而源源不断地将沟域内多种多样的泥沙大量输送至峪口外，成为峪口外冲洪积扇形成的必要物质贮备。

白羊芪山的各条沟域中，基本都有类似的源区碎屑沉积物的源源不断地供给，因此在山前出口处都形成了展布区间大小不同、坡面坡度向下逐渐变缓的冲洪积扇体系。显然，物源区物质供给对于峪口外冲洪积扇的形成影响深远。

此外，沟域的面积大小会影响汇流的流量大小，从而影响能够搬运到峪口外的泥沙量的多少。这些客观条件也会影响到峪口外冲洪积扇的规模，甚至影响到其特性。白羊芪山的冲洪积扇面积以长江峪的最大，且扇形形态最为清晰，白羊峪次之，而圣眷峪则是相对最不发育的。这些都与对应沟域的汇水面积大小息息相关。

5.2　峪口外冲洪积扇的形成过程及初始形态

冲洪积扇的形成及其初始形态与所在地区的气候状况密切相关。下面，对不同气候区的冲洪积扇特征进行简述。

湿润区：降水频率大，水量丰沛，水流比较稳定，因此出山口河流形成的冲洪积扇规模大，组成物质分选较好，砾石磨圆度高，冲洪积扇扇面上分流河道和辫状河道十分发育、水流持续时期长。扇面物质在湿热气候作用下，土质呈现红壤化。山区沟域主流两侧的溪沟坡陡流急，在山洪暴发时形成洪流或泥石流，挟带的大量碎屑物质便在沟口附近堆积，形成由大小不一的砾石、沙土和黏土等组成锥形的冲积锥。这些碎屑物质分选程度和磨圆度均较差，孔隙度较大，透水性较强。一般情况下，冲积锥面积较小，其上段坡度较大，中段坡度锐减，前缘地段地势展平，坡度减至 1°～2°。冲积锥是冲洪积扇的初始构架，此后，经过地貌时间尺度的长期的洪水泥沙输移和在冲积锥部位不同区域的沉积，使得冲积锥逐渐演变为冲洪积扇。

半湿润区：出山口河流在山前多发育大面积的冲洪积扇。如中国华北平原西部山前的黄河、漳河、滹沱河和永定河等较大型河流的冲洪积扇，表面形态扁平，坡度较小，形成广阔的冲洪积扇平原。例如，黄河古冲积扇面积超过 7 万平方千米，扇面上废弃的古河床高地和河间洼地呈指状分布，波状起伏的微地貌特点十分明显。

干旱区：雨量极少，暂时性洪流在山麓谷口处形成洪积扇。组成洪积扇的泥沙石块，颗粒粗大，磨圆度差，层理不明显，透水性强，扇面上辫状河水系不发育。在有山前断裂活动的盆地，洪积扇具有很大的沉积厚度，紧靠山前的部分其洪积扇体沉积厚度通常达数百米。洪积扇从顶部到扇前缘的高差也可达数百米。一系列洪积扇互相联结则形成洪积平原，又称山麓洪积平原。

半干旱区：全年雨量不多，但汛期短时强水的强度很大，短时可形成侵蚀能力极强的地表径流。由其输运沟域内随地表水流而汇集的泥沙咆哮着冲出沟域口，然后因水动力骤降而发生泥沙的大量卸载、沉积，逐渐塑造峪口外冲洪积扇的外貌。如此而形成的山前冲洪积扇的面积、坡度，以及沉积物的中值粒径等，都处于前述的半湿润区和半干旱区形成的两类冲洪积扇和洪积扇相应参数的数值之间。

5.3 峪口外冲洪积扇表层沉积物分布规律

干旱半干旱地区峪口外山前形成的冲洪积扇，其扇体组成物质的颗粒粒度跨度较大，细者如粉沙甚至黏土，粗者如卵石甚至漂石都有可能存在。但是，不同粒度的沉积物在扇体表层的分布具有规律性，即由沟口的扇顶向扇体前缘方向，其表层沉积物具有较明显的变化规律——粒度逐渐由粗变细的空间分选特征。一次洪水过程或者一次泥石流过程都会形成各自的山前堆积体，泥石流扇体表层沉积物分选程度低，碎屑沉积物的粒度无明显空间分布趋势，但是，冲洪积扇有如前述的沉积物分选性和分布规律。究其原因，这是由于不同的水动力条件导致的。

5.3.1 重力流形成的泥石流扇

重力流是一种高密度流体，其在流动时以整体形式搬运泥沙，并且水沙组合体具有明显的边界，所以有人把重力流又称为块体流。而重力流的沉积过程常常是在一定位置上发生整体沉积。根据颗粒的支撑机理和堆积的沉积物类型，重力流可分为泥石流、颗粒流、液化流和浊流等几大类。陆地上常见的重力流为泥石流，故此处仅介绍泥石流的基本特性。重力流的动力中占绝对优势的是机械搬运和沉积作用。

泥石流(碎屑流)是一种含有大量粗碎屑颗粒和黏土、呈涌浪状前进的黏稠流体，即是一种砾、沙、泥和水相混合的高密度流体。通常发育在陆地山麓环境中，其流动所需的坡度一般大于牵引流所需的坡度，泥石流流动的坡度为5°左右。此外，在水体中也可形成泥石流，如峡谷的源头处、海底扇的顶部等水体环境，但水体中的泥石流易被周围的水所稀释，凝聚力减少，颗粒粒度变细，逐渐失去泥石流性质。泥石流中含水量占水沙组合体的40%～60%，密度为2.0～2.4 千克/立方米，黏度可达100 帕・秒(纯水仅为0.001 帕・秒)。其形成机理可表述为由“基质凝聚力”支撑而形成，即泥和水混合组成的杂基支撑着沙、砾等颗粒物质使之呈悬浮状态被搬运。由泥石流形成的沉积岩大都是基质支撑结构的砾石质泥岩或含砾粗砂岩，当然，泥石流形成的泥石流扇的剖面上也会呈现类似的杂基支撑的颗粒漂浮排列的结构类型。

5.3.2 牵引流形成的冲洪积扇

在峪口外山前能够形成冲洪积扇的河流是不同于重力流的牵引流。牵引流不但能够搬运碎屑物质，而且能够搬运溶解物质；不仅有机械沉积作用，而且还有化学和生物化学沉积作用。

碎屑颗粒在牵引流介质中的搬运方式：按照碎屑物质或者颗粒与所在流体的力学关系，颗粒在流体中明显具有三种搬运方式：滚动、跳跃和悬浮。

(1)滚动搬运：假定颗粒是球状的，停留在平滑的底面上，水流直接作用于颗粒向上游的一面。因为底部有摩擦阻力，所以作用于其顶部的流水比其下部的流水的速度更大、推力更强，故颗粒趋向于滚动。显然，推动更粗的砾石需要更大的动力。所以，在流速一样的情况下，较细的沙比更粗的砾更容易移动；而当河流的流速下降时，最粗的颗粒因推力减小而首先沉积，随着水动力的逐渐变弱，后续水流中挟带的大颗粒物质逐渐沉积，这一过程就是此所谓的分选作用。

(2)跳跃搬运:碎屑颗粒顺流一边跳跃一边向前(时沉时浮),称为碎屑物的跳跃搬运。引起颗粒跳跃的条件是:①底部不平,使得颗粒碰撞底部障碍物或者其他颗粒时而激发的向上弹跳力;②由流速引起的顺流推力;③水流引起的上举力(或扬举力),这种力一是起源于向上的涡流(紊流),二是起源于颗粒附近流速变化引起的压力差。

(3)悬浮搬运:碎屑颗粒或者沉积颗粒能否在静水中呈悬浮状,取决于两种力的比率:一种是向下的力,即重力(mg);另一种是反向的向上摩擦阻力(f),这是由水流的黏滞力所产生的。如果颗粒较粗,其向下的力大于向上的摩擦阻力,即 mg>f,颗粒则不能悬浮而发生下沉;细颗粒不能很快克服向上的阻力,所以经常悬浮在水体中。随着流速的增大,悬浮颗粒的粒度随之增大。颗粒的沉降速度一般与颗粒的粒度、相对密度、形状以及水介质的性质有关。

以故,冲洪积扇在牵引流作用下会使不同比重、不同粒度、不同形状的碎屑物跟随水流牵引力由大到小的变化而发生明显的分选作用,使得颗粒粒度等在扇体表层的分布呈现出规律性。

5.3.3　峪口外冲洪积扇体的扇面现状

不同于冲洪积扇的原始形态,现有峪口冲洪积扇表层经过风化作用、雨水浸润作用,甚至农民的耕作改造作用,使得冲洪积扇的扇面展现出一派缓坡状的农田景观(图 5-4)。其中一大特征是土壤层较厚,通常超过 1 米。同一冲洪积扇上现存沟道数目很少,这是农田改造使得部分放射状沟道被填埋而变成田地所致。尽管冲洪积扇整体上为缓坡状,但不同部位的形成时间也是不同的,那些早期形成的扇体顶点两侧较远的高地,部分地段因为后期很少受到冲洪积扇上分流河道的摆动袭扰和沉积扰动干扰,表层就沉积了较厚层的黄土,而分流河道的活动沟道上则很难形成黄土堆积。

图 5-4　峪口外的冲洪积扇扇面形态特征(王随继/拍摄)

沟道中依然保存着洪水期水流从沟域内部带来的大小不同的碎屑物质。同时,由于扇面在汛期依然活跃的放射状分汊沟道数目的不同以及沟域集水面积的大小不同,现存沟道的沟床低于扇面的深度有所不同,但通常为 1 米以上,有的可达数米。沟道的断面形态大致呈矩形,沟床横剖面较为平坦,沟壁经由洪水及其携带的碎屑物质的冲刷而保留陡壁状态。如图 5-5 所示,有些扇面沟道的边壁已被构建护坡工程,使得河道在汛期洪水期难以左右迁移,这维护了沟道两旁扇面田地的安全,但是,扇面结构也很难再被洪水进行修饰和改造。

图 5-5 冲洪积扇扇面上部分沟道的天然河岸特征及以保护农田、防治分流河道侧向迁移的岸线双侧防护工程(王随继/拍摄)

5.4 峪口外冲洪积扇沉积物特征分析

冲洪积扇体是由不同时期、不同类型沉积物多期次沉积而形成的，扇顶部分的沉积物剖面中包含更多的砾石、卵石等碎屑物，有时可见漂石存在，它们作为扇顶沉积体系的主体构架。夹杂其中的沙质沉积物和粉沙黏土沉积物充填了砾石颗粒物之间的空隙(图 5-6)，呈现出颗粒漂浮分布、杂基支撑的典型沉积物结构。冲洪积扇顶点附近表层的细粒沉积物很薄或者缺失，即缺乏土壤层，从而难以成为良田。

图 5-6 峪口冲洪积扇顶部的沉积物剖面物质组构(王随继/拍摄)

在峪口外的冲洪积扇中部地带，这里的分流河道中水流的水动力明显减弱，故此处形成的沟床沉积物粒度相比扇顶附近的沟床沉积物明显变小，但是，此处的决口改道时有发生。随着沟道改道或者迁移，前期粗粒碎屑物构架上沉积的细粒沉积物地层又会被后期迁移而来的沟道进行局部侵蚀，并将沟道粗粒碎屑物沉积在其上，这样就会形成多期次、多层位的粗细粒沉积物在垂向上的交替沉积现象。图 5-7 显示的是小型弱动力沟道水流的沟床粗粒沉积物地层与冲积土层或者黄土层的上下交替分布特征，反映了沟道的改道或者迁移现象。由于夹层黄土地层较厚，这是需要经过长期的风积作用才能形成的厚度，因此也反映了两次沟道沟床沉积的间隔期很长，起码间隔万年或者数千年的时间。

研究区的峪口外冲洪积扇是第四纪时期长期的洪水作用的产物，其表面也经历着长期的风积黄土的沉积。这些较厚层的黄土状沉积物无典型水流沉积的层理结构和构造，可以认定是风积成因，因此，可以断定其是原生黄土而不是次生冲积土层。

无论如何，峪口外冲洪积扇的扇面及内部的黄土沉积，是当地冲洪积扇可以作为高产优质良田的必要条件之一，是作物能够茂密生长和高产出的地面物质基础。所以，冲洪积扇的扇体并非形成优质良田的必要条件，而较厚的黄土地层才是必要条件之一，其他的必要条件当然包括降水条件和气温条件等。

在冲洪积扇扇体的中下游部分，即扇前缘地段，表层细粒沉积地层明显变厚。图 5-8 所示即是冲洪积扇前缘部分的黄土沉积剖面，该剖面出露单一的黄土地层可达 2 米以上，表明冲洪积扇扇体中部和前部的风积层持续稳定且长期发育，造就了土壤条件极为优越的扇体前缘良田的物质基础。

图 5-7　峪口冲洪积扇中部沟道迁移过程中形成的扇体剖面结构（王随继/拍摄）

图 5-8　峪口冲洪积扇中部表层较厚的黄土地层剖面结构（王随继/拍摄）

前述的峪口冲洪积扇顶部、中部和前缘部分的沉积物剖面反映出沉积物在纵向上具有明显的粒度逐渐变小的分选作用这一水动力现象，伴随着水动力沿纵向的减弱，沟间地稳定时期和稳定程度明显加强，造就了扇体表层黄土沉积物厚度的渐次增加，土地优良化程度随之逐渐升高。当然，对于沉积较晚的扇体表层沉积物来说，因其形成时期较短，难以有较厚的黄土地层发育，因此这些地带的表层细粒沉积地层则是洪水期悬浮运移而来的洪积沉积物。可以得出以下结论，广灵县南山山前冲洪积扇表层的细粒沉积物有两大类，其一为黄土沉积物；其二为洪积物。这两类细粒沉积物构成了冲洪积扇表层的壤状土，它们成为或者渐变为当地农田的优良土壤。

5.5 峪口外冲洪积扇与作物种植关系分析

5.5.1 成土母质受地形潜在影响分析

现代土壤学理论认为，土壤是在母质、气候、生物、地形和时间的综合作用下形成的。母质是形成土壤的物质基础，是土壤的“骨架”，是土壤中植物所需矿质养分的最初来源。

在成土过程中，地形是影响土壤和环境之间进行物质、能量交换的一个重要条件。地形对母质起着重新分配作用。不同的地形部位可能有不同类型的母质，如山地上部或台地上，其母质主要是残积母质；坡地和山麓地带的母质多为坡积物；在山前平原的冲洪积扇地区，成土母质多为洪积物。

地壳的上升或下降，或由于局部侵蚀基准面的变化，不仅影响土壤的侵蚀与堆积过程，而且还会引起水文状况及植被等一系列的变化，从而使土壤形成过程逐渐改变，使土壤类型发生演替。例如，随着河谷地形的演化，在不同地形部位上可构成水成土壤（河漫滩，潜水位较高）→半水成土壤（低级阶地，土壤仍受潜水的一定影响）→地带性土壤（高阶地，不受潜水影响）。随着河谷的继续发展，土壤也相应地由水成土壤经半水成土壤演化为地带性土壤。通常把在相同气候、母质、成土年龄下，由于地形和排水条件上差异引起的具有不同特征的一系列土壤称为土链。

5.5.2 峪口外冲洪积扇上土壤的分布及成因

在山西省土壤的成因中，有一条大同1100～1000米（恒山）—忻定800～1000米（石岭关）—太原700～800米（大岔山地灵石口）—临汾400～600米（塬地）—运城320～360米的土链，纵穿山西省盆地南北。广灵县包括白羊芪山在内的壶流河南部区域是东北—西南向的恒山山脉，山脉北部1100米的地形等高线刚好和峪口的冲出线相吻合，峪口外坡地土壤（等高线1100～950米地带）呈“地带性”分布，也与盆地的“土链”基本融合。以前的研究往往认为，广灵县南山地区峪口外的土壤多由沟域洪水冲积而成，其成土母质多为洪积物，经过数千年人类耕作活动的影响与干预，形成了现在独特的峪口农业耕作土壤类型。

这些认识并没有考虑到风积黄土的成壤现象，显然，目前有关该地区土壤成因在认识上存在不足。不能排除这些冲洪积扇上冲积物成土现象，但是，冲洪积扇在第四纪的长期形成过程中，也接受了大量风积黄土的沉积，这些地区地处黄土高原内，而周边许多地段都沉积有厚层的黄土。因此，黄土的沉积也是这些冲洪积扇土壤的重要来源之一。

因此，广灵县南部山区包括白羊芪山沟域的冲洪积扇，其土壤母质的来源除了沟域中基岩风化而被水流侵蚀带来的冲洪积物外，还有相当一部分则是黄土。该地区的土壤成因并非仅是单因素形成的，而是水成的洪积与风成的风积双重因素作用形成的。当然，从冲洪积扇不同成因所形成的沉积物的体积大小来看，自然是洪积物占据绝对优势。

5.5.3 冲洪积扇与谷物药材丰产的关系探讨

广灵县特产——优良谷子品种“大白谷”和“东方亮”，在小米产品中属高等优良品质，原国家质检总局批准对“广灵小米”实施地理标志产品保护。其最好的产地之一便是县域南部山地前缘的冲洪积扇上。可见，这些冲洪积扇上的田地与这些谷类作物的优质、丰产之间存在着某种必然的内在联系。

谷子是原产于中国的本土作物，在中国北方地区有悠久的种植历史和较广泛的种植面积。谷子性喜高温，生育适温 22～30 ℃，海拔 1000 米以下均适合栽培，黄土高原海拔 1500 米左右同样可以栽培，谷子属于耐旱稳产作物。谷子生长依赖于特定的环境，比如要有合适的温度、水分、养分和光热等条件。

对谷类作物的生长环境进行调研后，认为以下几个方面与谷子的发育和产量高低密切相关。第一，谷子是喜温作物，生长期间要求总积温 1600～3000 ℃·日，夏季早熟品种要求较少，春播晚熟品种要求较多。而且，谷子在不同生长阶段所需温度也有差异。种子发芽最低温度7～8 ℃，最适宜温度 15～25 ℃，可忍耐最高温度 30 ℃。苗期不能忍耐 2 ℃及其以下低温；灌浆期适宜温度为 20～22 ℃，低于 15 ℃或者高于 23 ℃对灌浆不利。第二，谷子是比较耐旱的作物类型，蒸腾系数 142～271，低于高粱、玉米和小麦。苗期耐旱性极强，能忍耐暂时的严重干旱，需水量仅占全生育期的 1.5%。拔节至抽穗时期需水量最多，占全生育期的 50%～70%。这时期是获大穗多花的关键时期，缺水会产生大量秕谷。开花灌浆时期要求天气晴朗，土壤湿润，干旱或阴雨都会影响灌浆。第三，谷子为短日照作物，日照缩短，促进发育，提早抽穗；日照延长，延缓发育，推迟抽穗。一般出苗后 5～7 天进入光照阶段，在 8～10 小时的短日照条件下，经过 10 天即可完成光照阶段。不同品种谷子对日照反应不同，一般地，春播品种比夏播品种反应敏感。第四，谷子对养分氮、磷、钾吸收量因地、因品种、因产量的不同而不同，不同阶段对氮、磷、钾的吸收量也不同。第五，谷子适应性广，耐贫瘠，对土壤要求不甚严格，黏土、沙土都可种植。单一土层深厚、结构良好、有机质含量丰富的沙质壤土或者黏质壤土最为适宜。谷子喜温怕涝，土壤水过多，易发生烂根，应及时排水。谷子适宜在微酸性和中性土壤上生长。

广灵县南山峪口外山前的冲洪积扇上的农田之所以适宜种植谷子，是因为这里具有适宜谷子生长的自然条件。这些冲洪积扇地表的海拔高度介于 900～1100 米，基本上是谷子适宜生长的海拔高度。这些地方的农田土壤质地为沙质、粉沙质壤土，透气、透水性能好，因此雨水易于下渗不易造成涝灾，谷子根系不会发生腐烂。这里土壤的 pH 值介于 7.4～8.1，属于中性土壤，酸碱性适宜于谷子的生长。冲洪积扇表层土壤细致，土层深厚，有机质含量大于或等于 0.88%，能满足谷子生长对养分的需要，当然，适当施加农家肥或者适量的化肥，也有助于谷子的丰产。这里的降水主要发生在 7 月和 8 月，对谷子灌浆期的水分需求提供了及时的响应。同时，因为是半干旱气候环境，降水往往时间较短，不会发生如江南那样的连续长时期的阴雨天，适宜于谷子的开花和灌浆。而在春季，这里虽然较为干旱，但正值谷子苗期，可以忍受一定程度的干旱。因此，这里的降水条件和降水过程也是与谷子的生长要求相适宜的。这些冲洪积扇农田位于山体北麓，高而陡峻的山体可以遮挡部分正午及其前后的强烈阳光，尤其是在冬春季太阳高度角较低时期，使得土壤因日照而产生的蒸发量明显降低，为土地的保墒提供了得天独厚的条件，也可避免发育期或者苗期的日照过剩现象发生。凡此种种，谷子在此可以茂盛生长，多产丰产也是常见现象。

当然，这些冲洪积扇农田种植谷子也有其悠久的人文传统。一万多年前，全球气候变暖，人类为应对生存压力而由狩猎向农业生产拓展。黍和粟的野生祖先因其极强的抗逆性以及短生育期的特性，成为中华民族首选的栽培作物，种植粟、黍标志着中国北方原始农业的开端。以五谷（稷、麦、稻、黍、菽）为代表的传统农业生产及其方式，为华夏文明的孕育、发展作出了基础性贡献。中国几千年以农立国，稷神崇拜和祭祀之风相延。对稷的崇拜经历了“稷官—后稷—稷神”的演变，古代稷神与社神祭祀往往并提，“社稷”成为国家的象征。粟在中国有着悠久的栽培历史，经过人们长期选择和栽育，衍生出多种多样的谷子品种资源，根据其生长期的长短可以分为早熟、中熟和晚熟品种，有大白谷、大黄谷、小春谷等，有耐旱的抗旱谷和较耐涝的水里站，有较耐碱的抗碱谷，有分蘖较多的大八杈、五秆旗等品种，一般比较优良的品种有黄沙子、金钱子、大白谷、华北的华农 4 号、玉黄谷、竹叶青等。广灵县南山峪口外冲洪积扇带生产的“大白谷”和“东方亮”，是上述多个谷子品种中在当地长期种植逐渐形成地域适应性的优中选优的结果，既是自然选择的结果，也是人文优化的结果。

白羊茂山沟域也非常有利于黄芪的生长，这里野生黄芪的生长史悠久，人们发掘和利用这种优质药材的历史同样也很悠久。近年来，为了增大产量，这些沟域又开发了大片土地资源以供人工种植黄芪。得益于地表适宜的物质条件和当地的气候条件，人工种植黄芪的品质与野生的一样优良，同样获得资本市场和医药市场的青睐。相对来说，峪口外冲洪积扇上通常很少种植黄芪，这是受到了土地资源限制的结果。实际上，这些冲洪积扇的土壤结构和气候条件等，都非常适宜于黄芪的栽植。如果将来在这些冲洪积扇土地上大面积、高密度种植黄芪等药用植物而且屡屡获得高产，那并非是令人吃惊的事情。

第 6 章　白羊茋山降水和径流等水资源状况

6.1　广灵县月和季降水量变化特征

根据广灵县境内长期进行降水量观测的 8 个雨量站观测数据的平均值，可得月降水量和季降水量(图 6-1)。

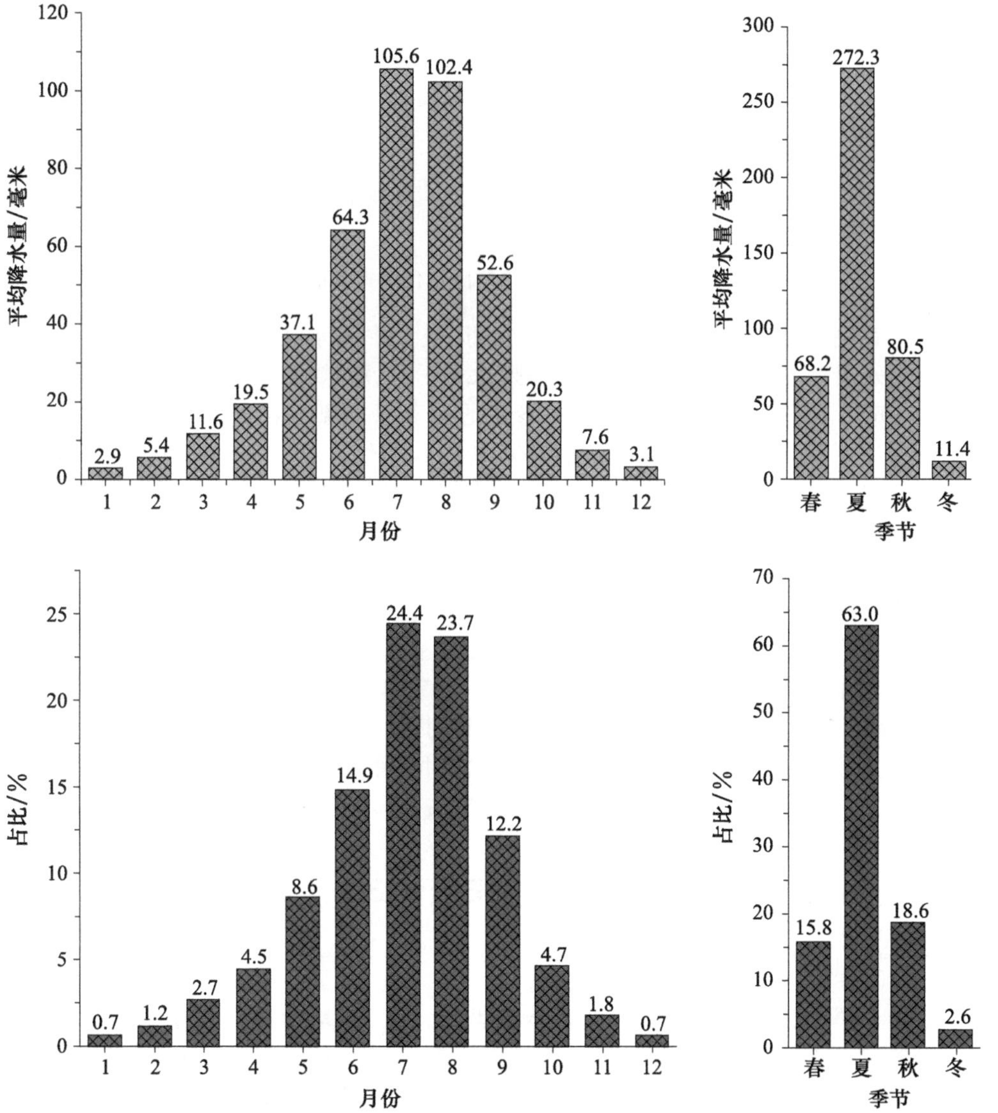

图 6-1　广灵县多年观测的月、季降水量及其相应的占比

广灵县多年实测降水量年内分配特点是，最大和次大月降水量分别为 105.6 毫米和 102.4 毫米，并且分别出现在 7 月和 8 月。同时，这两个月的总降水量占全年降水量的 48.1%，几乎达到一半。1—7 月，月降水量逐渐增大，且呈现出下凹的幂函数增长曲线；8—12 月，月降水量逐渐减小，呈现出下凹的幂函数减小曲线（图 6-2）。年内前后两时段的幂函数拟合曲线的决定系数都高于 0.98，表明拟合程度很高，即其年内变化规律明显。

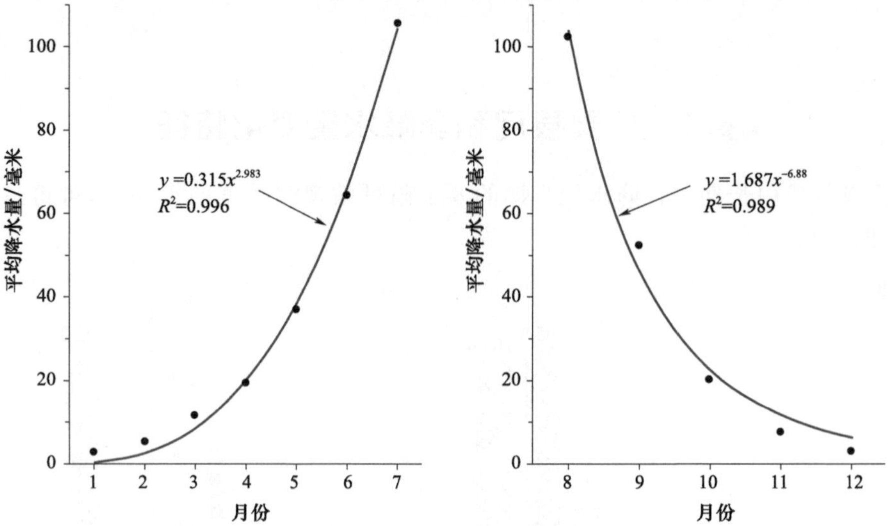

图 6-2　广灵县月降水量年内变化的拟合曲线特征

根据多年观测数据计算的季降水量数据表明，最大季降水量出现在夏季，为 272.3 毫米，约占四季总降水量的 63%；秋季和春季的季降水量分别为 80.5 毫米和 68.2 毫米，冬季仅为 11.4 毫米（图 6-1）。显然，研究区降水这一珍贵的水资源来源主要产生于夏季，雨水落地后有相当一部分会通过石灰岩等岩层的节理、裂隙、断层和溶蚀孔洞等深入地下，以补充地下水资源。这也是冬春季干旱时节沟域的峪口附近山泉娟娟、溪水长流的根本原因。还有更多的地表径流会顺着沟道流出沟域，汇入壶流河，再进入桑干河。考虑到本地总体上水资源不足的现实，如何能够经济地、可持续地拦截本地夏季降水形成的地表径流，是该地区提高水资源承载力以及农作物和药用植物产量的关键技术问题。

降水量除了在季节性或者月际分布上存在着明显差异外，其还存在着区域差异。广灵县年降水量高值分布区为南部山区一带，降水量大于 450 毫米，而低值区出现在壶流河盆地中部的平原区，降水量小于 375 毫米。山区降水量的相对偏大通常会导致沟域范围内在雨季雨强较大时出现洪水过程，这不但不利于沟域内部土壤对降水的有效吸收，从而影响黄芪、草被和林木的充分利用，还会导致沟域坡面较强的水土流失，伴随着沟域土地土壤肥力的损失。

6.2　白羊芪山降水量年际和年代际变化特征

6.2.1　白羊芪山降水量年际变化特征

与干旱半干旱地区的降水量年际变化特征类似，广灵县境内的降水量也存在着很大的年际差异。白羊芪山作为广灵县的典型沟域，其降水量的年际变化也十分明显。

从历史降水资料可知，白羊芪山在 1956—2008 年的年降水量变差系数（Cv，统计值与极值的比值）介于 0.23～0.25，其中圣眷峪为 0.25，白羊峪为 0.23，长江峪为 0.24，三者非常接近；区域内降水量的平均极值比（P_{max}/P_{min}，年最大降水量与年最小降水量的比值）为 2.94～3.05，其中，圣眷峪为 3.05，白羊峪为的 3.01，长江峪为 2.94，见表 6-1。

1980—2008 年，年降水量变差系数介于 0.21～0.23，其中，圣眷峪为 0.23，白羊峪为 0.21，长江峪为 0.22，这三条沟域年降水量的平均极值比分别为 2.55、2.45 和 2.37（表 6-2）。

6.2.2　白羊芪山降水量年代均值比较

由于降水量年际变化的波动幅度大，很难了解其平均特征或者较为稳定的趋势变化，这就需要通过年代平均值来了解年均降水量变化的趋势性。

对白羊芪山三条沟域在 1956—2008 年的实测年降水量数据，按照 1956—1960 年、1961—1970 年、1971—1980 年、1981—1990 年、1991—2000 年和 2001—2008 年等不同阶段，统计可得其在不同年代的平均降水量（表 6-3），各条沟域的年代平均降水量的年代际变化趋势如图 6-3 所示。显然，这些沟域在 1956—1960 年的年均降水量最大，在 1961 年剧减，此后各年代基本呈现小幅度递减趋势。各年代年均降水量与多年平均（1956—2008 年数据序列）降水量的比值如图 6-3 所示，自 1981—1990 年开始该比值小于 1，这表明该时期以后的年代均值小于多年平均值，即近年来降水量总体上呈现减小趋势。

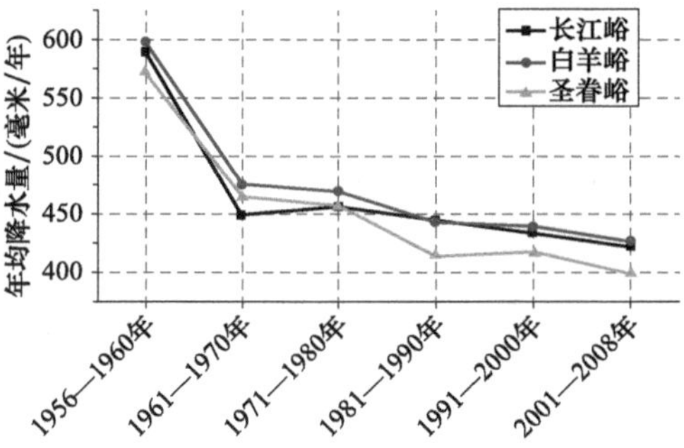

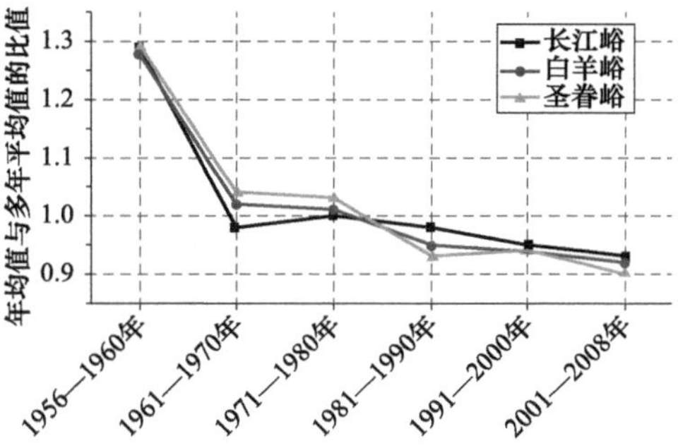

图 6-3　白羊芪山三条沟域不同年代平均降水量及其与多年平均降水量的比值比较

6.3　白羊芪山径流深和径流量变化特征

根据 1980—2008 年观测数据（表 6-4），长江峪年均径流量（W）为 527 万立方米，折合径流深（h）28.4 毫米；最大值为 1983 年 684 万立方米，最小值为 2008 年 396 万立方米；极值比 1.73。白羊峪的年均径流量为 220 万立方米，折合径流深 27.5 毫米；最大值为 1980 年 292 万立方米，最小值为 2008 年 162 万立方米；极值比 1.80。圣眷峪的年均径流量为 13.0 万立方米，折合径流深 8.3 毫米；最大值为 1983 年 22.4 万立方米，最小值为 1989 年 7.3 万立方米；极值比 3.08。三条沟域的年均径流量之比为 41∶17∶1。

根据 1956—2008 年观测数据（表 6-5），长江峪年均径流量为 594 万立方米，折合径流深 31.9 毫米；最大值为 1959 年 1236 万立方米，最小值依然是 2008 年 396 万立方米；极值比 3.12。这一较长时期中，白羊峪的年均径流量为 249 万立方米，折合径流深 31.1 毫米；最大值为 1959 年 532 万立方米，最小值同样为 2008 年 162 万立方米；极值比达到 3.28。同时期圣眷峪的年均径流量为 16.77 万立方米，折合径流深 10.6 毫米；最大值为 1959 年 57.7 万立方米，最小值仍然是 1989 年 7.3 万立方米；极值比 7.94。三条沟域的年均径流量之比为 35∶15∶1。

表 6-1　白羊芪山三条沟域在 1956—2008 年的年降水量特征值

流域名称	面积/公顷	均值		最大			最小			P_{max}/P_{min}	Cv	Cs/Cv
		W/亿立方米	P/毫米	W/亿立方米	P/毫米	年份	W/亿立方米	P/毫米	年份			
长江峪	13520.38	0.85	455.6	1.39	745.2	1956 年	0.47	253.1	2001 年	2.94	0.24	2.0
白羊峪	3845.34	0.37	465.6	0.62	776.1	1959 年	0.21	257.6	2001 年	3.01	0.23	2.0
圣眷峪	1907.25	0.08	444.8	0.14	754.3	1959 年	0.05	247.1	2001 年	3.05	0.25	2.0
比值	7.1∶2∶1	10.6∶4.6∶1	1.02∶1.05∶1	9.9∶4.4∶1	0.99∶1.03∶1		9.4∶4.2∶1	1.02∶1.04∶1		0.96∶0.99∶1	0.96∶0.92∶1	1∶1∶1

注：P 表示降水量，Cs 表示偏态系数，下同。

表 6-2　白羊芪山三条沟域在 1980—2008 年的年降水量特征值

流域名称	面积/公顷	均值		最大			最小			P_{max}/P_{min}	Cv	Cs/Cv
		W/亿立方米	P/毫米	W/亿立方米	P/毫米	年份	W/亿立方米	P/毫米	年份			
长江峪	13520.38	0.81	434.9	1.12	600.2	1995 年	0.47	253.1	2001 年	2.37	0.22	2.0
白羊峪	3845.34	0.35	438.8	0.51	632.3	1995 年	0.21	257.6	2001 年	2.45	0.21	2.0
圣眷峪	1907.25	0.08	413.0	0.12	629.5	1995 年	0.05	247.1	2001 年	2.55	0.23	2.0
比值	7.1∶2∶1	10.6∶4.6∶1	1.02∶1.05∶1	9.3∶4.3∶1	0.95∶1∶1		9.4∶4.2∶1	1.02∶1.04∶1		0.93∶0.96∶1	0.96∶0.91∶1	1∶1∶1

表 6-3　白羊芪山三条沟域在不同年代的年降水量比较

流域名称	1956—1960 年		1961—1970 年		1971—1980 年		1981—1990 年		1991—2000 年		2001—2008 年		1956—2008 年均值
	均值	较多年均值增幅/%	均值	较多年均值增幅/%	均值	较多年均值增幅/%	均值	较多年均值增幅/%	均值	较多年均值增幅/%	均值	较多年均值增幅/%	
长江峪	589.2	29.3	448.3	−1.6	455.7	0.0	444.3	−2.5	434.0	−4.8	422.3	−7.3	455.6
白羊峪	597.6	28.3	475.6	2.1	469.6	0.8	443.1	−4.8	439.5	−5.6	426.6	−8.4	465.6
圣眷峪	571.9	28.6	464.7	4.5	456.9	2.7	414.2	−6.9	416.6	−6.3	399.1	−10.3	444.8
比值	1.03∶1.04∶1	1.02∶0.99∶1	0.96∶1.02∶1		01∶03∶0		1.1∶1.1∶1		1.04∶1.05∶1		1.06∶1.07∶1		1.02∶1.05∶1

表 6-4　白羊芪山三条沟域在 1980—2008 年的年径流量特征值

流域名称	面积/公顷	均值		最大			最小			极值比	Cv	Cs/Cv	不同频率							
													20%		50%		75%		95%	
		W /万立方米	h /毫米	W /万立方米	h /毫米	年份	W /万立方米	h /毫米	年份				W_p /万立方米	h_p /毫米	W_p /万立方米	h_p /毫米	W_p /万立方米	h_p /毫米	W_p /万立方米	h_p /毫米
长江峪	13520.38	527	28.4	684	36.8	1983 年	396	21.3	2008 年	1.73	0.17	4.0	599	32.2	518	27.8	463	24.9	400	21.5
白羊峪	3845.34	220	27.5	292	36.5	1980 年	162	20.3	2008 年	1.80	0.17	3.5	250	31.3	216	27.0	193	24.1	165	20.6
圣眷峪	1907.25	13.0	8.3	22.4	14.3	1983 年	7.3	4.6	1989 年	3.08	0.30	2.5	19.44	10.2	12.5	7.9	10.1	6.5	7.5	4.8
比值	7.1 : 2 : 1	41 : 17 : 1	3.4 : 3.3 : 1	31 : 13 : 1	2.6 : 2.6 : 1		54 : 22 : 1	4.6 : 4.4 : 1		0.56 : 0.58 : 1	0.57 : 0.57 : 1	1.6 : 1.4 : 1	31 : 13 : 1	3.16 : 3.07 : 1	41 : 17 : 1	3.5 : 3.4 : 1	46 : 19 : 1	3.8 : 3.7 : 1	53 : 22 : 1	4.5 : 4.3 : 1

注：W_p表示枯水流量保证率，h_p表示洪峰流量频率，下同。

表 6-5　白羊芪山三条沟域在 1956—2008 年的年径流量特征值

流域名称	面积/公顷	均值		最大			最小			极值比	Cv	Cs/Cv	不同频率							
													20%		50%		75%		95%	
		W /万立方米	h /毫米	W /万立方米	h /毫米	年份	W /万立方米	h /毫米	年份				W_p /万立方米	h_p /毫米	W_p /万立方米	h_p /毫米	W_p /万立方米	h_p /毫米	W_p /万立方米	h_p /毫米
长江峪	13520.38	594	31.9	1236	66.4	1959 年	396	21.3	2008 年	3.12	0.23	4.5	697	37.5	571	30.7	494	26.6	416	22.4
白羊峪	3845.34	249	31.1	532	66.6	1959 年	162	20.3	2008 年	3.28	0.24	3.5	295	36.9	241	30.1	206	25.8	167	20.9
圣眷峪	1907.25	16.77	10.6	57.7	36.7	1959 年	7.3	4.6	1989 年	7.94	0.43	2.5	22.1	14.1	15.5	9.8	11.5	7.3	7.5	4.7
比值	7.1 : 2 : 1	35 : 15 : 1	3.0 : 2.9 : 1	21 : 9 : 1	1.8 : 1.8 : 1		54 : 22 : 1	4.6 : 4.4 : 1		0.39 : 0.41 : 1	0.53 : 0.56 : 1	1.8 : 1.4 : 1	32 : 13 : 1	2.7 : 2.6 : 1	37 : 16 : 1	3.1 : 3.1 : 1	43 : 18 : 1	3.6 : 3.5 : 1	55 : 22 : 1	4.8 : 4.4 : 1

白羊芪山各条沟域年均径流量及其与多年均值之比的年代际变化趋势如图 6-4 所示。20 世纪 50—60 年代大幅度减小，此后则又逐渐变为小幅度减小趋势。各个年代相较于多年均值的增减幅度等详情见表 6-6。

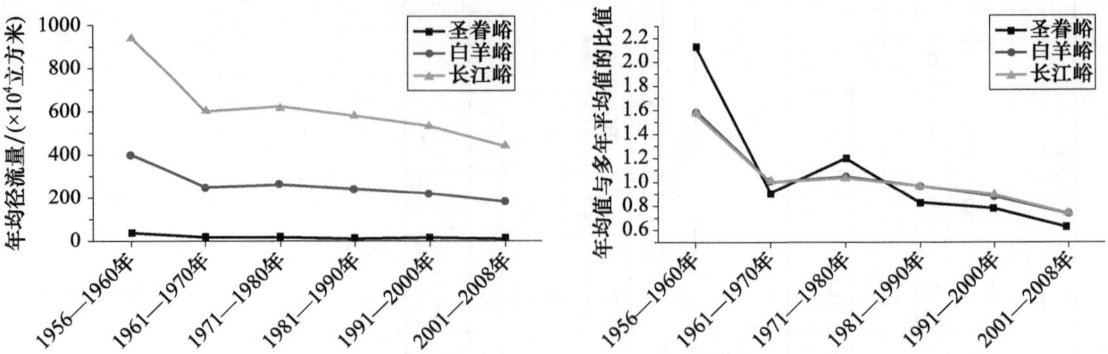

图 6-4 白羊芪山三条沟域不同年代平均径流量及其与多年平均径流量的比值比较

表 6-6 白羊芪山三条沟域多年年均径流量及其与多年均值的比值

年份	年均径流量/万立方米			年均值与多年平均值之比			比多年平均值增幅/%		
	圣眷峪	白羊峪	长江峪	圣眷峪	白羊峪	长江峪	圣眷峪	白羊峪	长江峪
1956—1960 年	35.6	397	941	2.13	1.59	1.58	113.2	59.4	58.4
1961—1970 年	15.2	251	597	0.91	1.01	1.01	−9.0	0.8	0.5
1971—1980 年	20.2	261	620	1.21	1.05	1.04	21.0	4.8	4.4
1981—1990 年	13.9	241	577	0.83	0.97	0.97	−16.8	−3.2	−2.9
1991—2000 年	13.1	222	532	0.78	0.89	0.90	−21.6	−10.8	−10.4
2001—2008 年	10.5	184	441	0.63	0.74	0.74	−37.1	−26.1	−25.8
1956—2008 年	16.7	249	594	1.00	1.00	1.00	0	0	0

白羊芪山三条沟域各自的年均径流量的相对百分比在不同年代间有一定的变化，但总体上保持相对稳定(图 6-5)。其中，长江峪的年均径流量占白羊芪山年总径流量的比例最大，高达 68.51%～69.39%。圣眷峪的年均径流量占比最小，介于 1.67%～2.59%，并且呈逐年略有减小趋势。白羊峪的年均径流量占比为 28.90%～29.08%。可见，白羊芪山中以径流量为代表的水资源主要产出于长江峪，而产出于圣眷峪的极少。

沟域内产出的径流量实际上是指流出沟域的水量，这为峪口以外的地区提供了水资源，也是本沟域难以实际利用的水资源部分，这时，只有下渗到土壤或者被土壤捕获的降水才能成为沟域各种植被生长所能利用的水资源。因为沟域的坡面及沟道陡峭，大雨和暴雨期间易于形成坡面片流和沟道径流，流速大且历时短，大多数径流会以洪水的形式从沟域下泄，同时还会产生较为严重的侵蚀作用，将地表疏松土壤和沟道沉积物冲刷外泄，对沟域的生态环境不利，但有助于峪口外冲积扇的扩大增生。而那些历时较长的小雨或者中雨等平稳降水条件下降落到地面的水，才有可能在不造成严重侵蚀作用的同时被土壤大量吸收，成为沟域内农作物、药用植物等生长的重要水源。有利的降水和保水条件是沟域植被生长发育的增益性水资源和条件。因此，翔实了解降水量的多少、蒸发量大小和径流量及其在峪口内外的比例等，对于理解白羊芪山各沟域的水资源总量及其可利用率大小是非常必要的基础性工作。

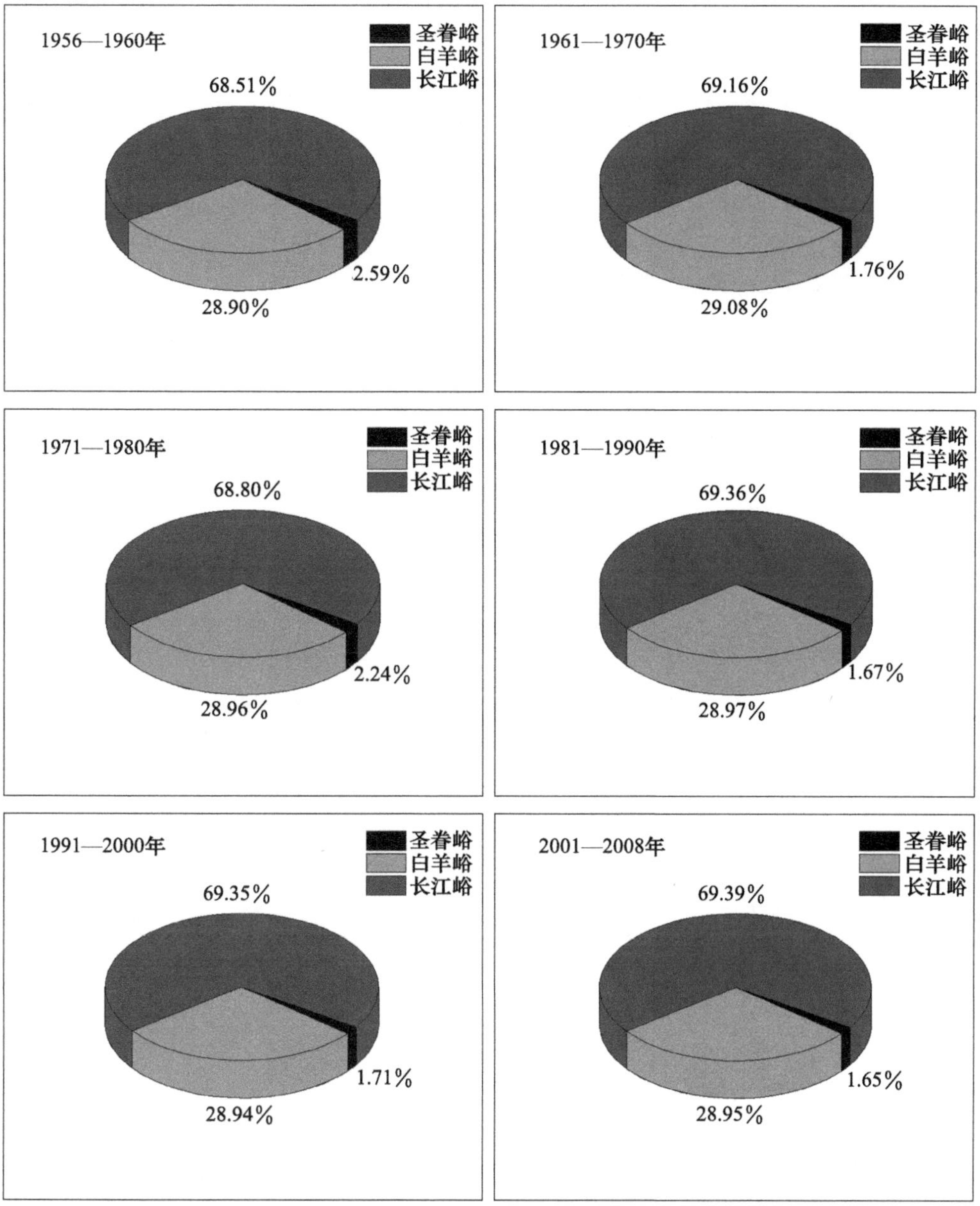

图 6-5　白羊芪山三条沟域不同年代年均径流量相对占比变化比较

参考文献

山西省广灵县志编纂委员会,1993.广灵县志[M].太原:山西人民出版社.

山西省浑源县志编纂委员会,1999.浑源县志[M].北京:方志出版社.

中共广灵县委党史研究室,广灵县地方志研究室,2020.广灵年鉴(2020年)[M].北京:中国文史出版社.

第2篇 白羊芪山“山水林田湖草”生态安全格局构建

第7章 白羊芪山黄芪原生区生态适宜性评价

黄芪适宜性是指生态环境因子能够满足黄芪生长发育需求的一种程度，反映了某一区域内黄芪对各个环境因子的综合适应性，这里的环境因子主要指自然环境。黄芪适宜性是黄芪区划管理、科学引种的重要依据。

生态适宜性研究主要围绕土地规划生态适宜性进行分析，其通过实际有效的生态调查来实现，然后选取出相对有效并具体可实行的土地利用方案，采用定量和定性的指标进行分析，在规划区内就土地利用方式的各个方面、哪些存在的生态要素会带来影响和影响程度到底有多大(生态要素对给定的土地利用方式的适宜状况、程度)等重要信息进行科学规范有效客观的评价。在实际应用中的城市环境功能分区及土地和旅游资源规划与管理，对于这些问题就会经常使用以上方法来进行信息评价，通常需要应用生态学、经济学、地理学及其他相关学科的原理和技术，来作为切实理论研究的基础。然而，仅利用以上通用理论是不够的，还必须结合研究区域的具体自然资源与环境特点以及当地实际生产情况下对发展和资源利用的实际需求，只有经过这样科学具体的分析之后，才能对本区域内资源与环境的适宜性等级进行较为科学有效的划分。

然而，如果仅仅依据生态适宜性来划分土地利用情况是不符合实际情况的，不具有实用性。生态适宜性在研究深度和运用广度上不断加大，其具体表现在生态适宜性相关的研究对象范围不断扩大，并且随之造成生态适宜性的研究目的复杂性不断增强。造成这些不利条件的原因主要是研究对象从开始的简单单一目标慢慢扩展为后期的多种日标类型，研究领域也不断深入地理区域、自然环境、社会政治、区域经济等多个生活的各个重要领域。生态适宜性并不是凭空提出的，它是在适宜性的相关理论细分和深入研究基础上发展起来的。随着区域性发展国家战略的提出，国民经济综合实力虽然得到了长足的提升，但是同样导致了资源衰竭、环境污染、水土流失等自然问题的不断加剧。为了寻求一种资源开发方式与社会经济发展途径相适应的发展模式，生态适宜性分析这种方法就越来越受到科研工作者和决策层的高度重视。生态适宜性分析现在的成功并不是一朝一夕得来的，而是通过许许多多科研工作者不断努力实现的，其中具有代表性的是利用生态适宜性分析，取得对土地利用、流域开发、城市与区域发展等方面的杰出工作成果。

近年来,众多环境科学工作者在各自研究领域内,采用不同的方法在生态适宜性评价体系的建立和完善方面做了不少探索性工作,并在一定程度上获得了具有价值的研究成果。然而,生态适宜性分析因其研究领域与地域复杂性及因素多样性等多种不确定因素相关,当前提出的多数分析方法和评价体系仅仅只是处在一个探索和需要对其不断发展和完善的过程中。那些传统意义上的评价方法,其本身基于的评定策略不够完善,而且利用的算法模型通常也是比较简单的。因此,从某种意义上来说,传统的研究方法现在已经不能用客观全面、真实有效的方式来反映当前具体情况。由于生态适宜性本身很多影响参数具有相当大的不确定性,这些系统具有很强的非线性和时变性,导致通过具体的数学解析的方法往往不能够对它们加以研究,而需要采用一些非常规的研究方法加以实现,寻求新方法的目的就是致力于克服传统评价方法在这些问题上的不足。研究人员经常会采用那些具备模糊综合的评判方法、神经网络方法等评价方法。

黄芪的生态适宜性,即是在实质上描述一定自然地域范围内生长的黄芪,其生长发育所必备的最适生态因子与研究地域内实际具有的生态条件相互之间的匹配程度。黄芪具体能否适合在某一地域批量种植,不但需要考虑其正常生长的可能,更重要的是必须对种植生产资源利用的整体性特点进行有效评估,这就迫切需要寻求一种科学有效的技术手段指导黄芪资源种植区划管理工作,以使黄芪生长既能适应区域环境的要求,同时也能获得黄芪品质和产量的良好收益。

7.1 生态适宜性评价方法

生态适宜性评价体系构建,包括生态适宜性评价指标的筛选、各评价指标权重的确定。其中,各评价因子的筛选采用德尔菲法(Delphi Method),使用层次分析法(AHP)确定各指标的权重值,最后根据综合评价指标值的计算模型对广灵县沟域黄芪生态适宜性进行综合评分。

(1)层次分析法。采用层次分析法来确定各个生态指标的权重。层次分析法是确定适宜性指标体系中各层级因素重要程度的有效方法,将纷繁复杂的适宜性指标体系中的因素进行有序划分,并定量表示这些相关联的各个层级指标的重要性,在此基础上再确定各指标表示重要性次序的权重系数。

(2)模糊综合分析法。由于评价指标间的数据量纲不同,不能直接用来衡量该因素对黄芪生长的影响程度,因此必须对参评的指标进行标准化的处理。通过模糊数学的方法,采用隶属度函数法对各个评价因子进行标准化处理。根据黄芪适宜性评价因子进行分级,构造线性分段函数,确定其所属适宜等级。

(3)GIS 空间分析法。在实地调研以及参考金银花相关文献的基础上,选取气候和土壤条件中的 8 个指标作为黄芪种植的适宜性区划的主要依据,应用 ArcGIS10.6 对黄芪适宜性评价因子进行分级,形成各指标因子适宜性区划后导入评价基础数据库,进行图层叠加运算分析:

$$U = \sum_{i=1}^{8} [\alpha_i \mu(x_i)] \tag{7-1}$$

式中:U 为综合评判值;$\mu(x_i)$为第 i 个指标的气候隶属度,$i(i=1,2,\cdots,8)$;α_i 为相应指标的权重。$0<\alpha_i<1$,$\sum\alpha_i=1$;U 值在 0～1,用来评价白羊茋山黄芪生态适宜性高低。

7.2　黄芪生态适宜性评价指标的筛选

黄芪的生长环境是影响其药效的重要因素。研究发现，黄芪主要生长于山区干燥、光照充足、土壤疏松、土壤肥沃、土壤有机质含量高、土壤 pH 值 6.5～8.0 的地域。如果环境条件不稳定，如温度变化大、土壤质量不良、水分供应不足等，就会影响黄芪的生长和品质。因此，正确选取生态评价指标是分析黄芪生态适宜性的前提。本研究根据广灵县各沟域特点，遵循实际性、显著性、主导性、可操作性、区域差异性等原则，按照定性和定量相结合的方法，对参评指标进行筛选。采用德尔菲法对生态适宜性评价指标进行筛选，即邀请在黄芪种植领域经验丰富、知识渊博的专家以及工作人员，将课题的研究背景、意义以及筛选因子的原则告知专家，并根据知识和经验填写问卷调查。经过两轮统计筛选，最后确定了土壤、地形地貌 2 个主要因素的 7 项评价因子，作为广灵县各沟域生态适宜性评价指标(表 7-1)。

表 7-1　黄芪生态适宜性评价指标

分类	指标
土壤条件	土壤类型、土壤肥力、土壤 pH 值、土壤环境质量
地形条件	坡度、坡向、海拔高度

7.3　指标权重的确定

采用层次分析法来确定权重。层次分析法是通过系统的多个因素分析，划分出各因素相互联系的有序层次，再请专家对每一层次的各因素进行比较客观的判断后，给出相对重要的定量指标，建立数学模型，计算每一层次全部因素的相对重要性权重(表 7-2)。

表 7-2　指标权重

一级评价指标	权重	二级评价指标	单因子指标权重	综合因子指标权重
土壤条件	0.857	土壤 pH 值	0.39	0.1643
		土壤类型	0.18	0.0772
		土壤肥力	0.35	0.2312
		土壤环境质量	0.08	0.0464
地形条件	0.143	坡度	0.32	0.1760
		坡向	0.09	0.1985
		海拔高度	0.59	0.1064

7.4　评价指标体系建立

参考《耕地质量等级标准》(GB/T 33469—2016)、《资源环境承载能力和国土空间开发适宜性评价技术指南(试行)》，并且参考已有研究，综合考虑黄芪适宜性各评价因子的划分标准(表 7-3)。

表 7-3　黄芪评价因子量化分级表

一级因子	二级因子	高度适宜	中度适宜	勉强适宜	不适宜
土壤条件	土壤 pH 值	6.5～7.0	6.0～6.5、7.0～7.5	7.5～8.0	8.0～8.3
	土壤类型	潮土	褐土	栗褐土	黄绵土
	土壤肥力	≥0.7	0.5～0.7	0.35～0.5	<0.35
地形条件	坡度/°	15～30	0～15	30～45	≥45
	坡向	阳坡、平坡	半阳坡	半阴坡、阴坡	
	海拔高度/米	1100～1600	1600～1800	1800～2200	

7.5　广灵县沟域黄芪适宜性单因子评价

7.5.1　土壤单因子评价

从生态地球化学角度对黄芪的宜种性评价，土壤因素的研究意义重大。第一，土壤质量是影响农业生产的重要因素之一。通过土壤适宜性评价，可以了解土壤中各种营养元素的含量、土壤的保水性和透气性、土壤的质地和结构等信息，进而对土壤的质量和肥力做出判断。这些信息可以为农业生产提供科学依据，帮助农民了解土地的适宜种植作物，也为农业生产计划的制定提供了基础数据。第二，土壤适宜性评价对于黄芪生产具有指导作用。通过评价，可以了解不同土壤类型种植黄芪的适宜程度，为农民选择适宜种植的作物提供依据。同时，根据土壤的质量和肥力状况，可以制定科学的施肥方案，合理施用肥料，提高农作物的产量和品质，进一步提高农业生产效率。在黄芪宜种性评价中，本研究对土壤地球化学特征及其与黄芪的关系均进行了较深入细致的研究，在此基础上，选取土壤 pH 值、土壤类型、土壤肥力质量作为白羊芪山黄芪种植区宜种性的评价因子，土壤肥力质量及其分级采用已计算的土壤肥力指数分级结果，其中，最适宜≥0.7，适宜 0.5～0.7，较适宜 0.35～0.5，不适宜<0.35。这里仅对土壤 pH 值和土壤类型做简单评价。

(1)土壤 pH 值

土壤 pH 值来源于全区表层土壤地球化学调查数据，利用 RC/MAP 的克里金内插到整个白羊芪山的土壤 pH 值插值图。因黄芪喜好中性或偏酸性土壤的特点，结合白羊芪山土壤 pH 值分布，根据黄芪种植已有研究成果和白羊芪山黄芪种植实际情况，将土壤 pH 值分为 4 级：高度适宜 6.5～7.0、中度适宜 6.0～6.5 和 7.0～7.5、勉强适宜 7.5～8.0、不适宜 8.0～8.3。

从图 7-1 中可以看出，白羊芪山中度适宜与高度适宜黄芪种植的土壤 pH 值条件地区共 69.71 平方千米，占总面积的 36.17%，其中，白羊芪山中度适宜与高度适宜黄芪种植的土壤 pH 值条件地区主要分布在白羊峪中上游两端坡体，大致分布于史家坪、国家眷、上白羊等村；不适宜区主要分布在白羊峪与长江峪下游的山体断裂的裸露岩石区及居民区。

(2)土壤类型

黄芪适合在土层深厚、土质疏松、肥沃、排水良好、向阳干燥、中性或微酸性沙质土壤中生长，依此对白羊芪山内的土壤类型进行评价。由图 7-2 可知，潮土在白羊芪山内是最适宜黄芪生长的土壤类型，面积为 13.23 平方千米；除此之外，褐土较适宜种植黄芪，也是规划区内种植黄芪的主导土壤类型，面积为 114.28 平方千米，主要分布在白羊芪山沟域内上游与中游段，山体两端等大部分地区土壤均适合种植黄芪。黄绵土不适宜黄芪生长，面积为 17.42 平方千米，大致分布于晏子村、榆沟村。裸岩不能种植黄芪。

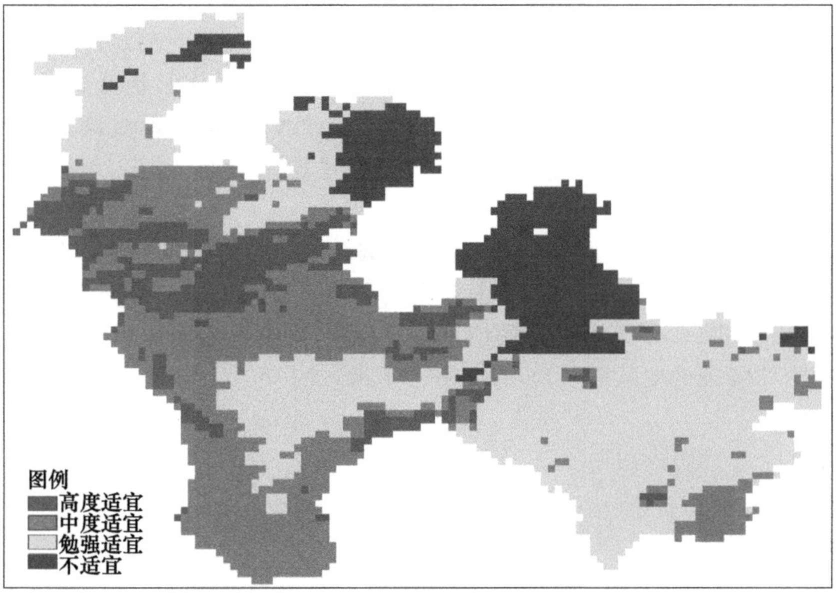

图 7-1　土壤 pH 值适宜性分布

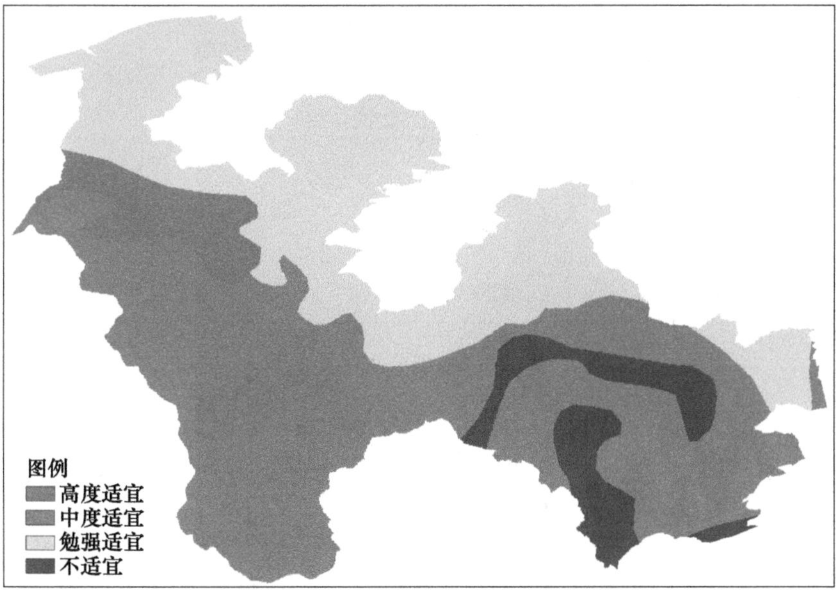

图 7-2　土壤类型适宜性分布

7.5.2　地形单因子评价

地形起伏是影响黄芪适宜性的重要因素之一。在本次评价中，发现该地区地形起伏较大，地势呈现出一定的坡度。这种地形特点有利于排水和防止水土流失,但同时也可能造成土地利用的限制,如机械化作业的困难以及部分地区可能出现的灌溉问题。

(1)坡度

以白羊芪山30米分辨率的DEM为基础,在ArcGIS10.2上,利用空间分析(Spatial Analysis)下的表面分析(Surface Analysis)功能对DEM进行坡度运算,提取坡度数据。

斜坡使得水不至于堆积,黄芪的根会扎得很深,久而久之其形状就会长如箭杆。但由于坡度的影响,容易水土流失。根据当地土壤资源条件与药农的种植调查结果,将适合仿野生黄芪种植的坡度分为4级:高度适宜15°~30°、中度适宜0°~15°、勉强适宜30°~45°、不适宜≥45°。

白羊芪山沟域内坡度最小值为0°,最大值为66.25°。沟域整体上地形起伏较大,极值少量分布,比较适宜种植黄芪。图7-3中,中高度适宜黄芪种植的坡度条件地区面积为186.71平方千米,占总面积的96.87%;勉强适宜黄芪种植的坡度条件地区面积为5.87平方千米;不适宜黄芪种植的坡度条件地区面积为0.15平方千米。

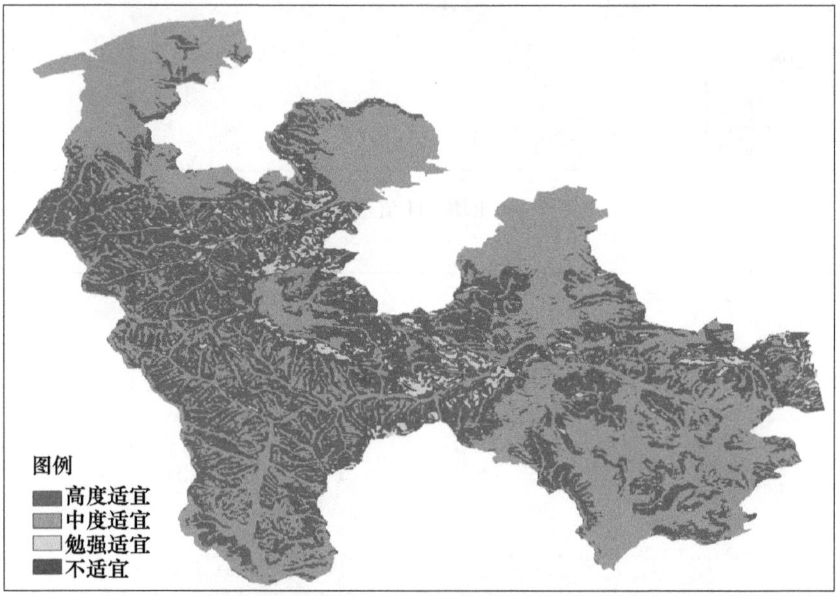

图7-3 坡度适宜性分布

(2)坡向

黄芪性喜凉爽、抗旱耐寒、怕热怕涝,坡向对黄芪生长的光照、温度等有重要的影响。其中,阳坡采光效果较好,地暖,黄芪能迅速生长,从而导致产量增加;阴坡生长较慢,但彰显的药性极强,质量高。坡向的提取方法同样以空间分析下的表面分析功能对DEM进行计算,从而提取白羊芪山坡向的相关数据。根据白羊芪山气候条件与地形的实际情况,将适合仿野生黄芪种植的坡向分为3级:高度适宜为阳坡、平坡,中度适宜为半阳坡,勉强适宜为半阴坡、阴坡。

图7-4中,高度适宜黄芪种植的坡向条件地区面积为59.53平方千米,中度适宜黄芪种植的坡向条件地区面积为28.05平方千米,勉强适宜黄芪种植的坡向条件地区面积为74.38平方千米。

(3)高程

海拔高度对黄芪生长的温度等有重要的影响。高程的提取方法同样以空间分析下的表面分析功能对 DEM 进行计算,从而提取白羊芪山高程的相关数据。对高程进行等级划分时,根据当地土壤资源条件与药农的种植调查结果,将适合黄芪种植繁育的地貌分为 3 级:高度适宜 1100～1600 米、中度适宜 1600～1800 米、勉强适宜 1800～2200 米。

图 7-5 中,高度适宜黄芪种植的海拔条件地区面积为 87.08 平方千米,中度适宜黄芪种植的海拔条件地区面积为 56.57 平方千米,勉强适宜黄芪种植的海拔条件地区面积为 49.08 平方千米。

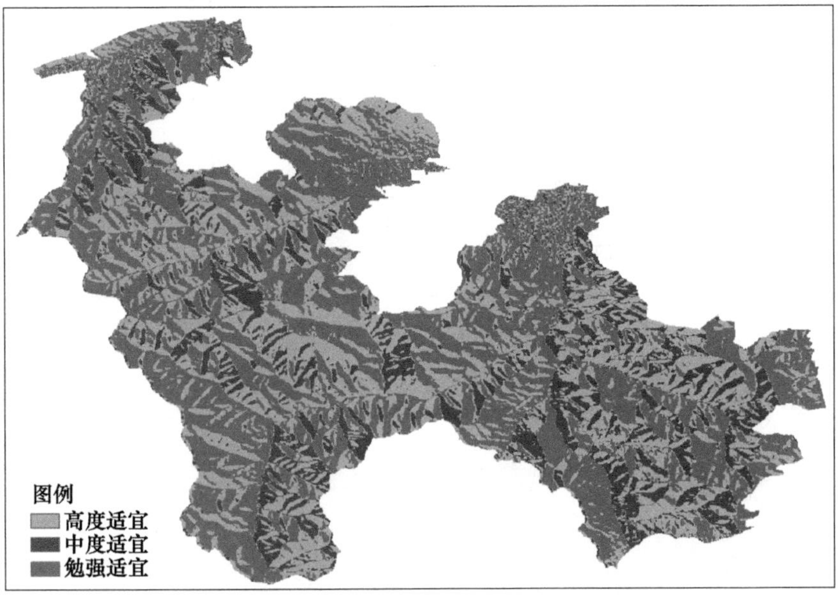

图 7-4　坡向适宜性分布

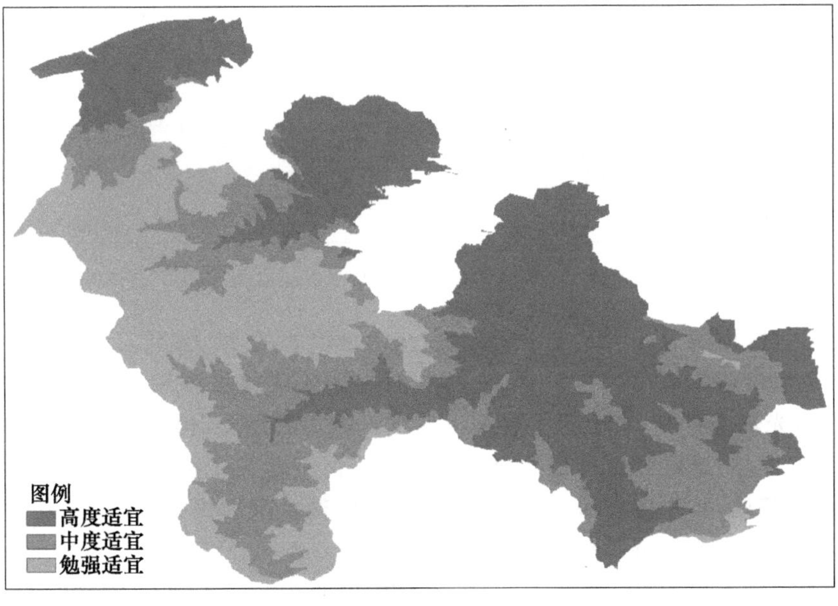

图 7-5　海拔适宜性分布

7.6 评价结果

在 ArcGIS 上，将土壤、地形 2 个主要因素的 6 项因子的适宜性评价结果加权叠加，得到黄芪种植生态适宜性评价的最终结果(表 7-4)。根据分级结果得到广灵县沟域黄芪种植适宜性评价结果图，如图 7-6 所示。

表 7-4 适宜性等级分布

适宜性等级	面积/平方千米	占比/%
高度适宜	40.48	21.00
中度适宜	14.82	7.69
勉强适宜	128.99	66.93
不适宜	8.44	4.38
总计	192.73	100.00

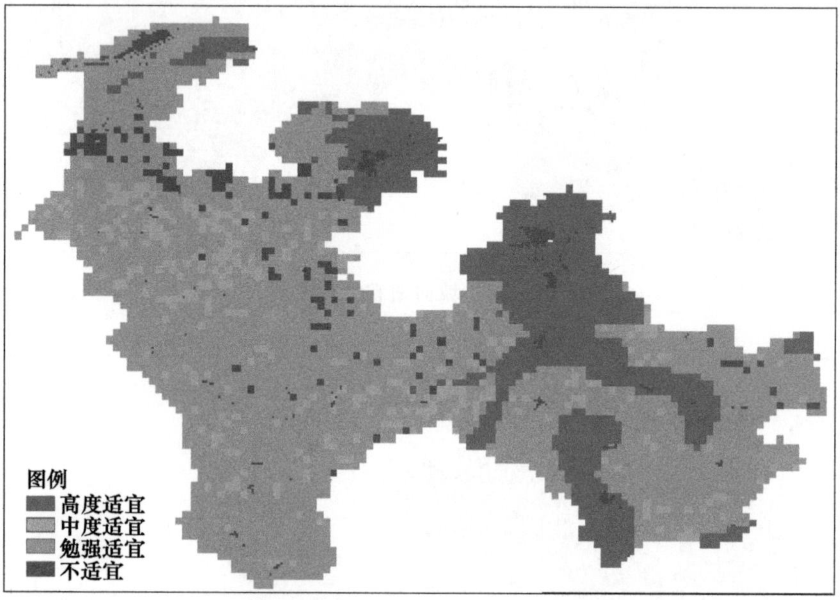

图 7-6 黄芪种植适宜性评价结果图

(1)高度适宜区面积为 40.48 平方千米，占全沟域面积的 21.00%。主要位于沟域的中下段，大致分布于上白羊、下白羊、香炉台、上林关等村。该区域坡度较缓，在 15°～30°，海拔在 1100～1600 米，光热条件好；其土壤主要是以沙壤土为主的潮土、褐土，土壤呈中性偏酸性，土壤环境种植条件优越，适宜野生黄芪的繁育。以山西恒广北芪生物科技股份有限公司为龙头扶持了 3 处产业基地，其中白羊峪、圣眷峪基地位于望狐乡南部山区，长江峪基地位于南村镇西南部山区，总面积 39000 亩，种植面积提升潜力巨大。

(2)中度适宜区面积为 14.82 平方千米，占全沟域面积的 7.69%。主要位于沟域中段，大致分布于史家坪、山神庙、香炉台等村。该区域海拔较高，平均位于 1600～1800 米，坡度平均在 15°以下，为半阳坡，光热条件较好，是野生黄芪生长的优越地带；其土壤主要以栗褐土为主，土壤肥力稍低于高度适宜区，土壤呈中碱性。由于受到土层厚度、坡度等的制约，为中度适宜区。

(3)勉强适宜区面积为 128.99 平方千米，占全沟域面积的 66.93%，面积最大，主要位于沟域西部，大致分布于国家眷、史家坪、下黄麻沟、上寺等村。该区域由于海拔较高，平均位于 1800～2200 米，坡度在 30°～45°的陡峭山坡，土壤质地条件较差，极易产生土壤侵蚀，不适宜黄芪的大量开发种植，可以作为野生黄芪保护区，发挥黄芪生态功能。

(4)不适宜区面积为 8.44 平方千米，占全沟域面积的 4.38%。主要为沟域的下游，沟域口两端的陡峭山地区，大致分布于林关南庄、下白羊等村。该区域坡度在 45°以上，坡度极陡；土壤类型、土壤酸碱性等都为黄芪的严重制约因子，种植黄芪较为困难。从土地利用实用性与经济性成本角度分析，城镇建设用地、工矿用地、农村居民用地等土地利用类型均不适宜黄芪种植。

第8章　白羊芪山“山水林田湖草(药)”生态安全格局构建与修复

8.1　白羊芪山生态安全格局构建

生态安全格局构建的背景意义在于保护和改善生态环境,促进可持续发展。首先,生态安全格局构建的背景之一是现代社会面临的环境压力。随着工业化、城市化、农业现代化等人类经济活动的快速发展,环境污染、土地退化、水资源危机、气候变化、生物多样性减少等问题日益突出。这些环境问题不仅威胁人类健康和经济发展,还对生态系统稳定性和自然环境的可持续性造成了巨大的破坏。因此,构建生态安全格局能够减轻环境压力,保护和改善生态环境,确保人类社会和自然生态系统的共同发展。

其次,构建生态安全格局与实现可持续发展密切相关。可持续发展的核心理念是在满足当前需求的基础上,不破坏未来世代满足其需求的能力。保护环境和促进经济社会发展是可持续发展的两个重要方面。构建生态安全格局是实现可持续发展的必要条件之一,它意味着通过合理的资源利用和环境保护,使人类能够长期享受自然资源,并为未来世代留下可持续发展的物质基础。

再次,政策导向和国际承诺也推动了生态安全格局的构建。在国家层面,生态安全格局构建已经成为政策导向。中国在《生态文明建设纲要》中明确提出,要坚持以人民为中心的发展思想,构建生态安全格局,将生态文明建设作为全面建设社会主义现代化国家的战略任务。此外,各国也普遍认识到生态安全的重要性,并在国际合作中倡导生态保护。例如,巴黎气候协议的签署和执行旨在减少温室气体排放,保护全球生态安全。

最后,社会价值观念的变迁也推动了生态安全格局的构建。随着人们对环境保护意识的提高,生态安全格局构建成为广泛接受的社会共识。人们越来越重视生态环境的保护,认识到生态系统对日常生活的重要性。政府、企业和个人在环境保护方面积极采取行动,包括加强环境治理、推广可再生能源、倡导低碳生活方式等,以促进生态文明建设。

总而言之,生态安全格局构建的背景意义在于保护和改善生态环境,促进可持续发展。在面临环境压力、实现可持续发展、政策导向和国际承诺、社会价值观念变迁的推动下,构建生态安全格局具有重要的现实意义和长远意义,有助于实现经济社会的可持续发展、改善人民生活质量、维护生物多样性,并实现人与自然的和谐共生。这是一项需要全社会共同努力的重大任务,也是为后代子孙留下美好家园的必由之路。

8.1.1　生态安全现存的问题

(1)部分沟段植被稀少,水土流失较重

长江峪、白羊峪、圣眷峪的林木覆盖率分别为 11.9%、32.6%、16.5%,低于广灵县 35%的林木覆盖率，三条沟域下段的植被覆盖较少，而且三条沟域的土壤多为石灰岩、花岗岩、片麻岩发育而成，主要种类为黄土和褐土，养分贫乏，结构不良，土层厚度多在 30 厘米以下，石砾含量高，经常有岩石裸露，加之该地区雨量集中，水土流失较为严重(图 8-1)。

图 8-1　沟域部分区域植被覆盖情况

(2)黄芪种植方式落后，加剧水土侵蚀

三条沟域内黄芪种植面积大，种植、采刨方式落后，是造成水土侵蚀的又一重要原因。一方面，为了种植黄芪，大量山坡草地被开辟，植被破坏后地表不具备蓄水功能，大雨一来，立即形成千万条径流，冲刷土壤；另一方面，黄芪采刨方式比较落后，采刨后坡面上留下大大小小的坑，坑前被翻动得极为松散的沙土遇到暴雨即被冲刷(图 8-2)。三条沟域多为石质山地，千万年来在大自然风化作用下形成的土层，本来就不厚，一经流失，很难恢复。

图 8-2　沟域部分区域黄芪种植现状

(3)森林资源少、质量不高

森林在涵养水源、保持水土、调节气候和维持生态平衡等方面均有重要作用，但目前广灵县三条沟域内的森林资源均存在资源偏少、分布不均、质量不高、树种单一等问题。虽然三条沟域内的有林地面积在 10%～30%，但真正的森林并不多，大部分植被低矮稀疏，植被盖度较低，呈现斑块状分布格局。总体而言，长江峪、白羊峪、圣眷峪的森林资源总量较少，质量不高，生态屏障作用弱。

(4)林业多样性偏低，防护能力弱

沟域虽经过多年退耕还林和植树造林，但造林设计时缺乏对林业有害生物发生和防治管理因素的考虑，造成目前绿化树种单一、集中连片的人工纯林面积过大、林分质量不高、单位产量低等众多问题。而且林龄结构不合理，中幼龄林面积较大。整体森林质量不高，森林生态系统自我抵御灾害能力弱。

(5)土地利用生态脆弱，生态承载力较低

广灵县沟域呈现山地、丘陵、盆地等多种地貌类型，黄土分布广泛，地势西高东低。永定河源流壶流河横贯东西，属海河水系。广灵县沟域群山绵亘、崇岗叠嶂、河谷纵横、峰高谷深，属于典型的山区地形地貌特征，不利于农作物耕作生产。三条沟域年降水量约 380 毫米，属于温带大陆性季风气候。现实的自然地理条件，使得该地区土地利用生态脆弱，生态承载力较低。山地和丘陵区由于植被稀疏，再加上受季风气候的影响，冬春多风沙。沟域内养羊等畜牧业过度养殖，严重破坏了广灵县沟域的自然生态环境。由于对土地保护不够，过度垦殖，耕作粗放，水土流失严重，抗御自然灾害的能力弱，导致水资源匮乏和降水量不足，单位面积人口承载力较低。而且，沟域内存在山体滑坡的环境风险，亟待进行生态治理。生活污水、牲畜粪便等造成土地污染日趋严重，加剧了土地生态的恶化。

8.1.2 生态敏感范围识别

生态敏感区域是指对人类生存和自然环境保护至关重要的地区，主要包括水源涵养区、生态保护红线区、生物多样性保护重点区，以及荒漠化、石漠化、沙化及水土流失等特殊功能区和生态脆弱区。生态敏感范围识别的意义非常重要，具体如下。

保护自然环境：生态敏感范围识别可以帮助保护生态系统，维持生态平衡。通过识别出生态敏感区域，可以将这些区域划定为严格的保护区域，限制人类活动，以达到保护自然环境的目的。

助力生态文明建设：生态敏感范围识别是生态文明建设的必要步骤。生态文明建设是推进绿色发展、实现可持续发展的重要战略，做好生态敏感范围的识别是实现生态文明建设的前提。

促进经济社会发展：生态敏感范围识别不仅仅是对生态环境的保护，还与经济社会发展密切相关。通过限制不适宜的人类活动，在保护生态环境的同时，也可以促进经济社会的可持续发展。

改善人居环境质量：生态敏感范围识别可以有效地改善人们的生活环境质量。在保护生态环境的同时，可以提高人民生活质量，营造更加宜居的环境。

推进国家战略：生态敏感范围识别是推进国家重要战略的必要步骤，能够为其实施提供基础性支撑。

综上所述，生态敏感范围识别的意义非常重要。通过划定生态敏感区域，加强对这些区域的保护和管理，可以有效地保护自然环境、促进经济社会发展、提高人民生活水平、推进国家发展战略、实现人与自然和谐共处。因此，需要加强生态敏感范围识别工作，切实保护好生态环境。

利用 ArcGIS 中的提取分析功能，分别将水源涵养重要性评估结果、水土保持重要性评估结果和生物多样性维护功能重要性中的极重要区域提取出来，并进行空间叠加，得到白羊茋山生态敏感范围，面积为 34.65 平方千米，约占研究区总面积的 15%。结果显示：规划区内土壤侵蚀为主要生态敏感因子，生态系统服务功能敏感区主要分布于海拔较高、坡度较大的山区，主要包括史家坪、上白羊、山神庙、香炉台、上寺等村(图 8-3)。

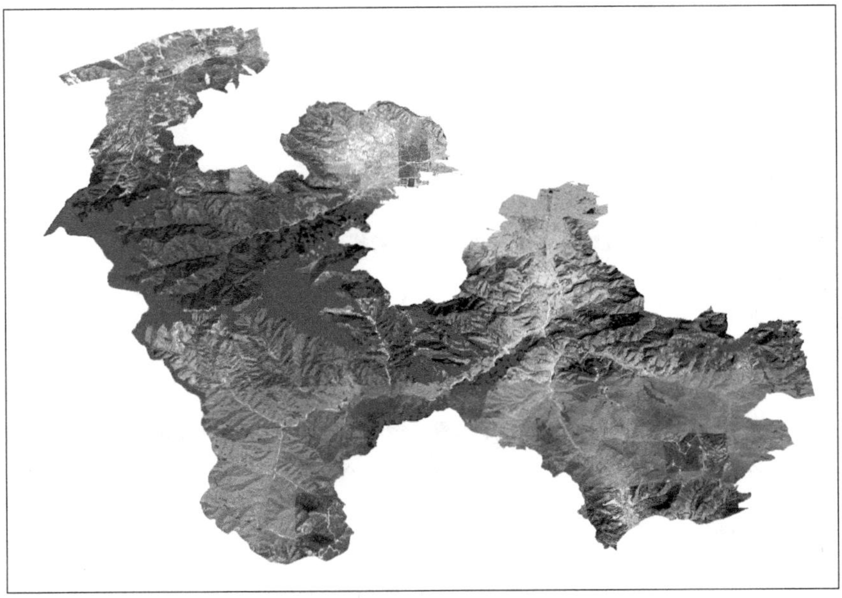

图 8-3　沟域生态敏感区(深色部分)

8.2　沟域土地利用空间分布现状

识别土地利用空间分布现状可以为沟域规划、土地管理和决策制定提供重要依据。通过了解不同区域的土地利用情况,可以合理规划土地开发和利用,避免资源浪费和环境破坏,促进城市可持续发展。了解土地利用空间分布现状可以帮助评估土地资源的利用效率。通过分析不同类型土地的利用程度和利用方式,可以发现土地利用中存在的问题和不合理之处,并提出相应的改进措施,以实现土地资源的高效利用。土地利用空间分布现状的识别与环境保护和生态恢复密切相关。识别出农业过度开垦以及生态脆弱区域等土地利用问题,有助于制定相应的保护政策和措施,减弱生态环境破坏,推动生态系统的恢复和保护。土地利用空间分布现状的识别可以为生态环境评估提供基础数据。通过比较不同区域的土地利用情况,可以分析其对生态系统的影响和生物多样性的维持情况,为制定相应的保护策略和措施提供科学依据。了解土地利用空间分布现状对于实现可持续发展目标至关重要。通过合理规划土地利用,避免乱占耕地、滥用建设用地和过度开发等不合理行为,可以实现经济、社会和环境的协调发展。综上所述,识别土地利用空间分布现状对于规划和管理决策的支持、提升土地资源利用效率、环境保护和生态恢复、生态环境评估、促进可持续发展以及改善人居环境质量都具有重要意义。

广灵县沟域(规划区)土地总面积 19272.97 公顷,其中,长江峪版块区域土地总面积 13520.38 公顷,占全域总面积的 70.15%;白羊峪版块区域土地总面积 3845.34 公顷,占全域土地总面积的 19.95%;圣眷峪版块区域土地总面积 1907.25 公顷,占全域土地总面积的 9.90%。规划区主导用地类型为其他草地、旱地和有林地,面积分别为 12461.31 公顷、2918.78 公顷和 2832.70 公顷,共占规划区土地总面积的 94.50%;其他用地类型共占沟域土地总面积的 5.50%(图 8-4)。

总体上,区域以林草地和林地资源分布为主,这两类资源是其主导用地类型,表现为生态基础良好、森林覆盖率高、生态环境相对较好,另外,耕地(旱地和水浇地)也是其次重要的用地类型,具有一定的农业生产基础。

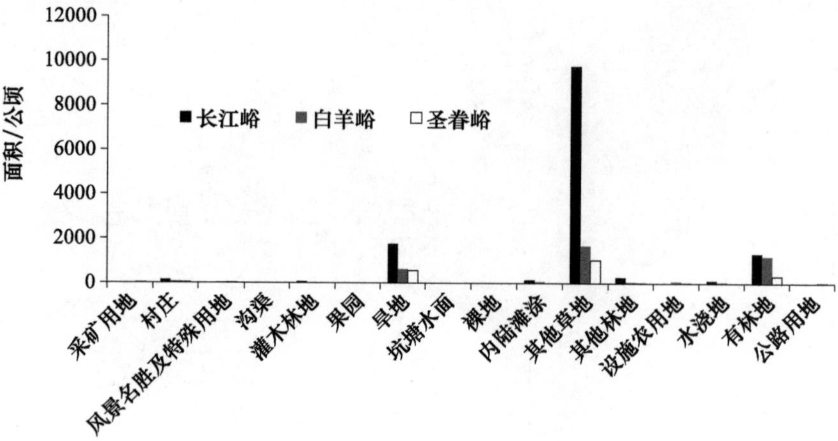

图 8-4 规划区土地利用现状构成图

8.2.1 耕地

全区耕地总面积 3075.30 公顷,其中,旱地 2918.78 公顷,水浇地 156.52 公顷。从分布来看,耕地主要分布在狼虎坪村、上林关村、下白羊村、国家眷村等,其面积分别为 275.53 公顷、233.49 公顷、229.39 公顷、204.48 公顷(图 8-5)。耕地主要分布在地形比较平坦的一级阶地,沿河谷、沟谷分布,多呈现带状。尤其在山间缓坡、山腰、陡坡台地等处,地块小而集中(图 8-6)。其分布较为集中连续,耕地地面较为平缓。耕地资源虽面积较大,但与林地、草地资源相比,数量差距很大。广灵县沟域内林地和草地为主要的土地利用类型。

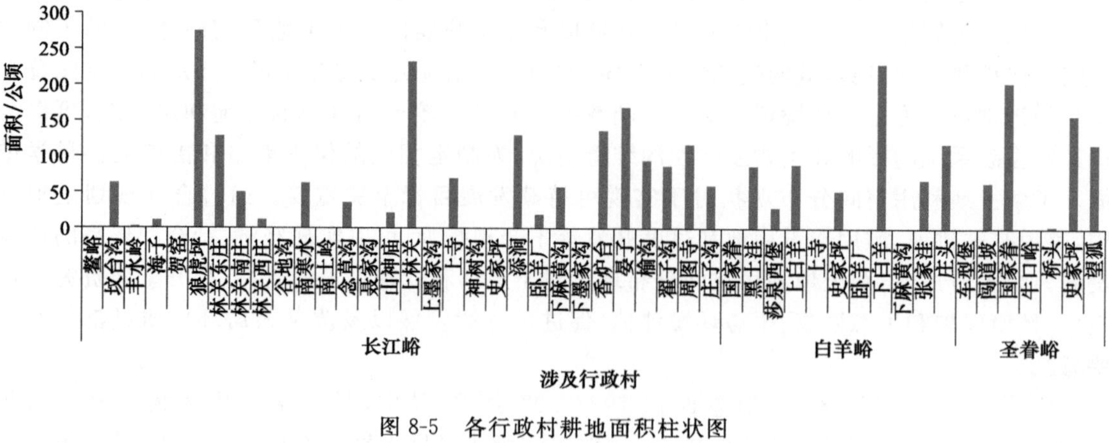

图 8-5 各行政村耕地面积柱状图

8.2.2 村庄

全区村庄总面积 216.49 公顷,占土地总面积的 1.12%。分区域来看,长江峪、白羊峪、圣峪三个版块村庄面积分别为 133.10 公顷、64.60 公顷、18.80 公顷；所占规划区村庄用地总面积的比例分别为 61.48%、29.84%和 8.68%。村庄在狼虎坪村、林关东庄村、上林关村、香炉台村、黑土洼村和下白羊村的面积分别为 12.44 公顷、26.66 公顷、16.51 公顷、15.12 公顷、10.86 公顷、12.09 公顷和 41.79 公顷(图 8-7)。村庄主要分布在规划区地势比较高，且平坦的区域(图 8-8)。农村建设用地利用粗放，集约程度不高。

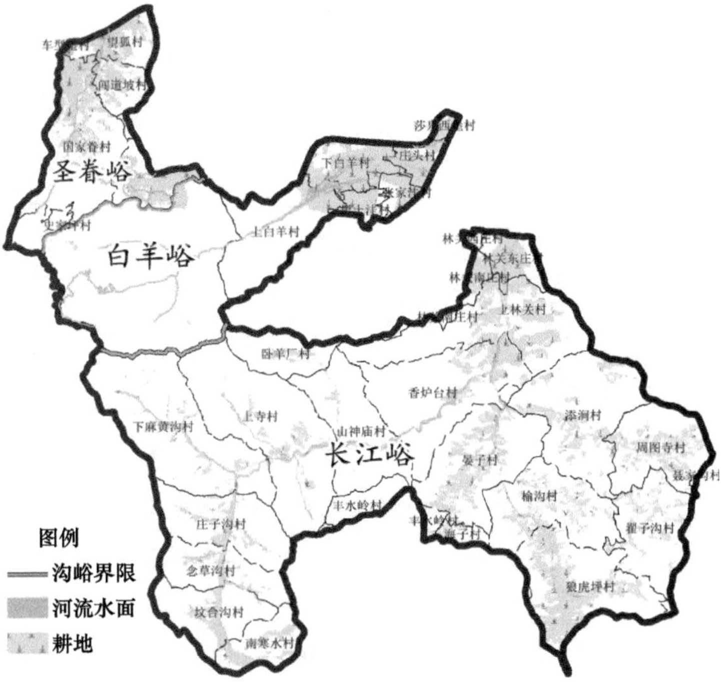

图 8-6　广灵县三条沟域耕地资源分布图

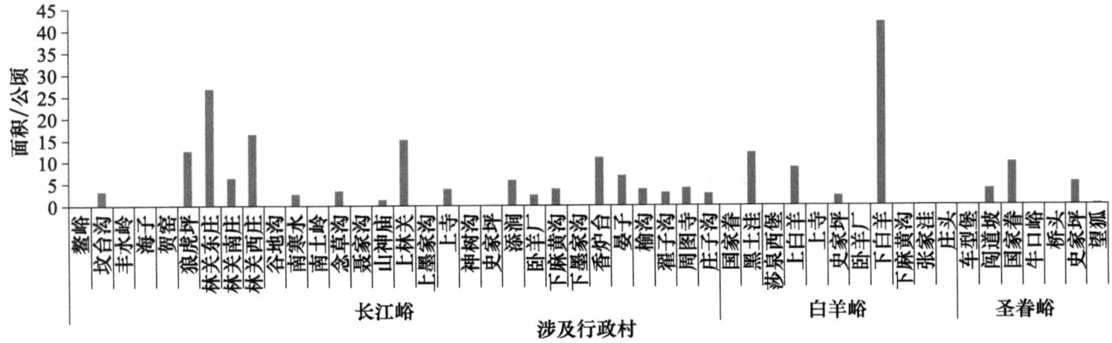

图 8-7　各行政村村庄建设用地面积柱状图

图 8-8　广灵县三条沟域村庄建设用地分布图

8.2.3　林地

全区林地总面积 3176.79 公顷，占土地总面积的 16.48%，其中，有林地 2832.70 公顷，占林地总面积的 89.17%；灌木林地 45.56 公顷，占林地总面积的 1.43%；其他林地 298.53 公顷，占林地总面积的 9.40%。林地主要分布在海拔 1000～2000 米，有林地主要分布在阴坡，其他林地主要分布在阳坡。长江峪、白羊峪、圣眷峪三块林地面积分别为 1607.86 公顷、1254.06 公顷、314.87 公顷。分区域来看，长江峪林地中有林地、灌木林地、其他林地面积分别为 1315.81 公顷、45.56 公顷、246.49 公顷，分别占林地面积的 81.84%、2.83%、15.33%；白羊峪林地中有林地 1206.69 公顷，其他林地 47.37 公顷，有林地和其他林地分别占林地面积的 96.22%和 3.78%；圣眷峪有林地和其他林地面积分别为 310.20 公顷和 4.67 公顷，分别占总面积的 98.52%和 1.48%（图 8-9 和图 8-10）。

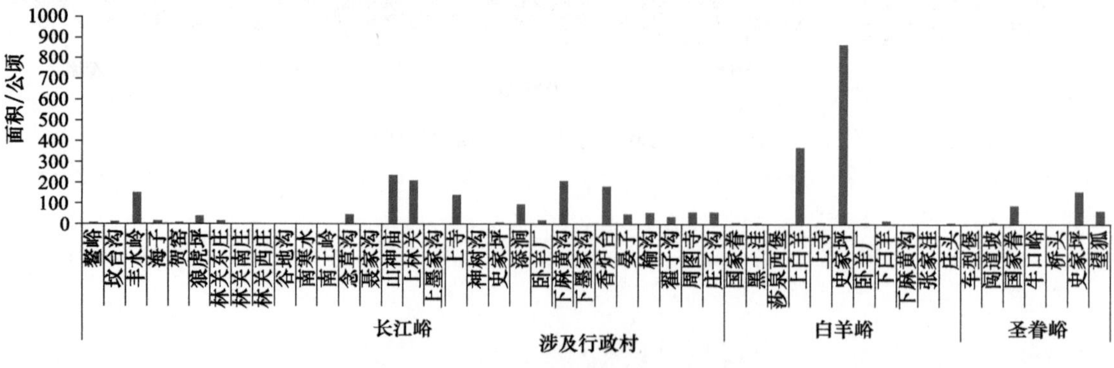

图 8-9　各行政村林地面积柱状图

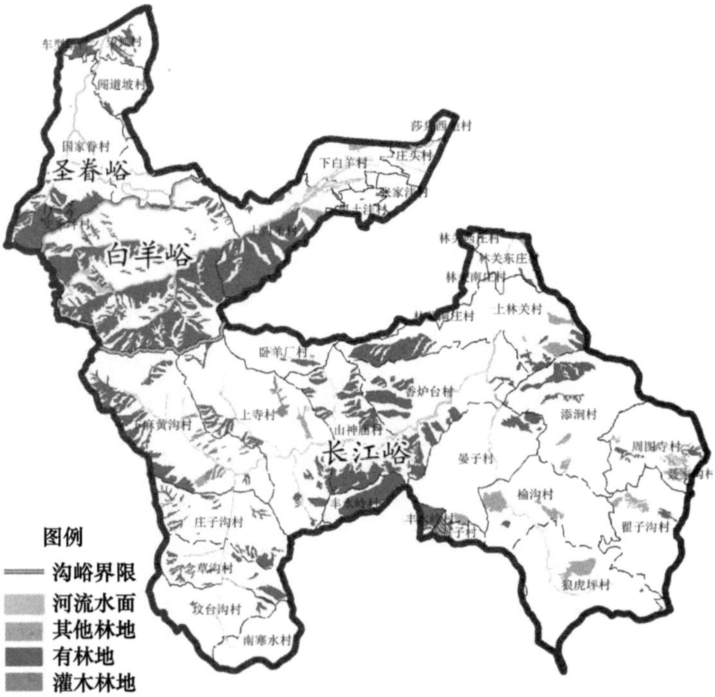

图 8-10　广灵县三条沟域林地资源分布图

8.2.4　草地

全区草地总面积 12461.31 公顷，占土地总面积的 64.66%，草地类型均为其他草地，占草地总面积的 100%。长江峪、白羊峪、圣眷峪三块草地面积分别为 9765.12 公顷、1675.58 公顷、1020.61 公顷，分别占广灵县草地面积的 78.36%、13.45%和 8.19%。草地资源丰富，面积大且空间分布连续(图 8-11 和图 8-12)。

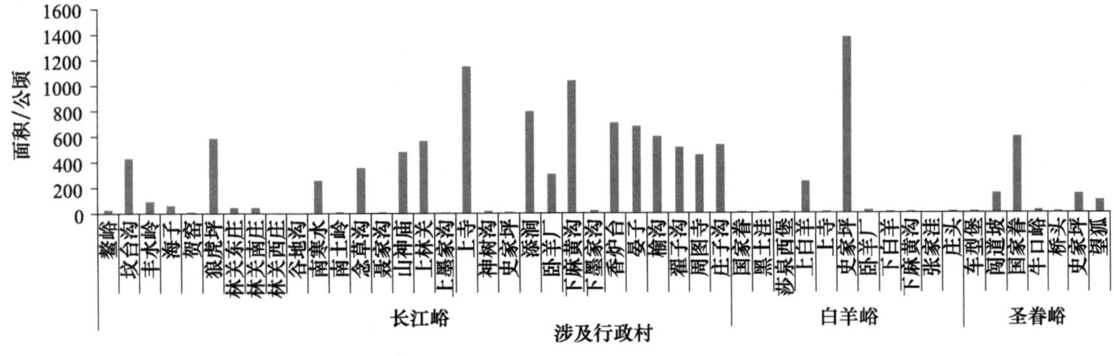

图 8-11　各行政村草地面积柱状图

图 8-12　广灵县三条沟域草地资源分布图

8.2.5　水面

规划区水面总面积 200.74 公顷，其中，内陆滩涂 200.28 公顷，坑塘水面 0.46 公顷。

8.3　划分生态功能区划，实施环境分区管控

实施野生黄芪道地药材生态原产地发展和建设，是促进资源保护和环境友好的迫切需要。加强生态原产地生态环境保护，具有良好的生态效益。在野生黄芪资源保护上，有助于开展野生药材抚育，有效避免物种资源枯竭，保护种质资源和生态多样性；有利于改善原产地生产条件，推广抚育技术，增加仿生栽培，减少野生采挖，提升道地药材供给能力。在生态环境保护上，选育和推广野生黄芪优良品种、绿色生产技术模式，减少化肥农药用量，从源头上控制面源污染，保护土壤、空气、水域环境，促进可持续发展。结合要素关系分析、生态敏感性和重要性评价，以及白羊芪山土壤类型分布、水资源分布等数据，根据“山水林田湖草（药）”一体化治理理念，构建白羊芪山生态保护与修复格局（图 8-13）。

8.3.1　生态涵养区

生态涵养区的范围为生态保护红线区域，主要位于丰水岭村、史家坪村、上白羊村、下麻黄沟村、卧羊厂村、山神庙村等区域，面积为 5217.19 公顷，占全域面积的 27.08%。生态涵养区大部分为森林覆盖率较高的林地、主要河流，承担着水源涵养、水土保持、防风固沙、洪水调蓄、生物多样性保护和供水安全等重要的生态服务功能，而且坡度较大、高程较高，生态系统较脆

弱,一旦发生破坏难以恢复。因此,生态涵养区应坚持生态优先,实行严格保护。严控区内基础设施建设项目。区内不得分配污染物排放总量,不得新建工业企业和矿产开发企业。继续加强区内生态建设,稳定森林、草原、湿地等生态空间,提高各类生态系统质量。制定和落实科学的生态补偿制度和专项财政转移支付制度。

图 8-13　沟域生态修复格局图

8.3.2　生态培育区

生态培育区的范围为中生态重要关键地段,主要位于丰水岭村、史家坪村、上白羊村、下麻黄沟村、卧羊厂村、山神庙村等区域,面积为 6581.72 公顷,占全域面积的 34.15%。生态培育区应以生态维护为主,严格控制开发强度。继续实施生态恢复和保护工程,稳定和扩大森林、草原、湿地等生态空间,达到构筑生态安全屏障的目的。

8.3.3　生态产业区

其他区域为生态产业区的范围,面积为 7474.06 公顷,占全域面积的 38.78%。生态产业区大部分处于沟谷地带,坡度较缓,可适当发展生态农业和生态旅游。区域内应以协调发展为主,实行生态与经济协调发展战略。严格环境准入标准,限制高污染产业进入和发展。发展节水农业,合理利用区域水资源。调整农业结构,发展有机农业,减轻农业面源污染,维护区域内河流水质。加强农田景观建设,提升耕地食物生产功能、水土安全保护功能、生物多样性保护功能和景观文化功能。根据沟域环境承载力,确定适宜的旅游发展规模,加强旅游线路污水、垃圾处理基础设施建设,减轻旅游的生态环境影响。推进乡镇、农村环境基础设施建设和环境综合整治,强化沟域大气、水、土壤环境监测体系建设,不断提高环境质量,维护人群健康。

8.4 “山水林田湖草(药)”生态动能和一体化修复

“山水林田湖草(药)”一体化修复是指综合运用生态学原理和方法，通过对山地、水域、森林、耕地、湖泊和草原等不同生态系统的综合治理，实现生态系统的修复和保护。在过去几十年里，我国的经济快速发展给自然环境造成了巨大的压力和损害。过度的资源开发和污染排放导致了生态系统的严重退化、生物多样性的下降以及水土流失等环境问题。为了促进可持续发展并改善生态环境状况，提出了“山水林田湖草(药)”一体化修复战略。

“山水”修复。山地生态系统在水土保持、水源涵养、生物多样性保护等方面具有重要作用。通过植被恢复、水土保持工程和防治土壤侵蚀等措施，修复山地植被，恢复生态功能，减少土壤侵蚀，保护水源地，提高生活质量。

“林田湖”修复。林地和农田是重要的生态系统，在碳汇、水土保持、农作物产量等方面发挥着重要作用。通过加强森林保护、合理经营农田和湖泊治理，恢复和改善农田和湖泊的生态功能，提高土地的质量和产出。

“草”修复。草地是重要的草食动物栖息地和牧草资源，对维持生物多样性和草原生态系统的稳定至关重要。通过禁牧轮牧、草地恢复和畜禽粪污处理等措施，保护和修复草地功能，促进畜牧业可持续发展。

“药”修复。中药材种植和采集对土地资源和生物多样性有一定影响。通过合理规划和管理中药材种植和采集，保护和增加中药材质量，并推动药材产业的健康发展。

“山水林田湖草(药)”生态动能是指自然生态系统中的各个组成部分相互作用、相互依存的动力机制。它体现了生态系统的自我调节、自我恢复和自我更新的能力，对于维护生态平衡、促进可持续发展具有重要意义。首先，“山水林田湖草(药)”生态动能体现在山水之间。山脉、河流和湖泊等地貌特征相互作用，形成了独特的山水景观。山脉的高度和形状决定了气候和降水分布，而河流和湖泊则调节了水循环和水资源的分配。这种相互作用使得山水之间形成了复杂的生态系统，为生物多样性的维持和生态服务提供了基础。其次，“山水林田湖草(药)”生态动能体现在土地利用和植被覆盖之间。它通过山水之间的相互作用、土地利用和植被覆盖、水域生态系统以及草和药的生态调节，维持了生态平衡，促进了可持续发展，并为人类提供了丰富的生态服务。

“山水林田湖草(药)”一体化修复战略旨在通过综合治理不同生态系统，实现生态系统的修复和保护，促进生态环境的恢复和可持续发展。这一战略的提出和实施，对于改善生态环境、保护生物多样性、提高人民生活质量和推动可持续发展具有重要意义。政府、科研机构和社会各界应共同努力，加强科学研究和技术创新，推动“山水林田湖草(药)”一体化修复工作的深入开展。

8.4.1 山体修复与建设

白羊芪山属于恒山山脉，其岩性大多为沉积岩，岩石破碎性大，易被雨水或流水侵蚀。在白羊芪山的山体中，有些崖壁已经处于极限稳定状态，因此应尽量避免在修建公路、旅游设施时过度切坡掏洞，以防止平衡的破坏，保持山体的原始风貌。生态环境较差坡体，需要重点进行水土流失的防治。在避免大型修建的同时，沟坡兼治，坡面实施坡改梯并配套小型蓄引水工程，荒坡上部营造水土保持林，荒坡下部修筑梯田并营造经济林；沟道采取沟头防护、谷坊、拦沙坝、塘坝等为主的综合整治措施。广灵县沟域的山体中，有些崖壁已经处于极限稳定状态，因此应尽量避免修建公路、旅游设施时过度切坡掏洞，以防止平衡的破坏，保持原始风貌。生态环境较差的黄土地貌山体，需要重点进行水土流失的防治。在避免大型修建的同时，沟坡兼治，坡面实施坡改梯并配套小型蓄引水工程，荒坡上部营造水土保持林，荒坡下部修筑梯田并营造经济林；沟道采取沟头防护、谷坊、拦沙坝、塘坝等为主的综合整治措施。对于生态条件保持较好的山体，进行生态防护，避免大型修建，同时加强绿化节点的建设和修复(图 8-14)。

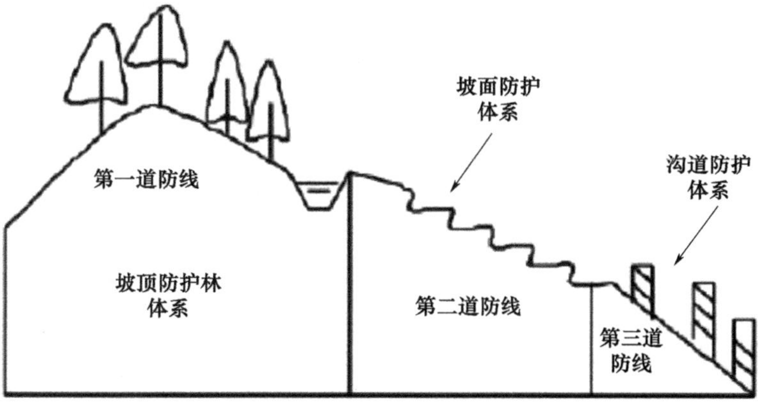

图 8-14　黄芪沟域综合治理措施示意图

三条沟域内黄芪种植面积大，种植、采刨方式落后，是造成水土侵蚀的重要原因。一方面，为了种植黄芪，大量山坡草地被开辟，植被破坏后地表不具备蓄水功能，大雨一来，立即形成千万条径流，冲刷土壤；另一方面，黄芪采刨方式比较落后，采刨后坡面上留下大大小小的坑，坑前被翻动得极为松散的沙土遇到暴雨即被冲刷。三条沟域多为石质山地，千万年来在大自然风化作用下形成的土层，本来就不厚，一经流失，很难恢复。

(1)黄芪种植地修复

为了解决种植黄芪带来的山体生态破坏、水土流失的问题，对白羊芪山种植黄芪区域进行整体修复。对于种植黄芪的耕地实行坡耕地改造梯田，对 20°～25°的荒坡或耕地，一律退耕还林还草，贯彻适地适树适草的原则，草灌先行，乔灌草结合，在水平沟内或台地之上，种植阔叶乔木与灌木混交林，在坡面上，优先种植灌木带和草带，两者相间混交，带宽 1 米左右。对 15°～20°坡耕地必须进行坡改梯，对坡度较小的坡耕地采取修等高地埂等方法，缓坡地以农业耕作措施为主，主要采取等高耕作，提高抗冲能力，增加保水效果。梯田是保证农作物产值和改善水土流失的一项重要的措施，可以根据农耕坡度的不同，采用不同的梯田方法来防止水土流失，保证土壤肥力，增加粮食产量。

(2)黄芪茬地修复

对于黄芪采刨后坡面裸露极为松散的沙土，要进行及时的生态修复工作，可以使用堆砌袋子绿化法、挂网直接喷射绿化营养材料绿化法，栽种攀援藤本类如爬山虎、连翘等对土壤要求不严、耐贫瘠和盐碱、抗旱耐寒、根系发达的植被，以实现短期内的有效绿化与边坡保护。

(3)中草药花海景观区

为了营造色彩鲜艳的整体风貌，对于沟域内山体生态林进行"彩化"，山体配置乔、灌、花、草，既能够防止风、沙、旱、涝等自然灾害，又可以改善山体环境。具备水源涵养、生态景观、地域文化、休闲游览等多种功能。具体配置方式如下。

地形设计：中草药花海景观区为缓坡，在设计中保留坡度，形成“梯田式”景观，在外沿进行道路设计。在花海营造中，适宜的地形处理有利于丰富花海要素，增加植物的立面视觉效果，形成景观层次，达到加强景观艺术性的目的(图 8-15)。

图 8-15　中草药景观带

中草药花海植物景观设计与配置。根据植物对自然环境条件的需求，运用植物色彩对比与调和、均衡与稳定、节奏与韵律的形式美构图法则，以及植物的季相变化，营造出丰富多层次的花海植物景观。

中草药花海景观区植物设计。中草药花海景观区以山体生态林为背景，在坡地上进行大片中草药花海种植，采用大面积块状、片状种植，形成大面积色彩的冲击，适当补植中草药乔灌木植物。在中草药花卉品种选择时，根据筛选出观赏价值较高的中草药植物，考虑景观植物的季相性原则，应用草本、木本花卉营造植物景观的丰富性。从种植形式上来看，主要是列植、片植和群植。从观赏特性上来看，主要是观花型为主，观果型、观叶型为辅。从时序上来看，主要是夏秋季观赏景观。“梯田式景观”按照原有坡地结构和环路设计，将其分为“五行七列”的结构进行中草药植物种植。通过在阶地种植观赏价值较高的中草药植物，自 5 月初至 10 月中依次形成连翘、蒲公英、石竹、向日葵、蜀葵、地肤等各色花海景观，并且向人们普及常见、常用的中草药文化，集休闲观光与科普教育为一体，让游人感受山花开满地的郊野风光。

色彩设计：植物本身丰富多样的色彩和季相变化构成了植物的艺术特性。中草药花海景观植物的色彩设计主要是由黄色、红色、蓝色、紫色系构成。在中草药花海景观的入口处、中心凉亭处，采用连翘＋紫堇、桔梗＋毛茛、黄花菜＋飞燕草＋千日红的配置形式，使用蓝紫色系＋黄色系的对比色色彩组合配植，形成鲜明的对比，展现出热烈的气氛，达到吸引游人的效果。另外，千日红＋飞燕草的植物色彩组合为蓝紫色系，蜀葵＋中国石竹＋赤芍的色彩组合为红色系。它们都属于相邻色，千日红＋飞燕草构成相邻色系的颜色，并在时序上延长了蓝紫色系的观赏时间，可以有秩序、协调地组合在一起，产生韵律的变化，形成统一的整体，给人舒适的感觉。母菊、苦荞的植物颜色属于白色系,和其他植物在色彩上都可以搭配成舒适协调的景观。

季相设计:植物景观空间变化主要通过时间变化表现,突出表现为植物景观的季相变化(图 8-16)。盛花期集中在春、夏、秋三季。春季,需要选择一些早花的中草药植物,延长花海的观赏期,达到“万绿丛中一点红”的效果。3—5 月,最先开放的有连翘、贴梗海棠、蒲公英、山楂、毛茛、中国石竹和瞿麦等,按照颜色可以为三个系列:黄色系有连翘、蒲公英、毛茛、板蓝根,白色系有山楂,红色系有贴梗海棠和中国石竹。红色＋黄色系多是娇嫩的颜色,给人以活泼、生机盎然的景观效果。6—8 月,开花的植物较多,有蜀葵、桔梗、母菊、苦荞、糖芥、黄花菜、紫菀、瞿麦、射干、向日葵等,以白色系、黄色系、蓝紫色系和红色系的花为主,蓝紫色系使人联想到海水,让人心旷神怡,景观呈现出五彩斑斓的效果。9—11 月,美丽的果实具有观赏价值,保留原场地上的野山楂,以装点秋景。秋色叶是重要的季相景观,如地肤。秋天,地肤叶色变红,给人以“层林尽染”的别样风味。秋季观花主要以蓝紫色调为主,蓝紫色系的草花展现出清凉的景象。

图 8-16　沟域花海季相设计图

8.4.2　河流生态修复与建设

白羊峪河、长江峪河、圣眷峪河的部分河(沟)段存在河岸破碎,主沟道局部沟段存在岸坡裸露、水系连通性差的问题,河流功能降低,水生态环境消失。河流岸线生态功能不足,河流湿地水源涵养和水质净化能力低,存在农田侵占河湖湿地现象。该区水土流失存在强烈和极强区域,需加强流域水土流失治理。

(1)河流水质净化

针对白羊峪河、长江峪河、圣眷峪河主沟道局部沟段存在岸坡裸露等情况,进行河(沟)道生态修复,开展水质净化工程,改善河道流水水质,恢复河道生境,沟(河)道水文地貌尽量达到Ⅱ级(良)以上,河道接近自然,流水与泥沙输移畅通,河底与地下水连通,无横向拦挡建筑物。继续实行“清河行动”,对河流两侧的违法种植、违章建筑、畜禽养殖点和排污点进行清理和封堵,消除河道附近影响行洪安全的障碍物和主要污染源。继续实行“人工湿地”污水净化工程,对河流水系进行水质净化。同时,维护河流上游的水源涵养功能和水土保持功能,以白羊峪河、长江峪河、圣眷峪河(沟)道为基础,实施水土保持和水源涵养工程。加强农村水环境治理和农村饮用水水源保护,实施农村生态清洁小流域建设。加强农村环境监管能力建设,落实县乡两级农村环境保护主体责任。

(2)河流沟道整治

白羊峪河、长江峪河、圣眷峪河的部分河(沟)段存在河岸破碎、水系连通性差的问题,河流功能降低，水生态环境消失。为保障河流功能，维护水生态环境，对白羊峪河、长江峪河、圣眷峪河及其支流进行河流河道整治。采取“上堵下排”的原则，修建堤防、护岸工程。“上堵”就是在河道上游修建一定的拦挡坝、沉沙库，拦截泥沙；“下排”就是疏导河道，清除阻水障碍，使河道畅通。使用石堤、盘石护岸、加固土法等，保护河岸不被侵蚀，以及保持河流的稳定性；在整治过程中，需要进行生态修复，这包括栽种沿岸植被、增加湿地、修建沙滩等生态措施。通过这些措施，可以为河流的自然生态系统加高、加宽堤防，设立易涝区排涝设施等，预防可能发生的洪水、山洪等灾害。但不过多改变河道自然特性，尽量保持天然河道的作用（图 8-17）。

图 8-17　河流沟道整治效果图

（3）河流生态廊道建设

对白羊峪河、长江峪河、圣眷峪河的部分河（沟）道开展岸坡整治，岸坡采用砌石、预制混凝土植草砖、生态混凝土护岸等方式进行适度硬质护砌，并安装防护网，解决岸坡不美观、不安全的问题。在河岸和沟道带实施绿化工程，栽植亲水植物，在坑塘边坡采取种植草皮或铺设柔性生态护坡等方式，达到河（沟）岸坡全绿化，实现“岸绿”的治理目标。采用丛植的方式种植观赏期较长的中草药植物，如蒲公英、毛茛、飞燕草、千日红等。滨水步道临水侧为自然式驳岸，种植丁香等花灌木，下层种植蒲公英、毛茛、中国石竹等，配置菖蒲、香蒲、千屈菜等水生植物，起到美化环境和净化水体的作用（图 8-18）。在不影响行洪安全的前提下，实现水系两侧全绿化，采用近自然的水岸绿化模式，通过渠道两侧 50 米宽植被带的培育，树种可以以白桦树或针叶松为主，形成水系林网，控制来自两岸的污染物质，并为物种提供足够宽度及长度的生境和廊道，形成沟域特有的水源保护林和风景带，使全区水岸林木绿化率达到 100%。

图 8-18　滨水栈道休闲景观示意图

8.4.3 森林植被生态修复与建设

总体而言,长江峪、白羊峪、圣眷峪的森林资源总量较少,质量不高,生态屏障作用弱。为了突出造林绿化工作,带动山区农民增收致富,实现“绿水青山就是金山银山”,实施“增绿、护绿、营绿”三绿措施,进一步提高森林覆盖率,提升森林综合效益,在长江峪、白羊峪、圣眷峪等重点部位,对空白断档、绿化景观效果差的地块进行全方位、高标准绿化、打造、提升。

沟域现阶段生态防护林退化严重,很多生态防护林已被黄芪种植地代替,水源涵养能力差。部分区域生态林和黄芪种植地的坡度远超过 25°。对退化的生态林需要实施生态修复改造工程,针对沟域不同的防护林退化程度,重度退化防护林以更替改造为主,中度退化防护林以择伐补造为主,轻度退化防护林以抚育改造为主,退化农田防护林以渐进改造为主。结合白羊峪、长江峪、圣眷峪的坡度、坡向、海拔等数字地形分析,从沟域以节点的方式分别进行相应的林业发展规划。选取乡土树种白桦、山柳、沙棘、黑枸杞等,在沟域上段设置水源涵养林。同时,对宜林荒山荒地,山高坡陡、土层瘠薄、立地条件差的区域进行绿化彩化,借助原有林地的油松、落叶松、白桦等天然树种,在林下种植耐阴植物,如铃兰、桔梗、党参、板蓝根,植物基本为蓝紫色系,形成丰富的林下景观。针对结构不合理以及生长状况不佳的林分,实施森林抚育管理工程,改善林地的立地环境。同时,推进生态林草修复工程建设,加强植被恢复。在现有林地中增加林木种类,加强林下灌木的种植和管理,提升生物多样性,提高森林生态系统的稳定性和恢复能力,建设高自然价值的地域性林业生态系统。加强林地生态工程技术应用,包括:经济植物篱建设,多层种植模式,防风林/防护林带的建立,建立林木复合结构,防火带、防火线构建,废弃林木处理,绿道建设和可达性控制,树木/灌木、防风林/防护林带的修复,生态化道路建设,树木/灌丛的修剪,立地条件改善等。比如:黄芪的根作为重要的中药材,在挖取时会造成严重的水土流失,因此,需要沿坡面以黑枸杞、沙棘、北柴胡混交的方式设置黄芪隔离带,以达到保护水土的目的(图 8-19 和图 8-20)。

图 8-19　沟域森林生态修复效果图

图 8-20　边坡植被修复效果图

8.4.4 草地生态修复与建设

全区草地资源丰富,面积大且空间分布连续。下一步可以在植被覆盖较少且坡度较低的区域播撒草籽,建设草地生态系统,遏制土地沙化,防止水土流失。按照草地生态系统物质循环和能量流动的基本原理,运用现代草地管理、保护和利用技术,退耕还林还草,维护生态安全。同时,继续进行边坡草原的建设,在植被覆盖度较低的边坡开展草原的建设(图 8-21)。

图 8-21　草地生态修复效果图

8.4.5　农田生态修复与建设

长江峪、白羊峪和圣眷峪农业开发历史悠久，土地利用程度较高，可开发利用的宜耕其他用地较少。同时，规划区内干旱缺水，缺少灌溉设施，靠天吃饭，土地利用集约度低。因此，规划区土地整体质量差，水资源缺乏，土地利用粗放，耕地单产低，劳动生产率和土地产出率低，无法满足快速发展的经济需要。需要对农田土壤进行治理和修复，保证农田土壤的可持续利用和发展(图 8-22)。

图 8-22　农田生态修复效果图

(1)积极调整农业结构

农业结构单一，为了改善生态环境，应推行新型种植理念，促进农林牧渔全面发展。首先，应提高养殖业占比，加快草食畜牧业的发展速度。其次，应扩大经济作物的种植面积，实现食物供需平衡，调动农民参与农业的积极性。且重视发展饲料作物，恢复绿肥作物。再次，应因地制宜，合理布局农业结构，保持生态系统与景观系统的多样性，积极发展各种农业模式，注重实现立体农业。最后，坡度大于(或等于)25°的陡坡应采用退耕还草措施，重视发展防护林、经济林、材林等。

(2)强化治理水土流失

为了减少水旱灾害,应强化水土流失治理,增强森林的调蓄水能力,削减降雨径流。治理期间应综合山河湖库,以治山为本,结合堤防与山河治理措施。在治理山地时,应重视天然林保护,有效改造低效林,发展丰产林,在提高森林覆盖率的基础上,有效涵养水源,发挥保水防洪效果。同时,还应综合开发潜力较大、人类活动频繁、环境较为脆弱的丘陵地区,引入科学开垦方法,重视后期经营。

(3)构建高效农业生态系统

针对不同区域与不同自然条件,相关部门应做到因地制宜,构建高效科学的农业生态系统,在提高农业生产效率的前提下,保护生态环境。山岭地区应结合自然资源、地貌等条件,依据气候、植被资源以及土壤垂直差异等因素,合理采用立体开发与分类经营模式,实现多层次布置。比如,混栽草木、乔灌、花等,形成良好的农业生态经济链结构。在利用坡耕地时,应遵循喜光与耐阴作物搭配、高秆与矮秆结合的种植原则,做到宜农则农、宜林则林。此外,在坚守永久基本农田保护红线,确保耕地保有量不减少、质量不降低,空间布局基本稳定的基础上,统筹园地、林地及其他农用地利用,确保农业生产空间合理有序。

(4)重视防灾减灾

作为复杂的系统工程,相关部门还应做好农业的防灾减灾工作。一是广泛宣传防灾减灾知识,增强社会人群的防灾意识。二是全面调查农村地区的农业灾害情况,合理评估分析,协同各部门制定科学的防灾减灾方案。三是针对不同灾害类型,确定综合管理部门与减灾队伍,实现农业灾害治理的产业化、社会化发展。四是积极引入灾害监测与信息处理技术,推进现代生态型的集约持续农业技术,不断提高农业防灾减灾的科技化水平。五是综合开展生态环境预警研究工作,有效引入生物工程、生态工程、国土改造工程等技术,在提高防灾减灾能力的基础上,改善农业生态环境。

(5)强化农田水利建设

相关政府部门应充分重视流域治理工作,加固水库并清淤扩容,在整治原有渠道的基础上,建设新型标准渠道,提高抗旱抗涝能力。同时,还应建立多层次、多方式的水利建设工程,改变政府包办水利模式,以股份合作、劳代资等方式,明确责权利关系,拓宽建设思路。应引入地膜下灌溉、喷灌、硬化渠道等新型技术,提高水资源利用率,节约水资源。

(6)加强污染物控制

第一,控制化肥农药投入量,相关部门应积极引入农田生态培肥技术,调整农业产业结构,采用稻—稻—油/绿肥轮作模式,加大生物肥与有机肥的使用量,通过秸秆还田增加土壤肥力。同时,还应在农村广泛普及科学施肥知识,严格控制区域内使用化肥强度,一般不得超过 200 千克/公顷。为了提高肥料利用率,还应引入精准施肥技术,增加作物专用肥与复合肥使用量,最大程度降低对生态环境的污染程度。除此之外,还应引入生态拦截技术,过量使用化肥会严重污染地下水源,此时可以建设生态沟渠,种植具备经济价值的农作物,比如空心菜、黑麦草等,拦截流失养分,充分吸收氮磷元素,减少水体污染。第二,合理控制农药用量,进一步推广使用高效、低毒、低残留的农药,进一步降低单位面积农药使用量。防治害虫时还应引入生物防治技术,通过天敌防治,优化空间布局,通过多种农艺与生物手段,最大程度降低病虫草危害程度。第三,应科学控制畜禽养殖废弃物,严格遵照《中华人民共和国环境保护法》等法律法规,科学设置禁养区、限养区、适养区等,实现合理布局。禁养区包括森林公园、生态功能区、水源保护区、文物保护区、旅游开发区、居民用水周围500米区域等，应全面推出养殖行业，更不得改建、扩建。限养区包括基本农田保护区、自然村落密集处等，应严格控制畜禽饲养规模，不得扩建、改建养殖场，且合理引入粪污资源化、无害化处理措施，停业粪污排放不达标的养殖企业。适养区指的是禁养区与限养区以外的区域，应根据当地环境承载力，开展适度养殖，并无害化处理畜禽粪污。第四，合理控制农膜白色污染，农业部门应出台奖励政策，通过购买等方式，鼓励农民回收已使用的农膜，或者加大生物降解膜的开发力度，确保农膜在自然环境中自然分解。

8.5 生态系统固碳服务分析

陆地生态系统为人类生存和发展提供了环境基础，它所提供的供给、调节、支持、文娱等服务是生态环境与社会经济协同发展的重要保障。近年来，气候变化和人类干扰活动导致生态系统服务退化甚至丧失，并直接影响生态系统服务间权衡/协同关系，严重限制区域可持续性发展。生态系统服务及权衡与协同关系受多尺度过程的复杂影响，具有尺度效应、多样性和空间异质性等。对于碳储量服务功能的研究，对减缓气温变化具有重要的意义。从工业社会以来，由于人类对生态系统过度干扰，致使生境质量下降，众多物种濒临灭绝，研究生境质量，有利于促进生态管控，提高物种多样性。

白羊芪山位于恒山山脉地区，生态系统丰富多样，地域广阔，气温适中、光线充裕、昼夜温差变化明显，营养成分可以最大限度地得到保持；周边生态环境良好、空气质量较高，对于中草药的生产有利；土壤质量适合中药生长，土层深厚，富含微量元素硒，为中药提供丰富营养元素。同时，恒山山脉地区在碳平衡中发挥着重要的"碳汇"作用，是国家绿色发展中的"碳达峰"和"碳中和"战略的重要组成部分。21世纪以来，全球气候变化明显，尤其在北半球的中纬度及高海拔地区，增温趋势愈发强烈，白羊芪山地区生态系统也受到一定的气候影响。明确白羊芪山地区碳储量的时空变化特征，可为固碳服务提升为导向的景观格局优化、区域生态环境安全和土地利用决策等提供科学依据。

8.5.1 碳储量模型原理

生态系统可以通过改变大气中温室气体含量来调节气候变化。生态系统中，植物可以利用光合作用将碳储存在木材以及土壤中，从而减少大气中二氧化碳的含量，减缓气候变化。此外，生态系统除了具有固定碳的功能以外，还可以将长年积累的碳封存在土壤中。有研究显示，森林、草地、农田等陆地生态系统固碳潜力较强，且碳储存量远远大于大气，故合理规划、管理陆地生态系统，使生态系统碳储量增加，对于解决气候问题意义重大。

陆地生态系统碳储量很大程度上取决于四大碳库，即地上生物碳（C_{above}）、地下生物碳（C_{below}）、土壤碳（C_{soil}）和死亡有机碳（C_{dead}）。InVEST模型（生境质量模型）的碳储量模块以各土地利用/覆被类型或植被类型为评估单元，以四种碳库的平均碳密度乘以各评估单元的面积来评估区域生态系统碳储量。在该模型中，地上生物碳包括地上所有活体植被中的碳储量；地下生物碳是指植物活根中的碳；土壤碳库是陆地最大的有机碳库，一般是指土壤中的有机碳；死亡有机碳指凋落物及枯木中所储存的碳：

$$C_{tot}=C_{above}+C_{below}+C_{soil}+C_{dead} \tag{8-1}$$

式中：C_{tot}为总碳储量（吨/公顷）。

8.5.2　碳密度数据来源及处理

碳密度数据如表 8-1 所示。

植被碳密度数据：植被类型数据主要来源于研究区森林资源二类调查数据，研究区各植被类型的碳密度来源于主要文献资料，同时借鉴了前人在该研究区、相邻区域及自然人文环境相似区域的研究结果。本研究中森林碳密度的估算包括了灌木层和草本层，但未考虑死亡有机碳部分。

土壤碳密度数据：土壤有机碳密度数据主要来自实测数据。在收集和整理前人研究成果的基础上，根据不同土壤类型和不同地类景观类型随机布点，挖取土壤剖面采集土样。土壤采样时间为 2023 年 5 月，取样土层深度为 0～5 厘米、5～10 厘米、10～20 厘米、20～30 厘米，其中，0～5 厘米和 5～10 厘米土层采用多点混合采样法，以减少表层土壤的空间变异性。采样点总数为 30 个，基本覆盖了研究区主要的土壤类型和植被类型。有机碳密度计算：

$$S_{\mathrm{OCD}} = \sum_{i}^{n} P_i \times C_i \times D_i \times (1 - S_i) \div 100 \tag{8-2}$$

式中：P_i 为土壤容重(克/立方厘米)，C_i 为土壤有机质含量(克/千克)，D_i 为土层厚度(厘米)，S_i 为砾石所占体积百分比(%)，S_{OCD}为一定厚度的土壤有机碳密度(千克/平方米)。

表 8-1　碳密度数据　　单位：吨/公顷

类型	地上生物量	地下生物量	土壤有机质	死亡有机质
耕地	16.49	10.89	75.82	2.11
林地	30.14	6.03	100.15	2.78
草地	14.29	17.15	87.05	7.28
水域	1.59	0	64.03	3.98
建设用地	7.61	1.52	34.33	0
未利用地	10.36	2.07	34.42	0.96

8.5.3　碳储量服务功能空间变化特征分析

通过 InVEST 模型，使用 ArcGIS 对其空间变化规律进行统计分析，得出广灵县白羊芪山生态系统碳储量空间分布特征，如图 8-23 所示。碳储量分布总体呈现出中部高、东西部低的趋势。碳储量较高区域为沟域中等海拔区域，即史家坪、卧羊厂、上寺、山神庙等地，主要土地类型为林地和草地。碳储量中值区域为西部高海拔地区与东部沟域入口区，即下麻黄沟、庄子沟、国家眷、望狐、下白羊等地，主要土地类型为草地和耕地。碳储量低值区域为沟域下游建筑生活区，主要土地类型为建设用地和水域。

8.5.4　碳储量服务功能重要性分级

广灵县白羊芪山生态系统服务碳储存重要性等级分布如图 8-24 所示。白羊芪山沟域碳储存功能极重要区分布较为广泛，主要包括白羊峪、长江峪大部分地区与圣眷峪高海拔地区，此地区以林地与草地为主，面积占全区域的 57.48%。重要区主要分布在白羊峪与长江峪的高海拔地区，此地区以草地为主，面积占全区域的 21.61%。较重要区主要分布在山顶风力发电裸露区域与农耕区域，面积占全域的 7.07%。一般重要区主要分布在沟域下游的裸岩区、河漫滩及河谷两岸的裸地，面积占全区域的 13.84%。

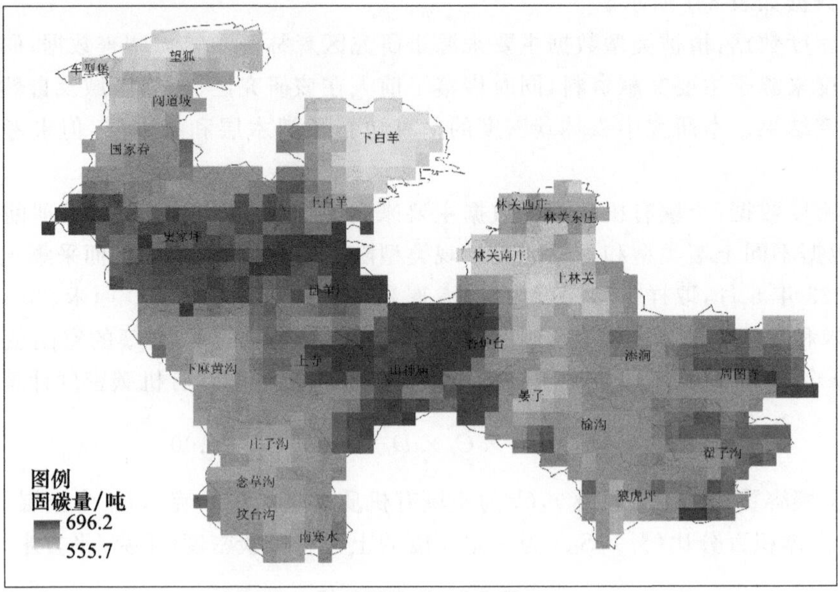

图 8-23 白羊芪山固碳量空间分布图

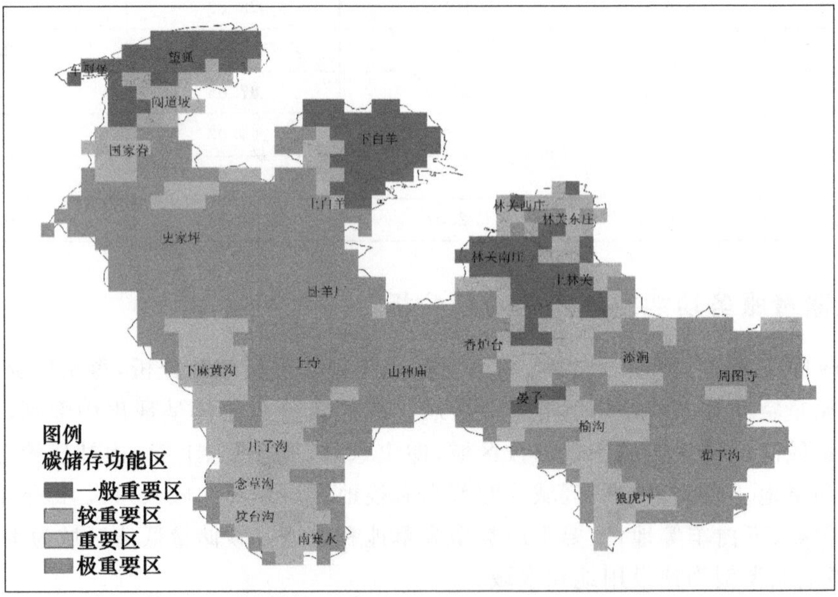

图 8-24 白羊芪山生态系统服务碳储存重要性等级分布图

第9章　白羊芪山水土流失防护与自然灾害防治

水土流失的治理工作，是改善生态环境质量以及实现生态文明建设的重要组成部分，也是一项重大而又紧迫的战略性任务。尤其对于黄河流域来说，搞好水土保持，不仅可以优化生态系统、维护生态安全，而且还可以改善生产条件、保障水源地安全、改善人居环境，推动生态文明建设的发展进程。

9.1　相关概念

9.1.1　水土流失的内涵

水土流失指在水力、风力、重力等外力的作用下，水土资源、土地生产力出现破坏与损失的现象，包括土地表层的侵蚀和水土损失。有些学者将水土流失称为土壤侵蚀，然而，水土流失与土壤侵蚀从根本上讲属于包含与被包含的关系。土壤侵蚀是土壤及其地表的物质在水、风等外力作用下，形成的损坏、腐蚀、沉淀现象。从主体上来看，水土流失的主体是水和土，而土壤侵蚀的主体仅为土。在特定情况下，土壤侵蚀可等同于水土流失；但是，研究中的水土流失一般为广义上的概念，所以土壤侵蚀并不等于水土流失。

9.1.2　水土流失的类型

我国是水土流失最为严重的国家之一，从产生水土流失的动力来看，分布最为广泛的主要有水力侵蚀、重力侵蚀和风力侵蚀三种类型。山西省水土流失以水力侵蚀为主，风力侵蚀很少。

(1)水力侵蚀

水力侵蚀主要是水力作用所造成的，如降雨、地下径流、地表径流的作用，使得土壤被破坏、沉积及搬运的过程。常见的水力侵蚀有面蚀、沟蚀。面蚀是很短暂的过程，而当地面的水流很集中时就会转为细沟侵蚀，当细沟侵蚀被忽视时就会发展成为较严重的沟蚀。《第一次全国水利普查水土保持情况公报》指出，山西省侵蚀沟道共计108908条，占西北黄土高原区的16.33%。而山西省70346平方千米的水土流失中，有70283平方千米为水力侵蚀，占99.91%。

(2)风力侵蚀

风力侵蚀主要是由于风的侵蚀以及搬运，使得土壤聚积、松散母质的过程。风力侵蚀不仅通过吹散土壤耕作层的细土养分降低土地的生产力，还会使得种植季节的种子裸露，对幼苗产生机械性损害。其产生的尘埃、土沙进入大气，会造成环境污染。我国风力侵蚀主要分布在陕西北部、新疆、内蒙古、吉林、辽宁、黑龙江西部等地区。山西省风力侵蚀面积仅为63平方千米，仅占0.09%。

9.1.3 水土流失的治理措施

国家很重视水土流失的治理，先后实施了一系列的水土保持工程建设、治理技术项目。而位于黄土高原区的山西省，其水土流失治理措施主要为生物措施和工程措施。其中，生物措施主要治理坡面土壤侵蚀，而工程措施主要用来治理沟道侵蚀。

(1)生物措施

生物措施包括植树造林、种草、封山育林及育草措施，主要是通过增加植被覆盖度来控制水土流失。植物对于降雨的入渗有复杂的影响，稳渗率会随着植被覆盖度的增加而增加，并呈现出线性关系；枯枝落叶层可以通过拦蓄径流、泥沙来控制水土流失；草本、植被根系层可以通过固结土壤来增强土壤的抗蚀性。山西省水保造林措施主要包括乔木林、灌木林和经济林。山西省生物措施治理面积共 36093.10 平方千米，约占治理面积的 72%。

(2)工程措施

工程措施主要包括修建梯田、淤地坝以及治沟造地工程。建设水平梯田可以使表土变得松软并平整土地，还能改善土壤的透水性、土壤质地和土壤结构，从而控制坡耕地的水土流失，增强水土保持能力。淤地坝是针对沟道，通过拦泥淤地而修建起来的坝工建筑物，能够拦泥淤成坝地。淤地坝的建设可以通过抬高沟道侵蚀的基准面、滞洪、拦泥、淤地(坝地)，来减少入黄的泥沙，保证建设高产稳产的基本农田，防治水土流失。山西省淤地坝共计修建 18007 座，淤地面积 257.51 平方千米。工程措施 14247.70 平方千米，约占治理面积的 28%。

9.2 白羊芪山水土流失现状

长江峪、白羊峪和圣眷峪水土流失主要类型均为水蚀和风蚀，土壤侵蚀模数为 3200 吨/(平方千米・年)，水蚀以面蚀、沟蚀和重力侵蚀为主。长江峪、白羊峪的水土流失总面积分别为 11478.80 公顷、2837.86 公顷。导致水土流失严重的主要原因：一是未开垦的荒坡地，地表较硬、植被稀少、入渗少、径流多；二是部分土石荒坡基岩裸露、结构疏松、易于风化，一遇风雨极易流失。由于风蚀与水蚀交替发生，从而加剧了本区的水土流失程度。水土流失形式以水蚀为主。

严重的水土流失导致地表破坏，大量的水分、养分和表土流失，土壤肥力降低，粮食产量低而不稳，造成当地经济发展较慢，群众生活不很富裕。同时，大量的水土流失使流域下游河道淤积、河床抬高，泥沙直接输入下游水库，减少了水库的有效库容，甚至污染了入库水质，直接影响到下游地区人民的生活用水质量和生命财产安全。

图 9-1 至图 9-11 为白羊芪山水土流失现状。①缺少道路排水沟，存在道路侵蚀风险。②存在山体滑坡现象，容易发生水土流失。③沟道内有乱石分布，且存在一定数量的生活垃圾，需要对沟底进行乱石清理。④沟道边坡未治理，杂草丛生，植物多样性较低，需要对沟道以及沟岸边坡进行加固和植被恢复。⑤支沟有较严重的沟道侵蚀，需要进行生态工程措施布设。⑥支沟沟底泥沙淤积，影响行洪，需要对局部支沟沟底进行沟道清理。⑦沟道边坡存在较严重的沟岸切蚀，需要对沟岸进行加固和植被恢复。⑧支沟道路边坡和沟岸处于暴露状态，根据调查发现，其主要是风力发电开发建设项目的建设所造成的沟道边坡裸露。需要进行道路边坡防固措施布设。⑨沟道存在裸露边坡，由于坡度加大，需要进行削坡和植被恢复。实地考察中

发现局部为地质灾害多发路段，需要在该段进行防护措施布设，防范安全。⑩考察中还发现沟道有泥石流冲积物，说明该局部地区存在泥石流危险，应该在该局部沟段布设工程措施，进行泥石流防治。

图 9-1　缺少道路排水沟

图 9-2　道路边坡裸露

图 9-3　沟道内的生活垃圾

图 9-4　库岸边坡未治理

图 9-5　支沟边坡未治理

图 9-6　沟道边坡未治理

图 9-7　土体裸露

图 9-8　坡地耕作

图 9-9　风电场道路边坡裸露

图 9-10　风电场道路缺少道路排水沟

图 9-11　沟道淤积

9.3　白羊芪山水土流失敏感性评价

9.3.1　评价因子的选取

根据沟域实际生态环境特点来构建土壤侵蚀敏感性的合理评价指标体系是关键。在各个因子的选取方法上遵循实用性、差异性、主导性、综合性和所需指标因子的可获取性等原则。结合前人的指标体系经验，根据研究区生态环境情况及结构功能特性，同时综合考虑人为和自然因素的影响，土壤侵蚀敏感性评价因子选取包括：坡度、坡长、土壤可蚀性、水土保持措施、植被覆盖度和降雨侵蚀力。

9.3.2　权重的确定

土壤侵蚀敏感性权重，结合生态行业专家打分与研究区的实际生态状况，应用 YAAHP 软件确定的最终权重见表 9-1。其中，判断矩阵一致性检验结果是 0.0738<0.1，说明权重正确。

表 9-1　土壤侵蚀敏感性指标权重

敏感性	影响因素	评价指标	权重
土壤侵蚀敏感性	自然因素	降雨侵蚀力	0.1809
		土壤可蚀性	0.3229
		坡度	0.0838
		坡长	0.1826
	人为因素	植被覆盖度	0.1111
		水土保持措施	0.1187

9.3.3　评价指标体系的建立

土壤侵蚀敏感性评价指标体系包括坡度、坡长、土壤可蚀性、水土保持措施、植被覆盖度和降雨侵蚀力，见表 9-2。

表 9-2　土壤侵蚀敏感性评价指标体系

分级	不敏感	轻度敏感	中度敏感	高度敏感	极敏感
降雨侵蚀力因子/(兆焦・毫米/(公顷・小时・年))	<25	25～100	100～400	400～600	≥600
土壤可蚀性因子/(吨・小时/(兆焦・毫米))	<0.25	0.25～0.28	0.28～0.31	0.31～0.34	≥0.34
坡度因子/°	0～5	5～15	15～25	25～35	≥35
坡长因子/米	<4	4～5	5～6	6～7	≥7
水土保持措施因子	旱地	林地	草地	水域/居民地	未利用地
植被覆盖度因子	≥0.6	0.5～0.6	0.3～0.5	0.2～0.3	<0.2

9.3.4　土壤侵蚀敏感性评价方法

(1)RUSLE 模型

通常学者们使用的土壤侵蚀模型(RUSLE 模型)，表达式为：

$$A=R\cdot K\cdot L\cdot S\cdot P\cdot C \tag{9-1}$$

式中：A 代表单位面积年平均土壤侵蚀量(吨/公顷)，R 为降雨侵蚀力因子，K 为土壤可蚀性因子，L 为坡长因子，S 为坡度因子，P 为水土保持措施因子，C 为植被覆盖因子。

(2)改进的加权综合评价模型

基于 RUSLE 模型，结合研究区域土壤生态环境现状，使用 6 个评价因子，以权重改进 RUSLE 模型。改进后的加权综合评价模型如下：

$$A_i=P_iR\times P_iK\times P_iL\times P_iS\times P_iP\times P_iC \tag{9-2}$$

$$S_j=\sqrt[6]{A_i} \tag{9-3}$$

式中：A_i代表单位面积年平均土壤侵蚀量(吨/公顷)；S_j为土壤侵蚀敏感性指数；P_i为每个影响因子对应的权重，综合考虑各因子对土壤侵蚀的影响程度，应用层次分析法确定权重。

9.3.5　水土流失敏感性结果分析

水土流失是一种在自然条件以及人为条件等多重作用下产生的现象，由多重因素共同作用，水土流失敏感性中对单因子的评价只能侧面表示某些因子在当地水土流失中的影响程度，对于沟域水土流失敏感性的综合情况无法准确地反映。因此，综合所有评价因子，获取全面有效的敏感性空间分布特征，明确沟域易发生水土流失的区域，进而为区域水土保持和生态环境建设提供精确的依据。运用 ArcGIS10.5 中的 Raster Calculator，将植被覆盖与管理因子、降雨侵蚀力因子、坡度坡长因子、土壤可蚀性因子、水土保持措施因子等影响沟域水土流失的单因子敏感性评价结果，根据水土流失敏感性指数计算方法进行水土流失敏感性综合评价，使用 Reclassify 功能进行重分类，生成沟域水土流失敏感性空间分布图(图 9-12)。

根据沟域水土流失敏感性综合评价结果，不敏感区分布面积为 4.28 平方千米，占整体的 2.22%；轻度敏感区分布面积最大，为 106.83 平方千米，占整体的 55.43%；中度敏感区分布面积为 55.26 平方千米，占整体的 28.67%；重度极敏感区分布面积为 12.64 平方千米，占整体的 6.56%；极敏感区分布面积为 13.72 平方千米，占整体的 7.12%(表 9-3)。三条沟域生态敏感性空间分布特征：不敏感地段主要分布在史家坪村、上白羊村、下麻黄沟村、卧羊厂村等区

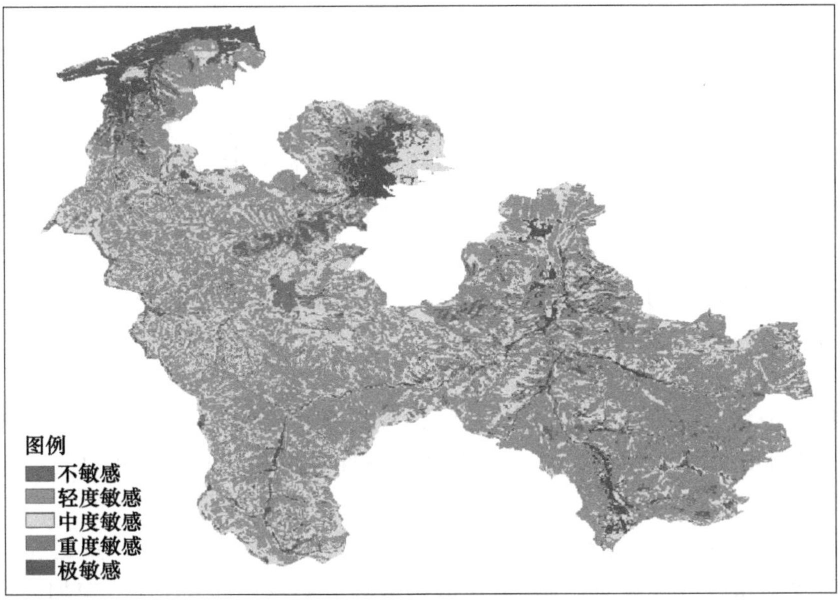

图 9-12　沟域水土流失敏感性空间分布图

域；轻度敏感地段位于极重要关键地段外围的缓冲区域内，主要分布在史家坪村、上白羊村、下麻黄沟村、卧羊厂村等区域；中度敏感地段主要分布在国家眷村、榆沟村等区域；重度敏感地段主要分布在下白羊村、香炉台村、狼虎坪村以及国家眷村等区域。

表 9-3　沟域水土流失敏感性分区

敏感性分区	面积/平方千米	占比/%
不敏感区	4.28	2.22
轻度敏感区	106.83	55.43
中度敏感区	55.26	28.67
重度敏感区	12.64	6.56
极敏感区	13.72	7.12

9.4　白羊茂山水土保持工程设计

初步设计通过结合长江峪、白羊峪、圣眷峪三条沟域的自然、地理条件，并在实地调查的基础上，进行林草修复措施。项目建设以增加地面植被、控制水土流失、发挥生态效益和经济效益为目标，充分利用现有土地资源，根据不同沟域的自身特征，建立不同的林草修复措施，其中，在长江峪大力发展水源涵养林、水土保持防护林、疏林补植、低效林改造、黄芪种植等；在白羊峪大力发展水源涵养林、水土保持防护林、疏林补植、低效林改造、黄芪种植等；在圣眷峪大力发展水源涵养林、水土保持防护林、疏林补植、低效林改造等。

9.4.1 设计原则

(1)林业发展设计原则

封禁:在高山、远山地区实行封禁,严禁放牧、砍柴等除实施封禁措施以外的一切人为活动;按照"预防为主、因害设防、综合治理"的原则,积极做好护林防火、病虫害防治的具体预测预防工作;每年对封育植被恢复情况进行定位观测、调查记录,根据监测结果调整封育措施,必要时采取人工抚育措施。

水源涵养林:按照"多树种、多植物、多层次"以及"适地适树"的要求进行科学合理配置。组成水源涵养林的树种,应是生长速度快、冠幅大、叶面积指数高、根幅宽、根量多的深根性树种,突出其涵养水源、控制侵蚀的作用。

水土保持防护林:水土保持防护林的主要任务是控制坡面径流泥沙、保持水土、改善坡面生态环境。坡面荒地水土保持防护林应该选择抗旱性较强的树种和良种壮苗,尽可能做到乔灌相结合。

疏林补植:疏林补植主要是针对树种组成单一、色彩单调、主林层严重退化、郁闭度小于0.4,又无天然更新条件的林分,进行人工补植原树种或彩叶树种的措施,增加树种多样性,提高生态防护林的多种功能。在树种选择方面,为有效发挥生态林多功能效益,增强林分稳定性,应针对林分现状,广泛利用优良的乡土树种进行补植。

低效林改造:低效林改造的目的在于调整树种组成与林分结构,增大林分密度,提高林分的质量和生态价值,主要是针对中、幼龄生态林和林分密度过大的林分,采取间伐、定株抚育、修枝、松土扩堰等措施,调整树种组成和林分密度,改善林木生长环境,为促进保留林木生长创造良好条件。

黄芪隔离带:隔离带植物选择生长期长的植物,优先选择抗病虫害、阻火能力强和具有一定景观效果的常绿树种。

(2)水土保持措施设计原则

征求当地意见的原则。征求包括村民、乡镇政府、区县水务局及相关利益方意见,尤其是涉及占地、拆除和改造横向拦水建筑物等的项目。

工程技术可行、经济合理原则。以区域划分为基础,因地制宜、分区实施、突出重点的原则。从实际出发,坚持统筹规划、科学分布,集中连片、形成规模。

突出自然、和谐的原则。本着生态优先的原则,生态原则和美化原则相结合,工程与生物措施相结合,工程措施要突出自然、和谐的治理理念,尽量减少硬性工程措施的使用,突出防护工程的自然性和生态性,使工程融入自然景观之中。

高起点、高标准的原则。坚持清洁健康小流域建设理念,突出"健康、安全、效益"这一主线,综合治理小流域。

治理、保护和发展并重的原则。将小流域综合治理与生态村建设、绿色生态产业的培育紧密结合,重点针对经济效益好的产业加强水土保持措施建设,以生态保护保障经济持续发展,以经济发展带动全社会共同进步,取得生态、社会和经济的三重效益。

水文形态不降级的原则。治理河段水文形态等级在3级及以下,其他等级河段以保护为主,治理后,河沟道的水文形态等级不降低。根据防洪标准确定洪水位和常水位。

坚持经济、有效性的原则。在方案制定、设计中,在不影响水土保持效能的前提下,各项水土保持措施应尽可能“就地取材”，以增强其适应性，并节省投资。

坚持因地制宜、适地适树适草、绿化和美化相结合的原则。以乡土树种草种为主，注意乔灌草的合理搭配。

坚持加强宣传教育的原则。通过设置宣传牌，普及村民环保意识，自觉维护水土保持措施，保证工程措施的可持续利用。

9.4.2　总体布局

在林业发展规划方面：根据项目建设区的自然条件和水土流失特点，项目总体布局以小流域为单元，山、水、林、田、路、村统一规划；拦、蓄、灌、排、节、治（污）综合治理；结合林业发展规划各项措施及水土保持各项措施，合理安排各项措施。即在有一定植被的远山、深山区，通过封禁治理达到自然恢复的目的；在荒坡、裸坡大力发展水土保持防护林，在林分稀疏地区进行补植，对林分结构不合理地区进行改造，对黄芪种植坡面进行隔离带的设置。

在水土保持措施方面：措施总体布局在立体配置方面，根据小流域的地貌特征和水土流失规律，由分水岭至沟底分层设置防治保护、治理和修复的措施体系；在水平配置方面，以居民点为中心，道路为骨架，建立近、中、远环状结构的修复、治理和保护的配置模式。

整体上做到在保护现有植被和调整土地利用结构的基础上，提高植被覆盖度，营造一个人水和谐的人居环境。

9.4.3　沟域防洪安全分析

（1）设计流量

该项目区缺乏水文资料，根据《水利水电工程设计洪水计算规范》（SL 44—2006），确定本计算区域采用改进推理公式法，方法简述如下。

①设计雨量计算。根据 1999 年编制的《山西省大同市水文手册第一分册——暴雨图集》中年最大 10 分钟、30 分钟、1 小时、6 小时、24 小时暴雨参数等值线图，先求出与 20 年一遇设计频率相对应的以上各时段的设计雨量，再根据《山西省大同市水文手册第一分册——暴雨图集》查算出不同历时的设计雨量值（H_t），设计暴雨量见表 9-4。

表 9-4　设计暴雨量计算表

时间	10 分钟	30 分钟	1 小时	6 小时	24 小时
H_t/毫米	24.5	44.7	56.6	112.3	150.0

②产流计算。根据计算出的 H_{24} 值，查 $H_t/t-\mu$ 相关图，可得出损失参数 μ 值为 4.25，然后按净雨量（h_t）$=H_t-\mu t$，计算出 $h_t=150-4.25\times24=48.00$ 毫米。

③汇流参数计算。根据设计流域的地理参数（θ）$=L/J^{1/3}$，计算出 θ 为 64.66，查 $m-\theta$ 相关图，得出汇流参数（m）为 0.97。

④洪峰流量计算。洪峰流量（Q_P）可通过联解两个式子求得：

$$Q=0.278Fh_t/t \tag{9-4}$$

$$\tau=0.278\theta/(mQ^{1/4}) \tag{9-5}$$

式中：Q 为流量（米^3/秒）；F 为流域面积（平方千米），在该小流域 1∶10000 地形图上量绘得出该水文断面以上的汇流面积，长江峪汇水面积取 83.20 平方千米，白羊峪汇水面积取 30.10 平方千米，圣眷峪汇水面积取 15.70 平方千米；t 为产流历时（小时）；τ 为汇流历时（小时）。

本次计算采用试算的方法，取 $t=24$ 为初始值，根据式(9-4)计算得出 Q，根据式(9-5)计算得出 τ，再令 $t=\tau$，如此循环计算，试算终止时 $t=\tau$，联解方程中的 Q 值，即为所求的设计洪峰流量。

经过计算，长江峪洪峰流量为 234.72 米^3/秒，白羊峪洪峰流量为 211.40 米^3/秒，圣眷峪洪峰流量为 77.59 米^3/秒。根据广灵县防洪规划要求，本工程防洪标准采用 10～20 年一遇，本设计选用 20 年一遇的防洪标准。

（2）洪水水位计算

①计算原理。参考采用明渠均匀流计算上游水位，明渠均匀流水力计算的基本公式是谢才公式：

$$v = C\sqrt{RJ} \tag{9-6}$$

$$Q = CA\sqrt{RJ} \tag{9-7}$$

应用曼宁公式 $C=\frac{1}{n}R^{1/6}$，计算谢才系数(C)，公式可写为：

$$\begin{cases} v = \dfrac{1}{n}R^{2/3}J^{1/2} \\ Q = \dfrac{A}{n}R^{2/3}J^{1/2} \end{cases} \tag{9-8}$$

式中：R 为水力半径，n 为糙率，J 为沟道纵坡，v 为断面平均流速，Q 为流量。上游断面面积以梯形断面进行近似计算，通过 1：10000 地形图的量算得出断面面积 A、湿周 x、水力半径 R。下底宽为 b，上底宽为 B，边坡系数为 m。根据公式可求得水深(h)。

断面面积：

$$A = \frac{b+B}{2}\times h \tag{9-9}$$

湿周：

$$x = \sqrt[2]{(mh)^2+h^2+b} \tag{9-10}$$

水力半径：

$$R = \frac{A}{x} = \frac{h\times(b+B)}{2\times\left(2\sqrt{(mh)^2+h^2}+b\right)} \tag{9-11}$$

②参数选择。洪水断面：经实地调查，长江峪沟道宽度平均为 25 米，以 25 米进行验算；白羊峪沟道宽度平均为 9.9 米，以 9.9 米进行验算；圣眷峪沟道宽度平均为 8 米，以 8 米进行验算。

沟道比降：长江峪在满足上、下游沟底衔接的基础上，根据两岸地面比降情况，确定河岸壁的不规则性和表面粗糙度，以及其他影响水流运动能量损失因素的综合性指标，它直接决定水流沿程能量损失的大小，根据实际情况，本沟道取 0.035。

经计算，长江峪洪水水位为 1.294 米，白羊峪洪水水位为 1.81 米，圣眷峪洪水水位为 1.2 米。

9.4.4 沟域水土保持措施布局

沟域的水土保持措施主要有水土保持工程措施和水土保持生物措施，其中，生物措施主要是对沟域内的林业发展进行规划、对河(沟)道及湖库周边进行生态修复。

根据水土保持规划目标，将沟域划分为上、中、下段，根据上、中、下段沟道水土流失现状以及存在的问题，采取的水土保持治理措施有护村坝、植物护岸、干砌块石护岸、生态砖护岸、挡墙、截排水沟等；采取的林业措施有营建水源涵养林和水土保持防护林、疏林补植、低效林改造、种植黄芪隔离带等。

9.4.4.1　林草修复措施

结合白羊峪、长江峪、圣眷峪的坡度、坡向、海拔等数字地形分析，以节点的方式分别进行相应的林草修复措施。项目建设以增加地面植被、控制水土流失、发挥生态效益和经济效益为目标，充分利用现有土地资源，大力发展水源涵养林和水土保持防护林、疏林补植、低效林改造、种植黄芪隔离带等的建设。选取树种时以乡土树种为主。

(1)水源涵养林

主要位于沟域上段。树种选择以混交树为主，本次选择的主要树种是山杨混交白蜡。

(2)水土保持防护林

沟域上段植被覆盖度极低，林分状况极差，须在该沟域上段大力发展林业。因此，根据水土保持防护林的特性，其主要位于沟域上段，沟域中段也有部分涉及。主要植物物种有油松、黄栌、苜蓿。

(3)疏林补植

依据白羊峪的沟域特征，结合疏林补植特性，疏林补植在沟域上、中、下段均有。树种为山柳和沙棘混交。

(4)低效林改造

主要位于沟域中段和下段。

(5)黄芪种植坡面及黄芪隔离带

常以黄芪的根作为中药，但在挖取时会造成严重的水土流失，因此，需要沿坡面设置黄芪隔离带，以达到保护水土的目的。

树种选择及树种特性：黄芪隔离带选用的树种为黑枸杞、沙棘、北柴胡混交，黑枸杞和沙棘混交比为 1 ∶ 1，撒播北柴胡，树种特性如表 9-5 所示。

表 9-5　黄芪隔离带主要树种特性表

栽植树种	生物学特性及栽植技术
黑枸杞	主要分布于高山沙林、盐化沙地、河湖沿岸、干河床、荒漠河岸林中，为喜光树种，全光照下发育健壮，在庇荫下生长细弱，花果极少；对土壤要求不严
沙棘	耐旱、抗风沙，可以在盐碱化土地上生存，因此被广泛用于水土保持
北柴胡	常野生于较干燥的山坡、林缘、林中隙地、草丛及路旁；喜温暖、湿润，耐寒、耐旱，怕水浸，在沙壤土或腐叶土中生长良好，在盐碱土中生长不旺盛且叶片易出现卷缩

9.4.4.2　河(沟)道及湖库周边生态修复措施

在白羊峪、长江峪、圣眷峪上、中、下段进行河(沟)道生态修复。沟(河)道水文地貌尽量达到Ⅱ级(良)以上，河道接近自然，流水与泥沙输移畅通，河底与地下水连通，无横向拦挡建筑物。处理好沟域建设与农村经济发展、资源开发、基础设施建设等的关系，制定与自然条件相适应、与经济社会可持续发展相协调的沟域治理方略和布局，为水土资源的可持续利用与生态环境的可持续维护提供支撑，促进防洪安全、生态安全、水源安全。重点项目包括河（沟）道生态修复、风机发电平台恢复、道路边坡防护等。

（1）河（沟）道生态修复

对沟道进行实地考察，主沟道局部沟段存在岸坡裸露等情况，需要对沟域内的沟道进行河岸和沟道生态修复。另外，经过实地考察发现，沟域内有风力发电装置。由于修建道路及架设风电装置平台，已严重破坏生态环境。需对道路局部进行喷浆混凝土等护坡工程，对平台进行生态恢复。

①沟岸边坡生态砖护坡。根据实地调查，长江峪在上寺村、宽会村等局部地区需要进行沟岸边坡治理，拟在局部沟岸边坡采用生态砖护坡措施。

②沟岸边坡干码块石护坡。根据实地调查，长江峪在山神庙村至下麻黄沟村沟段需要加强沟道的稳定性；白羊峪在上白羊村至下白羊村沟道需要加强边坡稳定性，提高沟道的安全性。因此，拟采用干码块石护坡措施对该处沟岸边坡进行修筑。圣眷峪在国家眷上段的沟道需要加强边坡稳定性。

③沟岸边坡栅格护坡。根据实地调查，长江峪主沟段局部地区需要加强沟道边坡的稳定性，采用栅格护坡措施对该部分沟岸边坡进行修筑。

④挡墙护岸。根据实地调查，圣眷峪境内沟道边坡局部地区无防护措施，由于靠近居民聚居点，为了保证居民生命安全、提高沟道的防洪性能，建议修建挡墙进行沟道防护。

（2）湖库周边生态修复

根据实地勘测，白羊峪由于之前进行过河道采砂，局部地区留下坑池，现在已经改造为小型水库，供农业以及其他用途使用。实地考察发现，该部分水库未进行边坡防护，存在水土流失风险，为规避水土流失，需进行水库边坡生态砖防护措施设计。

（3）道路边坡防护

根据实地调查，建议保持原有道路网格局不变，增加道路的整洁和完整性。局部地区无道路边坡稳定加固措施和绿化以及道路排水沟设计，对部分道路进行改善。沿沟修筑的道路破坏了生态环境，道路缺少排水沟，也缺少边坡防护措施，这为发生“崩塌”和“滑坡”自然灾害提供了物质基础。建议修筑道路边坡栅格防护措施，为了提高栅格措施的稳定性，需要在基部修筑挡墙，同时配置道路排水沟和外围截水沟。

根据实地调查，长江峪、白羊峪、圣眷峪境内道路和辅路以及风电项目修建的道路均无边坡防护措施，对主道路砌筑浆砌石挡墙增加路堑稳定性，同时提高栅格防护措施稳定性，防止水土流失发生。局部道路由于边坡水土流失严重程度较低，不需要进行生态砖或是栅格护坡措施设计，对这部分道路仅进行道路排水沟设计，以保证道路边坡不受降雨冲刷作用，进一步对道路起到较好的保护作用。

9.4.4.3 泥石流、滑坡等地质灾害防治规划

（1）位置及规模

对长江峪内上寺村和下麻黄沟村进行拦渣坝设计以及沟道排水设计。由于存在泥石流和滑坡等山地灾害，需要在长江峪上段修筑拦渣坝进行山地灾害防治。

（2）断面设计

依照 10 年一遇洪水标准进行计算，沟道最高洪水位为 1.294 米，根据水位高度对拦渣坝进行设计。

拦渣坝断面设计尺寸为：高 3.0 米，顶宽 0.5 米，基础深 0.5 米，坡比 1∶0.5，稳定性计算过程包括土压力计算和稳定性分析。

稳定性分析分为抗滑和抗倾覆稳定性计算，其断面设计尺寸可根据地势在符合安全的条件下，适当做出调整。

(3)施工及管护

①施工。应清基定线，沿基沟床清除表面强风化层；根据设计尺寸，从下向上分层砌石，逐层向内收坡，块石应首尾相接，料石厚度不小于 30 厘米，接缝宽度不大于 2.5 厘米；砌石时应做到“平、稳、紧、满”；铺设大面积坡面的沙石层时，应自下而上铺设，并随砌石面的增高分段上升；砌石应做到认真挂线、自下而上、错缝竖砌、紧靠密实、塞垫稳固、大块封边、表面平整、注意美观。

②管护。拦渣坝建成后严禁在其上修建其他建筑；每次暴雨和汛后及时检查坝体，如有损毁，及时补修。

9.4.4.4　洪涝灾害防治规划

(1)位置及规模

长江峪的沟道及山沟两侧缺少护村坝，汛期时大面积的汇水对两岸存在很大的破坏作用，根据实际情况，结合规划目标，为了汛期泄洪，保障两侧人民生命财产安全，对香炉台村和上寺村上段的河道两侧修筑干砌石护村坝，护村坝长度共 729 米。

(2)断面设计

依照 10 年一遇洪水标准进行计算，沟道最高洪水位为 1.294 米，根据水位高度对护村坝进行设计。

护村坝断面设计尺寸为：高 2.0 米，顶宽 0.5 米，基础深 0.5 米，坡比 1∶0.2，稳定性计算过程包括土压力计算和稳定性分析。

稳定性分析分为抗滑和抗倾覆稳定性计算，其断面设计尺寸可根据地势在符合安全的条件下，适当做出调整。

(3)施工及管护

施工及养护同第 9.4.4.3 节。

第3篇　白羊芪山资源与环境健康研究

白羊芪山具有独特的气候特点，属温带大陆性季风气候，年均气温7 ℃，降水量388毫米，无霜期134天，县城空气质量二级以上天数330天左右，非常适宜黄芪生长，是道地中药材大同黄芪主要产地之一。白羊芪山土壤以沙质壤土为主，富含钾和微量元素硒，有机质含量高，通风透光好，无环境污染。一是芪坡土层深厚、土质疏松、通透性好，熟土层深达一米之多，由花岗片麻岩分化形成的粗粒沙质壤土构成，其土壤富含磷、钾等营养元素，有利于黄芪根向下生长，不打叉，形成鞭杆芪；二是渗水保湿能力比较强，降雨时雨水渗入地下，保存水分，不会造成水土流失，地表不会积水造成黄芪根部腐烂；三是芪坡的土壤长期处于冷凉状态，加之干旱少雨的气候，病虫害很轻，属于典型的原产地特征。

广灵县是典型的干旱半干旱区山地生态系统，该系统是我国北方地区重要的生物栖息地与生物多样性中心，具有水源涵养、防风固沙、土壤保持、科学研究等多种生态服务功能。但是，由于山地生态系统内生的易损性和不稳定性，在全球气候变化与人类活动的影响下，表现出明显的生态脆弱性特征。资源与环境健康调查是黄芪种植的重要载体，是影响黄芪生长以及黄芪生产品质的先决条件之一。资源与环境健康调查是因地制宜开展黄芪种植的基础工作，对白羊芪山野生黄芪种植适宜性优化及生态质量现状评估极具现实指导意义，对于广灵县黄芪资源保护与利用尤为重要。

生态环境治理需要加强环境保护，严格控制污染物的排放，减少废弃物的产生和排放，保护空气、水体和土壤等环境介质的质量。同时，加强生态系统保护，保护和恢复生物多样性，保护重要生态功能区和生态环境脆弱区域。生态环境治理需要推动绿色发展和循环经济。通过促进资源的高效利用和再生利用，减少资源消耗和环境污染，推动经济结构的转型升级。鼓励绿色技术和清洁能源的发展和应用，推动绿色产业和绿色消费的发展，实现黄芪经济效益增长与环境保护的良性循环。因此，生态空间优化和生态环境治理是推动生态环境健康发展，激发“山水林田湖草药”系统绿色经济动能，实现黄芪经济的可持续发展的重要保障。

第 10 章　资源与环境健康评价

10.1　土壤环境质量分析与评价

人类属于异养型生物，通过食物链从环境中摄取营养元素，这些元素的种类、数量与当地的土壤、水等环境介质中的含量有关。土壤中常量和微量元素含量水平可通过食物链间接或直接影响到人体健康。研究发现，地壳岩石中元素平均丰度与人体血液中元素平均丰度值的分布规律颇为类似，揭示了人体中元素与地球密切相关的现象。土壤及水中的化学元素通过生物蓄积、转化等作用进入食物链，进而进入人体。生物体以新陈代谢的形式与其所生存的环境进行物质交换，从而获得机体所需要的各种化学元素和能量。生物体的化学元素组成与其所生活地区的地质环境化学元素组成有密切关系。

土壤中微量元素的缺乏或过剩会间接影响当地人的元素摄入，从而导致一些地方病的发生。我国太行山地区、江苏苏北、四川盐亭，以及南非特兰斯凯等食管癌高发区的土壤中微量元素锌、铜等缺乏，这是食管癌的一个重要致病因素。对芬兰和苏联阿拉木图的研究表明，土壤中锰的含量与恶性肿瘤发病率呈负相关关系。对内蒙古大骨节病区与非病区土壤中微量元素含量的研究表明，大骨节病区土壤中微量元素硒、铁、镍含量明显低于非病区，而铜、锶、钴含量高于非病区。对江苏省如皋市长寿人口分布与土壤中微量元素特征的研究表明，90 岁以上长寿人口比率的空间分布与土壤中的有效硒、锌等微量元素空间分布特征相似，其相关性达到极显著水平。

土壤环境对我国长寿区的形成具有重要的作用。土壤中的常量和微量元素是生物体内某些酶、激素、核酸的组成部分，它们参与生命的代谢过程，对生物生长、发育、健康、衰老有着重要影响。我国的几个长寿区的土壤中，普遍富含多种有益的微量元素，如主要由紫红色沙质泥岩和泥质粉沙岩风化而成的麻阳土壤中富含铜、锌、铁、锰、硼、硒、锶、铬等微量元素。世界著名长寿乡巴马的土壤富含锌、锰、锂、硒等 10 多种对人体有益的微量元素，尤其是锰、锌含量特别高，巴马土壤中锰、铜的分布与巴马长寿老人的密度呈正相关。对湖北省百岁老人聚居区的土壤分析表明，土壤富含锰、锶、锌、钼、钙、镁等元素。长寿区的土壤具有优越的微量元素谱，所以优质的土壤环境是我国长寿区形成的一个必不可少的条件。

对一个地区的土壤元素组成进行监测，可以判断该地区土壤的元素分布状况和重金属的污染情况，并预测发展变化趋势，确定污染的来源、范围和程度，为行政主管部门采取对策提供科学依据。通过分析测定土壤中某些元素的含量，还可以确定这些元素的背景值水平和变化，了解元素的丰缺和供应情况，对保护土壤生态环境、合理施用微量元素、促进地方经济发展和人体营养的改善具有重要的意义。

10.1.1　土壤采集及处理

根据广灵县沟域野生黄芪种植分布等相关资料，以沟域自下而上的方向，海拔梯度每上升 50 米，在黄芪分布样地进行一次土壤采样，同时利用手持 GPS（全球定位系统）对采样地块进行地理坐标位置定位，并对样品进行编号，共计 30 件（图 10-1）。将野外采集的土壤样品在实验室里平铺于大张滤纸上，自然风干后粉碎混匀，采用四分法取约 200 克土样于玛瑙研钵上初碎，过 20 目尼龙筛，再用四分法取 50 克左右土样研磨至全部过 100 目筛，装于自封袋中储于干燥处备用。

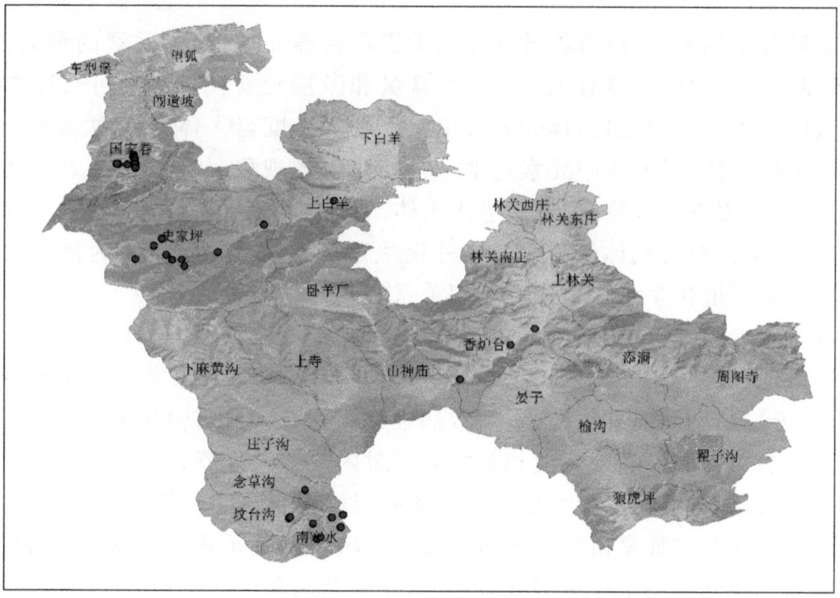

图 10-1　土壤采样分布图（图中圆点为采样点）

10.1.2　土壤元素含量的测定方法

除砷、硒外的土壤化学元素含量测定：准确称取 0.200 克过 100 目筛的土样于聚四氟乙烯管中，用水湿润后加入 5 毫升盐酸，于通风橱内的电热消解仪上低温加热，使样品初步分解，当蒸发至约 2 毫升时，取下稍冷，加入 5 毫升高纯硝酸、5 毫升高纯氢氟酸和 2 毫升优级纯高氯酸，加盖静置一夜后，100 ℃下加热消解 2 小时，开盖，继续逐步升温至 180 ℃加热除硅，并经常摇动聚四氟乙烯管，当加热至冒浓厚高氯酸白烟时，加盖，使黑色有机碳化物充分分解，待管中黑色有机物消失后，开盖驱赶白烟并蒸至内容物呈黏稠状，视消解情况，可再加入 2 毫升硝酸、2 毫升氢氟酸和 1 毫升高氯酸，重复上述消解过程，当白烟再次基本冒尽且内容物呈黏稠状时，取下稍冷，用水冲洗管盖和内壁，并加入 1 毫升硝酸温热溶解残渣，将溶液转移至 25 毫升容量瓶中，定容，同时做试剂空白和标样。定容后的溶液用美国 Perkin Elmer 公司 ELAN DRC 电感耦合等离子体质谱仪（ICP-MS）测定铬、镉、铅、镍、铜、锌、锰、锂、钼等元素含量；用美国 Perkin Elmer 公司 Optima 5300DV 电感耦合等离子体发射光谱仪（ICP-OES）测定钾、钠、钙、镁、铝、铁、磷、锶等元素含量。

土壤硒的含量测定：准确称取 0.200 克过 100 目筛的土样置于 25 毫升比色管中，加入 8

毫升高纯硝酸、2 毫升优级纯高氯酸，加盖，于表面皿中静置过夜后，置于孔式电热消解仪上消解，温度控制在 100～120 ℃，至土渣呈灰白色取下比色管。加入 2 毫升高纯盐酸溶液进行还原，冷却后定容至 10 毫升静置，取上清液用氢化物发生原子荧光光谱仪(HG-AFS)测定。

土壤砷的含量测定：准确称取 0.200 克过 100 目筛的土样置于 25 毫升比色管中，加少许水湿润样品，加 10 毫升王水(1+1)，加盖摇匀并静置过夜后，于沸水浴中消解 4 小时，中间摇动数次，取下冷却，用水稀释至刻度，摇匀后静置，吸取一定量的消解试液于 25 毫升比色管中，加 1.5 毫升盐酸、2.5 毫升硫脲溶液、2.5 毫升抗坏血酸溶液，用水稀释至刻度，摇匀放置，取上清液用氢化物发生原子荧光光谱仪(HG-AFS)测定。

10.1.3　土壤样品测定结果及评价

(1)土壤环境质量

表 10-1、图 10-2 和图 10-3 为土壤样品测定结果，表 10-2 为土壤样品的平均值及一些参考指标。由于研究区是以黄芪种植为主的农业用地，因此土壤检测标准适用《土壤环境质量标准 农用地土壤污染风险管控标准》(GB 15618—2018)。与该标准所规定的土壤环境质量基本项目的标准限值进行对照比较表明，所测的 30 个土壤样品限值元素基本达到了国家土壤环境质量标准要求，即沟域土壤总体属于优质的农业及牧业用地。

表 10-1　沟域土壤样品测定结果

样号	钾/%	钠/%	钙/%	镁/%	铁/%	铝/%	硒/(毫克/千克)	锰/(毫克/千克)	锌/(毫克/千克)	锂/(毫克/千克)
b-1	1.09	1.26	0.99	0.06	5.82	0.78	0.19	1337.3	157.5	13.5
b-2	2.50	1.55	3.05	0.85	7.05	2.12	0.01	1484.0	143.0	113.0
b-3	1.34	0.99	0.00	0.04	2.98	0.55	0.12	581.5	121.0	14.5
b-4	1.56	1.24	0.41	0.75	4.20	2.34	0.09	645.8	167.8	23.5
b-5	1.79	1.22	2.59	1.96	8.86	4.42	0.12	1932.0	246.3	28.8
b-6	1.28	1.32	0.81	0.59	3.13	2.27	0.08	1027.0	180.5	26.8
b-7	1.65	1.91	1.89	0.99	5.77	4.03	0.06	1220.3	163.8	25.0
b-8	1.51	1.37	3.75	1.46	5.05	4.26	0.15	1058.8	149.3	25.8
c-1	1.37	1.14	2.21	0.72	2.94	4.02	0.22	650.0	105.8	15.8
c-2	1.34	1.16	2.17	0.91	3.81	3.83	0.06	835.5	55.0	13.8
c-3	1.00	1.28	2.61	1.64	6.28	3.89	0.00	1326.3	72.8	9.0
c-4	1.34	1.53	1.04	0.63	3.88	2.78	0.10	871.8	78.5	20.5
c-5	1.49	1.29	0.75	0.47	3.59	1.97	0.04	910.3	85.3	27.8
c-6	1.39	1.99	0.87	0.54	3.50	1.50	0.38	711.8	85.8	89.5
c-7	1.32	1.22	0.60	0.46	3.06	1.83	0.20	691.8	136.5	31.3
c-8	1.49	1.01	1.75	0.98	2.86	3.97	0.26	959.8	157.0	21.8
c-9	1.39	1.26	0.12	0.52	2.72	1.71	0.06	536.8	72.3	9.5

续表

样号	钾/%	钠/%	钙/%	镁/%	铁/%	铝/%	硒/(毫克/千克)	锰/(毫克/千克)	锌/(毫克/千克)	锂/(毫克/千克)
c-10	1.94	1.20	0.30	0.28	3.40	1.32	0.15	728.0	124.3	37.0
c-11	1.47	0.73	0.52	0.73	3.61	1.94	0.09	1744.5	131.0	34.5
s-1	1.42	1.27	2.42	0.59	3.26	3.97	0.26	704.0	81.0	13.0
s-2	1.35	1.25	2.02	0.54	3.03	3.41	0.15	700.5	54.5	11.3
s-3	1.34	1.62	3.30	1.10	6.22	5.24	0.02	1425.3	207.8	20.8
s-4	1.67	2.70	3.17	1.17	5.34	4.71	0.00	1119.0	203.0	79.5
s-5	1.26	1.59	2.65	0.95	5.37	4.22	0.05	993.3	279.3	12.3
s-6	1.41	1.42	0.50	0.67	3.96	2.31	0.24	742.5	173.0	13.0
s-7	0.50	1.49	3.07	0.86	9.49	4.52	0.10	1614.3	95.5	16.8
s-8	1.44	1.45	4.27	2.23	7.48	4.33	0.10	1507.8	159.3	16.5
s-9	1.34	1.66	1.75	0.46	3.81	2.72	0.04	858.8	390.3	18.5
s-10	1.28	1.94	2.58	0.96	4.75	4.47	0.09	898.5	65.8	14.8
s-11	1.33	1.27	1.76	0.66	4.71	3.30	0.13	893.3	124.0	15.3

样号	锶/(毫克/千克)	磷/(毫克/千克)	铜/(毫克/千克)	镍/(毫克/千克)	钴/(毫克/千克)	钼/(毫克/千克)	铅/(毫克/千克)	镉/(毫克/千克)	铬/(毫克/千克)	砷/(毫克/千克)
b-1	168.5	809.8	74.5	1.9	151.3	406	29.8	0.22	204	10.52
b-2	1484.5	2947.8	177.0	22.5	77.0	654	124.6	0.15	397	17.49
b-3	35.3	1422.3	3.0	0.5	3.8	328	0.3	0.89	107	12.86
b-4	93.3	1808.5	4.5	0.4	9.5	752	0.8	0.14	185	10.27
b-5	172.8	5505.0	38.8	39.5	48.0	219	1.4	0.50	449	15.70
b-6	103.0	2078.0	4.8	65.9	6.5	346	51.7	0.71	197	11.43
b-7	163.8	2814.8	29.8	0.7	167.3	210	43.1	0.30	247	16.99
b-8	286.0	1363.0	4.0	16.0	5.3	308	99.8	0.25	195	16.98
c-1	132.0	2822.0	2.8	64.6	4.0	366	90.7	0.53	107	12.17
c-2	135.5	2520.0	0	71.7	9.5	219	54.3	0.30	160	11.39
c-3	95.0	770.3	0.8	12.9	78.8	180	0.4	0.46	220	11.87
c-4	95.3	2297.3	9.5	0.5	148.8	365	0.7	0.11	158	18.39
c-5	73.8	640.8	0.8	72.5	6.0	578	85.2	0.20	128	14.17
c-6	222.3	1187.0	14.8	13.8	43.8	522	21.1	1.67	145	15.61
c-7	76.3	1288.3	0.2	33.0	8.8	177	75.4	0.18	124	19.62
c-8	146.8	1625.3	20.3	44.9	31.3	61	1.1	0.55	114	18.81
c-9	51.0	5155.0	1.3	23.6	7.0	62	2.5	0.20	56	14.26
c-10	54.5	81.5	11.5	60.8	21.3	234	0.8	0.59	153	11.83

续表

样号	锶/(毫克/千克)	磷/(毫克/千克)	铜/(毫克/千克)	镍/(毫克/千克)	钴/(毫克/千克)	钼/(毫克/千克)	铅/(毫克/千克)	镉/(毫克/千克)	铬/(毫克/千克)	砷/(毫克/千克)
c-11	50.5	2746.5	19.3	12.1	27.8	205	98.5	0.80	137	14.59
s-1	145.5	64.0	8.3	19.8	114.5	300	94.4	0.30	115	13.77
s-2	140.0	34.5	9.5	28.0	4.8	113	11.9	0.18	111	19.67
s-3	309.8	3278.3	82.3	3.3	236.3	684	14.5	0.19	178	18.27
s-4	354.0	1122.3	82.8	2.4	31.3	316	158.5	0.27	165	12.16
s-5	234.5	4962.5	46.0	1.8	20.5	577	120.0	0.78	176	14.77
s-6	91.8	4517.5	16.0	14.0	33.8	222	5.9	0.30	129	12.97
s-7	256.3	2160.8	89.8	33.0	93.3	146	66.7	1.20	181	19.86
s-8	353.0	1032.5	48.8	41.3	27.8	322	73.6	0.20	421	19.75
s-9	128.3	3375.3	26.3	66.0	14.5	53	0.3	0.27	140	12.66
s-10	228.5	2362.0	46.0	0.5	3.8	628	29.6	0.11	194	15.28
s-11	147.0	1550.0	273.5	25.2	95.5	145	94.4	0.11	162	11.14

表 10-2　土样各测定项目含量平均值及部分参考指标

测定项目	土壤样品平均含量及标准差	土壤一级标准限值及达标率[a]	土壤二级标准限值及达标率[a]	我国土壤背景值[b]	部分长寿县土样平均含量[c]
硒/(毫克/千克)	0.12±0.09			0.29	0.33
砷/(毫克/千克)	14.84±3.09	15(63%)	30(100%)	11.2	2.6
铬/(毫克/千克)	181.83±90.90	90(0.03%)	250(90%)	61.0	52.8
镉/(毫克/千克)	0.44±0.36	0.2(33%)	0.3(63.3%)	0.097	0.15
铅/(毫克/千克)	40.4±54.0	35(53%)	250(100%)	22.6	22.9
镍/(毫克/千克)	27.13±25.23	40(73.3%)	50(80%)	26.9	15.5
铜/(毫克/千克)	38.23±59.00	35(67%)	50(80%)	20.0	18.8
锌/(毫克/千克)	142.23±72.72	100(33%)	200(83%)	74.2	83.7
锰/(毫克/千克)	1023.69±370.00			482	492
铝/%	3.09±1.29			6.41	6.88
铁/%	4.66±1.80			2.73	3.37
钾/%	1.42±0.32			1.79	1.40
钠/%	1.41±0.37			0.68	0.47
钙/%	1.80±1.17			0.71	0.79
镁/%	0.83±0.49			0.63	0.37
锂/(毫克/千克)	27.11±24.25			29.1	64.0
磷/(毫克/千克)	2144.7±1481.0			600	789

续表

测定项目	土壤样品平均含量及标准差	土壤一级标准限值及达标率[a]	土壤二级标准限值及达标率[a]	我国土壤背景值[b]	部分长寿县土样平均含量[c]
锶/(毫克/千克)	200.9±257.9			121	169
钴/(毫克/千克)	51.06±59.93			11.2	9.3
钼/(毫克/千克)	323.27±196.70			1.2	3.1

注：a 为参照《土壤环境质量标准》(GB 15618—2018)；

b 为参照中国环境监测总站《中国土壤元素背景值》；

c 为中国科学院地理科学与资源研究所环境健康室检测的海南、广西、湖南、湖北部分长寿县数据。

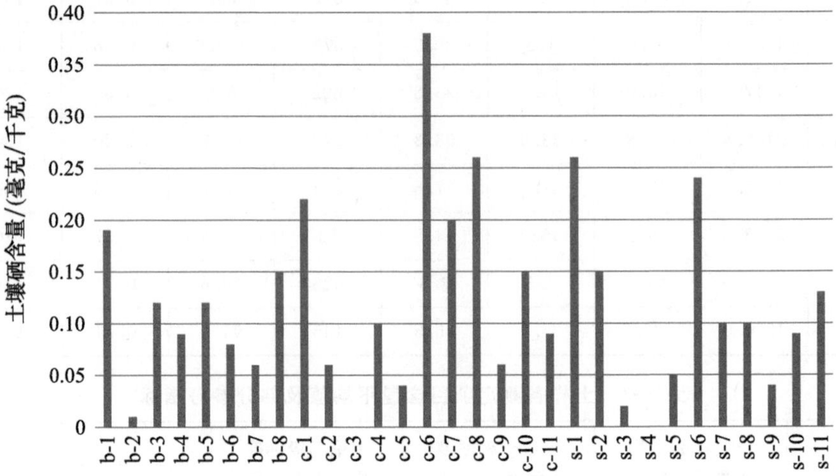

图 10-2 沟域各土壤样品的硒含量比较

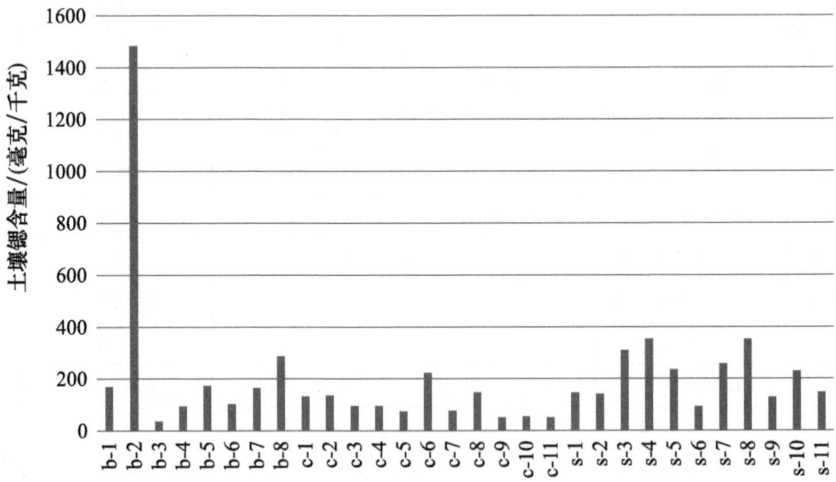

图 10-3 沟域各土壤样品的锶含量比较

(2)土壤微量元素含量

目前较为关注的元素铅、镉等有害金属元素符合国家土壤环境质量标准。根据所测土壤样品 pH 值限值重金属标准，所测重金属元素铜在土壤中的平均含量为 38.23±59 毫克/千克，其中有 7 个样品超出 pH 值风险筛选值规定的土壤重金属质量标准；重金属元素锌在土壤中的平均含量为 142.23±72.72 毫克/千克，其中有 4 个样品超出 pH 值风险筛选值规定的土壤重金属质量标准，白羊芪山沟域整体土壤环境质量良好。硒平均含量为 0.12 毫克/千克，硒是维持人体正常生理功能的重要微量元素，主要存在于肝、脾、肾及心脏等脏器中，可预防克山病、肿瘤和心血管疾病，在延缓衰老方面有重要的作用，白羊芪山沟域土壤硒含量略低于我国土壤背景值。有益长寿的微量元素锶、锰全域土壤平均含量分别为 200.9±257.9 毫克/千克、1023.69±370.00 毫克/千克，远高于我国土壤含量背景值及部分长寿地区的平均含量，平均含量均为我国土壤背景值 2 倍左右。锶是人体骨骼和牙齿的主要成分之一，能够促进骨骼发育和类骨质的形成；锶还与人体血管的功能和构造有关，对人体血管具有软化作用，可以防止血栓形成，对高血压、高血脂、高血糖、心血管疾病、动脉硬化等都有一定的预防及医疗保健作用；锶还具有抗氧化、防衰老的功效。人体缺锶则会引起体内代谢紊乱，同时会出现肢体乏力、出虚汗、骨骼发育迟缓，甚至骨质疏松等严重后果。锰作为人体必需营养元素之一，一部分作为金属酶的组成成分；另一部分作为酶的激活剂，缺锰可能引起骨和软骨的发育不正常，并导致胰岛素合成和分泌水平降低，影响糖代谢等。总体来看，沟域土壤中人体必需的微量营养元素硒、锶、锰等含量较高，需要限制的有害元素均符合国家土壤环境质量标准的二类土壤环境质量要求，大部分土壤还达到了一类土壤环境质量要求，属于优质的农牧业用地。

10.2　水环境质量分析与评价

饮水是人体摄取矿物质及微量元素的主要方式之一。水中微量元素的组成对人体健康具有重要的影响，饮用水来源的变化会导致微量元素相关的健康风险显著变化，水是生物有机体生长所必需的微量元素的主要来源。水中微量元素的不足或过剩会导致某些疾病的发生。对山东省一胃癌高发区和胃癌低发区饮用水中微量元素的对比发现，胃癌高发区水样中铁、铜、锶显著高于低发区，而硒和锌则能显著预防胃癌的发生。对水中微量元素和经年龄调整的结肠癌与直肠癌发生率的相关研究表明，直肠癌和结肠癌的发生率与水中镁、钠、磷、锶存在显著的相关关系。水中铝浓度过高会导致老年人患神经系统疾病的风险增加。对食管癌高发区饮用水中钙含量的研究表明，饮用水中低钙可能是食管癌高发的一个原因，钙元素对于食管癌的发生有一定的作用。国内外许多研究表明，饮用硬水的地区比饮用软水的地区心血管疾病的死亡率低。优质的水环境是长寿区形成的一个极其重要的因素，多数长寿区水资源丰富、水质优良。研究表明，富含铁、猛、锌、硒、锶。且无重金属污染的弱碱性饮用水是河南夏邑人长寿的一个重要原因，巴马、都江堰等长寿区的饮用水均富含各种天然矿质元素。

对饮用水及其水源水中矿质及微量元素进行检测，可以了解一个地方的饮水水质状况，确保饮水安全，保障人民群众的健康。同时，通过检测所提供的水体环境数据，可以了解当地微量元素过量或缺乏的状况，对指导当地饮食改善、提高人群健康有重要意义，也可为当地的环境管理和环境科学研究提供数据和资料。

10.2.1　采样及处理

由于沟域内受人为扰动影响很小，水体质量较为稳定，对白羊峪、长江峪、圣眷峪的三条主要河流，按照上、中、下游各一次水样采集，同时利用手持 GPS 对采样地点进行地理坐标位置定位，并对样品进行编号，共计10件（图10-4）。水样取回后摇匀，稳定后直接上仪器测定，其中，砷、硒、铬、镉、铅、汞、镍、铜、锌、锰、锂、钴、钼等用美国Perkin Elmer公司的ELAN DRC电感耦合等离子体质谱仪（ICP－MS）测定，砷、硒加碰撞池分别单独测定；钾、钙、钠、镁、铁、硅、磷、锶等用美国Perkin Elmer公司的Optima 5300DV电感耦合等离子体发射光谱仪（ICP-OES）测定。水的pH值采用离子选择性电极法，用PHSJ-4A型pH计测定；水中溶解性总固体（TDS）用UltrameterⅡ6 PFC便携式水质分析仪测定。

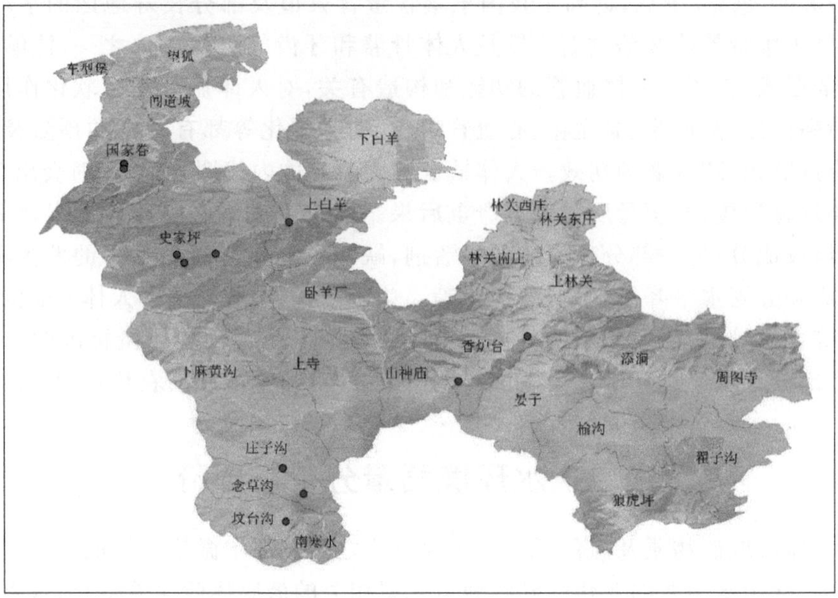

图10-4　水采样分布图（图中圆点为采样点）

10.2.2　水样测定结果及评价

（1）水环境质量评价

对比《地表水环境质量标准》（GB 3838—2002）中的基本项目标准限值，所检测的17项元素指标均达到了地表水Ⅰ类标准，pH值也在正常范围之内。

（2）重金属离子及有害元素检测评价

表10-3、图10-5和图10-6是沟域地表水水样测定结果，表10-4和表10-5是地表水环境质量标准基本项目标准限值、各测定项目含量平均值及部分参考指标。将水样所测项目含量与国家标准进行比较的结果表明，水样中需要关注的毒理指标铅（70％）达到Ⅰ类地表水环境质量，毒理指标镉（80％）达到Ⅱ类地表水环境质量。整体而言，沟域的地表水环境质量良好。一般化学指标中，离子元素均低于国家饮用水标准限值，且所有水样的pH值均高于7，即沟域的所有水样都属于微碱性水。对照我国对天然矿泉水的标准界限指标，5个水样的锶含量均达到了矿泉水标准要求，即沟域半数泉水都有开发成锶型矿泉水的可能性。

总体来看，沟域地表水水样中富含锶、钙、镁、铁、锂、钼等，且硒含量较高，具有开发多种类型优质矿泉水的潜力。锶是我国天然矿泉水认定的一个重要指标，测得水样中锶的平均含量为0.58±0.56毫克/千克。锶具有促进骨骼发育和类骨质形成以及抗氧化、防衰老的功效，对人体动脉硬化的血管具有软化作用，对高血压、高血脂、高血糖以及心血管疾病等都有一定的预防及医疗保健作用。人体缺锶则会引起体内代谢紊乱，同时会出现肢体乏力、出虚汗、骨骼发育迟缓，甚至骨质疏松等严重后果。偏硅酸具有软化血管功能，对动脉硬化、心血管和心脏疾病能起到明显的缓解作用，是目前矿泉水开发中较为关注的指标之一，也是目前市场上销售的多数矿泉水的主要达标指标。钙盐是人体内含量最多的一种无机盐，测得水样中钙的平均含量为 253.9±42.6 毫克/千克，钙一方面构成骨骼和牙齿，另一方面则可参与各种生理功能和代谢过程，影响各个器官组织的活动。测得水样中镁的平均含量为 74.96±13.29 毫克/千克，镁在人体内是仅次于钙、钠、钾的第四位阳离子，在细胞内的含量则仅次于钾离子位居第二，镁参与人体内所有的能量代谢，激活或催化 325 种重要的酶系统，被体育医学专家称为“人体健康催化剂”。镁不仅可以战胜疲劳，而且还有利于肌肉生长。中国营养学会建议成年男性每天应摄入镁 350 毫克，每天饮用 1 升广灵县饮用水，可以补充人体一天镁需要量的 20%左右。铁是人体血红蛋白、肌红蛋白等的重要组成部分，主要参与氧的运输和储存，具有提高机体的免疫力、促进发育、防止疲劳等作用，人体缺铁会引起贫血。

表 10-3　沟域水样监测数据

样号	钾/（毫克/升）	钠/（毫克/升）	钙/（毫克/升）	镁/（毫克/升）	铁/（毫克/升）	硒/（毫克/升）	锌/（毫克/升）	锰/（毫克/升）	锂/（毫克/升）
b-1	11.36	32.31	270.2	83.1	0.019	4.08	0.08	0.002	0.034
b-2	6.53	23.53	219.6	59.7	0.072	7.62	0.03	0.005	0.010
b-3	13.10	28.57	239.3	88.8	0.047	7.43	0.06	0.007	0.010
b-4	7.02	25.28	235.5	70.6	0.030	10.27	0.06	0.006	0.047
c-1	5.37	40.79	282.1	86.8	0.017	5.56	0.28	0.005	0.040
c-2	3.85	35.13	260.4	93.1	0.008	3.54	0.06	0.010	0.008
c-3	4.22	33.31	328.5	83.0	0.002	3.49	0.12	0.004	0.363
c-4	2.19	41.25	301.5	63.0	0.027	8.21	0.11	0.007	0.056
s-1	10.57	24.67	199.0	60.5	0.246	4.37	0.12	0.008	0.041
s-2	8.10	14.65	202.5	61.0	0.004	5.22	0.06	0.000	0.047

样号	铜/（毫克/升）	镍/（毫克/升）	钼/（毫克/升）	铅/（毫克/升）	镉/（毫克/升）	铬/（毫克/升）	砷/（毫克/升）	锶/（毫克/升）	pH 值（无量纲）
b-1	0.035	0.012	0.538	0.003	0.004	0.015	0.022	1.380	8.11
b-2	0.031	0.048	0.231	0.010	0.008	0.019	0.048	1.085	7.44
b-3	0.055	0.068	0.409	0.002	0.001	0.011	0.027	1.234	7.74
b-4	0.024	0.026	0.204	0.001	0.009	0.005	0.022	0.853	8.03
c-1	0.056	0.018	1.511	0.002	0.005	0.021	0.049	0.162	7.62
c-2	0.042	0.077	0.550	0.010	0.003	0.009	0.047	0.931	7.71
c-3	0.023	0.077	0.300	0.012	0.002	0.008	0.010	0.044	7.76
c-4	0.039	0.079	1.110	0.003	0.004	0.001	0.017	0.128	7.32
s-1	0.046	0.233	1.048	0.022	0.003	0.003	0.017	0.015	7.88
s-2	0.041	0.511	1.027	0.058	0.004	0.005	0.034	0.012	7.93

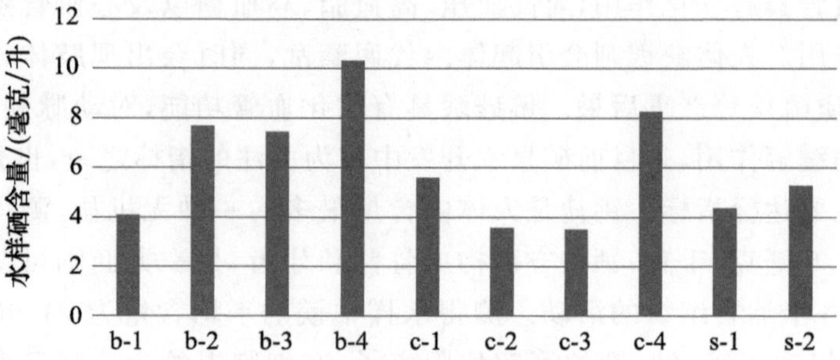

图 10-5　沟域各水样的硒含量比较

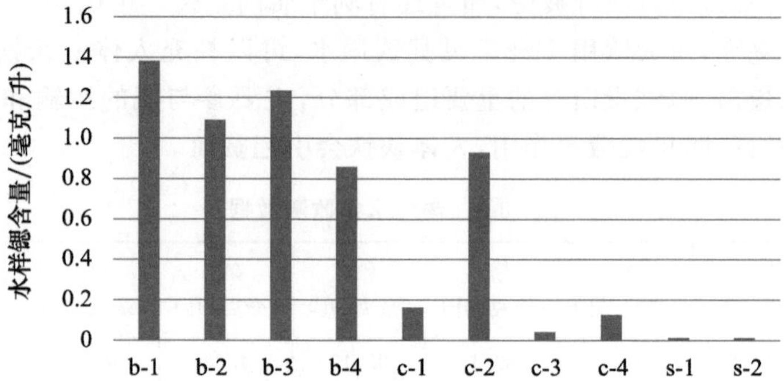

图 10-6　沟域各水样的锶含量比较

表 10-4　地表水环境质量标准基本项目标准限值

分类		Ⅰ类	Ⅱ类	Ⅲ类	Ⅳ类	Ⅴ类
pH 值(无量纲)		6～9				
溶解氧/(毫克/升)	≥	7.5(或饱和率 90%)	6	5	3	2
高锰酸盐指数/(毫克/升)	≤	2	4	6	10	15
生化需氧量/(毫克/升)	≤	3	3	4	6	10
氨氮/(毫克/升)	≤	0.15	0.5	1	1.5	2
石油类/(毫克/升)	≤	0.05	0.05	0.05	0.5	1
挥发酚/(毫克/升)	≤	0.002	0.002	0.005	0.01	0.1
汞/(毫克/升)	≤	0.00005	0.00005	0.0001	0.001	0.001
铅/(毫克/升)	≤	0.01	0.01	0.05	0.05	0.1
化学需氧量/(毫克/升)	≤	15	15	20	30	40
总磷/(毫克/升)	≤	0.02	0.1	0.2	0.3	0.4
铜/(毫克/升)	≤	0.01	1	1	1	1
锌/(毫克/升)	≤	0.05	1	1	2	2
氟化物/(毫克/升)	≤	1	1	1	1.5	1.5
硒/(毫克/升)	≤	0.01	0.01	0.01	0.02	0.02
砷/(毫克/升)	≤	0.05	0.05	0.05	0.1	0.1

续表

分类		Ⅰ类	Ⅱ类	Ⅲ类	Ⅳ类	Ⅴ类
镉/(毫克/升)	≤	0.001	0.005	0.005	0.005	0.01
六价铬/(毫克/升)	≤	0.01	0.05	0.05	0.05	0.1
氰化物/(毫克/升)	≤	0.005	0.05	0.2	0.2	0.2
阴离子表面活性剂/(毫克/升)	≤	0.2	0.2	0.2	0.3	0.3
硫化物/(毫克/升)	≤	0.05	0.1	0.2	0.5	1

表 10-5　水样各测定项目含量平均值及部分参考指标

测定项目	水样平均值	饮用水卫生标准限值[a]	超标样品个数/个	天然矿泉水指标[b]	达标样品个数/个	部分长寿县水样平均值[c]
硒/(毫克/升)	5.98±2.29	0.01		≥0.01,<0.05	0	0.91
砷/(毫克/升)	0.03±0.01	0.01	9			0.22
铬/(毫克/升)	0.01±0.01	0.05	0			4.85
镉/(毫克/升)	0.0043±0.0020	0.005	2			0.07
铅/(毫克/升)	0.012±0.017	0.01	3			0.35
镍/(毫克/升)	0.11±0.15	0.02	10			1.31
铜/(毫克/升)	0.04±0.01	1	0			0.90
锌/(毫克/升)	0.01±0.07	1	0	≥0.2	1	17.8
锰/(毫克/升)	0.005±0.003	0.3	0		0	6.5
铁/(毫克/升)	0.05±0.07	0.5	0			39.2
钾/(毫克/升)	7.23±3.55	12	0			5.82
钠/(毫克/升)	29.95±8.27	100	0			20.1
钙/(毫克/升)	253.9±42.6	450	0			15.4
镁/(毫克/升)	74.96±13.29	450	0			5.5
锂/(毫克/升)	0.07±0.11			≥0.2	1	0.68
锶/(毫克/升)	0.58±0.56			≥0.2	5	16.0
钴/(毫克/升)	0.12±0.13					1.1
钼/(毫克/升)	0.69±0.45	0.07	0			0.12
pH 值(无量纲)	7.75±0.25	6.5～8.5	0			7.1

注：a 为参照《生活饮用水卫生标准》(GB 5749—2006)；
b 为参照《食品安全国家标准 饮用天然矿泉水》(GB 8537—2018)；
c 为中国科学院地理科学与资源研究所环境健康室检测的海南、广西、湖南部分长寿县数据。

10.3　黄芪矿质元素分析与评价

中药材是中药饮片和成方制剂的原料，它的质量直接关系到临床的用药安全和疗效，因此，中药材的质量控制显得尤为重要。对一个地区的主要食物元素含量进行监测，可以判断该地区食物中元素谱状况，及时发现主要食物中的元素不足或超标情况，保障人民群众的健康安全,同时,还可以了解食物中元素组成和丰缺情况,以及与当地土壤、水质的关系,以便于指导合理施用微量元素,改善作物品质,开发新产品。

随着中药材在世界范围内的应用,中药材质量控制已成为保证中药"安全、稳定、有效、可控",实现中药现代化、产业化及国际化的核心问题。不同产地来源的中药材,它的质量受到种源、产地气候、土壤、采收期、用药部位和炮制方法等因素的综合影响。为了保证药品安全有效和稳定可控、筛选优良品种、促进资源合理开发和利用,中药材质量评价已成为研究中的热点和重点。中药材的疗效是多种成分协同作用的结果,中药材疗效不仅和有机成分有关,而且与无机元素的种类与含量也有密切关系。每一种中药材都含有多种无机元素,元素之间又存在相互的联系,研究中药材中的无机元素是揭开中药药性机理的途径之一。

10.3.1 黄芪样品检测

黄芪为多年生草本豆科植物蒙古黄耆(*Astragalus membranaceus* var. *mongholicus*)或膜荚黄耆(*Astragalus membranaceus*)的干燥根,有益气、固表、托毒生肌和利水退肿等功效。现代研究表明,黄芪的主要成分为皂苷类、黄酮类、多糖类等。黄芪皂苷分为有黄芪皂苷、乙酰基黄芪皂苷、异黄芪皂苷和大豆皂苷 4 大类。活性研究表明,皂苷类具有免疫调节、抗心脑损伤、降血糖和抗病毒等作用。黄芪黄酮主要包括毛蕊异黄酮、芒柄花素及其糖苷等成分,具有抗辐射损伤、清除氧自由基、增强免疫力、调控离子通道蛋白和抗病毒等作用。黄芪多糖具有抗衰老、改善认知功能、降血压、抗动脉粥样硬化、抗骨质疏松等作用。黄芪产地来源广泛,质量影响因素较多。明确不同基原、不同生长年限、野生与栽培以及不同产地黄芪药材质量的差异,是合理利用黄芪资源的基础性研究工作。黄芪是临床常用的中药之一,味甘,性微温,入脾、肺经,能够补中益气、固表利水、托脓毒和生肌。黄芪的药理作用包括抗肿瘤、保护心脑血管、提高免疫功能、保护肺功能、保护肾组织、防止肝损伤、保护肠功能、调节血压、抗衰老、防治骨质疏松症、抗氧化应激保护、腹膜保护、抗辐射、保护视网膜神经节细胞、胰岛素增敏及防治糖尿病血管并发症等。随着近年来对中药生理、药理活性研究逐渐深入,加之无机化学领域的飞速发展,国内外均有研究显示无机元素是黄芪等中药材中的有效成分之一,对临床治疗效果具有极其重要的意义。

10.3.1.1 总皂苷含量测定

(1)供试品溶液的配制

取干燥的黄芪药材粉末(过 40 目筛)10.0 克,精确称量,置于具塞锥形瓶中,精确加入 75%乙醇-水溶液 150 毫升,称定质量,超声提取 1 小时,放冷后再称定质量,用 75%乙醇-水溶液补足减少的质量,过滤,弃去初滤液,收集续滤液作为测量总皂苷的供试品溶液。

(2)标准品溶液的配制

精确称取黄芪甲苷 25.0 毫克,并置于 25 毫升容量瓶中。加入无水乙醇溶解并稀释定容至刻度,即得标准品储备液。精密量取标准品储备液 0 毫升、1 毫升、2 毫升、3 毫升、4 毫升、5 毫升,分别置于 10 毫升容量瓶中,并利用无水乙醇定容至刻度,即得系列标准品溶液。

(3)黄芪总皂苷含量测定

分别取各标准品溶液 1 毫升于试管中,加入 1 毫升 8%香草醛无水乙醇溶液,充分混匀,置冰浴中缓慢加入 72%硫酸溶液 10 毫升,摇匀后置于 62 ℃水浴中保温 20 分钟,取出后立即冰浴冷却至室温。利用酶标仪在 544 纳米处测定吸光度值,以黄芪甲苷标准溶液浓度(C,毫克/毫升)为横坐标,吸光度(A)为纵坐标作图,构建标准曲线回归方程。

10.3.1.2　总黄酮含量测定

(1)供试品溶液的配制

供试品溶液的配制方法同总皂苷含量测定。

(2)标准品溶液的配制

精确称取 20.0 毫克芦丁标准品,用 75%乙醇-水溶液溶解并定容至 50 毫升,配制成 0.4 毫克/毫升的标准储备溶液,分别取 0 毫升、0.2 毫升、0.4 毫升、0.6 毫升、0.8 毫升、1.0 毫升标准品溶液于 10 毫升容量瓶中,用 75%乙醇-水溶液定容,即得系列标准品溶液。

(3)黄芪总黄酮含量测定

分别取各标准品溶液 5 毫升于 10 毫升容量瓶中,加入 5% $NaNO_2$溶液 0.3 毫升,反应 6 分钟。然后向容量瓶中加入 10% $Al(NO_3)_3$溶液 0.3 毫升,反应 6 分钟。接着,向容量瓶中加入 1 摩尔/升 NaOH 溶液 4 毫升,并用 75%乙醇-水溶液定容至 10 毫升,反应 10 分钟。

10.3.1.3　总多糖含量测定

(1)供试品溶液的配制

取干燥的黄芪药材粉末(过 40 目筛)约 10.0 克,精确称量,置于具塞锥形瓶中,精确加入超纯水 150 毫升,称定质量,超声提取 1 小时,放冷后再称定质量,用超纯水补足减少的质量,过滤,弃去初滤液,收集续滤液作为测量总多糖的供试品溶液。

(2)标准品溶液的配制

精确称取葡萄糖标准品 100.0 毫克,用蒸馏水溶解并定容至 100 毫升,配制成 1 毫克/毫升的标准储备液,分别取 0 毫升、1 毫升、2 毫升、3 毫升、4 毫升、5 毫升、6 毫升标准品溶液于 50 毫升容量瓶中,用蒸馏水定容至刻度,即得系列标准品溶液。

(3)黄芪总多糖含量测定

分别取各标准品溶液 0.3 毫升于试管中,加入 0.6 毫升 6%苯酚-水溶液,充分混匀,加入 3 毫升 98%浓硫酸,摇匀后置于 100 ℃沸水中反应 15 分钟,立即冷却至室温。

10.3.2　黄芪成分检测结果评价

根据本次检测结果及评估情况,得出以下结论:该黄芪样品在安全性方面符合国家药典标准,在质量方面符合《中华人民共和国药典》(2020 年版)和相关文献报道的描述,其主要活性成分含量较高且稳定可靠,具有良好的药理作用和临床应用价值,本次检测评价结果可用于该黄芪样品的鉴别、质量控制和临床应用指导等方面。

(1)质量评估

参照《中华人民共和国药典》(2020 年版)和相关文献报道,对黄芪样品的外观性状、气味、滋味等感官指标进行检测和评估。

①外观性状:样品呈淡黄色至棕黄色,皮部黄白色,有纵皱纹及散在的横长皮孔,具放射状纹理和少数须根痕。质坚而稍韧,不易折断,断面纤维性,并显粉性,皮部黄白色,木部淡黄色,有放射状纹理及裂隙,习称“菊花心”,并夹有少数棕色环纹或散生棕褐色点状分枝维管束。老根中心偶有枯朽状空洞,习称“黑褐色”或“空洞”。

②气味:将样品置于密封容器中,通过嗅觉对其气味进行评估。正品黄芪应具有浓郁的豆

腥气和草香气，无其他异味。在室温下放置一段时间后，气味逐渐挥发减弱。若放置时间过长或温度过高，气味会变得浓烈而刺鼻。因此，建议在密封容器中保存黄芪样品，并定期检查其气味是否正常。

③滋味：将样品加水煎煮后品尝其滋味。正品黄芪煎液应有浓郁的豆腥气和草香气，味甘甜微苦涩。若出现其他异味或异常口感，则说明样品可能存在问题。在品尝过程中，还需注意饮水量和排尿情况是否正常。若出现异常情况须及时就医检查。

(2)有效成分分析

表 10-6 是黄芪有效成分测定结果。其中，多糖类化合物（如糖醛酸、葡萄糖、果糖等）占总量的 39.14%。目前，在各个地方药典中均无以测定黄芪中多糖含量来评价黄芪质量的方法，但黄芪多糖具有增强体质的作用，对非特异性免疫或特异性免疫均有促进作用。黄芪多糖会对免疫器官产生影响，主要体现在对胸腺、脾脏的影响；黄芪多糖对结核杆菌感染有明显的抑制作用，可以起到抗菌、抗病毒的效果；黄芪多糖能够增加肠道乳酸杆菌和双歧杆菌的数量，减少大肠杆菌的数量，可有效促进肠道有益微生物的增殖，并对肠道有害菌有抑制作用，预防肠道疾病；黄芪多糖具有抗疲劳的作用，适宜易疲劳、精神状态不佳的人群食用。

皂苷类化合物（如挥发油、虫漆蜡醇等）占总量的 37.5%，远远高于全国黄芪总皂苷平均含量（20.18 毫克/克）。现代药理研究表明，黄芪皂苷Ⅰ含有黄芪甙类和多糖类等化学成分，能抑制血小板聚集、降低血液黏稠度及凝固性、松弛平滑肌、扩张脑血管、降低血管阻力、改善血循环，尤其是改善微循环，并可以抑制动脉血栓的形成；能有效地降低脂质过氧化作用，有较强的清除自由基的作用，对减轻中风缺血引起的损伤有显著效果。肿瘤患者使用黄芪皂苷Ⅰ主要是利用了它的补气生血、固表止汗与利水之功。放疗、化疗期间的患者，通常都伴有脾胃虚弱、纳食不佳、疲乏倦参、血象下降，大量使用黄芪能有力地扭转这类症状。对于癌性发热出汗或体虚自汗患者，药方中也应多加入黄芪，其能固表止汗。胸水、腹水与心包积液病人，用黄芪能利尿退肿。

黄芪黄酮类物质是清除自由基、抗氧化的主要活性物，研究证实，若将黄酮类物质从黄芪提取物中剔除，黄芪的抗氧化功效将大大减弱。黄酮类化合物（如毛蕊异黄酮、芒柄花素等）占总量的 8.54%。广灵黄芪远远高于《中华人民共和国药典》（2020 年版）规定的黄芪毛蕊异黄酮、葡萄糖苷含量标准。

(3)重金属离子及有害元素含量分析

因环境污染等外界因素，可导致黄芪药材含有一定的重金属与有害元素。《中华人民共和国药典》（2020 年版）的规定标准为：铅≤5 毫克/千克、砷≤2 毫克/千克、铜≤20 毫克/千克、镉≤0.3 毫克/千克。对黄芪中的重金属、农药残留等有害物质进行检测和分析，结果如下：黄芪样品中铅的平均含量为 1.03 毫克/千克，砷的平均含量为 1.51 毫克/千克，铜的平均含量为 0.54 毫克/千克，镉的平均含量为 0.18 毫克/千克。第一，样品重金属及有害元素含量符合国家药典标准，其中，铅、砷、铜、镉等有害元素的含量均远低于规定限值。第二，样品农药残留量极低，未检出有机氯、有机磷等常见农药残留。因此，该黄芪样品在安全性方面符合国家药典标准。

如果黄芪中的重金属含量超过了安全标准，可能会对人体健康造成危害。一是中毒作用：某些重金属（如铅、汞、镉等）可以在体内积蓄并导致中毒。长期摄入超标的重金属可能损害肝脏、肾脏、神经系统等，引起头晕、乏力、恶心、呕吐等症状。二是慢性病风险增加：长期摄入超标的重金属与患某些慢性疾病的风险增加有关。例如，铅超标可能增加心血管疾病、肾脏疾病和神经系统疾病的发生率。三是生殖系统影响：某些重金属可能对生殖系统产生负面影响，包括影响男性和女性的生育能力。铅、汞等重金属可干扰激素平衡，导致生殖系统功能障碍。

表 10-6　黄芪样品检测数据

样品	多糖类/%	皂苷类/%	黄酮类/%	有机碳/(毫克/千克)	铝/(毫克/千克)	硒/(毫克/千克)	钾/(毫克/千克)	锌/(毫克/千克)	铜/(毫克/千克)	钙/(毫克/千克)
1 年	39.14	37.5	8.54	358.7	315.2	190.2	7348	9.8	0.52	8.1
2 年	39.27	39.4	8.56	495.3	304.2	189.3	6509	8.8	0.56	8.3
6 年	39.31	39.3	8.64	450.3	298.8	178.7	8053	11.0	0.53	7.9
样品	锶/(毫克/千克)	磷/(毫克/千克)	锂/(毫克/千克)	镍/(毫克/千克)	钴/(毫克/千克)	钼/(毫克/千克)	铅/(毫克/千克)	镉/(毫克/千克)	铬/(毫克/千克)	砷/(毫克/千克)
1 年	1.84	36.78	1.78	7.92	11.96	0.37	0.72	0.18	0.46	1.50
2 年	1.08	106.66	2.56	0.14	12.06	0.69	1.02	0.22	0.54	1.52
6 年	1.70	106.66	8.14	0.06	14.22	0.35	1.35	0.15	0.30	1.52

10.4　小米矿质元素分析与评价

人类是由多种元素组成的生命体，人体需要通过食物链从环境中摄取营养元素，饮食是人体各种常量和微量元素的重要来源。由饮食所造成的微量元素供应的缺乏、过剩或不平衡会导致某些疾病的发生，对人体健康有重要影响。世界卫生组织的一项研究表明，由于饮食中铁含量不足，已经导致全球大约 20 亿人的贫血症状。粮食是我国膳食结构中的主要部分，粮食的营养与品质直接关系到我国人民的体质与健康。有机营养成分中的羟基、酚基、氨基、杂环氮以及硫巯基等和微量元素相互作用生成的化合物，在人体内具有重要的生物活性，因此，粮食中的微量元素对人体健康具有重要作用。

10.4.1　小米样品测定的方法

准确称取经烘干粉碎的小米样品 0.5 克，置于 25 毫升比色管中，加入 8 毫升高纯硝酸、2 毫升优级纯过氧化氢，加盖浸泡过夜，置于电热消解仪中加热消解至溶液剩余 2 毫升，若溶液浑浊，则放冷后再加入 2 毫升硝酸和 2 毫升过氧化氢继续加热消解，直至冒尽棕色烟雾，溶液呈无色透明或略带黄色，放冷后用水定容至刻度。定容后的样品溶液用 ELAN DRC 电感耦合等离子体质谱仪测定铬、镉、铅、镍、铜、锌、锰、钴、锂、钼、砷、硒等元素含量，其中，砷、硒分别用加碰撞池的方法单独测定；用 Optima 5300DV 电感耦合等离子体发射光谱仪测定钾、钠、钙、镁、铝、铁、磷、锶等元素含量，同时做标样和试剂空白的分析测定。

10.4.2　小米样品测定结果及评价

表 10-7 是小米样品的测定结果及一些参考指标。与一般小米的矿质元素含量相比较，广

灵县小米中富含人体必需的铁、锌、锰、锶等。其中,钾、铁、锌的平均含量分别约为一般小米参考值的3倍、3倍、2倍,广灵县小米锶的平均含量达到了0.36毫克/千克,约为国家标准值的3倍。但是,广灵县小米所测项目的含量与国家标准限值的比较表明,小米中需要限制的毒理指标镉、铅、砷含量超过国家标准的食品安全污染物限量,且含量都超过标准限值较多。

表10-7 小米各测定项目含量平均值及部分参考指标 单位:毫克/千克

测定项目	含量	标准限值
钾	19.91	6.42
钠	81.5	7.56
钙	0.29	8.64
镁	12.68	3.84
铝	20.94	
铁	3.27	1.56
硒	76.4	
锌	0.64	0.3
锰	0.08	0.12
锂	6.98	0.64
锶	0.36	0.12
磷	0.28	9.28
铜	0.64	0.24
镍	0.58	0.28
钴	11.14	0.12
钼	0.26	0.3
铅	89.6	0.2[a]
镉	8.54	0.1[a]
铬	0.28	1.0[a]
砷	1.21	0.5[a]

注:a为参照《食品安全国家标准 食品中污染物限量》(GB 2762—2022)。

钾是人体中的宏量元素,可激活多种酶。如果没有钾,糖就无法转化为能量或贮存在体内形成肝糖,因此会导致人血糖降低,并损害肌肉及结缔组织,严重缺钾时会使心脏停止跳动,引发心脏病而致死。铁对人体的功能表现在许多方面,如参与氧的运输和储存、促进发育、防止疲劳等。锌是人体所需的、需求量较大的微量元素,广灵县小米样品中锌的平均值为0.64毫克/千克,正常成人锌的日需求量则为10~15毫克。锌具有重要的生理功能和营养作用,人体中已知的与锌有关的酶多达80种。锌还与核酸、蛋白质等的合成密切相关。锌有助于婴幼儿的生长发育,增强人体的抗感染能力,还能影响人的味觉、食欲甚至性机能。锰作为人体必需营养元素之一,在人体内一部分作为金属酶的组成成分,另一部分作为酶的激活剂,缺锰可能引起骨和软骨的发育不正常,并可导致胰岛素合成和分泌功能降低,影响糖代谢等。

广灵县小米样品中硒的平均值为 76.4 毫克/千克，约为前人研究的我国河北小米硒含量(0.031 毫克/千克)的 2465%，并且超过了全国谷类硒含量平均值(0.05 毫克/千克)。广灵县小米样品中有益微量元素锌、锰平均含量均超过(含)0.08 毫克/千克。样品中有害元素砷、镉、铅的平均含量均高于我国标准规定的污染物限值 50%以上。虽然铬在国家标准中做了限值规定，但其毒性与存在的价态有极大的关系，六价铬的毒性比三价铬高约 100 倍，食物中大多为三价铬。同时，铬也是人体的必需营养元素之一，缺铬容易导致糖代谢失调、诱发冠状动脉硬化等心血管病。因此，总体来看，广灵县小米是富含钾、锰、锌、硒、铁、锶的优质健康食品。

第11章 资源与环境健康优化建议

白羊芪山整体环境质量较优，大多数样品也达到了国家土壤、地表水环境质量的二类标准要求。但沟域下游居民生活区的土壤和地表水个别样品中镉和铅等重金属指标高于国家标准限值，主要是由于生活垃圾、农药污染、畜牧排泄等污染所致。其中，镉和铅含量超标会对土壤和水体产生严重的污染，破坏生态平衡。镉和铅超标可能导致植物受到其毒性影响、降低土壤肥力、破坏土壤微生物群落、威胁生物多样性。土壤中过量的镉和铅会被农作物吸收，并积累在植物的可食部分，如根、茎、叶和果实中。长期摄入含有超标镉和铅的农产品可能对人体健康造成危害，例如，导致肝肾功能异常、神经系统损害、生殖系统问题等。地表水受到超标镉和铅的污染，如果被用作饮用水或灌溉水源，也可能对人体健康产生严重影响。摄入超标镉和铅的水可能导致急性或慢性中毒，损害消化系统、肾脏、神经系统等。土壤和水体的镉和铅污染可能对农业、渔业和饮用水供应等方面造成严重影响。治理和修复超标镉和铅污染的费用往往很高，会给当地经济带来负担。

11.1 土壤重金属污染修复

采样检测结果显示，长江峪下游与中游地区镉污染导致4个样品未达到土壤二级标准限值，白羊峪下游地区镉污染物导致1个样品、镍污染导致6个样品未达到土壤二级标准限值。土壤中镉和镍含量超标与下游接近生活区有关，须采取一定措施进行治理，以保护生态环境和人类健康。解决这个问题需要综合考虑多种因素，包括土壤特性、污染程度、污染源等。为了有效地治理部分土壤中超标的污染物，可以采取以下措施。

(1)确定污染范围和程度

对可能受到污染的土地进行调查和监测，确定污染的程度和范围，以便针对不同情况制定相应的治理方案。

(2)土壤重金属污染修复与改良

利用超富集植物来改善土壤中的重金属污染是一种有效的治理措施，称为植物修复技术或植物超富集技术。其原理是利用某些植物对重金属具有吸收、富集和转运能力的特性，将重金属从土壤中提取出来并积累在植物体内，从而减少土壤中的重金属含量。通过研究和筛选，选择适合特定区域土壤条件和重金属类型的植物，这些植物应具有高度的重金属吸收能力和快速生长的特点。例如，拟南芥、柳树、铜锈树等。

在居民生活区，张贴“严禁乱扔垃圾”的宣传警示语，减少生活中乱倒垃圾、乱倒废水等现象，都会降低土壤污染的风险。

11.2 地表水重金属污染修复

针对下游居民生活区及耕地附近部分采样点地表水中重金属含量超标的现象，需要及时采取措施进行治理，以保护生态环境和人类健康。与其他有机化合物的污染不同，水体中的重金属元素不能被降解，且具有富集性，通过在藻类和底泥中积累并被鱼类和贝类吸附，产生食物链浓缩，最终进入高等动物乃至人体中。这些有毒重金属积聚在身体的某些器官中，能够引起慢性中毒，这对儿童健康的影响尤其明显。儿童体内的重金属一旦超标，就会出现免疫力低下、注意力不集中、智商下降、身体发育迟缓等症状。解决这个问题需要综合考虑多种因素，包括水源特性、污染程度、污染源等。为了有效地治理地表水中超标镉和铅的污染，可以采取以下措施。

（1）加强水源管理

开展全面的水源调查和监测工作，对可能受到污染的水源进行调查和监测，定期检测水质，及时发现和排除污染源。

（2）控制污染源头

针对可能造成水体污染的农业活动，必须建立严格的环保和监督体系，以控制和减少水体污染源头的排放，指导农业生产经营者科学种植和养殖，科学合理施用农药、化肥等农业投入品，科学处置农用薄膜、农作物秸秆等农业废弃物，防止农业面源污染，从源头上减少重金属的含量。

（3）建立水质保护区

根据地方实际情况，建立水质保护区，设置严格的管控区域和禁止性规定，例如禁止在水质保护区内建立排污口、限定畜禽养殖密度等，保护水体不受污染。

（4）采取物理、化学和生物等方法进行水体修复

包括利用植物吸收和转移有害物质、添加改良剂等在内的化学法和生物法修复措施，能够达到减少水体污染物浓度的目的。沉淀法主要是向重金属污水中投入一定量的絮凝剂、还原剂等化学物质，使相应污染物质与投入的化学物质发生反应后沉淀，以进行污染物质的处理或再利用。一般来说，沉淀法主要包括还原沉淀法、絮凝浮选沉淀法、氢氧化物沉淀法等不同方式。物理化学法是利用生物质的物理特性来吸附水中的重金属离子。通常来说，生物吸附剂相比于沉淀法具有可降解、不发生二次污染的特点，且其来源广泛，获取更为容易，生物吸附剂的使用也能够更有效地回收重金属物质。生物化学法也是一种处理重金属废水的重要手段。如微生物及藻类处理，可通过生物絮凝、吸附等实现重金属物质的转化。据了解，微生物处理工艺得到工业应用较多的是生物硫化法。生物絮凝法也是一种应用前景广阔的处理方法，其利用微生物或微生物产生的代谢物进行絮凝沉淀，安全方便无毒，不产生二次污染，絮凝效果也较好。

（5）加强水质监测和管理

对地表水中的镉和铅含量进行定期监测，评估水质安全情况，并制定相应的风险管理措施。根据监测结果采取必要的管理措施，如加强水污染源的监督管理、为超标水源设置新的处理设施等。

（6）推广环保意识

通过宣传教育和合作共治，提高公众的环保意识和责任感，增加社会组织和政府之间的合作和配合，全面推进地表水质量的治理工作。

第4篇　广灵县沟域经济发展研究

第12章　背景分析

广灵县与北京地理空间关系密切，分处太行山东西；沟域是山区发展的适宜区域和保护的关键区域（张义丰 等，2009；刘春腊 等，2011a；2011b；穆松林，2016）；对沟域治理、环境保护、产业培育、村庄整治、文化发展、形象塑造等进行整体考量，是一种高效的山区经济发展新途径（张义丰 等，2009；陈俊红 等，2012；郭淑敏 等，2015）。广灵县“山水林田湖”配置与组合条件较优，是大同市七个区县适宜大力推进经济建设的区域。

广灵县三条沟域的经济振兴建设，既可以落实党的二十大精神，又可以促进山区一、二、三产融合发展，实现生态山清水秀、生活宜居适度、生产集约高效，能够实现三条沟域“沟相连、共融合，优势互补、携手共赢”的共享发展。经济建设，可以更好地推行“政府主导、农民主体、部门联动、社会参与、市场运营”的建设方式，推进沟域经济建设迈向“提档升级、提质增效”的新阶段，加快培育沟域特色产业，既为山区农民特别是低收入农民就业创业搭建平台，又为社会力量、资源要素进入山区创造条件。

12.1　党的二十大对山区与农村发展提出新方针、新任务

党的二十大报告指出：“全面建设社会主义现代化国家，最艰巨最繁重的任务仍然在农村。坚持农业农村优先发展，坚持城乡融合发展，畅通城乡要素流动。加快建设农业强国，扎实推动乡村产业、人才、文化、生态、组织振兴。”党的二十大报告既论述了推进乡村振兴在全面建设社会主义现代化国家全局中的地位、作用和意义，又全面部署了当前推进乡村振兴必须抓紧落实的各项主要任务，为各行各业在推进乡村振兴中如何找准自己的位置并做出贡献，提供了明确的指导方针和基本遵循。

广灵县作为大同市乃至京津冀区域乡村振兴建设的主战场之一，要深入贯彻乡村振兴发展要求，加强社会保障巩固拓展脱贫攻坚成果，以增加农民收入、改善人居环境、增进群众福祉为着力点和落脚点，多点发力推进乡村振兴。推进产业发展实现稳定增收。因地制宜探索特色产业融合发展新路径，大力扶持发展种植业、养殖业、加工业，推动帮扶产业与乡村产业振兴有效衔接，带动群众增收致富。结合村情、民情、地情，因村制宜、分类实施。精打细算谋划项目，科学推动蔬菜、黄芪、杂粮、沙棘等传统的优势项目持续发展，在合作社股份分配、生产经

营、劳务结构上积极探索,在激励扶持、土地流转、小额信贷、农业保险等方面拓宽思路,确保广大农户能增收、广受益。以党的二十大精神为指引,继续朝着"产业兴旺、生态宜居、乡风文明、治理有效、生活富裕"的目标昂首前进。

12.2　"两山理论"是山区发展的指导思想

12.2.1　"两山理论"基本内涵

2005 年 8 月,时任中共浙江省委书记的习近平,在浙江省安吉县天荒坪镇余村考察调研时指出,"绿水青山就是金山银山"。这一重要思想简称"两山理论"。一山指绿水青山,代表良好的生态环境;另一山指金山银山,代表经济发展带来的物质财富。"两山理论"从坚持人与自然的总体性出发,一方面,在理论上揭示了全面协调生态环境与生产力之间的辨证统一关系,在实践上丰富和发展了马克思主义关于人与自然关系的总体性理论;另一方面,鲜活地概括了有中国气派、中国风格和中国话语特色的绿色化战略内涵,折射出理论光辉映照美丽中国走上绿色发展道路。

"两山理论"是基于保护生态环境与发展生产力、发展经济这对自改革开放以来逐渐凸显出来的现实矛盾问题提出的,体现了直面生态危机的问题意识、勇于攻坚克难的担当精神,体现了生产力发展的历史逻辑。如何在人与自然和谐相处的基础上发展生产力、发展经济、改善物质生活条件,是人类面临的重大基本问题。人类通过社会实践活动有目的地利用自然、改造自然,离不开自然界这个基础和前提。习近平总书记强调:"山水林田湖是一个生命共同体,人的命脉在田,田的命脉在水,水的命脉在山,山的命脉在土,土的命脉在树。"在人与自然的关系中,人类的行为方式必须符合自然规律。归根结底,人类本身是自然的一部分。然而,自工业革命以来,西方传统工业化的迅猛发展在创造巨大物质财富的同时,也无节制地消耗资源,不计代价地污染环境,其难以为继。

在坚持自然环境有限性、基础性的前提下,"两山理论"又着眼于提高社会生产力水平这个社会主义初级阶段总任务、总目标,力求实现保护、改善自然环境与发展生产力、发展经济的统一。社会主义的优越性归根到底要表现在较高的生产力发展水平上,以此为基础不断改善人民的物质文化生活质量,这是由社会主义本质决定的。尽管改革开放以来我国经济建设已经取得了巨大成就,但是在未来相当长一段时间里,"做大蛋糕" 即解放和发展社会生产力仍然是社会主义初级阶段的首要任务。"两山理论"为在新的历史起点上怎样提高社会生产力水平提出了基本要求,即不仅要以保护和改善生态环境为前提,而且要从把良好的生态环境作为自然生产力的高度,重新认识和理解生态环境对人类生存和发展的重要价值。"绿水青山就是金山银山"中的"就是"两个字,意义深远,杜绝了将保护、改善生态环境和发展生产力、发展经济对立起来的思维通道。

12.2.2　指引山区发展

山区生态文明建设要以"两山理论"为指导,重点围绕生态空间、生态经济、生态环境、生态生活、生态制度、生态文化六大领域,和空间格局优化、资源节约利用、产业循环发展、生态系统保护、人居环境改善、生活方式绿色化、制度与保障机制完善、观念意识普及等,进一步夯实生态基础、发展生态经济、培育生态文化，完善经济社会与人口、资源、环境协调的生态经济发展模式，形成生态观念先进、生态制度完善、生态安全保障、生态环境优化的空间格局。

12.3 建设“塞外水城、秀美广灵”的有力支撑

广灵县“十三五”期间以建设秀美广灵为目标，打造绿色产业示范区和文化旅游特色区，广灵之美关键在一个“灵”字，山川树木皆有灵，壶泉之灵在水，圣佛寺之灵在松，六棱山之灵在石，白羊峪之灵在绿，长江峪之灵在养，圣眷峪之灵在御，县城之灵在精神，而广灵民风之灵则内秀外朴，与塞外山川之灵异境而同源。围绕打造“宜居、宜业、宜游、宜养”的域美广灵，依托圣眷峪、白羊峪、长江峪三条沟域，全方位展示自然风光、历史文化、民俗风情、人文风貌、丰富物产等，为康养胜地建设助力，结合沟域山、水、林资源实际，打造集旅游、康养、度假、美食特色各异又浑然一体的沟域生态旅游特色区。

12.4 沟域经济助推乡村振兴发展

山区是全面建成小康社会的重点所在和难点所在，广灵县作为国定贫困县、21 个连片特困地区扶贫攻坚重点县，要实现贫困攻坚与乡村振兴的有效衔接，建成小康社会，发展特色产业是必然选择。三条沟域发展沟域经济应符合生态涵养区的功能定位要求，重视生态保护和环境建设，加强农产品生产基地、旅游景区、道路交通、通信等基础设施建设，把荒山荒沟打造为“金山银沟”，践行“绿水青山就是金山银山”。以山、水、林、田、路、电和产业发展整体规划为先导，建设沟域经济，全力推动产业入沟、游客进沟、产品出山，让农民实现从“靠山吃山”到“建景赚钱”的转变。

第 13 章　广灵县沟域开发现状分析

广灵县位于山西省东北边陲，永定河上游。长江峪坐落于南村镇南 5 千米处，白羊峪位于广灵县南村盆地西南隅的白羊山区域，圣眷峪位于广灵县西部，三条沟域通过 S303 省道能够连通。

13.1　生态安全概况

13.1.1　生态区位

(1)《全国主体功能区规划》(2010 年)

在生态安全格局中，广灵县(及其所属沟域)处于“两屏三带“的“北方防沙带”与“华北平原区”的中间地段。

在国家重点生态功能区划中，广灵县处在全国生态脆弱性分区评价中的“微度至中度”脆弱地区，生态重要性分区中处在“低至较低”重要性地区，区内无重点生态功能区分布。

在全国生态功能区划中，广灵县属于“太行山区水源涵养与土壤保持重要区”，并属于“生态调节类别中的水源涵养重要区”。

(2)《山西省主体功能区规划》(2014 年)

在山西省主体功能区规划中，广灵县被列入“限制开发区域”，即省级农产品主产区。区域的生态要求是加强生态保护，严格执行陡坡退耕政策，逐步退出已经占用生态用地的耕地，加强农田、灌渠周边防护林建设，维持稳定的山丘林草、盆地农田景观系统结构。

在省级限制开发的重点生态功能区划中，广灵县属于五台山生态涵养区的北缘，壶流河的南坡生态屏障，其功能是积极营造水源涵养林、水土保持林和生态公益林。

13.1.2　生态概况

(1)气候

广灵县属温带大陆性季风气候，冬季干燥多风，极端最高气温 38.2 ℃，最低－34 ℃，年均气温 7 ℃，降水量 388 毫米，无霜期 134 天，县城空气质量二级以上天数 330 天左右。

(2)河流湿地

长江峪、白羊峪、圣眷峪均为壶流河的一级支流，在南村镇汇入壶流河。其中，长江峪、白羊峪河流呈“V”字形蜿蜒河段，沙卵石河床，河床基本稳定；圣眷峪河床易冲刷，稳定性较差。

(3)森林植被

长江峪、白羊峪、圣眷峪三条沟域林地总面积 3176.79 公顷，占全域土地总面积的 16.48％，其中，有林地 2832.70 公顷，占林地总面积 89.17％，灌木林地 45.56 公顷，占林地总面积的 1.43％，其他林地 298.53 公顷，占林地总面积的 9.40％。

13.1.3 生态敏感性分析

(1)方法说明

构建广灵县长江峪、白羊峪、圣眷峪三条沟域生态空间评价指标体系(表13-1)。根据指标体系和专家打分法,借助ArcGIS进行数据处理,从而构建单一生态敏感因子空间分布图。再通过空间叠加的方式将所有指标进行综合,得到沟域生态空间敏感性综合分布图,并计算不同敏感程度的面积,以对结果进行定量分析和评价。将三条沟域生态空间按生态敏感性分为极重要关键地段、重要关键地段、较重要关键地段和一般地段。

表13-1 生态敏感性等级划分

目标层	准则层	指标层	极重要关键地段	重要关键地段	较重要关键地段	一般地段
生态重要性空间识别	生物多样性	植被覆盖度/%	80～100	50～80	20～50	2～20
		距种子版块的距离/米	0～100	100～200	200～300	≥300
	水源涵养	距河流水系的距离/米	0～50	50～100	100～150	≥150
		水体分布状况	大水体	较集中水体	分散小水体	无水体
		水源保护区	一级	二级	三级	无水源保护
	地质灾害	土地利用类型	有林地、灌木林地	其他林地、草地、园地、水域	耕地	建设用地、未利用地
		村镇建设用地坡度/°	≥25	15～25	8～15	<8
	干扰敏感度	人口集聚程度/(人/平方千米)	<200	200～300	300～400	≥400
		交通干线/米	≥500	200～500	100～200	<100

(2)结果分析

从表13-2可知,沟域极重要关键地段面积为5217.19公顷,占全域面积的27.08%;重要关键地段面积为6581.72公顷,占全域面积的34.16%;较重要关键地段面积为3918.19公顷,占全域面积的20.32%;一般地段面积为3555.87公顷,占全域面积的18.44%。三条沟域生态敏感性空间分布特征:极重要关键地段主要分布在史家坪村、上白羊村、下麻黄沟村、卧羊厂村等区域;重要关键地段位于极重要关键地段外围的缓冲区域内,主要分布在史家坪村、上白羊村、下麻黄沟村、卧羊厂村等区域;较重要关键地段主要分布在国家眷村、榆沟村等区域;一般地段主要分布在下白羊村、香炉台村、狼虎坪村、国家眷村等区域。

表13-2 生态重要性评价结果

生态重要性等级	面积/公顷	面积占比/%	空间分布
极重要关键地段	5217.19	27.08	史家坪村、上白羊村、下麻黄沟村、卧羊厂村等
重要关键地段	6581.72	34.16	史家坪村、上白羊村、下麻黄沟村、卧羊厂村等
较重要关键地段	3918.19	20.32	国家眷村、榆沟村等
一般地段	3555.87	18.44	下白羊村、香炉台村、狼虎坪村、国家眷村等

(3)小结

综合生态承载力分析和生态敏感性分析可知，三条沟域整体的人口生产生活消费处于该地区所提供的生态承载力范围之内，生态承载力尚有盈余，生态系统是安全的，拥有良好的生态开发空间和潜力。生态敏感性分析结果为下文划定生态保护红线、制定生态功能区划提供了基础。

13.2　沟域能源结构与环境质量现状

13.2.1　能源结构

广灵县长江峪、白羊峪、圣眷峪三条沟域目前使用的能源包括电力、煤气、燃煤、秸秆、柴火等。由于地处高寒地区，三条沟域村民生活用能大部分用于采暖，农户采暖大多数选用燃煤方式，还有一部分村民选用燃烧薪柴和秸秆的方式。农户厨炊主要用煤气和电，还有一部分村民使用柴锅。煤炭、柴草等分散燃烧、低空排放，将对大气环境造成污染。随着农村经济发展和农民生活水平日益提高，长江峪、白羊峪、圣眷峪三条沟域村民的能源消费量逐步增多，其中，电力是增长率最高的能源类型，表明农村对电能的需求不断增大。

13.2.2　大气环境质量

由于广灵县长江峪、白羊峪、圣眷峪三条沟域尚未设置大气监测点，而大气污染具有区域性，因此，采用广灵县空气质量年平均数据侧面反映长江峪、白羊峪、圣眷峪三条沟域的空气质量状况。从 2020—2022 年广灵县各项大气污染物年均浓度值可以看出：3 年间空气质量二级以上天数分别达到 310 天、302 天和 320 天，大部分指标达到国家《环境空气质量标准》(GB 3095—2012)的要求。接下来，该区域应加大力度控煤、治企、管车、降尘，并持续推进农业农村污染治理、固体废物和危险废物污染防治等工作。另外，广灵县地表植被覆盖少，风沙扬尘也是导致颗粒物浓度高的重要因素，全县面临的大气污染治理压力较大。

13.2.3　水环境质量

(1)地表水

2022 年，实地采集长江峪、白羊峪、圣眷峪三条沟域 7 处水样，并对水样的 pH 值和重金属及有害元素共 9 项指标进行检测，结果见表 13-3。对比《地表水环境质量标准》(GB 3838—2002)中基本项目标准限值(表 10-4)，所检测的 8 项元素指标均达到了地表水 Ⅰ 类标准，pH 值也在正常范围之内。

表 13-3　沟域水样监测数据

水样名称	pH 值(无量纲)	砷/(微克/升)	镉/(微克/升)	铬/(微克/升)	铜/(微克/升)	铅/(微克/升)	锌/(微克/升)	汞/(微克/升)	硒/(微克/升)
长江峪 1	8.50	0.46	0	6.60	0.84	0.00	0.54	0	0.292
长江峪 2	8.46	0.41	0	5.71	0.70	0.01	0.47	0	0.215
长江峪 3	8.55	0.39	0	4.83	0.64	0.00	0.31	0	0.256

续表

水样名称	pH值（无量纲）	砷/（微克/升）	镉/（微克/升）	铬/（微克/升）	铜/（微克/升）	铅/（微克/升）	锌/（微克/升）	汞/（微克/升）	硒/（微克/升）
白羊峪1	8.71	0.40	0	4.58	0.42	0.00	0.22	0	0.254
白羊峪2	8.52	0.33	0	4.24	0.50	0.00	0.31	0	0.286
圣眷峪1	8.27	0.40	0	7.63	0.75	0.00	0.30	0	0.521
圣眷峪2	8.58	0.35	0	4.31	0.73	0.00	0.23	0	0.440

（2）地下水

由于长江峪、白羊峪、圣眷峪三条沟域尚未开展地下水监测，故参考大同市地下水监测点数据，侧面反映沟域内地下水水质情况。

大同市城镇在用集中式生活饮用水地下水水源共17个。其中，新荣区2个水源地、左云县1个水源地未监测。因此，共监测14个地下水水源。

①监测点位。具备采样条件的，在抽水井采样。不具备采样条件的，在自来水厂的汇水区（加氯前）采样。

②监测项目。监测项目为《地下水质量标准》（GB/T 14848—93）中的23项。

③评价标准及方法。根据《地下水质量标准》（GB/T 14848—93），采用单因子评价法进行评价。

④水质状况。根据大同市2022年县级饮用水源地上、下半年水质状况（表13-4、表13-5），得出广灵县地下水水质良好。

表13-4　2022年上半年大同市城镇集中式饮用水地下水源水质状况

水源名称（监测点位）	达标情况	超标指标及超标倍数
阳高县城关水源地	达标	
大同县南梁水源地	不达标	氟化物（0.68）
大同县甘庄水源地	不达标	氟化物（0.32）
矿区下窝寨水源地	达标	
广灵县城西水源地	达标	
灵丘县黑龙河水源地	达标	
灵丘县李家庄水源地	达标	
灵丘县庄头水源地	达标	
灵丘县西关—自来水公司水源地	达标	
灵丘县水厂—水塔院水源地	达标	
灵丘县灵源水源地	达标	
浑源县城东水源地	达标	
天镇县谷前堡水源地	达标	
左云县暖泉湾水源地	达标	

表 13-5　2022 年下半年大同市城镇集中式饮用水地下水源水质状况

水源名称(监测点位)	达标情况	超标指标及超标倍数
阳高县城关水源地	达标	
大同县南梁水源地	不达标	氟化物(1.05)
大同县甘庄水源地	不达标	氟化物(0.24)
矿区下窝寨水源地	达标	
广灵县城西水源地	达标	
灵丘县黑龙河水源地	达标	
灵丘县李家庄水源地	达标	
灵丘县庄头水源地	达标	
灵丘县西关—自来水公司水源地	达标	
灵丘县水厂—水塔院水源地	达标	
灵丘县灵源水源地	达标	
浑源县城东水源地	达标	
天镇县谷前堡水源地	不达标	氟化物(0.36)
左云县暖泉湾水源地	达标	

13.2.4　固体废弃物环境质量

广灵县长江峪、白羊峪、圣眷峪三条沟域生活垃圾年产生量为 4509 吨/年。三条沟域垃圾处理采用“户分类、村收集、乡运输、县处理”的方式。三条沟域的生活垃圾收集运输到广灵县城北约 3 千米的利民生活垃圾处理厂进行填埋处理。

沟域内存在垃圾随意堆放、倾倒在路边或河道等地方，以及自行处理、露天焚烧的现象，固体废弃物环境质量需要进一步提高。

13.2.5　大气环境承载力

采用原国家环保总局 1991 年颁布的《制定地方大气污染物排放标准的技术方法》(GB/T 3840—91)中规定的大气污染物排放总量测算方法，该方法是国内广泛采用的以箱式模型为基本模型推导出的宏观总量控制方法。

SO_2、NO_2、PM_{10}、$PM_{2.5}$年允许排放总量限值的计算如下：

$$Q_{ak} = \sum_{i=1}^{n}\left[A \times (C_{ki} - C_0) \times S_i / \left(\sum_{i=1}^{n} S_i\right)^{0.5}\right] \tag{13-1}$$

式中：Q_{ak} 为区划范围内年允许排放大气污染物总量最大值(万吨)；S_i 为第 i 个功能区面积(平方千米)；n 为环境功能区总数，本研究中，n 取 1；C_{ki} 为相应功能区的年日平均浓度限值(毫克/立方米)；C_0 为区域大气环境质量年日平均浓度(毫克/立方米)；A 为地理区域性总量控制系数(万平方千米/年)。

根据《制定地方大气污染物排放标准的技术方法》(GB/T 3840—91)，我国各地区总量控制系数(A)如表 13-6 所示，其中，山西省 A 值取 3.5～4.9 万平方千米/年。

表 13-6 我国各地区总量控制系数(A)一览表

序号	地区	A/(万平方千米/年)
1	新疆、西藏、青海	7.0～8.4
2	黑龙江、吉林、辽宁、内蒙古(阴山以北)	5.6～7.0
3	北京、天津、河北、山东	4.2～5.6
4	内蒙古(阴山以南)、山西、陕西(秦岭以北)、宁夏、甘肃(渭河以北)	3.5～4.9
5	上海、广东、广西、湖南、湖北、江苏、浙江、安徽、河南、台湾、福建、江西	3.5～4.9
6	云南、贵州、四川、甘肃(渭河以南)、陕西(秦岭以南)	2.8～4.2
7	静风区(年平均风速小于1米/秒)	1.4～2.8

以国家二级标准计算得到广灵县四种污染物的大气环境容量，如表 13-7 所示。SO_2、NO_2 在现状条件下，仍然剩余有一定的环境容量；但 PM_{10}、$PM_{2.5}$ 的浓度超过国家二级标准，未来仍需进一步加大细颗粒物治理力度。

表 13-7 广灵县 2016 年大气环境容量 A 值法计算结果

污染物种类	SO_2	NO_2	PM_{10}	$PM_{2.5}$
年日均浓度/(毫克/立方米)	0.041	0.025	0.089	0.049
国家二级标准/(毫克/立方米)	0.06	0.04	0.07	0.035
大气环境容量/(吨/年)	3040	2447	−3040	−2284

由于长江峪、白羊峪、圣眷峪的大气环境要优于广灵全县平均水平，而且三条沟域内没有工业企业，少有机动车等人为产生 SO_2、NO_2、PM_{10}、$PM_{2.5}$ 的污染源，因此，广灵县环境容量不影响沟域生态的开发。

13.2.6 关键问题识别

(1)沟域现有环境问题

①能源结构不合理

大力推进能源消费结构调整是推动广灵县长江峪、白羊峪、圣眷峪沟域经济的一个重要着力点。能源结构合理化有益于区域内全方位节约能源，不断提高农村生产生活的用能效率，切实解决农村耗能高、浪费大、污染重的问题。

目前，长江峪、白羊峪、圣眷峪三条沟域冬季采暖仍然使用传统散煤，还有一部分农户燃烧薪柴秸秆采暖，清洁能源和可再生能源使用比重较低。煤炭和秸秆的燃烧，造成了一定程度的大气环境污染。

②空气质量监测缺失

目前，广灵县长江峪、白羊峪、圣眷峪三条沟域内尚未建立空气质量监测点，无法为沟域空气质量评价提供准确的数据支持，也无法为游客提供必要的游览参考信息，不利于旅游区的环境保护与旅游开发。

③上游化肥、农药使用未进行限制

长江峪、白羊峪、圣眷峪三条沟域农业发展中农田农药、化肥施加未受到限制。农民采用传统种植方式，在农业生产过程中存在施加化肥、农药等农用化学品的现象，灌溉多采用漫灌或“靠天收”的方式，农业面源污染问题大，且化肥、农药使用过程中产生的废弃物进入当地环境中，存在一定程度的污染。

④沟域散养模式依然存在，影响自然环境

长江峪、白羊峪、圣眷峪三条沟域存在一定规模的养殖，且目前仍然存在粗放式的养殖，可能造成一定程度的面源污染，对水源也会造成一定程度的污染。具体养殖状况如表 13-8 所示。

表 13-8　沟域养殖状况调查

沟域	序号	行政村	畜牧业	数量
长江峪	1	南寒水	牛/羊	38 头/600 头
	2	坟台沟	牛/驴(羊)	80 头/1000 头
	3	念草沟	牛/驴(羊)	30 头/1000 头
	4	庄子沟	牛/羊	86 头/700 头
	5	下麻黄沟	牛/羊	80 头/1200 头
	6	上寺	牛/羊	68 头/200 头
	7	卧羊厂	羊	2000 头
	8	山神庙	羊	200 头
	9	香炉台	牛/羊	35 头/200 头
	10	上林关	牛/羊	28 头/770 头
	11	林西	羊	650 头
	12	林东	牛/羊	9 头/190 头
	13	林南	牛/羊	30 头/750 头
	14	晏子	驴/羊	40 头/500 头
	15	榆沟	牛/羊	10 头/700 头
	16	狼虎坪	牛/羊	120 头/1000 头
	17	添涧村	牛/驴/羊	40 头/13 头/400 头
	18	周图寺	牛/羊	3 头/280 头
	19	翟子沟	牛/羊	50 头/200 头
白羊峪	20	上白羊	牛/骡(羊)	150 头/1200 头
	21	下白羊	脂(绒)羊	2200 头
圣眷峪	22	国家眷	羊/鸡	1300 头/50 只
	23	闯道坡		580 头
	24	史家坪		500 头

⑤农村污水处理滞后

农村生活污水、畜禽养殖污水以及化肥、农药残留等，共同形成农业面源污染。通过实地调研，沟域农村污水基本处于无序排放状态，没有任何污水处理设施。

农村居住人口少，而且比较分散，没有相应的地下管网铺设，不利于建设统一的污水处理设施，增加了农村污水的处理难度。污水管网配套不到位，造成生活污水任意排放，污染了水源地、河沟、地下水及土壤，严重影响破坏了沟域的生态环境。

实地调研发现，沟域内农村污水基本处于无序排放状态，污水直接排放进入自然沟道。污水随意排放渗入地下，将污染水源地、河沟、地下水及土壤，破坏农村生态环境。农村居住人口少，而且比较分散，不利于建设统一的污水处理设施和相应的地下管网，增加了农村污水的处理难度。

⑥垃圾回收与处理不完善

三条沟域垃圾随意堆放、倾倒在路边、河道等的现象普遍存在，既影响沟域整体美观，又对沟域水体造成了一定程度的污染。有些地方采用垃圾箱内露天焚烧的处理方式，造成了一定程度的大气环境污染，对周围村民的健康造成威胁。

三条沟域的垃圾分类回收基本没有展开，由于居民、农户缺少垃圾分类相关知识、政府资金投入不足、垃圾分类设施配置不到位等原因，垃圾分类程度低，一方面增加了垃圾处理的压力；另一方面也造成了严重的资源浪费。生活垃圾资源化利用问题亟待解决。

⑦环保监管力量不足

长江峪、白羊峪、圣眷峪三条沟域的环境监测、环境监察、环境统计、环境信息系统建设等管理手段相对落后，环境监测、调查取证、污染事故预警和应急反应等手段尚不能达到依法行政的要求；环境监测工作落后，缺少环境监测体系，大气环境监测、水文监测系统以及声环境监测体系严重缺失，不能满足当下环境保护需要；辐射环境监测网络尚未形成；固体废物和辐射环境监管能力和管理水平难以满足环境保护要求；环境管理的人才队伍建设也处在刚刚起步的阶段，亟待进一步充实和完善。

(2)沟域潜在环境问题

①污水和生活垃圾对生态环境的胁迫加大

随着沟域经济建设的开展，旅游开发强度逐步加大，旅游人次不断增加，旅游业的发展将导致餐饮及生活污水的排放迅速增加，污水和垃圾的产生量剧增，现有的污水处理和垃圾处理不能满足未来的需求，会对区域内的水环境产生巨大的胁迫。

②机动车污染凸显

随着经济建设的开展，沟域旅游功能逐步完善，乡镇农村道路功能不断加强，未来机动车的数量不断增加，机动车带来的环境污染将凸显，包括机动车尾气对大气环境的污染、公路面源污染带来的水体污染等。

③餐饮油烟污染

沟域旅游的开发导致餐饮需求增加，加大了餐饮油烟对大气环境的污染，随着旅游人次的不断增加，餐饮油烟对大气环境的污染越来越大。

④噪声污染产生

长江峪、白羊峪、圣眷峪三条沟域原本几乎不存在噪声污染。但是随着沟域经济建设的进行，机动车辆数目迅速增加，产生了交通噪声，交通噪声将成为沟域噪声污染的主要来源。同时，沟域经济开发各工程项目建设开展，产生了建筑噪声。

⑤环境监测需求加大

长江峪、白羊峪、圣眷峪三条沟域内尚未建立空气质量监测点，也未设置水质监测点，无法为整个沟域空气质量评价和水质评价提供准确的数据支持，也无法为游客提供必要的游览参考信息，不利于旅游区的环境保护与旅游开发。沟域内环境监测、环境统计、环境信息系统建设亟待开展。

13.3 沟域土地利用现状与区域差异

13.3.1 沟域土地利用数量结构分析

广灵县沟域内土地总面积 19272.97 公顷，其中，长江峪版块区域土地总面积 13520.38 公顷，占全域总面积的 70.15%；白羊峪版块区域土地总面积 3845.34 公顷，占全域土地总面积的 19.95%；圣眷峪版块区域土地总面积 1907.25 公顷，占全域土地总面积的 9.90%。广灵县沟域主导用地类型为其他草地、旱地和有林地，面积分别为 12461.31 公顷、2918.78 公顷和 2832.70 公顷，共占沟域土地总面积的 94.50%；其他用地类型共占沟域土地总面积的 5.50%（表 13-9）。

表 13-9 沟域土地利用现状

地类	长江峪		白羊峪		圣眷峪		沟域总计	
	面积/公顷	占比/%	面积/公顷	占比/%	面积/公顷	占比/%	面积/公顷	占比/%
采矿用地	3.42	0.03	3.97	0.10	0.49	0.03	7.88	0.04
村庄	133.10	0.98	64.60	1.68	18.80	0.99	216.49	1.12
风景名胜及特殊用地	9.29	0.07	14.48	0.38	2.41	0.13	6.18	0.03
沟渠	4.38	0.03	2.99	0.08	0	0	7.37	0.04
灌木林地	45.56	0.34	0	0	0	0	45.56	0.24
果园	0.90	0.01	11.73	0.31	0	0	12.63	0.07
旱地	1746.51	12.92	624.97	16.25	547.31	28.70	2918.78	15.14
坑塘水面	0.46	0.00	0	0	0	0	0.46	0.00
裸地	8.13	0.06	1.05	0.03	0	0	9.18	0.05
内陆滩涂	136.97	1.01	63.31	1.65	0	0	200.28	1.04
其他草地	9765.12	72.23	1675.57	43.57	1020.61	53.51	12461.31	64.66
其他林地	246.50	1.82	47.37	1.23	4.66	0.24	298.53	1.55
设施农用地	0.87	0.01	73.40	1.91	2.60	0.14	76.87	0.40
水浇地	103.39	0.76	53.13	1.38	0	0	156.52	0.81
有林地	1315.81	9.73	1206.69	31.38	310.20	16.26	2832.70	14.70
公路用地	0	0	2.06	0.05	0.17	0.01	2.24	0.01
合计	13520.38	100.00	3845.34	100.00	1907.25	100.00	19272.97	100.00

13.3.2 沟域土地利用区域差异

总体来看，长江峪土地利用类型较多，涉及行政村最多，土地利用复杂；相反，圣眷峪仅涉及 7 个行政村、9 种土地利用类型，土地组成结构简单。

(1)长江峪特殊土地利用类型

相比白羊峪和圣眷峪，长江峪涉及行政村多、土地利用类型多，土地利用现状复杂。长江峪土地利用类型共计 15 种，其中，灌林用地和坑塘用地是白羊峪和圣眷峪均未出现的土地利用类型，且灌林用地面积达到 45.56 公顷，占长江峪林地面积的 2.83%，占土地总面积的 0.34%；草地占地面积大，达到总土地面积的 72.23%。长江峪比圣眷峪多 6 种土地利用类型，除灌林用地和坑塘用地外，还有沟渠、果园、裸地、内陆滩涂和水浇地；但是长江峪没有公路用地。

(2)白羊峪特殊土地利用类型

白羊峪土地总面积 3845.34 公顷，涉及 11 个行政村和 14 种土地利用类型，土地利用相对较复杂。其中，风景名胜及特殊用地在三条沟域中相对较多，达到 14.48 公顷，是广灵县沟域主要的风景名胜区分布地带。相比长江峪，白羊峪涉及公路用地，占地面积为 2.06 公顷，占总面积的 0.05%；相比圣眷峪，白羊峪土地利用类型较多，有沟渠、果园、裸地、内陆滩涂和水浇地，面积分别为 2.99 公顷、11.73 公顷、1.05 公顷、63.31 公顷和 53.13 公顷。

(3)圣眷峪特殊土地利用类型

圣眷峪土地利用方式简单，仅涉及车型堡、闯道坡、国家眷、牛口峪、桥头、史家坪和望狐 7 个行政村，相比长江峪和白羊峪分别少 23 个和 4 个行政村，有采矿用地、村庄、风景名胜及特殊用地、公路用地、旱地、其他草地、其他林地、设施农用地和有林地 9 种土地利用类型，相比长江峪少 6 种，相比白羊峪少 5 种。圣眷峪耕地仅有旱地一种类型，缺少水浇地，草地仅有其他草地，林地主要由其他林地和有林地组成，其中以有林地为主。

(4)长江峪、白羊峪和圣眷峪比较接近的土地利用类型

以面积为评价标准，长江峪、白羊峪和圣眷峪比较接近的土地利用类型为采矿用地和风景名胜及特殊用地。长江峪、白羊峪和圣眷峪的采矿用地面积分别为 3.42 公顷、3.97 公顷和 0.49 公顷，分别占总面积的 0.03%、0.10%和 0.03%；长江峪、白羊峪和圣眷峪的风景名胜及特殊用地面积分别为 9.29 公顷、14.48 公顷和 2.41 公顷，分别占总面积的 0.07%、0.38%和 0.13%。以占总面积比例为评价标准，长江峪、白羊峪和圣眷峪比较接近的土地利用类型为村庄和林地。长江峪、白羊峪和圣眷峪的村庄占地面积分别为 133.10 公顷、64.60 公顷和 18.80 公顷，分别占总面积的 0.98%、1.68%和 0.99%；长江峪、白羊峪和圣眷峪的林地面积分别为 1607.86 公顷、1254.06 公顷和 339.23 公顷，分别占总面积的 11.89%、32.61%和 17.79%。

(5)长江峪、白羊峪和圣眷峪差异比较大的土地利用类型

长江峪、白羊峪和圣眷峪均出现但面积差异较大的土地利用类型有耕地、草地、其他林地、设施农用地和有林地。长江峪、白羊峪和圣眷峪的耕地面积分别为 1849.90 公顷、678.10 公顷和 547.31 公顷，分别占总面积的 13.68%、17.63%和 28.70%；长江峪、白羊峪和圣眷峪的草地面积分别为 9765.12 公顷、1675.57 公顷和 1020.61 公顷，分别占总面积的 72.23%、43.57%和 53.51%；长江峪、白羊峪和圣眷峪的其他林地面积分别为 246.50 公顷、47.37 公顷和 4.66 公顷，分别占总面积的 1.82%、1.23%和 0.24%；长江峪、白羊峪和圣眷峪的设施农用地面积分别为 0.87 公顷、73.40 公顷和 2.60 公顷，分别占总面积的 0.01%、1.91%和 0.14%；长江峪、白羊峪和圣眷峪的有林地面积分别为 1315.81 公顷、1206.69 公顷和 334.66 公顷，分别占总面积的 9.73%、31.38%和 17.55%。

长江峪相比白羊峪和圣眷峪，土地利用类型较多，土地利用复杂，其存在的灌木林地和坑塘水面，面积分别达到 45.56 公顷和 0.46 公顷，是白羊峪和圣眷峪未分布的土地利用类型。长江峪和白羊峪均存在，但圣眷峪未分布的土地利用类型有沟渠、果园、裸地、内陆滩涂和水浇地，长江峪和白羊峪沟渠面积分别为 4.38 公顷和 2.99 公顷，分别占总面积的 0.03%和

0.08%；长江峪和白羊峪果园面积分别为 0.90 公顷和 11.73 公顷，分别占总面积的 0.01%和 0.31%；长江峪和白羊峪裸地面积分别为 8.13 公顷和 1.05 公顷，分别占总面积的 0.06%和 0.03%；长江峪和白羊峪内陆滩涂面积分别为 136.97 公顷和 63.31 公顷，分别占总面积的 1.01%和 1.65%；长江峪和白羊峪水浇地面积分别为 103.39 公顷和 53.13 公顷，分别占总面积的 0.76%和 1.38%。相比长江峪，白羊峪和圣眷峪均出现了公路用地，占地面积分别为 2.06 公顷和 0.17 公顷，分别占总面积的 0.05%和 0.01%。

因此，长江峪、白羊峪和圣眷峪土地利用差异较大，长江峪、白羊峪和圣眷峪土地面积依次减少，导致果园、裸地、内陆滩涂、其他草地、其他林地、水浇地和有林地面积依次减少，甚至消失，土地利用类型单一。

13.3.3　沟域土地利用问题与协同分析

表 13-10 所示为三条沟域典型村庄的人地关系基本情况。

表 13-10　沟域(典型村庄)人地关系基本情况

沟域	行政村	户数/户	人数/人	常住人口/人	外出人口/人	耕地面积/亩	林地面积/亩	人均收人/元	人均耕地面积/(亩/人)
长江峪	晏子村	122	312	96	216	2543.26	689.52	2010	8.15
	周图寺村	161	304	154	150	1767.51	851.91	1200	5.81
	渝沟村	72	168	20	148	1417.57	806.72	1900	8.44
	卧羊厂村	30	67	20	47	312.94	249.04	1900	4.67
	山神庙村	27	46	38	8	345.21	3567.19	3200	7.50
	香炉台村	120	295	120	175	2035.46	2726.81	2100	6.90
	上林关村	257	599	398	201	3502.30	3117.80	2045	5.85
	狼虎坪村	191	450	187	263	4128.50	578.86	2100	9.17
	上寺村	89	206	140	66	1055.45	2034.69	1200	5.12
	南寒水村	88	197	70	127	958.08	0	1980	4.86
	下麻黄沟村	89	260	97	163	873.83	3167.90	2500	3.36
	庄子沟村	103	258	158	100	907.86	850.98	1975	3.52
	坟台沟村	78	234	167	67	963.22	129.75	1900	4.12
	念草沟村	95	253	150	103	539.80	706.01	1930	2.13
	丰水岭村	83	283	80	208	54.36	2216.51	900	0.19
	海子村	160	132	120	362	172.43	225.58	960	1.31
	翟子沟村	60	130	70	60	1325.93	483.55	1900	10.20
白羊峪	庄头村	720	1826	1510	316	1774.01	99.91	1900	0.97
	黑土洼村	288	696	420	276	1320.85	11.14	2200	1.90
	下白羊村	768	2140	1600	540	3440.90	235.11	1600	1.61
	张家洼村	527	1180	810	370	1030.54	0	2150	0.87
	上白羊村	205	578	310	268	1351.53	5450.74	2040	2.34
	史家坪村	104	370	260	110	2791.03	15286.14	1900	7.54

续表

沟域	行政村	户数/户	人数/人	常住人口/人	外出人口/人	耕地面积/亩	林地面积/亩	人均收入/元	人均耕地面积/(亩/人)
圣眷峪	国家眷村	255	677	300	377	3067.19	1380.10	1900	4.53
	闯道坡村	73	220	150	70	964.46	82.17	1900	4.38
	望狐村	825	2472	1972	500	1759.53	944.32	2045	0.71

(1)土地资源本底整体质量差,耕地后备资源匮乏

沟域内耕地主要是旱地,占广灵县沟域耕地总面积的94.91%,灌溉设施缺乏。沟域年均气温7 ℃,降水量388毫米,无霜期134天,一年一熟;降水量少和积温不足,限制了沟域农业发展,土地资源本底整体质量差。建设用地面积增长较快,占用大量优质耕地资源,存在浪费且较严重的利用粗放、效益较低的局面。沟域内长江峪、白羊峪和圣眷峪农业开发历史悠久,土地利用程度较高,可开发利用的宜耕其他用地较少。同时,广灵县沟域干旱缺水,缺少灌溉设施,靠天吃饭,土地利用集约度低。

因此,沟域土地整体质量差、水资源缺乏、土地利用粗放、耕地单产低、劳动生产率和土地产出率低,无法满足快速发展的经济需要。

(2)三条沟域土地利用地域差异明显,区域生态环境差异明显

由于受自然条件和社会经济条件的影响,长江峪、白羊峪和圣眷峪的土地利用存在较大差异。长江峪极端缺水,部分村庄因为缺水而无法生存,不得不进行移民搬迁,大量宅基地废弃,农民转移到二、三产业部门就业。白羊峪和圣眷峪生态环境条件较好,小气候造成相对良好的湿润环境,但村庄缺乏规划,存在农民乱建乱挖的现象,不仅影响景观效果,而且破坏了生态环境。

(3)土地利用不充分,效益不高,三条沟域缺乏产业联动

三条沟域农业经营组织落后,土地利用不充分,大量山坡地主要由分散的农户经营,农林生成处于自然生长状态,缺乏打药、施肥、剪枝等人工管理措施,处于极端低效利用状态,效益不高,没有发挥出应有的经济价值。这种分散的农民土地承包经营现状与广灵县乃至大同市的当前经济发展水平不匹配,与城市居民的生态休闲需求不匹配。

三条沟域缺乏经济价值高的产业类型,仍然以种植玉米、小米为主。缺乏灌溉设施,农田基础设施建设处于长期欠账状态。当前的低端玉米种植无法发挥出生态环境的优势,没有形成品牌。沟域缺少产业联动,谷子、玉米等粮食产品,山野菜、蘑菇、木耳等纯天然产品,中草药等生态产品和大同市乃至发达城市的市场缺少有效对接和互动,没有发挥出广灵县原生态无污染的生态环境优势,“绿水青山”没有转换为“金山银山”。

(4)政府资金投入不足,水土保持和生态治理差异较大

三条沟域存在生活垃圾随意丢弃现象,污染河道、污染上游生态环境。农民为了生计,不得不养殖牛羊等,牲畜粪便对当地生态环境也是一种破坏。沟域范围内处于自然状态,缺少水土保持和生态治理措施,存在水土流失、山体崩塌、滑坡等地质灾害风险。同时,白羊峪的自然景观比较优美,但缺少生态保护,工程建筑痕迹明显,破坏了沟域的整体效果。

(5)三条沟域缺乏统筹规划和空间协同发展

三条沟域缺乏建设指标的统筹规划和使用,没有处理好经济发展和环境保护之间的关系。

三条沟域处于原生态的未开发状态，且社会经济发展落后，农村居民点处于无序混乱状态，占用大量土地空间。同时，存在大量的废弃宅基地。长江峪可以通过农村土地整理置换出大量建设用地指标。因此，亟待进行三条沟域的生产、生态和生活空间统筹规划，促进三条沟域统筹发展。

13.4 沟域农业产业发展现状

13.4.1 沟域农业产业发展状况

(1)主要农作物：在沟域深山区村庄中，杂粮(谷、黍、莜麦、荞麦)仍然是农户种植的主要农作物。一是由山区气候、土壤条件所决定的；二是山区农村形成了杂粮种植习惯。马铃薯作为深山区的主粮，村村有种植、户户有调剂。在沟域浅山区及沟域洪积扇、冲积扇地带，由于土地平整，部分农田可以进行浇灌，玉米、高粱等主要作物开始种植，农作物的品种也有所增加。

(2)经济作物：在沟域山区中，一些特色的经济作物有栽培和试验种植，如英国红豆、藜麦等。还有一些经济林果开始形成特色和规模，如榛子、鲜食杏等。

(3)蔬菜：近年来，广灵县的蔬菜主要是满足春季或秋季的市场应季需求。在三条沟域中，长江峪的下林关村、白羊峪的黑土洼村蔬菜种植规模较大，并建设有林关东庄蔬菜批发市场，投资 500 万元，占地 21 亩。

(4)经济林果：主要集中在南村镇香炉台村、下林关村，品种有大接杏、仁用杏，国家眷村也有 5 亩榛子试种成功。

(5)养殖业：三条沟域养殖有肉羊、绒山羊、肉牛、驴等大牲畜。除了各村庄几乎都养羊外，南村镇海高牧业还引进了奶牛、肉牛共 1500 头。

(6)特色产业：广灵县三条沟域与浑源县接壤，同处恒山山脉，是我国“正北芪”黄芪的道地产区。以广灵县恒广北芪中药材有限公司为主的龙头企业在长江峪、白羊峪、圣眷峪已经发展道地黄芪 4 万亩，其中抚育保护基地 3 万亩。未来整个沟域将发展道地黄芪 10 万亩左右。

(7)农产品加工业：长江峪、白羊峪、圣眷峪沟域内还没有规模化的农产品加工业，只有农村的小型米面加工厂。

13.4.2 沟域农业产业结构

广灵县岭西长江峪、白羊峪、圣眷峪三条沟域分别隶属于南村镇、望狐乡两个乡镇。对沟域内行政村进行农业产业调查，三条沟域的农业生产结构如下。

(1)种植业结构

三条沟域调研的农作物种植地面积为 60978 亩(含黄芪种植面积)，其中，主要农作物种植面积(包括英国红豆)44719 亩，占总面积的 73%；经济作物中蔬菜 2390 亩，占总面积的 4%，油料作物 1950 亩，占总面积的 3%；经济林果 350 亩，仅占约 1%(图 13-1)。黄芪中药材种植基地是由沟域其他草地改造而成，调研面积为 11569 亩，由恒广北芪中药材有限公司和其他企业及合作社建设。恒广北芪 3 万亩野生资源抚育基地属于保护基地。

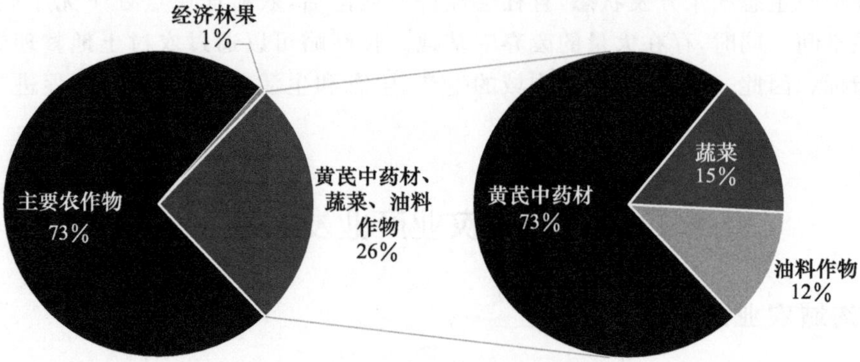

图 13-1　种植业结构图

(2)养殖业结构

沟域养殖业包括牛(含规模化养殖场)、驴、羊、鸡等,其中,养羊数量为 18320 头,占养殖业数量结构的 93%;其次为牛、驴等大牲畜,约占总量的 5%;商品蛋鸡仅在香炉台村、国家眷村有少数养殖,在 150 只左右(图 13-2)。

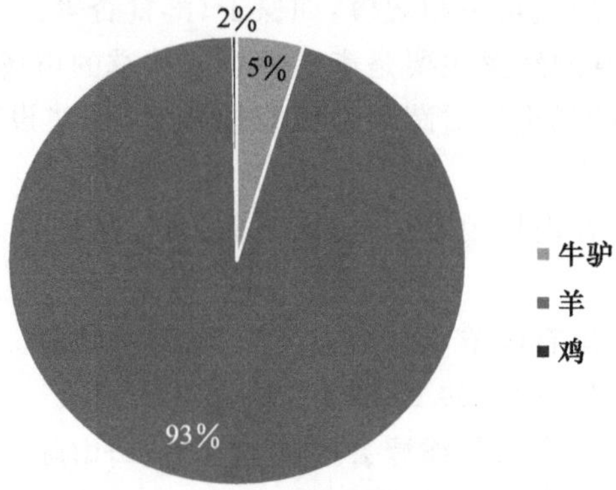

图 13-2　养殖业结构图

13.4.3　沟域农业产业的特征、优势和劣势

(1)特征

①沟域农业生产空间狭窄,耕地数量少。

②农业生产空间主要集中在沟域下段及峪口冲积扇区,沿沟底台地呈梯田状分布,河道两岸一般为农作物种植区、农户菜园。

③沟域中段坡势较陡,山地一般以食草牧业为主,长江峪、白羊峪上段沟域坡度较缓,沟底平地种植荞麦、黍子、莜麦等作物,坡谷地开发了黄芪种植基地。

(2)优势

①具备开发冷凉型优质农产品的生态环境条件。

②地处恒山山脉"正北芪"道地药材适宜区,多缓坡地,土质疏松,发展地方特色道地药材具有得天独厚的地域条件。

③优美的地理环境资源适合发展休闲、旅游、养生等度假、山地运动等休闲产业。

(3)劣势

①深山区耕地面积小,农产品的规模化、产业化发展受限。

②山区海拔高,无霜期短,只能种植短日照、生长期短的农作物。

③区域农产品深加工力度不够,没有形成知名的农产品品牌。

④沟域范围内缺乏大型的旅游景区、国家森林公园、地质公园、历史文化古迹,难以带动旅游农林产品的开发和销售。

13.5　沟域旅游与文化开发现状

13.5.1　资源分析

(1)旅游资源普查

依据《旅游资源分类、调查与评价》(GB/T 18972—2003)中旅游资源调查分类体系,对广灵县沟域旅游资源进行调查和分类(表 13-11)。

表 13-11　沟域旅游资源分类

主类	亚类	基本类型	旅游单体
地文景观	综合自然旅游地	谷地型旅游地	长江峪、白羊峪、圣眷峪
		奇异自然现象	广灵八景之一"白羊暮霭"
	沉积与构造	生物化石点	卧羊厂化石区
		矿点和矿脉	富硒带
	地质地貌过程形迹	凸峰	龟山、白羊山、将军崖、仙女峰
		岩壁与岩缝	长江峪嶂石岩区、卧羊厂嶂石岩区
		岩石洞与岩穴	老君洞天
水域风光	河段	观光游憩河段	长江峪河段、白羊峪河段、圣眷峪河段
	天然湖泊与池沼	沼泽与湿地	南寒水村湿地
	泉	冷泉	长江峪源泉、白羊峪泉群
生物景观	树木	林地	嶂石岩松林、白羊林场、圣眷峪白桦林等
		独树	上寺村古松等
	花卉地	草场花卉地	野生中药材(黄芪、黄柏、甘草、麻黄、大黄、柴胡、远志、狼毒、黄芩、防风、升麻、苍术、草乌、知母、枸杞子、五味子、车前子、益母草、地骨皮、天仙子、甘遂等)
		林间花卉地	卧羊厂疏林草甸、嶂石岩疏林草甸
	野生动物栖息地	蝶类栖息地	白羊峪蝴蝶谷
天象与气候景观	天气与气候现象	避暑气候地	史家坪、卧羊厂等
	空气质量	清新空气	长江峪、白羊峪、圣眷峪清新空气

续表

主类	亚类	基本类型	旅游单体
遗址遗迹	社会经济文化活动遗址遗迹	历史事件发生地	雁北第一党组织诞生地(榆沟村、狼谷坪村)、晏驾岭、白羊事件
		军事遗址与古战场	雁北红色革命根据地
		长城遗迹	北齐长城、下林关峪口、兴盛堡、烽火台
		废城与聚落遗迹	六郎城遗址、梨花寨、驸马城与望京楼
		废弃寺庙	双泉寺、清凉寺、白羊寺
建筑与设施	综合人文旅游地	康体游乐休闲度假地	白羊峪
		宗教与祭祀活动场所	极乐寺、周园寺、龙王庙
	居住地与社区	传统与乡土建筑	香炉台村供销社礼堂
		名人故居与历史纪念建筑	雁北第一党组织诞生地纪念碑、白羊事件纪念碑
旅游商品	地方旅游商品	饮食	糕、豆腐干、羊肉、豆面、驴肉等
		农林畜产品与制品	北芪原产地、大尾羊省级重点保护品种、画眉驴、大金杏、胡麻、黑豆等杂粮
		中草药材及制品	北芪、黄柏、甘草、麻黄、大黄、柴胡、远志、狼毒、黄芩、防风、升麻、苍术、草乌、知母、枸杞子、五味子、车前子、益母草、地骨皮、天仙子、甘遂等
		传统手工产品与工艺品	巧娘合作社手工编织、剪纸等
人文活动	人事记录	人物	香炉台村宽会武状元(张化龙和张化玉)、明代武进儒、两位百岁老人、王本真等名医
		事件	白羊事件
	民间习俗	传统手工艺	剪纸、编织等
		庙会与民间集会	元宵节、中秋节等节庆活动

(2)中医药特色资源调查

①中医资源调查分析

根据广灵县提供的地区知名中医数据，26 位名医中有 61％集中在广灵县城，有 2 位在三条沟域中。其中，王本真先生为下林关人；韩全珍，上白羊卫生室，擅长辨识广灵地区野生中草药独特性。表 13-12 为广灵县名医特色分析。

表 13-12　广灵县名医特色分析

主类	亚类	特色
理论	理论学习	中医经典学习扎实
	古方传承	对《伤寒论》有很深的研究
专方	专方	运用经方治疗疑难杂病
专药	风湿	“强力风湿威灵散”专药
	膏药	继承全家膏药
实践	辨识	辨识广灵地区野生中草药独特性

续表

主类	亚类	特色
中医诊治	中西医结合	中西医结合有奇妙之处
	内科	中医内科形成经验
	内病外治	中医内病外治
	心脑血管病	中医治疗心脑血管病
	高血压	中医治疗高血压
	糖尿病	中医辨证治疗糖尿病
	肝胆	肝胆辨证治疗
	气管炎、哮喘病	中医治疗气管炎、哮喘病
	妇科	中医妇科
	儿科	中医儿科
	口腔溃疡	中医辨证治疗口腔溃疡
	皮肤病	皮肤病
	三叉神经痛、顽固头痛、坐骨神经痛	中医治疗三叉神经痛、顽固头痛、坐骨神经痛
	针灸	针灸

②中药资源调查分析

康熙年间的《广灵县志》有记载，广灵地区野生中药材种类繁多，有“黄芪、黄柏、甘草、麻黄、大黄、柴胡、远志、狼毒、黄芩、防风、升麻、苍术、草乌、知母、枸杞子、五味子、车前子、益母草、地骨皮、天仙子、甘遂等”。现沟域有野生和人工培育中药材面积广泛、数量繁多。

13.5.2 资源评价

根据资源普查情况，现对广灵县沟域旅游资源进行综合评价。

(1)旅游资源整体评价

本沟域生态环境较好，文化底蕴深厚，适合开展生态、健康、养生、养老、度假型旅游。

(2)旅游资源空间分布评价

从空间分布上看，一是各沟域旅游资源特色鲜明，长江峪以中药材种植为特色，白羊峪以生态林区和山水风光为特色，圣眷峪以皇家文化为特色；二是按沟域分段，生态资源上、中段优于下段，历史、红色和民俗文化资源主要集中于下段。

(3)旅游资源类型区域评价

旅游资源类型较为丰富，普查资源涵盖 8 主类、17 亚类、34 基本类型，资源单体百余项。

(4)旅游特色资源评价

沟域处于富硒带，野生中草药广泛抚育、栽培、种植，知名中医众多，适于养生的山水旅游和人文资源匹配较好，因此，沟域中医药健康养生旅游资源在京津冀晋地区特色鲜明。

13.5.3 沟域旅游资源开发的优势与劣势分析

(1)优势

①区位条件优势，地处京冀晋交汇处，是大同地区对外门户之一。

②产业优势显著，拥有省级中医示范县荣誉，名医和野生中药材种类多，拥有野生黄芪抚育沟域和广泛种植基础。

③资源匹配较好，沟域生态、中医药、文化遗产、民俗等资源空间分布较好。

④文化特色优势，沟域中医药文化、白羊暮霭、下林关堡、极乐寺、红色记忆等资源具有强烈的地域特色。

⑤区域环境较好，沟域水系汇集于县城壶流河湿地，县城依水而建，旅游服务所依托的城乡环境较好。

(2)劣势

①野生中药材和传统名医资源尚未发掘、开发和利用。

②中医药养生旅游开发基础薄弱，产品缺乏特色，产业化程度低。

③中医药养生旅游品牌建设能力差。

④基础设施不完善，服务配套设施匮乏。

(3)机会

①国家近期颁布的中医药健康产业、全域旅游等政策有利于沟域旅游产业发展。

②亚健康群体逐年扩大和我国进入老龄化社会，为沟域发展养生养老产业带来广阔市场。

③省、市、县各级政府，立足全域脱贫，重视沟域发展。

(4)威胁

①环境污染影响养生质量，同类产品影响游客选择。

②周边(如蔚县)已开发知名度较高的沟域，与本沟域存在一定的竞争关系，应突出特色、差异发展。

第 14 章　广灵县沟域经济发展战略研究

经济发展战略是指一个国家对于社会和经济发展的全局性、长期性问题的总谋划和总方针。研究和制定城市经济发展战略，有助于在时空两个方面实现资源的优化配置，实现经济的良性循环(宋敏 等，2023；郑玉豪 等，2023)。“沟域经济”就是以山区自然沟域为单位，充分发掘沟域范围内自然景观、历史文化、特色产业等资源，对山、水、林、田、路、村和产业发展进行整体规划、统一打造，力求实现富裕山区农民、城乡统筹发展、生态文明建设的有机统一(于少东 等，2015)。地处恒山东麓的广灵昼夜温差大、光照强，部分山区地带海拔高度达，山区气候独特。推动特色产业与山区生态文明建设、沟域经济、乡村振兴等相结合，是广灵县经济发展战略的正确抉择。

14.1　沟域发展基础

广灵县山川秀丽、风景优美、历史悠久、民风淳朴，素有“塞外江南”之美誉。圣眷峪、白羊峪、长江峪、甸顶山、壶流河湿地、汉白玉石林、古冰川遗迹都是建设的重要支撑；生态文明沟域以绿色发展为统领，建设集成生态涵养、旅游观光、民俗欣赏、高新技术、文化创意、科普教育、康体养生等产业内容，不仅能服务市民、助推山区发展，还能实现农民致富等多重价值。长江峪、白羊峪、圣眷峪，三条沟域空间临近、地缘相接、人缘相亲，地域一体、文化一脉，要在生态环境保护、产业升级转移、交通互联互通上，以系统思维在大视野、大思路、大格局下推进，优化区域三条发展格局。应探索创新生态沟域建设投融资、环境教育、生态补偿等机制，形成生态保护与区域发展相互促进、良性循环的新模式。坚持市场在资源配置中的决定性作用，充分发挥政府的引导作用，调动各类市场主体、社会组织的积极性，拓宽参与渠道，让居民和农民更多分享生态沟域发展红利。

14.2　定位

14.2.1　总体定位

(1)国际长寿旅游目的地城市

以创建“全国深呼吸小城”为基础，建设国际长寿养生目的地城市。广灵县既是深呼吸、大健康的最佳目的地，又是扶贫攻坚、脱贫致富奔小康的主战场。“国际长寿旅游目的城市”建设促进精准扶贫，精准扶贫反哺“国际长寿养生目的地城市”建设。以深呼吸小城创建筑起抗御雾霾、抗御污染、抗御生态破坏的铜墙铁壁，实现广灵县“绿水青山”与“金山银山”同步发展。

(2)全国水生态文明城市

以创建“康养生态沟域”为基础，创建全国水生态文明城市，圣眷峪、白羊峪、长江峪三条沟域汇入壶流河。壶流河属永定河水系，桑干河一级支流，壶流河自西向东，经望狐、南村、壶泉、加斗、蕉山进入河北省蔚县。壶流河在广灵县境内形成了3万亩宝贵的自然湿地，湿地生态系统在维持陆地生物多样性、拯救濒危珍贵物种灭绝和调蓄洪水、防止自然灾害、降解污染物、调节气候、涵养水源等方面发挥着巨大的生态功能。

以水资源可持续利用、水生态体系完整、水生态环境优美、水文化底蕴深厚为主要内容的水生态文明，是生态文明建设的资源基础、重要载体和显著标志。广灵县应全面贯彻落实党的二十大精神和关于“建设美丽中国”的新要求，坚持绿色发展理念，在试点经验的基础上不断巩固、提升试点建设成效，把推进水生态文明建设作为一项战略任务长期抓下去，统筹推进沟域生态水系建设，加快实施节水行动，扎实推进河长制工作，努力为缺水地区提供可复制、可推广的试点建设经验。

14.2.2 功能定位

(1)康体养生示范基地

随着国民生活水平的逐步提高，生活节奏的逐渐加快，同时，又由于工作、环境等各种压力的侵蚀，人们对生活质量和身心健康的关注越来越多，休闲养生已成为时代的热点和潮流。康体养生旅游不仅能均衡四季旅游客流，延长游客停留时间和提高游客重游率，提高旅游经济收入，而且还能丰富消费内容，增强市场活力。通过建设康体养生示范基地，将进一步促进尖端科技与健康产业相融合，促进创新产业与传统养生产业相结合，形成康体＋养生＋休闲＋度假等功能为一体的全产业链。

(2)生态旅游特色基地

生态旅游作为一种绿色消费方式，自世界自然保护联盟1983年首次提出后，迅速普及全球。以满足日益增长的旅游休闲消费需求和生态环境需要为出发点和落脚点，打造独具特色的生态旅游特色基地。重点围绕能成为独立旅游目的地的核心节点，辐射带动特色景点集群发展乡村旅游休闲产业，完善旅游公共服务设施，加强信息互联互通及文化内涵的发掘传播，加快旅游产业转型升级，推进生态旅游特色化、规模化、品牌化、休闲化发展。

(3)文化创意体验基地

传统文化的回归和复古的需求，中式文化受到推崇，越来越多的人开始对中式生活感兴趣。以“培植文化创意企业、转化文化创意成果、发展文化创意产业”为发展目标，以“文化产业化、产业文化化”为发展思路，充分发挥区域文化、历史、气候等方面的资源与人文优势，打造以文化、创意、娱乐、教育、旅游为主体的跨行业、交互式的文化创意体验基地。

14.2.3 空间布局

二城、三谷、二体、三镇。二城，指国际长寿旅游目的地城市、全国水生态文明城市；三谷，指神农仙谷、白桦绿谷和圣眷御谷；二体，指香炉台产城融合综合体、下白羊长寿养生综合体；三镇，指下林关中医药特色小镇、卧羊厂生态休闲特色小镇、上白羊文化体验特色小镇。

第 15 章　沟域国土空间优化与利用路径研究

国土空间是城镇发展、农业发展、生态功能的基本载体，是经济社会高质量发展的物质基础，对于实现区域协调发展、推动经济社会可持续发展和建设生态文明都具有十分重要的意义（焦利民 等，2021；包玉斌 等，2023；刘超 等，2023）。国土空间的优化，就是保护、协调好城镇、农业、生态空间的关系，使其同时满足经济、社会的可持续发展和人民日益增长的美好生活需要，最终实现高质量发展的过程（卢一乾 等，2022；崔海洋 等，2023；王新哲 等，2023）。长江峪、白羊峪、圣眷峪三条沟域处在广灵县壶流河盆地南岸，需合理规划和设计山区沟域开发的强度，在满足一定程度的沟域经济发展的同时，要保护好生态环境，减少人为开发造成的生态安全隐患。在此背景下，探索和建立广灵县沟域国土空间优化的利用路径成为该地区可持续发展的一项重要课题。

15.1　沟域三生空间优化分析

15.1.1　沟域生态敏感性分析

土地生态重要性区域是土地生态系统中的一部分，具有丰富的生物资源，是物种多样性的中心区域，景观结构较为稳定，对于人类和自然所产生的干扰其敏感程度较高，对保护和维持整个区域的土地安全状况具有非常重要的作用。

(1)指标体系建立

合理地选取评价因子是进行空间重要性识别的前提。作为衡量广灵县沟域生态重要性识别的指标体系，要综合考虑众多因素的影响，除了遵循科学性等普遍原则以外，还应该遵循以下原则。

①反映研究区生态环境问题。生态重要性是社会、人类、自然等众多因素影响的结果。广灵县主要面临的是生态环境的水资源、生物多样性问题。因此，在进行指标体系选取时，一定要以研究区的实际情况为出发点构建指标体系。

②可操作性原则。在指标选取的过程中，一定要考虑指标是否具有可测性、能否被量化等一系列可操作性因素；还要考虑数据是否能够搜集得到，到目前为止很多的重要性指标难以进行量化，可以适当地考虑定性分析。

③代表性综合性原则。根据研究需要，所选取的不同指标因子，需要在不同的方面具有代表性，同时还要避免不同指标之间的重复性，需要从不同方面进行综合筛选考量。

④相对稳定原则。在选取研究相关的指标时，需要考虑不同指标的相对变化情况，以免对研究结果产生影响。生态重要性识别指标体系的选择主要是根据其内涵，并参照国内外关于生态重要性识别的研究，在以上原则的基础上，结合广灵县的实际情况，选取广灵县生态重要性空间识别指标。通过实地调研，分析得出以下结论：基于广灵县的实际情况，考虑到数据获

取和处理的难易程度，参考国内外主要研究成果以及专家意见，从生物多样性、地质灾害、干扰敏感度三个方面选取指标进行生态重要性识别(表 15-1)。

表 15-1　生态重要性空间识别指标及权重

目标层	准则层	指标层	极重要关键地段	重要关键地段	较重要关键地段	一般地段	不敏感地段
生态重要性空间识别	生物多样性	植被覆盖度/%	80～100	50～80	20～50	2～20	
	地质灾害	土地利用类型	有林地、灌木林地	其他林地、草地、园地、水域	耕地	建设用地、未利用地	
	干扰敏感度	坡度/°	≥25	15～25	8～15	5～8	<5
		高程/米	<200	200～300	300～400	≥400	

(2)识别因子分析与处理

①植被覆盖度能够反映广灵县沟域相关生态气候以及水文生态变化的参数，是描述生态系统的重要基础数据。作为重要的控制因素，植被覆盖度可以反映植被蒸腾、土壤蒸发和光合作用过程损失，在很大程度上表征广灵县沟域的水土流失、土地退化、土壤盐渍化以及沙漠化强度。该指标是正向指标，其值越大即表明评价区域生态系统恢复能力越强，是整个生态系统的关键生态因子。

②不同土地利用类型对于区域生态环境状况具有不同的作用，在我国土地分类系统中，对生态环境状况起正向作用的包括农用地中的耕地、林地、园地、牧草地，广灵县土地利用结构变化影响生态系统所提供的服务大小和种类，因此，将广灵县不同土地利用类型进行等级划分与赋值，定量化体现出土地利用类型对生态环境的效应。

③地形地质指标层包括三个要素层，其中，高程和坡度是自然条件，高程越高、坡度越大的区域，生态越脆弱，敏感性越强，因此，将其定位为高敏感区，随着高程和坡度的降低，生态脆弱性降低，生态空间敏感性降低(图 15-1 至图 15-5(彩))。

图 15-1　植被覆盖度生态敏感重要性等级分布

图 15-2　现状地类生态敏感重要性等级分布

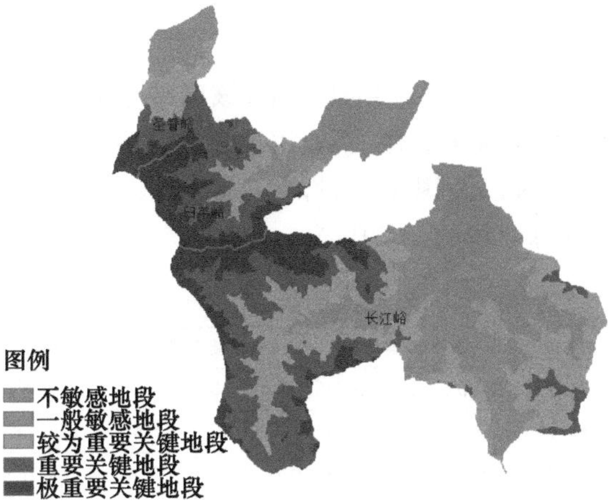

图 15-3　高程生态敏感重要性等级分布

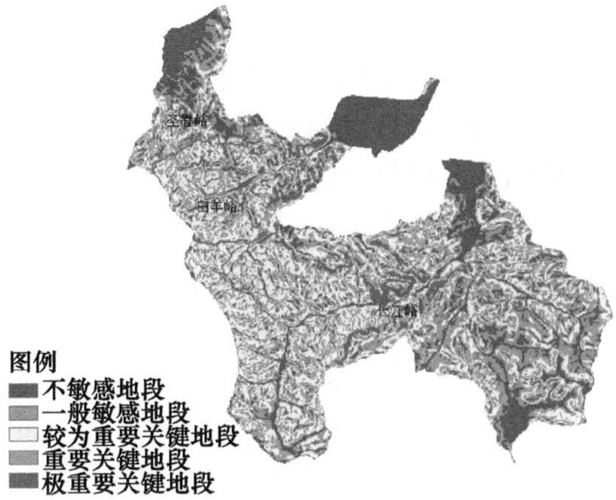

图 15-4　坡度生态敏感重要性等级分布

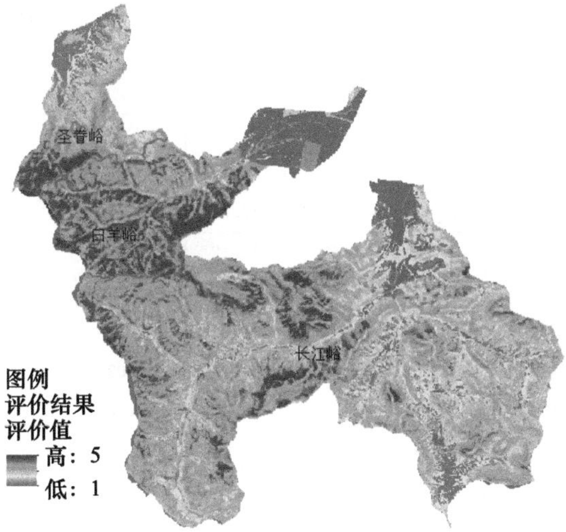

图 15-5　生态敏感性评价结果分布图

(3)评价结果

广灵县三条沟域生态敏感性评价结果如表 15-2 所示。

极重要关键地段是生物多样性丰富的地区，人类的干扰较少，所以生态系统较为稳定，主要分布在丰水岭村、史家坪村、上白羊村、下麻黄沟村、卧羊厂村、山神庙村等区域，占区域总面积的 27.08%。是区域内重要的生态敏感区域。

重要关键地段位于极重要关键地段外围的缓冲区域内，该区域是生物多样性保护及河流水系保护的重要生态缓冲带。在这些地方，生态环境脆弱、结构不够稳定，干扰更为明显。因此，有必要考虑生态系统退化对该地区带来严重破坏的可能性。该区域是生态风险防范的重点地区，要建立生态走廊，在此区域内，保护重要的关键领域和不同地区之间的可达性。该区域占总面积的 34.16%。

较重要关键地段主要以耕地系统为主，主要分布在国家眷村、榆沟村等区域，占总面积的

20.32%。生态较重要的地段要以生态保护为主，并且合理利用土地，使其发挥重要的作用，加大绿色经济和绿色产业的引入。

一般地段和不敏感地段主要以现状建设用地以及设施农业用地为主，该区域生态系统较为简单，生物多样性较低，适宜沟域未来优化开发，用于城镇居住、企业用地建设及旅游设施用地。该区域主要分布在下白羊村、香炉台村、狼虎坪村以及国家眷村，共占总面积的 18.44%(其中，一般地段占总面积的 8.65%，不敏感地段占总面积的 9.79%)。

表 15-2 生态敏感性评价结果汇总表

行政村	不敏感地段		一般敏感地段		较重要关键地段		重要关键地段		极重要关键地段		总面积/公顷
	面积/公顷	占比/%	面积/公顷	占比/%	面积/公顷	占比/%	面积/公顷	占比/%	面积/公顷	占比/%	
闯道坡村	32.5953	14.40	32.1442	14.20	110.6919	48.90	47.1723	20.84	3.7533	1.66	226.3570
坟台沟村	1.7618	0.36	48.6675	9.97	77.9233	15.96	283.5927	58.09	76.2437	15.62	488.1889
丰水岭村	1.9580	0.79	1.3056	0.54	23.8534	9.80	87.5827	35.98	128.7512	52.89	243.4509
国家眷村	127.6069	14.09	85.9930	9.49	261.5008	28.87	212.9376	23.51	217.7674	24.04	905.8056
海子村	3.6951	4.38	7.5011	8.89	23.0160	27.27	43.1105	51.07	7.0852	8.39	84.4078
黑土洼村	100.2923	74.47	31.3379	23.27	1.2712	0.94	1.0514	0.78	0.7323	0.54	134.6851
狼虎坪村	168.7079	18.44	126.4017	13.82	287.1691	31.40	273.9516	29.96	58.3060	6.38	914.5364
林关东庄村	155.8167	69.88	17.4930	7.85	37.3910	16.77	12.2639	5.50	0	0	222.9646
林关南庄村	55.4028	52.46	7.9994	7.58	15.6543	14.83	23.8594	22.60	2.6754	2.53	105.5913
林关西庄村	28.2019	100.00	0	0	0	0	0	0	0	0	28.2019
南寒水村	0	0	57.7407	18.00	53.3760	16.64	185.7550	57.90	23.9248	7.46	320.7965
念草沟村	2.6315	0.59	34.0444	7.71	53.5612	12.12	223.5558	50.60	128.0209	28.98	441.8136
聂家沟村	0	0	0	0	5.3572	93.36	0.3813	6.64	0	0	5.7385
莎泉西堡村	27.2987	64.37	7.1070	16.76	6.5053	15.34	1.4978	3.53	0	0	42.4088
山神庙村	5.0824	0.67	21.9107	2.91	77.5073	10.28	266.8927	35.42	382.2070	50.72	753.6001
上白羊村	93.2386	12.59	43.8083	5.91	48.2311	6.51	179.2661	24.19	376.4707	50.80	741.0148
上林关村	219.5643	21.46	120.8964	11.81	235.5748	23.01	289.1295	28.24	158.4989	15.48	1023.6639
上寺村	8.3487	0.60	62.0160	4.48	225.0208	16.24	659.2068	47.58	430.9305	31.10	1385.5228
史家坪村	4.6734	0.18	169.1050	6.48	105.0003	4.02	697.4237	26.72	1634.1693	62.60	2610.3717
添涧村	22.2918	2.18	107.4494	10.49	366.2048	35.76	435.4630	42.52	92.7308	9.05	1024.1399
望狐村	98.6665	35.63	19.0069	6.86	116.0570	41.91	42.5431	15.36	0.6712	0.24	276.9446
卧羊厂村	0.7189	0.20	4.1316	1.14	22.0908	6.12	159.0026	44.02	175.2597	48.52	361.2036
下白羊村	275.0774	85.86	30.3313	9.47	14.9595	4.67	0	0	0	0	320.3682
下麻黄沟村	3.9370	0.31	40.3495	3.13	138.0095	10.72	587.7114	45.64	517.7377	40.20	1287.7451
香炉台村	100.6266	9.39	89.0502	8.31	207.9599	19.41	337.1161	31.46	336.7894	31.43	1071.5423
晏子村	53.1306	5.82	130.2993	14.26	303.3766	33.20	339.5964	37.16	87.3670	9.56	913.7700
榆沟村	31.0268	4.12	60.6875	8.05	355.7320	47.19	261.4539	34.68	44.9366	5.96	753.8368
翟子沟村	6.8525	1.08	77.9321	12.32	286.8457	45.34	248.0246	39.20	13.0644	2.06	632.7193
张家洼村	68.8054	62.78	40.7883	37.22	0	0	0	0	0	0	109.5938
周图寺村	19.5131	3.11	98.3572	15.69	253.2111	40.38	227.5410	36.29	28.3747	4.53	626.9971
庄头村	129.0942	88.09	11.3432	7.74	6.1149	4.17	0	0	0	0	146.5523
庄子沟村	2.8617	0.46	49.4699	7.89	106.3981	16.98	291.0491	46.44	176.9082	28.23	626.6871
总计	1852.1598	9.79	1635.0912	8.65	3842.4827	20.32	6458.8518	34.16	5121.0390	27.08	18909.6245

15.1.2　三生空间存在的问题分析

(1)三生空间现状

三条沟域大量未利用地(裸地、其他草地[①]),面积占全域总面积的 64%,虽然具有重要的生态价值,但生态功能弱化,不仅没有发挥生态功能,而且影响整体生态景观和环境,需要投入大量的人力、财力,开展植被恢复以及生态再造,使其成为真正的生态空间。

三条沟域内能够发挥生态功能的主要为灌木林地、有林地、河流水面等区域,占全域总面积的 18%,面积较小。生产空间主要包括耕地、园地、工矿用地等,占总面积的 17%,而生活空间约占全域总面积的 1%。三条沟域三生空间(生产空间、生活空间、生态空间)总体呈现出生活空间小、生态空间和生产空间面积相当的特点。区域常住人口 9417 人,所需生活空间小(图 15-6(彩))。

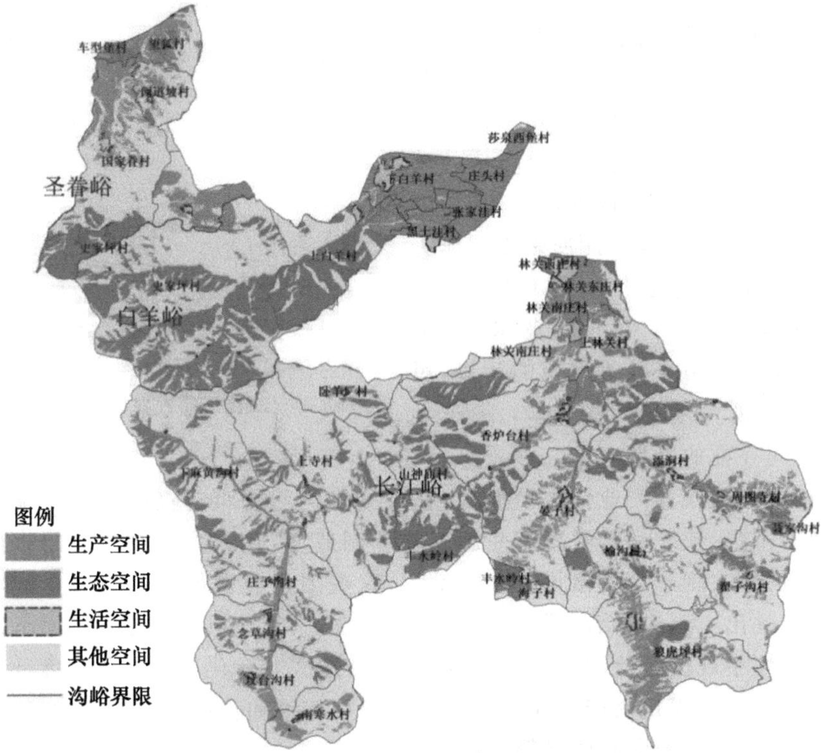

图 15-6　三生空间分布图

(2)生活空间存在的问题

①基础设施落后,生活生产条件差。农村的房舍、街道建设缺乏规划,散乱无序;通行条件差,给农民的生产生活带来诸多不便;缺少配套的公共设施,加上农民的不良生活习惯,垃圾污染严重。农民迫切希望加强乡村道路建设,提高管理水平,实现"公交村村通";迫切希望提高饮水质量,喝上清洁卫生的自来水;迫切希望加强农村河道疏浚、农村清洁能源、农村改厕、村庄环境整治等。

---

① 其他草地是指树木郁闭度<0.1,表层为土质,生产草本植物为主,不用于畜牧业的草地,基本可归为未利用地。

②农村宅基地闲置、浪费、凋敝问题严重。存在大量“有宅无房、有房无人、外实内空”的闲置凋敝宅基地。一是外出经商、务工人员多，导致宅基地闲置凋敝。不少宅基地长年无人居住，破败凋零者居多，亟待进行整治和盘活利用。二是偏远、人少的自然村庄多，导致宅基地闲置凋敝。村庄大量的宅基地已人去屋空，闲置凋敝者居多，且剩余部分住户迫切要求搬离。三是“一户多宅”，导致宅基地闲置凋敝。虽然农村常住人口在不断减少，但宅基地面积不减反增，建新不拆旧、“一户多宅”是其重要原因，其后果就是闲置凋敝宅基地的大量产生。农村宅基地问题不仅日益影响着农村人居环境和面貌，而且造成了大量的土地资产浪费，亟待进行整治和盘活利用。

③房屋建筑传统，居住质量整体不高。除城区建筑住房有统一规定和质量标准要求外，沟域内农村房屋建筑都缺乏整体规划和可参照建筑质量标准，往往根据宅基地朝向和自己的喜好进行修建，布局较乱。抗阴雨、地震等自然灾害能力差，美观性和建筑质量都有待提高。生活垃圾、建筑垃圾露天堆放较多，房屋周边乱搭、乱建、乱堆现象严重，个别试点村虽修建了垃圾中转站，但村民自觉性较差，清运垃圾过多依赖于政府集中整治，清运时也是拉送到沟渠地带，随意堆积，给临近河渠带来污染。厕所多以旱厕为主，就地挖坑，夏季蚊蝇到处乱飞，很不卫生。部分村庄养殖大棚建设在村子中间，畜禽粪便给地表水、地下水以及大气带来较为严重的污染，对农民群众健康造成更大的威胁(图 15-7)。

图 15-7 长江峪农村居住区环境典型照片

(3)生产空间存在的问题

①农业基础薄弱，农业产业化水平极低，农民增收仍然困难。农业基础设施极不完善，抵御自然灾害能力不强，缺乏品牌农副产品加工业和制造业，缺乏大型农产品销售市场，制约着农产品的销售，使得农副产品价格提升空间不大，这些因素极大地制约着农业的增产、农民的增收。仍然没有跳出小规模、低水平、传统粗放生产方式，农业机械化作业水平低，生产效率低下。细碎化的土地小规模经营和兼业化的养殖方式，造成专业化和标准化程度低，农产品产量低、质量次，无法满足规模化农产品加工业对成片规划种植和养殖基地的需求。

②地形地貌复杂，土地资源质量等制约要素多。广大欠发达地区多分布在山地丘陵地带，由于这些地区地形地貌复杂，加之传统农业人畜耕作方式，再加上以家庭为单位的小规模经营，造成了土地利用的严重碎片化。土地利用碎片化是和规模化经营严重相悖的土地利用格局，它使农村土地利用效率低下、农村人力资源利用低效和农业经营成本升高，从而限制了农业规模化和现代化的推进。这些地区的耕地资源普遍存在两大难题：一是水旱灾害频繁、水土流失严重，耕作土壤极易受侵蚀，长期如此，加重了土地的贫瘠程度；二是大部分坡耕地为望天田，灌溉水源和水利设施均较差，灌溉保证率低。此外，在部分人地矛盾突出的欠发达农村，地尽其用的思想更为严重，耕地利用率高，使得宜耕地地力下降，如此循环，导致土地质量更差，粮食产量长期徘徊在较低的水平。地形地貌复杂，土地利用碎片化严重以及土地资源自然禀赋差，土地质量低，使得资本和技术要素的发挥受到制约，难以支撑现代农业的发展。

③产业发展与资本驱动存在不足。产业发展的受限直接制约区域经济的发展，推进农村

产业发展是实现农村经济结构转型升级的重要途径，也是增加农民收入的重要方式，同时能够提高土地等各资源要素的利用效率。资本的匮乏是发展农村产业的瓶颈，资本的驱动力不足主要由以下方面导致：第一，产业链的不完善。农村产业发展涉及种植、养殖、深加工和市场运营等多条线，产业链的形成依托于完善的基础设施和规模化的产业用地。然而，欠发达地区的县、乡财政困难和支出结构不合理并存，导致农村水利、道路等基础设施因财政投入而短缺，同时，在农村集体经营性建设用地入市的改革中也发现农村产业用地的获取存在一定困难，这使得农村难以形成完善的产业链，产业生产效率和投资收益都受到制约。第二，企业融资的困境和金融系统支持的风险。投资企业在欠发达地区农村基础建设条件不足的情况下，各生产要素的投入都要从基础做起，需要大量的资金，但产业的未来发展潜力和收益都难以预料，融资的成本和数量均不占优势。第三，投资环境的不确定。企业对经济欠发达地区农村产业的投资需要地方政府的密切配合，而在部分地方政府的产业承接过程中，不稳定持续的扶持政策和频频出现的"笑脸招商，关门打狗"现象仍不可忽视。这类地方政府的短视行为势必造成企业成本的上升，不免使未进入农村产业投资的企业产生对投资环境的质疑，甚至使得已进入地区投资的企业对地方政府失信而再次转移撤离，这均削弱了资本流入的驱动力。

④适应市场经济发展要求的基础配套设施落后。基础设施是支撑一个地区社会和经济发展的重要物质基础。与发达地区完善的基础设施配套形成鲜明对比的是，我国广大欠发达地区的农村在基础设施建设方面严重滞后，突出表现在三方面：一是关系农业生产的基础设施供给不足，二是关系农村生态的基础设施供给滞后，三是关系农民生活的基础设施供给短缺。这些基础设施配套的落后现状已成为当前制约欠发达地区现代农业发展、新农村建设和农民增收的重要问题。在农业生产的基础设施方面，虽然近些年国家对大型农业水利建设投入了较多资金，但自税费改革后农村小型农田水利建设欠账较多，新的水利设施供给不足，而老的水利设施又经久失修，这无疑在加剧农业生产风险的同时也制约了农业规模经营发展；在农村生态的基础设施方面，由于欠发达地区教育、农业科技推广等基础设施建设相对滞后，以及农业生产技术落后，导致农业生产方式粗放，浪费严重，一些地区的生态环境持续恶化；在农民生活的基础设施方面，广大欠发达地区的农村路网和运输服务体系起点还很低，覆盖能力和技术状况方面都面临着相当大的压力，特别是西部山区的不少乡村甚至至今尚未通公路。这些问题既制约农村本身的发展，也影响了农业生产及其对整个社会经济发展的支撑，更拉大了城乡一体化发展的距离。

(4)生态空间存在的问题

①风力发电项目对山区的植被造成了破坏，加上企业不注意维护，使当地本来就脆弱的生态环境雪上加霜。

②生态经济发展滞后：该区域是广灵县典型的土石山区，生态环境相对较好，白羊峪更是南壶森林公园五大景区之一，山、水、林有机结合的自然风景区，峡谷两侧翠峰叠嶂，山林浑然一体。

③土地利用类型以其他草地为主，占全域总面积的 64%，生态环境敏感、脆弱，生态保持、建设任务艰巨。

15.1.3　沟域三生空间优化

(1)优化原则

①按照促进生产空间集约高效、生活空间宜居适度、生态空间山清水秀的总体要求，调整

国土空间结构，保证生活空间，扩大绿色生态空间，保持农业生产空间，控制城市建设空间和工矿建设空间增长速度，使绝大部分国土空间成为保障生态安全和农产品安全的空间，形成生产、生活、生态空间的合理结构。

②按照严守底线、调整结构、深化改革的思路，严控总量、盘活存量、优化结构、提升效率，切实提高城镇建设用地集约化程度。各类开发活动要以不断提高空间利用效率为宗旨，充分利用现有的建设空间，城镇化地区要依托现有城市集中布局、据点式开发，各类开发区要最大可能地提高容积率，交通建设要尽可能利用现有基础扩能改造。

③按照建设资源节约型社会的要求，推动利用方式的根本转变，大幅降低能源、矿产、水、土地等消耗强度，尽可能减少对自然的干扰和损害。大力发展循环经济，推动现代服务业和新能源、新材料、节能环保等高科技产业的快速发展；支持低碳产业，促进煤炭资源的低碳化利用，有序推进“四气”产业一体化、集约化发展，推进基础设施的低碳化建设，促进生产、流通、消费过程的减量化、再利用、资源化。

④坚持生态文明，以水土资源承载能力和环境容量为基础，划定生态红线，并制定相应的环境标准和环境政策，科学有度有序开发。加强原始自然生态的保护，把保护河流、湿地、林地和草地放到与保护耕地同等重要的位置，严格控制地下水超采。各类开发活动必须把提供生态产品作为发展的重要内容，把增强生态产品生产能力作为国土空间开发的重要任务；要坚持生态优先、环境先行，从事后治理向事前保护、事中监护、事后修复过渡。

(2)优化技术路线

利用地理信息系统空间分析技术，对城镇建设空间、农业和农村发展空间、禁止开发区、重要(点)生态功能区、生态环境脆弱区(敏感区)等不同类型的区域进行图层叠加，初步形成包含各类空间的分布图。最终在定量分析的基础上，结合定性的有力判别，得出广灵县的“三生”空间格局。具体技术路线如图 15-8 所示。

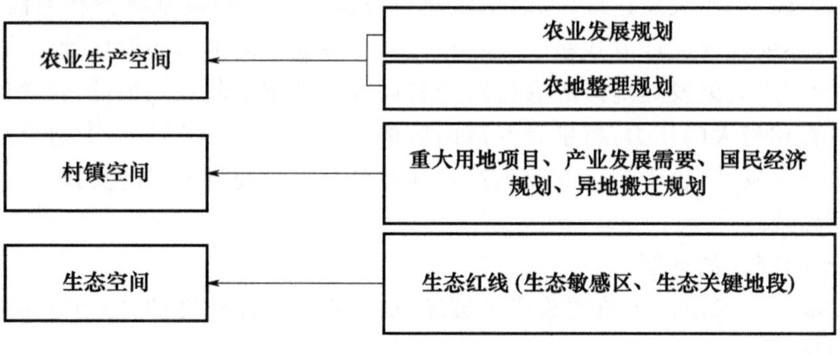

图 15-8　三生空间优化技术路线

(3)优化路径

①生活空间优化路径。村居民点用地整理潜力较大，按照新农村建设和城乡建设用地增减挂钩要求，依据村庄规划，本着尊重民意、改善民生、因地制宜、循序渐进的原则，对重点“空心村”、废旧宅基地、废旧工矿用地进行集中整治，拓展城镇发展空间。在长江峪南寒水村、坟台沟村、念草沟村、庄子沟村、下麻黄沟村、上寺村、卧羊厂村、山神庙村、晏子村、榆沟村、狼虎坪村、翟子沟村、添涧村、周图寺村共整理居民点、工矿废弃地 60.58 公顷，补充耕地 60.58 公顷；在白羊峪史家坪村、上白羊村、黑土洼村共整理农村居民点用地 22.71 公顷；在圣眷峪闯道

坡村、史家坪村共整理农村居民点用地 8.69 公顷(表 15-3 和图 15-9)。

按照人均 30 平方米进行安置区建设,长江峪可整理农村建设用地 60.58 公顷,建新区 4.845 公顷,占用耕地 2.000 公顷,可结余建设用地指标 58.58 公顷。结余指标三大沟域统筹调剂。

表 15-3　广灵县三条沟域增减挂钩规划表

沟域	拆旧区						安置区		
	所涉村庄	待复垦面积/公顷			常住人口/人	拟复垦耕地/公顷	安置区域	拟占面积/公顷	占用耕地/公顷
		合计	农村居民点	工矿废弃地					
长江峪	南寒水村	2.49	2.49		70	2.49	香炉台村	4.845	2.000
	坟台沟村	3.23	3.23		123	3.23			
	念草沟村	3.24	3.24		150	3.24			
	庄子沟村	2.74	2.74		158	2.74			
	下麻黄沟村	5.35	3.64	1.71	97	5.35			
	上寺村	3.66	3.58	0.08	140	3.66			
	卧羊厂村	3.25	3.25		20	3.25			
	山神庙村	1.12	1.12		38	1.12			
	晏子村	6.67	6.67		96	6.67			
	榆沟村	3.70	3.70		20	3.70			
	狼虎坪村	12.44	12.44		187	12.44			
	翟子沟村	2.98	2.98		95	2.98			
	添涧村	5.81	5.81		267	5.81			
	周图寺村	3.90	3.90		154	3.90			
	小计	60.58	58.79	1.79	1615	60.58		4.845	2.000
白羊峪	史家坪村	2.09	2.09		65	2.09	下白羊村	2.385	2.385
	上白羊村	8.53	8.53		310	8.53			
	黑土洼村	12.09	12.09		420	12.09			
	小计	22.71	22.71		795	22.71		2.385	2.385
圣眷峪	闯道坡村	3.58	3.58		267	3.58	国家眷村	1.170	1.170
	史家坪村	5.11	5.11		123	5.11			
	小计	8.69	8.69		390	8.69		1.170	1.170
合计		91.98	90.19	1.79	2800	91.98		8.400	5.555

大量闲置凋敝宅基地的出现,一方面,浪费了宝贵的土地资源,阻碍了农村经济发展;另一方面,加剧了违法用地,影响了美丽乡村建设。因此,为盘活农村闲置土地资产、增加农民财产性收入、推进新农村建设,以村庄建设和采煤沉陷区综合治理为突破口,以城乡建设用地增减挂钩机制为主要抓手,对空心村、无人村的闲置凋敝宅基地进行复垦整治和调整利用,引导和吸引农户向城镇和中心村集聚,有效盘活农村土地资产、增加农民收入、改善人居环境、促进经济发展、助推乡村振兴。其利用路径,一是储备、开发、复垦,二是调整为建设用地,进行项目建设(图 15-10 和图 15-11)。

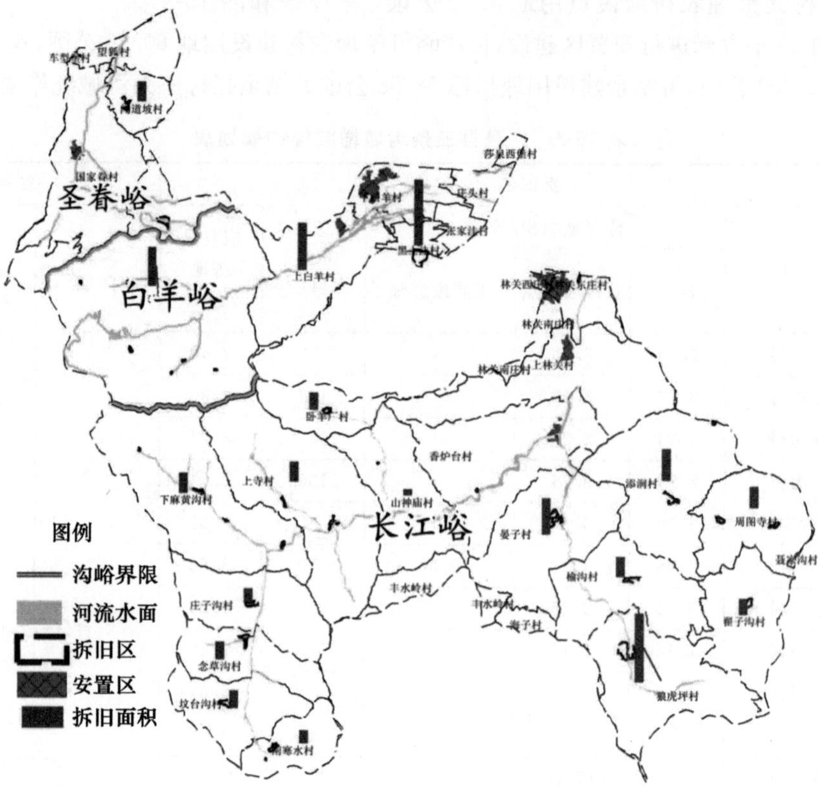

图 15-9　农村建设用地整治(增减挂钩)分布图

在储备、开发、复垦过程中,按照“宜耕则耕、宜林则林、宜草则草”的原则,实现新增耕地的综合利用。一是将村内拆出的零散地块作为宅基地,解决群众新建住房宅基地问题,让老百姓共享闲置凋敝宅基地整治的政策红利;二是对村外拆出的、位于重点路段和村庄的零散地块,建设绿化节点公园,改善群众生活环境;三是对集中连片的地块开展土地增减挂钩进行复垦,新增耕地全部确权为集体机动地,既可发展规模农林业,也可承包给群众耕种,增加村集体收入。

在用于项目建设的地块上,则是按照“宜建则建”的原则,将闲置凋敝宅基地进行整治,经批准后调整为其他集体建设用地,或征收为国有建设用地,就地进行项目建设。整治后的集体建设用地可采用入股、联营等方式合作经营,征收的国有建设用地采用出让、租赁等方式利用,重点支持城镇化建设、新农村建设、移民搬迁、休闲旅游养老建设等。

争取山西省闲置凋敝宅基地整治盘活利用试点区域,结合试点开展闲置宅基地开发利用①。

① 2017 年 4 月 27 日,山西省省长办公会议通过了《山西省闲置凋敝宅基地整治盘活利用试点工作方案》,决定在晋源区、长子县、泽州县、代县和右玉县开展闲置凋敝宅基地整治盘活利用试点工作,旨在盘活农村闲置土地资产、改善农村人居环境、增加农民财产性收入,为日后在全省范围内推动闲置凋敝宅基地整治盘活利用提供实践经验和制度支撑。

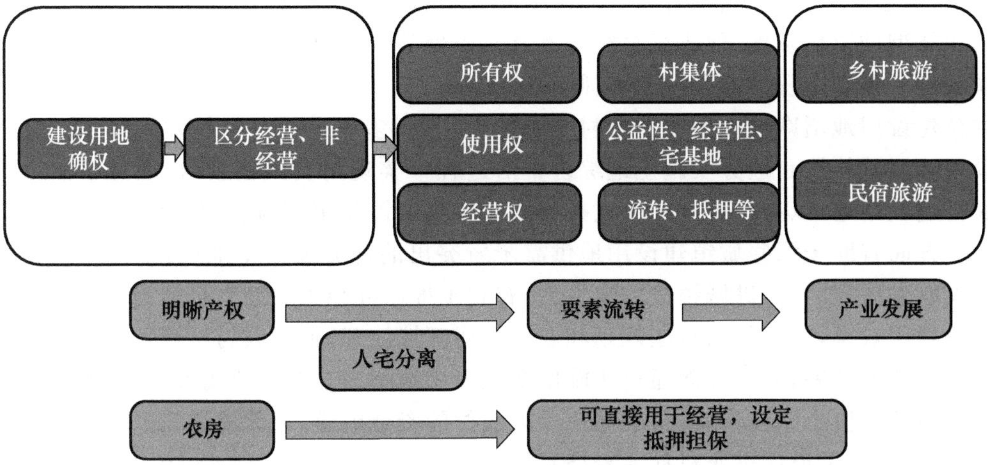

图 15-10　建设用地产权流转、产业发展与融资路径

图 15-11　长江峪典型农村居民点用地

（近处为新建农村居民点用地，远处为凋敝、置的宅基地，造成农村建设用地的严重浪费）

②生产空间优化路径

“三权分置”为土地流转、规模经营、产业化经营奠定制度基础。“三权分置”是新一轮农村土地制度改革的重要一步。这一制度安排，坚持了土地集体所有权，稳定了农户承包权，放活了土地经营权，维护集体土地所有者权益，保护农户的承包权益，又能够放活土地经营权，解决了土地要素优化配置的问题；既可以适应二、三产业快速发展的需要，让农村劳动力放心转移就业、放心流转土地，又能够促进土地规模经营的形成，为引导土地经营权有序流转、发展农业适度规模经营、推动现代农业发展奠定了制度基础，是我国农村土地产权制度改革的必然趋势。

实施农村土地综合整治有利于改善土地利用条件，提升土地利用效率。当前，农村土地综合整治已作为国家战略被广泛开展，实施农村土地综合整治是改善农村生产、生活条件和生态环境，提升土地利用效率，促进农业规模经营、人口集中居住、产业聚集发展，推进城乡一体化进程的一项系统工程。通过土地整治解决农田基础设施不足，满足现代规模农业、智能农业发展的要求;通过农村土地综合整治,全面改变农村散乱、闲置、低效利用状况,推动美丽宜居乡村建设和新型城镇化发展,促进城乡统筹发展。土地整治是促进现代农业发展的有效载体,也是推动城乡一体化进程的重要动力和抓手。

城乡建设用地增减挂钩为改造农村闲置建设用地、多渠道促进农村发展提供了途径。城乡建设用地增减挂钩是地方实施土地综合整治过程中实现的实践创新,将通过整治节约的少部分农村建设用地,以指标调剂的方式按规划调整到城镇使用,并在此基础上实施结余指标交易。这一方面有助于那些城镇建设用地供需矛盾突出的地方突破土地瓶颈,为地方经济和城镇建设争取发展空间,促进城镇进一步发展,有利于推进社会主义新农村建设,优化土地结构,提高土地利用效率,便于加强村庄规划和农民人居环境治理,加速农村城镇化、现代化进程,进而影响城乡统筹发展;另一方面通过实施城乡建设用地增减挂钩节余指标交易,为破解土地整治资金“瓶颈”提供思路和借鉴,拓展城市反哺农村的资金渠道,为促进城乡经济社会协调发展发挥积极作用,多渠道促进农村社会经济发展。

我国区域经济水平及自然环境条件存在空间差异和农业的多形态特性,因此,农业经营规模的实现路径是多种多样的。不同地区、不同阶段、不同资源禀赋、不同生产经营性质、不同的种养品种所对应的最佳实现路径均不相同。虽然目前部分农业经营模式暂不宜在欠发达地区广泛推广,但并不意味着经济欠发达地区缺乏农业经营模式的优化路径。根据当前欠发达地区的实践探索,除存在家庭适度规模经营模式和“公司+农户”模式外,还有“旅游相关产业+农户”模式、互换并地模式以及部分环节的规模经营模式等。

家庭适度规模经营模式有别于普通小农户生产,是指以家庭成员为主要劳动力,从事农业规模化、集约化、商品化生产经营,并以农业收入为家庭主要收入来源的农业经营模式。一般来讲,农业生产是自然过程与社会过程的结合,很难进行标准化的劳动考评,因此,适合家庭经营。从国际经验看,家庭经营依然是最普遍的农业经营形式,而着眼我国,人多地少、小农户分散经营的生产方式还没有根本改变,农民合作社发展还处于起步阶段,因此,通过承包地在农户之间的流转,发展家庭适度规模经营将是优化我国欠发达地区农业经营方式的有效途径。当前,家庭适度规模经营的典型模式就是家庭农场,研究发现,家庭农场作为家庭经营能够很好地适用农业生产的自然属性和社会属性,通过非正式规范产生内部自我激励性,最大程度地减少决策管理和劳动监督成本,从而有效地提升农业劳动生产率。此外,家庭农场在提高家庭收入水平的同时,还能在一定程度上缓解欠发达地区空巢老人和留守儿童等社会问题,从而维护农村社会稳定。

“公司+农户”模式是指企业与农户达成协议,双方分工合作,公司主要负责产前生产资料的提供、产中的技术指导和产后农产品的流通和加工以及销售,农户则主要负责农产品生产与培育的经营模式。“公司+农户”模式之所以能够在我国得到认同和采纳,是因为它能在一定程度上有效地解决欠发达地区农户分散经营与“大市场”衔接之间的矛盾。同时,该模式建立了一种企业与农户之间的利益联结机制,既通过底价收购保障了农户稳定增收,又通过农户自我激励机制解决了农户出工不出力的“搭便车”现象,有效地提升了农业生产经营效率。但是这种模式的有效运行需要两个保障机制:其一,政府应履行管理监督职责,并建立风险防范机制和违约惩戒机制,防止公司违约侵犯农民利益;其二,应充分发挥集体组织的组织协调作用,健全的集体组织能够平衡各方之间不对称的谈判能力并降低交易成本。此外,当农户为适度规模的家庭农场时,这种模式的收益效果往往更好。

“旅游相关产业＋农户”模式是指在旅游开发区依托当地旅游资源开展旅游相关产业的农户经营模式。研究发现，从事旅游业相关产业农户经营的种类包括小型农家乐、乡村旅馆、小餐馆、小型超市或日杂店等，缺乏具有本地特色的土特产品店以及较大型、综合性较强的农家乐，这使得能够吸引旅客驻足消费的亮点很少。因此，为了使农户从该模式中获得更高、更稳定的收入，建议引导农户合作经营较大型的旅游零售业或农家乐，或者开发能够有效避免旅游单一性和观赏时期短等弊端的综合旅游项目，选择该种模式的农户就要选择种植节省人力和物力的大田作物、应季蔬菜或多年生林果作物，耕种时选择少施化肥或只施绿肥的耕作方式。

互换并地模式是指农户为了方便耕种，将原来的小块破碎耕地变成大块规范耕地，并合理调整土地权属，从而实现集约化经营的模式。截至 2015 年，全国通过互换方式流转土地面积达 2407.2 万亩，占流转总面积的 5.4％。近年来，随着农村交通、水利等基础条件改善，地力差异逐步缩小，部分欠发达地区农民通过互换改善耕作条件的愿望日益增强，并结合土地整治工程探索互换并地经营模式。比较典型的案例有广西壮族自治区崇左市的“小块并大块”模式。实践证明，土地整合“小块并大块”虽然只是对我国第二轮土地承包的技术性调整，但这种以农户为单位的土地经营权集约化调整，将分散地块进行整合，不仅在操作上是可行的，而且在提高农业生产管理水平、推动农村土地承包经营权流转和解放农村劳动力等方面取得了明显成效。但也应注意，对于农民互换并地意愿不强、土地整治工程难度较大以及区域耕地质量差异显著的地区，该模式尚具有一定的限制性。

部分环节的规模经营模式是指在不扩大现有经营规模的情况下，依托专业合作社和集体经济组织、农业协会等社会化组织，实现农资供应、病虫害防治、技术改进、土地托管、农产品销售等方面统一服务的生产经营模式。这种经营模式解决了一家一户办不了的事情，在一定区域内实现了专业化、标准化、规模化生产经营，降低了生产成本，提高了土地产出率，促进了农民增收。虽然该模式并没有解决农户经营规模小、兼业化经营的问题，但在一定程度上降低了农业生产成本，提高了农业生产效率，因此，比较适合现阶段土地流转市场发育比较滞后的地区（图 15-12）。

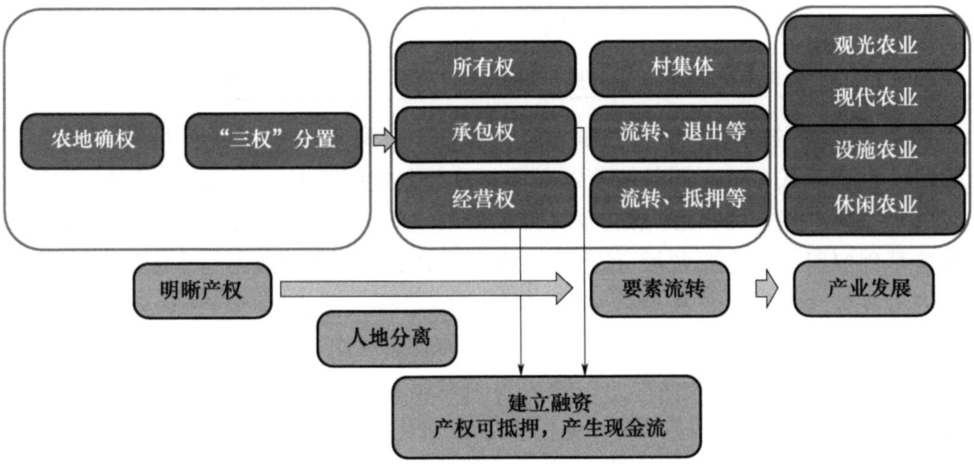

图 15-12　农地产权流转、产业发展与融资路径

（4）优化结果

三生空间的优化结果（图 15-13（彩））、空间构成（表 15-4）如下。

图 15-13　三生空间优化结果图

表 15-4　生产、生活、生态三类空间构成

空间类型		用地类型表征
传统三生空间	生产空间	包括传统农业生产的耕地、园地以及旅游产业用地(旅游设施、停车场所等)和其他产业用地(如工矿用地)
	生活空间	包括满足本地社区需要的普通住宅用地和公共服务设施用地等
	生态空间	村落外部生态环境用地,如有林地、灌木林地、滩涂等
新型复合空间	生产—生活复合空间	重点包括在现有普通住宅基础上,以家庭为单位发展起来的旅游餐饮用地、旅游购物用地、旅游娱乐用地、旅游住宿用地等
	生产—生态复合空间	以现有生态用地为基础,被用于旅游活动的水体、林地、灌木林地等

①生活空间中的公共空间扩展和重建。同其他乡村聚落一样,目前乡村社会变迁中村落公共空间的演变呈现正式公共空间趋于萎缩而非正式公共空间日益凸现的大致趋势。对于旅游乡村聚落应以“乡村性”保护为核心,推进乡村特色公共空间的重塑更是其增强吸引力、实现可持续发展的重要基础要素。这主要包括,扩大乡村聚落区内的人们(包括当地社区和旅游者)可以自由进入并进行各种交流的公共场所,如乡村聚落寺庙、戏台、祠堂、集市等,以及聚落内普遍存在的一些制度化组织和制度化活动形式,包括村落内的企业组织、村民集会、传统节庆活动等。

②生产空间服务功能模块化提升。随着乡村聚落旅游的城镇化态势,在乡村聚落功能上,除了具有基本的接待服务功能外,推动乡村发展模块化功能提升也是其发展重点,这主要建立在乡村旅游发展相适应的乡村旅游商业游憩区(RTBD)的发展上。重点包括结合旅游城镇延伸发展,建立点状游憩形态(如城镇内部的购物中心、主题公园、历史景点以及乡村农耕体验类产品等)、条状形态(如旅游城镇特色购物街、美食街以及历史街区等)、块状形态(如乡村度假主题酒店、乡村艺术中心、乡村博物馆和美术馆等)。

③生态空间景观生态整治和历史文脉挖掘。将景观生态规划有机融入土地整理之中，使土地整理单一的生产目标中逐渐融入生活、生态的因素，需依据景观生态学的有关理论进行综合规划设计；注意景观生态的保护与多样性建设，促进系统的稳定性进一步提高。同时，土地整理要注意乡村聚落的历史文脉，在保护好具有历史意义的古村落和各种人文景观的同时，从村落自然、人的行为与心理活动、人与社会等各种功能系统的内在机制有机结合入手，创造人、自然、建筑、社会相融的整体环境。

④乡村聚落空间重构的综合制度体系。生产、生活和生态空间重构会引导集体土地向旅游用地转变，会带来土地权益和权力主体的流转及其相关制度建设要求。因此，要遵循新阶段旅游业改革发展的要求，通过土地流转政策的变革，按照旅游城镇发展要求，以乡村旅游土地流转制度为基础，提供相应的政策供给，建立起包括多元化投融资制度、户籍改革、社会保障、培训就业、权属调整、技术支撑和监督管理等综合制度体系。

15.2　沟域国土空间规划实现路径与保障措施

国土是生态文明建设的空间载体，必须珍惜每一寸国土，优化国土空间开发格局是生态文明建设的重要任务。建设生态文明沟域，实现国土空间优化，需要建立系统完整的生态文明制度体系，实行最严格的自然生态空间用途管制制度。同时，进行农业经营模式创新，解决产业发展问题；采取三条沟域国土空间规划，实现三条沟域经济发展和生态平衡相协调。

15.2.1　自然生态空间用途管制，落实“山水林田湖”生命共同体

健全自然资源资产产权制度和用途管制制度。对水流、森林、山岭、草原、荒地、滩涂等自然生态空间进行统一确权登记，形成归属清晰、权责明确、监管有效的自然资源资产产权制度。建立空间规划体系，划定生产、生活、生态空间开发管制界限，落实用途管制。

自然生态空间用途管制的重点是要对改变用途类型的土地开发利用活动进行管控。通过空间用途承载力管控，降低沟域内自然资源超负荷利用。解决沟域内因无序开发、过度开发、分散开发导致的生态空间过多占用、生态破坏及环境污染等问题，实现自然生态空间的可持续发展。此外，自然生态空间系统管制还是对“山水林田湖”生命共同体理念的落实；“山水林田湖”生命共同体不仅涵盖各类自然生态空间，而且是一个相互组成的有机系统，有助于对各类自然生态空间的协同共治，实现生态空间的统筹管理和保护，提升系统性生态治理的效率。

实施分类指导和分级管理，协调各部门各类自然资源用途管制事权。完善用途管制的工具组合，实施总量指标管理和空间管制。综合考虑不同利益主体、不同空间尺度和管理单元要求，运用多种工具组合，实施总量指标管理和空间管制双控。一是强化自然生态空间总量保护指标管理，约束政府主体行为。二是强化自然生态空间管控，约束社会公众行为。从区域层面考虑生态空间允许的开发规模、强度；然后才具体到某一地块的用途管制。对应到审批上，区域准入管制在项目立项环节发挥作用，土地用途转用管制在供地环节发挥作用。

探索编制自然资源资产负债表，对领导干部实行自然资源资产离任审计。建立生态环境损害责任终身追究制。通过国土空间用途管制的制度保障，在空间规划基础上，确保不同生态功能空间得到合理的用途管理，使空间规划理念得以落地实施，是对国家生态保护红线战略安排的有力制度保障。

15.2.2 农业经营模式创新,促进一、二、三产业融合发展

针对沟域当前分散、粗放、低效的农户经营现状,以及常规低端农业生产情况。按照现代农业经营体系要求,对长江峪、白羊峪和圣眷峪村庄内的中药材、小杂粮等特色产业带进行合作社、企业农业经营模式创新;从管理、生产、加工、销售进行全产业链农业经营组织创新,促进沟域一、二、三产业融合发展,增加农民收入。构建新型农业经营体系,培育发展新型农业经营主体,逐步形成以家庭承包经营为基础,专业大户、农民合作社、农业产业化龙头企业为骨干,其他组织形式为补充的新型农业经营体系。

围绕上林关和下林关中药产业基地,推进沟域农业现代化进程,服务北京市场需求,增加农民收入,京晋协同发展。要把分散的一家一户的农民组织起来,通过建立有规模、有组织、有科学管理的合作形态,解决"产销"衔接的问题,改变农户在市场竞争中的不利地位,提高其抵御风险的能力。具体包括合作社自办加工企业型、龙头企业主导型两种组织化模式。

合作社自办加工企业型(专业合作社+自营公司),即由生产原料的农户联合起来组成专业合作社,再由合作社单独或联合起来办加工或流通企业,实行产、加、销一体化经营。通过农民合作社这种形式和机制,把原料基地的农户和加工、流通企业形成一种紧密联结、相互依存、收益共享、共同发展的利益机制。

龙头企业主导型(公司+农户),按照市场需求,由龙头企业对农业生产、加工和销售进行统筹规划,对内组织农户按区域、成规模地进行农产品生产,对外与农产品加工、营销龙头企业连接,成为龙头企业与农户合作的纽带,实现农户与市场的有效对接。龙头企业与农户以股份合作等形式深度融合,互利共赢、共谋发展,形成利益共享、风险共担的经济共同体。

15.2.3 三条沟域一体化国土空间规划,经济生态综合平衡

按照广灵县三条沟域一体化理念,打破行政界线,以山区自然沟域为单元,以其范围内的自然景观、文化历史遗迹和产业资源为基础,对山、水、林、田、路、村和产业发展进行整体科学规划、统一建设,一体化开发利用,打造产业特色鲜明的沟域产业经济带,实现三条沟域经济发展与生态建设的综合平衡,最终达到服务京津冀一体化战略和致富农民的目标。

划定生态保护红线。建立自然生态空间调查评价、协议管护、生态补偿、监测监督等配套制度。统一自然生态空间分类标准规范,依托全国土地调查,充分利用森林、草原、湿地、水资源等已有调查成果,按照统一调查时点和标准全面开展自然生态空间的调查评价,为自然资源统一确权登记和用途管制奠定基础;建立自然资源质量和资源环境承载能力监测评估制度,将自然生态空间保护纳入国家土地督察和环保督察职能范围。从生态空间规划、用途确定到用途管控,再到维护修复、实施保障、监测评估的全链条衔接。在实践中,将自上而下与自下而上相结合,区域试点与整体推进相结合,用途管制与其他相关改革相衔接,稳步加以实施。

通过"多规合一"的空间规划体制支持、生态环境调查和生态承载力评估的技术支持、生态环境监测网络建设、环境与国土监察的监管支撑,完善空间规划和土地利用规划计划管理,整合城乡建设项目规划管理和土地规划预审,建立以县级空间规划及其详细规划为依据、基于土地用途管控分区和边界划定的区域准入制度,明确允许、限制、禁止的产业和项目类型清单,规定区域允许的相关规模、结构、布局、强度和环境保护等方面的要求。遵循国土开发与承载能力相匹配、集聚开发与均衡发展相协调、分类保护与综合整治相促进、资源节约与环境友好相

统一的理念和方法，完善国土空间用途管制制度，优化空间组织和结构布局，提高发展质量和资源利用效率，形成可持续发展的美丽国土空间。

15.2.4　集成落地项目，确保规划实施

结合国土空间规划，根据国土、财政、农业、发改等管理部门的项目来源，按照规划目标和现实需求，申报高标准基本农田、农业综合开发、“山水林田湖”系统保护与修复工程、土地整治、村级土地利用规划等项目。

根据《全国土地整治规划(2016—2020 年)》，“十三五”期间土地整治的四项任务包括：一是实施藏粮于地战略，大力推进农用地整理，加快推进高标准农田建设，加强耕地数量质量保护，夯实农业现代化发展；二是围绕美丽乡村建设，规范开展农村建设用地整理，优化城乡建设用地布局，改善农村人居环境和农业生产条件，促进新农村建设和城乡发展一体化；三是落实节约优先战略，有序推进城镇工矿建设用地整理，优化城镇用地结构布局，推动产业转型升级，改善城镇人居环境，促进新型城镇化发展；四是贯彻保护环境国策，积极推进土地复垦和土地生态整治，保障土地可持续利用，加强土地生态环境建设，推动形成绿色发展方式，促进人与自然和谐共生。

广灵县沟域具有“山水林田湖”要素，且是京津冀一体化延伸区域的样板。根据《财政部 国土资源部 环境保护部关于推进山水林田湖生态保护修复工作的通知》(财建〔2016〕725 号)要求，紧紧围绕“山水林田湖是一个生命共同体”的重要理念，申报“山水林田湖生态保护修复”项目。根据沟域国土空间规划需求，积极申请农业综合开发项目推进农业产业化经营，提高农业综合效益，促进农民增收。农业综合开发项目包括土地治理项目和产业化经营项目。结合广灵县沟域情况，申报土地治理项目，主要包括稳产高产基本农田建设、土地复垦等中低产田改造项目。结合广灵县沟域的产业发展现状，申报产业化经营项目，主要包括经济林及设施农业种植，农产品加工项目，储藏保鲜、产地批发市场等流通设施项目。

15.2.5　完善资源开发生态补偿机制，落实国土生态空间规划

为实现生态文明沟域国土规划目标，对广灵县沟域实行资源有偿使用制度和生态补偿制度。加快自然资源及其产品价格改革，全面反映市场供求、资源稀缺程度、生态环境损害成本和修复效益。坚持使用资源付费和谁污染环境、谁破坏生态、谁付费原则，逐步将资源税扩展到占用各种自然生态空间。坚持谁受益、谁补偿原则，完善对重点生态功能区的生态补偿机制，推动地区间建立横向生态补偿制度。

完善资源开发生态补偿机制。作为一项新的制度设计，应该与空间规划体制改革、生态保护红线划定、自然资源统一登记、自然资源资产离任审计、生态补偿和责任追究制度等改革任务协调衔接、同步推进，使自然生态空间的用途管制有基础、有支撑、有保障。解决部门协调的问题。资源开发生态补偿机制，涉及国土、发改、环保、城乡规划部门的工作协调，需要建立起跨部门的协调机制和工作机制；进行统筹安排与综合考虑，保障资源开发生态补偿机制顺利实施。

第16章 沟域生态安全体系建设研究

生态安全是指生态系统的健康和完整情况。健康的生态系统是稳定的,能够保障区域的可持续发展(马丽 等,2020; 顾恬玮 等,2023; 王毅 等,2023)。在全国生态功能区划中,广灵县属于“太行山区水源涵养与土壤保持重要区”,并属于“生态调节类别中的水源涵养重要区”,具有十分重要的地理与生态价值。针对广灵县三条沟域进行生态保护与绿色发展,既是我国生态安全格局建设和区域协调发展的战略需求,也是深化落实生态文明方略、推进构建人与自然生命共同体伟大进程的必然选择。目前,该区域面临着生态敏感、相对贫困、空间失衡和发展失序等一系列突出问题。针对存有问题,需要采取措施,以绿色发展为导向,划分生态功能区划,构建沟域生态产业体系;基于资源环境承载能力,优化区域发展格局与空间管控方案(陈慧慧 等,2023; 林小如 等,2023; 王金凤 等,2023;朱佩娟 等,2023)。

16.1 划定生态保护红线,建立环境空间管治体系

生态保护红线是指依法在重点生态功能区、生态环境敏感区和脆弱区等区域划定的严格管控边界,是区域生态安全的底线。科学划定生态保护红线区域,对于有效加强生态环境保护与监管、维护区域生态安全格局、保障生态系统功能、支撑经济社会可持续发展具有极为重要的意义。

16.1.1 划定原则

(1)强制性原则:根据《中华人民共和国环境保护法》规定,应在事关国家和区域生态安全的重点生态功能区、生态环境敏感区和脆弱区以及其他重要的生态区域内,划定生态保护红线,实施严格保护。

(2)合理性原则:生态保护红线划定应在科学评估识别关键区域的基础上,结合地方实际与管理可行性,合理确定国家生态保护红线方案。

(3)协调性原则:生态保护红线划定应与主体功能区规划、生态功能区划、土地利用总体规划、城乡规划等区划、规划相协调,共同形成合力,增强生态保护效果。

(4)可行性原则:生态保护红线划定应与经济社会发展需求和当前监管能力相适应,预留适当的发展空间和环境容量空间,切合实际确定生态保护红线面积规模并落到实地。

(5)动态性原则:生态保护红线面积可随生产力提高、生态保护能力增强逐步优化调整,不断增加生态保护红线范围。

根据沟域的生态空间敏感性特征,将扣除现状产业用地、建设用地以外的生态极重要关键地段划入生态保护红线,如图16-1所示。沟域生态保护红线范围总面积为5217.19公顷,占沟域总面积的27.08%。

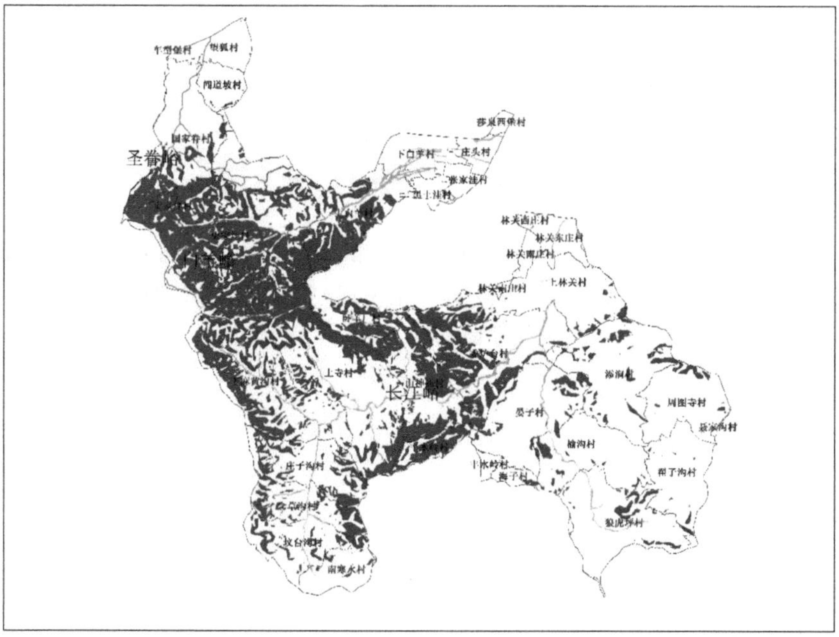

图 16-1　生态保护红线区域(深色部分)

16.1.2　管控要求

生态保护红线一旦划定,应满足以下管控要求。

(1)性质不转换:生态保护红线区内的自然生态用地不可转换为非生态用地,生态保护的主体对象保持相对稳定。

(2)功能不降低:生态保护红线区内的自然生态系统功能能够持续稳定发挥,退化生态系统功能得到不断改善。

(3)面积不减少:生态保护红线区边界保持相对固定,区域面积规模不可随意减少。

16.1.3　监督和管理

(1)除政府批准建设的重大基础设施工程和公共服务设施工程外,禁止在生态保护红线区内建设与生态保护无关的项目。

(2)在生态保护红线区内建设允许的建设项目,应当制定有关生态保护和恢复治理方案并予以实施。

(3)在生态保护红线区内不得有下列行为:

①焚烧落叶、烧荒、露天烧烤、私搭乱建;

②放牧,使用剧毒、高毒农药;

③砍伐林木,毁草开垦,陡坡开垦,捕杀、采集野生保护动植物,捡拾鸟卵,采集野生药材;

④擅自取土、挖沙、采石、开矿;

⑤私自挖塘、挖沟、筑坝、开采地下水;

⑥新建排污口,排放污水、有毒有害物质或者倾倒固体废弃物;

⑦其他人为破坏生态环境的行为。

(4)生态保护红线范围内的现有建成或者在建项目应当控制规模,不得增加污染负荷。对影响主体生态功能的建设项目应当有计划地清理或者迁出生态保护红线区。污染物排放超过国家或地方规定排放标准的建设项目,应当限期治理。

16.2 划分生态功能区划,实施环境分区管控

实施野生黄芪道地药材生态原产地建设,结合相关分析与数据,依“山水林田湖草(药)”理念构建白羊芪山生态格局。划分生态涵养、培育、产业三区,分别明确范围、占比及管控举措,以促资源保护与环境友好。详细内容请参考本书8.3节。

第 17 章　沟域环境友好体系建设研究

建设环境友好型社会，就是要以人与自然和谐相处为目标，以环境承载力为基础，以遵循自然规律为核心，以绿色科技为动力，倡导环境文化和生态文明，构建经济社会环境协调发展的社会体系，实现可持续发展（杨灵 等，2020；郭昌胜 等，2023；何振国，2023）。在山西省主体功能区划中，广灵县被列入“限制开发区域”，即省级农产品主产区。区域的生态要求是加强生态保护。因此，要大力推进沟域环境友好体系规划，将生产和消费活动规制在生态承载力、环境容量限度之内，并采取多种措施降低污染产生量、实现污染无害化。在双碳目标指引下，深入研究并探讨自然生态环境保护的实践路径，扎实走好自然生态环境保护的每一步，推动双碳目标落地落实（巩亚明，2023；孔德雷 等，2023；孙春生 等，2023）。

17.1　能源调整措施

17.1.1　冬季采暖“煤改电”项目

2016 年，山西省发布了《推进城乡采暖“煤改电”试点工作实施方案》（晋政办发〔2016〕51 号），提出开展采暖“煤改电”试点，逐步替代传统燃煤小锅炉，提高电能占终端消费比重，消纳富余电力，保障居民采暖，减少大气污染排放，推进城乡供热能源结构调整和技术进步，大同市属于全省“煤改电”试点单位。《大同市 2017 年清洁能源替代工作实施方案》（同政办发〔2017〕137 号）也提出大力发展清洁采暖，努力减少燃煤消耗和烟尘排放。

长江峪、白羊峪、圣眷峪三条沟域不在广灵县集中供热范围内，未来城郊的集中供热管线也难以覆盖，符合山西省、大同市“煤改电”政策的推行范围。作为未来广灵县沟域旅游的重点发展区域，长江峪、白羊峪、圣眷峪三条沟域有必要实施冬季采暖“煤改电”。

（1）“煤改电”方式

规划采用蓄能式电暖器供暖。蓄能式电暖器是一种利用夜间低谷电完成电热转换，在采暖的同时将剩余热能贮存在特制蓄热材料内，白天峰电时段将贮存热能均匀释放的采暖设备，特点是适用灵活、安装方便，可充分利用低谷电，一次性投资成本和后期运行费用较低，适合居民家庭及人数不多的办公场所、学校等采暖。

（2）蓄能式电采暖性能特点

①低谷用电，运行费用较低：目前，山西省实行“峰谷电价”政策，夜间低谷时段电费约为其他时段的 50%。储热电暖器利用低谷时段加热并储存热量，全天稳定释放，同比运行费用降低约 50%。

②24 小时持续供暖，室温均匀稳定：通过高能效的加热元件，在低谷时段加热 7～8 小时，储存在蓄热能力极高的蓄热砖中，全天释放保证室内供暖。经过计算，配置后的储热供暖系统能够使室温达到 16～20 ℃。

③调节灵活，适用于不同用户的需求：储热电暖器提供多种功率选择，适用不同房间。每一个储热电暖器都可以单独控制，如果长期外出，可以完全关闭。每台储热电暖器都有热量输入输出调节旋钮（小功率设备除外）。

④安装方便：不需要改造室内线路，为固定在墙体上或者万向轮移动式，即装即用，安装比水暖更简单，简便快捷。与普通水暖相比，从根本上节省了管材和初装费用，不影响居室的改造和二次装修。

⑤运行安全可靠、免维护：暖气片腔体内的节能储热材料具有防冻特性（−10 ℃），不会出现天气寒冷时冻裂散热片的现象。经过生产使用，证明储热电暖器运行安全可靠，全年免维护。省去传统采暖的跑冒滴漏和定期的检查维护烦恼。

（3）建设内容

①变电站建设：为满足长江峪、白羊峪、圣眷峪三条沟域内的“煤改电”需求，需新建变电站，包括变压器、房屋构件等。

②电网增容改造：根据电力负荷需要，为满足“煤改电”工程，在改造区内拟安装箱变、柱变、开闭器以及高低压电缆敷设、下至峰谷表（含）。

③电采暖器选购和安装调试：平房户电采暖设备优先采用蓄能式电暖器替代小煤炉，通过政府采购方式确定设备供应商。用户购买设备后，由各电采暖设备供应商进行安装调试。

17.1.2 户型风电项目

广灵县属于温带大陆性季风气候，全年主导风向为西北风，冬春季风大。广灵县处于冷空气通道上，为高空风区域，海拔较高，有利于开展户型风电项目。开展户型风电项目，既可推广新能源和可再生能源利用，又能缓解长江峪、白羊峪、圣眷峪三条沟域的供电压力。安装内容：风力发电机，主要包括叶片、发电机、机械部件和电气部件等（图 17-1）。

图 17-1 户型风力发电装置

17.1.3 太阳能热水项目

长江峪、白羊峪、圣眷峪三条沟域光照条件良好，拥有丰富的太阳能资源。规划在新建综合体、特色小镇及农村家庭安装太阳能热水器，利用太阳能加热获取生活热水。规划采用真空管式家用太阳能热水器，主要组件包括集热管、储水箱及支架等。太阳能既是可再生能源也是清洁能源，大力推广太阳能不仅有利于减少煤炭资源消耗，也有利于减少大气污染物排放。安装内容：太阳能热水器，包括保温水箱、真空集热管、支架、水塔、接头、水龙头、管道等(图 17-2)。

图 17-2　太阳能集热器

17.1.4　太阳能路灯项目

太阳能路灯原理：太阳能路灯是利用光生伏特效应原理制成的太阳能电池板，白天接收太阳辐射能并转化为电能输出，经过充放电控制器储存在蓄电池中，夜晚当照度逐渐降低至 5 勒克斯[①]左右时，太阳能电池板开路电压为 4.5 伏左右，充放电控制器侦测到这一电压值后动作，蓄电池对灯头放电。蓄电池放电 12 小时后，充放电控制器动作，蓄电池放电结束。充放电控制器的主要作用是控制路灯打开和关闭，同时保护蓄电池，延长蓄电池使用寿命。建设内容：太阳能路灯，主要组件包括晶体硅太阳能电池组件、太阳能板支架、太阳能专用蓄电池、控制器、灯具、电缆、灯杆等(图 17-3)。

图 17-3　太阳能路灯

① 光照度，即通常所说的勒克斯(lux)，表示被摄主体表面单位面积上受到的光通量。1 勒克斯相当于 1 流明/平方米，即被摄主体每平方米的面积上，受距离 1 米、发光强度为 1 烛光的光源，垂直照射的光通量。光照度是衡量拍摄环境的一个重要指标。

17.1.5 旅游区电动车充电设施

在居住地停车场及旅游区停车场安装电动车充电设施，逐步提高游客绿色出行比重。建设内容：平面充电站，包括充电机、智能管理系统、变压器等(图 17-4)。

图 17-4 电动车充电桩

17.2 大气环境污染防治措施

17.2.1 大气环境质量监测

规划长江峪、白羊峪、圣眷峪三条沟域空气质量监测体系建设项目，便于监测沟域内大气环境质量，掌握沟域空气质量动态变化情况。

(1)监测项目

定期监测 SO_2、NO_x、CO、O_3、PM_{10}、$PM_{2.5}$、负氧离子等指标。

(2)监测点位周围环境与采样口的具体要求

①监测点周围 50 米范围内不应有污染源。

②点式监测仪器采样口周围、监测光束附近或开放光程监测仪器发射光源到监测光束接收端之间不能有阻碍环境空气流通的高大建筑物、树木或其他障碍物。从采样口或监测光束到附近最高障碍物之间的水平距离，应为该障碍物与采样口或监测光束高度差的两倍以上。

③采样口周围水平面应保证 270°以上的捕集空间，如果采样口一边靠近建筑物，采样口周围水平面应有 180°以上的自由空间。

④监测点周围环境状况相对稳定，安全和防火措施有保障。

⑤监测点附近无强大的电磁干扰，周围有稳定可靠的电力供应，通信线路容易安装检修。

⑥监测点周围应有合适的车辆通道。

⑦针对道路交通的污染监控点，其采样口离地面的高度应在 2～5 米范围内。

⑧在建筑物上安装监测仪器时，监测仪器的采样口离建筑物墙壁、屋顶等支撑物表面的距离应大于 1 米。

⑨使用开放光程监测仪器进行空气质量监测时，在监测光束能完全通过的情况下，允许监

测光束从日平均机动车流量少于 10000 辆的道路上空、对监测结果影响不大的小污染源和少量未达到间隔距离要求的树木或建筑物上空穿过，穿过的合计距离，不能超过监测光束总光程长度的 10%。

⑩对于空气质量评价点，应避免车辆尾气或其他污染源直接对监测结果产生干扰，点式仪器采样口与道路之间最小间隔距离应按要求确定。

⑪污染监控点的具体设置原则根据监测目的由地方环境保护行政主管部门确定。针对道路交通的污染监控点，采样口距道路边缘距离不得超过 20 米。

(3)监测点位选取

长江峪、白羊峪、圣眷峪三条沟域各一处监测点位，图 17-5 为空气质量监测站。

图 17-5　空气质量监测站

17.2.2　机动车污染防治

加快提升机动车环境监督管理水平，严格实施国家机动车排放标准。严格执行机动车排放检验制度，加强机动车车辆的年检和抽检，禁止排放不达标的机动车上路行驶，公安交管部门对无定期排放检验合格报告的机动车，不予核发安全技术检验合格标志。

严格机动车维护、改造和报废制度。对未达标排放的机动车强制维修、改造和报废，并接受监督管理部门的检查；未达到报废车年限但污染物排放超标的车辆必须治理，治理后仍不达标的，强制提前报废。

加强进入沟域机动车污染监管，控制车用燃油、燃气质量，旅游区内禁止销售不合格燃油，提高车用油品质量，加强用车路检工作。

沟域旅游服务车辆采用新型环保车型，防止汽车尾气排放污染(图 17-6)。

图 17-6　沟域旅游服务电动游览车示意图

17.2.3　餐饮油烟污染控制

(1)合理布局规划，加强源头控制

合理布设餐饮经营点，严格新建餐饮服务经营项目环保审批。沟域内环境敏感点严禁露天烧烤，推广无炭烧烤。对于新建的饮食服务项目，应当配套餐饮场所专用烟道及污染防治设施。配套建设的污染防治设施经验收合格，该餐饮场所方可正式营业。

(2)加强油烟污染防治

餐饮服务单位需安装与油烟烟气污染物排放规模相匹配的高效油烟净化设施，并委托具备专业清洁设备的单位定期清洗维护油烟净化设施和油烟排放管道，做好台账记录。排放的油烟浓度和去除效率执行《饮食业油烟排放标准(试行)》(GB 18483—2001)的规定。

(3)推进餐饮服务业清洁能源改造

沟域内景区餐饮场所应当使用天然气、石油气、电等清洁能源，减少煤炭、木材、柴油等污染较重的燃料使用。

17.3 水环境污染防治措施

17.3.1 水环境质量监测

广灵县长江峪、白羊峪、圣眷峪三条沟域目前处于水环境监测缺失的状态，因此，应定期对三条沟域的水环境质量进行监测：对三条沟域峪口地表水情况进行调查并检测，每季度进行一次，如果条件允许，每月进行一次。

17.3.2 沟域污水处理系统

随着长江峪、白羊峪、圣眷峪沟域旅游的开发，各沟域综合体特色小镇污水处理配套设施变得十分重要，这既是沟域良好水环境的基础，又是发展生态旅游的保障。

17.3.2.1 沟域污水处理现状

目前，广灵县长江峪、白羊峪、圣眷峪三条沟域，生活污水直接排放进入河流等地表水体中，甚至渗入地下水体，造成了一定程度的水环境污染；而且三条沟域无任何污水处理设施。

17.3.2.2 污水处理工艺选择

(1)传统生活污水处理技术单一

目前，很多农村地区采用传统生活污水处理技术，如活性污泥、接触氧化等处理技术，虽然也能较好地缓解污染，但在基础设施建设、运行及管理上还存在一些问题，比如需要建设较大型构筑物、机房，购买机电设备和药品，并配备一组专业队伍。其工艺特征主要是使用耗电设备和化学药品，不但运行费用和耗能偏高，而且出水水质较差。因此，传统技术存在着先天的缺陷，使农村污水处理的进程比较缓慢。

(2)传统生活污水处理资金压力大

资金压力表现为两点：一方面是污水处理基础设施建设的压力，即工程造价的压力。一些传统技术，如活性污泥法、SBR(序批式活性污泥法)等工艺，基建投资极大。另一方面来自于设施运行压力。污水处理设施运行、维护等费用很高，运行能耗大。

(3)沟域远离市政管网

沟域远离市政管网，难以建设传统污水处理设施。

(4)沟域污水处理需求不高

根据沟域污水处理需求的预测,污水处理总需求为 291.5 吨/天,污水处理需求不高,污水管网铺设效益不高,因此,长江峪、白羊峪、圣眷峪三条沟域不适用于集中式的污水处理设施的建立。

(5)人工湿地处理工艺具有可行性

人工湿地污水处理工艺相比传统污水处理方式,在成本上,人工湿地技术投资少,运行成本低;在运行管理上,人工湿地技术工艺简单、管理方便;在出水水质上,人工湿地技术出水水质良好,可达到一级 A 或一级 B 的标准;在生态景观上,人工湿地技术更贴近自然,具有绿化美观的效益。

综合上述因素,选用人工湿地技术对沟域生活污水进行处理。

17.3.2.3　工艺流程及介绍

(1)人工湿地基本组成

①人工湿地建设规模。人工湿地的建设规模需根据处理水量、进水水质、出水要求以及建设条件等因素确定,计算方法参考《人工湿地污水处理工程技术规范》(HJ 2005—2010)。人工湿地系统处理吨水建设面积参考表 17-1。

表 17-1　人工湿地系统吨水建设面积参考标准

类型	面积/平方米
潜流人工湿地	2～3
表流人工湿地	8～15

②预处理系统。主要包括格栅间、污水提升泵站、沉沙池、混凝池、气浮池、调节池等。

③人工湿地系统。人工湿地的建设主要包括土方的挖掘、墙体的修建、防渗土工膜的铺装、布水管道的铺设、基质材料的填装和植物的种植。

墙体:人工湿地墙体材料应因地制宜,可以采用原土、红砖、石头或者混凝土进行构建。一般要求种植土壤的质地为黏土或壤土,渗透性为慢或中等,土壤渗透率为 0.025～0.35 厘米/小时。如不能满足条件,应有防渗措施,铺装土工防渗膜。

填料:人工湿地常用的填料有矿渣、粉煤灰、蛭石、沸石、沙子、石灰石、高炉渣、页岩等,碎砖瓦、混凝土块经过筛选也可作为填料使用。

植物:湿地植物应选择本地生、耐污能力强、具有经济价值的水生植物。常用作人工湿地系统的植物有水葫芦、水芹菜、空心菜、睡莲、荷花、马蹄莲、慈姑、芋、芦苇、茭草、美人蕉、香蒲、灯芯草、菖蒲、水葱等。

集配水系统:集配水系统应保证湿地配水和集水均匀,采用穿孔管、配(集)水管、配(集)水堰等。

(2)人工湿地工艺流程

人工湿地污水处理技术的工艺流程如图 17-7 所示。

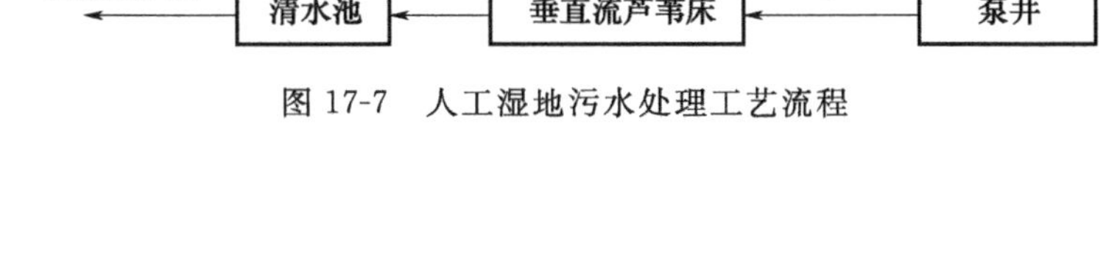

图 17-7　人工湿地污水处理工艺流程

①格栅。污水在进入调节池前经过一道格栅，以拦截污水中较大颗粒的悬浮物和漂浮物。采用固定格栅，拦截的杂物由人工定期清理外运填埋。

②调节池。主要功能是调节水量并均衡水质。

③隔油池、沉淀池。利用废水中悬浮物和水的比重不同，分离废水中的油污、沉淀物等，利于后段的湿地处理。

④人工湿地。采用垂直流式人工湿地，砖混结构，池底和四壁均布0.5毫米复合土工膜作为防渗漏处理。隔油池、沉淀池出水由泵提升入内，通过布水管均匀流入床层，床体氧供应能力较强，且有脱氮除磷作用，可实现较大的水力负荷长期运行。其主要功能是进一步去除污水中的有机物、氨氮等污染物，使污水达标。

(3)实施建议

①建设人工湿地系统。根据污水水质特点和排放规模，建设人工湿地系统。系统主要由以下部分构成：具有透水性的基质，如土壤、沙、砾石；好氧和厌氧微生物；水生植物，如芦苇；水体（在基质中流动的水），利用自然生态系统中的物理、化学和生物的三重协同作用，通过过滤、吸附、共沉、离子交换、植物吸收和微生物分解来实现对污水的高效净化。

②设专人兼职管护。由于工艺简单、设备少，因此，雇用本地村民即可对设备进行兼职管护。同时，制定必要的设施维护管理细则，并对管护人员进行必要的培训。

③建设中水利用设施。作为污水处理的终端，处理后的中水可作为景观、洗涮、绿化灌溉等使用。因此，需配套建设出水利用设施，实现水资源的循环利用。

17.3.3 农业面源污染治理

对长江峪、白羊峪、圣眷峪沟域逐渐实施养殖散养退出措施，整合集中发展规模化有机养殖。发展喷灌、滴灌节水灌溉技术，推广水肥一体化技术，减少农业化肥施用。将有机养殖和有机农业相结合，一方面减少化肥的施用；另一方面实现畜禽粪便的减量化与资源化利用，从而减少面源污染。

17.4 固体废弃物综合处理措施

17.4.1 生活垃圾处理模式

长江峪、白羊峪、圣眷峪沟域生活垃圾采用集中处理的方式，做好垃圾源头分类后，生活垃圾中的可回收垃圾由村民自行出售，县或乡镇可制定垃圾分类和废旧物资回收鼓励政策；可堆肥垃圾由运输车辆收集后集中至堆肥厂，用于沤肥；其他垃圾由运输车集中运至垃圾转运站，再运至广灵县利民垃圾填埋场填埋；建筑垃圾及渣土等由村统一收集后用于坑塘填埋、道路垫土等。具体处理模式如图17-8所示。

(1)可回收垃圾：由各家各户自行存储，定时安排相关公司有偿收购。

(2)可堆肥垃圾：有畜禽的农户可将厨余垃圾饲喂畜禽，也可与腐烂瓜果、作物秸秆、枯枝烂叶等一起投放至垃圾箱，由村统一收集堆肥处理，还可以将餐厨垃圾通过资源化利用，产生有机肥或生产环保酵素①，形成环保产业。

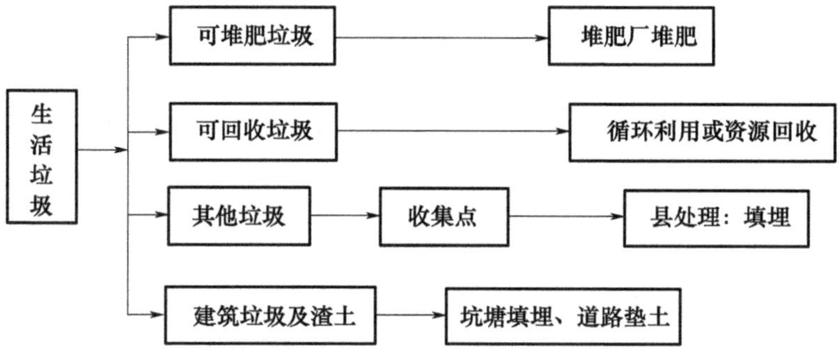

图 17-8　沟域垃圾处理模式

(3)其他垃圾：户收集、村组织运输至中转站，由垃圾运输车运送至广灵县利民生活垃圾处理场填埋。

(4)建筑垃圾及渣土：由各村收集好后，部分可用于坑塘填埋、道路垫土，剩余部分垃圾可按照国家相关规范建设一座灰渣填埋场/建筑垃圾填埋场。

17.4.2　垃圾分类回收

(1)垃圾分类

推进生活垃圾分类收集，于沟域内四大综合体开展生活垃圾规范分类收集，将农村生活垃圾分为四类进行处理。

①可堆肥垃圾：如剩菜、剩饭、菜叶、果皮、蛋壳、茶渣、骨、餐巾纸、面巾纸、尘土、植物枝叶等，可采用生物堆肥的方式集中处理。

②可回收垃圾：如废铁、废铜、废有色金属、饮料瓶、碎玻璃、废报纸、纸箱、废纸、废旧家电等，可进入废品回收环节，作为再生资源回收利用。

③其他垃圾：废旧织物等不可回收、不能堆肥的垃圾，如废旧衣物、尼龙织物、皮革、塑料袋等。

④建筑垃圾及渣土：如建设过程中产生的废砖头、渣土、弃土、弃料、淤泥等废弃物，送至指定地方填埋处理。

(2)分类收集系统

①发放户用垃圾桶：农村生活垃圾户分类过程中，每户配备 3 个垃圾桶和 1 个手推车，分别收集可堆肥垃圾、可回收垃圾和其他垃圾，垃圾桶容量 6～8 升，手推车用于收集建筑垃圾及渣土，可回收垃圾由村民自行出售。

②配置垃圾分类箱：按照可堆肥垃圾、其他垃圾、建筑垃圾及渣土三类，设置不同颜色的垃圾箱分类收集。

③实行分类收集：保洁人员定期分类收集垃圾，加强分类管理，保证垃圾分类运输，促进垃

① 所谓环保酵素，是发酵产物的一种，是对混合的糖、水、果蔬废弃物，经厌氧发酵后产生的棕色液体的通俗称法。所产生的发酵液体有酸性的刺激气味，具有广泛的作用，可应用于现代家庭生活和家庭园艺，适用于清洁衣服、洁净空气，还可作为汽车保养剂、洗衣剂使用，具有净化下水道、净化空气等很好的环保效果，是老少皆宜的家居帮手。

圾后续的分类利用。

④加强垃圾分类宣传：为了使农村重视生活垃圾分类、正确实行垃圾分类，通过发放垃圾分类指导手册、设置垃圾分类宣传展板、开展知识竞赛等方式，提升村民生活垃圾分类意识(表 17-2)。

表 17-2 生活垃圾分类项目投资参考

序号	处理能力/(吨/天)	项目	数量	单价/元	项目预算/元
1	<0.5	宣传展板	1 块或 2 块	1200～1600	1200～3200
2		宣传手册	120～200 册	8～12	960～24000
3	0.5～1.0	宣传展板	2 块或 3 块	1200～1600	2400～4800
4		宣传手册	120～333 册	8～12	960～3996
5	≥1.0	宣传展板	3～6 块	1200～1600	3600～9600
6		宣传手册	200～3333 册	8～12	1600～39996

⑤具体措施与投资预算：2022 年，长江峪、白羊峪、圣眷峪三条沟域一共 5451 户，以每 10～15 户设置 1 处垃圾收集点，每个收集点放置 4 个垃圾收集箱，分别收集可堆肥垃圾、可回收垃圾、其他垃圾和建筑垃圾及渣土，规划三条沟域需设置 400 处垃圾收集点、4800 个垃圾收集箱(2030 年计，户数为 2016 年 3 倍)，有害垃圾在村内设置 1 处集中收集点。

村庄按照每 400 人左右配置 1 名保洁员，400 人以下的村庄配置 1 名保洁员，每名保洁员要配备 1 辆小型垃圾清运车，车辆可采用人力或机动三轮车，保洁员要对村内环境进行定时清扫，将可堆肥垃圾投入可堆肥垃圾箱，大型垃圾运输车定时将可堆肥垃圾箱内的垃圾清运至垃圾堆肥房，规划设置 120 名保洁员(2030 年计)。

17.4.3 可堆肥垃圾处理系统

农村生活垃圾堆肥处理是生活垃圾经户分类后收集，通过微生物对有机垃圾进行好氧发酵的处理方法，使有机物稳定化和腐熟的过程，其腐熟产物在达到国家和地方农用相关要求后，用于农田或菜地。规划建设集中式堆肥房，堆肥场地按照标准堆肥厂的工程要求进行建设，具有进场垃圾预处理、有机成分发酵、渗滤液和尾气净化处理、产品储存及加工等功能，工程项目主要包括预处理场地、发酵场地、堆肥设备。

(1)堆肥工艺

图 17-9 为堆肥的工艺流程。

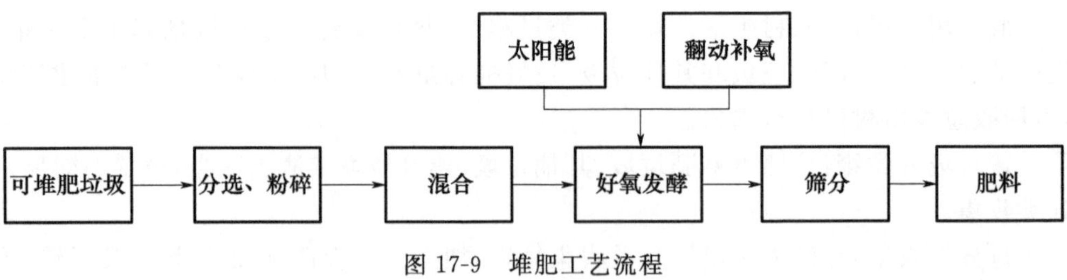

图 17-9 堆肥工艺流程

①前处理：以生活废物作为堆肥原料时，由于废物中含有大块和不可堆肥的物质，因此，有破碎和分选前处理工艺。通过破碎和分选，去除不可堆肥物质，调整废物的粒径。

②发酵：主发酵在发酵装置内进行，通过翻堆或强制通风向堆积层或发酵装置内供给氧

气。在发酵装置内堆肥时，原料和土壤存在微生物作用，开始发酵时，首先进行的是易分解物质的分解，产生 CO_2、H_2O 和热量，使堆温上升。微生物能够吸收有机物的碳氮营养成分，在细菌自身繁殖时，可将细胞中吸收的物质分解而产生热量。发酵初期，物质的合成、分解作用主要是靠生长、繁殖最适温度 30～40 ℃的中温菌进行的。随着堆温的升高，最适温度 45～50 ℃的高温菌取代了中温菌，其在 60～70 ℃或更高的温度下能进行高效率分解。氧的供应情况和保温的良好程度对堆肥的温度上升有很大影响。温度是显示微生物活动程度的参数。温度过低，表示空气量不足或放热反应速度减弱，分解接近结束。经过主发酵的半成品被送到后发酵工序，将主发酵工序尚未分解的易分解有机物和较难分解的有机物进一步分解，使之变成腐殖酸、氨基酸等比较稳定的有机物，得到完全成熟的堆肥产品。整个过程的时间通常是 20～30 天。

③后处理：经过发酵后的物料中，几乎所有的有机物都变得细碎和变形。然而，在生活废物堆肥时，预分选工序没有去除的塑料、玻璃、金属、小石块等物质依然存在。因此，还需要经过一道分选工序，去除杂物，并根据需要进行再破碎。

④脱臭：堆肥过程的每道工序均有臭气产生，主要有 NH_3、H_2S、甲基硫醇、胺类等。因此，堆肥场地需配有排风系统，臭气经排风系统进入生物滤池进行处理。

(2)垃圾堆肥房选址

规划长江峪、白羊峪、圣眷峪峪口各垃圾转运站旁建 3 处垃圾堆肥房。

(3)建设内容

①预处理工程：垃圾进场后进入预处理的场地，便于后续输送、堆垛和必要的翻堆作业。

②发酵场地：主要用于有机物料堆垛的场地，包括垃圾一次发酵场地、二次发酵场地以及腐熟产品的堆放场地。

③制肥房：用于将腐熟的堆肥产品进行烘干、粉碎、造粒等后续加工，形成颗粒状或粉末状有机肥，然后经装袋后形成有机肥成品，也可直接运送至田间地头进行施用。

④成品库：腐熟堆肥产品经加工后，根据农业有机肥季节性需要以及运输时间的限制，设立成品库，主要用于存放堆肥产品。

⑤堆肥设备：好氧堆肥厂中所涉及的分选、翻堆等所有的机械设备和系统。

第18章 沟域生态产业体系建设研究

生态产业是包含工业、农业、居民区等的生态环境和生存状况的一个有机系统。生态农业产业化是指遵循发展农村经济与农业生态环境保护相协调，自然资源开发与保护增殖相协调的原则，充分发挥当地生态区位优势及产品的比较优势，在农业生产与生态良性循环基础上，开发优质、安全、无害农产品，发展经济、环境效益高的现代化农业产业（曹前满，2020；赵和萍等，2022；易小燕 等 2023）。在我国乡村振兴战略下进行沟域农业生态体系建设，针对沟域独特的地理环境优势，因地制宜发展绿色生态农业，进行生态特色旅游地的打造，既有利于解决农业生态治理难题，还能实现当地农户创收增收，加快推进农业农村现代化（贺义敏，2022；文丰安，2022；刘开元 等，2023）。

18.1 长江峪生态产业体系规划

18.1.1 长江峪生态产业体系发展总体思路

长江峪由长江主峪和海子峪两条沟域组成。根据长江峪"神农仙谷"的沟域总体定位，长江峪重点发展以神农先祖发明的"五谷""五畜""百草"为代表的生态农业产业，建设"黄芪的海、华北道地药材栽培区、卧羊厂冷凉作物栽培区、香炉台农旅田园综合体、下林关中医小镇、海子峪生态养殖区"等农业产业功能区（表18-1）。

表18-1 长江峪"神农仙谷"农业产业功能分区表

序号	功能分区	分区	占地面积/亩
1	黄芪的海	（1）黄芪生态栽培基地	30650
		（2）特色中药景观带	1221
2	华北道地药材栽培区	（1）黄芩栽培区	8052
		（2）北柴胡栽培区	5602
		（3）黄芪抚育区	9574
		（4）远志栽培区	9793
3	卧羊厂冷凉作物栽培区	（1）寒凉谷物栽培区	500
		（2）中草药花卉栽培区	3500
4	香炉台农旅田园综合体	（1）盆州农业示范区（①休闲中药花卉园，②休闲水果采摘园，③梯田休闲农业耕作区）	1863(746,365,752)
		（2）休闲蔬菜园	270
5	下林关中医小镇	（1）鲜药种植园	455
		（2）中药定制药园	735

续表

序号	功能分区	分区	占地面积/亩
5	下林关中医小镇	(3)中药材加工园	554
		(4)下林关农产品加工园	162
6	海子峪生态养殖区	(1)晏子生态蜂业产区	13529
		(2)广灵土鸡养殖区	34821
		(3)榆沟珍珠鸡养殖区	10179
		(4)狼虎坪乌鸡养殖区	16814
		(5)绣线菊景观栽培区	2242
7	海-墨沟域辐射区	(1)黄芪种植储备基地	41622

18.1.2　长江峪生态农业产业发展

18.1.2.1　黄芪的海

(1)黄芪生态栽培基地

在山坡抚育野生黄芪，发挥道地药材的生态及资源优势，建设成为全国道地黄芪主产区和供应地，将资源优势转化为经济效益。基地建设的原则是“山顶水保林戴帽、山腰经果林缠带、山脚原生植被穿鞋”(图 18-1 和图 18-2)。山顶保留树草植被，预留水源涵养林；山腰要结合种植黑枸杞、山樱桃、平欧杂交榛(阳坡)等小灌木，形成缠绕带，防止滑坡及泥石流；山脚植被要保留，防止山上泥沙下山。山坡保持原生植被，保护已有落叶松或油松。林果缠腰带中间种植黄芩等中药材。

图 18-1　黄芪生态栽培区意向

图 18-2　黄芪栽培区意向(山顶戴帽)

(2)特色中药景观带

沿河谷地种植颜色鲜艳美丽的中草药花卉，打造特色中药花卉景观带(图 18-3)。种植的中草药包括桔梗、北柴胡、金莲花、防风、香薷等。

18.1.2.2　华北道地药材栽培区

黄芪、黄芩、北柴胡、远志是华北地区著名的道地药材，属于北药之一，耐寒耐旱，生长于山顶、山坡、林缘等向阳干燥区域。在长江峪干旱、冷凉的气候条件及沙质壤土中生长品质高、药效好，因此，在该区域主要栽培这几种道地药材。

建设内容:黄芪抚育区、黄芩栽培区、北柴胡栽培区、远志栽培区 。

18.1.2.3 卧羊厂冷凉作物栽培区

卧羊厂村为高山草甸,海拔1800～2000米,形成独特的冷凉气候,灌溉水源及短暂的无霜期制约作物产量。该区域应种植耐旱、耐寒凉、效益高的特色农产品,以及既有药用价值又有景观效果的中草药花卉。谷物可选择有“营养黄金”之称的全营养谷物藜麦和粮、饲、菜以及观赏兼用型作物籽粒苋。不同谷物之间、花卉之间可采用轮作套种的方式,以减轻连作效应和土传疾病。

图 18-3 特色中草药景观带

建设内容:寒凉谷物栽培区、中草药花卉栽培区。

18.1.2.4 香炉台农旅田园综合体

上林关村是长江峪冲出峪口的关口地。上林关村地下水资源较好,土壤相对肥沃,沿河两岸及村南的盆州是长江峪重要的农业生产基地,适宜种植瓜果蔬菜等农作物。围绕上林关绿色社区、香炉台旅游小镇建设,打造以休闲农业为主的盆州农业示范区、休闲蔬菜园。

(1)盆州农业示范区

建设范围:香炉台与晏子驾山中间的盆地区。

建设内容:休闲中药花卉园、休闲水果采摘园、梯田休闲农业耕作区。

①休闲中药花卉园

在盆州河道西岸建设一处中草药花卉景观园区,以既有休闲景观效果,又有经济价值的特色盆栽中药花卉为主,与市民休闲相融合,贴近生活、贴近百姓。与“神农仙谷”的主题相呼应。主要包括:盆栽郁金香、金银花、玫瑰、牡丹、芍药、丹参、沙参、黄芩、麦冬、黄精、食用百合、药用百合、玉竹等。

②休闲水果采摘园

盆州河道东侧为休闲采摘园。主选沙澧特金果梨、棠棣、红色之爱苹果、水蜜桃、油桃、茶壶枣、金玲枣等。

③梯田休闲农业耕作区

上林关村东侧山坡梯田地为梯田休闲农业耕作区。主要种植黑果花楸,保持水土,涵养水源。春季满山遍野的白色花卉装点整个沟域下段,秋季除了收获小浆果,获得较高的经济价值外,还可以观赏花楸红叶。

(2)休闲蔬菜园

建设范围:上林关村东河西岸。

建设内容:休闲采摘蔬菜。种植适应当地气候条件的、产品附加值较高的特色蔬菜瓜果,包括柿子椒(辣椒)、德国西红柿(樱桃西红柿)、荷兰黄瓜、中国台湾白玉苦瓜、马兰头、穿心莲、养心菜、蒲公英、紫背天魁等,供人们休闲采摘。

18.1.2.5 下林关中医小镇

建设范围:下林关林西、林南、林东村。

下林关中医人才辈出，远近闻名。发挥该村中医资源优势，将其打造为中医小镇，并在村庄东侧水浇地建设中药定制药园、鲜药种植园。

建设内容：鲜药种植园、中药定制药园、中药材加工园。

(1)鲜药种植园

主要包括：北沙参、牛膝、白术、野葛、当归、草红花、黄精、百合等鲜用药。

(2)中药定制药园

建设中药定制药园，为药企、医疗机构提供大宗、道地药材定制服务，种植黄芩、远志、北柴胡、党参、防风、知母、升麻、桔梗、板蓝根、大黄等。

18.1.2.6　海子峪生态养殖区

海子峪农业主要以小杂粮、土豆为主，劳动力不足，经济效益低；牛、羊放牧造成山坡植被破坏、水土流失现象严重。在经济与生态的双重压力下，利用沟域生态资源，发展生态养殖业(生态蜂业和林下散养鸡)，引进企业，促进该区经济由传统低效的农耕产业向生态可持续的产业转变。

(1)晏子生态蜂业产区

建设范围：晏子村村庄闲置区域。

建设内容：养蜂场、蜂产品工坊、蜜蜂博物馆、蜂疗馆等。

利用沟域内生态、绿色的大环境及丰富的中草药花卉、观赏花卉、果树及野生花卉资源，在晏子村发展生态蜂业，为游客提供一系列“蜂事”体验活动，让游客通过参与养蜂、采蜜、蜂蜜加工等活动及参观蜜蜂博物馆，了解蜜蜂和蜂产品的相关科普知识，了解蜜蜂对人类生产活动、人类健康的重要意义。此外，开发蜂蜜、蜂王浆、蜂花粉、蜂酒、蜂蜡、蜂蛹、蜂疗等多种产品，部分产品可进行展销。

(2)广灵土鸡养殖区

建设范围：添涧村、庄子沟村、周图寺村和翟子沟村山坡林地。

建设内容：广灵土鸡养殖峪。

(3)榆沟珍珠鸡养殖区

建设范围：榆沟村山坡林地。

建设内容：峪口林下养殖小区。

珍珠鸡肉质细嫩、营养丰富、味道鲜美。与普通肉鸡相比，蛋白质和氨基酸含量高，而脂肪和胆固醇含量很低，是一种野味特禽。珍珠鸡蛋比普通鸡蛋含铁量高 3 倍、含钙量高 7 倍，含锌量是普通鸡蛋的 15 倍。

利用榆沟村 7 条或 8 条沟域的良好林木植被，成立农户家庭养殖农场，饲养灰色珠鸡，如法国伊莎珠鸡等品种。形成规模化产业，带动农户脱贫致富。饲养规模根据沟域大小进行设计。

(4)狼虎坪乌鸡养殖区

建设范围：狼虎坪村山坡林地。

建设内容：峪口林下乌鸡养殖小区。

乌鸡，又叫乌骨鸡、药鸡，为我国土特产鸡种。乌鸡是补虚劳、养身体的上好佳品。食用乌鸡可以滋阴补肾、缓解妇女缺铁性贫血、抗衰老、抑制癌细胞生长等，有明显功效。

利用狼虎坪村十几条小的沟域，以家庭养殖农场为核心，发展乌骨鸡养殖，为一些中药企业提供乌鸡产品，为社会大众提供乌鸡系列产品，带动农户脱贫致富。

筛选的乌鸡品种有:黑凤、江山白毛乌骨鸡、泰和乌鸡、余干乌黑鸡等。

(5)绣线菊景观栽培区

建设范围:狼虎坪村西侧山坡。

建设内容:该区域有大面积的三裂绣线菊资源,可以选择野生绣线菊进行繁育,沿沟域道路及山坡进行规模化栽培,打造绣线菊景观农业带,开发绣线菊花茶、叶茶等产品,将生态林变成带动精准扶贫的经济林产业,带动沟域山村致富。

18.1.3 长江峪生态旅游产业发展

18.1.3.1 发展思路

沟域旅游特色为"中医药",是道地黄芪野生抚育和种植地。规划定位"神农仙谷",产业以中药材种养加为主,以黄芪的海、嶂石岩生态旅游区、下林关中医小镇、卧羊厂生态旅游小镇为特色,打造成为以黄芪为代表的,集太行山道地中药种植、中医养生、休闲度假、体育运动功能于一体的特色中医药健康养生沟域。

18.1.3.2 发展重点

生态+旅游:生态建设(生态林、生态湿地、生态环境修复)与生态旅游结合。

养生+旅游:重点发展以道地北芪为代表的中草药种植,以下林关为代表的中医小镇建设,以沟域为载体辐射县城的名医养生诊疗集群培育,为中医药养生配套餐饮、住宿、休闲、康养等项目和设施建设。

服务+旅游:建设"旅游小镇—旅游乡村—旅游区"体系,通过旅游区龙头带动,辅以旅游镇村配套设施和服务建设。

农业+旅游:有机农业和休闲农业旅游的产业融合。

18.1.3.3 空间布局

长江峪空间布局为"一区、一体、二镇、三苑、四点、八村",即一个生态旅游区、一个旅游综合体、二个旅游小镇、三个养生度假苑、四个产业融合点、八个旅游美丽乡村。

18.1.3.4 重点项目

(1)嶂石岩生态旅游区

该旅游区以山神庙(进口)、上寺西沟(出口)为主门区,辐射周边村庄;沟口 1500 米,山顶 1800 米,落差约 300 米;游览时间 1.5～3 小时;开展生态运动、生态体验、避暑纳凉休闲类项目。

(2)香炉台农旅田园综合体

香炉台村,原为海子公社所在地,1980 年为香炉台乡政府所在地,2001 年撤乡并镇,其位于长江峪几条支沟汇集处,区位交通优势显著,现有供销社大礼堂、其他学校等集体闲置房屋较多。

依托香炉台村区位交通优势,全村整合闲置集体用地和宅基地,整体按照 AAAA 级景区标准规划设计,依托水渠打造"水循环小城",发掘小城故事,水要素循环起来,引水入村,户户水系环绕,营造优良的水环境和水景观,建设成农业、文化、旅游融合的产城一体的旅游水镇。

(3)旅游小镇

①下林关中医小镇

发展定位:中医旅游小镇。

发展思路：依托村庄悠久的中医药传承历史，汇集以王本真为代表的名医和名药、名方，整合农林、民俗、文化资源，规划建设集中医养生、中药种植、健康农林、养生度假、养生文化等多功能于一体的中医旅游特色小镇。

重点项目：规划汇集以王本真为代表的名医和名药、名方，整合中草药种植、观赏、采摘、加工、理疗等，建设长江峪名医堂（百草园、神农田、千金方、思邈馆四大主题）项目，打造京津冀晋知名的中医旅游小镇。

②卧羊厂生态旅游小镇

发展定位：生态旅游小镇。

发展思路：依托卧羊厂村高山草甸、嶂石崖墙、冷凉气候、冷凉农业、落叶松林、化石剖面、北齐长城等，规划建设高山生态旅游小镇，以避暑、养生、养老、休闲、研学为主要功能的生态旅游小镇。

重点项目：高山石林草甸避暑休闲项目，以高山石林和草甸观光、避暑、休闲、娱乐等项目为主，建设景观性休闲栈道等设施。云中寒舍度假村为高档避暑纳凉、养生养老、美食住宿、会议商洽综合性度假村。化石研学沟域依托化石遗迹，适时适度地开展化石研学项目，如发掘化石、采集化石、鉴定化石、化石实验、化石标本制作等，建设京津冀化石研学沟域。北齐长城遗迹保护和旅游设施建设项目规划对北齐长城遗迹进行修缮和保护，在两侧合理空间内建设配套附属设施，包括观景台、休闲亭等。

（4）旅游度假苑

①黄芪之海主题度假村

位于南寒水村，长江峪的源头，以万亩黄芪种植沟域为环境背景，规划建设黄芪之海主题度假村，以黄芪为主题，围绕黄芪养生功能开展黄芪主题餐、黄芪养生健康理疗项目、黄芪保健用品和饮品制作项目等。

②天池湿地度假村

长江峪上段为天然湿地，沿河谷建设“天池湿地”，增设休闲路南—树北，建设湿地景观、湿地迷宫游乐、湿地观鸟度假村。

③庄子宾舍

该项目位于庄子东沟，海拔 1800 米，整合泉水、沟谷、松林等优良生态资源，以庄子养生文化为主题，崇尚“天人合一”“清静无为”，定位为高端养生度假。

18.2　白羊峪生态产业体系规划

18.2.1　白羊峪生态产业体系发展总体思路

白羊峪所属的行政区域由南村镇的上白羊村、下白羊村、黑土洼村和望狐乡的史家坪村（大部分）所组成，林业用地由广灵县国有林场所管辖。白羊峪由 1 条主沟、3 条较大支峪（山羊沟、三庄沟、蝴蝶峪）组成。

根据白羊峪“白桦绿谷”的沟域总体定位，白羊峪沟域重点发展以黄芪抚育基地、中草药生态产业、现代休闲农业、循环农业、养生农业为主的生态农业（表 18-2）。

表 18-2 白羊峪"白桦绿谷"农业产业功能分区表

序号	功能分区	分区	占地面积/亩
1	野生黄芪抚育基地	(1)野生黄芪抚育基地	24666
		(2)广灵特色中药材资源基地	3292
2	下白羊田园综合体	(1)有机谷子示范基地	7282
		(2)有机杏园	910
		(3)有机葡萄园	900
		(4)有机水果加工园	30
3	农禅文化耕作区	(1)五蔬园	243
		(2)农禅悟道园	854
4	现代休闲农业观光园		1163
5	海高生态牧业产业园		640
6	上白羊有机杂粮工坊		50

18.2.2 白羊峪生态农业产业发展

18.2.2.1 野生黄芪抚育基地

(1)野生黄芪抚育基地

建设范围:该区位于望狐乡史家坪村南部及白羊峪上段整个区域。

建设内容:野生黄芪抚育保护基地。未来规划成为国内外中草药科研院所的试验基地、中医药院校学生的教学观摩基地、中小学生的生态科普基地。

经过几年的人工自然撒播野生黄芪种子,建立起了一个规模化的抚育基地。2014 年,经中国中药协会认证为蒙古黄芪道地产区,获得"黄芪道地药材保护和生产(野生抚育)基地"称号。

(2)广灵特色中药材资源基地

建设范围:该区位于正南沟域。

建设内容:中药定制药园、中药良种繁育基地。

有黄芩、华北耧斗菜、野生桔梗、地丁、远志、知母、野生波叶大黄等野生中草药。可以采集野生中草药种子,采用生态模式进行种植和保护,使之成为华北地区特色野生中药资源的基源地,为野生中草药的人工驯化和繁育提供种源基地。

18.2.2.2 下白羊田园综合体

(1)有机谷子示范基地

建设范围:白羊峪沟域下段峪口河道东岸的冲积扇面。

建设内容:筛选国内适应广灵县气候条件的特色有机五谷,如五色谷子(绿谷、白谷、黑谷、红谷、黄谷)、黄黍子、白高粱、糯高粱等,按照有机标准进行生产和认证,通过开发特色养生健康食品,提高农产品的附加值,增加农户收入。

有机谷子种植基地按照有机农业要求实施轮作、套种制度。轮作时,应选择非转基因的大豆、小豆、芸豆、豌豆等,建立广灵县优质豆制品原料示范基地、生产加工基地,创建"广灵峪口"优质品牌农产品,带动全县优质豆类农作物发展。

(2)有机杏园

主要以现有的 500 亩大接杏、美国凯特杏、金太阳为基础，扩大到 900 亩。新建的有机杏园采取套种的模式，林下种植露地草莓，套种百合或其他中药材。

(3)有机葡萄园

选择抗寒抗旱能力强、口感等品质较好的品种进行种植，如茉莉香、夏黑、醉金香、美人指等，与现代休闲农业园区形成互补，为休闲旅游业提供服务。

18.2.2.3　农禅文化耕作区

建设范围：极乐寺东侧与 303 省道之间的农田。

建设内容：五蔬园、农禅悟道园。

中国的农业自古和佛教就有紧密联系，据记载，寺院自耕农田最早始于东晋，以农悟道的生活习惯和修行方式，曾经是古时寺院的重要组成部分。由于许多祖师大德多是农家子弟出身，也因此带动了古时农事活动和农业技术的发展。佛教在新植物的引进培植方面也贡献巨大，例如菠菜、新罗茄子、胡桃、胡椒、胡萝卜、贝多树等，都是古时通过僧侣们的弘法交流活动引进中国的。

(1)五蔬园

主要选择《黄帝内经》中提到的“葵、韭、藿、薤、葱”五菜进行种植，同时选择佛门养生修行的日用蔬菜进行种植，满足极乐寺日常及对外素餐之用。

(2)农禅悟道园

依据“一日不作、一日不食”农禅思想，为佛门弟子、俗家弟子及信众提供一处禅修悟道的农耕园。通过农事生产，培养信众惜福爱物、精进忍耐的思想境界，为大众树立起勤劳生活的榜样，以此推动农禅思想与养生农业理念的相互通融，推动农耕文明与佛教文明的共同发展与进步。

18.2.2.4　现代休闲农业观光园

建设范围：白羊峪峪口东与黑土洼村农田地。

建设内容：食用菌栽培区、温室蔬菜种植区、连栋温室景观区、花卉苗木观光区。

对原有的食用菌生产园区进行改造，打造集休闲观光为一体的现代休闲农业观光园。

18.2.2.5　海高生态牧业产业园

建设范围：黑土洼村东北。

建设内容：奶牛肉牛生产区、饲料桑种植区、饲用玉米种植区。

18.2.3　白羊峪生态旅游产业发展

18.2.3.1　发展思路

沟域旅游特色为“幽静”，林木茂密，核心景观“白羊暮霭”为广灵古八景之一，是广灵县历史悠久的名胜古迹沟域。规划定位“白桦绿谷”，依托白羊古景和优良的生态环境，着力提升老君洞天景区、逍遥谷(白羊峪上下白羊沟)景区、白羊峪源景区，打造太行山生态文化型休闲度假沟域。

18.2.3.2　发展重点

生态＋旅游：自然灾害防治(山洪、崩塌和泥石流)与生态旅游发展。

名胜＋旅游：广灵县历史文化名胜地与现代市场旅游需求结合。

设施＋旅游：特色旅游产品和项目建设，旅游配套设施建设。

村庄＋旅游：上下白羊村建设乡村旅游服务业、中医养生服务业、有机中草药和果蔬种养加产业。

18.2.3.3 空间布局

白羊峪旅游空间布局为“一体、一镇、五景区”，即一个田园综合体、一个生态旅游小镇、五个旅游景区。

18.2.3.4 重点项目

(1)白羊田园综合体

依托下白羊村2位百岁长寿老人、特色小米、大尾羊（省级重点保护物种）及极乐寺等资源，集长寿农业、净心宗教、养生度假、寿乡养老等功能于一体，打造长寿旅游田园综合体。

(2)上白羊生态旅游小镇

借助峪口区位优势，整合红色文化资源、历史文化资源和民俗文化资源，打造集聚餐饮、住宿、休闲、娱乐、文化感悟等功能于一体的生态旅游小镇。

(3)老君洞天景区

依托洞穴遗迹，结合传说故事和历史文化，整合洞穴、山峰、溪水、松涛、植被等生态资源，打造成集文化养生、休闲感悟、登山徒步、休闲娱乐等功能于一体的综合性文化养生景区。

(4) 逍遥谷景区

沟域幽深，植被茂密，潺潺流水声，花香鸟语鸣，适合徒步健走。既有水声，又有虫鸣；既有青山，又有绿水；既有花香，又有鸟语；令人禁不住惊叹大自然的鬼斧神工，仿佛置身于一幅自然的生态画卷之中。

整合山、水、林、物、石等生态资源，以庄子梦蝶和庄子逍遥游哲学寓意沟域游览的生态哲学养生体验，集健步、观赏、餐饮、休闲、住宿、娱乐等功能于一体，建设生态文化养生沟域。

(5)药王谷景区

位于白羊峪正南沟、草沟，整合中草药种植和优良生态环境，建设以孙思邈中医药文化为主题，集养生、度假、休闲、美食、住宿、运动等功能于一体的综合性中医药文化艺术体验地。建设项目包括药王殿、药王谷养生度假苑等。

18.3 圣眷峪生态产业体系规划

18.3.1 圣眷峪生态产业体系发展总体思路

圣眷峪所属行政区由望狐乡的国家眷、闯道坡、史家坪（部分）三个行政村组成。圣眷峪由主峪和若干小沟域组成，根据行政区划、道路交通出口需要，将史家坪村的部分土地也纳入该沟域范畴。

根据“圣眷御谷”的沟域总体定位，圣眷峪重点发展以“皇”家文化为特色的生态景观农业、特色油料农业产业（表18-3）。

表 18-3　圣眷峪"圣眷御谷"农业产业功能分区表

序号	功能分区	分区	占地面积/亩
1	广灵梯田景观农业区	(1)金筐萝梯田农业区(油菜)	540
		(2)蓝簸萁梯田农业区(胡麻)	1755
		(3)高山沙棘休闲采摘区	2221
		(4)史家坪农产品工坊	14
2	国家眷田园综合体	(1)药岭花海	3703
		(2)有机沙豆混合农业区	15597
		(3)芳香精油植物栽培区	6114
		(4)卖油翁农产品加工园	123

18.3.2　圣眷峪生态农业产业发展

18.3.2.1　广灵梯田景观农业区

(1)金筐萝梯田农业区

建设范围:牛口峪沟上段凹形农田地。

建设内容:选择国内西北地区特色油菜花品种,沿筐萝形梯田进行种植,在打造金筐萝景观农业的同时,打造高山有机油料基地。

选择国内西北地区油菜花品种,沿着圆形梯田种植,形成由中心向四周阶梯状逐渐延伸的独具特色的油菜花海景观。春回大地之时,漫山金黄,泥土的清香和菜花的香味弥漫于群山沟壑、乡村田园,让人沉醉。恰至细雨天,雾气由盆舟升腾,宛若人间仙境。提升景观效果的同时,集中采收油菜籽,榨油获得经济效益。

(2)蓝簸萁梯田农业区

建设范围:史家坪村与牛口峪村交界簸萁形梯田。

建设内容:选择国内北路胡麻品种进行有机种植,打造蓝簸萁梯田景观农业,建立史家坪健康养生优质胡麻种植基地。

白麻是一种经济价值很高的植物,广灵县的白麻,种植历史悠久,闻名全国。其特点是色泽光亮、皮薄性韧、纤维细长、柔软光滑。

环绕簸萁形阶梯种植胡麻,不同梯度之间建设隔离带,种植黑果花楸、山樱桃等花灌木,或垂柳等具有田园风格的小乔木,形成乡愁气息浓厚的田园景观。胡麻是重要的油料作物,含大量不饱和脂肪酸,具有降低血糖、血脂、血压,抗癌、抗心律失常等多种功效;亦是具有吸汗、透气性良好特性的纯天然纤维。对胡麻进行挖掘开发与深度加工,发挥其在功能性食品、保健药品、化妆品、纤用与饲用等多方面的价值。

(3)高山沙棘休闲采摘区

建设范围:史家坪村北与金筐萝、蓝簸萁梯田交界处。

建设内容:引进大果沙棘品种,辅助当地自然矮化品种,同时进行杂交,繁育出新品种,打造一处春夏采叶制茶、秋冬采果自酿果醋、自制沙棘油的休闲体验区。

此区域海拔在 1800 米以上,气候冷凉,昼夜温差大,有"雁北十三县,最冷国家眷"的说法。将该区规划为沙棘栽培区。沙棘是一种落叶性灌木,喜光、耐寒、耐酷热、耐风沙及干旱气候,具有止咳祛痰、消食化滞、活血散瘀的功效。沙棘果实营养丰富,富含维生素 C 及多种人体所需的活性物质和氨基酸，可加工沙棘汁。沙棘叶片含粗蛋白、粗脂肪、粗纤维、无氮浸出物等，可制作保健茶。沙棘油具有抗疲劳、抗癌、美容保健等多种功效，可作为化妆品原料。

18.3.2.2 国家眷田园综合体

(1)药岭花海

建设范围：圣眷峪东向支沟。

建设内容：该区域已经开发了一处黄芪种植基地，利用新开黄芪基地与紫菀共生的特性，建设一处黄芪—紫菀共生景观农业区。紫菀的花朵可以采集入药，可以制作花篮、花冠、干花，配合休闲农业，提高黄芪中药材基地的附加值。

(2)有机沙豆混合农业区

建设范围：圣眷峪东坡国家眷村、闯道坡村、望狐村三村的坡地。

建设内容：有机沙棘种植区、有机豆类作物基地。

(3)芳香精油植物栽培区

建设范围：圣眷峪下段路西及沟域内梯田。

建设内容：精油植物栽培区，包括当地玫瑰、薰衣草、月见草、迷迭香、香蜂草、薄荷等。

18.3.3 圣眷峪生态旅游产业发展

18.3.3.1 发展思路

沟域旅游特色为“御”，定位“圣眷御谷”，依托国家眷村的望京楼古建筑以及历史文化，整合沟域生态“山水林田”资源，打造皇家文化生态休闲沟域。

18.3.3.2 发展重点

沟域＋旅游：以白桦林为特色的生态旅游休闲沟域开发和建设。

农业＋旅游：农业大地景观和休闲农业发展。

村庄＋旅游：国家眷村历史文化传统村落的保护、乡村旅游服务业发展和美丽乡村建设。

18.3.3.3 空间布局

圣眷峪旅游空间布局为“一沟、一镇、三景区”，即一条生态旅游沟域、一个文旅小镇、三个旅游景区。

18.3.3.4 重点项目

(1)国家眷文旅小镇

依托圣眷峪国家眷村郡马城遗址，以皇家文化为主题，修缮古迹，开发景区，培育民宿产业，建设御文化游园，营造御文化景观，将国家眷村打造成为皇家遗迹与皇家文化主题鲜明的特色旅游小镇。

(2)广灵梯田景区

结合史家坪“盆周梯田”大地农业景观，配套建设休闲设施、迷宫体验项目、立体健身步道等。

(3)药岭花海景区

结合地形地貌，以中草药种植(黄芪、紫菀等)为产业基础，配套建设中草药大地景观观赏体验项目、休闲设施项目、娱乐项目、养生健身项目等，建设集观赏、体验、养生、娱乐、休闲等多功能于一体的农旅融合景区。

(4)避暑胜地史家坪民宿景区

选取传统民居元素，建设设施先进、外观古朴的民宿窑洞，作为民宿进行整体开发。

第 19 章　沟域生态文化体系建设研究

生态文化是一种人与自然、社会与自然达到高度和谐统一的建设，它是一种科学的、和谐的文化。增强对生态文化的认知，增强生态文化建设，对我国生态文明建设有着非常关键的作用。非物质文化遗产是推进区域文化振兴的宝贵资源。要善用本地文化资源优势，铸魂赋能文化振兴，实现内源性发展（何海狮，2023；李娟，2023）。此外，生态文化旅游产业的发展也需要注入丰富的文化内涵，深入挖掘醇厚的民风民俗以及现代休闲文化的内涵，并赋予其新的时代内涵，促进生态文化旅游中文化效益的实现（邢莉，2022；马颖，2023）。广灵县位于山西省东北边陲，自然条件优越，素有“塞北小江南”的美誉，其历史文化悠久，文化底蕴深厚。以德润身、以文化人，生态文明沟域建设离不开绿色、和谐、系统的生态文化的引领、指导和潜移默化。

19.1　生态文化体系构成

19.1.1　农耕与游牧文化

广灵县的农耕与游牧文化是在农耕民族和游牧民族的长期交流下形成的，这种交流既包括和平时期的正常交流活动，也包括敌对时期的战争。广灵县是一个传统农业县，农业基础较为雄厚，素有“塞北小江南”和“小乌克兰”之称。境内农作物品种丰富，“东方亮”小米、五香瓜子、五香豆腐干、黄花菜、画眉驴、大尾羊、广灵蘑菇等地方特色农副产品驰名国内外。广灵县是国家扶贫开发工作重点县、山西省“雁门关生态畜牧经济区建设”“晋西北和太行山革命老区扶贫开发”两个战略实施重点县，也是大同市优质杂粮生产基地、山西省“无公害农产品认证整体推进县”和“国家级食品安全示范县”“中国绿色名县”“绿色农业示范区建设单位”“国家首批绿色能源示范县”“国家首批有机产业认证示范创建县”。

19.1.2　中医药文化

广灵县是一个中医药历史传统非常深厚的地区，历史上名医辈出，老百姓对中医药的信赖程度很高，像刮痧、拔火罐这类简单的技术，不仅村医能够提供服务，而且很多老百姓自己在家里就可以操作。广灵县的药材资源也很丰富，是黄芪的重要产地，有“北芪之乡”的美誉。

山西省广灵县是国家级贫困县，依托当地厚实的中医药基础和丰富的药材资源，优先发展中医药，成功创建为全国农村中医工作先进县。目前，全国农村中医药整体服务水平还比较低，部分县级中医院中医药特色优势还不突出，广灵县在这些方面进行了有益的探索。其经验说明，广大农村和基层，尤其是贫困地区需要中医药，中医药在农村有广阔的发展前景。

19.1.3　宗教文化

人类生活是物质文化与精神文化的统一，广灵县在长期的人类居住历史中形成了儒、释、道宗教文化的集合局面。

(1)水神堂

水神堂原名洋水神祠，始建于明嘉靖年间。清乾隆年间增建文昌阁，改名水神堂。水神堂坐北朝南，占地7600平方米，主要建筑有灵应宝塔、圣母殿、禅房、文昌阁、山门、钟鼓楼、老君殿等(图19-1)。

图19-1　广灵县水神堂

(2)极乐寺

广灵县极乐寺坐落于山西广灵县九龙山，是一座专弘净土法门的十方丛林。寺内建筑气势恢宏，大雄宝殿庄严肃穆，观音台慈悲祥和。寺周山水环绕，景色清幽，在晨钟暮鼓中尽显佛门清净，是信众朝拜、游客感受佛教文化魅力的绝佳去处。

图19-2　广灵县极乐寺

19.1.4　生态地质文化

嶂石岩地貌为中国三大砂岩地貌之一(另外两大砂岩地貌为丹霞地貌、张家界地貌)，为地貌学按岩性分类确立的一种新型地貌类型，主要由易于风化的薄层砂岩和页岩形成，多形成绵延数千米的岩墙峭壁、三叠崖壁，除顶层为石灰岩外，多由红色石英岩构成。远远望去，赤壁丹崖，如屏如画，甚为壮美。被地质学家、地理学家命名为嶂石岩地貌(图19-3)。

图 19-3 嶂石岩地貌景观

长江峪、白羊峪和黄龙峪的嶂石岩地貌分布极为广泛，尤其以长江峪和黄龙峪为重点分布区域。嶂石岩地貌构造极为典型，形成了非常典型的丹崖、碧岭、奇峰、幽谷等地貌景观，具有极大的科研价值和旅游开发价值。

19.1.5 皇眷文化

圣眷峪景区位于广灵县望狐乡南 3 千米处，景区从国家眷村旧村遗址（原郡马城）开始。该景点位于国家眷村现址。国家眷，顾名思义，为国家、皇家亲眷之意。国家眷村绝大多数村民为武姓，武姓上 21 代祖为明世宗嘉靖帝的侄女、女婿，也就是皇室郡马，朱氏郡主和武姓郡马曾长期回家乡居住，建有郡马城、望京楼、三官庙、大戏台，随后又建有东山、西山、南山三座寺庙。现仅存望京楼（图 19-4，老百姓自筹资金，2003 年恢复重建三层，原建筑为五层）、大戏台、方正整齐的街巷。

图 19-4 国家眷村望京楼

19.1.6 养生文化

广灵县养生文化的形成得益于当地的自然条件和饮食结构，广灵县优美的环境无疑为当地居民的长寿提供了极大的助益，当地清新的空气、甘冽的泉水，使人心旷神怡。当地居民的饮食习惯也对其长寿产生影响。广灵县居民长期食用当地种植的杂粮，如红豆、绿豆、黄豆、黍、糜等，加上自然生长的林下食用菌，有利于身体健康。长寿之人的心态也很重要，他们都很乐观，不计较太多的得失，易于知足。广灵县得天独厚的中药材和代代相传的中医基础，加上健康的饮食习惯，形成了当地独特的养生文化。

19.2 加快培育生态文明意识

19.2.1 完善生态文明教育体系

生态文化教育体系是以各教育类生态文化载体为主体构成的，是以通过教育手段传递生态文化知识、根植生态文化核心价值观念为目的的综合性生态文化载体集合。从操作层面上讲，生态文化教育体系的建设即是生态文明教育开展及其场所的建设。就广灵县而言，应着重加强以下 4 个方面的工作。

(1)建设科普基地，鼓励相关中小学开展实践

加强中小学生生态文明教育，是全面建设小康社会的必然要求。一方面，生态文明社会实践教育是进行中小学生生态文明教育不可或缺的部分，进行生态文明教育必须要强化生态文明实践育人环节。另一方面，中小学生应当具有面向未来的生态文明理念，并逐步培养良好的生态道德和生态世界观，自觉地参加各种生态文明实践活动，深入具有代表性的地区进行生态文明实践，在潜移默化中得到教育。

(2)建设科普教育基地，普及生态文明知识

科普教育基地建设是实现生态文明教育的重要途径。科普教育基地为提高公众科学文化素质服务，是利用社会科普资源，面向公众开展科普宣传活动的基地。作为面向大众的开放性科普教育基地，生态文明教育主要通过生态文化普及和科普基地的建设实现。建立科普教育基地对于广大人民群众了解生态科学、热爱生态文明是非常必要的，特别是对于青少年树立生态科学思想和生态文明观有很好的作用。

广灵县应建立科普教育基地体系，综合利用长江峪、白羊峪和圣眷峪的自然资源和人文资源，拓展生态文明认知空间。首先，加强科普基础条件建设，提升开展科普活动能力。推动科普示范基地建设，完善科普场馆建设，建立现代科技展示基地、科研成果宣传基地、科学理念展示基地，尤其是生态型基地的建设。强化地区合作、县校所合作等，为农业、工业配备科普设施和相关的实验设备，加强新型科普社区建设，逐步提高广灵县开展科普活动的能力。其次，构建科技成果展示机制，推动科普工作的社会化。加强重大科技项目的科普工作，将最新的科技成果通过科技馆、周期性的“科普知识下乡”活动或者媒体等，及时向公众发布。进一步提高科普活动组织管理的专业化水平，建立集中性和经常性活动相结合的科普宣传长效机制。最后，要开拓科普发展新途径。充分利用广灵县丰富的物种资源、旅游资源、农业生物资源，将科普与旅游、环保、文化艺术、娱乐休闲等有机结合，开拓科普工作新形式、新途径，促进科普产业的形成和发展，进而促进生态文明建设进程。

由广灵县教体局统筹，在全县中小学范围内，在通过课堂讲授生态环保相关知识的同时，重点开展品牌环保实践活动，鼓励学生在日常学习和生活中主动践行生态环保理念。积极开

展以生态环境为主题的社会大课堂活动,并通过鼓励中小学生在校、在家实行垃圾分类、珍爱每一滴水、光盘行动等,对他们进行生态文明的养成教育。此外,教委将一如既往地鼓励、支持中小学生成立生态保护类社团,发挥学生在生态文明教育和实践中的主体作用。结合广灵县容易亲近大自然的优势,鼓励中小学生每年暑假举办走进大自然的生态教育夏令营。广灵县可进行“生态学校、文明教育”典型示范建设项目,并进行重点打造。

(3)重视各级政府的生态文明教育,完善生态文明执政体系

针对政府的生态文明教育是推动科学执政的前提和保障。生态文明是科学执政的出发点和归宿,而且生态文明建设水平是政府科学执政成效的反映。所以,政府各部门应接受生态文明教育,以先进的理念和方式引领生态文明建设,以政府“绿色绩效”展现突出的执政成效。

广灵县下一步应在现有条件的基础上,强化以生态为纲的决策准则,建立政府自我约束机制。

第一,构建生态行政体系。由广灵县政府牵头,建立一支具备较强生态意识的决策集体,在充分领会生态文明建设内涵的基础上,制定社会发展所需的相关法规、制度、政策、措施等。将生态文明理念充分融入政府决策中,使经济发展、政治民主、文化繁荣、社会和谐和生态文明共同支撑地区发展。

第二,开展公务员生态文化教育。建立健全监督约束机制,提高各级领导干部的生态责任感,促进政府官员追求绿色政绩、坚持保护环境和节约资源的基本国策,着力推进社会绿色发展、循环发展、低碳发展。

第三,明确各部门生态文明建设的任务。明确资源破坏、环境污染等问题的惩治措施,规范绿色、节能、环保的行政行为,树立政府在生态文明建设过程中扮演的决策者、制定者、监督者、服务者和示范者的多元化形象,帮助及引导公众树立正确的生态文明价值观念。

(4)强化企业生态文明约束,走绿色生态化生产道路

企业作为社会的主体,其社会活动同社会的整体发展密切联系。在生态文明建设当中,企业环保意识的增强和生态责任的担当,不仅是社会对企业的要求,同时也是企业自身发展的要求。企业履行生态责任在生态文明建设中具有重要的意义。因此,应加强企业的环保意识教育,规范企业生产模式,重视企业生态责任建设。

目前,广灵县针对水环境、大气环境、声环境和固体废弃物处理等方面始终进行着不懈努力,环境正进一步改善。但是,作为主要污染源的工业企业来说,有的仍是利润至上,忽视环境效益,环保意识依然比较淡薄。因此,企业的道德素质和社会责任感有待进一步加强,环境友好型生产技术与方法有待进一步革新,政府各项制度需进一步完善。

第一,树立正确的生态文明发展观,提升企业的生态道德素质。培养正确的生态文明观,使企业自觉担当起保护环境和维护生态平衡的责任。企业领导者争做地区绿色生产榜样,并定期为全线员工进行职业道德培训,强化道德素质,生态文明建设理念体现在生产过程中的每个细节。

第二,加大对企业领导与员工的生态文明教育培训。结合企业自身情况,加强节能减排和环保新技术的学习,推动企业向资源节约型、环境友好型企业转变。邀请企业负责人,尤其是高污染企业负责人参加公益性环保组织,通过参观学习等方式提高企业负责人的生态生产责任意识。

第三,重视企业文化在生态文明建设中的重要作用。企业文化是企业的灵魂,是企业赖以

持久发展的动力，是企业价值观和行为准则的体现。企业自身要积极培育体现生态文明理念的企业文化。

第四，加强制度建设，增强责任意识。逐步制定和完善企业管理中的环保规章和文明权益，建立企业环境行为监管制度、环境友好企业的激励制度、企业环境报告和环境审计的社会公示与听证制度、环境治理代理人制度、环境污染责任保险制度、污染物排放许可有偿使用和交易制度以及科学顺畅的群众监督机制。

19.2.2 弘扬本土特色传统文化

本土文化作为一种垄断性资源，很难被复制和移植，文化的多样性恰恰为差别化战略提供了广阔的思维空间，不同的文化元素和氛围能为特定区域的产品和服务提供独特的魅力和价值。区域文化具有整合功能。一方面，文化沟通和体验能使经营者和消费者之间形成深层次的情感共鸣和精神认同，达成心灵上的联通，使消费者产生一种心理依附和对产品服务的忠诚感；另一方面，区域文化能有效整合各种区域性资源，关联、带动区域经济的全面发展，提升其核心竞争能力。区域文化就像是一个巨大的“磁场”，它可以通过“磁力线”向周边地区发射强烈的磁力，吸附人才、技术、信息、资金等各种资源要素，为区域经济社会发展服务。

(1)发掘本土文化，展现独特沟域形象

本土文化主要是指扎根本土、世代传承、有民族特色的文化。本土文化既有历史传统的沉淀，也有植根于现实生活的变化和发展，其主要包括自然地缘文化、环境形态文化、历史文化等，有效整合开发地区民间民俗、本土特产、家乡风景等人文或自然资源，是塑造独一无二的广灵县生态文明沟域形象的源泉。表 19-1 为广灵县生态文明沟域生态文化发掘项目。

表 19-1　广灵县生态文明沟域生态文化发掘项目

序号	名称	建设地点
1	水神堂旅游转型升级项目	南村镇
2	极乐寺、佛学院旅游提升项目	南村镇
3	老君洞旅游开发项目	长江峪
4	中医小镇建设项目	长江峪
5	国家智能养老基地	长江峪
6	生态美食城建设项目	长江峪
7	中药黄芪野生抚育基地建设项目	白羊峪
8	中医养生膳食馆	白羊峪
9	望京楼修缮与旅游开发项目	圣眷峪
10	文旅小镇建设项目	圣眷峪
11	广灵梯田建设项目	圣眷峪

(2)创作并传播生态文化作品

文化作品是本土文化的表现形式，文化基础设施和文化队伍是本土文化传播的载体，不断传承和创新是本土文化保持持续影响力的保障。

广灵县现有的本土文化种类多样，如农耕与游牧文化、中医药文化、宗教文化、地质文化、皇眷文化以及民俗文化等。但是，文化传播队伍素质和专业化水平有待加强，文化传播的系统性和生态文化之间结合度不强。因此，有效梳理和综合开发生态文化资源，实现整体、精致、新颖的目标，是广灵县生态文化传播的重点。

①完善生态文化传播所需的基础设施和文化服务体系。各级文保单位按照自身需要建立展现文物历史及文化内涵的文化馆、博物馆等基础设施，整合和综合利用地区文化资源，增强生态文化传播效果。各级政府继续建设文化站、社区文化活动室、数字影厅等文化基础设施，并配备图书、影像播放设备，更新演出道具等相关措施，使生态文化在社区和村级民众中广泛流传，继承和发扬优秀的文化。

②做好生态文化队伍建设，丰富和完善表演形式。建立具有展现时代特色的先进生态文化传播队伍，打造村—镇—县不同规模的表演团队。通过从业人员资格考核，实现各级生态文化传播队伍专职化；聘请高校专业表演团队，升级表演水平；选择各种题材和多种表演形式，实现表演方式与表演门类多样化。

③弘扬传统文化，创新生态文化演绎产品，展现时代风采。继续通过丰富多彩的民族、民俗文化表演等活动，促进当地旅游、经济、文化全面发展。另外，将传统文化通过合理改编，赋予时代特色，展现新形势下广灵县生态文明新局面；开展文化下乡和各种主题文化活动，为各级群众展现文化风采。

19.2.3　广泛开展生态文明宣传活动

(1)生态教育主题宣传活动

生态教育主题宣传活动是进行生态文明建设的重要途径，它能使各利益相关者围绕与生态文明相关的主题进行交流，使生态文明的理念深入人心。

广灵县已经进行了不同主题和形式的主题宣传活动。首先，可在此基础上继续拓展，如在每年的世界湿地日、世界水日、世界气象日、世界地球日、世界无烟日、世界环境日、世界防治荒漠化和干旱日、世界人口日、国际臭氧层保护日、世界动物日等与生态文明建设相关的国际日，有针对性地策划和举办主题纪念活动，不断提高环境保护宣传教育普及率。依托高校、科研院所等，开展国内、国际研讨会或经验交流会，提高各层次公民对于生态文明建设的认识水平。其次，适应广灵县本土发展要求和时代特征，继续"做深""做新""做活""做久"生态文明教育主题宣传活动。

"深"：认真领会，准确把握，做深生态文明主题活动。生态文明相关的主题活动不但内涵丰富、涉及面广，而且关注度高、政策性强，只有深入领会其精髓，找准建设着力点，准确把握其实质，才能在宣传中充分挖掘广灵县优势资源，突出生态文明建设的重点，驾驭好每一个主题活动的宣传。

"新"：紧扣时代，贴近实际，做新生态文明主题活动。要把生态文明宣传活动做好，必须紧扣时代脉搏，贴近生活实际，增强针对性，把宣传内容与群众力所能及的事情融合起来，把丰富生动的内容与喜闻乐见的形式结合起来，从"新"字入手，宣讲新政策、解剖新问题、宣传新典型、推广新经验，使生态文明主题宣传活动具有更加鲜明的时代特征。

"活"：创新形式，增强互动，做活生态文明主题宣传活动。能否与群众产生共鸣是衡量主题宣传活动是否有成效的一个重要标志。广灵县生态文明主题宣传活动，不仅要求有一定的规模和声势，更要重视宣传活动的实效。寻求创新，注重与百姓进行多种形式的沟通与互动，采用百姓乐于、易于接受的宣传报道方式，要让百姓有"说话"的机会、有表达心声的途径，使主题宣传活动更有“亲和力”,而不是“灌输”和被动地接受。

“久”:统筹兼顾,不断完善,做久主题宣传活动。广灵县生态文明相关的主题宣传活动是一项长期和艰巨的任务,绝不能浅尝辄止,要立足于做久“生态绿谷”这一相关主题宣传活动,要从本地实际出发,统筹兼顾、不断完善、长期坚持。

(2)积极在报纸、杂志、刊物等平面媒体上开展宣传

将广灵县内文化现象、文化名人、文化活动、文化历史、文化精品等集中编写成册,并定期举办文化推介活动,将本土故事通过书画、书法、杂志、报纸等媒介进行推广;创立县级期刊,鼓励本地民众投稿,充分展现广灵县和谐的生产、生活氛围;设立社区环境小品、社区公共宣传栏、社区文化设施。

以广灵县的一些民间艺术为载体(如广灵剪纸),通过生态文明进社区、进农村活动对广大民众进行宣传,一方面主动向居民宣传日常生活中的生态理念和行为;另一方面通过举办环保公益活动,让居民主动参与其中,展现全民参与的生态文化。

(3)在广播、电视、网络等媒体上开展宣传

由广灵县委、县政府牵头,多部门联动,邀请市级及以上媒体进行“生态广灵县、和谐广灵县”等主题的大型纪录片拍摄,以及制作“生态广灵、美丽沟域”等主题的宣传短片,充分展示自信、自强、淳朴的广灵人形象。除此之外,通过数字媒体活动室、广灵电视台等不定期举办“生态与环境大讲堂”,鼓励生态文明行为,唤醒人们的生态潜意识,并建立与自然和谐相处的内在情感,实现人与自然的和谐发展。

第 20 章　沟域经济发展保障体系建设研究

制度建设是生态文明建设的重要内容，也是实现生态文明的重要保障。生态文明建设是理念、制度和行动的综合，它通过科学理念指引制度设计，通过制度规范引导行动，从而构成一个完整的体系（周宏春，2013；朱凤武 等，2017；程波辉 等，2022）。党的十八届三中全会明确提出建立系统完整的生态文明制度体系，实行最严格的源头保护制度、损害赔偿制度、责任追究制度，完善环境治理和生态修复制度，用制度保护生态环境。

2015 年 4 月，中共中央颁发的《关于加快推进生态文明建设的意见》进一步提出基本形成源头预防、过程控制、损害赔偿、责任追究的生态文明制度体系，更凸显了建立长效机制在推进生态文明建设中的基础地位。2015 年 9 月，中共中央政治局召开会议，审议通过了《生态文明体制改革总体方案》，加快建立系统完整的生态文明制度体系，加快推进生态文明建设，增强生态文明体制改革的系统性、整体性、协同性。

2017 年 5 月，习近平总书记在主持十八届中共中央政治局第四十一次集体学习时指出：“要落实领导干部任期生态文明建设责任制，实行自然资源资产离任审计，认真贯彻依法依规、客观公正、科学认定、权责一致、终身追究的原则，明确各级领导干部责任追究情形。对造成生态环境损害负有责任的领导干部，必须严肃追责。各级党委和政府要切实重视、加强领导，纪检监察机关、组织部门和政府有关监管部门要各尽其责、形成合力。”

2018 年 5 月，习近平总书记在全国生态环境保护大会上强调：“要建立科学合理的考核评价体系，考核结果作为各级领导班子和领导干部奖惩和提拔使用的重要依据。对那些损害生态环境的领导干部，要真追责、敢追责、严追责，做到终身追责。要建设一支生态环境保护铁军，政治强、本领高、作风硬、敢担当，特别能吃苦、特别能战斗、特别能奉献。各级党委和政府要关心、支持生态环境保护队伍建设，主动为敢干事、能干事的干部撑腰打气。”

2021 年 4 月，习近平总书记在主持十九届中共中央政治局第二十九次集体学习时指出，要提高生态环境治理体系和治理能力现代化水平，健全党委领导、政府主导、企业主体、社会组织和公众共同参与的环境治理体系，构建一体谋划、一体部署、一体推进、一体考核的制度机制。要增强全民节约意识、环保意识、生态意识，倡导简约适度、绿色低碳的生活方式，把建设美丽中国转化为全体人民自觉行动。

20.1　源头保护制度

20.1.1　资源环境生态红线管理制度

资源环境生态红线管理制度就是要树立底线思维，设定并严守资源消耗上限、环境质量底线、生态保护红线，将各类开发活动限制在资源环境承载能力之内。中共中央办公厅、国务院办公厅印发了《关于划定并严守生态保护红线的若干意见》，按照该文件部署要求，原环保部联合发改委，会同有关部门和地方有序推进生态保护红线划定和严守工作。严格生态保护红线管理，按照生态功能保育要求，分区分类制定山西省生态保护红线建设项目环境准入负面清单，建立生态保护红线补偿机制。

20.1.2 环境影响评价制度

环境影响评价制度是指在某地区进行可能影响环境的工程建设，在规划或其他活动之前，对其活动可能造成的周围地区环境影响进行调查、预测和评价，并提出防治环境污染和破坏的对策，以及制定相应方案。中国的环境影响评价制度经过三十年的发展，已经形成了与之相应的行政管理体系、法律法规体系、技术支持体系和环境影响评价资格资质管理体系，在生态环境保护、资源有效利用、促进节能减排方面发挥着重要作用。

(1)环境影响评价制度的适用范围

①对于规划项目

土地利用的有关规划，区域、流域、海域的建设、开发利用规划，应当在编制过程中增加有关环境影响的篇章或说明，对规划实施后可能造成的环境影响进行分析、预测和评估，提出预防或减轻不良环境影响的对策和措施。工业、农业、畜牧业、林业、能源、水利、交通、城市建设、旅游、自然资源开发的有关专项规划应在规划草案上报审批前，组织进行环境影响评价，并向审批该专项规划的机关提出环境影响报告书。

②对于建设项目

根据项目对环境的影响程度实施分类管理：建设项目对环境可能造成重大影响的，应当编制环境影响报告书，对建设项目产生的污染和对环境的影响进行全面、详细评价。建设项目对环境可能造成轻度影响的，应当编制环境影响报告表，对建设项目产生的污染和对环境的影响进行分析或者专项评价。建设项目对环境影响很小，不需要进行环境影响评价的，应当填报环境影响登记表。

(2)环境影响评价的管理程序

《中华人民共和国环境影响评价法》制定了严格的管理程序：对于规划项目，规划的编制机关在报批规划草案时，应当将环境影响报告书一并附送审批机关审查，未附送环境影响报告书的不予审批。对环境有重大影响的规划实施后，编制机关还应当组织环境影响的跟踪评价，发现有明显不良环境影响的，应当及时提出改进措施。对于建设项目，该项目的环境影响评价文件未经法律规定的审批部门审查或者审查后未予批准的，该项目审批部门不得批准其建设，建设单位不得开工建设。建设过程中，建设单位应当同时实施环境影响报告书、环境影响报告表以及环境影响评价文件、审批部门审批意见中提出的环境保护对策措施。环境保护行政主管部门应当对建设项目投入生产或者使用后所产生的环境影响进行跟踪检查，对造成严重环境污染或者生态破坏的，应当查清原因、查明责任。此外，针对不同的违法行为，《中华人民共和国环境影响评价法》还制定了相应的处罚措施。

(3)落实环境影响评价制度

新的《中华人民共和国环境影响评价法》于 2016 年 9 月 1 日起开始实施，对于广灵县沟域而言，为了从源头减少环境污染、减小生态破坏，必须对各类开发、建设项目进行环境影响评价。沟域内的环境影响评价与常规建设项目相比，独特的自然风貌是其最宝贵的资源，因此，生态系统和景观结构应当是评价的重点。在项目建设过程中，要重点考虑对生态系统、景观结构的影响，例如项目建设、居民住宅建设等，均应注重对原始风貌的保护以及与周边自然景观的协调。另外，在项目实施过程中，应当加强监管，确保防治污染的设施与主体工程同时设计、同时施工、同时投产使用，全面控制项目的环境影响。

20.2　过程监管制度

20.2.1　健全环境监管体系

(1)完善环境监测系统

针对广灵县环境监测数据缺失、环境监测系统不完善、环境监测体系建设不能够满足环境保护需求的现状，建立科学的、适应形势发展的环境监测系统，使其更有力地支持环境管理和政府决策。环境监测要充分发挥好大数据的作用，积极推进环境监测信息化、数字化和现代化建设，以更加快速、更加精准、更加高效的监测手段为环境保护和党委政府科学决策、为环境质量的改善、为保障环境安全提供监测技术支撑。

要提高环境监测水平。加强环境监测人才培养和队伍建设，努力建成人员数量、素质上基本适应先进的环境监测体系建设与实际监测工作需要的专业化监测人才队伍。要制定落实好监测培训计划，坚持抓好在岗人员培训，运用项目开展推进技术培训；要加大对辖区内环境监测部门的质量管理力度，开展环境监测质量考核、比对和抽查工作，全面加强环境监测质量管理；加大环境监测专用仪器适用性检测工作力度，扩大检测和复检的仪器种类和范围。

要建立严格的上报数据审核制度，要求监测站在数据录入前，认真检查数据的有效性、准确性；加强对检测设备的管理，运行记录、原始记录按质量管理手册的相关规定进行登记、使用与保存；在数据上传前，对照有关要求认真检查，按规定格式填报数据，不得漏报、错报，不得擅自修改附件表中顺序结构。每年年底对环境质量监测情况、自动站运行情况、数据传输情况写出书面总结；定期召开和参加全市数据审核会议，并对数据上报情况进行登记和考核；当断面所在河段发生凌汛和结冻、解冻等特殊情况无法采样时，以及河段断流时，对该断面可不进行采样监测，但必须上报相应的文字说明；对污染严重的河段及断面，在冰封期要密切关注，加强监控，并有针对性地开展有机污染物的监测工作；各类污染物监测应当遵循原国家环保部的环境质量监测技术规范，不得擅自脱离国家和省的要求。监测点位经原国家环保部或省环保局的认定，监测数据应该保证合法、有效；加强对自动监测设备的管理、维护，保证设备的正常运行，监测设备出现故障或监测数据出现异常，要及时查找原因；设备检修时应采用手工监测。

(2)严格环境管理

一是严格环评审批。加强源头控制，严格执行建设项目环境影响评价制度和环保“三同时”制度，严把项目准入关。二是强化环境监管。加大巡查频次，尤其是对饮用水源保护区、重要河流、重点区域、重大污染源的监管力度。三是提高应急能力。进一步对重点源开展环境安全隐患整治，强化环境应急处置联动机制，切实做好人员、物资的保障，不断提高现场处置能力，确保环境安全。

(3)倡导公众参与

一是强化宣传教育，提高公众参与意识。大力倡导生态文明和环境文化，充分运用电视、广播、报刊、网络等媒体广泛开展多层次、全覆盖的舆论宣传。二是开展绿色创建，搭建公众参与平台。开展形式多样、内容丰富的环保素质教育,培养良好的环保行为习惯。推进“生态沟域”“绿色学校”“生态旅游示范社区”“环境友好型企业”等生态细胞工程建设。三是畅通诉求渠道,维护群众环境权益。利用各种信息公开平台发布环境信息,公开涉及公众环境权益的规划、项目、收费,听取公众意见,保障公众对环境的知情权、参与权、监督权。畅通以环保投诉热线为主要途径的群众环保诉求渠道,及时解决涉及群众切身利益的环境问题。

20.2.2 环境信息公开制度

环境信息公开,是指依据和尊重公众知情权,政府和企业以及其他社会行为主体向公众通报和公开各自的环境行为,以利于公众参与和监督。因此,环境信息公开制度既要公开环境质量信息,也要公开政府和企业的环境行为,为公众了解和监督环保工作提供必要条件,这对于加强政府、企业、公众的沟通和协商,形成政府、企业和公众的良性互动关系有重要的促进作用,有利于社会各方共同参与环境保护。

一是通过政府网站、公报、新闻发布会以及报刊、广播、电视等方式,主动公开政府环境信息。二是属于主动公开范围的政府环境信息,环保部门应当自该环境信息形成或者变更之日起 20 个工作日内予以公开。三是公民、法人和其他组织申请环保部门提供政府环境信息的,应当在收到申请之日起 15 个工作日内予以答复;不能在 15 个工作日内做出答复的,可以适当延长答复期限,并书面告知申请人,延长答复的期限最长不得超过 15 个工作日。

20.2.3 政绩考核和问责制度

随着我国经济发展方式的转型,以往对于经济增长速度的政绩评价考核方式正逐步向结构优化、民生改善、环境保护、资源节约、基本公共服务和社会管理等综合评价考核方式转变。为了激励地方政府开展环境保护工作,有必要将资源消耗、环境损害、生态效益等体现生态文明建设状况的指标纳入政绩考核体系中。环保绩效考核和问责制度包括以下三个方面。

(1)建立生态文明保护考核办法

中共中央、国务院《关于加快推进生态文明建设的意见》中提出完善政绩考核办法,根据区域主体功能定位,实行差别化的考核制度。三条沟域所在区域应适度减弱对区域生产总值的考核要求,实行生态保护优先的绩效评价。将环保目标、指标和工作任务纳入领导干部责任考核体系,并增加其考核权重,制定年度工作计划,落实工作责任。建立环境保护进展情况考评制度,对主要环境保护与生态建设目标及任务完成情况、重点工程实施进展情况、区域环境质量变化情况进行监督、评估和考核。

(2)资源环境离任审计制度

领导干部离任审计制度已经施行多年,但以往的离任审计,主要是对领导干部离任的经济责任的审计。引入自然资源资产的审计,势必导致党政机关领导干部和国有企业领导人员进行重大决定时充分考虑生态因素。但自然资源和经济有所不同,如何量化评估自然资源资产,需要建立一套科学可行的计算方法。

采取定量和定性相结合的方式,评价领导干部的资源环境履职情况。一是要选择合适的评价、分析方法,如费用—效益分析法、投入—产出分析法;二是建立一套符合区域实际发展的指标评价体系,如耕地或基本农田保有量完成率、单位 GDP (国内生产总值)能耗下降率、主要污染物总量减排达标率、空气环境质量、水环境质量、“三废”处理率等;三是审查、评价领导干部在其任职期间的行为后果，如审查领导干部在任职期间是否有包庇、放任、纵容重要资源使用和环境保护方面的违法、违规行为，审查其决策是否造成资源的重大浪费和环境的严重污染等。制度建设中，应建立一个以审计机关为问责主体，其他机构为辅的审计问责制度，形成审计机关、行政主管部门、纪检部门、司法部门以及社会公众问责的合力，推动资源环境审计问责制的科学、规范和高效运行。

(3)生态环境损害责任终身追究制度

生态环境损害责任终身追究制度是生态文明制度体系不可或缺的重要环节，终身追究问责解决的是环境问题的滞后性，即环境危害总是发生在环境项目之后若干年。2015 年 8 月，中共中央办公厅、国务院办公厅印发了《党政领导干部生态环境损害责任追究办法(试行)》，建立了生态环境损害责任终身追究制。

重点对以下方面进行责任追究：一是未按照相关规定制定有关的生态文明建设专项规划或行动计划，落实相关的生态文明建设职能和职责的；二是未按照相关规定及时向社会发布有关生态文明建设信息或存在弄虚作假行为的；三是未按照相关规定对生态文明建设实施有效监督管理的；四是未按照规定及时受理有关的检举、揭发或不及时对检举、揭发事项进行调查、处理的。

20.3　完善经济政策

20.3.1　健全价格、财税、金融等政策

一是以完善市场价格体制为途径，将环境资源成本内化在经济主体的决策框架中。污染企业由于在税收和就业上为地方经济做出了贡献，使得地方政府在处置污染源问题上不积极作为。要解决这种治理上的困局，应通过深化资源性产品价格和税费改革，用资源环境税收取代原有的收费制度，将资源环境税收纳入国库中，实现应征尽征，减少资源环境费用征收的随意性和主观性。同时，严格贯彻“收支两条线”制度，使资源环境税的收入真正用于生态环境的治理和修复。逐步建立反映市场供求和资源稀缺程度、体现生态价值和代际补偿的资源有偿使用制度和生态补偿制度，完善资源类产品价格体系，促进资源环境成本进入企业和各类经济主体的决策方案中，避免排污者将污染成本转嫁给社会，实现资源环境成本内化，利用资源环境税的倒逼机制，加快粗放式向集约型、环境友好型经济发展方式的转变步伐。

二是完善税收优惠政策，加强对环保产品和行为的导向。税收优惠是推动生态文明建设投资的一项重要措施，要完善税收优惠政策，明确和细化优惠标准，使其具有实际可操作性。另外，还应采用多种税收优惠形式，如差别税率、投资减免、加计扣除、税收返还等，确保对生态文明建设的税收优惠具有独享性，从而鼓励和刺激生态文明建设。

20.3.2　加大财政资金投入政策

一是建立稳定的生态环保资金投入机制，加大财政对环保的投入力度。国际经验表明，一国治理环境污染投资占其 GDP 的 1%～1.5%时，可以控制生态恶化趋势，当该比例达到 2%～3%时，环境质量才能有所改善。因此，三条沟域所在乡镇及县政府也应继续加大财政支出中环保支出的比例，在财政支出结构中体现环境与生态治理的基础性民生工程地位。

二是加大对环保财政资金的监督力度,提高资金的使用效率。建议财政支出预算科目中增设生态财政支出预算科目,以规范专项资金的使用。同时,加大对环保财政资金的检查力度,定期进行检查,对大规模项目进行跟踪反馈,及时监督环保财政资金的划拨、使用等情况。

20.3.3 生态补偿制度

三条沟域具有独特的自然景观和人文景观,丰富的物种多样性使得该区域生态系统呈现出规模性、完整性和稳定性的特点,对于广灵县生态系统的稳定和生物多样性保护,维持生态系统良性循环、促进生态环境的改善具有重要意义。然而,沟域虽然是生态富集区,但在经济上却并不属于发达地区,保护与利用存在多种力量的交织博弈。

地方政府与当地居民的博弈。从政府角度讲,保护山体、保护生态环境是政府的首要职责。而保护就必须对沟域内居民的行为进行规范和引导,甚至是完全限制和禁止。从百姓的角度讲,“靠山吃山”是其基本生活方式和基本权利。但是,沟域内居民为保护森林生态系统和野生动物让出了部分权利,其经济效益和生活水平受到一定影响,如退耕还林后从农业生产活动中得到的收入下降,或利用保护区资源所得的收入下降。

地方政府与上级政府的博弈。一方面,上级政府赋予地方政府加强保护的神圣职责;另一方面,上级政府对地方政府所付出的保护成本没有补偿的机制和政策,对地方官员的政绩考核又以 GDP 为决定性的考核指标,导致地方官员生态保护的业绩和成效得不到充分肯定。

正因为存在着多种力量的交织博弈,沟域的开发利用中如果不能建立行之有效的生态补偿机制,生态资源的开发与保护将难以协调运行。根据“谁开发、谁保护,谁破坏、谁恢复,谁受益、谁补偿,谁污染、谁付费”的原则,建立生态补偿机制,可以平衡各利益相关者之间的矛盾,是三条沟域取得社会经济发展和自然资源保护共同进步的关键。

(1)生态补偿的主体

补偿主体具体可分为国家补偿、社会补偿和自我补偿。

国家补偿是指中央政府对山地生态建设给予的财政拨款和补贴,以及制定相关的法律法规政策等。从长远看,国家也是改善山岳地区生态环境的主要受益者。因此,也决定了国家是山岳地区生态环境建设利益补偿的主体。

社会补偿主要包括以下三个方面:一是各种形式的捐助,包括国际、国内各种组织和个人对山岳生态环境建设的捐助。二是自然资源的开发利用者对生态恢复的补偿。如旅游资源开发、采煤、采矿、水力开发等,应给予当地生态建设补偿。三是受益地区对生态建设地区的补偿。例如三条沟域作为重要的水源涵养区,为水资源保护做出了巨大贡献,下游受益地区应适当给予补偿。

自我补偿是指山岳地区地方政府对直接从事生态建设的个人和组织进行的补偿。这也是现阶段我国生态建设补偿中除国家和社会补偿外的一个重要的辅助手段。因为从长远来看,山岳地区自身也是生态建设中最大的受益者,所以山岳地区也应该筹集一定的人力、物力和财力支持本地区生态环境的建设。但由于目前大部分地区比较贫困,自身进行生态建设的能力还十分薄弱。因此,现行的生态补偿政策应以国家补偿和社会补偿为主,自我补偿作为补充的办法较为切实可行。山岳地区替代产业和地方经济发展到一定的阶段、有一定的经济实力时,再逐步转变为自我补偿为主、国家和社会补偿为辅。

(2)生态补偿对象

关于补偿给谁的问题,沟域内的农户为保护森林生态系统和野生动物而出让其部分权利,属于受到损害的一方,应得到补偿。谁来补偿,即从森林生态系统恢复中受益的一方,由旅游部门、排污企业以及政府相关部门等做出补偿(表 20-1)。

表 20-1　沟域生态补偿的利益相关者

<table>
<tr><th colspan="2">价值类型</th><th>价值形式</th><th>受益者</th></tr>
<tr><td rowspan="4">使用价值</td><td rowspan="2">直接使用价值</td><td>动物、植物产品(非国家保护、珍稀濒危动植物)</td><td>农民</td></tr>
<tr><td>游乐、科教价值</td><td>旅游部门</td></tr>
<tr><td rowspan="2">间接使用价值</td><td>调蓄洪水、保护水土、防风固沙</td><td>农民</td></tr>
<tr><td>降解污染物</td><td>排污企业</td></tr>
<tr><td colspan="2">非使用价值</td><td>维持生物多样性、保护珍稀濒危物种</td><td>世界</td></tr>
</table>

三条沟域在其补偿主体中,国家和地方财政应该承担主要部分。同时,有关受益机构、受益群体也要承担相应的补偿义务,实行国家补偿、区域补偿以及受益个人和群体补偿相结合的方式。

(3)生态补偿的途径

山岳型区域生态补偿的途径主要包括以下几个方面:一是加大国家财政转移支付的力度,支持山岳地区生态环境建设。二是向受益部门收缴一定数额的生态补偿费和生态补偿税,将其纳入国家预算,由财政部门统一管理,国家每年将一部分资金补贴给生态建设者。三是政府补贴,如将税收的剩余部分作为生态建设区替代产业发展基金,或减免农业税、特产税等。四是强化对资源占用和环境污染的收费,增加资源占用和环境污染的成本,以提高资源的利用效率,减少对生态的破坏,增加对受害地区的生态补偿。五是推广优惠信贷,既可刺激借贷人有效地使用贷款,又可提高借贷行为的生态效率。六是借助国内外基金,如世界环境基金(GEF)、世界自然基金会(WWF)等项目,用于山岳地区生态建设项目。七是建议发行生态彩票,筹集生态建设资金。八是加大对生态环境建设区经济发展的投资,提高其自身的经济实力,增强自我补偿的能力。

(4)生态补偿的标准

目前,国内外主要依据对生态系统服务价值的评估作为补偿标准的依据,采取机会成本法、市场价格法、影子工程法、炭税法、造林成本法等对森林、湿地等生态系统的服务价值进行评估,据此对退耕还林、退耕还草、退田还湖、移民等行为确定补偿的额度。现总结山岳型旅游资源开发生态补偿的标准如下。

①基于生态系统服务价值评估确定补偿标准。其前提是山地旅游资源服务功能的认定和评估,并具有较为完善的市场机制。这种方法有助于真正建立一种生态保护与建设的激励机制,但由于目前在生态系统服务评估中存在着很大的不确定性等因素,用这种方法所得的结果一般可以作为理论上限。

②基于保护成本确定补偿标准。这是进行山地旅游资源生态补偿的一种现实方法,即按照实施保护管理所需要的人力、物力进行成本核算,并以此确定补偿的标准。

③基于保护损失确定补偿标准。这是目前较多采用的一种方法,这里的保护损失,既包括直接的经济损失,也包括因发展机会丧失所造成的间接损失。

④基于支付意愿和受偿意愿确定补偿标准。条件价值评估法是生态与环境经济学中最重要和应用最广泛的关于公共物品价值评估的方法，通过直接询问居民的支付意愿和受偿意愿，确定生态补偿标准。该方法确定的补偿标准体现“公众参与”的思想，可以在政策的制定中考虑公众的意见，有助于提高居民恢复和保护生态环境的积极性和主动性。

⑤基于生态足迹的角度。比较旅游者与当地居民生态足迹的差异，评估旅游产业造成的生态环境压力以及居民退耕还林、退耕还草行为的生态环境保护价值，做出生态补偿的额度标准。

参考文献

包玉斌,王耀宗,路锋,等,2023. 六盘山区国土空间生态安全格局构建与分区优化[J]. 干旱区研究,40(7):1172-1183.

曹前满,2020. 我国绿色农业发展的层次与结构体系的逻辑研究[J]. 当代经济管理,42(9):1-9.

陈慧慧,刘静,林乃峰,等. 泰州市生态保护红线区人类干扰风险评价及其驱动因素研究[J]. 环境工程,41(12): 288-295.

陈俊红,易芷娟,曹均,2012. 基于典型调研的北京市沟域经济建设模式研究[J]. 中国农业科技导报,14(6):12-18.

程波辉,彭向刚,2022. 中国生态文明建设的治理框架及其检验[J]. 中国人口·资源与环境,32(8):29-39.

崔海洋,胥桂凤,虞虎,2023. 国土空间治理背景下乡村重构过程机理与路径优化——以贵州省为例[J]. 人文地理,38(3):79-91.

巩亚明,2023. 双碳背景下自然生态环境保护的实践路径[J]. 环境工程,41(8):363.

顾恬玮,彭建,姜虹,等,2023. 流域国土空间生态修复:理论认知与规划要点[J]. 自然资源学报,38 (10):2464-2674.

郭昌胜,高雅,樊境朴,等,2023. 我国大气污染和气候变化协同治理的健康效益研究进展[J]. 环境科学研究,36 (11): 2040-2049.

郭淑敏,王秀芬,王立刚,等,2015. 北京市房山区沟域经济创新发展模式研究——国家现代农业示范区北京市房山区都市型现代农业创新发展模式之一[J]. 中国农业资源与区划,36(5):149-153.

何海狮,2023. 乡土逻辑与可视化政绩:非物质文化遗产参与乡村产业振兴的经验与路径[J]. 思想战线,49(5):57-64.

何振国,2023. 乡村振兴战略下水污染治理对生态农业发展的影响分析[J]. 灌溉排水学报,42(9):146.

贺义敏,2022. 大同市发展绿色生态农业的有效途径探析[J]. 农业开发与装备 (11):69-70.

焦利民,刘耀林,2021. 可持续城市化与国土空间优化[J]. 武汉大学学报(信息科学版),46(1):1-11.

孔德雷,姜培坤,2023."双碳"背景下种植业减排增汇的途径与政策建议[J]. 浙江农林大学学报,40 (6):1357-1365.

李娟,2023. 人与自然和谐共生现代化的传统文化根基[J]. 马克思主义研究 (6):39-47.

林小如,贾宇轩,黄友谊,等,2023. 山区流域地貌单元水系生态安全分类治理——基于流域生态学视角[J]. 南方建筑 (9):35-41.

刘超,张祚,纪旭,等,2023. 基于土地功能强弱对比的三生空间识别与优化——以襄阳市为例[J]. 资源科学,45(7):1366-1379.

刘春腊,张义丰,曹俊,等,2011a. 山区沟域经济发展的空间结构 GIS 分析——以北京市门头沟区为例[J]. 地球信息科学学报,13(2):189-197.

刘春腊,张义丰,刘沛林,等,2011b. 沟域经济背景下的山区空间发展战略研究[J]. 人文地理,26(2):74-79.

刘开元,程丛喜,2023. 生态农业旅游的理论探索[J]. 灌溉排水学报,42(6):150.

卢一乾,余敦,王检萍,等,2022. 国土空间规划中县域农村居民点布局与优化——以江西省德兴市为例[J]. 水土保持研究,29(4):329-335,343.

马丽,田华征,康蕾,2020. 黄河流域矿产资源开发的生态环境影响与空间管控路径[J]. 资源科学,42(1):

137-149.

马颖,2023. 浅析生态文明建设的文化路径[J]. 环境工程,41(8):370.

穆松林,2016. 北京山区生态经济发展区域选择及模式——以沟域为视角[J]. 生态经济,32(7):116-120.

宋敏,任保平,2023. 新时代流域经济高质量发展:战略定位、内在诉求与实践路径[J]. 经济体制改革 (2):14-22.

孙春生,赵建英,2023."双碳"背景下生态产品价值实现机制及其多元化实现路径研究[J]. 价格月刊(11):8-15.

王金凤,刘小玲,王盛,等,2023. 基于生态功能区划的黄土高原生境质量演变及模拟[J]. 人民黄河,45(1):105-111.

王新哲,杨雨菡,宗立,等,2023. 国土空间"总—详"规划空间传导:现实困境、基本逻辑与优化措施[J]. 城市规划学刊 (2):96-102.

王毅,巫金洪,储诚进,等,2023. 中国生态安全屏障体系建设现状、主要问题及对策建议[J]. 生态学报,43(1):166-175.

文丰安,2022. 乡村振兴战略下农业生态治理现代化:理论阐释、问题审视及发展进路[J]. 经济体制改革(1):82-87.

邢莉,2022. 中华文化共同体建构视域下游牧文化与农耕文化的交融[J]. 云南师范大学学报(哲学社会科学版),54(5):88-96.

杨灵,张效通,2020. 老龄化城市建成环境友好度评价——以台北市与新北市为例[J]. 资源科学,42(12):2406-2418.

易小燕,尚惠芳,邹秦琦,等,2023. 全产业链视角下农业绿色生态补贴环节与策略[J]. 中国农业资源与区划,44(3):89-95.

于少东,蒋洪昉,薛正旗,2015. 北京生态文明沟域建设的理论思考[J]. 中国农业资源与区划,36(1):92-95.

张义丰,贾大猛,谭杰,等,2009. 北京山区沟域经济发展的空间组织模式[J]. 地理学报,64(10):1231-1242.

赵和萍,苏向辉,马瑛,等,2022. 碳中和愿景下异质性农户绿色生态农业技术采纳意愿研究——基于西部典型农牧区对比分析[J]. 中国农机化学报,43(8):216-223.

郑玉豪,朱小玲,2023. 中国式经济现代化的战略变迁、特征演化与前瞻思考——基于国家五年规划的文本分析[J]. 现代经济探讨 (10):14-22.

周宏春,2013. 生态文明建设的路线图与制度保障[J]. 中国科学院院刊,28(2):157-162,172.

朱凤武,金志丰,沈春竹,等,2017. 县域土地生态空间管控红线划定的方法研究——以江苏省金坛区为例[J]. 中国土地科学,31(11):25-31.

朱佩娟,王学栋,谢雨欣,等,2023. 基于主体功能区划的湖南省生态系统服务供需关系演变[J]. 生态学报,43(15):6182-6193.

第5篇　白羊芪山生态原产地道地价值及其生态动能产业发展研究

道地思想伴随中医药的诞生而发展，古代“道地”一词中，“道”是我国古代行政区域划分单位，“地”进一步将区域范围缩小。“道地”延伸为出产于名地、正宗而优质之意，是历代药材质量优劣的重要评价指标，更是药材品质价值的综合评判标准。而“道地价值”与区域、土壤、水体、气候、种质资源等相关，凝聚彰显了健康、经济、文化、生态等多元价值，客观展现了地域生境独特性和生物多样性，深刻体现了中华民族传统文化的厚重与璀璨。

白羊芪山，是恒山山脉野生黄芪的传统道地产区，蕴藏着恒山山脉的物华天宝。其凭借珍稀的野生黄芪种源、悠久的道地栽培历史、独特的水土气生环境、赓续的恒定药性功效，成为全国为数不多又极为珍贵的道地药材生态原产地。

白羊芪山，溯源固本，守正创新，向绿而生，积能前行！在新时代，以生态文明建设引领的中国式现代化发展进程中，在优先保护弥足珍贵的野生黄芪种源和白羊芪山生境的原则下，运用生态经济学理论，深入挖掘“道地价值”特色，积极培育“生态动能”产业，多方向、多维度促进生态产业的新旧动能转化，促进白羊芪山生态产业实现现代化高质量发展。

第21章　白羊芪山道地价值和生态动能研究的时代背景

白羊芪山是经学术命名的中国药山，应从“生态原产地”视角深入研究其道地价值和生态动能。本章从国际“原产地”溯源，到我国“生态原产地”的提出，进而阐述其作为道地药材的生态原产地的重要意义和时代迫切要求。

21.1　“原产地”的源起

关于原产地，国际协定对其名称开展保护始见于1858年的《保护原产地名称及其国际注册里斯本协定》。1883年，《保护工业产权巴黎公约》规定“来源标记”和“原产地名称”属于工业产权。1919年，法国通过《原产地名称保护法》，授权“国家原产地名称局(INAO)”监管原产地产品认定。欧洲原产地命名保护(AOP)，是欧盟通过立法形式保护欧盟农产品品质和信誉的制度。

1972年，联合国发布《人类环境宣言》，绿色经济成为世界可持续发展的主议题。1978年，世界第一个生态标志产品“蓝色天使”在德国诞生。1989年，北欧四国的白天鹅制度、美国的绿色签章制度，以及日本、印度、韩国的生态标志制度建立。1992年，欧盟施行欧洲之花生态标签制度。

21.2　我国提出“生态原产地”的战略选择

党的十八大、十九大以来，借鉴国际生态标签制度，根据生态标签和地理标志，我国提出“生态原产地”概念。2001年实施《原产地标记管理规定》，2012年颁布《生态原产地产品保护工作导则》《生态原产地产品保护评定通则》。

我国生态原产地保护与生态文明建设的提出，与迈向制度化、标准化阶段相辅相成。我国生态原产地产品处于迈向全球产业价值链中、高端的阶段，必然要跨越生态、环境、资源、安全、健康的门槛。生态原产地的提出有利于推动我国生态发展、促进区域经济、转型绿色出口、促进乡村振兴，具有重要的现实意义和深远的历史意义。

21.3　建设道地药材生态原产地的紧迫性

道地药材是指经过中医临床长期应用优选，产于特定地域，与其他地区同种中药材相比，品质和疗效更好，且质量稳定，具有较高知名度的药材。历史上，道地药材多数来源于野生资源，区域特征明显，数量有限。多年来，资源过度开发，一些野生药材资源濒临枯竭。同时，适宜产区种植不规范，非适宜区盲目扩种，造成药效下降、道地性丧失。道地药材是中医药事业发展的基石，加强道地药材资源保护和生产管理，引导道地药材生态原产地建设，推进标准化、规范化生产，稳步提升中药材质量，对于实施健康中国战略和乡村振兴战略具有重要意义。

(1)提高人民健康水平的迫切需要

中医药具有“治未病”的主导作用、重大疾病治疗的协同作用，更有疾病康复的核心作用。加快发展道地药材供给，促进中医药产业发展，有利于更好地满足人民群众对健康生活的需要，是全面实施健康中国战略的重要举措。

(2)促进资源保护和环境友好的迫切需要

近年来，过度采挖野生优质药材，造成野生资源蕴藏量急剧下降、濒临枯竭，植被生态遭到严重破坏，加强药材资源保护迫在眉睫。加快发展道地药材种植、保护濒危药材资源、推进野生品种驯化、推广药材抚育技术和仿生栽培，有利于提升道地药材供给能力，保护生态环境，实现可持续发展。

(3)助力农民增收乡村振兴的迫切需要

道地药材大多分布在贫困山区，是特色产业和农民增收的主导产业，对乡村振兴至关重要。推进规模化、标准化、集约化种植道地药材，提升质量效益，带动农民增收，是促进乡村振兴的重要举措。

(4)弘扬中华传统文化的迫切需要

中医药文化作为中华民族优秀传统文化的代表，已被世界广泛认同和持续推广。道地药材承载着中医药文化的精髓，加快发展道地药材，有助于弘扬中医药传统文化，推动中医药对外交流，搭建世界交流平台，提高我国文化软实力和增强中华文化的影响力。

第22章　白羊芪山可持续发展的宏观政策分析

中医药是我国重要的卫生、经济、科技、文化和生态资源，传承创新发展中医药是新时代中国特色社会主义事业的重要内容，是中华民族伟大复兴的大事。党中央、国务院决策部署，省市县积极贯彻落实，加大"十四五"期间对中医药发展的支持和促进力度，着力推动中医药振兴发展。而白羊芪山可持续发展离不开国家中医药政策以及农林水文旅等政策支持和保障。

22.1　中医药政策分析

22.1.1　国家战略与政策

2019年10月，习近平总书记对中医药工作作出重要指示，从党和国家事业发展全局的战略高度，充分肯定了中医药事业取得的历史性成就，深刻阐述了新时代促进中医药传承创新发展的重要意义。随着《中华人民共和国中医药法》《"健康中国2030"规划纲要》《中医药发展战略规划纲要(2016—2030年)》《全国道地药材生产基地建设规划(2018—2025年)》《中共中央国务院关于促进中医药传承创新发展的意见》等部署颁布，国家层面中医药利好政策不断。

(1)习近平总书记对中医药工作的重要指示精神

2021年5月，习近平总书记在河南省南阳市考察指出：过去，中华民族几千年都是靠中医药治病救人。特别是经过抗击新冠疫情、非典等重大传染病之后，我们对中医药的作用有了更深的认识。我们要发展中医药，注重用现代科学解读中医药学原理，走中西医结合的道路。

2019年10月，习近平总书记指出：中医药学包含着中华民族几千年的健康养生理念及其实践经验，是中华文明的一个瑰宝，凝聚着中国人民和中华民族的博大智慧。新中国成立以来，我国中医药事业取得显著成就，为增进人民健康作出了重要贡献。要遵循中医药发展规律，传承精华，守正创新，加快推进中医药现代化、产业化，坚持中西医并重，推动中医药和西医药相互补充、协调发展，推动中医药事业和产业高质量发展，推动中医药走向世界，充分发挥中医药防病治病的独特优势和作用，为建设健康中国、实现中华民族伟大复兴的中国梦贡献力量。

(2)国务院《中医药发展战略规划纲要(2016—2030年)》(国发〔2016〕15号)

该文件提出，到2020年，实现人人基本享有中医药服务，中医药产业成为国民经济重要支柱之一；到2030年，中医药服务领域实现全覆盖，中医药健康服务能力显著增强，对经济社会发展作出更大贡献。

该纲要明确五大发展方向：一是大力发展中医养生保健服务。加快中医养生保健服务体系建设，提升中医养生保健服务能力，发展中医药健康养老服务，发展中医药健康旅游服务。二是扎实推进中医药继承。加强中医药理论方法继承，加强中医药传统知识保护与技术挖掘，强化中医药师承教育。三是着力推进中医药创新。健全中医药协同创新体系，加强中医药科学研究，完善中医药科研评价体系。四是全面提升中药产业发展水平。加强中药资源保护利用，推进中药材规范化种植养殖，促进中药工业转型升级，构建现代中药材流通体系。五是大力弘扬中医药文化。繁荣发展中医药文化，发展中医药文化产业。

(3)国务院办公厅《"十四五"中医药发展规划》(国办发〔2022〕5 号)

该规划提出，到 2025 年，中医药健康服务能力明显增强，中医药高质量发展政策和体系进一步完善，中医药振兴发展取得积极成效，在健康中国建设中的独特优势得到充分发挥。

该规划统筹考虑医疗、科研、产业、教育、文化、国际合作等中医药发展重点领域，共提出十个方面重点任务：一是建设优质高效中医药服务体系。提出做强龙头中医医院、做优骨干中医医院、做实基层中医药服务网络、健全其他医疗机构中医药科室四个方面具体措施。二是提升中医药健康服务能力。提出彰显中医药在健康服务中的特色优势、提升中医药参与新发突发传染病防治和公共卫生事件应急处置能力、发展少数民族医药、提高中西医结合水平、优化中医医疗服务模式五个方面的具体措施。三是建设高素质中医药人才队伍。提出深化中医药院校教育改革、强化中医药特色人才队伍建设、完善西医学习中医制度三个方面的具体措施。四是建设高水平中医药传承保护与科技创新体系。提出加强中医药传承保护、加强重点领域攻关、建设高层次科技平台、促进科技成果转化四个方面的具体措施。五是推动中药产业高质量发展。提出加强中药资源保护与利用、加强道地药材生产管理、提升中药产业发展水平、加强中药安全监管四个方面的具体措施。六是发展中医药健康服务业。提出促进和规范中医药养生保健服务发展、发展中医药老年健康服务、拓展中医药健康旅游市场、丰富中医药健康产品供给四个方面的具体措施。七是推动中医药文化繁荣发展。提出加强中医药文化研究和传播、发展中医药博物馆事业、做大中医药文化产业三个方面的具体措施。八是加快中医药开放发展。提出助力构建人类卫生健康共同体、深化中医药交流合作、扩大中医药国际贸易三个方面的具体措施。九是深化中医药领域改革。提出建立符合中医药特点的评价体系、健全现代医院管理制度、完善中医药价格和医保政策、改革完善中药注册管理、推进中医药领域综合改革五个方面的具体措施。十是强化中医药发展支撑保障。提出提升中医药信息化水平、建立国家中医药综合统计制度、加强中医药法治建设、深化中医药军民融合发展四个方面的具体措施。

(4)国务院办公厅《中医药振兴发展重大工程实施方案》(国办发〔2023〕3 号)

该方案提出，到 2025 年，优质高效中医药服务体系加快建设，中医药防病治病水平明显提升，中西医结合服务能力显著增强，中医药科技创新能力显著提高，高素质中医药人才队伍逐步壮大，中药质量不断提升，中医药文化大力弘扬，中医药国际影响力进一步提升，符合中医药特点的体制机制和政策体系不断完善，中医药振兴发展取得明显进展，中医药成为全面推进健康中国建设的重要支撑。

该方案统筹部署了 8 项重点工程 26 个建设项目，包括中医药健康服务高质量发展工程、中西医协同推进工程、中医药传承创新和现代化工程、中医药特色人才培养工程(岐黄工程)、中药质量提升及产业促进工程、中医药文化弘扬工程、中医药开放发展工程、国家中医药综合改革试点工程。

(5)国务院办公厅《关于加快中医药特色发展若干政策措施》(国办发〔2021〕3 号)

该文件坚持问题导向和目标导向，总结新冠疫情防控中的中医药工作经验，针对当前中医药发展出现的薄弱环节和改革难点，聚焦破解中医药发展面临的具体问题，全面加大对中医药的政策支持力度和投入力度，提出 7 个方面 28 条政策：一是夯实中医药人才基础。提高中医药教育整体水平，坚持发展中医药师承教育，加强中医药人才评价和激励。二是提高中药产业发展活力。优化中药审评审批管理，完善中药分类注册管理。三是增强中医药发展动力。保障落实政府投入，多方增加社会投入，加强融资渠道支持。四是完善中西医结合制度。创新中西医结合医疗模式，健全中西医协同疫病防治机制，完善西医学习中医制度，提高中西医结合临床研究水平。五是实施中医药发展重大工程。引领中医药在人才培养水平、医疗服务能力、科研能力、药材质量、综合改革、对外开放等方面全面提升。六是提高中医药发展效益。完善中医药服务价格政策，健全中医药医保管理措施，合理开展中医非基本服务。七是营造中医药发展良好环境。加强中医药知识产权保护，优化中医药科技管理，加强中医药文化传播，提高中医药法治化水平，加强对中医药工作的组织领导。

(6)中共中央、国务院《关于促进中医药传承创新发展的意见》(2019 年 10 月)

2019 年 10 月，中共中央、国务院印发《关于促进中医药传承创新发展的意见》，国务院召开全国中医药大会，各地各有关部门凝心聚力、锐意进取，形成了共同推进中医药发展的良好局面。该文件提出“大力推动中药质量提升和产业高质量发展”，强化中药材道地产区环境保护，修订中药材生产质量管理规范，推行中药材生态种植、野生抚育和仿生栽培。加强珍稀濒危野生药用动植物保护，支持珍稀濒危中药材替代品的研究和开发利用。

(7)国务院办公厅转发工业和信息化部等部门《中药材保护和发展规划(2015—2020 年)》(国办发〔2015〕27 号)

该规划提出，科学发展中药材种植养殖，保护野生中药材资源，推动生产流通现代化和信息化，努力实现中药材优质安全、供应充足、价格平稳，促进中药产业持续健康发展，满足人民群众日益增长的健康需求。

该文件提出，大力发展中药质量提升及产业促进工程：围绕中药种植、生产、使用全过程，充分发挥科技支撑引领作用，加快促进中药材种业发展，大力推进中药材规范种植，提升中药饮片和中成药质量，推动中药产业高质量发展。

①中药材种业质量提升

中药材种质资源收集保存、鉴定评价、优良品种选育与良种繁育能力进一步提升，优质种子种苗大规模推广应用，中药资源监测能力明显提高，从源头保障中药材质量。一是支持国家药用植物种质资源库建设。二是引导地方建设一批中药材种子种苗专业化繁育基地，推动制定种子种苗标准。三是依托第四次全国中药资源普查工作成果，健全中药资源动态监测体系。

②中药材规范化种植

道地药材生产布局更加优化，珍稀濒危中药材人工繁育技术取得突破，中药材生产先进适用技术实现有效转化和示范推广，进一步推动中药材资源可持续利用。一是引导地方建设一批道地药材生产基地。二是建设一批珍稀濒危中药材野生抚育、人工繁育基地。三是制定常用 300 种中药材种植养殖技术规范和操作规程。四是广泛开展中药材生态种植、野生抚育和仿野生栽培，开发 30～50 种中药材林下种植模式并示范推广。五是统一中药材追溯标准与管理办法，依托现有追溯平台，建立覆盖主要中药材品种的全过程追溯体系。六是依托现有药品监管体系，搭建一批中药材快速检测平台。

(8)农业农村部、药监局、中医药局《全国道地药材生产基地建设规划(2018—2025 年)》

(农农发〔2018〕4 号)

该规划提出，围绕农业供给侧结构性改革这一主线，坚持质量优先、注重品质、确保安全，以中医药与现代农业融合为重点，以提升道地药材供给能力、农民收入增长为目标，发挥资源优势，优化区域布局，创新服务机制，推行标准化引领、基地建设带动、科技创新驱动、产业融合促动，建设一批设施标准、管理规范、特色鲜明的道地药材生产基地，培育一批创新力强、规模大的中药企业集团，创响一批有信誉、有影响的中药知名品牌。

(9)国家中医药管理局《推进中医药高质量融入共建“一带一路”发展规划(2021—2025年)》(国中医药国际发〔2021〕6 号)

该规划站在新发展阶段起点上，围绕推进共建“一带一路”高质量发展总体要求，充分发挥中医药特色和多元价值优势，进一步深化中医药国际交流合作，从政府合作、医疗、科研、贸易、产业、区域国际合作、教育、文化等八个方面提出了“十四五”时期推进中医药高质量融入共建“一带一路”的重点任务，并设置了七个专栏。

(10)国家中医药管理局《“十四五”中医药信息化发展规划》(国中医药规财函〔2022〕238 号)

该规划提出，促进中医药信息化、体系化、集约化、精细化发展，全面夯实基础设施，持续推动中医药业务与信息技术深度融合，以数字化、网络化、智能化促进行业转型升级，为推进中医药现代化、推动中医药事业和产业高质量发展、更好地保障人民健康提供有力技术支撑。一是夯实中医药信息化发展基础。加快信息基础设施提档升级，强化网络和数据安全防护，推进中医药信息标准应用。二是深化数字便民惠民服务。加强中医医院智慧化建设，推动中医药健康服务与互联网深度融合，优化中医馆健康信息平台，做优智慧中医医联体。三是推进中医药数据资源创新应用。加快中医药关键数字技术攻关，助力中药质量控制水平提升，创新中医药数字教育新模式，推动中医药文化数字化建设。

(11)国家卫生健康委、国家市场监管总局《关于对党参等 9 种物质开展按照传统既是食品又是中药材的物质管理试点工作的通知》(国卫食品函〔2019〕311 号)

2020 年 1 月，国家卫生健康委、国家市场监管总局联合印发通知，提出将对黄芪等 9 种物质开展按照传统既是食品又是中药材的物质生产经营试点工作。

22.1.2　山西省政策

(1)《关于推进中药材产业高质量发展的意见》(晋政办发〔2022〕52 号)

该意见明确提出大力支持黄芪发展。一是提升“育繁推”一体化水平，加强道地中药材种质资源保护，建立黄芪等道地中药材原产地野生资源保护区，支持建设道地中药材种质资源库、种质资源圃，开展种质资源收集评价。二是加快中药材资源创新和新品种选育，重点支持黄芪等道地中药材品种资源利用、育种创新，加快新品种选育和认定。三是提升基地建设水平，优化道地中药材生产基地布局，逐步建立恒山、太行山、太岳山、吕梁山、晋南边山丘陵区五大中药材生产基地。挖掘、创新和集成传统种植栽培技术和模式，在连翘、黄芪、酸枣仁种植上重点集成推广野生抚育和仿野生栽培技术。四是提升加工利用水平，大力推进产地初加工。在传承中药材传统加工工艺基础上，不断升级改造和创新，建设安全规范的智能化、现代化中药材加工基地。五是大力开发药食同源产品，加快推进黄芪等按照传统既是食品又是中药材物质管理试点。六是提高综合利用能力。加快中兽药、生物农药、饲料添加剂等的开发应用，延伸产业链条，提高综合收益。对中药材生产过程中产生的非药用部位、中药材及饮片加工过程中产生的下脚料等，加强资源化利用。七是提升生产组织化水平，大力培育经营主体。培育中药材生产加工企业、农民合作社、家庭农场等新型农业经营主体，鼓励新型经营主体建设标准化、现代化、规模化园区和生产基地。培育中药材“链主”企业。八是提升融合发展水平，依托黄河、长城、太行三大旅游版块，鼓励各地充分利用当地中药材资源，形成与中药科技农业、名贵中药材种植、田园风情等生态休闲旅游相结合的养生体验和观赏基地，建设一批休闲旅游示范区。支持利用中医药资源，开发药膳、药茶、药酒等产品，创新发展模式，建设特色康养小镇。九是提升品牌竞争力，构建“晋药”品牌体系。围绕“十大晋药”，保护开发恒山黄芪、安泽连翘、上党党参等区域公用品牌，培育一批领军企业品牌，支持申请国家地理标志保护产品、农产品地理标志登记，逐步形成“公用品牌＋企业品牌＋产品品牌”的品牌体系，实现品牌赋能产业升级。

(2)《关于建设中医药强省的实施方案》(2020 年 6 月)

该方案提出加强中药资源保护和合理利用，建设恒山等五大中药材生产基地，建设规范化种植、加工基地。加大道地或优势中药材品种的野生抚育及价值挖掘力度。扶持良种选育和种子种苗基地建设，评定一批省级道地药材良种繁育和生态种植基地。加强药食同源产品和保健食品开发。提升中药材生产规模和水平，促进中医药与旅游融合发展。

(3)《山西省贯彻中医药发展战略规划纲要(2016—2030 年)实施方案》(晋政发〔2016〕71 号)

该纲要提出发展中医养生保健服务、加快中医养生保健服务体系建设、提升中医养生保健服务能力、发展中医药健康养老服务、发展中医药健康旅游服务、提升中药产业发展水平、加强中药资源的保护和合理利用、推进中药材规范化种植养殖、促进中药工业转型升级、构建现代中药材流通体系、弘扬中医药文化等。

(4)《关于加快推进农产品精深加工十大产业集群发展的意见》(晋政发〔2020〕5 号)

该意见提出打造中医药品、功能食品、保健食品、化妆品等十个特色鲜明、结构合理、链条完整的农产品精深加工十大产业集群。中医药品产业集群以中药材资源优势为依托，重点打造中药饮片和中成药，在恒山地区主要布局黄芪深加工药品。打造中医药品产业集群。到 2020 年、2022 年，山西省中药产业年产值分别达到 60 亿元、75 亿元；“十四五”末，山西省中药材总面积达到 400 万亩，大宗道地中药材标准化种植水平达到 50％以上，中药产业年产值突破 100 亿元，培育形成年销售额达 5 亿元的大品种 10 个以上。推动山西省中药材大数据系统建设，建立中药材种植养殖、初加工、包装、仓储、运输和销售一体化的现代物流体系，形成立足山西、辐射全国的标准化的中医药仓储物流网络体系。

(5)《山西省饮品产业集群推进计划》

该计划提出，到“十四五”末，药茶产业年产值突破 10 亿元，在山西药茶省级区域公用品牌下，打造一两个全国知名药茶品牌，打造中国第七大茶系。

(6)山西省政府召开常务会议研究中医药强省建设等工作(2020 年 1 月 20 日)

该会议提出建设中医药强省，是推进高质量转型发展、增进人民健康福祉的重要举措。推动中医药精华与现代医学前沿技术有机融合，发展中药材种植—精深加工—中药提取—生物制药全产业链，大力扶持中医药龙头企业做强、做大，培育壮大晋药品牌。加强中医医疗机构建设，推动与养老服务体系、文旅休闲产业深度融合，健全中医药防病、治病、保健、康复体系，提供全方位全周期中医药健康服务。

22.1.3　大同市政策

大同市中药材种植历史悠久，是我国北药主产区。目前，全市中药材规范化种植规模近30万亩，野生面积达60万亩，年产中药材3000多吨，全市中药材呈现出全产业链健康、快速发展态势。全市经探明的野生中药材达600多种，其中，尤以黄芪、黄芩、柴胡、甘草、麻黄等道地中药材量大质优，防风、桔梗、杏仁、山桃、芍药、板蓝根、款冬花、枸杞、党参、黄精、北沙参、牛膝、知母、射干等种植也从无到有，呈现出方兴未艾的发展势头。

(1)相关政策

为加快中药材产业发展，大同市成立了中药材产业发展领导组，2016年出台了《大同市中药材产业保护和发展实施意见》，连续多年通过实施中药材崛起工程、“513”龙头企业工程、退耕还药工程、有机旱作工程等，加快推进中药材生产基地、加工企业和专业合作社建设。近年来，市财政持续加大对中药材产业发展扶持力度，从2016年开始连续4年共安排专项资金1670万元支持中药材基地建设，有力推动了中药材种子种源选育、野生资源保护、种质资源圃建设的有序开展。市委、市政府把中药材产业布局和发展作为农业调产增收、精准扶贫、产业扶贫的重要抓手，不断加强规范化基地建设，深入开展精深加工，大幅提升产业效益，不断扩大种植面积，探索出具有大同特色的现代农业发展路径。同时，大同市加强与中国中医科学院、中国医学科学院药用植物研究所、中国农业大学、山西中医药大学等科研院所合作，进一步提升中药材种植技术和产品研发创新能力，推动中药材生产向精深加工转化。

(2)相关会议

2020年8月，中国道地药材县域产业发展大会、“野生黄芪”生态原产地保育与高质量发展研讨会相继在大同市召开，相关领域的专家学者以及行业嘉宾齐聚一堂，共话黄芪原产地保育之策，共谋黄芪产业发展之路。这是大同市贯彻落实习近平总书记视察山西重要讲话精神的生动实践，也是实施农业“特”“优”战略、决战决胜脱贫攻坚的重大举措。

22.2　农业政策分析

22.2.1　国家战略与政策

(1)《中华人民共和国乡村振兴促进法》(2021年4月29日第十三届全国人民代表大会常务委员会第二十八次会议)

该法指出国家加强农业种质资源保护利用和种质资源库建设，支持育种基础性、前沿性和应用技术研究，实施农作物和畜禽等良种培育、育种关键技术攻关，鼓励种业科技成果转化和优良品种推广，建立并实施种业国家安全审查机制，促进种业高质量发展。

国家采取措施加强农业科技创新，培育创新主体，构建以企业为主体、产学研协同的创新机制，强化高等学校、科研机构、农业企业创新能力，建立创新平台，加强新品种、新技术、新装备、新产品研发，加强农业知识产权保护，推进生物种业、智慧农业、设施农业、农产品加工、绿色农业投入品等领域创新，建设现代农业产业技术体系，推动农业农村创新驱动发展。

发挥农村资源和生态优势，支持特色农业、休闲农业、现代农产品加工业等乡村产业的发展；引导新型经营主体通过特色化、专业化经营，合理配置生产要素；支持特色农产品优势区、现代农业产业园、农业科技园、农村创业园、休闲农业和乡村旅游重点村镇等的建设。

(2)《“十四五”全国种植业发展规划》(农农发〔2021〕11 号)

该规划提出加快形成布局合理、特色鲜明、品质优良、产量稳定的道地药材生产格局。强化野生中药材驯化和人工繁育,提纯复壮并推广一批道地性强、药效明显、质量稳定的品种。

(3)《“十四五”推进农业农村现代化规划》(国发〔2021〕25 号)

该规划提出加强特色农产品优势区建设,发掘特色资源优势,建设特色农产品优势区,完善特色农产品优势区体系。加快农村三产融合发展,把产业链的主体留在县域,把就业机会和产业链增值收益留给农民。

(4)《“十四五”全国农业农村信息化发展规划》(农市发〔2022〕4 号)

该规划提出推进“十四五”时期农业农村信息化加快发展,更好支撑农业农村现代化和乡村全面振兴。

(5)《全国乡村产业发展规划(2020—2025 年)》(农产发〔2020〕4 号)

该规划提出坚持农业农村优先发展,以实施乡村振兴战略为总抓手,以三产业融合发展为路径,发掘乡村功能价值,强化创新引领,突出集群成链,延长产业链,提升价值链,培育发展新动能。

22.2.2 地方政策

大同市人民政府关于把恒山黄芪品牌打造成农业一绝建议的答复(市十四届人大四次会议第 156 号)指出,近年来,省政府把中药材产业列入了促进农民增收七大翻番工程中,并专门召开全省中药材产业推进会和药企对接会议,出台了一系列强农惠农政策,对中药材基地建设给予了资金扶持,极大地调动药农的种植热情。

22.3 政府工作报告解读

22.3.1 2023 年山西省政府工作报告

该报告提出:一是坚定不移推进转型发展,着力构建现代化产业体系,打造中部地区先进制造业基地、数字经济发展新高地、国际知名文化旅游目的地。二是加快推动现代医药和大健康等战略性新兴产业融合集群发展,实施百县中医药服务能力提升计划。三是着力打造文旅康养集聚区。依托世界文化遗产、高等级景区等资源,围绕文化体验、山岳度假、康养健身等类型,集中打造 10 个文旅康养集聚区,集聚一批星级酒店、精品民宿、特色文创、旅游服务、康养等市场主体。

22.3.2 2023 年大同市政府工作报告和相关文件

(1)2023 年大同市政府工作报告

该报告提出:一是提振市场信心,促进服务业全面复苏。坚持一手抓传统消费提振,一手抓新型消费创新,在继续开展好消费券发放、大宗商品促销的同时,重点创新文化艺术、多元旅游、影视产业、冰雪运动、康养宜居等消费版块。二是推进乡村振兴,实施农业高质量发展战略。扎实推进乡村振兴,加大高标准农田建设,大力实施农业八大特色产业高质量发展战略,完善农村基础设施和公共服务，持续巩固拓展脱贫攻坚成果，打造宜居乡村、美丽乡村。三是着力发展现代医药、特优农业、文化旅游等十大产业集群。抓好装备制造、现代医药、新材料、绿色建材、通用航空、文化旅游、现代物流、特优农业产业发展。四是对接融入京津冀，推进京同一体化发展。以对接融入京津冀为方向，不断深化改革开放。加快推进京同一体化发展，重点建设农副产品供应地、新兴产业承接地、科技成果转化地、职业教育承载地、生态屏障涵养地。

(2)大同市打造恒山道地药材产业集聚区

中药材发展是一项长期、持续的工作。大同市委市政府提出的“百园立农"工程，有力地推动了中药材产业的发展，给中药材产业带来了前所未有的发展契机。

大同市以浑源县为中心，辐射带动广灵县、灵丘县、天镇县，发展黄芪、甘草、柴胡、黄芩、连翘等特色中药材，打造恒山山脉道地药材产业集聚区。围绕黄芪等道地中药材，聚焦市场需求，推进产品研发、加快全产业链发展、创新营销模式，打造“年份黄芪”“野生黄芪”区域品牌，黄芪种植面积稳定在 40 万亩。根据生长年限以及根头部直径不同，分级分类制定黄芪年份标准，深入挖掘道地中药材资源优势和区位优势，开展传统品种提纯复壮、良种扩繁及标准化示范基地建设，加强园区基础配套设施建设；依托龙头企业带动，发展以黄芪为主的精深加工，研发生产功能、休闲、养生、保健等非医药类中、高端系列产品。鼓励引导食品企业、药品企业向功能食品、药茶等领域转型拓展，研发具有康体养生、休闲保健等功能的非医药类中、高端系列产品；持续推进“东药材”商贸平台建设，大力宣传“正气茶”“忘忧茶”“黄芪茶”“恒山老道”等药茶品牌，推进恒宗集团道地药材、贵细药材和药食同源产品交易大厅、电子商务交易平台、药茶产品展示中心、中医理疗中心后续运营工作，提高中药材交易水平，着力打造全国药茶集散中心、华北中药材集散中心和大宗道地药材价格形成中心。组织参加全国中药材博览会、交易会和推介，扩大大同中药材影响力、知名度。

(3)传承中医药文化、推进高质量强市暨宣传中医药法律法规

2022 年 8 月 30 日，大同市卫健委举办“传承中医药文化、推进高质量强市暨宣传中医药法律法规”活动启动仪式。

通过开展《中华人民共和国中医药法》《山西省中医药条例》普法及中医药文化知识宣传，进一步推进大同市中医药健康文化建设，营造有利于中医药发展的舆论氛围和社会环境。

充分发挥药材种植加工和中医药诊疗优势，加强中医药非物质文化遗产保护和传承运用，积极培育中医思维，倡导“大医精诚”理念，厚植全社会“信中医、学中医、懂中医、用中医”的中医发展氛围。坚持中西医并重的工作方针，坚持中医药现代化和产业化方向，加快推动大同市从“中医药大市”向“中医药强市”转变，更好地造福大同人民和周边群众。

22.3.3　2023 年广灵县政府工作报告

根据《广灵县 2022 年国民经济和社会发展计划执行情况与 2023 年国民经济和社会发展计划草案》，明确中药材农业和加工仓储，山水白羊文旅和乡村旅游及配套公路建设提出发展要求。

加快农业龙头企业建设，唱响广灵特色农业品牌，围绕广灵小米、菇菜、中药材、画眉驴等名优特色农产品，壮大东方物华、名沙、为全、北野、恒广北芪等农业种植加工企业，拓展休闲方便食品、农产品精深加工项目，实施一批以杂粮生产、冷链物流、屠宰加工为代表的中、下游项

目，组织龙头企业、合作社完成“三品一标”认证换证工作，持续提升广灵特色农产品知名度。

加快发展现代仓储物流，推动“壶泉e镇”建设，实施农产品物流工程，围绕广灵小米、食用菌、黄花菜、中药材、畜禽鲜活产品等较为丰富的农产品资源，依托农产品批发市场，建设具有较大规模的农产品物流基地。

加速发展文旅产业，积极推进省级国家健康文旅示范区创建，立足广灵自然、文化、生态、旅游资源特色，深入挖掘人文历史、民俗宗教、非遗文物、湿地景区、沟域田园等文化、旅游资源潜力，推动旅游与文化、体育、康养等产业深度融合，重点打造水神堂湿地、山水白羊、草石木厂、本色黄龙等高品质旅游景点；持续推动涧西村、山水白羊等乡村旅游示范村和文旅康养示范区提档升级，开工建设广灵县长城一号旅游公路木厂至白石山项目，依托旅游公路继续开辟精品旅游线路，加强宣传推介，开发旅游商品，策划民俗文化、医养中心、特色小镇等项目，奋力打造对接“京津冀雄”全域康养度假旅游长廊。

第23章 中医药健康产业宏观市场分析

美国著名经济学家保罗·皮尔泽曾将大健康产业称为继IT(互联网技术)产业之后的全球“财富第五波”。随着人口结构的逐渐变化,人们生活水平的逐步提高,人民对健康服务的多元化需求非常迫切。以中医药健康产业为代表的中国大健康产业市场,承载着千年的中华民族中医药文明,深入人心,文化共情;在治未病、药食同源等方面,需求广泛、前景广阔。

23.1 健康产业市场现状与前景趋势

23.1.1 健康产业发展现状

健康产业已经上升到国家战略高度,《国务院关于促进健康服务业发展的若干意见》明确提出,中国医疗卫生健康发展重点将从治疗为主转为预防为主。到2020年,健康产业突破10万亿元,2023年突破14万亿元。现阶段,我国大健康产业主要以医药行业和健康养老行业为主,市场占比分别达到50%和33%(图23-1)。

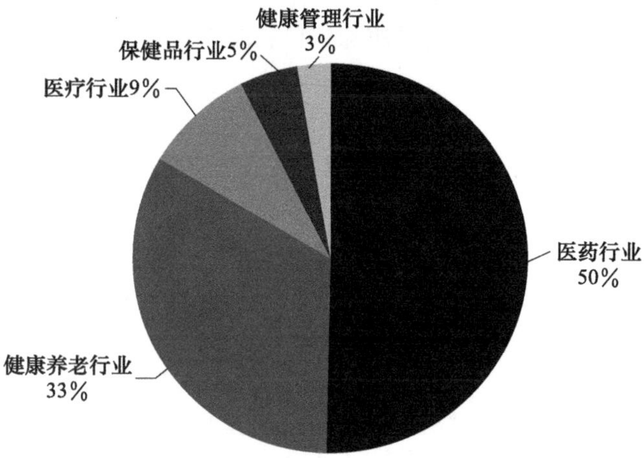

图23-1 中国大健康产业细分市场占比图

(1)人口老龄化加剧

中国已经成为世界上老年人口最多的国家,也是人口老龄化发展速度最快的国家之一。据国家统计局数据,截至2019年末,60岁及以上人口为25388万人,占比18.1%。其中,65岁及以上人口为17603万人,占比12.6%(图23-2)。随着我国的人口老龄化不断加快,消费群体和规模进一步扩大,对大健康产业形成较大的助推力。中医药及大健康产业发展方兴未艾,发展前景一片光明。

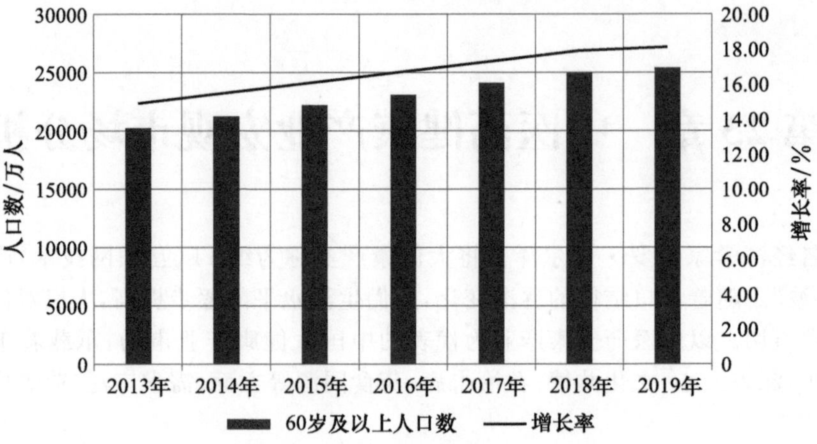

图 23-2　2013—2019 年 60 岁及以上人口数和增长率

(2)国家政策鼓励

我国重视以人为本,将民众始终放在工作中的首位。为提高全民健康水平,提出了切实可行的新医改方案和“健康中国 2020”的健康发展战略,将“健康强国”提升至国家战略高度,政策层面的利好将极大地鼓舞大健康产业的发展;“健康中国 2030”战略对人民健康水平、健康服务能力、健康体系完善提出更高要求,鼓励为实现全民健康而努力。

(3)健康意识提升

10～20 年前,有愿望经常了解自己身体状况的人群大多在 50 岁以上。如今,20～30 岁人群的体检普及率已大大提高,全民重视健康意识已初步形成。

23.1.2　健康产业发展趋势

中国将成为全球健康产业的最大市场。健康中国战略明确指出:到 2030 年,健康服务业总规模将达到 16 万亿元。

(1)产业创新升级发展

大健康的创新发展转变已经改变了传统医疗产业发展模式,从单一救治模式转向“防—治—养”一体化防治模式。

(2)健康消费稳步增长

在健康中国战略稳步推进下,居民对健康的重视程度逐渐提高,居民积极预防的健康理念已深入人心,家庭健康管理意识不断提升。人均医疗保健消费支出的增长,刺激健康消费市场逐步成熟。

(3)中医药发展进入高光时刻

近年,我国出台了一系列振兴发展中医药的文件法规与措施,为中医药发展提供了政策支持与财力保障,引发以传统中医理念为基础的康复以及保健产品研发高潮,各种康复器械、保健器械应运而生,如脑部康复绿色疗法、肢体康复绿色疗法、妇科康复绿色疗法、亚健康调理设备等。

(4)国家赋能大健康产业科技化

中华人民共和国科技部印发《“十三五”中医药科技创新专项规划》,为未来中医药科技创新指明了方向。该规划指出要发展前沿关键技术与创新方法、深化中医药理论传承与创新、提升中医药防治重大疾病水平、促进中药资源保障与价值提升、发展中医药健康服务技术、加强中药研发技术和产品开发、推进中医药标准化与国际化、加强民族医药传承与创新等。

23.1.3　后疫情时代中药材发展新契机

2020 年 8 月 19 日，国家卫健委发布《关于印发新型冠状病毒肺炎诊疗方案（试行第八版）的通知》，其中，治疗重症的“化湿败毒方”、恢复期治疗肺脾气虚症的推荐处方中，均有带有黄芪成分的“益气祛毒颗粒”“补肺健脾颗粒”，黄芪已成为全球多个国家抗疫的重要药品。

中医辨证施治的灵活性和科学性、中药配伍的针对性和有效性可以满足快速、有效抗击疫情的需要。中医药在此次抗击威胁全国人民生命与健康的新冠疫情战役中充分显示了自己的疗效与价值，获得了全民的高度关注与信任。有利于恢复国民对中医药的信心，向世界其他国家展示中医药强大的医疗价值，为中医药事业物质基础的中药材带来长期需求上升的积极影响。新冠疫情导致 83 种中药材的市场需求迅速上升，因此，对于这些中药材的种子种苗繁育、种植养殖生产、产地加工与销售等直接相关环节，短期内缓解供过于求的库存压力，将拉动其市场价格上行。

后疫情时代，人们对于健康的重视加上中医药作用的凸显，使中医药大健康市场颇具发展前景。

(1)健康关注度不断提升

大众对于健康的关注程度在近年来不断提升。国家统计局数据显示，2019 年上半年，我国人均医疗保健消费支出 941 元，占人均消费支出的比重为 9.1%，而 2017 年为 8.1%。本次疫情使人们对于增强免疫力产生更加迫切的需求。

(2)中医药“养生”新认识

中医药在“养生”方面的功效让大众有了新的认识。2018 年数据显示，全国中药工业产值约 9000 亿元，约占我国医药工业总产值的 1/3，并预计带动形成约 2.5 万亿元规模的中药大健康产业。

(3)营养保健市场新一轮刚需

2018 年，我国营养保健市场总额超过万亿元，已经成为全球第二大健康食品市场。长期看，在规范中发展依然是保健品行业的主命题，优质的企业会获得长足的发展。

23.2　中医药市场供需分析

(1)政策春风持续加码，利好中医药事业稳健发展

①国家多次出台相关文件，大力发展中医药事业

国家多次出台相关文件，大力发展中医药事业。自 2016 年《中医药发展战略规划纲要（2016—2030 年）》发布以来，国家多次出台政策文件大力发展中医药事业，坚持中西医并重、传承与创新相结合，以发挥中医药在医疗卫生与健康事业中的独特作用。2020 年，新冠疫情暴发，中医药在对抗疫情方面发挥了愈加重要的作用，公众对中医的接受程度也随之不断提高，中医文化认同不断加深，国家政策层面推动加强中医药医疗能力建设，加大人才培养，推动社会对中医药的合理认知，进一步规范中医药的传承以及创新发展，有利于整体中药行业的发展。

②政策春风持续加码，医保大力支持中医药传承创新发展

政策春风持续加码，医保大力支持中医药传承创新发展。2021 年 12 月，国家医疗保障局、国家中医药管理局联合发布《关于医保支持中医药传承创新发展的指导意见》，要求各级医保部门、中医药主管部门以更大的力度和更强的决心，深化医疗保障制度改革，支持和促进中医药传承创新发展，这也是首次来自于支付端的支持政策。一是中医医疗机构暂不执行 DRG(疾病诊断相关分组)付费，已执行地区适当调高中医病种系数和分值，表明医保对中医药整体支持力度超预期。二是中医医疗机构及时纳入医保，部分中医医疗服务价格有望上调，利好中医医疗服务赛道。三是中药饮片依旧保持不超 25%的加成比例，我国中药配方颗粒纳入饮片管理，未来中药配方颗粒在医院渠道有望继续保持快速增长趋势。

③《"十四五"中医药发展规划》发布，推动中医药高质量发展

《"十四五"中医药发展规划》发布，推动中医药高质量发展。2022 年 3 月，首次以国务院办公厅名义发布中医药发展规划，体现国家层面对中医药行业整体的支持力度，并提出目标：到 2025 年，中医药健康服务能力明显增强，中医药高质量发展政策和体系进一步完善，中医药振兴发展取得积极成效，在健康中国建设中的独特优势得到充分发挥。《"十四五"中医药发展规划》对比《中医药发展"十三五"规划》，覆盖更为全面细致，提出 10 个方面的主要任务，设置 15 项主要发展指标和 11 项工作专栏，主要为解决行业痛点，推动中医药高质量发展：一是提高中医服务供给能力，强化基层服务能力和网络建设；二是加强中药材质量控制，探索将特定中药饮片纳入中药品种保护范围，以及中药饮片的备案、审批管理等机制。

(2)"需求＋供给"双轮驱动，头部和基层迎良好发展机遇

①需求＋供给双轮驱动，中医诊疗服务市场稳健增长

随着中医药政策红利持续释放，我国中医诊疗服务市场预计在需求端＋供给端双轮驱动下保持稳健增长。需求端，老龄化程度加深、民众健康意识提高、叠加整个疫情的反复，催化整个中医大健康产业的蓬勃发展；供给端，国家大力发展中医药事业，深化医疗保障制度改革与医疗服务定价改革，坚持中西医并重，支持和促进中医药传承创新发展，为未来中医大健康产业的发展提供了广阔的市场空间。作为中医大健康产业的核心组成部分，2019 年，我国中医诊疗服务市场规模接近 3000 亿元，市场份额占比达到 31.8%，预计 2030 年市场规模达到 18390 亿元，占比将提升至 61.9%，复合年增速达到 18.2%。

②基层医疗发展为民营机构带来广阔发展空间

供需失衡，基层医疗发展为民营机构带来广阔发展空间，民营中医医疗服务占比不断提升。截至 2020 年末，全国共有 5482 家中医院，承担接近 6 亿次的患者需求，供需失衡导致目前我国中医医疗资源利用效率低下。国家近年来不断出台各项政策，大力推进基层中医医疗服务的发展，随着普惠医疗政策的实施，医疗资源有望重新分配，民营中医医疗机构或将迎来广阔发展空间。民营医疗服务在我国中医诊疗服务版块中的市场渗透率也在不断提升，由 2015 年的 29.0%快速增长至 2019 年的 41.2%，预计到 2030 年将突破 50%大关，随着患者接受程度不断提高，我国民营中医医疗服务的市场渗透率有望进一步提升。

③我国民营中医诊疗市场头部企业有望迎来良好发展机遇

我国民营中医诊疗市场呈现"散、乱、小"的特点，头部企业有望迎来良好发展机遇。我国中医大健康行业中，民营中医医疗服务的市场参与者众多，多数连锁中医品牌布局于各自强势地区，门店标准化及全国扩张能力较弱，收入规模较小，难以形成全国性的知名连锁中医品牌。

截至 2021 年 6 月 30 日，我国有超过 40000 家民营中医机构，约 5%为大、中型医疗机构，有大量的零散小规模中医诊所，市场呈现“散、乱、小”的特点。

(3)中药消费品牌价值凸显，利好品牌龙头企业

①医疗保健消费升级，中药消费品市场持续扩张

随着全国居民人均可支配收入不断增加，我国居民的消费性支出结构也发生了变化，食品、服装等传统的物质型消费向教育、医疗保健、旅游等高端服务型消费转变，医疗保健消费升级趋势明显，我国人均医疗保健支出也逐年增高，从 2013 年的 912 元增长到 2021 年的 2115 元，占人均支出达到 8.8%，CAGR(年均复合增长率)超过 11%。随着新冠疫情及人口老龄化催化，叠加居民保健意识的增长，近年来我国 OTC(非处方药)市场持续增长，中药 OTC 的市场规模也在中医药文化的催化下呈稳步提升趋势；2021 年，中国城市实体药店终端销售额超过 1 亿元的 OTC 产品有 140 个，其中，中成药占 79 个，以呼吸系统、骨骼肌肉系统、消化系统等疾病用药为主；随着消费者对滋补、调养、慢病需求的不断增加，叠加近年来不断出台的中药利好政策，未来中药消费品市场增长空间广阔。

②主销渠道竞争激烈，悠久历史带来高品牌壁垒

中药消费品在主销渠道的竞争激烈，而品牌是在零售终端上最好的“进入壁垒”；以同仁堂、片仔癀、云南白药、东阿阿胶等企业为代表的传统中药企业由于经营年代久远、口碑优秀而拥有深厚的天然品牌壁垒，处于行业领军地位，而以华润三九、江中药业、太极集团为代表的现代品牌药企，则拥有相对完善的渠道管理及终端维护体系，多已拥有多个上亿元的单品，消费者认知度也比较高，企业也在不断发展中，逐渐形成了较高的品牌壁垒。

③品牌品种占比提升，品牌价值凸显

品牌 OTC 品种的占比在持续提升，以呼吸系统品类为例，2020 年，零售药店终端呼吸系统中成药 TOP 10 厂家的市场份额由 2017 年的 31.24%稳步提升到 2020 年的 34.67%，市场集中度进一步提升；而根据 BrandZ(国际知名的全球品牌资产平台)最具价值中国品牌 100 强排行榜，2016—2020 年医疗保健类连续入围的企业只有同仁堂、云南白药、华润三九，品牌 OTC 企业的地位逐渐固化，头部品牌价值凸显。

(4)中药审评改革持续深化，创新中药审评审批加速

①政策端支持力度不减，创新中药审评审批加速

在政策端，国家近年来大力推广中医药的传承与创新。2021 年 2 月，国办发布《关于加快中医药特色发展的若干政策措施》，要求推动符合条件的中药进入快速审评审批通道的有效机制。2021 年，中药创新药的审评审批明显加速，无论是申报注册还是获批数量，皆创下近年新高，2021 年共获批新药品种 12 个，且均为基于中医临床经验方研制的中药创新药，疾病治疗领域分布丰富，涵盖呼吸、神经、消化等多个相关领域。

②深化中药审评改革，推动行业规范及高质量发展

2019 年 10 月，《中共中央国务院关于促进中医药传承创新发展的意见》出台，提出要构建以中医药理论、人用经验、临床试验相结合的“三结合”审评证据体系。2020 年 9 月，《中药注册分类及申报资料要求》发布，基于中药研发规律，对中药注册分类进行调整。2021 年以来，国家药监局陆续出台多项中药新药相关技术指导原则，为中药企业提供实操指导。2022 年 4 月，国家药监局发布《基于“三结合”注册审评证据体系下的沟通交流指导原则(试行)》，进一步明确了“三结合”审评证据体系。随着我国中药审评审批制度的不断健全和完善，中药创新药有望逐步迈入正轨，迎来高质量发展。

23.3 中药材市场分析与前景趋势

23.3.1 国内中药材供需数据统计

(1)中药材种植面积将稳定在 4500 万亩

在政府大力支持下,我国中药材种植行业发展迅猛。根据中华人民共和国商务部 2018 年 6 月发布的《2017 年中药材流通市场分析报告》,2017 年全国中药材种植面积达到 3466.89 万亩;《"十四五"全国种植业发展规划》中,2020 年我国中药材种植面积达 4358 万亩,比 2017 年种植面积增加了 891.11 万亩;2025 年,全国中药材种植面积将稳定在 4500 万亩左右(图 23-3)。

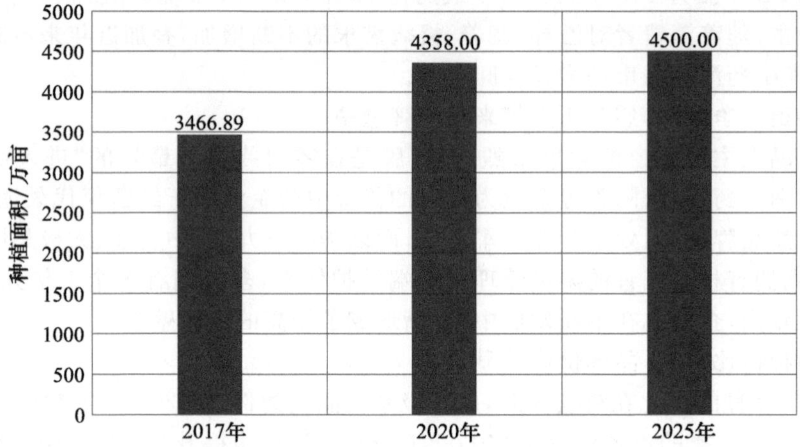

图 23-3　2017—2025 年我国中药材种植面积

(2)全国中药材种植面积统计分析

以省(区、市)为单元,对通过文献资料、专委会、产业技术体系 3 个渠道收集得到的 2020 年中药材种植面积进行统计分析,结果如图 23-4 所示。由于统计口径、统计渠道的差异,各省(区、市)中药材种植面积存在一定差异,但总体趋同。

根据文献资料数据,汇总得到全国中药材种植总面积约为 8423.46 万亩,四川、广西、贵州、云南等种植面积较大,北京、天津、上海、西藏种植面积相对较小。根据产业技术体系数据,汇总得到全国中药材种植总面积约为 8795.98 万亩,云南、贵州、四川、河南等种植面积较大。根据专委会数据,汇总得到全国 329 种中药材的种植面积约为 8339.46 万亩,广西、甘肃、云南、四川等种植面积较大。

(3)中药材市场成交额逐年上升

据国家统计局数据,我国中药材市场成交额和中药饮片销售收入持续增长。2015 年起,我国中药材市场成交额逐年上升,2020 年已达 1664.83 亿元(图 23-5)。

(4)近年我国中成药产量增长放缓

2009—2017 年,我国中成药产量整体呈增长态势,2017 年达到最高值 383.61 万吨。2018—2019 年,中成药产量连续下降,2020 年产量下降至 231.90 万吨。2021 年,中成药产量恢复至 249.95 万吨,增长幅度为 7.78%。2022 年以来,我国中成药产量增长放缓,2022 年全国中成药累计产量为 227.70 万吨。截至 2023 年 2 月末，全国中成药产量已达 40.40 万吨，比 2022 年同期下降 14.8%。

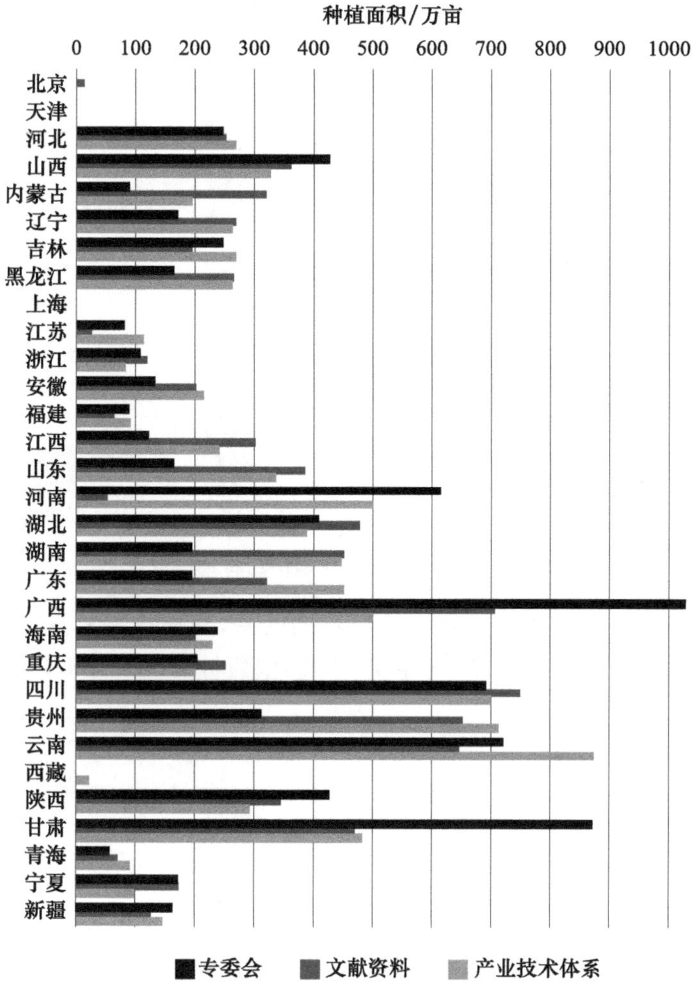

图 23-4　各省(区、市)中药材种植总面积

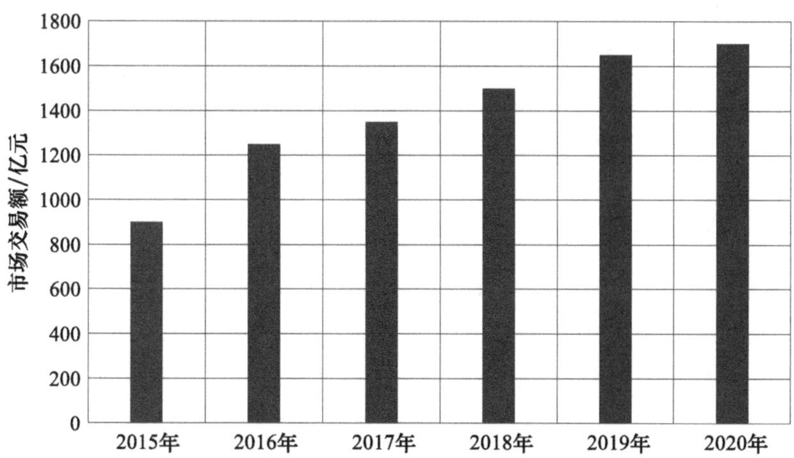

图 23-5　2015—2020 年我国中药材市场交易额

我国的药材消费市场很大，但部分地区存在中药材品种产能不足甚至没有资源分布的问题，因此，对中药材有一定的进口需求。2020—2021 年，我国中药材进口量较为稳定，维持在 6.7 万～6.9 万吨；2022 年，我国中药材进口量大幅增长，超过 13 万吨，约为往年水平的 2 倍；截至 2023 年 2 月末，我国中药材进口量为 1.7 万吨（图 23-6）。

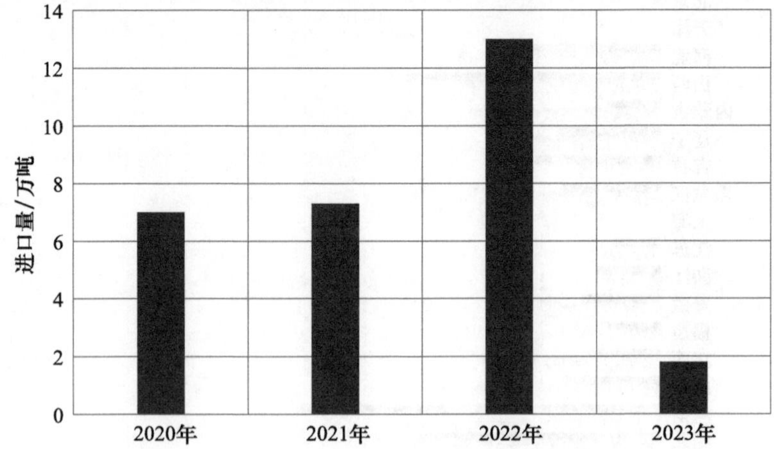

图 23-6　2020—2023 年我国中药材进口量变化

2020—2022 年，与中药材进口量变化情况不同的是，我国中药材进口额逐年增长。2022 年，中药材进口额达到 25.0 亿元。2023 年 1—2 月，中药材进口额达 4.2 亿元（图 23-7）。

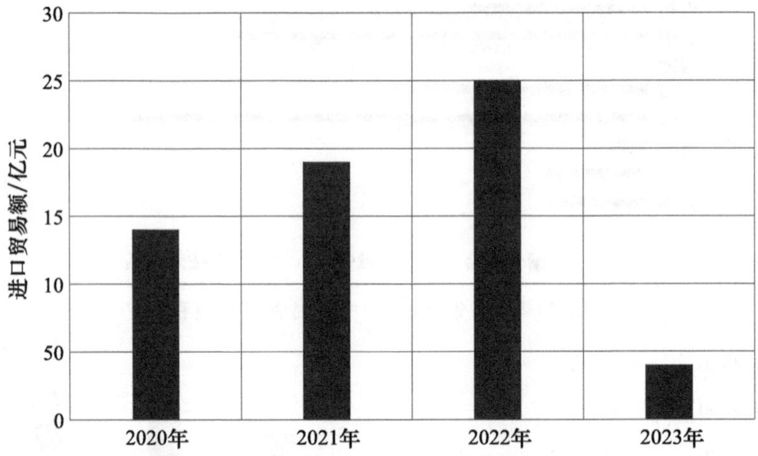

图 23-7　2020—2023 年我国中药材进口贸易额变化

23.3.2　2022 年国内中药材产业发展情况

大健康是未来的黄金产业，中药是其物质基础。截至 2022 年，中药相关的产业规模超过 2 万亿元，增长势头明显。

（1）2022 年国内中药材进口渠道监测

2021 年第四季度开始，受新冠疫情毒株致命性减弱的影响，各国边境贸易开始逐渐恢复，我国中药原料进口量开始稳步提升。2022 年，我国中药材进口总量达到 13.23 万吨，与 2021

年相比增长 95.42%，增幅较为可观。

(2)2022 年国内中药材供应保障能力评估

通过对中药材供应保障的整体评估可以看到，2009—2022 年，国内中药材供给量的平均增幅为 4.19%，低于需求量的 4.85%，但由于存在静态库存，理论上整体供给量大于需求量，缺口并不明显(图 23-8)。即使 2022 年年底疫情管控放开导致抗疫类中药材供应紧张，甚至部分品种断货，但从整体来看，其对中药材供需的影响也只是阶段性和一过性的。

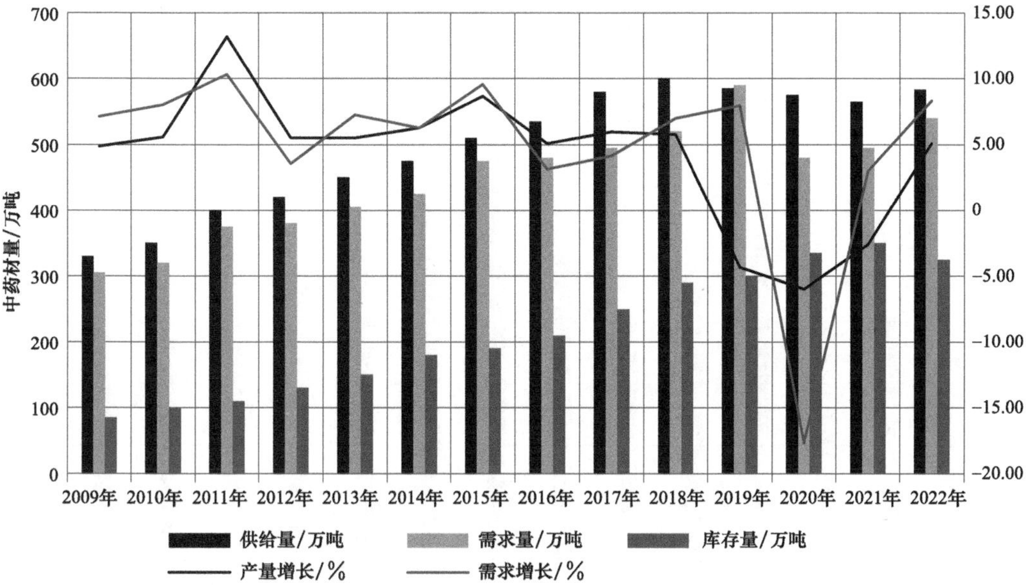

图 23-8　2009—2022 年国内中药材产供需(含进口)

(3)2022 年国内中药材需求和消费区域分析

2022 年，国内中药材需求渠道主要分为以下几种：中成药渠道依然是中药材原料需求第一大渠道，2022 年整体消费占比约 45.12%；饮片需求小幅下降，占比约 18.68%；保健品和出口原料消耗萎缩；电商、线下食材和中兽药渠道快速增长(图 23-9)。

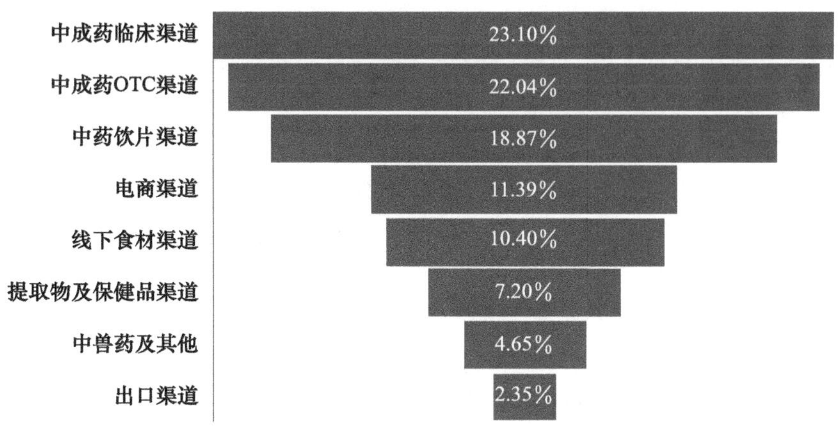

图 23-9　2022 年国内中药材需求渠道分布图

消费区域中，沿海发达地区为主要消费市场。以艾草为例，广东、浙江、江苏、山东等沿海发达地区是主要消费区域，河南作为主产区，更偏重生产端信息：一是南方湿热气候更适宜艾草产品使用；二是艾草未来增量市场主要在沿海发达地区和海外市场。

从中成药渠道来看，投产品种数量下降，原料需求 2022 年强势反弹。2008—2021 年，国内中成药产能年均增长率为 3.77％。从 2019 年开始下降，2020 年跌幅高达 12.30％，2021 年有所回温，增长 6.92％，但仍低于 2019 年水平(图 23-10)。

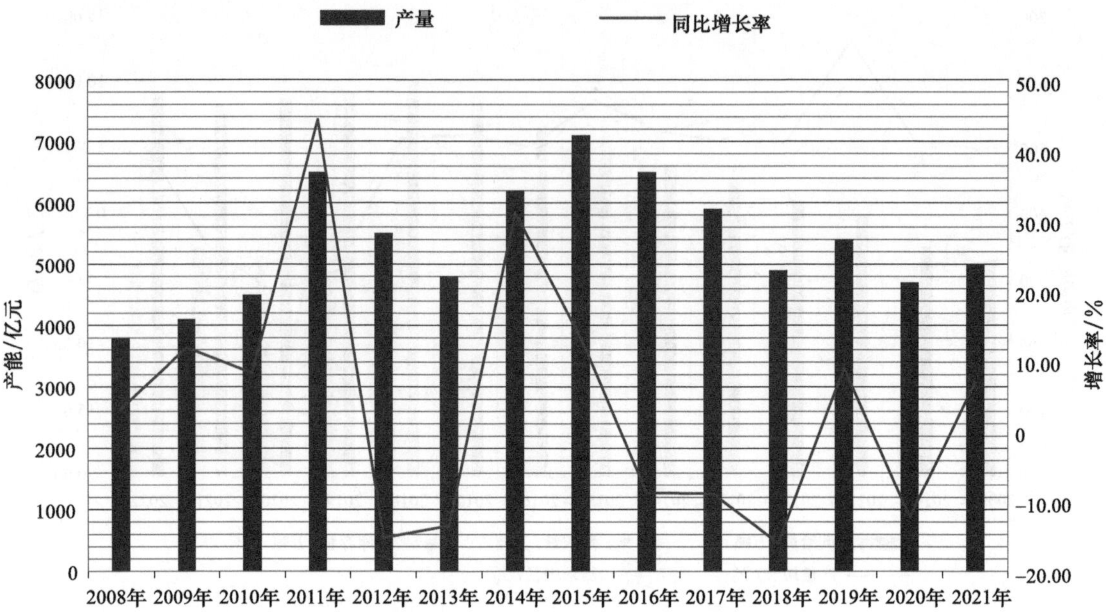

图 23-10　2008—2021 年国内中成药产能增长示意图

(资料来源：国家医药工业信息中心)

(4)2022 年国内中成药销售和电商分析

将中成药产能换算为原料消耗，2005—2022 年，中成药工业原料需求增长 4.21％，2022 年同比增长 11.84％。

①中药饮片渠道

传统饮片渠道消费相对下降，疫情阶段性刺激增长。我国中药饮片(不含颗粒剂和工业渠道饮片消耗)需求保持快速增长的趋势。

②中药饮片需求

2022 年，中国城市实体药店中药饮片需求主要集中在补虚类和清热类。补虚类有西洋参、黄芪、冬虫夏草、枸杞子、燕窝、红参等。年销售金额大于或等于 10 亿元的有西洋参、三七、黄芪、冬虫夏草，占比 22.2％；年销售金额为 5 亿～10 亿元的有枸杞子、燕窝、菊花、红参、川贝母、金银花、天麻，占比 38.9％；年销售金额小于 5 亿元的有茯苓、人参、当归、大枣等 7 个，占比 38.9％(图 23-11)。

从 2022 年国内中药材出口渠道需求来看，2020 年之后，中药材出口开始逐步恢复并迎来增长。2021—2022 年，我国中药材出口总量保持稳定增长，中药材原料出口量保持在 6000 吨/月以上，整体表现良好。究其原因，一方面新冠毒株致命性减弱，边境贸易逐步恢复正常；

另一方面全球各国积极进行贸易互通，带动各国贸易显著增长。2022 年，我国中药材原料出口总量达到 13.50 万吨，与 2021 年相比，涨幅达到 7.14%。

③电商渠道

药食同源中药类电商交易增速惊人，成为 C 端消费主流渠道。通过对国内主要电商渠道数据监测，2022 年，由于渠道变化及疫情影响，国内中药材相关保健产品电商销售量达到 5.47 亿件，金额达 278.96 亿元人民币，同比增长 54.32%，增势惊人（图 23-12）。

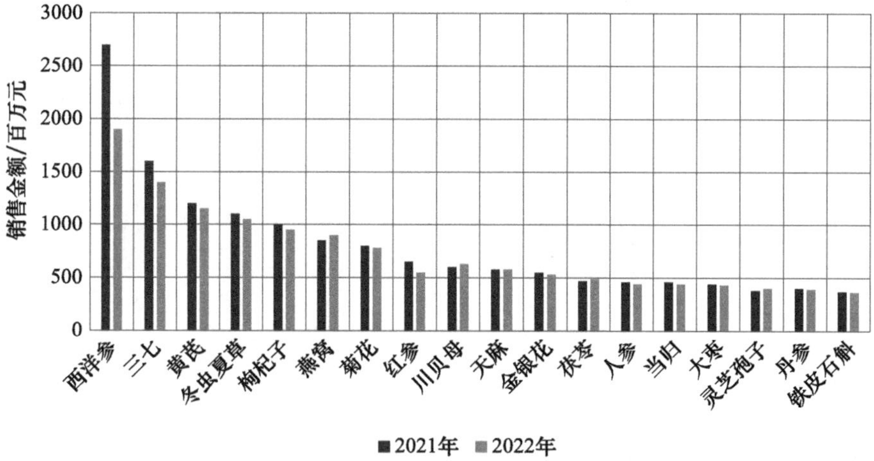

图 23-11　2021—2022 年国内中药饮片热销品种 TOP18

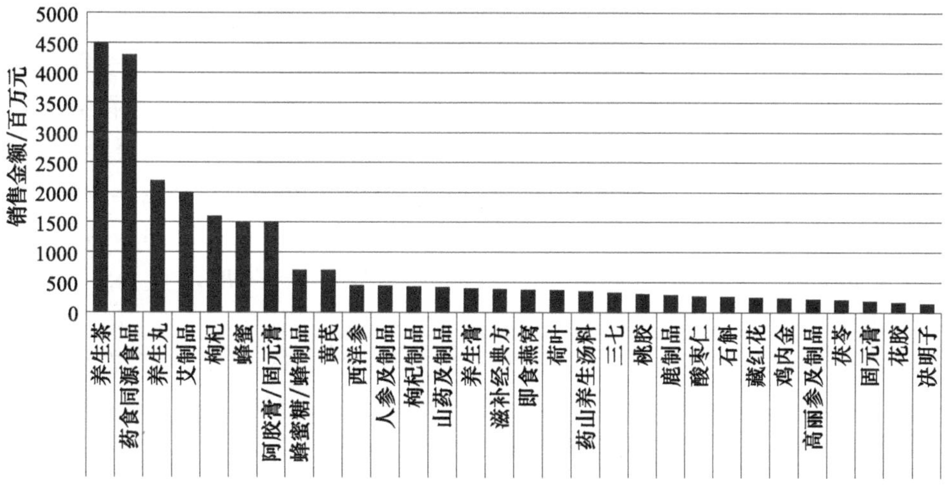

图 23-12　2022 年电商销量前 30 品种

(5)2022 年国内中药材生产基地合作社数量增长

2022 年，我国新增中药材生产基地合作社 1.0 万家，与 2021 年相比增长 21.74%（图 23-13）。受 2021 年和 2022 年中药材原料行情增长影响，生产基地合作社数量开始回升。2016—2018 年，我国中药材生产基地迎来快速增长时期，每年增长均在 1.5 万家以上。受 2016—2018 年行情持续回落影响，种植户热情褪去，2019 年起年新增生产基地仅在 1 万家左右，降幅明显。

受劳动力成本和风险控制影响，“企业+示范基地+合作社种植”是目前生产基地建设的主流模式。因其履约能力差，极易受到资本炒作、自然灾害等因素影响，造成生产保障能力不足。

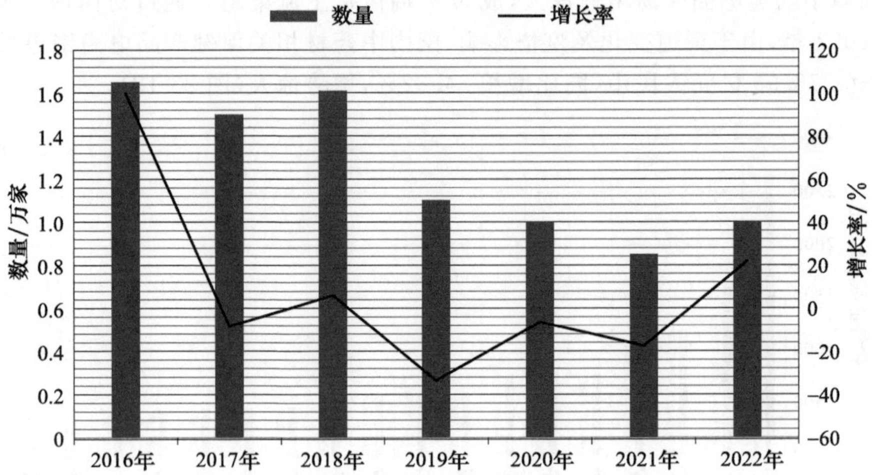

图 23-13　2016—2022 年生产基地合作社增长情况

23.3.3　中药材市场与产业现状、困境与展望

我国中药材产业是一个大系统。从种类上看，多达 12807 种，市场上交易的种类有 1200 多种，人工种植养殖的种类达 600 余种；从产业活动上看，包括从种子种苗繁育、种植养殖生产、产地加工与销售等上游的直接相关环节到下游的饮片加工、中成药制造、销售、中医诊疗服务和消费等间接相关环节；从利益相关者角度看，包括种子种苗生产商、中药材生产者、产地加工与销售商、饮片加工商、中成药制造与分销商、中医诊疗服务者和消费者等利益主体。以上环节和相关主体为社会创造价值的高低最终取决于中医药对疾病治疗与健康保健影响能力的强弱。2019 年年底发生的新冠疫情，主要通过中医药的治疗作用在短期和长期内对中药材上述环节和利益相关者产生影响，进而影响中药材产业经济的未来发展。

(1)我国中药材市场现状分析

中药材的战略地位逐步凸显，中药材产业不断发展壮大。国家统计局数据显示，我国中药材市场规模 2017 年为 1314.8 亿元，2018 年达到 1518.4 亿元(图 23-14)。2022 年超过 2000 亿元，年平均复合增长率近 10%，中药材市场规模扩大前景可观。

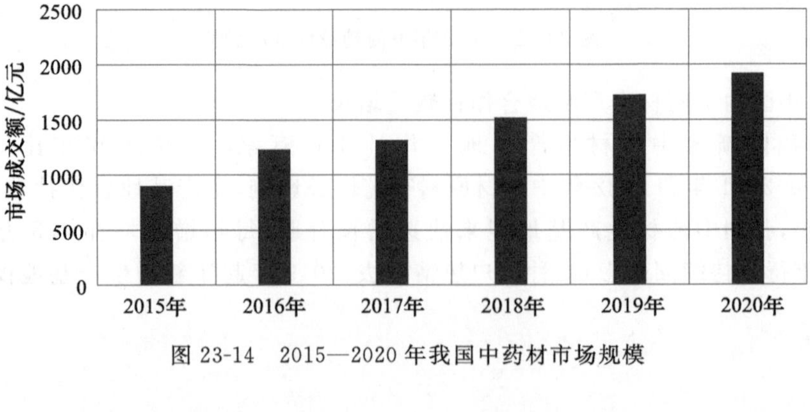

图 23-14　2015—2020 年我国中药材市场规模

①产业链上游：种植市场向好

中药材主要包括上游种植、养殖市场，中游流通市场和下游销售市场三大环节。中药材种植作为中医药行业上游，是生产中药饮片、中成药、提取物以及食品、保健品等中药产品的重要支撑。中药材种植行业是整体中医药产业链的基础，关系到整个中医药行业的发展。随着农业供给侧结构性改革的推进，国家对中药材产业扶持力度不断增强，中药材种植面积大幅增长(图 23-15)。

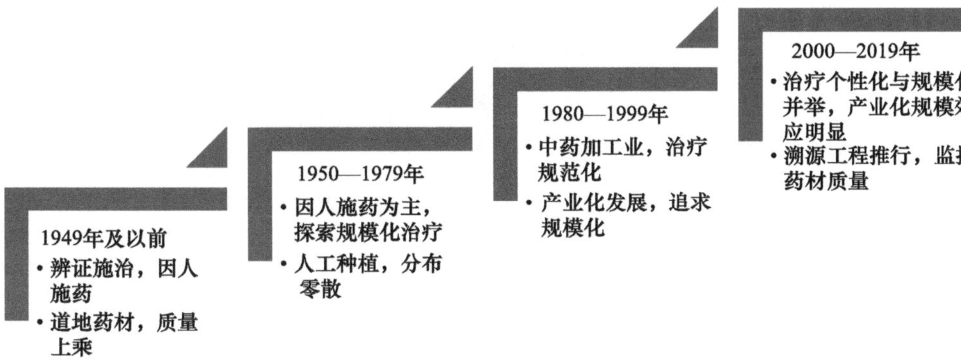

图 23-15　我国药材种植发展历程图

根据《全国道地药材生产基地建设规划(2018—2025 年)》，全国共划出七大道地药材产区，分别位于东北、华北、华东、华中、华南、西南和西北，并依据气候条件，因地制宜侧重部分品种药材的种植。推进道地药材基地建设，有助于加快发展中药产业，促进特色农业发展和农民持续增收，助力乡村振兴战略实施。疫情过后，传统的中药材产业将焕发新生。而在巨大的需求驱动以及政策助力下，行业或将迎来“种药热”。而中药材种植的大力发展，将为乡村振兴提供宝贵机遇。

②产业链中游：带动上游产业发展

中药材种植、养殖、收集后，进入行业中游市场，即中药加工，包括中药配方颗粒、中药饮片加工、中成药制造。中药饮片加工和中成药制药是中药产业的核心(图 23-16)，二者会带动上游产业的发展。

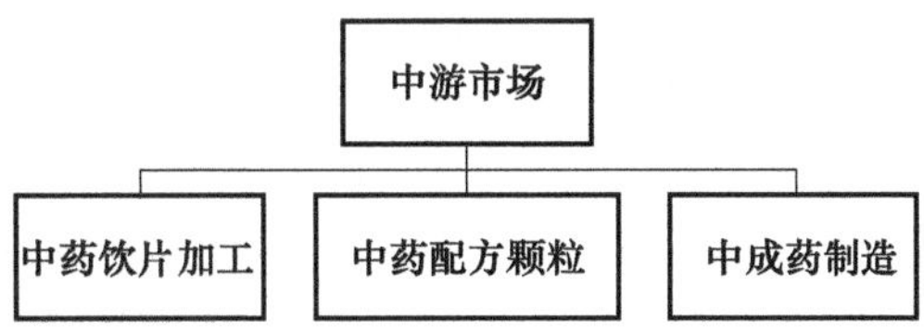

图 23-16　中药材行业中游细分市场图

中药饮片方面：国家统计局数据显示，我国中药饮片行业销售收入增长率分别在 2016 年和 2018 年回升(图 23-17)。2016 年中药饮片被纳入基药目录，2018 年中药饮片不受零加成影响(最高加成 15%)，同时不计入药占比(药占比＜30%)，终端医院使用中药饮片的意愿加强。华润三九、中国中药、红日药业等上市公司表现良好。

中药配方颗粒方面：国家统计局数据显示，2006—2016 年，我国中药配方颗粒市场销售额占中药市场销售额比重由 1.2%增加至 6.0%，2020 年中药配方颗粒销售额超过 250 亿元(图 23-18)，未来仍有上升趋势。中药配方颗粒或将成为中药加工行业应用广泛的产品，其更能适应消费终端的需求，有望成为中药行业新的经济增长点。

中成药方面：国家统计局数据显示，2000—2017 年，中成药产量一路上涨。2015 年 1 月、2012 年 4 月和 2017 年 12 月中成药产量出现三次峰值，分别达到 34.2 万吨、38.8 万吨和

36.4 万吨。2017 年以后,随着国家医改政策的推行,中成药消费需求趋于平缓,中成药产量开始回落,但仍处于较高水平。

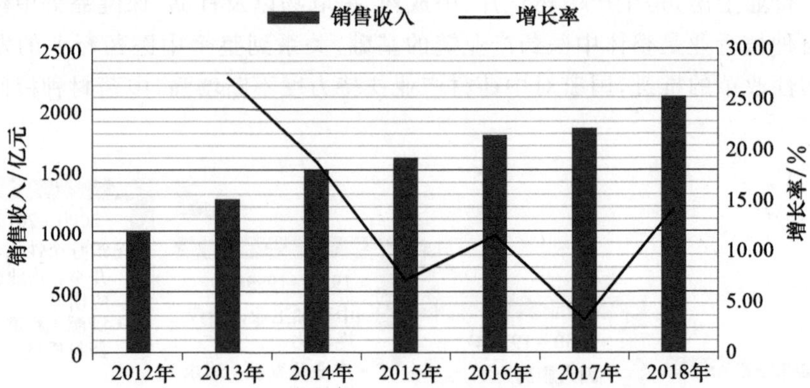

图 23-17　2012—2018 年中药饮片行业销售收入

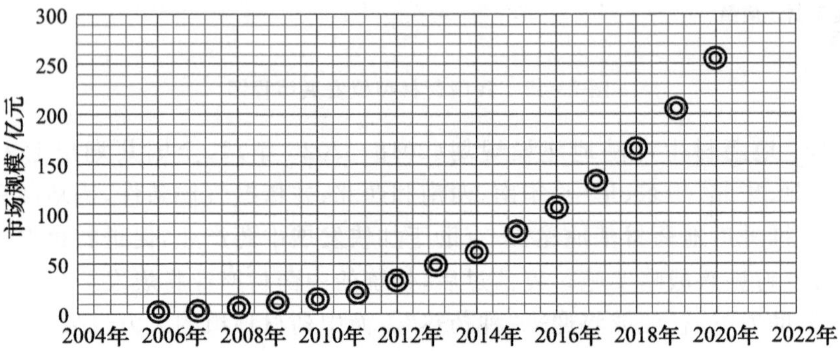

图 23-18　2006—2020 年中药配方颗粒市场规模

(2)我国中药材产业面临挑战

①总体供大于求,亟待"道地化""品牌化"冲出红海

中药材供需均处于增长状态,大部分品种产量大于需求量,价格低,生产者处于亏损状态。道地化、良种化与生态化就是增加销售量的有效方法。消费者收入增长,且对天然保健品的偏好已形成,需要中药材的安全与有效品质属性。中药材的安全与有效品质取决于物种、环境、道地化与有效成分。

②生产滥用化肥和农药,存在安全隐患

中药材生产中滥用化肥、农药、生长调节剂现象较为普遍,中药材难以满足消费者安全、有效的需求。

③人力密集型产业,劳动力成本较高

在中药材的生产成本结构中,绝大部分品种生产中劳动用工成本占比最大。中药材从播种、田间管理、采收到产地加工等环节,都需要大量的人工投入,因此,如能用机械作业代替人工以提高劳动生产率,则可以解决因为人工价格高等导致的中药材生产成本高的问题。

④内循环不畅通,亟待疏通"生产—加工—流通—销售"

因抗击新冠疫情需要,对人员的流动进行了较严格的限制,这对中药材的生产、加工、流通等各环节经营活动可能造成一定程度的负面影响，因此，涉及各个环节的主管部门可以统筹协商，制定疏通各个环节的措施，保障相关中药材产业链顺畅运转。

⑤经营主体抗风险能力差，受市场波动较大

增强主要中药材的生产经营大户的抗风险能力，应对不利的生产经营和流通环境。中药材产业是众多中药材生产经营者的集合，其中，生产经营大户是目前中药材产业发展的主要力量。相关政府主管部门制定资金支持政策是一个有效防范大户破产的措施，有利于提高中药材大户抵御此次风险的能力，维持中药材产业的有生力量。

(3)我国中药材产业前景展望

①政策扶持力度加大，中医药行业逐步崛起

国家主席习近平对中医药工作作出重要指示，要遵循中医药发展规律，传承精华，守正创新，加快推进中医药现代化、产业化，推动中医药事业和产业高质量发展，推动中医药走向世界，充分发挥中医药防病治病的独特优势和作用。国家十分重视中药文化的传承与创新，未来，借助国家政策的优势与支持，中药产业将会高速发展。

②中药产业监管严格化、规范化成为大势所趋

随着中药产品在生活中的分量越来越重，中药产业成为国家重点监管产业之一。当下市场曾曝出过知名药企药材质量不合格、药品成分掺假、药材物价哄抬、用药不谨慎致人受伤等负面问题，中药产业监管严格化、规范化已是大势所趋。

③中药品牌延伸，药材后市场发展繁荣

品牌中药企业在中医药领域长期发展，收获众多消费者的认同从而积累了品牌资产，进而试图借助品牌认同力驱动品牌横向跨越发展，如云南白药、片仔癀等中药巨头企业积极布局中药日化用品、草本化妆品等药材后市场领域，利用品牌声誉带动衍生品的发展，并取得很大的成功。

④“中草药＋”呈现出多元化产业发展新模式

近年来，众多企业和乡镇开始探索中草药＋旅游、中草药＋种植园观光、中草药＋养生体验、中草药＋文化科普、中草药＋购物等多种经营模式，把中草药种植加工、乡村旅游、休闲度假、养生保健旅游、药材科普、中医养生体验、中医保健产品开发、中医文化宣传等融为一体，将中药材种植园发展建设成中医药旅游生态园。

⑤中药产业链上、中、下游正在不断完善

我国中药产业链上、中、下游正在不断完善。下游方面，药企、药店等纷纷拓展网上销售渠道，扩大销售覆盖人群；中游方面，中药加工产品正向深加工和精细化的方向发展，以提高产品附加价值；而上游方面，药材育种、种植模式变革、技术服务等因素对中药材种植的影响至关重要。

⑥养生保健消费快速增长，政策宽松的版块更被看好

过去 15 年，药食两用品种贡献了 80％以上中药材需求增长份额，政策越宽松的品种需求增长空间越大。以艾草为例，截至 2022 年，国内艾草消费渠道构成分别是养生保健、中药饮片、中成药和其他。C 端养生保健消费占据绝对优势，年用量超过 8.92 万吨，包含艾灸产品、艾草油、鲜食等诸多品类。

⑦资源性拳头产品成“吸金池”，核心是原料控制

近 10 年来，云南白药、东阿阿胶、片仔癀、连花清瘟等龙头企业的拳头产品屡屡成为热点引爆资本和消费市场，拥有明显定价权。品牌垄断和原料战略互为因果，未来 10 年，类似的资源和原料控制大战将愈演愈烈，“得核心原料者得天下”。龙头企业必须加强原料

“护城河”建设，联建联营规范化生产基地，加强野生资源抚育和可持续性开发，避免出现原料断档。

⑧成本和政策倒逼工业加快产销对接，配套服务快速落地

产地市场功能逐渐增强。2010—2020 年，国内中药材市场交易量虽然迎来过增长小高峰，但是整体交易量却表现出萎缩状态；相反，产地市场的交易量却在稳步增长，整体交易量从 2010 年的 110.24 亿元增长至 2020 年的 402.23 亿元，涨幅达到了 264.87%，复合增长率达到了 12.49%(图 23-19)。生产企业逐渐聚焦于源头，给产地市场带来了新的发展契机。

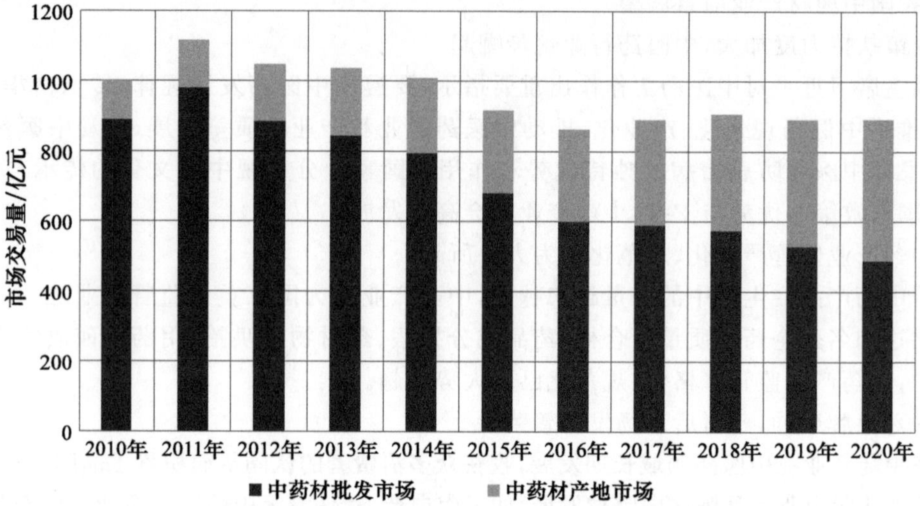

图 23-19　2010—2020 年国内中药材市场交易量变化

⑨中药原料保障体系要稳定，基地共建共享是关键

基地建设和追溯体系缺乏资源整合和共建共享，越是需求企业众多的中药材就越难以形成基地化稳定供应，甚至“各扫门前雪”，造成重复建设和供给断链。因此，加快建设信息化引导下的订单农业，才是解决原料质量和价格稳定的关键。在这个过程中，“大数据＋基地共建共享”等产业服务平台将发挥巨大价值。

推广“三无一全”优质药材标准是联盟的目标，也是产业未来继续努力的方向。目前，天津、上海、福建、浙江等多省(市)积极响应，甚至将来源于“三无一全”中药材的饮片作为医院招投标过程中的优选项，地方政府也积极推广这一标准的施行。

23.4　黄芪中医药健康市场分析

黄芪，为常见大宗药材，有“十药九芪”之称，以黄芪为原料的中成药有 200 余种，被广泛应用于临床。国内市场方面，市场需求极大，其中饮片占 50%，中成药和提取物及制剂占 50%。国外市场方面，我国是黄芪主产地和出口国，该药材在出口位居 1000 万美元以上的七大品种之列。自 2023 年以来黄芪出口、药用、食用和其他用途的年需求量在 3.5 万吨以上，位列 40 种大宗中药材品种的前 10 名。

23.4.1　黄芪中药材市场价格分析

(1)全国价格分析

①价格总势

2010 年，黄芪种植面积不大，库存不丰，行情走出低谷，黄芪价格从 8 元左右上涨到 2011 年 6 月的接近 28 元，完成一次飞跃。从历史价格走势看，该品种价格从 2003 年的 7.5 元涨至 2011 年的 28 元，历时 8 年。

2012 年，黄芪生产开始恢复，市场行情持续震荡下跌，期间虽然有所反弹，但因黄芪产区分布广泛，次产区快速发展，种植面积也在不断扩大，加上库存较丰，从当年开始，黄芪行情难有起色。

2016—2017 年，因黄芪低价，产地受关注度提高，黄芪价格随之略有上升，统货价格回升至 18 元，但最终因库存量大、较党参易存储等特点，价格回落。2019 年 5 月，黄芪价格跌入谷底，仅 9 元。

2019 年产新后，黄芪价格迎来明显上涨。在高价刺激下，2020 年黄芪育苗面积有增无减，黄芪种苗得到供给保障，使得 2021—2022 年黄芪种植不存在缺苗情况。但由于黄芪种植需要经历 2～3 年，虽然前期 2020—2021 年扩种现象明显，但仍以消耗 2020 年之前在地面积及老库存为主。进入 2021 年初，黄芪库存率下降明显，价格出现了小幅上扬，但随后行情平稳并运行至今。

②区域价格

亳州市场：受甘肃产地干旱影响，黄芪关注商家增多，价格上升，走动平稳，行情暂无明显波动，市场中条货多要价在 20 元/千克左右，小条货价在 15～17 元/千克。

安国市场：市场黄芪库存充足，需求平稳，整体走动一般，行情与前期保持平稳，现市场黄芪药厂投料毛芪价格在 16～18 元，小片价格在 20～23 元/千克。

玉林市场：市场黄芪货源消化良好，随着旺季到来，库存逐步消化，价格平稳运行，市场小片价格在 25～28 元/千克，中等片价格在 35～40 元/千克，大片价格在 55～60 元/千克。

岷县产地：成交价格基本稳定，0.6～0.8 厘米规格黄芪价格在 26.5～32 元/千克，0.8～1.0 厘米规格黄芪价格在 35～39 元/千克，1.0～1.2 厘米规格黄芪价格在 39～46 元/千克，1.2～1.4 厘米规格黄芪价格在 47～54 元/千克，药厂投料规格毛芪成交价格在 15～16.5 元/千克。

③品种价格

市场监测数据显示，近年全国 13 类黄芪中，红芪、黄芪价格略高于白皮芪(表 23-1)。

表 23-1　2023 年 5 月 23 日全国不同品种黄芪价格

品种	2023 年 5 月 23 日价格
红芪	41.03 元/斤①
黄芪	34.75 元/斤
白皮芪	30.58 元/斤
黄芪切片	29.95 元/斤

① 1 斤＝500 克，下同。

(2)不同产地价格分析

2023 年 5 月 23 日,全国 44 个主要的黄芪产地中,均价上涨的产地有 7 个,均价下跌的产地有 5 个。其中,广西壮族自治区玉州区的黄芪切片价格涨幅最大,为 5.3%,报 27.00 元/斤(2023 年 5 月 22 日价格报 25.64 元/斤)。安徽省谯城区黄芪切片的价格下跌幅度最大,为 34.68%,报 18.25 元/斤(2023 年 5 月 22 日价格报 27.94 元/斤)。甘肃省武山县黄芪的报价最高,报 50.00 元/斤,较前一日(2023 年 5 月 22 日价格报 50.00 元/斤)持平。安徽省谯城区黄芪切片的报价最低,报 18.25 元/斤(表 23-2、表 23-3 和图 23-20)。

表 23-2　2023 年 5 月 23 日全国不同产地黄芪价格涨幅榜

产地	品种	2023 年 5 月 23 日	2023 年 5 月 22 日	涨幅
广西壮族自治区玉州区	黄芪切片	27.00 元/斤	25.64 元/斤	5.3%
甘肃省渭源县	白皮芪	27.69 元/斤	26.89 元/斤	2.98%
甘肃省宕昌县	白皮芪	32.18 元/斤	31.39 元/斤	2.52%
安徽省谯城区	黄芪	29.27 元/斤	28.75 元/斤	1.81%
甘肃省岷县	黄芪	29.94 元/斤	29.54 元/斤	1.35%
甘肃省陇西县	白皮芪	33.26 元/斤	33.01 元/斤	0.76%
甘肃省陇西县	黄芪	27.55 元/斤	27.39 元/斤	0.58%

表 23-3　2023 年 5 月 23 日全国不同产地黄芪价格跌幅榜

产地	品种	2023 年 5 月 23 日	2023 年 5 月 22 日	跌幅
安徽省谯城区	黄芪切片	18.25 元/斤	27.94 元/斤	34.68%
甘肃省渭源县	黄芪	32.85 元/斤	44.75 元/斤	26.59%
甘肃省陇西县	红芪	37.67 元/斤	44.50 元/斤	15.35%
甘肃省岷县	白皮芪	31.39 元/斤	31.60 元/斤	0.66%
安徽省谯城区	白皮芪	28.63 元/斤	28.76 元/斤	0.45%

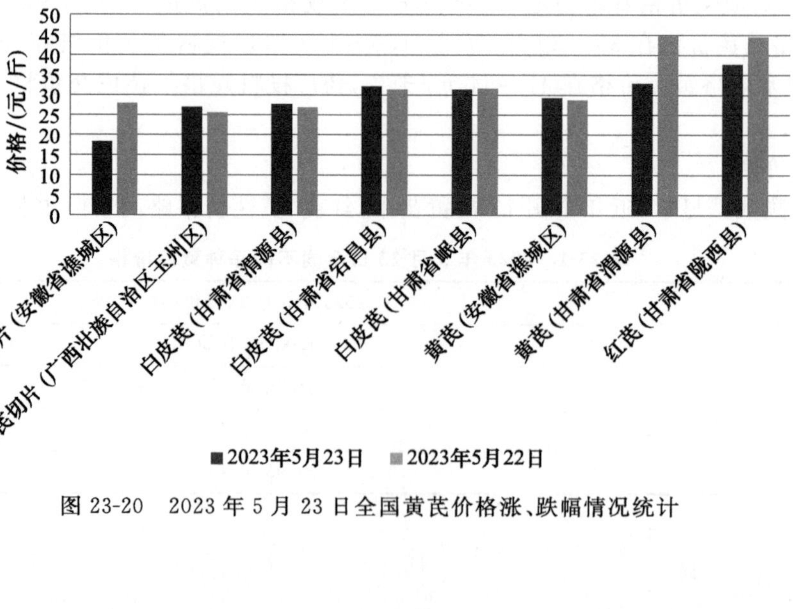

图 23-20　2023 年 5 月 23 日全国黄芪价格涨、跌幅情况统计

23.4.2　黄芪产量、产品与消费市场

(1)产地与产量

黄芪喜凉,耐旱性强,栽培品以蒙古黄耆为主,膜荚黄耆较少。其产区主要分布于甘肃、内蒙古、青海、新疆、宁夏以及我国东北地区,其中,甘肃产出量最大,约占全国产量的50%以上。内蒙古、青海、新疆地势平坦开阔,适合机械化种植生产,新产区、新生产手段使得生产成本越来越低,冲击市场价格。据天地云图中药产业大数据平台统计,2020 年全国黄芪产量约为 57006 吨,2021 年全国黄芪产量约为 58895 吨。

(2)用量稳定

据天地云图中药产业大数据平台统计,2020 年全国黄芪用量约为 48041 吨,2021 年全国黄芪用量约为 51500 吨。

(3)主要需求产品及企业

在中成药需求方面,通过对平台监控的 7702 种中成药进行筛选,目前有 1079 种中成药含有黄芪,需求靠前的中成药是参芪扶正注射液、黄芪注射液、柏子养心丸、玉屏风颗粒、益血膏等。黄芪需求靠前的企业为丽珠集团利民制药厂、正大青春宝药业有限公司、广州白云山敬修堂药业股份有限公司、江西济民可信药业有限公司、国药集团广东环球制药有限公司等。

(4)黄芪健康消费市场分析

随着人口老龄化速度加快及全民健康养生需求的提高,中药饮片市场不断扩容。多元化的健康需求也在重构消费新生态。

国家统计局数据显示,2021 年我国人均医疗保健消费支出 2115 元,占人均消费支出的比重为 8.8%,消费能力进一步增强,中药饮片等大健康产品越来越受青睐。作为“补气上品”,越来越多消费者开始用黄芪饮片来健脾补中、升阳举陷、益卫固表,中药饮片迎来新的发展机会。

23.4.3　黄芪科技创新市场分析

(1)新型补虚中药饮片独占鳌头,引领健康消费新风尚

近年,我国城市零售药店终端中药饮片类别排名中,补虚药逆势而上,市场规模已超过 100 亿元,且市场份额均保持在 50%以上,以绝对的优势多年稳居首位。从治疗类别来看,该市场 TOP 10 治疗大类中,补虚药稳居前三,独占鳌头,且有逐年递增的态势。补虚药类别中包括黄芪单品,数据显示黄芪销售额比上一年同期增长 12.56%,增长速度领先于其他品种。

新型中药饮片正成为当下健康消费新风尚。如黄芪改善气血不足、增强免疫力等备受欢迎。这表明我国亚健康群体在持续增加,补虚强体成为最大需求点。而黄芪作为“中药王孙”“补气之长”,经历过几千年的应用检验,不仅效果确切、应用广泛,而且市场认知度、成熟度更高。在消费升级时代,创新科技黄芪产品能够让消费者有更好的应用体验,高效、便捷和标准化成为打开消费者的突破口。

(2)品质参差不齐,破壁、发酵、膜分离产品脱颖而出

饮片行业目前存在的主要问题是产品质量标准不高,低水平重复生产现象较严重。饮片质量标准不高,难以保障药品的安全、有效、稳定、均匀、可控,影响中医临床疗效。而低水平重复生产反映的是企业创新能力不足,直接导致企业缺乏核心竞争力。在中医药高质量发展的

大背景下，以破壁、发酵、膜分离等技术为引导，饮片行业蜕变，其核心是提升产品的品质，以创新技术、创新理念、创新经营和创新服务等增强行业竞争力。

(3)注射液市场需求大，安全性有待提升

随着现代药学工艺的发展，传统中药在剂型上也多有发展。近年来，黄芪注射液开始广泛用于临床治疗，其适应症从心脑血管疾病逐渐延伸到肝硬化、肿瘤等疾病。此外，黄芪注射液还能辅助治疗流行性出血热、高血压、银屑病、带状疱疹、重症肌无力、烧烫伤以及术后免疫功能低下等各类疾病。随着应用领域的进一步拓宽，对于黄芪注射液毒副作用的研究也在逐渐深入。2017 年，中药注射剂的使用规定首次进入医保目录。2019 年，中药注射剂再次被“点名”。新版医保药品目录对中药注射剂提出了更明确、更严格的要求。受政策的影响，加上中药注射剂的不良反应事件时有发生，使得近年来我国黄芪注射液市场规模不断下滑。2016 年、2017 年和 2020 年我国黄芪注射液市场规模分别为 1.75 亿元、1.41 亿元和 1.50 亿元。

作为现代科学技术与传统中医药理论相结合的产物，黄芪注射液在发展中医方面发挥着重要作用。但其所存在的质量和安全问题制约了行业发展，只有消除安全隐患，保证药品有效、质量稳定可控，才能使黄芪注射液得到更广泛的应用。黄芪注射液企业应当加大科研投入，积极开展工艺技术的突破和产品研发创新，提高产品安全性和效用。

23.5 白羊芪山市场定位研判

根据对国内健康产业、中医药市场、以黄芪为主的中药材市场分析，以野生黄芪为主的白羊芪山市场前景总体较好。药山一体、文景一脉，其市场分为两类并相辅相成，一是以黄芪为主的野生道地药材市场；二是以白羊芪山为主的药山体验市场。

23.5.1 目标市场地域定位

①野生道地药材市场

白羊芪山的野生黄芪品质极高，不同于种植芪，其产品市场应以全国大、中型城市为主，尤其是重养生的华南、华东、京津冀等一线、二线城市地区。

②白羊芪山市场

该市场重沉浸式体验，将以大同市广灵县为中心的大张乌作为本地市场，以京津冀晋蒙为近程市场，以国内其他消费力旺盛的一、二线城市为远程市场。

23.5.2 目标市场人群画像

野生道地药材市场由以传统养生为主的老年市场，扩展至以改善亚健康状态、提高免疫力为主的中年市场，以创新功能食品、药食同源预制菜、功能性休闲零食等为主的中青年市场，以助力健康成长、增强免疫力为主的青少年市场。

白羊芪山其他市场可分三类：一是大张乌的本地生态休闲市场，以家庭亲子、中青年聚会、团队拓展、青少年研学为主；二是京津冀晋蒙的近程市场，以消夏补气避暑、药膳养生、养生度假等为主功能，以家庭、单位或组织为主市场；三是国内其他城市市场，多为各级经销商、代理商，作为中远期拓展市场。

23.5.3　目标市场需求分析

野生道地药材市场是以补气、增强免疫力等治未病的养生保健为主需求的传统中、高端市场，以功能食品、药食同源休闲食品、养生预制菜等为创新需求的新中、高端市场。

依托白羊芪山优美而物华天宝的生态环境、美好的生态药山传说故事，吸引避暑度假、生态运动、健康养生、生态教育等市场。

23.5.4　目标市场消费预判

为充分发挥野生黄芪的药用价值，做到物尽其用，市场消费定价将根据野生黄芪品质，不仅有满足大众需求、线上快消的中档初级产品，而且更应开发多元功能性、药食同源、深加工的中、高端产品。

白羊芪山消费重在对不可移动、地域独特的水土气的沉浸式体验，对野生黄芪的全方位健康养生保健体验。市场消费定价将根据淡、旺季和产品等调整。

第 24 章　全国黄芪产区历史变迁考证与分析

黄芪作为中医常用的补气中药，在中国已有两千多年的历史。从汉代的《神农本草经》和《名医别录》，到南北朝时期的《本草经集注》，到宋代的《本草图经》，再到清代的《植物名实图考》，最后到民国（中华民国）时期的《药物出产辨》均有记载。黄芪的产地从四川、甘肃向陕西、山西过渡。至清代时期，黄芪的道地产区已移至山西、内蒙古，与现今的黄芪主产区基本一致。近代，山西恒山山脉成为黄芪优良产区和主产区之一。目前，国内黄芪主产区为内蒙古中西部、山西北部、甘肃定西和宁夏南部，以山西大同和忻州地区、内蒙古、东北三省所产黄芪质量最优。在全国黄芪产区历史变迁的考证中，恒山山脉野生黄芪的道地性考证是白羊芪山道地价值论证的首要环节。

24.1　全国黄芪道地产区历史变迁

黄芪始载于《神农本草经》："黄芪味甘，微温。一名戴糁，生山谷。"黄芪为著名的道地药材，现今道地产区包括白羊芪山所在的山西恒山山脉（大同浑源、广灵地区）等。然而，历史上黄芪道地产区较多，且在不同历史时期有所变迁。历史时期，黄芪的道地产区有甘肃、山西、内蒙古、东北地区、四川、陕西以及其他地区。历代本草中的黄芪道地产区，宋以前以甘肃、陕西为主要道地产区，宋代黄芪道地产区以山西为主，清代又增加了内蒙古道地产区，民国时期黄芪道地产区又增加了东北地区。

24.1.1　山西产区

宋、元、明、清时期，本草推崇以山西为黄芪的道地产区。《本草图经》："今河东、陕西州郡多有之……其皮折之如绵，谓之绵黄芪。"河东即指今山西境内，宋代山西所产黄芪称为绵黄芪，并将绵性作为评价黄芪是否优质的重要特征之一。

山西绵上产黄芪倍受本草学家关注。《本草别说》："黄芪都出绵上为良，故名绵黄芪。今《图经》所绘宪水者即绵上，地相邻尔。以谓柔韧如绵，即谓之绵黄芪。然黄芪本皆柔韧，若伪者，但以干脆为别尔。"绵上，隋开皇十六年置，治所在今山西沁源县北，北宋庆历六年徙治今沁源县西北绵上镇。宪州，今山西静乐县。赵燏黄先生曾对《本草别说》观点提出质疑："绵上在山西沁源县西北绵山附近，宪州旧山西忻州静乐县南七十里，二地虽属同省，然宪州与绵上，中隔太原，一在省的南面（沁源），一在省的北面（静乐），相距也有四百余里[①]之遥。"《本草别说》认为宪州与绵上"地相邻尔"，其目的可能是突出绵上黄芪的道地性。《汤液本草》："今《本草》《图经》只言河东者，沁州绵上是也，故谓之绵芪。"《本草蒙筌》："绵芪出山西沁州绵上（乡名，有巡检司）。此品极佳（此为上品）。"并附有宪州黄芪。《本草求真》："出山西黎城，大而肥润箭直

① 1 里＝500 米，下同。

良。"《本草崇原》:"以山西之绵上者为良,故世俗谓之绵黄芪。"《本草详节》:"惟绵芪茎长而软,出泌州绵上者为上品。"《本草原始》:"生山西沁州绵上,名绵耆。"《本草害利》:"产山西沁州绵上者,温补。"陕西同州,即今陕西大荔。《本草发明》:"黄芪出绵上者良,故云绵芪。"《增订伪药条辩》:"黄芪以山西绵上出者为佳,故一名绵芪,色黄带白,紧实如箭竿,故又名倍箭芪。折之柔韧如绵……黄芪冬季出新。山西太原府里陵地方出者,名上芪,是地有'大有大成'、'义聚成'、'育生德'等号货卖……为最道地。又大同府五台山出,粗皮细硬,枝短味淡,作小把,为台芪,俗称小把芪,略次……皆须太原产之上芪,立能见效,若以侧路杂芪充用,则为害甚烈,不可不变矣。"

民国时期,山西浑源产黄芪开始闻名遐迩。《药物出产辨》记载:"冲口芪产区亦广,产山西省浑源州,近阳高县高山一带,收货在于秋后冬前。择出匀滑直壮者,先制粉芪,绵芪。专消三江一带。次下者,乃治冲口芪,染成黑皮而来。浑春芪、牛庄芪,即此芪制剩原来生芪而来,是以不黑皮。"据赵燏黄调查,民国时期上海药材市场"以绵黄芪、壮耆为最纯良,而尤以绵黄芪为最,谓其气味较壮耆和平,壮耆虽亦和平,但微带辛烈而不如。绵黄芪自山西之大同输出,壮耆自山西之太原输出。"自民国时期以来,山西为黄芪的优质产区,并形成了大同、太原等黄芪集散地。虽然民国时期的《增订伪药条辩》记载"山西绵上者为佳",但是据民国二十六年《中国实业志・山西省》对山西 15 个县黄芪年产量统计,共计 501812.5 千克,以浑源最多,计 250000 千克,繁峙次之,计 119000 千克,应县又次之,计 63855 千克;而绵山山脉所在的介休、灵石、沁源等县仅记载介休产 2500 千克。这说明民国时期绵上黄芪产量很低,以恒山山脉的浑源、应县和繁峙为最大的产区。

24.1.2　甘肃产区

甘肃为本草中记载黄芪最早的产区之一。《名医别录》首次记载了黄芪的产地:"生蜀郡山谷,白水、汉中。"其中,白水即今四川、甘肃二省交界处嘉陵江支流白龙江。

南北朝时期黄芪始以甘肃陇西为道地。《本草经集注》:"第一出陇西、洮阳,色黄白,甜美、今亦难得。次用黑水宕昌者,色白,肌肤粗,新者,亦甘,温,补。又有蚕陵白水者,色理胜蜀中者而冷补。又有赤色者,可作膏贴,俗方多用,道家不须。"陇西,即今甘肃陇西;洮阳,即今甘肃临潭县西南。《本草经集注》是首次记载黄芪道地产区的本草,甘肃陇西地区也因此成为最早的黄芪道地产区。甘肃舟曲西南白水江北源古代称为黑水。宕昌,今甘肃宕昌、舟曲一带。《本草经集注》中"黑水宕昌"即今甘肃宕昌、舟曲一带。蚕陵,今四川茂县、汶川,因蚕陵山得名。白水,可能指白水江,源出四川松潘,经甘肃文县,至四川广元入嘉陵江。西汉曾置白水,治所在今四川青川,南北朝时为白水郡治所;南朝宋置白水郡,辖境约当今四川广元。《本草经集注》中"蚕陵白水"即指四川与甘肃交界等地。《本草经集注》中黄芪道地产区在甘肃,首先推崇陇西、临潭产区;其次为宕昌、舟曲一带,再为甘肃与四川交界地区。陇西黄芪为道地,受到后世本草的认可,并常分为白水芪与赤水芪。如《日华子本草》:"白水芪,凉,无毒。排脓,治血及烦闷热毒,骨蒸劳,功次黄芪。赤水芪,凉,无毒。治血,退热毒,余功用并同上。"赤水,唐代在今甘肃武威置赤水军。《药性论》:"生陇西者,下补五脏,蜀白水赤皮者,微寒,此治客热用之。"《本草蒙筌》:"水芪生白水、赤水二乡(俱属陇西)。白水颇胜;此为中品。"目前,甘肃南部陇西、渭源、漳县、岷县等地通过引种栽培种植的蒙古黄耆占我国黄芪产量的 50%左右。

唐宋时期,甘肃东南部的庆阳、平凉一带也被认为是黄芪的道地产区。《新修本草》:"今出原州及华原者最良，蜀汉不复采用”。原州，今宁夏固原至甘肃平凉一带。《蜀本草》：“今原州者好，宜州、宁州亦佳”。宁州，即今甘肃宁州、正宁一带。赵燏黄先生在《中国新本草图志》中也认为：“宁州，唐属关内道，甘肃与陕西边界的庆阳府。”《嘉佑本草》：“今原州者好，宜州、宁州者佳。”《四声本草》：“出原州、华原谷子山”。《本草述》和《本草乘雅半偈》等也转述“宜州宁州者佳”。

24.1.3 东北产区

东北地区作为黄芪道地产区始于民国时期。《药物出产辨》记载：“正芪产区分三处。一关东，二宁古塔，三卜奎。产东三省，伊犁、吉林、三姓地方。清明后收成，入山采掘，至六七月间乃上市。”关东泛指东北三省，宁古塔指黑龙江宁安，卜奎指今黑龙江齐齐哈尔地区。《中国新本草图志》认为东北产区的黄芪并未得到同行的普遍认可：“产于东三省者，营口、天津为其集散地，药肆亦不重。即上海市场之所谓天津耆是也。”《中国新本草图志》：“产于辽阳及库伦之耆，其色黑，故又有黑耆之名。”

24.1.4 四川产区

川产黄芪，本草中所载区域基本可以划分为两个。一是南部成都及其毗邻区域；二是与甘肃交界的白水流域。《名医别录》记载：“生蜀郡山谷，白水、汉中。”蜀郡即今四川南部的成都。该区域黄芪在唐代《新修本草》中已经不被推崇：“今出原州及华原者最良，蜀汉不复采用。”该观点也得到民国时期《中国新本草图志》的认同：“川产如出成都附近者，重庆为其集散地，药肆不重也。”四川与甘肃交界的广元一带的黄芪，则是南北朝以及唐代本草中的白水芪，是历史上推崇的道地药材。《中国新本草图志》：“川之西北边界与陕、甘、新疆、西藏接壤之地产者亦佳。惟交通不便，未易输致南方尔。”值得一提的是，赵燏黄先生认为《蜀本草》中记载的“宜州宁州亦佳”中宜州也应指四川境内。《蜀本草》为五代时期本草，所载宜州即今广西宜山。据《中国植物志》记载，广西自然分布的黄耆属植物有 2 种，即紫云英（*A. sinicus*）和斜茎黄耆（*A. adsurgens*）。但是据赵燏黄《中国新本草图志》考定：“宜州为直州之讹。直州，唐始设，属羁縻陇右道，即宋羁縻，成都府路之茂州。唐之直州，应为四川茂州。”赵燏黄先生基于光绪十一年合肥张刻《本草纲目》作直州，并在其《植物名实图考长编》中记载：“宜州宁州，必非滇黔，今考定宜州是直州之讹。”该区域确实产黄芪。《药物出产辨》记载：“又有一种名晋芪，实为川芪，原产四川碧江、汶县、灌县、江油县等处。”

24.1.5 陕西产区

陕西在历史上也曾是黄芪的主要产区。《名医别录》：“生蜀郡山谷，白水、汉中。”汉中在今陕西境内。《新修本草》：“今出原州及华原者最良，蜀汉不复采用。”华原，今陕西耀州。《本草图经》：“今河东、陕西州郡多有之。”可见，唐宋时期陕西为黄芪的重要产区。《本草害利》：“产山西沁州绵上者，温补。陕西同州白水芪，凉补。”陕西同州，今陕西大荔。《中国新本草图志》：“查黄耆今日主要之产域，为山、陕二省，大同乃其集散地。”民国时期，陕西产黄芪以山西大同为集散地。

24.2　全国黄芪道地产区产业发展现状

纵观全国黄芪产区，我国已形成传统道地产区与新产区并存的格局。野生黄芪资源由于过度采挖几近枯竭，栽培黄芪早已成为药材的主要来源。其中，蒙古黄耆甘肃现代主产区的产量已超过山西和内蒙古，膜荚黄耆的新产区山东、河北和道地产区东北三省相差较远。在其主产区中，山西北部保留了野生和半野生栽培方式，多为出口或高档礼品黄芪，国内普通药材市场少见；甘肃陇西等地，为移植栽培黄芪，产量高，现占国内市场较大比重。2016—2020 年中国黄芪产量如图 24-1 所示。

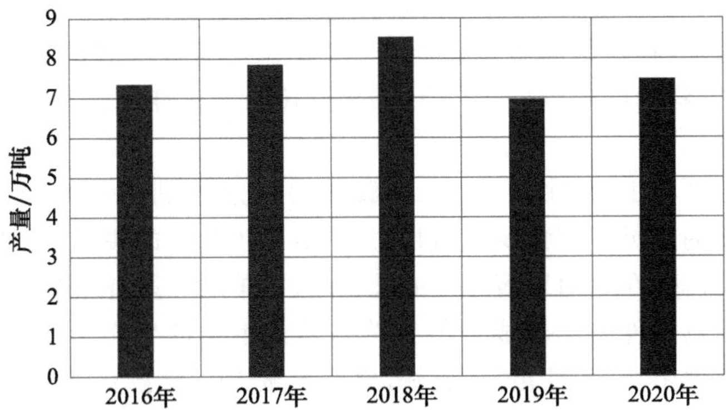

图 24-1　2016—2020 年中国黄芪产量

24.2.1　山西产区：恒山黄芪（浑广地区）

大同市是恒山山脉道地黄芪的重要产区，有 1500 多年的种植历史。该市黄芪具有条长而直、皮光纤细、色泽黄亮、粉性大、空心小的特点，在国内外享有盛誉。黄芪与黄花、黄小米是大同市重点发展的“三黄”产业。近年来，通过固守传统、扩大种植、强化品质、科学管理，该市黄芪产业有了较快发展，全市黄芪种植面积达到 50 万亩，开发了黄芪叶茶、黄芪羊肉、黄芪鸡蛋等一批衍生产品，开展了黄芪现代科学药理研究，恒山黄芪远销东南亚、日本、韩国、加拿大等 80 多个国家和地区，为打赢脱贫攻坚战、促进乡村振兴提供了有力支撑。其中，黄芪叶茶还入选山西药茶名录，成为全省六大药茶产区之一。

（1）浑源县

浑源县拥有“国家道地药材生产基地”“国家 GAP 种植基地”“地理标志证明商标”“黄芪 GMP 认证”“国家地理标志保护产品”等众多头衔，属山西省大同市，素以“一山（北岳恒山）一寺（悬空寺）一药材（黄芪）”闻名于世。

种植和产值方面，2023 年 6 月，全县适宜种植黄芪面积达 39.5 万亩，现种植黄芪面积 28 万亩，规范化种植面积已超过 18 万亩，年可采刨鲜黄芪 2500 万千克，产值达到 5 亿多元。其中，黄芪种植重点乡镇中，以官儿乡种植面积最大，达到 10 余万亩。

随着黄芪产业的发展，黄芪附属产品也不断开发，黄芪羊、黄芪鸡、黄芪蜜、黄芪饲料、北芪耳……延伸产业链条，带动全县黄芪产业大发展。一大批黄芪龙头企业入驻浑源县，黄芪茶、黄芪酒、黄芪蜜等产品相继研发出来并行销海内外。目前，全县从事黄芪种植加工的企业共

212个,其中,有限公司76个(包括省级企业3个)、农民专业合作社136个(包括国家级示范合作社1个、省级示范合作社3个、省级龙头企业1个、市级示范合作社10个)。相关从业人员达1万余人。

浑源县黄芪文化园已经正式进入运营阶段,总投资8000万元,总建筑面积11692.39平方米。黄芪文化园分上下两层,一层为黄芪博物馆和黄芪加工互动展销区,以历史记录与实物相映、视频和解说互补等形式,依次展现出“初识黄芪”“国药芪珍”“芪诗医案”“恒山黄芪”“北岳芪农”“药食同源”六大单元,展示恒山黄芪的前世今生、发展沿革、药食价值、涉芪古方等恒山黄芪的丰厚文化,游客在这里可以参与黄芪生产、加工技艺体验,享受自己的劳动成果。黄芪文化园的二层是经济活动平台,分“芪遇时代”“芪迹时代”“好芪时代”“芪创时代”四个版块,将黄芪饮片、黄芪茶、北芪菇等黄芪系列产品进行展示销售,并以电商平台为载体,通过线上线下等多种方式扩大销售面,让恒山黄芪大放异彩。文化园还通过直播销售和建立扶贫直营店等多种方式,满足游客购物的同时,向世界人民展现黄芪的文化魅力。

(2)广灵县

正北芪的道地产区在山西、陕西、河北、内蒙古均有分布,北岳恒山是正北芪的核心产区,处在恒山东麓深山区的广灵县望狐乡和南村镇,是野生正北芪的集中分布区。

广灵县野生黄芪深藏在恒山东麓深处的长江峪、白羊峪和圣眷峪等沟域的上源,海拔高度达1700～1900米,自然条件与土壤成分特别符合黄芪生长的生态学特性,所产黄芪条长、条顺,上下粗细均匀,质地坚实,粉性足,品质好,单株质量大。全县有近4万亩荒坡野生黄芪枝繁叶茂、长势喜人,有的已经进入采挖期,每年可产优质黄芪50吨,产品远销韩国、日本、加拿大等国家。

2004年,山西恒广北芪生物科技股份有限公司成立,在莽莽大山深处,开启了广灵县生态黄芪基地化繁育生产的新征程。在县乡两级的大力支持下,恒广北芪专业人员根据芪坡坡度、植被状态及野生资源分布状况等因素,在3.9万亩黄芪基地中划分出野生资源保护区2000余亩、野生抚育区5000余亩、宜芪仿野生标准化种植区2万亩。2018年,恒广北芪入选中药材品牌建设排名前列批名单。

24.2.2 甘肃产区:定西市陇西县

甘肃自20世纪90年代中后期开始,从内蒙古、陕北引种蒙古黄耆。由于当地气候条件适宜、生长期短,黄芪种植发展极为迅速,种植区域从陇西、渭源迅速扩大到定西市南部各县(区)和陇东、河西等地,成为黄芪的最大产区。凭借黄芪好种、易管理、易收的优点,当地黄芪产量最多,约占全国产出的50%,并且已成为黄芪最主要的产区之一。2020年,全国黄芪产量规模为7.47万吨,较2019年的6.95万吨同比增长7.5%。

(1)产区背景

定西市地处甘肃省中部,属于黄土高原、青藏高原和西秦岭交汇地带,总面积1.96万平方千米,现辖1区6县:安定区、通渭县、陇西县、渭源县、临洮县、漳县、岷县,户籍人口304万人,中药材产业是当地特色产业之一,中药材产业收入平均占当地农民收入的50%。

定西市地形复杂,气候差异大,中北部干旱少雨,南部高寒阴湿,属北温带半湿润—中温带半干旱区,大陆性季风气候明显。总体特点是雨热同季、雨量少、气候干燥。海拔1420～3941米,年降水量350～600毫米,年平均气温7℃,无霜期110～160天,总耕地面积1220万亩。

2020 年,定西市中药材种植面积达到 181.67 万亩,药材品种 120 多种。中药材标准化种植面积达 131.65 万亩,道地药材种子种苗繁育基地约 10 万亩。其中,当归、党参、黄芪是当地前“三甲”品种,在全国药材行业中的地位可谓举足轻重。

(2)产区概况

陇西县是我国黄芪的道地产区。早在南北朝时期,大药学家陶弘景所著《本草经集注》中就有“黄芪第一出陇西,色黄白、味甜美,今亦难得”的记载。可见,在南北朝以前,陇西县就盛产黄芪了。陇西黄芪呈圆柱形,根条粗大,头部稍粗,尾部少有分枝,一般长 40~80 厘米,直径 1~3 厘米;表面淡黄色至深灰色,鲜品表面光滑,无毛须,干品有较明显的纵皱纹及横长皮孔;质硬而略韧,折断面纤维状,带粉性;横切面皮部约占半径的 1/5,乳白色或淡黄色;气清香,味甜美,嚼之有豆腥味。

陇西黄芪产业经过千百年来的发展,全县以黄芪为主的中药材种植面积达到 45 万亩,其中,黄芪 10 万亩、产量 3.3 万吨、总产值 3.3 亿元;以黄芪为原料的产品加工业蓬勃发展,全县现有上规模的加工企业 52 家,初加工户 3800 多户,年加工黄芪 3 万多吨,产值达 6 亿多元,占全国总产量的 70%以上,成为全国最大的黄芪药源基地。

(3)取得成果

陇西县特殊的气候和土壤条件,非常适合黄芪的生长。黄芪已是陇西县行销全国的大宗地产药材,中药材产业中的“拳头”产品。2001 年,陇西县被中国农学会命名为“中国黄芪之乡”。2003 年,“陇西黄芪”获得了国家质监总局的原产地标记注册认证,得到国家地理标志产品保护。2016 年,“陇西黄芪”被中华人民共和国农业部认定为“农产品地理标志保护产品”,被国家质检总局命名为“全国中药材(黄芪、党参)产业知名品牌创建示范区”,陇西县中药材区域品牌价值突破 90 亿元。2017 年,“陇西黄芪”地理标志证明商标被国家工商总局认定为中国驰名商标。

陇西黄芪畅销全国各大中药材市场及制药企业,成为国药集团、云南白药、扬子江、汇仁、地奥、天士力等国内大型中药企业的首选,围绕黄芪功效,开发了贞芪扶正颗粒、丽珠注射液、步长脑心通胶囊、神威黄芪注射剂、天士力芪参益气滴丸、正大参芪茶等产品,久负盛名;同时销往中国香港、韩国、新加坡、马来西亚、泰国等 20 多个国家和地区,年出口量达到 2000 吨,创汇 2000 多万美元。

随着市场信息化的发展,传统药市日渐衰落,产地药市逐渐兴起。在定西市,有陇西首阳、陇西康美甘肃西部中药城、岷县当归城、渭源渭水源、渭源会川江能 5 个产地药材市场体系,市场体系涵盖了产地集贸市场、乡村药材购销网点、药材信息服务及网上销售、产地合作社、农户等。保守估计,当地中药材年流通交易额 110 亿元左右。

定西市持有《药品生产许可证》的药品加工企业有 74 家,省级以上龙头企业 21 家,年加工产值亿元以上大企业 6 家。6 家制药企业共有药品批准文号 339 个,产品已包括中药饮片、配方颗粒、中成药、保健品等。当地主要的中药材工业企业有甘肃九州天润(九州通系企业)、中天药业(天士力系企业)、陇西一方(国药系配方颗粒企业)、甘肃扶正药业、岷海制药等。

(4)发展借鉴

甘肃省定西市药材种植业体量大,在全国可谓举足轻重。种植业发展质量有待提高,根类药材连年种植,导致病虫害严重,重茬倒茬问题需要解决,距离机械化、生态种植还有很远的路要走,是全国中药材种植业普遍面临的问题。陇西县中药材内贸外贸流通、中药材深加工和新产品开发方面都还有更大提升空间。

24.2.3 陕西产区:榆林市子洲县

(1)产区背景

榆林市是多种中药材的适生区和优生区,是国内少有的天然“野生药库”。近年来,随着农业供给侧结构性改革的深入推进,全市中药材产业得到快速发展,中药材种植面积从2016年的21.3万亩增加到2021年的48.8万亩,增加129%,占全省的12.2%,为促进农业增效、农民增收作出重要贡献。

(2)产区概况

榆林市中药材生产在各县(市、区)均有分布,已查明全市共有植物类中药材300多种。近年来,中药材发展势头强劲迅猛,初步形成了以子洲县、绥德县、神木市、榆阳区、定边县为重点区域的种植布局,发展以黄芪、黄芩、柴胡、甘草、远志、款冬花等为主的药材20余种。截至2022年上半年,全市中药材种植面积达48.8万亩,其中,黄芪24.9万亩、黄芩10.5万亩、远志5.6万亩、柴胡5.1万亩,合计占总面积的94.5%。

2022年,子洲县黄芪种植面积15万亩,年产鲜黄芪1.2万吨,年产值达到2.4亿元。目前,全县建成黄芪“万亩乡镇”8个,标准化种植基地5000亩以上3个、千亩以上8个,4000多户脱贫户和1.6万户农户受益。

(3)取得成果

黄芪、甘草等根茎类药材由于生产周期长、投资较大,市场价格一直处于稳定上涨态势,以生长3～5年的黄芪为例,一般亩产干品400～500千克,加上种子收益,每亩纯收入1万～1.25万元,收入稳定,其经济效益明显高于一般粮油作物。涌现出“企业+基地+农户+合作社”“合作社+基地+农户”等多种生产运营模式,全市中药材种植从业人员接近10万人,中药材专业合作社45家,省级龙头企业3家,为中药材加工、销售等产业链延长注入强大动力。

陕西省天芪生物科技有限责任公司,以深加工为主,总投资2.8亿元,建设年产5000吨高品质黄芪饮片生产线、年产500吨黄芪提取物生产线、年产2000吨黄芪大健康食品生产线,远销东南亚、日本、韩国等地。

“子洲黄芪”在2008年获国家质检总局国家地理标志保护产品认定,2018年入选“陕西十大秦药”名录,高等级黄芪出口东南亚地区和韩国、日本等国家。全国50个县野生黄芪种质资源开展品种试验示范,4个“高精尖”研究项目领跑全国;全省最大规模黄芪加工项目在陕西省天芪生物科技有限责任公司落地生根、开花结果,荣获国家发明专利1项、实用性专利2项。广泛集聚优秀人才,延伸特色产业链条,黄芪精深加工产品多达7个系列50多种。

(4)发展借鉴

大力推动人才链、产业链、创新链的深度融合,让子洲黄芪主动走进、融入创新驱动平台,探索“在港研发+飞地转化”等模式,加快科技成果在当地龙头企业落地转化:天芪公司紧锣密鼓建设2000吨黄芪大健康消费品生产线,天赐公司启动中药材仓储项目,鼎盛公司启动黄芪深加工生产线建设,其他龙头企业也正在开展药食同源深加工项目前期准备工作,黄芪粉、复配茶、黄芪固体饮料、发酵饮料、黄芪酒、黄芪保健食品、黄芪化妆品7个系列50多种陆续面市,产品更加多元化,子洲县全年加工中药材达5000吨以上。

24.2.4　内蒙古产区:包头市固阳县

内蒙古是黄芪的传统产区,土地广阔,自然环境和气候条件非常适宜黄芪种植,20 世纪 70 年代包头市固阳县开始黄芪种植,后在固阳县和呼和浩特市武川县、巴彦淖尔市乌拉特前旗形成蒙古黄耆传统种植区域。

近年来,蒙古黄耆种植区域由西向东扩散,其中,达茂旗、四子王旗、察右中旗、察右后旗、丰镇市、兴和县、正蓝旗、太仆寺旗、翁牛特旗、巴林左旗、克什克腾旗、敖汉旗等相继引种成功,种植面积迅速扩大,产量大幅增加。

(1)产区背景

包头市是全国黄芪主产区之一,2022 年,中药材种植面积 8.88 万亩,产量约 2 万吨,其中,固阳县 6.30 万亩,达茂旗 2.48 万亩,土右旗 0.10 万亩。固阳县及达茂旗种植黄芪,土右旗种植甘草,黄芪种植面积占 99%。2017 年,固阳县被中华人民共和国农业部授予黄芪"农产品地理标志"、固阳县被中国中药协会授予"中国固阳正北黄芪之乡"称号。2020 年,固阳黄芪被认定为"内蒙古特色农畜产品"。

宋代时期,固阳县即有采集野生黄芪等中蒙药材的记录,其中,野生黄芪的种类为蒙古黄耆,品质是黄芪中最佳。包头市固阳县、达茂旗位于 41°N 黄金生态圈,属于温带大陆性气候,土壤质地独特,高原气候凉爽,日照充分,昼夜温差大,正适合种植黄芪,也符合黄芪"冷凉、少雨、怕涝"的特性,为黄芪种植提供了得天独厚的天然生长环境。因此,加大了中草药生态仿生栽培研究与示范可行性,且为推动道地中蒙药材降本增效提供了很好的方式。

(2)产区概况

2022 年,固阳县成为内蒙古首批开展黄芪按照传统既是食品又是中药材的物质管理试点地区。种植和产值方面,2021 年,全县黄芪种植面积 6 万亩(5000 亩有机黄芪),年产黄芪 1.2 万吨,年产值达到 2 亿元。产业方面,打造一个集种植、育种、加工、科研、营销为一体的高质量绿色生态产业基地。黄芪葡萄酒、黄芪茶饮、黄芪美妆产品、黄芪预制菜等纷纷上市或试投产。与固阳黄芪深度合作的扬子江药业集团推出全新黄芪产品。科创方面,推出 20 款以黄芪为原料的产品,目前已经和消费者见面的有 6 款,以洗护产品为主,均由产自固阳县的有机黄芪萃取液加工而成。产业园建设方面,固阳县积极打造集仓储、交易、精深加工为主的黄芪产业园,总占地 400 亩。

(3)取得成果

打造标准化生产基地。一是发展规模化经营,充分发挥新型经营主体的示范带动作用,将分散的农户组织起来,引进中化集团、金丰公社等社会化服务组织,提高规模化程度,实现统一种苗供应、统一农资供应、统一生产种植、统一田间管理、统一机械收获、统一组织销售、统一转化增值的"七统一"模式,实现节本增效。二是建立标准化生产技术,建设和完善排灌、水肥一体化、病虫草害联防联控等农业设施,为黄芪规模化、机械化、标准化、科学化种植奠定基础。三是打造标准化种植基地,在固阳县下湿壕镇、银号镇、金山镇等种植集中连片区、道地产区重点建设黄芪标准化生产基地。

形成了成熟的黄芪交易市场,为黄芪产品走出去提供了途径。随着固阳县境内黄芪种植规模的不断扩大,固阳县本地逐渐形成 4 个季节性黄芪交易市场,即下湿壕药材交易市场、银号药材交易市场、正北芪公司药材交易市场、田丰农业园区交易市场。目前,黄芪年交易量 2

万～3万吨，吸引了北京同仁堂、江苏扬子江药业、吉林长白山制药等国内知名药企。

集成了全程机械化种植技术，为标准化种植打下了基础。包头市农业科学研究所、固阳县农业技术推广中心与包头市亿达雄伟农机设备有限公司合作，开发了正北黄芪高垄四行栽培模式，该栽培模式下生产的黄芪药用性质更好，并具备了与之适配的农户。2022年，包头市农牧科学技术研究所特色农作物研究推广中心编写了《黄芪全程机械化栽培的应用和推广》，并被内蒙古自治区农牧厅收录于2023年农牧业主导品种和主推技术的通知中。

争取到"食药同源"试点，为拓展产业链提供了新方式。2022年，固阳县作为内蒙古首批试点地区，开展黄芪"食药同源"物质管理试点工作，这标志着固阳黄芪不仅可作为药品和保健品原料，还可作为食品原料进入食品生产领域。

24.2.5 东北产区：关东，泛指东北三省

东北地区的黑龙江、吉林是黄芪的传统产区，黑龙江齐齐哈尔等地的"卜奎芪"和宁安(宁古塔)、牡丹江等地的"宁古塔芪"为野生品，因其表面呈灰黑色，商品归类为黑皮芪。当前该地区野生黄芪资源稀少，商品几乎不见于市，长白山地区仍有少量野生黄芪资源分布，但分布较为分散，商品量极少，在吉林抚松、靖宇等地有少量流通。

24.2.6 小结

从种植方式和生长年限上看：山西，传统野生黄芪多，占地年限和种植年限长，根深采刨困难，生产成本高，产量有限，价格高。甘肃，育苗移植栽培，外观性状与传统黄芪有一定差异，但饮片成片率高，价格适中，目前发展为产量最大的产区。内蒙古，生产成本介于山西与甘肃之间，产量与价格也在两者之间。河北与山东，一年生，种植成本最低，但性状和药效与传统黄芪相差较远，不易切片，价格下降较快。东北产区，以野生黄芪为主，但商品量极少，流通较少。

24.3 白羊芪山黄芪道地考证和产业现状

山西大同生产中药历史悠久，已形成较为成熟的中药产业，尤其以黄芪驰名。广灵县野生黄芪与其自然地理环境有关，该县与浑源县、天镇县同属恒山山脉，地域广阔、气温适中、光线充裕、昼夜温差变化明显，黄芪的营养成分可以最大限度地得到保持；周边生态环境良好、空气质量较高，对中草药生产有利；土壤质量适合中药生长，土层深厚，富含微量元素锶、锰，为中药提供丰富营养元素。白羊芪山所在的恒山山脉历史上属于山西道地黄芪产区，属于"正北芪"道地产区和生态原产地。本草典籍记载本产区优质的黄芪称为"绵芪"。

24.3.1 道地性考证

按历代本草中黄芪道地产区记载，宋代以后黄芪道地产区以山西为主。恒山产区的道地黄芪以"条长而顺，皮光色亮，粉性大，空心小"著称，药用价值比一般的黄芪高。

《浑源县志》记载，浑源县早在1500年前的北魏时期就有黄芪生产。这证明恒山山脉有黄芪野生资源的分布，并有少量盛产，即有上恒山采黄芪入药的历史。

宋、元、明、清时期，本草推崇以山西为黄芪的道地产区。宋代以后始终把恒山黄芪视为正宗和上品，故有正北芪之称。

宋《本草图经》:"今河东、陕西州郡多有之……其皮折之如绵,谓之绵黄芪。"河东即指今山西境内,宋代山西所产黄芪称为绵黄芪,并将绵性作为评价黄芪是否优质的重要特征之一。

元《汤液本草》:"今《本草》《图经》只言河东者,沁州绵上是也,故谓之绵芪。"

明《山西通志》(成化年间,公元 1465—1487 年)记载:"大同府主产黄芪。"

明《本草崇原》:"以山西之绵上者为良,故世俗谓之绵黄芪。"

清《本草发明》:"黄芪出绵上者良,故云绵芪。"

清《增订伪药条辩》:"黄芪以山西绵上出者为佳,故一名绵芪,色黄带白,紧实如箭竿,故又名倍箭芪。折之柔韧如绵……黄芪冬季出新。"

清康熙年间(1685 年),安国人在浑源加工黄芪,安国为千年药都,安国人对道地药材的品质有极高的追求,安国人在当地加工黄芪,一方面是对浑源黄芪品质的肯定,另一方面也把黄芪的加工工艺带到了恒山地区。

民国时期,恒山山脉黄芪开始闻名遐迩,山西为黄芪的优质产区,大同既是主产区又是黄芪集散地。

民国时期《药物出产辨》记载:"绵黄芪自山西之大同输出,壮耆自山西之太原输出。"

民国二十六年《中国实业志·山西省》对山西 15 个县黄芪年产量的统计中,以恒山山脉产量最高。

24.3.2　产业发展现状

大同是恒山山脉道地黄芪的重要产区,有 1500 多年的种植历史。全市黄芪种植面积达到 50 万亩,开发了黄芪叶茶、黄芪羊肉、黄芪鸡蛋等产品,其中,黄芪叶茶还入选了山西药茶名录。目前,已形成以野生黄芪为主的浑源亚区和广灵亚区。

第 25 章　黄芪道地价值应用与产业发展分析

黄芪的道地价值体现在栽培制度和产业发展方面。从栽培制度看，野生抚育与仿生栽培在技术传承、生态环境方面是有差异的，会对药材的道地品质带来一定影响。黄芪产业的发展现状评估与发展前景展望，决定了其道地价值应用的未来走向。

25.1　黄芪选育与种植

25.1.1　野生抚育和组织培养

(1)野生抚育

野生抚育是野生药用植物采集与驯化栽培的有机结合，充分利用原始野生生境，降低生产成本。栽培黄芪在外观和品质上与野生黄芪尚有一定差距，这是因为野生区内的逆境条件有利于药用植物次生代谢产物的积累。在人工栽培的过程中，由于水肥充足，植物生长较快，次生代谢产物的积累量少，其品质远不及野生黄芪。可见，野生抚育可以有效保护药用种质资源，提供高品质的道地药材，促进中药资源可持续利用，以低投入获得高回报。在我国山西北部和内蒙古南部等地区，山坡地资源丰富，适于黄芪生长，在这些地区开展恢复野生蒙古黄耆资源的工作，能够恢复生物多样性。

(2)组织培养

组织培养不仅可以快速繁殖，而且可以对药用植物进行脱毒，从而获得脱病毒的种苗，减少病虫害的发生。此外，组织培养还可以有效地保存药用植物种质资源。蒙古黄耆已成功诱导出愈伤组织，在诱导出愈伤组织的基础上，再生植株培养已获成功，这为黄芪的快速繁殖奠定了基础。通过组织培养进行黄芪药材的大量生产，不仅可以保证其品质优良，也可以保障其产量稳定。

25.1.2　仿野生原生态标准化黄芪种植

(1)选地整地

仿野生原生态标准化种植黄芪，选择有野生黄芪生长历史、地势高燥、海拔 1200～2000 米、土层深厚、质地疏松、排水渗透力强、坡度在 15°～45°、土壤有机质含量较高的沙质土壤坡地，且周围无任何污染源、远离居民区的地块。

依照生态优先原则，坡地种植黄芪，可根据山坡地地形，随坡就势，不必建造梯田，禁止在长有灌木、乔木的地块作业。整地可用传统农具进行翻地，也可视坡地坡度等条件采用挖掘机深翻。顺坡地走势每隔 30 米左右留 2 米的横向雨水隔离带(不翻地)，以防止下大雨时形成径流，造成水土流失，冲刷黄芪植株。同时，要根据地形整理好排水沟渠，使地块积水能够顺利排出；对土地翻耕后将大块石头捡拾到留出的隔离带，地块整理平整后待播。

(2)品种选择

恒山黄芪种植要选择当地产黄芪种子，不调用外地黄芪种子，特别是不能用膜荚黄耆种子。因本地种子其自身就具备了多种抗逆能力，是和环境条件相一致的有机整体，也是保证质量的基本条件。

(3)播种

选择生长期满 3 年的黄芪植株作为采种来源，前一年或当年采收、籽粒饱满、种皮黄褐色或棕黑色、发芽率为 60%以上的优良黄芪种子播种。

春季和后秋播种雨量较少，种子一般不做处理，以提高其抗旱性，夏季播种可用机械划破种皮，利于种子快速发芽。

黄芪春、夏、秋三季均可播种，前一年整理好的芪坡可于当年 4 月中、下旬和 5 月初播种，当年上半年整理好的芪坡可于当年 6—7 月雨季播种，最迟不超过 7 月底。当年下半年整理好的芪坡也可于当年后秋地冻前(约 10 月下旬)播种。

在整理过的坡地上，人工撒播，每亩播种量 1.0～1.5 千克。一人在前面均匀撒播，后面跟两三人用铁耙轻耧，对种子覆土(盖住种子即可，厚度不超 1 厘米)，尽量避免种子裸露在外。

(4)种后管理

播种后 20 天左右应及时进行查苗补苗，对大面积缺苗地块进行补种，补种时将地块内的小杂草除净再次撒播，覆少量湿土盖住种子即可；齐苗后根据单株芪苗的壮实和弱小程度，会自然淘汰一部分，属正常现象。

在第 1 年成长期，需人工拔草一次(拔除根系庞大或植株 30 厘米以上的大草)，要禁止牛、羊等牲畜啃食、踩踏。

(5)仿野生原生态管理

黄芪整个生长过程中无须施用化肥、农药、除草剂，若发现小面积由于干旱而出现的“病虫害”现象，可用生物农药小范围处理。一般情况下，只要维护好生态，很少出现“病虫害”。

从黄芪生长的第 2 年起，不需要进行任何除草作业，让其与其他原生植物伴生，以维持植物间相生相克的野生习性，不人为破坏其野生生长环境，人种天养、自然天成。

(6)采收

黄芪生长 6 年后即可采收，但生长 8～10 年的质量更好、产量更高。黄芪在 9 月中、下旬至 11 月上旬，地冻前开始采挖，也可以在春季土壤解冻后、出苗前采挖。采挖方法有传统人工采挖，也可根据情况用挖掘机或特型机械采挖。

尊重生态优先原则，人工采挖时先割去地上茎部，然后在黄芪植株下坡边顺坡势开挖60～80 厘米的深沟，依次向前刨挖，将黄芪根部全部挖出。黄芪根部下扎较深，一定要注意深挖缓拔，不要将根铲破或挖断，以免造成减产和商品质量降低。

尽可能保持原生态环境，挖掘机采挖时先从地块的下方开挖，每次开挖的宽度为 5 米左右，挖铲要直上直下，深度应挖 1 米以上，挖铲将土挖起后需均匀抖落，每台挖掘机跟四五人配合捡拾，挖到地块上方后，沿原挖掘轨迹倒车，顺势将挖完的地块用挖铲进行平整，以利于下一步继续播种。

黄芪根挖出后，除去泥土及其他异物，将头尾对齐，用绳捆成 10 千克左右的小捆，以方便运输。

25.2 黄芪健康养生与科技产业发展现状

黄芪的药食同源性早在千百年前就被发现，一直是传统药膳及滋补食品的重要配料。现代营养学研究表明，黄芪能对抗自由基损伤和脂质过氧化作用，增强细胞的抵抗力和生命力，对体液免疫和细胞免疫有促进作用，这些都与抗衰老有密切关系。其具有排毒、生肌、抗氧化、清除自由基、维持皮肤正常组织形态等功能，因此可起到保养皮肤、抵抗衰老的作用。国内外医药与营养学者对黄芪的保健价值十分重视，不断探索开发各类黄芪保健食品。将以黄芪为主的中药方剂与日常食物结合起来，研制出具有帮助消化、调节免疫、抗衰老功能的黄芪保健饮料，不仅男女老幼皆宜，还对厌食、食欲不振、面黄肌瘦和免疫力低下的青少年具有特别功效。用黄芪配合枸杞研制的复合饮料，总黄酮含量丰富，保健功能明显，且产品色、香、味俱全，适合多种人群的需要。以大麦芽、黄芪、啤酒花为原辅料生产黄芪保健啤酒，具有补气固表、止汗脱毒、增强人体免疫力、延缓衰老之功效，生产的啤酒在增加保健作用的同时，还能保持啤酒的原有风格。黄芪保健酒中含有丰富的黄酮、皂苷及多糖，这三类主要的有效成分在抑菌、抑病毒、提高免疫力、调节心肌功能、延缓细胞衰老等很多方面发挥着作用。对黄芪多糖咀嚼片降血脂进行人体试食的研究表明，黄芪多糖咀嚼片对人体具有辅助降低血清总胆固醇的功能，对受试者健康无影响。黄芪在药膳中也有广泛应用，各类烹饪古籍文献中都有关于黄芪药膳的记载，黄芪配合其他食物，可以更好地发挥保健功能，达到更佳的养生效果。坊间流传的许多滋补养生食物也喜欢以黄芪配伍，如黄芪粥、黄芪炖瘦肉、黄芪炖鲤鱼、黄芪炖母鸡和黄芪红枣黑豆汤等，深受各地百姓推崇。黄芪发明专利的方向主要集中在“组合物、药剂的制备方法”“产品新用途及应用”“加工、有效成分的提取方法”“各种药物与制剂的制备方法”“新药物、前体、组合物等产品的介绍”等方面。

25.2.1 口服饮片与食品等产品开发与应用

借鉴人参、三七、阿胶等药材开发的成功经验，拓展黄芪在精深食品开发中的应用，结合山西杂粮、干果等资源，开发可供口服的卫生黄芪饮品或即食饮品，以及药膳、药茶、药粥、药酒等食品，利用日常膳食调节人体免疫力，增强体质，预防疾病。

25.2.2 含黄芪药品和保健食品开发与应用

依托黄芪保健品与药材原料，对已批准含黄芪的160余个保健品以及200余个成药系统梳理，筛选出疗效好和市场好的品种进行研究，培育大品种，促进对山西传统芪的利用。同时，针对慢性病和亚健康人群研发新药和保健品，促进资源转化。

25.2.3 含黄芪中兽药(兽用中药)开发与应用

中兽药是将中医药理论应用于动物身上，用于动物疾病预防和治疗的药品。兽用中药须取得中华人民共和国农业农村部批准的“兽药字”文号，具有预防、治疗动物疾病或促进动物生长的效用，且毒副作用较低、不易产生抗药性。

我国兽药药典中收载了近50个含黄芪的中兽药品种，对提高畜禽的免疫力、抗菌消炎均有一定作用。中兽药的使用将大大减少抗生素和化学药物带来的副作用，提高安全性。系统评价已上市含黄芪的中兽药疗效,将拉动黄芪产业的发展。

25.2.4　黄芪化妆品、抗衰老产品开发和作用机制研究

按功能性化妆品的要求,系统研究黄芪中抗皮肤衰老和美白润肤的物质基础和作用机制,为申报相关化妆品原料和特殊化妆品提供依据。目前,已有黄芪及其他中药化妆品开发,如国货品牌春娟等;国内中药名企均有布局以黄芪为主的中药化妆品领域,如同仁堂、云南白药、雷允上、康美、李良济、德仁堂、宝元堂、草晶华、杞里香、陇萃堂等。

25.2.5　与黄芪养生有关的专利技术研究

与黄芪养生有关的专利技术包括黄芪药酒、当归补血汤整合型新剂型制备技术及其生产方法、黄芪桂枝五物汤整合型新剂型制备技术及其生产方法、黄芪菇粉食品及其制造工艺、生产黄芪牛羊产品的方法、含有天然植物黄芪的健康环保型香水的制备方法、黄芪中药饮品及其制备方法、黄芪养生米及其制备方法、黄芪枸杞复合饮料及其制备方法、桂圆黄芪牛肉干及其制作方法、黄芪甲苷抗皮肤衰老护肤化妆品及其制备方法、黄芪白术补气健脾杂粮复合米及其制备方法、具有补气效果的黄芪口腔速溶膜的制备方法、黄芪红茶的制备方法、黄芪保健养生黑豆糕及其制备方法、黄芪甘草口服液的制备方法及其产品、黄芪保健养身茶的制作方法、辅助降血脂中药保健品当归黄芪降脂颗粒及其制备方法、抗氧化抗疲劳黄芪功能饮料及其制备工艺、高血压适用的黄芪中药保健饮片的加工工艺、熟地黄当归黄芪羊肉汤及制备方法、增强免疫抗疲劳黄芪多糖功能饮料及其制备工艺、补气养血黄芪保健茶及其制作方法等。

25.3　黄芪产业发展与前景展望

黄芪古有“补药之长”之称,为历代中医最常用的中药之一。野生黄芪资源的严重不足,难以满足人们对于黄芪的需求,为大力发展仿生栽培黄芪提供了良好的契机。但目前黄芪种质资源的收集、鉴定和新品种的选育等工作基础十分薄弱,还需要作大量的工作。对于野生黄芪生物学特性及化学成分,目前并没有较全面的报道。此外,黄芪药理成分复杂,在许多治疗中也发现其单独使用效果不明显,多与西药配合使用方可达到治疗效果,可见,黄芪有效成分的分离纯化及生理功能研究对于临床应用十分迫切。黄芪保健食品的进一步研究开发,对于拓展黄芪应用、促进黄芪种植业发展具有重要意义。

25.3.1　利用标准策略树立“传统芪”品牌,大力发展优质传统黄芪

结合国家中药标准行动计划,针对国家药材商品规格等级标准不完善问题,即市场有“传统芪”与“移栽芪”的规格之分,却没有构建相应的标准,率先创立黄芪商品规格标准,区分“传统芪”与“移栽芪”,同时在“传统芪”内设立等级标准,通过标准策略,充分利用山西独特的自然优势,重点发展优质“传统芪”,树立品牌,适度发展“移栽芪”,使山西黄芪药材产业定位于高端市场。

25.3.2　推进黄芪成为新资源食品,促进资源转化和综合利用

黄芪刚刚进入国家药食两用目录,其研究滞后限制了资源的利用。然而,黄芪的食用历史

悠久，却缺乏系统的食用安全性评价，可参照人参、阿胶的研究思路，以促进资源转化。

25.3.3 发挥科技创新驱动，保障优质黄芪原料，延伸产业链

围绕黄芪产业链凝练创新链，体现从基础研究到科技攻关，再到产品开发的思路，“研究清楚几个科学问题”“攻破几个难点技术”“开发出几个在市场占有绝对优势的重大产品”，建立完善的黄芪产业创新研发体系。

25.3.4 加强种质资源和新品种选育研究

在恒山与太行山中段建立省级蒙古黄耆与膜荚黄耆种质资源圃，利用现代生物育种技术，选育适用于山地和平地的黄芪新品种，逐步实现黄芪种植标准化。建立健全良种繁殖基地和种子种苗标准化生产贮运体系以及相应的种植档案。山地传统芪仿野生种植技术的SOP(标准操作程序)制定与集成：攻克仿野生黄芪种植技术的种子萌发、伴生植物与病害预防、高原鼢鼠的防控、采挖机械研制与使用、黄芪资源的循环利用(秸秆焚烧入土为肥等)等关键制约技术，提高传统黄芪产量和高等级商品率。传统芪与移栽芪的鉴定方法研究及黄芪商品规格与等级标准的建立，发现传统芪与移栽芪的差异化学成分，建立从性状到显微、理化、分子标记等鉴定方法，建立传统黄芪规格等级分级标准，拉动黄芪产业的发展。

25.3.5 加强作用机制与物质基础领域深度研究

加强黄芪“补气圣药、补药之长”“一药多效”等重要传统功效的科学诠释和物质基础研究。在中医理论的指导下，加强实验室研究与临床研究的结合，利用中药学、生物学、医学等多学科多种研究方法，在前期研究的基础上，重点诠释黄芪传统功效的科学内涵，进而指导其临床使用。利用组学技术和分子药理相结合，通过建立“气虚”相关模型和不同功效对应的疾病模型，采用配伍对比分析手段，科学阐述黄芪“补气圣药、补药之长”的物质基础和作用机制。比较传统芪与移栽芪主要功效的异同性，发现二者发挥各种药效的主要成分及差异，为指导临床合理用药及中成药选择适宜的原料提供依据。

第 26 章　白羊茋山道地价值分析与评价体系构建

道地价值与物种、生态、文化、经济等诸多方面相互关联。本章主要通过研究道地价值的古籍考证、文化内涵以及与地域之间的关系，进而构建道地价值评价体系，为白羊茋山道地价值评价奠定基础。

26.1　道地价值与地域关系分析

26.1.1　古代道地与地域环境关系

道地思想伴随中医药的诞生而诞生，我国历代医学家对药材品质与地域乃至土壤的关系有众多朴素的实践探索和科学论述。《神农本草经》中“土地所出真伪陈新，并各有法”“诸药所生，皆有境界”，表明优质药材与土壤、生境密切相关且有地域边界。孙思邈《备急千金要方》中“古之医者，用药必依土地，所以治十得九”，表明药效依托土壤。寇宗奭《本草衍义》中“凡用药必须择州土所宜者，则药力具，用之可据”，表明土壤的地域范围可至州级行政单元。孙思邈《千金翼方》中“药出州土”，强调药材在甄别品质时区域和土壤的重要性。

综上分析，古代“道地”一词中，“道”是我国古代行政区域划分单位，“地”进一步将区域范围缩小且关注土壤。后“道地”延伸为出产于名地、正宗而优质之意，表明不同区域的土质间具有显著性差异，且优质药材对土质要求极高。故有孙思邈《备急千金要方》“药出州土”，按“道”列出各地产出药材。宋代杨士瀛《仁斋直指》中“道地川白姜”之说，是目前古籍中关于“道地”的最早记载。《本草品汇精要》专门在药材的细目中列出“地”项，突出一些药材最佳产区所在地。汤显祖《牡丹亭・诇药》中有“好‘道地药材’，这两块土中甚用”的记载，为目前古籍中最早出现“道地药材”一词，亦表达药材与土壤的密切关系。由此可见，古代医学家已然在古代医药著作中道出区域（地域）及其土质，是药材质量优劣的重要评价指标，更是药材品质价值的综合评判标准。

26.1.2　道地药材的文化内涵与研究进展

道地药材（英文译名 Geoherbs，又译 Indigenous Chinese medicinal），是指历史悠久、品种优良、产量宏丰、疗效显著，具有明显地域特色的中药材。

（1）文化溯源

道地药材在中国古代渊源已久，是我国古代中药传统知识和文化的重要体现。《黄帝内经・素问》中“司岁物，天地之专精也；非司岁物，散也，故质同而异等也。气味有薄厚，性用有燥静，治保有多少，力化有浅深，此之谓也”，表明药材的药效与时间、地点相关，适宜的时间和地点，则药效上品，反之则气味不同、性状迁移、药力大减。《神农百草经》中对药材的道地性也有所描述，“土地所出，真伪新陈”，其中 365 种药材多数都带有道地性质，比如“巴豆”“蜀椒”

“秦瓜”“阿胶”“吴茱萸”“代赭石”等，巴、蜀、秦、东阿、吴、代州等在古代都是地名，表明了药材的地域属性以及药效与地域的关系。《新修本草》中“窃以动植形生，因方舛性，春秋节变，感气殊功。离其本土，则质同而效异”，表达了药用动植物与气候的关系、药效与土壤的关系。道地药材与土壤的牢不可破、密不可分的重要关系，在孙思邈的《千金翼方》中进一步印证，“用药必依土地”。唐代道地药材的重要性得到广泛认同，依区域而分类更加精确，依土质而研究更加深刻。明代《本草品汇精要》中 268 种道地药材，包含 8 种怀药、27 种广药和 32 种川药。清代医学家徐大椿著药性变化之专著《药性变迁论》。

(2)概念内涵

古代中医药学家提出“道地药材”概念，是具有中国特色的中药材品质评价的综合标准，是中华民族在天然药物质量控制方面的“天人相应”思想的朴实内涵。

道地药材是在特定自然条件和生态环境区域内所产，中医药界公认的“质优效佳”的中药材。其概念源于中华民族数千年的中药材生产和中医临床实践，是传统中医药文化的荟萃和精髓。2017 年，我国首部《中华人民共和国中医药法》将道地中药材作为专业术语纳入：道地中药材，是指经过中医临床长期应用优选出来的，产在特定地域，与其他地区所产同种中药材相比，品质和疗效更好，且质量稳定，具有较高知名度的中药材。

作为评价优质中药材质量的独具特色、约定俗成的古代药物标准化术语，道地药材具有丰富科学内涵：一是道地药材原指各地产出的独特药材，后因药效良好，而逐渐演变为质量上乘、效果道地、产地明晰的药材的代称。二是道地药材是经过长期的实践验证，在具有特定的土壤、水文、气候等自然条件的特定区域地理生长环境下生长，而具有比同类不同地药材更加突出、显著的疗效的药材资源。三是道地药材是传承传统工艺技术，经特定地域的种植技术、炮制工艺和储藏办法，种植和加工出具有强于其他一般产区的良好药效的地域性药材资源。

(3)研究情况

1989 年，我国第一部论述道地药材的著作《中国道地药材》，由胡士林教授主编完成，该著作为后续研究药材道地性奠定了基础。此后，大量学者致力于道地药材的研究。近年来，较为活跃的研究热点领域：一是以道地产地变迁、道地药材适宜种植区、经典名方为主的本草考证；二是电子鼻、遥感与 GIS 技术和区块链等新技术的引入和应用；三是种质资源、栽培技术和规模化种植；四是质量提升、真伪鉴定、产地追溯和成分研究。当前，药材的道地性研究主要从本草考证、品种基源、植物形态、化学物质基础、生态环境等方面展开，旨在为开发道地药材资源提供依据。

近 20 年，我国药材道地性的研究趋势演进可大致分为以下阶段。

①2000—2002 年，萌芽阶段

该阶段国内开始关注药材“道地性”形成的相关因素。道地药材特殊化学物质基础与药材的品种基源和特定产区的生境有关。20 世纪 80 年代，开始进行药材道地性的现代化研究，直到 21 世纪初期，药材的道地性研究处于摸索探索阶段，药材道地性研究基础理论初步形成，研究道地药材如金银花、当归和赤芍等的基源、道地产地、微量元素含量和其他有益成分等。

②2003—2017 年，探索起步阶段

药材道地性研究快速发展，该阶段的典型特征为完善基础理论的同时引进新技术，并引导道地药材产业化发展。为解释道地药材品质佳的原因，揭示药材的化学成分、量化关键成分、科学阐述道地药材的物质基础是当前的问题。研究主要集中在化学成分研究与药材的本草考证。指纹图谱、HPLC(高效液相色谱)和 ISSR(分子标记技术)等鉴定检测技术开始逐渐应用于道地药材的识别和鉴定中,以辨别道地药材真伪;3S(GIS、GPS、RS(遥感))技术、基因技术和生物技术也逐渐被开发应用于道地药材的检测、化学成分检测和分析。基于国家大力推行经典名方的二次开发政策,本草被广泛应用于道地药材名称、产地、真伪等各方面道地性的考证,确保药材的道地性。此阶段道地药材逐渐走向市场化,各类道地药材逐渐被开发应用,且市场化的流动带动了道地药材产业的发展,道地药材已不局限于特定产地,开始出现产地和产区的变迁。道地药材的品质评价和质量控制的相关研究发展也进一步推动了产业发展。

③2018 年至今,稳定发展阶段

在道地药材物质基础与本草考证等取得一定研究成果的基础上,开始探索增加道地药材产量和提升其品质的方法。重点研究生态种植、炮制技术、规格等级、经典名方/医籍、电子鼻等创新科技。道地药材的种植成为当前道地药材发展的重要发展方向,生态种植方法也逐渐被开发应用。通过生态种植获得道地药材,是适应道地药材市场化、产业化发展的现代种植模式 。此外,传统炮制技术缺少量化指标,不利于药材质量的稳定性,极大地限制了道地药材的市场应用。近年来,传感器、物联网、激光扫描、机器人等创新科技逐渐成熟,如无线射频技术(RFID)可实现对中药材的质量监控和溯源;区块链、物联网、大数据等信息化方面的现代技术,将道地药材生产和使用过程的信息进行融合,进一步促进道地药材产业高质量发展等。

26.1.3　道地价值及其主要影响因素

(1)概念与内涵

我国古代医者对中药中有效成分的消长规律和动态变化,与时令季节、区域、土壤土质等的关系,有着长期的经验积累和科学认识,这为探讨道地药材的价值与地域关系提供了重要的史料依据。

道地价值是在特定的地域产区范围内,在土壤、水文、气候等特定的自然环境中生长,后经传承的种植技术、炮制工艺和储藏办法,而种植、采摘和炮制出品质上乘、质量稳定、疗效较好、知名度较高的中药材的医药、经济、文化、生态等价值。

道地价值的核心是客观展现地域生境独特性和生物多样性,深刻体现文化多样性。而同一物种在不同的地域环境和人工影响下的品质变化大于自然种群演变规律。

(2)主要影响因素

李时珍在《本草纲目》中论述:“性从地变,质与物迁。”该论著特别注重水、土、季节、气象相互关系对“道地”的影响。国医大师黄璐琦等强调药材的道地性“要看环境而定”。开展地域生境因素调查和研究,对道地药材研究具有极其重要的意义,应作为药材道地性的核心评价重要内容。从影响因素上看,除了药材品种外,其生长地区的土壤、水、气候等生态环境因素以及采收时期和加工方式都影响着道地药材的品质,而传统中医药理论、历史文化等均影响道地价值的评估。

①自然环境因素

a. 水土因素对道地药材的影响

道地药材具有明显的地域性,道地产区独特的自然环境是道地药材存在的前提。土壤、水质等是构成道地产区自然环境的重要因素,体现在药用植物的生长、炮制两方面。古籍中就水质和土壤因素对药用植物生长的影响早有论述。明代李时珍《本草纲目》曰:“性从地变,质与物迁……沧卤能盐，阿井能胶……将行药势，独不择夫水哉。”又言水在药物加工炮制中的重要意义：“水性之不同如此，陆羽烹茶，辨天下之水性美 恶，烹药者反不知辨此，岂不戾哉。” 有关土壤的因素，如《神农本草经》曰：“土地所出，真伪陈新，各有其法。”强调了药材要区分产地、讲究道地的重要性，在其所载药物中，不少药名冠有产地名。唐代《新修本草》序曰：“动植形生……离其本土，则质同而效异。”进一步说明水土因素对植物有重要影响。《本草纲目》曰：“人乃地产，资禀与山川之气相为流通，而美恶寿夭亦相关涉，金石草木，尚随水土之性，而况乎万物之灵者乎！”明代医家陈嘉谟的《本草蒙筌》记载，“地产南北相殊，药理大小悬隔”“凡诸草本、昆虫，各有相宜地产，气味功力自异，寻常……地胜药灵，视斯益信”“以地冠名，地胜药灵”。清代医家徐大椿《药性变迁论》曰：“古方所用之药……当时初用之始，必有所产之地，此乃其本生之土，故气厚而力全。”以上均充分说明了古人认为土壤环境因素对形成药材性能意义重大。

我国幅员辽阔，道地产区的海拔、经纬度、岩层水分、成土母岩的岩性等水土因素多样。水土因素在道地药材有效化学成分的形成、转化（炮制）中是个动态积累过程，不同的地理条件，土壤质量不同，土壤内含有的常量元素和微量元素也不尽相同，这就势必会影响中药材的质量。

目前，有学者采取分子谱系地理学研究水土因素在道地药材形成中的作用，认为道地药材在生物学上就是指某一物种的特定居群，是在特定时空里生长的自然或人为的同种个体群，居群水平的遗传分化是道地药材形成的遗传基础，遗传分化越明显，道地药材与同种其他居群药材的差异与优势越明显，土壤的物理、化学特性，土壤肥力等水土因素在此过程中发挥了关键作用。

b. 气候因素对道地药材的影响

特定的气候条件是形成道地药材的重要因素。我国地跨寒温带、温带、亚热带和热带，加之地形因子复杂，高原、山地、平原，光、温、水、气等导致道地产区气候各不相同。按照不同道地产区的气候环境，结合地理特征，一般将道地药材划分为北药、关药、秦药、怀药、淮药、浙药、南药、川药、云药、贵药、广药、藏药、蒙药、海药共 14 类 。中医古籍中常以阴阳、五行等概念描述各道地产区的气候与药材生长之间的关系。对气候因素的描述如《汤液本草・用药法象》云：“天有阴阳，风寒暑湿燥火，三阴、三阳上奉之。温凉寒热，四气是也，皆象于天。温热者，天之阳也；凉寒者，天之阴也。此乃天之阴阳也。”这说明不同的气候因素影响了药物的四气形成。明代医家陈嘉谟的《本草蒙筌》曰：“凡诸草木昆虫，各有相宜地产，气味功力自异寻常……地产南北相殊，药理大小悬隔。”这说明南北气候条件的差异，对药用植物性能影响较大。清代《本草问答》载有：“物各有性……原其所由生而成此性也，秉阳之气而生者，其性阳。秉阴之气而生者，其性阴。或秉阴中之阳，或秉阳中之阴。”又言：“人参不生于东南，而生于北方……盖北方属水，于卦为坎，坎卦外阴而内阳。人参生于北方，正是阴中之阳也。坎卦为水，天阳之气，皆发于水中。”用阴阳五行、卦爻理论等方式描述了道地产区特定气候环境与人参药性形成的联系。现代研究认为，日照长短不一、雨量多少不等，导致生态环境千差万别。植物在其繁衍、进化过程中，对不同的生态环境产生了特殊的适应性，这不仅造成品种分布有一定的地域性，而且造成不同地区所产的同种药材的质量、性能、功效及毒副作用都可能存在差异。药材质量不同程度地受道地产区气候环境（包括温度、经纬度、海拔、光照、气候、湿度等）的影响，其中，温度、光照是直接影响因子。

c. 时令因素对道地药材的影响

时令是影响道地药材的又一因素，讲求时令是保证药材质量的关键。道地药材的形成离不开古代医学和农业科学的逐步发展，体现在道地产区对药材的按时栽培、采收等方面。古籍中常以岁令、五运六气等方式对时令因素加以描述。《素问·至真要大论》曰："先岁物者何……天地之专精也……非司岁物何谓也……散也，故质同而升等也。"王冰注云："故药工专司岁气，所收药物，则所主无遗略矣。五运有余，则专精之气，药物肥浓，使用当正其气味也。不足则药不专精而气散，物不纯，形质虽同，力则异矣。"从理论上阐述了时令因素对道地药材的气味、形质形成的意义。明代医家缪希雍《神农本草经疏》中云："夫物之生也，必禀乎天，其成也，必资乎地。天布令，主发生，寒热温凉，四时之气行焉，阳也……故知微寒微温者，春之气也；大温热者，夏之气也；大热者，长夏之 气也；凉者，秋之气也；大寒者，冬之气也。凡言微寒者，禀春之气以生，春气升而生；言温热者，盛夏之气以生，夏气散而长；言大热者，感长夏之气以生，长夏之气化；言平者，感秋之气以生，平即凉也，秋气降而收；言大寒者，感冬之气以生，冬气沉而藏。此物之气得乎天者也。" 这一论述体现了时令与药材道地性之间的"生成禀受"关系。综上所述，按时栽培的道地药材能禀受其成长所需的时令之气，对确保药效意义重大。关于采摘的时令，《千金翼方》中指出："夫药采取，不知时节，不依阴干暴干，虽有药名，终无药实，故不依时采取与朽木不殊，虚费人工，卒无裨益。"特别强调了药物采摘时令的重要性。李杲《用药法象》中说："药材的根叶花实，采之有时……其失时则性味不全。"此外，民间还有"三月茵陈四月蒿，五月六月当柴烧""秋桔梗，春柴胡，冬虫夏草"之说，体现了药用植物因采摘时间不同而作用大不相同。清代小说《红楼梦》所载"冷香丸"的组成药物在采集时更是注重时令："要春天开的白牡丹花蕊十二两，夏天开的白荷花蕊十二两，秋天的白芙蓉花蕊十二两，冬天的白梅花蕊十二两。"药用植物体内有效成分的形成积累，不仅随植物不同年龄有很大变化，而且在一年之中因季节不同、物候期不同亦有很大差别。研究表明，药用部位不同采收时间也不同，例如根及根茎类药材在秋、冬季节地上部分将枯萎时及春初发芽前或刚露苗时采收，叶类药材多在植物光合作用旺盛期、开花前或果实未成熟前采收，这些时间段内采收的药材有效成分含量高。

②人工因素

道地药材包含着我国古代医药先贤高度的智慧和丰富的实践经验，一定的中药材产地总是伴有一定的生产加工技术及历史，人为的加工炮制、生产经营历史愈悠久，药材道地性就越突出。现就炮制、贮藏、经营三方面进行分述。

a. 炮制

道地产区传承的成熟的加工炮制技术是道地药材形成的人工因素。炮制的目的在于除去杂质及非药用部分，使药材清洁纯净、改变药物性能以及降低或消除药物毒副作用，确保用药安全和更好地发挥疗效。《雷公炮炙论》载有"炮制十七法"，在炮制的程度上提出须"各尽其宜"。《太平圣惠方》曰："炮制失其体性……虽有疗疾之名，就无必愈之效，是以医者，必须殷勤注意。"说明药材炮制对临床疗效影响显著。李时珍则更明确地强调了产地加工炮制的作用："生产有南北，节气有迟早，根苗异采收，制造法异度。"其中的"制造法异度"就是指不同药材的产地加工各异。几乎每种道地药材都有其独特的产地加工方法。

b. 贮藏

道地药材质量的好坏还与贮藏方法密切相关。如贮藏不当引起虫蛀、霉变、走油、变色甚至腐烂等变质现象，轻则降低疗效，重则完全无效，甚至对人体健康不利。《本草蒙筌》中说："凡药藏贮宜提防，倘阴干、暴干、烘干未尽其湿，则蛀蚀霉垢朽烂不免为殃，当春夏多雨水浸淫，临夜晚或鼠虫啮耗，心力费惮，岁月堪延。"说明中药若贮藏不当，不仅是对人力、物力的耗费，更直接影响到药材质量。

c. 经营

道地药材的确立，客观上离不开人们的经营。有些道地药材，有两种或两种以上的产地，各产地之间的药材在质量上难分伯仲，但多种“道地”药材同时存在的现象有时会因道地产区的独特经营方式而改变。例如，陈皮自古有广东、江西两个产地，但陈皮的道地产区目前公认为地处珠江三角洲的广东省新会县，一方面是其临床疗效好，另一方面是经营与口碑。

③文化因素

道地药材是与几千年中国优秀传统中医药文化分不开的，植根于中医理论、历史渊源、文化价值等非物质文化遗产。

a. 中医理论

道地药材离不开中医理论，是人与天地进行沟通的另外一种形式，二者通过药物进行信息和能量、物质的传递。在中医理论指导下，同一种植物或动物才被作为中药材得以应用，才能具有独特的功效。我国古代医学家在长期的医药实践中，形成了与道地药材相关的系统的中医药理论。如李时珍《本草纲目》认定芍药：“犹焯约也，焯约，美好貌，此草花容焯约，故以为名。”苏颂《图经本草》：“今江淮、闽粤、关中亦有之，不及怀州者为真。”从实践中总结出的中医药理论，为道地药材的地域识别和价值认定奠定了理论基础。

b. 历史渊源

“道地药材”一词始见于明代汤显祖《牡丹亭·调药》中的“好道地药材”。我国第一部论述道地药材的专著则是胡世林主编的《中国道地药材》，全书分总论、各论；总论阐述道地药材的总体特征，围绕道地药材的形成与发展、传统集散地、栽培与养殖、产地加工与储藏、质量分析与评价，以及道地药材无机元素分析法、道地药材与民族医药体系的形成等10个专题进行详尽论述，极大地丰富了道地药材学说。道地药材现代研究发端于20世纪80年代，主要取得了以下进展：一是发掘和整理了道地药材本草资料，初步理清了道地药材形成的历史原因和规律；二是建立了一系列道地药材鉴定与评价方法，初步赋予道地药材现代科学内涵，推动了中药鉴定学和生药学发展；三是铺垫和推动了中药材生产质量管理规范(GAP)发展，促进中药材优质、高产、高效发展。

c. 文化价值

道地药材蕴含了朴素、丰富而厚重的中国文化价值观。同仁堂恪守“炮制虽繁必不敢省人工，品味虽贵必不敢减物力”“修合虽无人见，存心自有天知”，说明中国古代医者、药工秉承“患者为重”的高尚情怀，可以不惜人力、物力去确保药材的道地性。“真不二价”，一方面体现药物货真价实，另一方面则是在推崇诚信至上的药材经营理念，讲求童叟无欺，销售过程中不讨价还价。这些宝贵的传统文化价值观在现今“一等药材都出口，二等药材进药店，三等药材进药厂”的市场经营格局下，显得尤为宝贵、意义深远且发人深省。

26.2 基于地域识别的白羊芪山道地性分析

26.2.1 白羊芪山区域道地性条件分析

(1)自然条件

我国著名中药学院士肖培根评价恒山黄芪：“生长环境对中药材的生长和质量有明显影

响，恒山黄芪的品种优势与其特有的环境条件密不可分。”

广灵县属温带大陆性季风气候，地形地貌特征是南山、北坡、中盆地，全县海拔 1018～2333 米，海拔垂直高差大，气候差异明显，适宜多种中药材的生长和种植。广灵黄芪主产区位于该县境内的恒山山脉，该区气候凉爽，常年平均气温在 7 ℃以下，全年降水量约 388 毫米，无霜期仅为 160 天，从而形成凉爽、干燥的独特地理气候。该区土壤由花岗岩、片麻岩风化而成，属沙质土壤，成土性质好，属于亚高山草原草甸土，土质肥厚，适宜喜凉爽、耐干旱、耐寒冷的深根系植物黄芪的生长。该区土壤有机质含量高，土质疏松，土层浓厚，土壤 pH 值在 7～8，土壤中富含钾和微量元素锶、锰。该区气温适中、光线充裕、昼夜温差变化明显，非常适宜黄芪的生长发育。独特的生态环境使广灵黄芪具有道地性，质量好、品位高，所产黄芪条长、条顺，上下粗细均匀，质地坚实，粉性足，品质好，单株质量大。

广灵县山清水秀、气候宜人，壶流河贯穿县境东西，素有“塞北小江南”之称。全县有林地面积 20 多万亩，湿地 3 万亩，森林覆盖率 24.5%；生物类型多样，有黑鹳、白尾海雕、大鸨、金雕、大天鹅、猫头鹰等国家一、二级保护动物 17 种，苍鹭等省级重点保护野生动物 6 种，是众多候鸟迁徙的重要通道、驿站和水禽栖息地、越冬地。2019 年空气质量优良天数达 304 天，县城饮用水水源地一、二级保护区和 7 个乡镇饮用水水源地保护区水质达标率 100%，发展康养旅游得天独厚，是北方地区不可多得的天然康养地。

(2)历史条件

广灵黄芪文化源远流长，据史料记载，广灵县早在 1500 多年前的北魏时期就有刨黄芪入药的历史，元代得到大面积发展，清代则作为“贡品”进献朝廷。药用价值方面，广灵黄芪有效成分皂苷类、黄酮类和多糖类含量，特别是微量元素硒的含量远高于其他产地的黄芪。

据史料记载，从宋代至民国时期，黄芪为著名的道地药材，道地产区为山西地区。最早见于宋《本草图经》，之后元《汤液本草》、明《救荒本草》、清《植物名实图考》均有记载。如曹炳章云：“山西太原府里陵地方出者，名上芪……其货直长濡软而无细枝，细皮皱纹，切断有菊花纹，色白黄，味甜鲜洁，带有绿豆气为最道地。又大同府五台山出，粗皮细硬，枝短味淡，作小把为台芪。”民国初，陈仁山所著的《药物出产辨》载：“正芪产区有三处：一关东，二宁古塔，三卜奎，产东三省，现时山西大同、忻州地区，内蒙古及东北产者为优。”

(3)人文环境

广灵县山川秀丽、风景优美、历史悠久、民风淳朴，素有“塞北小江南”之美誉。独特的地貌和丰厚的历史文化，孕育了一大批丰富多彩、各具特色的人文旅游资源。全县有全国重点文物保护单位 1 处（水神堂），省级重点文物保护单位 2 处（洗马庄汉墓群、千福山汉墓群），县级文物保护单位 23 处，待公布文物 68 处，馆藏文物 3200 余件。如军事遗址（秦汉寨）、古长城（红砂坡赵长城）、旧石器人类文化遗址、新石器人类文化遗址、古城遗址、汉墓群（洗马庄汉墓群、千福山汉墓群）、古建筑（水神堂、文庙、城隍庙）、碑林（圣佛寺碑林、千福山碑林）、古桥（罗疃广济桥）、石窟（圣泉寺北魏石窟）、民俗古建筑（殷家庄村、西蕉山村、涧西村、社台山）、新建的县城中心广场等。广灵县是“中国民间文化艺术之乡”，民间传统文化种类繁多，剪纸、秧歌、大号、皮影、背阁等独具地方特色。最具代表性的广灵剪纸，起源于汉代，是中国民间剪纸三大流派之一，被誉为“中华民间艺术一绝”；2007 年，广灵县被授予“国际剪纸艺术之乡”，2010 年，广灵剪纸被列入人类非物质文化遗产保护名录。

(4)产业环境

广灵县现种植的中药材以黄芪为主，兼有种植柴胡、防风、苦参、黄芩、芍药、板蓝根等中药材。全县中药材留床面积15万亩，其中黄芪占70%，现有黄芪种植面积3.2万亩，主要分布在望狐乡和南村镇的南部荒山上，由于此地属恒山山脉，非常适合黄芪生长，有悠久的黄芪种植历史，野生和人工种植黄芪面积都较大，品质也较高。

全县中药材加工业处于起步阶段，其中，山西恒广北芪生物科技股份有限公司有小量中药材初级加工，年加工量不足10吨。2020年，该公司在南村镇的搬迁新村周图寺村新建加工车间2000平方米，2019年，广灵县远明中药材种植合作社在望狐乡移民新村建中药材贮藏库500平方米，2020年，在建加工车间500平方米。这些中药材加工车间的建成，将会有力推动广灵县中药材产业发展。

全县药茶也已步入实施阶段，山西恒广北芪生物科技股份有限公司的恒广牌药茶已试制成功，生产出了样品，正在为批量生产做准备，黄芪茶即将面市。

(5)小结

生态原产地产品保护是原产地保护的一种模式，它和原产地标记产品保护一样，是原产地保护体系原产地规则的重要组成部分，其内涵是产品在生命周期中符合绿色环保、低碳节能、资源节约要求并具有原产地特征和特性。白羊芪山的地域独特性表现为：一是野生黄芪生长过程生态性，二是野生黄芪与自然环境的和谐性，三是野生黄芪产品的生态性和健康性，四是产品形成与自然环境的和谐性。

白羊芪山野生黄芪保护将优势生态环境转化为制度竞争优势；将生态建设品牌化运作，促进产品提档升级；有利于打破绿色贸易壁垒；生态原产地品牌成为中国区域经济发展的新竞争优势；生态原产地发展成为绿色供应链合作网络和能力建设新动力；生态原产地发展作为撬动大同特色产业发展的新支点；生态原产地发展纳入国家中医药品牌发展战略；建立白羊芪山产品标准体系。

26.2.2 白羊芪山野生黄芪道地性分析

(1)特定的种质

恒山黄芪种质资源是世界上重要的种质资源之一。恒山黄芪长期处于野生、半野生状态，经过千年来自然选择、自然进化，自然杂交、变异，形成了独特的种群。终生与杂草、灌木伴生，竞争力和抗病、抗旱等抗逆能力特别强，非常适应当地的气候环境条件，适宜当地仿野生种植模式。恒山黄芪因没有改变其生态环境、没有改变其种植模式、没有进行人为的杂交选育，仍然是通过自然选择、自然进化形成的优良种质，所以恒山黄芪的“种质”基源仍然是传统道地恒山黄芪的“种质”，未发生质的改变。

(2)特定的地域

在山西的黄芪生产区域，地域广阔，土层肥沃，为花岗岩、片麻岩母质风化成的粗粒沙质沙壤土，土质松软，具有良好的透气性，蓄水能力较强，土壤中含有丰富的矿物质元素，以钾、锶、锰等元素为主，气温适中、光线充裕、昼夜温差变化明显，非常适宜黄芪的生长发育。所产黄芪条长、条顺，上下粗细均匀，质地坚实，粉性足，品质好，单株质量大。

大同黄芪不是生长在农田里的，而是生长在恒山山坡上的，这些山坡是当地农民祖祖辈辈种植黄芪的山坡，当地俗称黄芪坡。农村改革实行第一轮土地承包责任制时，都是以“黄芪坡”

分产到户签订承包合同，与荒山、荒坡、林地有着严格的界线。黄芪坡土层深厚、土质疏松、通透性好，经过一千多年来祖祖辈辈不断地采挖黄芪，熟土层深达一米多，有利于黄芪根向下生长，不打叉，形成鞭杆芪。荒山荒坡土层较薄，不种黄芪，而是作为牛羊草坡放牧区。黄芪坡的土壤是由花岗岩、片麻岩风化形成的粗粒沙质壤土，富含磷、钾等营养元素，同时渗水保湿能力比较强，降雨时雨水渗入地下，保存水分，不会造成水土流失，地表不会积水造成黄芪根部腐烂。冷凉、干旱少雨的气候，病虫害很轻，这也是恒山黄芪产区保持了一千多年没有重茬障碍的重要原因之一。恒山黄芪的种植区域一直在传统野生黄芪产区的宜芪坡上，从未在农田或其他乡村区域种植黄芪，保持了道地产地的特定地域。

(3)特定的生产技术和加工方法

传统恒山黄芪的生产一直是野生、半野生模式，芪坡不翻耕，靠原有黄芪植株自然落籽或人工撒播种子，植株完全靠自然生长，坡上芪、草、灌共生，老少黄芪同长，每年秋季芪农上坡将大黄芪刨出，小的继续生长。目前，采用的种植方法仍然是半野生或称为“仿野生种植”“生态种植”“野生抚育”，人种天养，没有进行丝毫的人工催生。从播种到采刨，生长期长达 10 年左右，期间不施任何肥料，不使用农药，更不会使用任何生长激素。田间管理仅仅是在种植第二年和第三年进行人工拔除田间大草，以后就让其自然生长，保持了生物多样性的生态环境。山高坡陡运输肥料非常困难，山坡枯草落叶腐烂后成为肥料，土壤肥沃、有机质含量较高，也无须施肥。当地农民祖祖辈辈的这种种植黄芪的习惯已经根深蒂固，所以一直保持了不施肥、不浇水、不锄草、不用农药的仿野生生产模式。这不仅保持了传统独特的生产技术，而且还传承了传统的加工技艺，仍然采用传统复杂、十多道工序的手工加工方法，自然干燥，不水洗，不烘烤，不用硫磺烟熏，从种植生产到加工方法都传承了传统“道地”的独特特征。

(4)独特的品质和疗效

恒山黄芪具有突出的地方特色，与其他地区的黄芪有着显著不同，品质佳、疗效好，具有较高的知名度。本草文献上描述优质黄芪，明《本草纲目》：“根长二、三尺，以紧实如箭竿者为良。”明《本草蒙筌》：“绵耆出山西，此品极佳。务选单服不岐，直如箭干，皮色褐润，肉白心黄，折柔软类绵，嚼甘甜近蜜。如斯应病，获效如神。”民国时期曹炳章《增订伪药条辨》：“黄芪冬季出新……其货直长，糯软而无细枝，细皮皱纹，切断有菊花纹，兼有金井玉栏杆之纹，色白黄，味甜鲜洁，带有绿豆气，为最道地。”恒山黄芪主根粗长、均匀顺直、皮嫩无叉、色泽黄亮，为商品中的“鞭秆芪”。表面淡棕黄色或淡棕褐色，有不整齐的纵皱纹或纵沟。质硬而韧，不易折断，弹性足，断面纤维性强、粉性足，韧皮部黄白色，中间木质部为金黄色，有效放射纹理和裂隙，其状如菊花。嚼之渣少或无渣，有浓郁的豆腥气味和香甜味，外观光亮，精致美观。恒山黄芪的外观性状与古籍描述的优质黄芪完全一致。恒山黄芪有效成分特别是微量元素锶、锰的含量，远高于其他产地的黄芪。

26.2.3　白羊芪山道地性 SWOT 分析

(1)S——特征及优势分析

①恒山野生黄芪资源具有稀缺性

黄芪拥有 2000 多年的药用历史。由于长期大量采挖，近几年来国内野生黄芪数量急剧减少，有趋于绝灭的危险。为此，确定该植物为渐危种，现为国家三级保护植物。而恒山山脉是国内仅存的野生黄芪最大的产区。

②恒山野生黄芪生境具有独特性

通过长期的临床实践，逐渐将黄芪的基原定在分布较广、品质较佳的黄耆及其变种蒙古黄耆上，并确定了以恒山山脉为中心及其周边的优质产区。恒山山脉的海拔、土壤、岩性、雨量、日照、积温以及伴生植物等生态环境因素，使其成为孕育高品质野生黄芪的最佳原产地，是其他人工种植环境无法比拟的，具有独特性和稀缺性。

③恒山黄芪优质品质的独特性和不可替代性

研究表明，恒山野生黄芪优质品质的独特性，表现在以下方面：传统黄芪豆腥气浓，恒山黄芪标志性成分正己醛含量高；正己醛含量与指标成分黄芪甲苷、总多糖等呈显著性正相关关系，验证了“黄芪豆腥味浓，为佳”的科学内涵；与移栽芪相比，山西（仿）野生芪豆腥气浓，正己醛含量高，质量优；黄芪甜味成分的物质基础为葡萄糖、果糖、蔗糖、肌醇、山梨醇、半乳糖醇、甜菜碱；甜度的大小和黄芪中质量指标毛蕊异黄酮葡萄糖苷、黄芪甲苷及总多糖的含量都有明显的正相关性，验证了“黄芪味甘，质佳”的科学内涵；与移栽芪相比，山西（仿）野生芪甜度较高，其综合评价指数（F）值也较大，品质较好。

近年，黄芪用量急剧增长，导致传统芪供不应求，移栽芪应运而生。目前，栽培黄芪包括山地黄芪、平地黄芪，但都没有野生黄芪的功效。这类似于野山人参“起死回生”“还魂续命”“回阳救逆”之效，是林下参和园参无法替代的。

④政府高度重视，企业龙头带动，乡村振兴效果显著

大同市广灵县县委县政府高度重视黄芪产业发展，多年持续出台扶持政策，加大扶持力度。以恒广北芪为主的龙头企业，肩负道地黄芪野生资源保护及繁育任务，种植和加工已初具规模。近年来，通过“雇用民工”“帮助农民种植黄芪”“发放扶助资金”等多种措施，帮扶了望狐乡、南村镇的3256个建档立户，在2019年度贫困县退出第三方专项检查中，所帮扶的建档立户全部实现脱贫目标。

(2)W——发展现状和问题

近几年大同市中药材产业发展迅速，尤其是新冠疫情期间黄芪需求旺盛，在农业结构调整、农民脱贫增收等方面发挥了重要作用。但黄芪中药材产业发展仍然存在着保护与发展不平衡等诸多问题，制约着中药材产业的进一步发展。

①道地药材药性与原产地关联度大，黄芪生长周期长

道地药材不能“移植”。道地药材是我国传统优质中药材的代名词，民间素有“非道地药材不处方，非道地药材不经营”的说法。常言道：“好土生好苗。”每味道地药材根据其性味不同，都有道地产区。中药药性形成是气候、土壤、生物、地形等综合作用的结果。而黄芪生长周期长，不同产地、不同年限的药材，质量差异较大。这就导致部分药材种源混乱、品种变异、品质降低，质量参差不齐，中药材道地性不突出，对野生中药资源保护和实现可持续利用亟待加强。建议以“有序、有效、安全”为方针，优化野生黄芪中药材生产布局，鼓励在黄芪道地产区和主产区优先发展道地优质药材。

②中药材种植生产不规范，生产管理较为粗放

部分中药材种子种苗长期以来缺乏科学化管理和研究，存在部分药材基原混乱、病虫害综合防治科学技术体系缺乏、化肥农药等投入品使用不规范、采收期不统一、加工方法不规范等问题。

③优势资源综合利用程度较低，产业链较短

当前，黄芪中药材产业资源优势不突出，综合利用差。中药材种植集约化程度低；中药产业的种植、产地初加工、生产、流通、产品开发等环节尚未形成有效的协作整合；大部分药材以原料和初级产品形式出售，精深加工程度较低，企业竞争力不强；中药材产业上下游脱节，没有形成大品种、大品牌、大产业链。

④基础设施投入少，影响生产和生活

目前，种植基地基础设施落后，基地土壤、道路、灌溉、供电、互联网等配套基础设施条件还有待改善，生产、采收和产地初加工环节现代农业技术装备的推广应用不足。道路、专业交易市场的仓储、晒场等配套设施简陋，影响生产安全，不利于延展至康养产业综合利用。

⑤生产经营成本偏高，资源要素供给偏紧

普遍存在融资成本不断提高、产品研发投入高、周期长、劳动力成本高（坡陡、沙质土壤导致的采挖困难），导致生产经营成本偏高，资源要素供给偏紧等问题。

⑥技术服务体系不完善，创新动能不足

黄芪中药材科技研究高层次人才团队缺乏，企业为主体的产学研合作研发体系尚未形成，黄芪中药材关键共性技术研究创新平台能力建设还需提升。

（3）O——外部机会

道地药材原产地建设迎来“天时、地利、人和”的历史机遇。

①国家高度重视中医药工作，政策法规助力中医药事业蓬勃发展

习近平总书记多次就中医药发展给出指示：“中医药学是中国古代科学的瑰宝，也是打开中华文明宝库的钥匙。”中药资源是关系我国国计民生的重要战略性资源，保护和发展中药材，是保障中医临床疗效、提高人民健康水平、建设健康中国的坚固基石。2017 年《中华人民共和国中医药法》实施，国务院相继发布《中国的中医药》《中医药发展战略规划纲要（2016—2030 年）》《全国农业现代化规划（2016—2020 年）》，为野生黄芪道地药材的发展提供了有力保障，为中药材资源保护和绿色生产提出了新的更高要求。

②我国全民进入追求中药材高品质时代

随着人民群众健康意识的不断增强、人口老龄化趋势加剧、药品消费结构变化、动物及动物产品生产安全门槛提高，中药材应用已经从人类自身扩大到动物的预防保健与治疗，中药材资源短缺与环境保护、中药材生产与市场需求的矛盾日益突出，对高质量健康服务需求的持续增加及对天然药物的青睐，中医药顺应回归自然的世界性潮流，在疾病防治过程中发挥着越来越重要的作用，中药材产业发展有着巨大的空间和潜力。

③初步建立了道地药材生产、鉴定与评价技术体系

道地药材在数千年的临床中积累了大量实践与理论经验，在中医药事业发展中具有举足轻重的地位。道地药材的现代研究发端于 20 世纪 80 年代，经过 30 多年的发展，中医药人发掘和整理了道地药材本草资料，初步理清了道地药材形成的历史原因和规律；建立了一系列道地药材鉴定与评价方法，初步赋予了道地药材现代科学的内涵。2017 年 7 月，《中华人民共和国中医药法》正式实施，第一次将道地中药材作为专业术语纳入其中，道地药材理论创新与实践研究方面已初成体系。

④道地药材对贫困地区具有较好的经济带动效应

中药材的生产过程链较长、涉及部门多、产业从业人员多、附加值较高、带动效应较明显。

而道地药材受逆境效应影响，大多适宜在贫困边远山区种植，可不与粮食争地，且能够有效助力农民增收，因此，对乡村振兴战略和生态文明建设都具有十分重要的意义，在国家经济结构调整过程中，道地药材大有可为。

⑤现代科技快速发展，为中药材产业发展提供广阔空间

现代科技发展为中药材保护和发展提供有利条件、提供更加广阔的发展空间。全民健康意识不断增强，中医药消费理念逐渐升温，中药材在中医药事业和健康服务业发展中，随着现代农业技术、生物技术、信息技术等科技信息化技术快速发展和应用，为创新中药材生产和流通方式提供了有力的科技支撑。

(4)T——外部威胁

与快速增长的中医药战略需求相比，与国内其他中药材产业发展强县相比，大同地区野生黄芪产业发展仍存在一些突出问题。

①黄芪中药材保护和发展仍面临严峻挑战

由于种植和采挖，生境出现退化现象。黄芪道地野生中药材资源流失、枯竭，野生黄芪道地药材供应短缺的问题日益突出。

②人工栽培药材道地性差，以价格和数量优势冲击市场

随着人工栽培药材逐步取代野生药材的步伐不断加快，黄芪道地药材被盲目引种，受经济效益、劳动力成本、城市发展等各方面因素影响。恒山黄芪传统优质道地产区受甘肃等新兴人工栽培产区影响，导致道地性消失，中药材疗效下降。

③市场宏观调控不足，产供销信息不畅

全国缺乏规范统一的中药材市场供求信息平台，种植、销售等存在很大盲目性，供需信息交流不畅、价格起伏幅度过大，也阻碍了中药产业健康发展。

(5)小结

白羊芪山应加快野生黄芪道地药材基地建设，将中药材生产由重规模求数量的发展模式，转变为重质量求效益的发展方向；同时，紧紧把握我国中药材供给侧结构性改革契机，着力推进中药材产业发展，加快道地药材生产基地建设，将中药材产业的竞争从单纯产品质量的竞争升级到全产业链质量管控的竞争。

26.3　构建白羊芪山道地价值评价体系

广灵县野生黄芪主要分布于南部山区，集中于西南山区，目前全县有野生黄芪资源 6000 余亩，已进行野生抚育黄芪约 9000 亩，仿野生生态标准化种植黄芪 32000 亩，涉及望狐乡、南村镇，与浑源县接壤，为恒山山脉道地黄芪主产区。

以山西恒广北芪生物科技股份有限公司为龙头扶持了 3 处产业基地，其中，白羊峪、圣眷峪基地位于望狐乡南部山区；长江峪基地位于南村镇西南部山区，总面积 39000 亩。根据芪坡坡度、植被状态及野生资源分布状况等因素，将 39000 亩黄芪基地划分为野生资源保护区 3000 余亩、野生抚育区 5000 余亩、仿野生原生态标准化繁育区 24000 亩，目前，仿野生原生态标准化繁育区已繁育黄芪 10000 余亩，还有近 15000 余亩的未繁育开发面积。

26.3.1　野生黄芪道地价值发展潜力评价

白羊芪山野生黄芪道地价值合理开发利用涉及资源属性、环境属性、社会效应、经济效益

等因素，另外，还包括各因素之间的相互制约、相互协调。利用潜力、受威胁状况以及价值重要性三个方面对野生黄芪资源进行综合评价。

(1)指标体系

评价指标体系对实现评价的最终目标有着至关重要的作用。借鉴国内一些特殊经济植物、珍稀保护植物、重点野生保护植物在评价标准体系建立时的成果以及国际自然保护联盟(IUCN)和世界自然基金会(WWF)联合植物保护计划草案，综合制定野生黄芪评价指标体系，共包括 3 个子系统(利用潜力子系统、受威胁状况子系统以及价值重要性子系统)及 16 个评价指标(图 26-1 和表 26-1)。

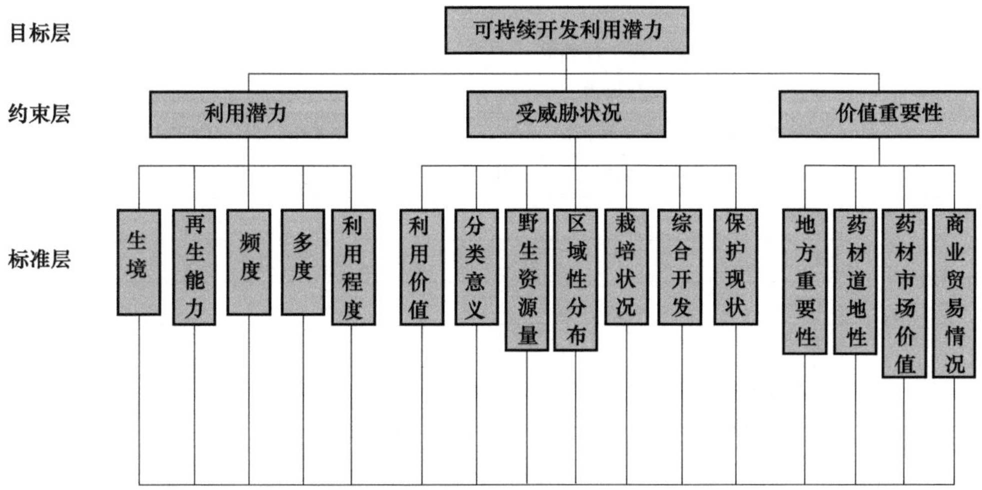

图 26-1　野生黄芪评价指标体系

表 26-1　标准层因素评分标准

标准层	评分标准	分值
生境	对生境要求严格，即生态幅度极窄	1
	对生境有一定要求，但不严格，即生态幅度较宽	2
	对生境无要求，即生态幅度宽	3
再生能力	生长十分缓慢的小型植物或稀有植物	1
	生长一般的小型植物、中型植物	2
	生长迅速的小型植物或生长一般的大型植物	3
	生长迅速的大、中型植物	4
频度	稀有植物或不常见	1
	常见到，但不出现在整个调查区域	2
	调查区域内的随遇群	3
多度	个体数量稀少	1
	个体数较少	2
	个体数尚多	3
	个体数量多	4

续表

标准层	评分标准	分值
利用程度	大量药用或供其他用途	1
	利用不多,用量大;利用得多,用量小;利用一般,用量一般	2
	极少供药用或其他用途;利用不多,用量一般	3
利用价值	常用种类	0
	较常用的种类	1
	少常用种类,地方标准收录的种类,但已形成商品	2
	一般民间利用	3
分类意义	单种科型,科内仅1属1种植物	0
	单种属型,属内仅1种植物	1
	少种属型,属内有2~10种植物,国产仅1~5种或属内种属虽多,但国产种类仅为1~3种	2
	多种属型,属内种数多,国产种数亦多	3
野生资源量	极少	0
	少	1
	尚多	2
	多	3
区域性分布	区域性种类,分布于一个或相邻的2个省(区、市)某山地局部区域内	0
	地区性种类,分布于3~6个省(区、市)或某一大区内	1
	地带性种类,几个大区内分布,但所占省(区、市)分数不到全国一半	2
	广布性种类,分布省(区、市)数超过全国的一半	3
栽培状况	尚无栽培品,使用的全部是野生资源	0
	有栽培品,但仅占使用量的少部分	1
	栽培品占使用量的大部分或全部	2
综合开发	已被综合开发利用	0
	尚未被综合开发利用	1
保护现状	未受保护	0
	已受一定保护(自然保护区内有分布或有一定的迁地保护数量)	1
	已重点保护(已有专题保护区或在保护区内已做重点保护)	2
地方重要性	重要	3
	较重要	2
	不太重要	1
药材市场价值	市场价值极高,市场极为短缺	4
	市场价值高,市场供求量较大	3
	市场价值一般,市场供求量一般	2
	市场价值低,市场供求量低或一般	1
药材道地性	珍稀道地药材或恒山特有	4
	大宗药材,恒山为道地产地或主要药源地	3

续表

标准层	评分标准	分值
药材道地性	大宗药材，道地产地不在恒山或不清楚	2
	非大宗道地药材或极为常见的种类	1
商业贸易情况	在一定程度上在国际上销售或广泛销售	4
	只在一国范围内广泛销售和交换，而在国际上销售很少	3
	在一些区域内销售或交换	2
	偶尔在一些区域内销售或交换	1
	还未进行销售或交换	0

(2)权重确定及计算

通过 AHP(层次分析法)构建评价体系，利用 Yaahp 0.6.0 软件并结合 Delphi 调查法(德尔菲法)、模糊评判法来确定、计算指标的权重。采用函询的方式由相关专家对该评价系统中各项评价指标进行评价，最后将评价结果录入 Yaahp 0.6.0 软件，并计算各指标权重和判断矩阵一致性比例。各指标的权重及判断矩阵一致性比例见表 26-2。约束层权重(W_{Bi})、标准层权重(W_{Ci})、综合评价指标权重(W_i)之间的关系是 $W_i=W_{Bi}\times W_{Ci}$。综合评价指标的判断矩阵一致性比例(CR)为 0.0516，小于 0.1；同时，CR_1 为 0.0277、CR_2 为 0.0914、CR_3 为 0.0494，均小于 0.1，表明判断矩阵的一致性比例较为满意。

表 26-2　野生黄芪道地价值发展潜力评价指标权重及判断矩阵一致性比例

约束层(B_i)	约束层权重	标准层(C_i)	标准层权重	判断矩阵一致性比例	综合评价指标权重
利用潜力子系统(B_1)	0.3325	生境(C_1)	0.2938	CR_1 为 0.0277，小于 0.1	0.0977
		再生能力(C_2)	0.1648		0.0548
		频度(C_3)	0.0873		0.0290
		多度(C_4)	0.3186		0.1059
		利用程度(C_5)	0.1355		0.0450
受威胁状况子系统(B_2)	0.5278	利用价值(C_6)	0.0857	CR_2 为 0.0914，小于 0.1	0.0452
		分类意义(C_7)	0.0506		0.0267
		野生资源量(C_8)	0.3289		0.1736
		区域性分布(C_9)	0.0720		0.0380
		栽培状况(C_{10})	0.2381		0.1257
		综合开发(C_{11})	0.0732		0.0387
		保护现状(C_{12})	0.1515		0.0800
价值重要性子系统(B_3)	0.1396	地方重要性(C_{13})	0.1013	CR_3 为 0.0494，小于 0.1	0.0141
		药材市场价值(C_{14})	0.4617		0.0645
		药材道地性(C_{15})	0.1333		0.0186
		商业贸易情况(C_{16})	0.3038		0.0424

(3)综合评价得分计算

相关专家依据各个指标的打分标准进行打分，指标的实际得分就是专家组的加权平均值，用 C_i表示。约束层中的各子系统的得分(B_i)用公式表示为 $B_i = W_{Ci}C_i$，其中 W_{Ci} 为相应子系统中第 i 项指标的权重值；最后的综合得分(A)用公式表示为 $A = W_{Bi}B_i$，其中 W_{Bi} 为第 i 项子系统的权重值。

(4)评价标准

依分值大小，将药用植物利用潜力划分为 3 个等级：第 1 级，利用潜力估量值≥2.40，开发利用潜力大，可供开发利用；第 2 级，利用潜力估量值 1.80～2.40，具有开发利用潜力，但开发利用潜力较弱，应予以控制，酌量利用；第 3 级，利用潜力估量值<1.80，开发利用潜力极小，应严加保护，保存种质资源。

(5)评价结果

野生黄芪道地价值发展潜力综合得分 2.63132，属于 1 级，开发利用潜力大，可适度发展(表 26-3)。

表 26-3　野生黄芪道地价值发展潜力评价值表

品种	利用潜力	受威胁状况	价值重要性	综合得分
野生黄芪	2.9261	2.3920	2.8349	2.6313

26.3.2　白羊芪山道地价值评价体系

道地药材作为中医药的精髓，其道地价值是评价中药材品质的综合性标准，兼具道地条件、自然条件、生态环境和历史文化属性，又涉及生产实践等多方面。现尝试对白羊芪山道地价值进行如下评价。

(1)评价指标体系

根据白羊芪山现状，制定道地价值评价指标体系，如表 26-4 所示。

表 26-4　白羊芪山道地价值评价指标体系

一级评价指标	二级评价指标	三级评价指标	评价因子
道地条件	区域条件	产区历史	历史产区、传统产区、新兴产区
		独特性	产区区位独特性
		可进入性	产区可进入性
	地域条件	地域情况	地域历史、独特性、适宜程度
	道路条件	道路和交通	道路设施条件、交通可达性
自然条件	气候影响	气候	气候带、气候类型
		日照和光照	年平均日照时数、光照强度
		温度条件	年均温、大于等于 10 ℃年积温、无霜期
		水分条件	年平均雨量
	土壤特征	地质地貌	地质条件、地貌条件、海拔分布
		土壤性质	成土母质、土壤酸碱度、土壤有机质
		土壤营养成分	常量元素、微量元素、同位素比值

续表

一级评价指标	二级评价指标	三级评价指标	评价因子
自然条件	水体特征	水体 pH 值	酸碱性
		水体营养成分	微量元素
	资源特征	药用动植物	种质资源、珍稀度、独特成分、分布、产量、外观、气味、有效成分
		伴生植物	生物群落、生物多样性、植被覆盖率
生态环境条件	生态保护	保护区	保护区定界、管理机构、管理制度、管控措施、保护设施
		产地环境质量	土壤质量、水质量、大气质量
	环境质量	生产环境质量	农药施用、化肥施用、其他化学制剂施用
人文环境条件	历史文化	中医药历史文化	中医药理论、中医药历史传承、道地药材文化
		地区历史文化	地区历史沿革、地区文化遗产、地区非物质文化遗产
	技术工艺	种植	传统种植历史文化、传统种植工具、传统种植方式
		采收	传统采收历史文化、传统采收工具、传统采收方式
		炮制	传统炮制历史文化、传统炮制工具、传统炮制方式、炮制传承人
		贮藏	传统贮藏历史文化、传统贮藏工具、传统贮藏方式
	公共服务体系	公共交通与设施	公共交通枢纽、公共交通设施、公共交通线路
		公共信息化	接待咨询、信息化设备
		公共健康教育与服务	公共医疗健康服务资源、公共健康教育、公共健康休闲设施
	乡村振兴	乡村振兴	乡村产业、美丽宜居、设施建设、文化建设
		乡村中医药传统文化	中医药传统文化、传统名医、传统名方、中药材种植传统、中药材炮制传统
产业环境	市场需求	品牌形象	品牌知名度、视觉形象、品质形象、社会形象、原产地及产品认证
		消费需求	药用价值、保健价值、市场需求量、市场覆盖率、公众认知度
	产业应用	长度	一体化程度、环节完整性、药企与药农数量和规模
		宽度	新领域拓展度、企业增长潜力、高端产品比重、综合利用率
		关联度	市场适应能力、资源禀赋、技术研发、就业贡献率、生态贡献率、信心和水平
		厚度	资源种植、主体合作深度、主导产业规模、行业集中度
	科研与技术	科技研发	科技研发、科技引进和应用
		技术支持	质量标准、技术引进、技术培训
	政策支持	政府政策	政策扶持、政府规制、财政支持

(2)评价方法和结论

采用层次分析法来确定权重。层次分析法是通过系统的多个因素分析，划分出各因素相互联系的有序层次，再请专家对每一层次的各因素进行比较客观的判断后，给出相对重要性的定量指标，建立数学模型，计算每一层次全部因素的相对重要性的权重(表 26-5)。

表 26-5　白羊芪山道地价值评价指标体系评价因子权重体系

一级评价指标	权重	二级评价指标	权重	三级评价指标	权重	评价因子
道地条件	0.13	区域条件	0.09	产区历史	0.045	历史产区、传统产区、新兴产区
				独特性	0.04	产区区位独特性
				可进入性	0.005	产区可进入性
		地域条件	0.03	地域情况	0.03	地域历史、独特性、适宜程度
		道路条件	0.01	道路和交通	0.01	道路设施条件、交通可达性
自然条件	0.43	气候影响	0.10	气候	0.025	气候带、气候类型
				日照和光照	0.015	年平均日照时数、光照强度
				温度条件	0.035	年均温、大于等于 10 ℃ 年积温、无霜期
				水分条件	0.025	年平均雨量
		土壤特征	0.15	地质地貌	0.04	地质条件、地貌条件、海拔分布
				土壤性质	0.07	成土母质、土壤酸碱度、土壤有机质
				土壤营养成分	0.04	常量元素、微量元素、同位素比值
		水体特征	0.04	水体 pH 值	0.01	酸碱性
				水体营养成分	0.03	微量元素
		资源特征	0.14	药用动植物	0.10	种质资源、珍稀度、独特成分、分布、产量、外观、气味、有效成分
				伴生植物	0.04	生物群落、生物多样性、植被覆盖率
生态环境条件	0.25	生态保护	0.10	保护区	0.10	保护区定界、管理机构、管理制度、管控措施、保护设施
		环境质量	0.15	产地环境质量	0.08	土壤质量、水质量、大气质量
				生产环境质量	0.07	农药施用、化肥施用、其他化学制剂施用
人文环境条件	0.08	历史文化	0.04	中医药历史文化	0.03	中医药理论、中医药历史传承、道地药材文化
				地区历史文化	0.01	地区历史沿革、地区文化遗产、地区非物质文化遗产
		公共服务体系	0.02	公共信息化	0.01	接待咨询、信息化设备
				公共健康教育与服务	0.01	公共健康服务资源、公共健康教育、公共健康休闲设施
		乡村振兴与巩固拓展脱贫攻坚成果	0.02	乡村振兴	0.01	乡村产业、美丽宜居、设施建设、文化建设
				巩固拓展脱贫攻坚成果	0.01	巩固产业、巩固农民年纯收入、巩固覆盖率、人才技能培训

续表

一级评价指标	权重	二级评价指标	权重	三级评价指标	权重	评价因子
产业环境	0.11	政策支持	0.02	政府政策	0.02	各级政策扶持、政府规制、财政支持
		科研与技术	0.02	科技研发	0.01	科技研发、科技引进和应用
				技术支持	0.01	质量标准、技术引进、技术培训
		市场价值	0.03	品牌形象	0.015	品牌知名度、视觉形象、品质形象、社会形象、原产地及产品认证
				市场需求	0.015	市场需求、公众认知
		产业价值	0.04	长度	0.01	一体化程度、环节完整性、药企与药农数量和规模
				宽度	0.01	新领域拓展度、企业增长潜力、高端产品比重、综合利用率
				关联度	0.01	市场适应能力、资源禀赋、技术研发、就业贡献率、生态贡献率、信心和水平
				厚度	0.01	资源种植、主体合作深度、主导产业规模、行业集中度

经过计算，白羊芪山道地价值综合得分为 86 分，达到良好级(80～90 分)。目前，白羊芪山自然环境得天独厚，道地资源不可多得。生态环境方面亟待划定保护范围、制定管控级别、理顺管理体系；人文社会方面，中医药历史文化传承悠久，但各项公共服务体系亟待完善；产业环境方面，政策支持力度有待加强，科研投入和关注度有待提升，市场品牌形象亟待升级，产业链亟待拓展长度、宽度、厚度和关联度。

第27章　基于道地价值的生态动能发展战略

生态动能是指运用生态经济学理论，在生态资源与生态环境有效保护的前提下，基于生态产业基础，多方向、多维度促进生态产业的新旧动能转化，促进生态产业现代化高质量发展。白羊芪山，向绿而生，积蓄发展，深入挖掘“道地价值”特色，积极培育“生态动能”产业，将野生黄芪道地价值优势转为白羊芪山生态产业高质量发展新动能。

27.1　制定发展战略的基本原则

27.1.1　坚持生态动能产业发展与道地价值评价相结合

道地野生黄芪因其独特的生态原产地自然环境和行业内的品质认同，受到国内外市场的青睐以及科技界的支持，使得道地黄芪的优良种质资源得以保留并逐步扩大，成为传统黄芪商品的主产区。

27.1.2　坚持生态动能产业开发与生态文明建设相结合

以生态原产地资源环境承载力为前提，以生态文明建设为统领，有序开发利用黄芪资源。推进黄芪种植与水土流失综合治理，推进黄芪种植与生态修复统筹进行，保护道地黄芪种质资源和野生资源。

27.1.3　坚持生态动能产业发展与新旧功能转换相结合

把解放思想、转变观念、开拓创新作为推动黄芪生态原产地产业发展的强大动力，破除制约道地黄芪发展体制机制障碍，深化黄芪产业重点领域和关键环节新旧功能转换，抓住道地黄芪在我国大健康产业中的重要战略机遇，激发市场活力，加快产业的发展步伐。

27.1.4　坚持专家思想、政府推动、社会主体相结合

加强宏观政策引导，强化政府推动功能，支持社会主体建设为基础，加大生态原产地实验基地生态文明建设、基础设施建设、基地产业融合建设等支持力度，坚持高起点、高品质、高效率。重点打造一批科技含量高、影响力大的建设项目。

27.2　打造中国药山“白羊芪山”的战略构想

我国是山地大国，又是人口大国，更是多民族大国，山区占国土面积的70%，居住着全国近1/3的人口，大约3/4的县位于山区和半山区，绝大多数少数民族生活在山区，国家级贫困县中山区占80%。山区作为天然的生态屏障、生态建设的重要空间载体，是生态服务价值的

最大源泉。山区是国家自然资源的储备库，尤其是珍稀动植物、中药材资源等“战略物资”，在国际、国内的全球化竞争中具有举足轻重的作用，在国际竞争中扮演着非常重要的角色，某种程度上说，这与国家的“货币储备”具有同等重要的作用。

27.2.1　名山的传统分类

在我国山地发展中，名山的分类是山地资源研究的重要理论之一，对于确定名山的性质、特点、规模及保护与利用都有重要理论意义。一是按成因分类主要有：地质名山、地理名山、气候名山、生物名山。二是按属性分类主要有：历史名山、文化名山、宗教名山、政治名山、军事名山。三是按功能分类主要有：旅游名山、探险名山、科考名山、朝圣名山、康养名山。在目前的名山分类中还没有把药山纳入其中。这一领域是亟待提升的弱环。

27.2.2　白羊芪山的提出

广灵县是典型的干旱半干旱区山地生态系统，该系统是我国北方地区重要的生物栖息地与生物多样性中心，具有水源涵养、防风固沙、土壤保持、科学研究等多种生态服务功能。但是，由于山地生态系统内生的易损性和不稳定性，在全球气候变化与人类活动的影响下，表现出明显的生态脆弱性特征。如何提高干旱半干旱区山地生态系统的稳定性是保护干旱半干旱区生态资源环境的关键所在，对野生黄芪资源保护与利用尤为重要。对此，中国科学院专家组就广灵县长江峪、白羊峪、圣眷峪野生黄芪种质资源和空间分布规律进行了多次考察研究，提出了广灵县打造中国药山的初步设想，确立了“白羊芪山”的发展定位。一是专家组在中国名山分类基础上，审时度势，首创药山研究，有利于野生黄芪资源的保护与利用。二是为大同黄芪整体发展，探索道地药材道地性及地域价值规律。三是探讨大同黄芪产区人地和谐性，深化白羊芪山作为我国中药名山的合理性。

27.2.3　白羊芪山地理环境

广灵县野生黄芪具有典型的海拔识别特征，拥有特定的传统道地恒山芪“种质”、特定的恒山传统野生黄芪产区的宜芪坡、特定的生态仿野生生产技术和传统手工加工方法以及与古籍描述一致的独特的品质和卓越的疗效。

27.2.4　白羊芪山总体发展思路

坚持以白羊芪山道地价值为核心，统揽原生区、抚育区和繁育区发展全局，以野生黄芪原生区保护和抚育区、繁育区生态发展为依托，以国内外市场为导向，以生态文明建设为目标，谋划野生黄芪品牌发展，开创“专家思想、政府推动、社会主体”的独具特色的中国首座药山。一是构建“白羊芪山＋生态原产地＋两山理论＋乡村振兴”新发展模式。二是构建“生态文明＋沟域经济＋道地价值＋生态动能”新发展模式。三是构建“地域识别＋道地黄芪＋康养文旅＋共同富裕”新发展模式。

27.3　白羊芪山生态动能发展定位

认真贯彻落实党的二十大精神和习近平新时代中国特色社会主义思想，在以国内大循环为主体、国内国际双循环相互促进的新发展格局中，以推动野生黄芪高质量发展为主题，依托山地生态资源发展道地黄芪绿色产业，培育白羊芪山道地黄芪品牌，传承悠久历史与现代科技，引领发展战略性新兴产业和未来产业，加快形成全链融合与升级提质的新质生产力。

积极推动绿色发展，构建基于道地价值评价的生态动能产业发展新模式，助力健康中国战略和乡村振兴战略实施，全面发展和经营道地黄芪现代中医药产业，打造中国药山“白羊芪山”，创建国家中医药健康旅游示范基地。

中远期争创“中国气候好产品”“中国天然氧吧”“中国康养地”“避暑地”，国家野生黄芪生态原产地综合实验基地、全国黄芪产业发展创新的探索区、中医药经济政策的先行区和建设区域协同与融合发展示范区。争取国家中药材特优区、现代农业产业园和产业集群等项目支持，打造白羊芪山道地中药材生态动能产业集群。

27.3.1 中国药山“白羊芪山”

以白羊芪山为核心，依托原生区保护和抚育区、繁育区生态，以生态文明建设为目标，谋划野生黄芪品牌发展，创新建设“专家思想、政府推动、社会主体”的独具特色的中国首座药山。

27.3.2 国家中医药健康旅游示范基地

以白羊芪山的白羊峪、圣眷峪和长江峪为创建核心资源，作为原产地保育和高质量发展的示范平台，落实国家生态文明建设的需求，更是保护和改善生态环境、保护和发展生产力，让国之瑰宝大同黄芪实现可持续发展。

27.3.3 其他发展目标

(1)“中国气候好产品”“中国天然氧吧”“中国康养地”“避暑地”

挖掘地域独特气候资源禀赋，促进提高中药材气象服务能力，开展野生黄芪气候品质评估，推进特色化、品牌化发展，促进生态和经济的良性循环，争创野生黄芪“中国气候好产品”、白羊芪山“中国康养地”“避暑地”“中国天然氧吧”，助推广灵县绿色健康发展。

(2)国家级白羊芪山野生黄芪生态原产地综合实验基地

野生黄芪高质量发展路径选择就是建立综合实验基地，把广灵县白羊峪、圣眷峪和长江峪作为原产地保育和高质量发展的示范平台，以此落实国家生态文明建设的需求，更是保护生态环境、改善生态环境，保护资源和发展生产力，为道地药材生态原产地可持续发展起到示范作用。

(3)全国黄芪生态动能产业发展创新探索区

加大黄芪产业保护与利用力度，构建和培育黄芪生态原产地统一有序的生产加工体系，探索具有示范意义和推广价值的栽培制度和统筹加工机制。

(4)中医药经济政策先行区

积极争取国家中医药产业相关政策率先落地，逐步建立和完善激励黄芪产业生态原产地的发展创新和区域组织架构，重点推进黄芪产业重大项目凝练与储备。

(5)生态协同与融合发展示范区

推动黄芪产业与相关产业融合发展。一是促进黄芪产业与山区生态文明建设的结合，二是促进黄芪产业与沟域经济的结合，三是促进黄芪产业与乡村振兴的结合，四是促进黄芪产业与文化旅游和健康养生的融合。

27.4　白羊芪山生态动能发展模式

坚持以白羊芪山广灵县野生黄芪生态原产地为核心，统揽黄芪生态动能产业发展全局，以道地价值为基础，以市场为导向，以生态发展为目标，谋划道地黄芪品牌发展，开创"专家思想、政府推动、社会参与"独具地域特色的发展新模式。

27.4.1　构建"两山理论＋顶层设计＋生态原产地"发展新模式

大同市属于典型的资源型城市，野生黄芪生态原产地实验基地产业发展与乡村振兴相结合势在必行，依托山地生态资源发展道地黄芪生态经济，培育道地黄芪品牌，推动绿色发展具有重要意义，"两山理论"与生态原产地实践互促共进，在区域发展层面具有典型性和代表性。

27.4.2　构建"生态文明＋沟域经济＋道地价值＋生态动能"发展新模式

根据地质地貌特征和生态结合程度，将生态文明沟域建设作为原产地发展的有效途径。以黄芪产地"三生"空间优化为基础，以沟域为主线，上、中、下段联动，左、右岸协同，结合道地黄芪整体优化和推进生态原产地全域产业融合发展。

27.4.3　构建"地域识别＋道地黄芪＋康养文旅 ＋共同富裕"发展新模式

山西省把中药材产业列入政府的产业振兴工程，打造恒山中药材基地，为山西省中药材产业的振兴奠定了坚实的基础。恒山是道地黄芪的地域识别，是黄芪的生态原产地，构建"地域识别＋道地黄芪＋康养文旅＋共同富裕"发展新模式，对于推动道地黄芪产业发展具有重要影响。

第28章 白羊芪山产业空间与生态动能分区

借鉴国外原产地与国内道地产区发展，构建白羊芪山基于道地价值分析的生态产业空间与生态动能分区。

28.1 国外原产地与国内道地产区发展借鉴

28.1.1 美国“黄金之州”地域特色与产业发展借鉴

美国加利福尼亚州别名加州、黄金之州、金州。加州作为农业食品产业集群的发源地，不仅有全球顶尖的高科技产业集群硅谷，还有着世界领先的农业产业集群。从美国历史上的淘金热至今，加州的葡萄酒、乳制品和水果等农产品产值一直居于美国乃至世界前列。农业集群不仅为加州经济带来巨大增益，也成为全球农业领域的重要标杆。

(1)区位地理和资源特色

据美国桑迪亚国家实验室(Sandia National Laboratories)报告，加州的农业研究和开发经费占全美平均水平的1/4。得天独厚的地理条件和顶级的资源配置，使加州成为美国最大的农业州和农产品生产基地。

①适宜的水土气生环境

加州、黄金之州、金州，因中部山丘草地于秋天枯萎时犹如遍地金黄而得名，位于美国西海岸，由58个郡组成，总面积423970平方千米，是全美人口大州。加州气候多样，地中海气候、沙漠气候、高山气候和温带气候并存；地形狭长，整体呈南北走向，主要农产区光照充分、水源充足、土地肥沃，适合多种农作物生长。

②现代科技和智库加持

加州农业既传承美国农业机械化、规模化经营的优势，又有着精耕高产的现代化、集约化等特点。这里不仅有世界一流的农业研究机构(如UC Davis(加利福尼亚大学戴维斯分校))和科技公司(如Syngenta(先正达)、Novartis(诺华)、Campbell Soup(金宝汤)、Bayer AG(拜耳)等)，还拥有联合政府部门、企业和学术机构的协作网络，多主体共同推动农业创新发展。

(2)地域特色与产业发展关系

世贸组织公开数据显示，2020—2021年，美国农业补贴共计2254.90亿美元，占全美农业产值的比重高达60.37%。全美约4/5的葡萄酒、1/5的牛奶、1/2的水果来自加州，农业产值约511亿美元。

根据CFDA(中国国家食品药品监督管理总局)和USDA NASS(美国农业部国家农业统计局)数据，2021年，加州农业产值约511亿美元，占美国农业产值的13%，农牧场数量超

69000 家，用于耕种和畜牧的土地面积为 2420 万英亩[①]，全美超过 66%的水果及坚果和 62%的蔬菜均由加州生产。其中，产值前十的农牧产品包括：乳制品/牛奶、葡萄、杏仁、牛、草莓、开心果、生菜、西红柿、核桃、大米（图 28-1）。

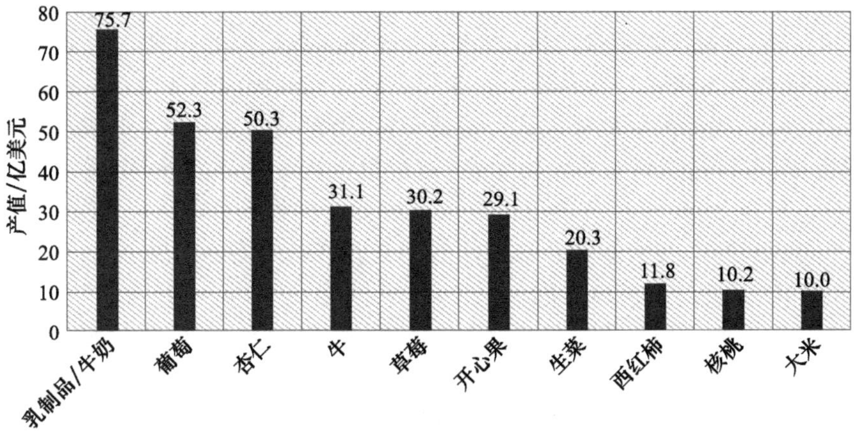

图 28-1　2021 年加州主要农产品产值

①球第四大葡萄酒出产地，龙头企业发展遥遥领先

加州葡萄酒业走出了一条自己的路。在适宜的土壤、气候基础上，企业的创新突破很关键，加州现代农业技术的加持和完整产业链的支撑更是一份有力的保障。图 28-2 为 2017—2021 年美国和加州葡萄年产量对比。

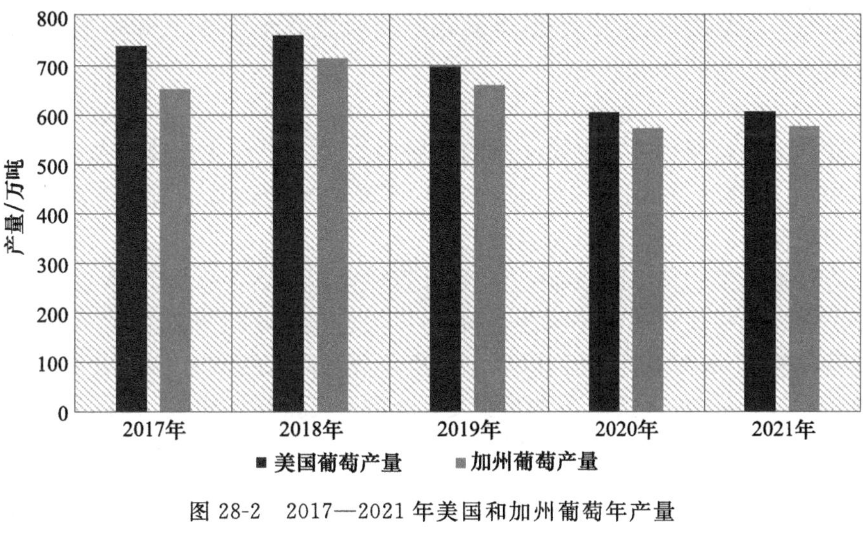

图 28-2　2017—2021 年美国和加州葡萄年产量

a. 产业地域特色和悠久历史

根据美国农业部数据，加州葡萄产量占全美总量的 90%以上，遥遥领先于纽约州、华盛顿州、宾夕法尼亚州、俄勒冈州和密歇根州等主产区，是名副其实的“葡萄大州”。2021 年，加州三种葡萄制品产量分别为 363.5 万吨、105.0 万吨和 107.0 万吨，酿酒葡萄的占比超过总量的一

① 1 英亩≈4046.86 平方米，下同。

半，这与葡萄酒产业的地域特色和悠久历史密不可分。

加州特色产区的土壤多为沙质、黏土质和岩石垫层。沙质土壤透水性良好，不会让根系温度过高或浸泡在水中，而岩石垫层可以形成稳定的水分和养分储存所需的孔隙，树根在岩石之间的渗透增加了微氧浓度，是根系所需的关键要素之一。

自18世纪西班牙殖民者到来之始，当地便开始建立种植园和酒窖。19世纪中期，淘金热引发移民涌入，加州葡萄酒产业不断壮大。来自欧洲的酿酒师因地制宜，不断创新和改良酿造技术，如低温发酵、木桶陈酿和短吸气式过滤器等，以上对现代葡萄酒生产发挥了重要作用。

20世纪后，随着科技创新和全球化加快，加州葡萄酒业飞速发展，规模加速扩张，国际知名度不断提升。目前，由美国政府机构批准认证的葡萄种植区（AVA）已超过200个，加州就占有100多个，是继法国、意大利和西班牙之后的全球第四大葡萄酒出产地。

b. 产业布局多元化与地域独特性

加州的葡萄酒产业布局呈现出品种多元化的特征，其明星产区，如纳帕谷（Napa Valley）是美国最著名的葡萄种植和酿造产区之一，代表性品种包括赤霞珠、霞多丽和莫尔韦德。索诺玛（Sonoma），加州第二大高品质葡萄酒产区，代表性品种包括苏维翁、青霉菌干白和西拉。

2022年，加州葡萄酒产业及相关衍生行业总计为全美经济贡献了1705亿美元，为加州本地经济贡献了730亿美元，大约占全美葡萄酒经济的50%以上。据统计，2022年美国的葡萄酒产量为22.4亿升，加州产量约占80%以上，美国产值排名前五十的葡萄酒企业中，加州表现亮眼。

当地大型葡萄酒企业成立较早，家族式经营模式较为常见。葡萄酒作为精加工产品，从种植、收获、选品、加工、酿造，到包装和销售的各个环节都需要高度集约化。当地葡萄酒企业实行高度规范化的品控标准，从耕作方式、种植密度和葡萄采摘时间，到酿造工艺、浸渍时间、搅拌频率等方面都有严格的规定。

c. 科技助力，应对全球气候变化

全球气候变暖导致葡萄园干旱和灌溉问题日益突出。据加州林业与消防部门统计，截至2020年，加州的山火暴发累计达7200起。高温、干旱和浓浓烟雾一直是葡萄园和酒庄生存、葡萄酒生产和葡萄酒质量把控的潜在威胁。

当地葡萄种植园采用精准灌溉系统，使用计算机监测土壤含水量，针对性地为作物补充水分。现代化采摘装置在保护葡萄完整性的同时，可快速完成收获任务，提高效率。工人需要每天精确测量葡萄糖度、酸度及pH值，以确定葡萄是否达到成熟采摘标准，提高原料质量标准。

在酿造环节，传感设备可实时监测发酵过程，自动调整操作参数，以保证最佳操作环境。例如，在制作红葡萄酒时，控制好每个阶段的酿造温度，可有效减少苯乙醛的生成，使酒体更加柔和。使用缩水聚合酶技术（PSA）、纳米过滤技术和光谱分析仪等，可针对性地调整酿造工艺和配方，充分释放糖分和风味物质，提升葡萄酒口感与品质。

② 牛奶产量约占美国的1/5，乳制品品类全面开花

创新是加州的灵魂，依托着适宜的气候、先进的技术、多元化的产品及完善的供应链系统等优势，加州正在成长为美国乳制品市场的重要门户。

a. 产业综合效益

据美国农业部经济研究服务中心（USDA ERS）统计，2017—2021年，加州牛奶产量连续五年稳定保持在400亿磅左右，约占全美牛奶产量的18%，位居全美第一，比第二大生产州威

斯康星州产量高出约 3 个百分点(图 28-3)。

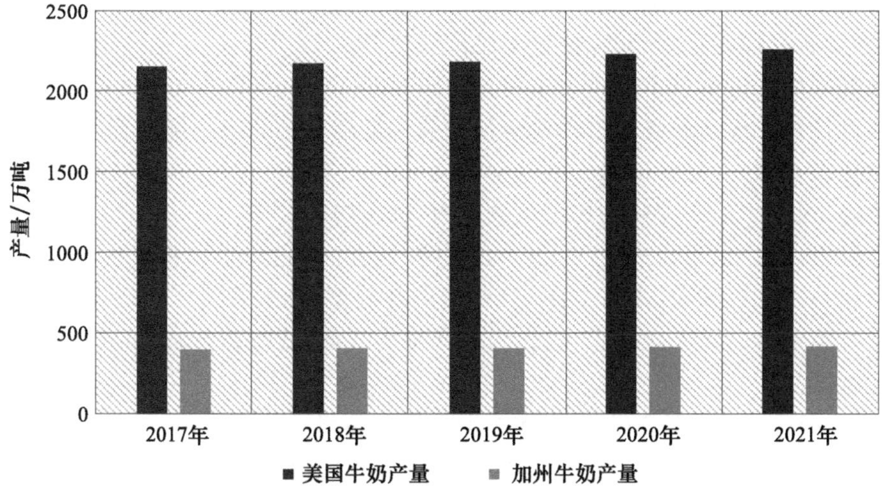

图 28-3　2017—2021 年美国和加州牛奶年产量

加州乳制品行业发展呈现出多元化趋势,除牛奶外,加州还是冰激凌、奶酪、酸奶和其他各种乳制品的生产大州,这些乳制品的生产需求为美国提供了 36 万个工作岗位。

根据 IDFA(国际奶制食物协会)估计,加州乳制品行业对联邦政府和州政府的税收总贡献达 97 亿美元,对美国经济贡献率达 3.5%,行业发展欣欣向荣。

b. 地域特色与产业历史

当地乳制品产业的起源可以追溯到 19 世纪末期,当时美国正处于工业化进程和城市化浪潮之中。加州气候温暖、土地肥沃、农业资源丰富,适合养殖牛群和种植高质量的饲料,早期定居者和移民开始在这里养殖奶牛。

1900—1920 年,加州的牛群数量增长近 300%,奶牛养殖业规模逐渐扩大,成为美国牛奶生产量最大的州之一。当地建立起大量合作社和家庭经营的小型乳品厂,改善牛奶品质,并开始生产黄油、干酪、酸奶、冰激凌等乳制品。

第二次世界大战后,随着食品科技的不断发展和经济的繁荣,乳制品行业开始采用创新的生产和包装方式。其中,最具革命性的当属超高温处理法和盒装奶的生产技术,在没有冷藏设备的情况下牛奶保存期可延长数月。

c. 产业和企业

作为美国西海岸的门户和全球信息技术的高地,加州坐拥世界顶级的港口、先进的物流网络和强大的数字支持,乳制品跨境贸易发达,在全球均建立起了广泛且成熟的供应链体系。美国农业部公开数据显示,2021 年,加州的乳制品出口总额达 13 亿美元,位居全美第一,其市场涵盖北美和亚太区域,包括墨西哥、菲律宾、日本、中国和韩国等国家。自 2008 年以来,加州液态奶工厂数量逐年递增,截至 2021 年已达 466 家。

d. 应对全球气候变化

2016 年,加州通过了限制温室气体排放的法案,直指畜牧业的甲烷排放,这是强大的加州奶业首次向政策让步。基于减少畜牧业甲烷排放量的 2030 年目标,加州许多小型牧场被迫关闭、迁移。

为了应对干旱气候并减轻环保压力，当地通过安装高效节水设备、收集雨水和进行滴灌等方法来实现有效用水。一些加州乳制品企业也开始转向有机、生态农业模式，采纳环境友好型农业模式，例如将粪便转化为肥料、建设甲烷沼气池等。

加州农场采用先进的技术和理念来提升管理水平，进一步增强奶牛的抵抗力、健康状况，促进农场的可持续发展。农场通过现代遗传学技术提高奶牛的产奶量和营养价值，同时，当地还使用智能化设备、数字化管理和自动控制等技术优化养殖流程，实现更精准的饲料喂养和动物卫生监控等，因此生活在加州的奶牛也被称为"快乐奶牛"。

在生产阶段，企业采用先进生产工艺（如压缩、逆渗透等技术）和精密的检测设备（如通过紫外线消毒设备来杀死细菌、进行 DHI（乳脂蛋白基因型）检测系统），以确保产品的质量和稳定性。为满足消费者的多元化需求，当地企业开发出低糖、低脂肪乳制品，或植物基蛋白、豆奶等可持续性替代品。

③ 水果产量约占美国的 1/2，诞生多个世界知名品牌

水果是生鲜类农产品，打造完整的产业链体系是产业稳步发展的关键。从生产、物流到销售环节，每一步都必须稳扎稳打。加州作为美国柑橘的故乡，正在引领美国水果产业蓬勃发展。

a. 产业和产品

2021 年，美国水果及坚果产量为 2638 万吨，其中，加州产量为 1645 万吨，占全美总量的 62.4%，而排名第二的华盛顿州和第三的佛罗里达州占比仅为 15.9%和 10.4%。

根据美国农业部数据，2017 年，加州的在售农产品市场价值排名中，水果、坚果和浆果等果类产品的销售值高达 197 亿美元，占该州农产品价值总额的 43.6%，远超蔬菜、牛奶、牛肉和花草类农产品。在农场规模上，用于水果、坚果和浆果种植的农场数量是肉牛养殖的 3 倍，蔬菜种植的 7 倍。

作为美国人口大州和世界旅游胜地，广阔的消费市场为本地水果的销售打开了空间。另外，加州的水果还面向世界各地进行销售。自 2000 年以来，加州一直是美国第一大水果出口州，2021 年，加州新鲜水果出口额达 28 亿美元，加工类水果出口额达 24 亿美元。

b. 地域特色与产业特色

加州是全美阳光最充足的地区之一，水果种植优势得天独厚。气候温暖，光照充沛，同时又有海拔高度的差异，形成了多样化的农业带，除橙子、葡萄柚、柠檬和橘子等柑橘类水果外，还有诸如苹果、杏、鳄梨、香蕉、蓝莓、樱桃、无花果、葡萄、猕猴桃、油桃、橄榄、木瓜、桃子、梨、李子和草莓等非柑橘类水果，可满足不同国家和文化背景的口味需求（图 28-4）。

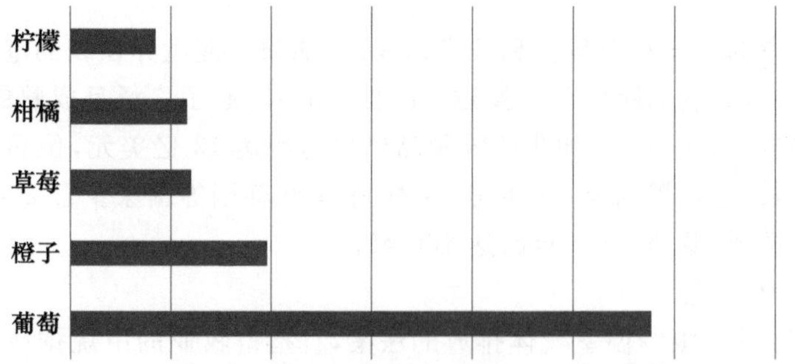

图 28-4　2021 年加州水果产量

c. 品牌与市场

加州水果产业发达，已走出多个享誉全球的世界品牌，如新奇士橙，尤里卡柠檬、加州甜瓜、Driscoll's 草莓、Wonderful 石榴等。

以全球柑橘类产品中最知名的新奇士品牌为例，可以窥见加州水果产业的内在发展逻辑。新奇士前身为南加州水果销售协会。1893 年，加州柑橘果农为降低信息不对称、价格波动带来的经济风险，开始合作谋生。为提升品牌价值，协会建立起标准化的生产制度，农药、化肥和新种植技术均由协会统一购买和推广。

水果行业协会在市场管理、信息咨询、价格协调和行业调查等方面发挥着积极作用，如加州水果协会、加州柑橘互助会、加州草莓协会、美国牛油果委员会。此外，科研机构也功不可没，加州大学在当地设立了近 20 个研究服务所，帮助公司、种植者和加工厂进行技术培训。

在加州，每棵果树都有信息档案管理系统，来记录品种、品质和成熟期。美国农业机械发达，大部分水果已实现机械化采摘，选品、包装和质检各个环节均可溯源。从产地到销地，加州发达的综合运输体系为生鲜供应提供了有力保障。在营销环节，各大企业建立了全国性乃至全球性的销售网络，由总部统一配置订单，大大提升运营效率和品牌竞争力。

除新鲜水果外，加州水果企业还充分利用先进的食品加工技术，开拓出果汁、果干和水果罐头等产品链，如新奇士橙汁、POM Wonderful 石榴汁、加州葡萄干等，大大延伸品牌的价值链，拓展市场空间。

(3)研究结论与借鉴总结

农业特色产业都专注于打造、放大和保持自身特色，以区域资源整合为基础，以创新突破为翅膀，促成地方产业的腾飞。

干旱、山火等自然条件的阻碍，和环保压力、市场需求转变等因素的不断加码，不仅没有阻滞加州农业产业前进的脚步，反而推动企业不断寻求多层次、多领域的革新。

对于产业集群发展的核心——企业而言，永葆创新精神和持续研发投入是产业健康发展的基础。在全球可持续发展目标和居民健康饮食理念下，农业产业模式向绿色、生态和有机等方向的转变是必然趋势。

加州作为美国的经济、科技、交通与教育全面发展的大州，其城市综合实力对农业产业集群的托底十分关键。我国农业产业带在地域分布上，东、西、南、北差异较大，各个城市的综合实力各有不同，各省、市、县级政府要发挥自身潜能，改善基础设施，加大资金倾斜，完善人才教育，助力品牌传播，为当地农业产业发展保驾护航。

农业集群具有极强的地域性限制，产业要真正走出地方乃至走出国门，需要顺应市场变化，满足消费者需求。对于我国区域农业产业集群而言，把握当下的政策风向标，以区域特色资源为出发点，推动政府、企业、农民和科研共同入局，打造下一个全球农业品牌。

28.1.2　日本汉方价值研究与产业发展借鉴

日本的汉方医学被定位为日本传统医学，奈良时代(710—794 年)从中国传入，并由日本独自发展。汉方药是由各种“生药”组成，即由植物的根、茎、叶、花、果实和树皮等部位制成。

自 1976 年被纳入医保至今，日本已批准使用 148 个医疗用汉方制剂处方、294 个一般用汉方制剂处方，并形成了完整的汉方药体系和大量本地品牌，几乎所有药店都有汉方药柜台，甚至还成了拓展旅游资源的方式之一。2020 年，日本汉方药生产总额超过 2000 亿日元。

(1)日本汉方与中国中医药的渊源

追根溯源,“汉方”指的是我国汉代的医方。

3世纪前后,日本诸岛上存在着上百个小国,还未形成完备、固定的国家机构,经济、文化水平落后。人们普遍相信巫医,认为“疾病是神灵所为”,要靠祈祷、咒禁治愈。中国已经历汉代盛世,在长期医疗保健的经验积累与总结中形成中医学知识,集结在《神农本草经》《伤寒杂病论》等典籍中,朝鲜半岛上的高句丽、百济、新罗三国深受影响。

4世纪下半叶,中国文化通过朝鲜半岛传入日本。日本学者认为,当时从朝鲜半岛传来的医方,是外来医学传入日本的最早记载。其原始出处正是中国(汉代)。

562年,南北朝吴人医者知聪携《明堂图》等中国古代医方、本草、针灸书164卷至日本,这是目前已知的中日医学直接交流的最早记录。隋唐之际,两国交往频繁,鉴真携带大批医书东渡,日本药师赴中国学习,仿唐制制定医学教育机构,学习中国医学典籍,促进中医学在日广泛传播。

894年,废止遣唐使,中国主要医书已基本传入日本。日本贵族、学者藤原佐世奉敕撰成的《日本国见在书目》共收录医书160余部、1309卷,其中,只有《鉴上人秘方》和《摄养要诀》为日本人所著,其余全是中国医书。

参照中国医学典籍,日本也开始自己编撰医书,984年成书的《医心方》是其现存最早的医学大型方书。该书对《备急千金要方》《外台秘要》等中国医书内容进行取舍、加工,整体编成新的框架。例如,涉及阴阳五行说、脉论等内容多被节略,只载录具体实用的部分。

日本“汉方”还逐渐形成了不同流派。16世纪,曲直濑道三写成《启迪集》,以中国明代医学为基础,建立起较为完整的理论体系,形成“后世派”;后有“古方派”登场,反对五行学说和脏腑学说,注重实践经验;亦有综合以上两派所长的“古今折衷派”;17世纪,以荷兰医学为代表的西医开始在日本广泛传播,“亲试实验”的医学思想兴起,还出现了折衷西方医学与中国医学的“汉兰折衷派”。

流派涌现与西医影响相交织,并结合当地地理环境、气候因素、民族体质和习俗,日本“汉方”逐渐形成自身特色:以《伤寒论》为理论基本框架,注重方与证对应、西医医学病名与方剂对应,方剂应用加减变化少。

(2)日本汉方的发展历史与变革

幕府末期以前,“汉方”在日本被称为“本道”并在医界占据主导地位。19世纪末,明治维新大幕拉开,“文明开化”“灭汉兴洋”之风吹至日本医界。为与西医相区别,才将“本道”改称为“汉方”并加以抵制。

1868年,明治政府正式发布“西洋医学许可令”,全面引进西方医学体系后,日本“汉方”被贴上“不科学”的标签,系列取缔政策接踵而至。

取缔开办逾百年的汉医教育和研究机构——江户医学馆,迫使各地汉医学校、医学馆关闭停办,或改教西医课程;任用从西欧留学归国医生为典药寮医师和宫内御医,解除10名“汉方”医生宫内御医职务;修订“医师执照规则”和“医术开业考试规则”,以西医为考试科目,日本公立大学和欧美大学毕业生可免试领取行医执照;严格规定从事“汉方”诊疗的限制,禁止“汉方”处方用药……

日本“汉方”无以为继,到了几近灭绝的境地。在明治政府的步步紧逼下,学界先后创建爱知博爱社、东京温知社等社团,争取生存之路。

爱知博爱社社长浅井国干倡导，以东京温知社为核心，到全国各地串联力量，多次请愿政府，却无济于事。温知社解散后，浅井国干又筹建"帝国和汉医总会"，四处集结政界人士，争取恢复"汉方"合法地位和正当权益，仍难力挽狂澜。

1895 年，日本以法律形式宣告取缔"汉方"，各地团体逐渐解体，相关刊物相继停刊。好在彼时"古方派"主张"随证投药，不拘病因"，摒弃中医基础理论与辨证求因，与明治政府追求的西洋医学不成冲突，日本"汉方"才得以幸存并在民间小范围传播。

直到 1906 年，第二次日本联合医学会上，东京大学教授三浦谨之助、山下顺一郎分别作"关于针灸治疗""和汉药的价值"的报告，震动医学界。许多学者开始反思"汉方低级无用论"，和田启十郎便是其中之一。1910 年，他发表"医界之铁椎"，高喊"西医并非万能，汉医并不陈腐"，成为现代日本社会重新重视"汉方"的先声。

明确的"汉方医学"称法，直到昭和初期才兴盛起来。1927 年，和田之徒汤本求真著《皇汉医学》，结合西洋医学知识解释、评价"汉方"。此外，还有大塚敬节、矢数道明、安西安周等出身"汉方"医学世家又取得了西医资格的人刻苦钻研，潜心积累临床经验、努力提高临床疗效，为"汉方"的复兴奠基。

日本对"汉方"的真正再认识与评价则是在第二次世界大战后。1950 年，矢数道明、板仓武等人筹划日本东洋医学会，《东洋医学会志》随之创刊，接着又恢复了中医刊物《汉方和汉药》；1954 年，矢数道明等人创办《汉方临床》，替代《汉方和汉药》，甚至自掏腰包以保杂志续存。

彼时，日本社会老龄化问题加剧，在部分医学者检讨西医化学药品副作用的同时，"汉方"治疗老年慢性病的优势日益显现。到 20 世纪 60 年代末，日本国会已开始讨论将"汉方"研究经费列入国家预算。而后，中日建交，日本再掀"汉方"热潮，北里研究所附属东洋医学会综合研究所等汉方医学专业科研机构先后建立，学术研究气氛空前浓厚。

1976 年，日本世界医师会会长武见太郎以"汉方药已经经过 2000 多年的人体临床检验"为由，向政府申请将汉方药纳入医疗保险体系并被接受，43 种汉方制剂定为保险制剂在全国通用，后又增至 147 种。

据日本社会调查研究所统计，到 20 世纪末，汉方制剂生产厂家数超过 100 家，制剂种类达 2812 种，并被广泛应用于老年疾病及慢性病治疗。

21 世纪初，日本有 65％的医生会使用汉方药，而在纳入医保前这一比例还不到 20％；从事汉方医学、针灸及按摩的医师超过 10 万人，有 85％的人服过汉方药或接受过针灸治疗。

发展至此，日本"汉方"已与中医同根异枝。根据对日本汉方制剂出典的统计分析，出典我国经典名方占比达 85％，但两者在用药思路上已显然不同。日本"汉方"多"以病用方"，主要由西医师开处，废弃中医以辨证施治为基础的用药思路。

(3)汉方产业化发展现状

从产业角度看，据日本汉方生药制剂协会总务委员会统计，日本汉方药生产金额从 1976 年的 95.58 亿日元开始逐年增长，到 1987 年突破千亿日元大关。20 世纪 90 年代后，生产金额稳步上升并持续至今。

如此势头猛进，离不开生产、研发、质量监控和销售管理体系的层层把关。

依据《日本标准商品分类 医药品药效分类编号》，日本汉方药分为生药、汉方制剂、其他生药及以汉方处方为基础的医药品。

生药，即原料生药。《日本药局方》（即日本药典）规定了原料生药的各项标准，包括来源、成分含量、确认试验、干燥减量、灰分等。在《日本药局方外生药规格 2018》中，共收录了 83 个品种生药的质量标准。据日本汉方生药制剂协会统计，日本各制药企业使用原料生药共 264 种。

汉方制剂则分为医疗用汉方制剂（即处方药）、一般用汉方制剂和家庭配置汉方制剂（即非处方药），剂型以颗粒剂为主。

日本汉方药主要为医疗用汉方制剂，要由医师根据患者病情开具。截至目前，日本已批准 148 个医疗用汉方制剂，全部纳入国民医保体系。其中，又有 34 个被《日本药局方》收录，有 144 个亦作为一般用医药品被《一般用汉方制剂制造销售承认基准》收录。

根据 20 世纪 70 年代通过的《一般用汉方制剂制造销售承认基准》，一般用汉方制剂使用的处方共 210 个，并详细规定其生药组成、用法用量、功能效果等。随着日本经济发展，国民愈发关注轻度疾病预防与生活质量改善，通过一般用医药品实现“自我医疗”的观念被广泛接受。为应对这一需求，基准几经修改，至《一般用汉方制剂制造销售承认基准》（2017 年）公布，收录处方已达 294 个。

除购买方式外，医疗用汉方制剂与一般用汉方制剂的有效成分含量亦不同。医疗用汉方制剂必须含有原料生药提取物的全量，而一般用汉方制剂只需含有全量的 50％以上即可。

①原料保障

日本国土面积狭小、地价昂贵，常用 200 余种生药中有一半是其国内没有的，75％的生药原料依赖进口。中国是日本汉方药的最大原料来源地，占比约 83％，且价格仅为日本产的一半，但易受政策变化、汇率波动、气候变动等因素影响。因此，药材供给安全是日本汉方药产业发展的重点议题。

遵循《药用植物种植和采集的生产质量管理规范》，日本将现代农业栽培技术移植到植物药种植上，使用小型机械精耕细作、监测追踪有效成分；还采用药用植物栽培合同制，药厂与产地合作，避免盲目栽培和过剩生产。

②研发生产

日本有 80 所大学开设汉方医学课程，20 余所大学设有汉方医学和生药研究部门，研究人员近 3 万人。汉方药研究主要选择基准中的处方，若为基准之外，则需提供处方合理性依据，并进行药理毒理学和临床研究。因此，日本研发新汉方制剂的要求多、难度大，并需强大的资金支持。目前，有 678 个批文来源于 148 个医疗用汉方制剂处方，2367 个批文来源于 294 个一般用汉方制剂处方。

日本汉方企业十分注重对剂型变化、加工工艺、设备改进等方面的创新，实现药品生产线批量生产和标准化质量监管，积极构建外围专利网保护新技术。

汉方药的生产主要集中在 18 家企业，其中，最大的为津村制药，占据日本汉方药销售额的 80％以上。且品种集中，“七汤二散一丸”（小柴胡汤、柴朴汤、补中益气汤、小青龙汤、六君子汤、麦门冬汤、当归芍药汤、加味逍遥散、柴胡桂枝干姜散、八味地黄丸）10 种制剂占汉方药生产总额的 75.79％，年销售额达 1000 亿日元以上。据统计，2008—2020 年，津村制药申请专利布局中，生药栽培相关专利约占 16.3％，质量控制相关专利约占 83.7％。

③品质管控

日本重视医药品品质和有效性、安全性管控，早在 1976 年就制定并实施了《药品生产质量管理规范》(GMP)；1987 年，又制定了《医疗用汉方浸膏制剂的生产管理和品质管理基准》(汉方 GMP)，对汉方浸膏制剂(半成品)生产管理和质量管理作出规定。比照西药的 EBM(双盲对照，随机分组，多中心观察)原则，在汉方中实施，确认临床功效、安全性，生产厂家要提供汉方制剂、浸膏与标准汤剂进行统一性比较的资料，用于下一步一致性验证。

20 世纪 90 年代，小柴胡汤颗粒副作用引发 188 例间质性肺炎并致 22 人死亡后，日本开始要求医疗机构正确、适当使用汉方药，并修改说明书警示语、禁忌、不良反应、注意事项表述。

日本不断加强汉方药质量管控和上市药品不良反应监管：2003 年，颁布《药用植物种植和采集的生产质量管理规范》(GAP)；2012 年，颁布《生药及汉方生药制剂制造与品质管理相关基准》(新汉方 GMP)；2014 年，公布《药用植物的栽培、采集、加工指南》，规范指导药用植物栽培、采集、加工、加工后处理等全过程。

日本汉方药企普遍通过提取有效成分，制成汉方药颗粒冲剂和胶囊，便于随时随地服用的同时，也有利于严格统一制作标准、保证药物疗效。

明确的薄层鉴别方法、测定指标成分数量等具体要求，加之机械化、自动化程度较高的工艺流程，日本逐步构成覆盖从原料生药到形成制剂的质量监管体系。

④销售管理

日本汉方药相关宣传、推销只允许以学术会议或期刊为传播载体进行。销售渠道相对单一、销售过程比较简捷，由药企或通过中介机构将医疗用药销售给医院、药局，一般用药销售给药店，配置用药则以家庭药箱形式分送至需要的家庭。

(4)汉方产业产值与国际化发展方向

①产值

据日本汉方生药制剂协会总务委员会公布的最新《药事工业生产动态统计年报》，2020 年，日本汉方药生产总额达 2128.68 亿日元。其中，汉方制剂生产总额 1957.18 亿日元、占比高达 91.9%。医疗用生产总额 1619.09 亿日元，占比 75.8%，汉方制剂又占到其中的 95.5%。可见，医疗用汉方制剂在日本汉方药行业的地位举足轻重。

根据日本市场调研公司 Intage Healthcare(英德知)的数据，2017—2022 年，非处方汉方药的平均单价从 1488 日元上涨到 1692 日元，涨幅为 13.7%；在电商领域，涨幅则为 17.0%，从 1950 日元增至 2281 日元(图 28-5)。

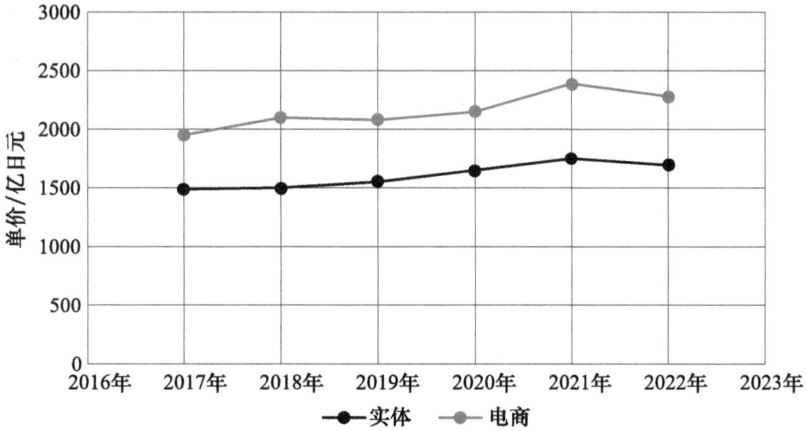

图 28-5　2017—2022 年日本汉方药实体店与电商单价

②十大汉方

2020年,生产金额最高的10个汉方制剂分别为:大建中汤、补中益气汤、六君子汤、抑肝散、加味逍遥散、芍药甘草汤、五苓散、麦门冬汤、柴苓散和葛根汤。其中,排名第一的大建中汤生产金额达120.62亿日元。表28-1为汉方药的销售额变化情况。

表28-1 汉方药销售额及变化

名称	适应症	销售额增长/%	均价/日元
麦门冬汤	干咳、声音嘶哑、支气管炎	54.9	1529
当归芍药散	受寒、浮肿、月经失调、头晕目眩	28.1	2349
小青龙汤	流鼻涕、鼻炎、过敏性鼻炎	26.5	1486
五苓散	浮肿、头晕、水泻、宿醉	21.3	1458
葛根汤	感冒初期、头晕、肩酸	16.3	958

③海外市场

日本厚生劳动省数据显示,中国、瑞士和美国是日本汉方药的主要出口地。津村制药是进军海外市场的排头兵,旗下有大建中汤、抑肝散、补中益气汤、六君子汤等销往海外市场,并以合资公司等形式在海外开展广泛合作。但据津村数据统计,其海外净销售额还不到总净销售额的5%(2021财年)。

(5)汉方产业面临的风险与挑战

①熟练运用汉方医学知识的医生不多

日本真正同时掌握汉、西两者的医生很少。日本没有汉方医这一行医资格,只有通过政府组织的西洋医学考试、获得医生资格,才可开汉方药处方。这意味着同时掌握西洋医学考试内容与汉方知识的难度非常高。

②医保用药降价,汉方药成本却无法降低

业界致力于扩大汉方药列入医疗保险用药的范围,医保用药价格不断降低,汉方药成本却无法降低。目前,医疗用药仍是汉方药市场的主要部分。日本医疗用药价格与医疗保险联动,每两年改定一次,基本上每次非新药都会降价。大制药公司主要生产西药,并通过开发新药及其销售来覆盖药价降低。汉方药则几乎没有新药开发,基本都是老配方,每次改定后也得下调价格,给汉方药企经营带来不少压力。

28.1.3 中国河南省南阳市"全球中医圣地"与产业发展借鉴

《南阳市打造"全球中医圣地、全国中医高地、全国中医药名都"行动方案》中,明确提出了"全球中医圣地、全国中医高地、全国中医药名都"目标。积极实施中药产业"六名塑造行动"(种"名药"、塑"名企"、建"名园"、育"名艾"、办"名展"、创"名城"),通过提升中药产业基础能力和中药制品产业链水平,将中药产业打造为全市特色支柱产业,把南阳市建设成为全国中药材种植基地、中药材生产加工和仓储物流基地、仲景方药重点研发基地和全国健康养生之都。

作为医圣故里,南阳市有丰富的中草药资源,有"中华药都"之称。

统计显示,南阳市现有中药材2436种,第四次全国中药材资源普查调查到野生重点品种934种、中药材种植品种79种。截至2020年底,南阳市中药材种植面积达185万亩。山茱萸、辛夷、桐桔梗、裕丹参、唐栀子、宛艾、金银花、夏枯草被确定为新"八大宛药"。

目前，南阳市已建成 22 个中药材规范化种植基地、28 个中药材产业扶贫示范基地、5 个定制药园、8 个道地药材生态种植基地，现有中药材国家地理标志保护产品 6 个、国家地理标志证明商标 4 个。中药材种植年产值 60 多亿元，带动 30 万名农民稳定增收。

河南省南阳市在“全球中医圣地”品牌打造与产业发展中，实施六步走。

①种“名药”，打造优质道地药材种植基地

2023 年，南阳市中医药发展局将按照《2022 年河南省中药质量保障项目工作方案》要求，优选大宗常用药材和道地药材品种，推动建设一批“中药材良种繁育基地”“道地药材生态种植基地”“定制药园”，打造特色道地宛药品牌。

2022 年，建成 8 个“道地药材生态种植基地”和 3 个“定制药园”，继续开展基地建设工作，建成两三家“中药材良种繁育基地”、三四家“道地药材生态种植基地”和两三家“定制药园”。

②塑“名企”，建设全国现代中药生产基地

实施中药企业“三品战略”(增品种、提品质、创品牌)及重点企业“四大改造”(绿色改造、智能改造、技术改造、股份制改造)工程。支持仲景宛西制药、河南福森药业等企业构建现代中药智能制造体系，积极发展智能化中医药装备制造；支持仲景佰信、河南芝元堂等特色中药饮片企业建立高质量、高水平的中药饮片现代化生产基地，推动“仲景经方”特色饮片纳入保护范围；支持宛东药业、内乡全宇、河南利欣等中药企业开展新药研发、中药大品种二次开发。

加快推进《南阳市艾草龙头企业培育实施方案》，培育一批艾草龙头企业，发挥龙头引领带动作用，打响“南阳艾”品牌，打造“世界艾乡”。

③建“名园”，打造全国现代中药产业高地

2023 年将继续推进中药产业园建设，加快推动高新区现代中药产业园、西峡中药现代农业产业园、南召县现代中药产业园和方城县 10 万亩裕丹参产业园建设，持续跟进卧龙蒲山艾草产业园、卧龙区艾草现代农业产业园、桐柏艾草产业园等，高新区仲源艾城专业市场和东森中药材仓储物流交易基地、豫西南(内乡)中药材物流基地等两个现代化中药材物流仓储基地建设，打造谢庄中医药康养小镇、宛城区红泥湾艾草强镇。

④育“名艾”，打造世界艾乡

2022 年，“南阳艾”地理标志证明商标获国家知识产权局核准注册，南阳艾草地方标准《南阳艾标准化种植技术规程》《南阳艾》由南阳市市场监督管理局批准发布，7 个艾草品种获得河南省中药材品种认定，药益宝、宛北药业、仙草集团、艾健康药业取得《药品生产许可证》。

2023 年，将进一步夯实“南阳艾”地域品牌基础，指导南阳艾草产业协会健全艾草诚信企业联盟管理，规范“南阳艾”区域公用品牌的使用；健全艾草种植、生产等全产业链技术规程和标准，指导完成《南阳艾绒等级分类》《社会艾灸馆建设》等地方标准制定申报工作；加快规范艾产品准入制度，指导艾草企业申报药品生产许可证、二类医疗器械注册和生产许可证。

⑤办“名展”，打造全国中医药会展基地

规划建设仲景国际会展中心，积极发展中医药会展经济，引进中国国际健康产业博览会、全国药品交易会、博鳌亚洲论坛中医药健康论坛等国内知名会展，将南阳市作为主会场或轮值会场，推介南阳中医药产业发展成果，使南阳市成为全国中医药大健康会展中心。2023 年，将筹备召开第五届中国艾产业发展大会，指导县(市、区)开展端午艾草系列宣传推介活动。组织中药企业、艾草企业参加国内医药大型展销活动，利用国内外知名健康产业大型交流活动平台，推进“宛药”“南阳艾”品牌建设，提升品牌知名度和价值，使中医药会展经济成为推动南阳中医药产业发展的新引擎。

⑥创“名城”，打造全国健康养生之都

依托老界岭、丹江大观苑、宝天曼等旅游资源禀赋，培育“中医药＋”健康产业新业态，发展“中医药＋”健康旅游、养生养老、医养结合、健康食品等，创建全国中医药健康旅游示范区。

推动“中药＋文旅康养”，开发中医药特色旅游路线，建设融中医药特色、养生服务、健康养老等为一体的文旅康养综合园区，推动创建国家级、省级中医药健康旅游示范基地；推进“中药＋生态绿化”发展，优选具有观赏性的品种，广泛应用于城市园林绿化、国土绿化和美丽乡村建设；推进“中药＋功能产品”发展，拓展以南阳道地药材为基源的特色药膳产品、中药保健饮品、功能性食品等系列延伸产品，满足群众绿色、环保和健康生活需求；培育中药文化科普创意产品和文化精品，逐步形成兼有仲景特色和“两山两源”优势的中药产业文化名片。南阳市中医药发展局联合市文化广电和旅游局开展南阳市首批康养旅游示范基地评选工作，认定南召县五朵山景区等4家基地为第一批南阳市康养旅游基地，此项工作将持续推进。

28.2 基于道地价值的白羊芪山空间布局研究

根据白羊芪山生态资源现状、土地利用现状等分析。基于道地价值，其生态空间组织形式概况为“一山、一地、三区、三峪、多组团”。其中，一山指“白羊芪山”——全国首个道地药材生态名山，一地指中医药健康旅游示范基地；三区指野生黄芪原生区、野生黄芪抚育区、野生黄芪繁育区，三峪指白羊峪、长江峪、圣眷峪，多组团指生态原产地与生态文明建设、生态原产地与乡村振兴、生态原产地与生态动能、生态原产地与生态旅游及养生。

28.3 基于道地价值的白羊芪山生态动能分区研究

基于道地价值，将白羊芪山生态动能分区分为生态保护性分区和生态产业分区两类进行系统研究。

28.3.1 生态保护性分区

野生黄芪生长在山地生态系统(海拔1200～2100米)，长期处于野生、半野生状态，经过长期以来自然选择、自然进化、自然杂交、变异形成了独特的种群。终生与山地植物(主要包括草木樨、白莲蒿、蓝花棘豆、委陵菜、牡蒿、黄毛棘豆、地八角、桂竹香等)、杂草和灌木伴生，竞争力和抗病、抗旱等抗逆能力特别强，非常适应当地的气候环境条件，适宜当地仿野生种植。

(1)野生黄芪原生区

该区域海拔1800～2100米，面积约3300亩，是纯粹的野生区域。目前，该区域的生态环境除受风电的影响外，基本保持原生态状态，主要分布在长江峪、白羊峪和圣眷峪的上游山地区域。

(2)野生黄芪抚育区

该区域海拔1600～1800米，野生抚育黄芪面积7500亩，长期处于野生状态。该区域整体生态状态良好，由于受芪坡坡度影响，容易产生水土流失。该区域处于繁育区和原生区的过渡区域。

(3)野生黄芪繁育区

该区域海拔 1200～1600 米，面积约 90000 亩，包括白羊峪、长江峪和圣眷峪下缘，长期处于半野生和仿野生状态，是野生黄芪重点繁育和发展区域(图 28-6)。

图 28-6　白羊芪山保护功能分区图

28. 3. 2　生态产业分区

该分区兼顾地域特征、生态条件，考虑生态价值和生态动能，为生态产业发展提供依据。

(1)三峪

三峪，即白羊峪、长江峪、圣眷峪。该分区依据自然地形地貌，以沟域为单元，协同产业、设施，科学优化“三生”空间。其中，野生黄芪原生区，大部分在白羊峪和圣眷峪的山区，部分位于长江峪的西北和西南部。野生黄芪抚育区和繁育区，以长江峪为主，其他二峪为辅。

①白羊峪

白羊峪是壶流河一级支流，位于广灵县的西南部山区，发源于望狐乡，由西南向东北流经上白羊村、下白羊村，于南村镇北土岭村汇入壶流河。其生态产业以野生黄芪原生区为主，野生黄芪抚育区和繁育区为辅，兼顾生态山水林文旅、运动、康养功能，峪口村庄以杂粮种植和生态养殖、乡村文旅接待。

②长江峪

长江峪是壶流河一级支流，位于广灵县的西南部山区，发源于南村镇的南寒水村，由西南向东北流经宽会、香炉台等村，于南村镇南土村汇入壶流河。其生态产业以野生黄芪抚育区和繁育区为主，野生黄芪原生区为辅，兼顾生态种植养殖、山水休闲、森林运动、健康养生等功能，峪口村庄以特色种植养殖、乡村文旅和美丽田园为主。

③圣眷峪

圣眷峪是壶流河一级支流，位于广灵县的西北部黄土丘陵沟壑区，发源于望狐乡的刘庄村，由西向东流经望狐乡，于水涧折向南流经梁庄、南村等乡镇的村庄，于南村镇的北土村汇入壶流河。其生态产业以野生黄芪原生区为主，野生黄芪抚育区和繁育区为辅，兼顾中医药康养、避暑度假、生态文旅、生态运动等功能，峪口村庄以杂粮种植和生态养殖、乡村文旅接待为主。

(2)多组团

①生态原产地与生态文明建设

该组团以三峪野生黄芪原生区为主，以生态环境和野生黄芪种质资源保护为前提，适度发展科研、科普项目，探索生态文明产业可持续发展路径。

②生态原产地与乡村振兴

该组团位于白羊峪、长江峪的峪口，以峪口村庄为依托，整合资源，发展生态种植养殖业，鼓励乡村文旅发展，助力乡村振兴。

③生态原产地与生态动能

该组团位于圣眷峪，以村庄及农用地为依托，发展生态种植养殖业、生态文旅、乡村旅游。

④生态原产地与生态养生旅游

该组团以三峪野生黄芪抚育区和繁育区为主，积极模拟原生境，围绕黄芪文化和功效，着力配套科研、教育、养生、度假、休闲、运动、文娱等药山沉浸式康养体验产业。

第 29 章　白羊芪山中国式现代化生态动能产业构建

白羊芪山黄芪生态产业是中国式现代化生态动能产业，彰显了道地价值、地域特色和品类属性，展现了生态全链融合与提质聚力的新质生产力，为野生黄芪与生态药山保护和可持续发展注入无限动力。

29.1　黄芪生态产业 4.0：中国式现代化生态动能产业

29.1.1　野生黄芪与生态药山保护和可持续发展协同的生态动能产业

白羊芪山在生态产业方面，着重保护与协同双轮驱动。一是重点野生黄芪原生种质资源保护与抚育和繁育协同，生态保护优先，资源保护在生态产业发展中具有"一票否决权"。二是生态药山与生态动能产业协同发展，围绕野生黄芪宝贵资源，优先药山生态环境和资源保护，适时适度发展黄芪主题生态动能产业。

29.1.2　凸显道地价值、地域特色和品类属性的生态动能产业

白羊芪山生态动能产业特色在于道地价值、地域特色和品类属性特色。基于恒山山脉独特的地理区位，及白羊芪山独特而健康的水土气生等生态环境和生态资源的道地性和地域特色，是生态动能产业发展的道地价值基础。品类属性方面，道地野生黄芪全国产量较少，尤其是多年生较为珍贵，其品种和药性的独特性优势显著，是生态动能产业发展的独特性资源基础。

29.1.3　发展全链融合与提质聚力的新质生产力生态动能产业

白羊芪山产业，从黄芪 1.0 版以中药材饮片为主的传统产业，逐步发展成为黄芪 2.0 版药品和保健品产业，至黄芪 3.0 版药食同源产业，未来着眼于黄芪 4.0 版健康长寿产业。该产业将集名山、名药、文旅、乡村于一体，融生态一、二、三产，合悠久历史与现代科技，引领发展战略性新兴产业和未来产业，加快形成全链融合与升级提质的新质生产力。

29.1.4　可持续发展与绿色消费并举的生态文明产业

不以短期效益为目标，不以破坏生态资源和环境为代价，是白羊芪山野生黄芪生态产业可持续发展的宗旨。紧抓消费热点、市场卖点、政策扶持的同时，积极引导生态绿色消费市场，倡导全龄健康生活理念，是发展生态产业的历史使命。

29.2 中国式现代化生态动能全产业链构建

29.2.1 发展生态动能产业的优势与机遇

(1)道地产区药材应优质优价且特品无价

道地药材要由道地产区政府实行专卖制度,并制定分级分类标准。在此基础上实行优质优价、特品无价,实现物尽其用。鼓励企业严禁农药化肥,进而从根本上提高药品质量。

(2)创新科技多为拓展产品与功效

中药产业的发展需要"拥抱"新技术,利用大数据、人工智能技术、传感器技术等,使药食同源的黄芪中药产品制作水平和工艺迭代升级,实现数字制药、智慧制药,这也是国家先进制造业的组成部分之一。

(3)道地药材的规范和标准应重视地域独特性

道地,凸显地域特色,独特而适宜的气候、土壤、水及生境,才能生长出符合要求的中药成分、含量,因此,需要出台关于白羊芪山野生黄芪道地药材的规范和分类标准。

(4)大棚或移培药材有效成分影响应进一步明确

通过大棚种植或者异地种植,对黄芪药材的有效成分或疗效会带来一定程度的影响,其与白羊芪山野生黄芪的有效成分的差距,需要准确的数据论证。

(5)跨学科"智慧中医"创新加持道地药材原产地

"智慧中医"是应用人工智能通过国家中医药智慧云服务体系建立的新型医学体系,既不是信息中心建设,也不仅仅是数据中心建设,更不是"互联网+中医药健康管理"的网络化应用。2022年香港新冠疫情暴发后,为广泛推广中医治疗理念,依据我国抗疫一线名中医诊疗经验,通过机器学习技术建立了"智慧中医"治疗系统,以及根据诊断结果提供药方、智能配药的远程支持系统,使香港众多西医借助"智慧中医"进行疫情防控和重症医治,体现了数字中国、数字医学的突出优势。这方面的成功探索,将有助于推动我国医疗技术在全球市场上弯道超车。

(6)大同市逐步形成多元化和现代化的医药产业

在大同市政策、资金、人才以及要素保障的发力下,涵盖化学原料药、化学制剂、生物制剂、中药饮片与制剂四大系列产品的多元化、现代化医药产业体系正逐步形成。

29.2.2 生态动能产业构建思路

黄芪为药食同源的传统中药,含有多糖类、黄酮类、皂苷类、氨基酸类、微量元素及生物碱等化学成分,可增强机体免疫力、抗肿瘤、保护心脑血管系统及调节机体代谢等,在医药、食品、保健品、畜牧种植业等领域均有十分广泛的应用。黄芪药食同源产品的开发应用有助于推动中药大健康产业的发展,使黄芪中医药产品融入生活、黄芪中医药文化得以推广。

白羊芪山为野生黄芪道地药材原产地,是全国仅存的野生黄芪道地原产地之一。通过对白羊芪山道地黄芪品种选育、种植技术、产地加工、药效物质基础、质量标准评价体系、芪药系列产品开发等多个环节的全链条研发,系统组织开展种植技术、核心功效、物质基础、生物活性、质量标准评价、健康产品开发等现代科学研究,深入研发野生黄芪的营养保健功能,提高野生黄芪资源利用率,基于道地价值,构建完善的全时全域全产业链,积极推动恒山山脉野生黄芪生态原产地传统产业向中国式现代化生态动能产业发展。

白羊芪山现代医药生态产业链建设重点如下。

①全产业链深化拓宽

把延伸产业链的深度和广度作为高质量发展的重要手段。产品从片剂到颗粒，从中药到化药，从医药产品到药食同源产品，从原产地到体验地深化拓宽。

②全产业链全程发力

围绕“原材料—研发—制造—营销”产业链条全程发力，努力打造道地中药材、特色原材料药、经典中成药、生物创新药等具有地方特色的医药产品，构建具备差异化竞争优势的现代野生黄芪医药产业链。

③全产业链主辅协同合作

“链主”企业搭建全产业链研发生产体系、提升精深加工能力、发挥产业集聚效应、全方位促进产业融合，各类药企、合作社及其他企事业单位以“链”布局、因“链”集聚、靠“链”发力。

④全产业链营销体系

积极整合产业链，开辟集临床终端、OTC 终端、第三终端、电商中心、医药贸易、中药材、中药饮片、国际贸易于一体的产业营销体系新格局。

29.2.3　生态动能全产业链特色

(1)道地药材品性赓续

①药性赓续

基于“守正补气”的药材本性，药食同源中药黄芪中主要天然活性物质黄酮类、多糖类、皂苷类等相关功能性作用的发挥与全龄健康息息相关，同时与多种药与食可交叉融合为新产品，其前景更为广阔。

②产业赓续

通过破壁、发酵、膜分离等技术，实现科技创新赋能黄芪中药材产值，完善野生黄芪产业链条，提升科创产业带动能力。

③品牌赓续

全产业链产品带动野生黄芪生态药山沉浸式康养，多渠道推介道地药材，塑造“白羊芪山”品牌，实现“白羊芪山”野生黄芪品牌延续。

(2)特色中医药文化赓续

①挖掘黄芪中医药文化资源宝库

坚持传承精华、守正创新，遵循中医药发展规律，更好地发挥中医药在全民健康中的独特优势。深入挖掘恒山山脉(广灵)中医药文化资源宝库，对古典医籍精华进行梳理和挖掘，推动“白羊芪山”中医药文化创造性转化、创新性发展。

②扩大野生黄芪中医药文化传播

积极依托现代科技，将中医药“讲清楚”，努力探索中医药防病治病的机理。将野生黄芪中医药与现代健康理念相融相通，通过多种途径推广中医养生，融入太极拳、八段锦等保健方法，使白羊芪山中医药文化真正融入大众生活。

③加强黄芪中医药人才建设

抓好广灵地区中医药师承教育，支持地方中医药院校和相关科研机构的发展，促进黄芪中医药产学研融合发展，进一步夯实黄芪中医药传承创新发展的根基。

(3)全龄健康理念与市场赓续

中医药养生概念已由老龄化向中年化、年轻化转移，由单一治疗向治未病、预防转化，并扩展至全龄健康概念。根据各年龄层市场对补气、增强免疫力、抗癌、抗衰老、缓解压力等的需求显著增加，以及长寿、国潮、运动等新需求衍生，黄芪产品需要顺应并推陈出新。

以 2022 年“双十一”数据为例，中药下单人数同比增长近 4 倍，其中，80 后、90 后人群占近 60%。以灵芝、燕窝、人参、黑芝麻、阿胶等为代表的即食滋补类产品非常受消费者的欢迎。在健康消费品领域，年轻消费者对于国潮、养生、运动越来越关注。随着“单身经济”和“懒人经济”的兴起，预制菜产业需求旺盛。

(4)科创技术传承赓续

恒山野生黄芪人种天养，是大自然赐予的瑰宝，但其价值长期被低估。黄芪主要活性成分的作用机制尚不完全清楚，药食同源物质理论基础有待加强。

①技术创新引领

中草药守正创新的背后离不开技术的革新，无论是低温超微粉碎技术，还是冷冻干燥技术，或是现代发酵技术。技术工艺的升级与创新是行业发展的底层逻辑，无论是国潮趋势还是中国智造，都离不开它。

②数字产业模型

全力打通产业链上下游配套协作的堵点卡点，携手推进链上企业数字化转型，在人机智能交互、工业机器人、智慧物流等技术装备应用中，通过集中合作的物联网、大数据、人工智能、在线采购、车货匹配、云仓储等，构建一个稳定的配套联合体。

③药食同源理念引领

加强基础研究，将药食同源产业与食品工业有机结合，生产药膳、功能性食品等，提升产业价值。以药食同源为理念，积极运用创新科技，研发野生黄芪初加工和深加工产品，创新扩展功能性食品、药食同源预制菜、即食滋补零食饮品等。

④提高综合利用率

野生黄芪资源利用效率不高，大量副产物及边角料资源价值被低估废弃，应对其药用和非药用资源进行开发利用，提高黄芪资源综合利用水平，延伸产业链，提升价值链。

29.3 生态产业定位和产业融合发展研究

29.3.1 野生黄芪生态动能产业定位

紧紧抓住《中共中央 国务院关于促进中医药传承创新发展的意见》和全国中医药大会精神以及黄芪被列入药食同源植物的机遇，深入推进中医药传承创新发展，坚持传承精华、守正创新原则，按照全产业链开发、全价值链提升、全政策链扶持的思路，以“白羊芪山”地域识别和品牌引领为要义，以保护性和规范化建设野生黄芪生态原产地为基础，促进三产融合，努力实现产业形态现代化、产业过程标准化、产业科技体系化、产业链条完整化、产业融合深度化、产业品牌国际化、产业经济高端化，构建具有中国特色的高质量发展的现代野生黄芪产业。

29.3.2　现代生态动能产业的转型升级

①加强种质资源保护，推动“种源”变“产品”

依托恒山山脉种质资源优势区和广灵野生黄芪中药材产业聚集区，因地制宜建设野生黄芪稀缺道地药材生产基地。引导龙头企业和新型经营主体集成道地药材种子、种苗繁育技术规范，提升优良种子(苗)供应能力。

②引进生态动能产业龙头企业，推动“药材”变“药品”

继续加大招商引资力度，引进规模大、实力强的中药饮片加工企业和中成药生产企业，深入挖掘野生黄芪道地药材的药用、食用、保健等价值，开发“药膳”“药酒”“药茶”“药食”“药浴”“药妆”等全产业链产品，带动区域内产业由原材料产出向精深加工转变，延长产业链条，提高野生黄芪中药材产品附加值。

③加快生态动能产业融合发展，推动“产地”变“胜地”

围绕唱好“文化曲”、打好“生态牌”、做好“药文章”，深挖本地野生黄芪道地药材历史，引导野生黄芪中药材产业与康养、文化、科普、研学、旅游等产业深度融合发展，推动白羊芪山由产地向胜地发展。

④激发生态产业动能要素活力，推动“市场”变“中心”

借助山西省大力扶持大同地区建设中药材交易物流中心的契机，加强全国野生黄芪现代商贸中心建设，建成集仓储、物流、交易、会议、会展和电商平台为一体的现代交易中心。设立中药材期货交易中心，发展野生黄芪中药材期货贸易，优化市场信息和资源配置，带动药农增收致富。

⑤建立制度保障机制，推动生态“产业”变“支柱”

强化中药材生产、加工、流通环节调度，引导产业做大、做强，市场规范有序，充分发挥中药材产业“特色”“高效”属性，使之成为广灵县支柱性产业。

29.3.3　生态动能产业链技术创新工程

积极构建以野生黄芪中医药为主体的白羊芪山生态动能全产业链，涉及第一、第二、第三产业：第一产业的恒山野生黄芪原产地建设和野生黄芪的抚育、栽培和种植，第二产业的中药材、食品、保健品、化妆品、医疗器械等的加工和制造，第三产业的医疗服务、健康管理咨询、康养文旅、健康研发等。

(1)实施创新驱动发展

创新研发模式，根据中药材产业链设计创新链。依据中药材产业布局，结合乡村振兴，开展应用技术、产品开发与推广研究，加快转化中药材资源优势为产业优势，使中药材产业成为乡村振兴有效途径。

(2)加强种质栽培创新

挖掘野生黄芪品质性状关键基因，重视遗传、生境、人为干预三因素的品质形成机制研究，开展优良品质与高产的种质定向培育；提升中药材栽培技术水平，支撑中药材种植效益并为实施乡村振兴提供相关技术保障。

(3)提升加工创制能力

提高野生黄芪生态原产地初加工技术及提取物开发的精深加工能力，提升饮片生产一体化水平；创新系列大健康产品，进一步拓展中药材应用市场，提高中药材产业综合效益。

(4)建设数据信息平台

构建适宜的品种选择、栽培技术以及市场信息和技术人员适时参与的“互联网+”信息服务体系，提升专业市场中药材溯源与质量保障水平，促进龙头企业、合作社、农户、市场流通主体等信息交流，逐步形成长期稳定的产、供、销合作机制。

(5)推进中药材科技创新

围绕野生黄芪特色中药材资源，从种质选育、种植生产、商品药材及饮片和提取物精加工、大健康产品与市场培育、物联网与质量保障体系的长产业链各环节进行基础研究、前沿及共性关键技术、产品创制的创新设计。

29.3.4 生态动能产业体系发展重点

加快构建野生黄芪现代生态动能产业体系，促进老品牌焕发新活力、释放新动能，持续提升核心竞争力，融合一、二、三产业，提升生态动能产业链、供应链现代化水平，促进广灵地区深化供给侧结构性改革。

整合以广灵县为核心的恒山山脉中医药资源，推动野生黄芪中医药产业集聚发展，着力补齐原材料种植、养殖、加工、生产、销售等各环节的短板，不断完善中医药生态动能产业链。

充分发挥品牌效应和龙头企业带动作用，加大产品研发力度，优化生产工艺流程，加快推进野生黄芪中医药现代化、产业化。

健全以中医理论为基础、以企业为主体、以临床价值为导向、产学研深度融合的符合中医药特点的创新研发体系，推出更多符合现代生活方式、满足各类人群需求的产品。

推动中医药与文化、康养、养老、旅游、体育等服务深度融合发展，带动区域经济发展。

大力发展中医药教育，培育和引进医疗、保健、科研、教育、文化等中医药产业发展迫切需要具备的中医药传统技能的各种人才。

发挥好优势，推动大同地区中医药高质量发展，不断提升大同健康生态文明城市、广灵生态养生城市的竞争力、影响力。

加快推动中医药文化走向世界，在推动“一带一路”中医药国际化中体现大同担当作为。

29.3.5 生态动能产业优先发展名录

鼓励发展白羊芪山现代生态动能产业，如表 29-1 所示。

表 29-1 白羊芪山现代生态动能产业优先发展名录

主类		亚类	小类	子类
一产	种植业、养殖业	中药材种植	野生黄芪抚育和繁育	
		现代中药材种业	野生黄芪种业	
		中药材仓储保鲜冷链物流	黄芪仓储和物流	
		中药材养殖	黄芪养殖	
二产	加工业	农副食品加工业	黄芪食品加工	
		酒、饮料、茶制造业	黄芪酒、饮料、茶制造	
		医药制造	黄芪医药制造	

续表

主类		亚类	小类	子类
三产	生产性服务业	研发设计与其他技术服务	生产性医学研究和试验发展	
			工业设计服务	
			专业设计服务	
			农林牧渔技术推广服务	
			生物技术推广服务	
			三维(3D)打印技术推广服务	
			科技中介等	
			创业空间服务	
		知识产权及相关法律服务	知识产权服务	
			生产性法律服务	
			质检技术服务	
			生产性专业技术服务	
		信息服务	信息传输服务	
			信息技术服务	
			电子商务支持服务	互联网生产服务平台
				互联网科技创新平台
				互联网安全服务
				互联网数据及云计算服务
				信息处理和存储支持服务
				生产性互联网销售
		节能与环保	生产性环境保护监测	
			生产性污水处理和水污染治理	
			生产性其他污染治理	
			环保技术推广服务	
		货运、仓储、快递	货运	
			仓储(中药材)	
			中国邮政和快递服务	
		金融	货币金融服务	
			生产性保险服务	
		生产性租赁服务	农业机械经营租赁	
			生产性汽车租赁	
			医疗设备经营租赁	
			建筑工程机械与设备经营租赁	
			其他机械与设备经营租赁	
		商务服务	组织管理和综合管理服务	供应链管理服务
				园区和商业综合体管理服务
				农村集体经济组织管理

续表

主类		亚类	小类	子类
三产	生产性服务业	商务服务	咨询与调查服务	会计、审计及税务服务
				市场调查
				商务咨询服务
			其他生产性商务服务	生产性安全保护服务
				生产性市场管理服务
				会议、展览及相关服务
				广告业
				信用服务
				办公和翻译服务
				其他未列明生产性商务服务
		人力资源管理与培训	人力资源管理	
			职业教育和培训	
		批发与贸易经纪代理服务	产品批发服务	农林牧渔产品及宠物食品、用品批发
				食品、饮料及烟草制品批发
				文化、体育用品及器材批发
				医药及医疗器材批发
			贸易经纪代理服务	
	生活性服务业	健康服务	医疗卫生服务	中医医院
				专科疾病防治院(所、站)
			其他健康服务	专业化护理机构服务
				互联网医疗服务
				健康咨询服务
				健康体检服务
				心理健康服务
				精神康复服务
				中医保健服务
				健康保障服务
		养老服务	提供住宿的养老服务	机构养老服务
				社区养老服务
			其他养老服务	养老咨询服务
		旅游游览和娱乐	旅游综合服务	
			旅游娱乐服务	室内娱乐服务
				游乐园
				休闲观光活动
			旅游游览服务	公园景区服务
				体育旅游服务
				其他娱乐业

续表

主类		亚类	小类	子类
三产	生活性服务业	文化服务	数字文化服务	
			文化艺术服务	文艺创作与表演服务
				艺术表演场馆
				图书馆与档案馆
				文化遗产保护服务
				博物馆服务
				群众文体服务
			广播影视服务	广播服务
				电视服务
				电影放映
				其他广播影视服务
			新闻出版服务	新闻服务
				出版服务
			其他文化服务	
		住宿和餐饮	住宿服务	旅游饭店
				一般旅馆
				民宿服务
				其他住宿服务
			餐饮服务	正餐服务
				快餐服务
				饮料(及冷饮)服务
				小吃服务
				餐饮配送服务
				外卖送餐服务
				其他餐饮服务
		体育	体育场地设施服务	体育场馆管理
				其他体育场地设施管理
			其他体育服务	体育健康服务
				体育彩票服务
				体育影视及其他传媒服务
				体育教育与培训
				体育出版物出版服务
				其他未列明体育服务
			体育竞赛及表演活动	体育竞赛表演活动
			电子竞技体育活动	电竞赛等
			体育健身休闲服务	体育健身服务
				民族、民间体育活动

续表

主类		亚类	小类	子类
三产	生活性服务业	体育	其他健身休闲活动	
		零售和互联网	零售服务	
			其他居民零售服务	
		出行	远途出行服务	
			城市出行服务	
		教育培训	培训服务	体校及体育培训
				文化艺术培训
				美容美发培训
				家政服务培训
				养老看护培训
				餐饮服务培训
				旅游服务培训
		居民和家庭服务	居民服务	家庭服务
				托儿所服务
				洗染服务
				理发及美容服务
				洗浴与保健养生服务
			其他居民和家庭服务	居民宠物服务
				居民安全保护服务
				居民清洁服务
				搬家服务

第30章 生态保护优先的生态农业体系建设研究

生态农业是农业、生态、经济的复合系统，将农业生态系统同农业经济系统综合统一起来，以获得相对平衡、稳定的生态综合效益。生态农业是农、林、牧、副、渔各业综合的大农业，又是农业种植、养殖、加工、销售、旅游的融合。白羊芪山生态农业是以生态学理论为主导，运用系统工程方法，以保护野生黄芪种质资源和良好的生态环境为前提，整合循环、合理利用沟域种植业和养殖业，因地制宜地规划、组织和进行农业生产，形成的绿色、循环、可持续的现代化生态农业体系。

30.1 生态农业发展思路

深入开展白羊芪山野生黄芪道地药材野生资源保护、优良品种选育、生态种植，保障野生资源永续利用和药材的优质生产。一是优先保护道地药材种质资源，协同推进保育与创新。二是立足富锶、锰健康土壤，重点发展健康农业(富锶、锰农业)、科技农业、中医农业、创意休闲农业，重点发展野生黄芪生态循环利用和立体种植养殖产业。

加快建设标准高、规模大、质量优的道地药材种子种苗繁育基地，提高道地药材供种供苗能力。开展基地建设，发展龙头企业，提供科技支撑，建设规模大、管理标准、竞争有力、优质道地、生产规范的中药材示范基地，全面落实"一控两减三基本"要求，实施化肥农药零增长行动，大力推广测土配方施肥、病虫害统防统治和绿色防控等技术，发展生态循环中药材业，促进野生黄芪原产地的积聚效应，带动白羊芪山野生黄芪中药材产业的种植业适度规模化发展。

30.2 种质资源保护与开发

野生黄芪种源保护与利用，高度重视野生黄芪种质资源的保护和研究。一是建立野生黄芪中药种质资源保护体系，建设野生黄芪药用植物保护区、药用动植物园、药用动植物种质资源库，保护药用种质资源及生物多样性。二是实施野生黄芪中药资源保护工程，利用生态保护功能区，开展野生黄芪资源保护，扩大珍稀药用资源种群规模，逐步恢复生态平衡，使中药资源得以持续发展。积极开展特有种质的收集、保存、筛选和扩繁。三是建设国家野生黄芪种质资源库及中药资源保存圃，进一步加强野生黄芪中药种质资源库建设，建立两三个保存圃，每个面积100～200亩。包括原生境保护药用物种、迁地保护药用物种、离体保存药用物种。加强中药资源的野生抚育与人工种植驯化技术研究，为大同市中药材产业可持续发展提供资源保障。四是建立恒山山脉中药资源基础数据库，以第四次全国中药资源普查为契机，开展以野生黄芪中药材为主的资源与种植的品种、规模、产量、相关技术支撑等基础数据的系统性收集、整理及集成，全面系统登录恒山区域野生和种植中药资源的蕴藏量、分布、资源变化趋势等资料，建立市、县、乡(镇)三级中药资源普查数据库。通过中药材资源动态监测站和信息服务点的建设，特别是对野生黄芪道地中药材资源实施动态监测，提高对野生黄芪中药材资源的保护与监控。五是野生黄芪中药材资源动态监测网络建设，建立野生黄芪中药资源动态信息发布平台，包括中药资源动态监测和信息服务站，构建大同市中药材资源预警管理体系，对重点保护的野生黄芪药材物种实施三级管理。六是野生濒危中药资源繁育技术研究，开展野生黄芪等珍稀中药材繁育技术研究，并建设珍稀道地药材野生抚育及生态种植(养殖)基地。七是野生黄芪资源保护管理，由于黄芪是单株分布，资源数量有限，又因不断地采挖，其蕴藏量相对减少。为合理开发利用黄芪资源，必须对其加强保护管理。要从长远利益出发，绝不可滥加采挖，要把开发利用与保护黄芪结合起来，使其采挖量小于生长量。开发利用黄芪时，要做到适时采收，以保证其质量；以科学的手段，确定其年允收量和最佳利用率，以获得最好的生态、经济效益。

30.3 生态农业项目体系支撑

生态农业项目和生态种植养殖业布局如表 30-1 和图 30-1 所示。

表 30-1 生态农业项目表

序号	种质资源保护与开发项目	重点建设项目
1	野生黄芪中药种质资源保护体系	野生黄芪生态种植制度示范工程
2	野生黄芪中药资源保护工程	道地药材种子种苗繁育体系建设工程
3	国家野生黄芪种质资源库及中药资源保存圃	道地药材标准化生产体系示范工程
4	恒山山脉中药资源基础数据库	野生黄芪生态循环规范化种植养殖示范工程
5	野生黄芪中药材资源动态监测网络建设	野生黄芪林药培育示范工程
6	野生濒危中药资源繁育技术研究	野生黄芪高端定制药园示范基地
7	野生黄芪资源保护管理	“芳香药田”沉浸式体验示范基地

30.3.1 野生黄芪生态种植制度示范工程支撑

一是野生黄芪中药材资源种质创新与示范推广，挖掘示范药材的品质性状关键基因，探索示范药材基于遗传、生境和人为干预三个方面的品质形成的机制，获得定向培育中药材新品种。

二是优质中药材栽培技术研究与种植推广，解决种质退化和连作障碍严重制约其生产的关键技术，突破药材理想株型修整技术，颁布药材规范化种植规程，完成药用植物栽培技术规程，推动中药材进入创意园艺景观日常设计。

30.3.2 道地药材种子种苗繁育体系建设工程支撑

依托国家、省、市、县四级的野生黄芪中药材种子种苗繁育基地、科研院所、种子种苗企业等，建设区域综合性或单品种种子种苗繁育基地，野生黄芪中药材品种进行精准化种子种苗繁育生产，制定种子种苗生产技术标准、技术规程，确保药材种源纯正、品质优良，确保优良种子种苗供应能力。加强对规模化种子种苗基地的扶持引领、指导、规范、认证和良种推广。

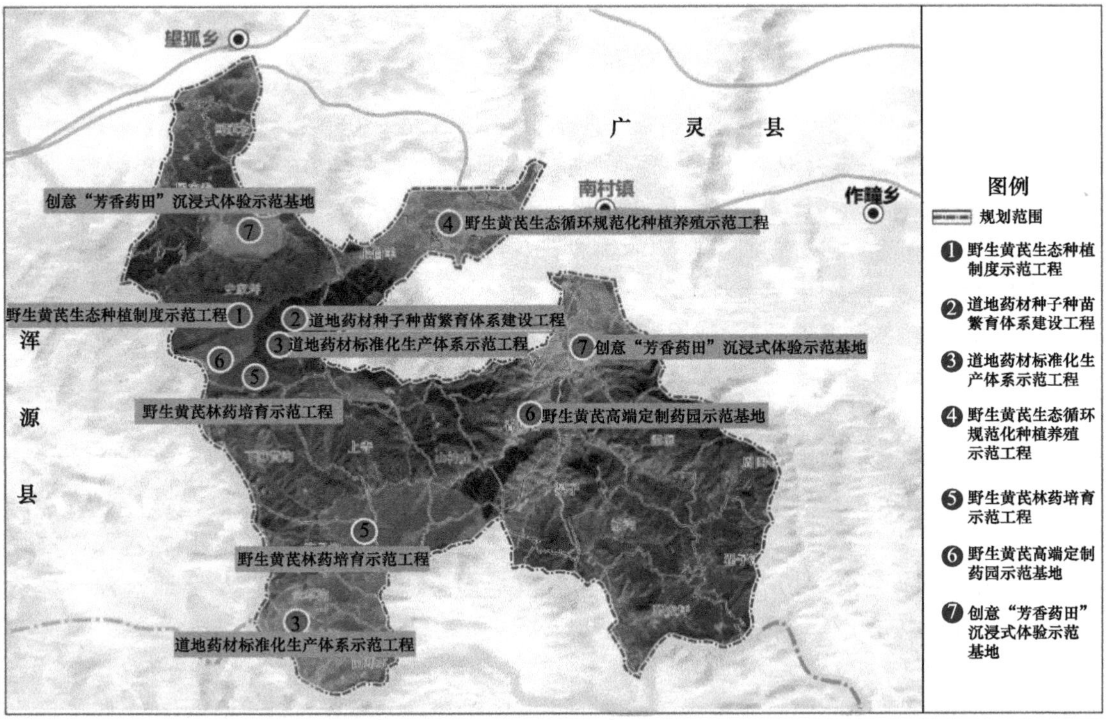

图 30-1 生态种植养殖业布局图

一是野生黄芪道地药材良种繁育。集成野生黄芪道地药材种子种苗繁育技术规范，开展道地药材提纯复壮、扩大繁育和展示示范，提升优良种子(苗)供应能力。推广野生黄芪优良品种及其繁育技术，推动制订野生黄芪中药材种子种苗标准和品种认定工作。

二是野生黄芪道地药材品种创新，加大科研联合攻关力度，加快现代生物技术在中药材育种领域的应用，选育一批道地性强、药效明显、质量稳定的新品种。

30.3.3 道地药材标准化生产体系示范工程支撑

项目位于长江峪南寒水等(5000 亩)，以市场需求为导向，结合恒山野生黄芪品种抚育和繁育，支持重点中成药和饮片企业建设符合环境保护要求的中药材标准化生产基地，鼓励种植(养殖)合作社实现特色中药材的规模化和规范化生产。根据中医临床和中药企业提出的药材品质要求，组织专家研究制定中药材种植环节的技术标准。建设野生黄芪规范化、规模化、产业化基地，鼓励野生抚育和利用山地、林地、荒地、沙漠建设中药材种植养殖生态基地。

一是生态种植技术。开展测土配方施肥、有机肥替代化肥行动，减少化肥用量，减轻面源污染。开展物理防治、生物防治、中医防治等绿色防控技术，减少农药用量，提升药材品质。

二是机械化生产技术。研发推广适用于各类道地药材生产、采收、加工、病虫害防控的高效实用机具，提升道地药材生产效率。鼓励种植生产企业自主或联合研发、试制中药材耕、种、管、收的机械化装备。促进农机农艺融合，集成组装适宜不同区域、不同品种的道地药材绿色高质高效技术模式，加快推广应用，示范带动更大范围节本增效、提质增效。

三是信息化管理技术。加快人工智能、环境监测控制、物联网等信息化技术在道地药材生产的应用，提升道地药材生产信息化水平。

30.3.4 野生黄芪生态循环规范化种植养殖示范工程支撑

位于海高牧业、三峪、上下白羊村、上下林关村、海子峪（5000 亩），根据生态循环经济原理，以富锶、锰等的土壤为健康环境背景，以黄芪为核心资源，充分整合原产地及辐射区的种植养殖资源，打造富锶、锰野生黄芪生态循环规范化种植养殖示范工程。形成“花——蜂蜜，茎叶——黄芪羊、黄芪牛、黄芪驴、黄芪鸡的饲料，根——养生产品”的立体循环链，促进中药材种植养殖业绿色发展，制定中药材种植养殖、采集、储藏技术标准，加强对中药材种植养殖的科学引导和绿色发展，大力发展中药材种植养殖专业合作社和合作联社，提高规模化、规范化水平。

(1)示范意义

作为常用大宗中药黄芪，随着市场对其需求量的不断增长，野生黄芪植物资源越来越稀缺，人工栽培面积逐年增加，目前已超过 70 万亩。黄芪为多年生草本植物，一般为 3～8 年采收，在其栽培过程中，为提升黄芪药材产量及品质，部分产区在每年的 7 月前后对黄芪进行捋花打顶。初步估算，由此每年可产生大约 3.5 万吨黄芪花副产物因无有效利用途径而废弃，造成了黄芪植物资源的巨大浪费。采收黄芪根时也会割去地上茎蔓，因此黄芪地上部分种子、花、茎、叶几乎被废弃。

黄芪的入药部位为根。通过实验分析比较黄芪的主要化学成分之一皂苷在黄芪的根、茎、叶中的含量，结果证明叶中总皂苷含量最高，是根中的 5～6 倍，茎中总皂苷含量略低于根，从而为开发黄芪的地上部分、扩大药物资源提供了新的思路和科学依据。

黄芪花及其嫩叶在我国部分地区已有食用习惯，多作茶饮。有研究表明，黄芪花含有丰富的多糖类、维生素、氨基酸和多种微量元素等营养物质，以及皂苷类、黄酮类等生物活性物质，提示其具有潜在的开发利用前景。而目前关于黄芪花资源价值挖掘及产业化开发的研究尚显欠缺，其潜在资源价值尚未充分暴露。基于黄芪花本草记载及前人研究成果，采用现代分析评价方法，发现黄芪花中的资源性化学成分，挖掘其潜在资源价值，实现黄芪花的资源化利用，提升黄芪资源的综合利用效益，逐步转变中药资源传统利用观念，实现中药资源“在保护中合理利用”的可持续发展新模式，具有重要的经济和社会意义。

(2)药用部位文献分析

根据历代本草记载，黄芪根、茎、叶、花均可入药，现将各个部位本草记载及功效总结如下。

①根药用价值

根：黄芪，甘，微温，无毒，《神农本草经》中记载的“味甘微温。主痈疽久败疮，排脓止痛，大风癞疾，五痔鼠瘘，补虚，小儿百病”为上品。

②茎叶药用价值

古籍记载了有关黄芪茎叶的不同的药用功效，但以黄芪茎叶单独列为一味药来记载的相对较少，基本都是附在黄芪功用之后。黄芪茎叶始载于汉末《名医别录》，又名芰草，其中记载：“疗渴及筋挛，痈肿疽疮。”随后，清代的《本草正义》中记载：“黄耆茎叶疗渴，亦升清滋液之功。治筋挛者，亦禀温和之性，而且有宣通络咏之力也。其治痈肿疽疮，则茎叶有外行性，乃能疏通气血，而消肿化壅，与根之偏于补益者，固自有别耳。”称之为黄芪茎叶沿用至今。

③花药用价值

《茶饮保健》中黄芪茶提到：“黄芪 10 克、花茶 3 克；功能：益气固表，利水消肿，托毒生肌，利尿，强壮，降血压。用途：气虚自汗盗汗；血痹；浮肿；痈疽不溃或溃久不敛。”由此可推断出黄芪花具有一定的保健与药用价值。

(3)茎叶——功能性绿色饲料

黄芪茎叶是黄芪种植的副产品，不能入药，在挖采黄芪时其茎叶基本干枯，适口性差，也不能饲喂家畜，只能烧柴使用，其中含有的生物活性成分及营养也被随之烧掉，浪费了大量的自然资源。

黄芪茎叶含有黄酮、皂苷、多糖和氨基酸等有效成分，叶中所含的皂苷与根的成分相同，且总皂苷的含量是根的 5.6 倍。研究表明黄芪茎叶不但具有药物与营养的双重价值，而且还具有资源丰富、价格低廉、无药物残留等优势，将其作为饲料饲喂动物，可起到预防保健的功效。黄芪茎叶具备作为饲料添加剂甚至是免疫增强剂的良好潜质，为目前提倡的绿色养殖提供了良好基础。

微生物发酵技术是通过有益微生物的发酵作用，将秸秆、牧草等纤维类物质发酵制成一种具有酸香气味、适口性好、利用率高、耐贮的粗饲料。黄芪茎叶发酵试验的研究表明，制备奶牛应用的黄芪茎叶发酵物，使草药有效成分得到最大程度释放，营养成分大量增加，达到理想效果。发酵过的黄芪茎叶中皂苷、多糖、黄酮、营养物质及微量元素等的含量均高于直接测定的黄芪茎叶药物及营养成分。

以海高牧业为基地，大力发展绿色循环养殖，充分利用黄芪茎叶发酵物，研发和培育“黄芪牛”系列牧业产品，将具有更高的药物与营养双重价值，进一步提升产业附加值。

(4)花——蜂蜜、营养剂

黄芪总状花序稍密，苞片线状披针形，花萼钟状，花冠黄色或淡黄色，花丝扁平，在花期 6—7 月时为了黄芪药材增产，部分产区常会打顶去除。在药材产区，采摘后的黄芪花常鲜用或晒干后作为一种纯绿色的天然饮品，可单独代茶饮用，也可加入金莲花、野玫瑰同时饮用。在我国黑龙江地区，民间有长期食用黄芪花历史。以花为主要原料研发生产了“北芪茶”，后升级为“北芪神茶”，作为保健茶饮行销市场。黄芪花除用作茶饮外，还作汤料使用。

目前，黄芪花的应用范围基本集中在保健品、食品和药妆，这与早在千百年前就被认知的黄芪药食同源性相得益彰。黄芪花与根中有着相似的化学成分，如黄酮类、皂苷类、多糖和氨基酸类化合物，这些成分均是黄芪发挥药理作用的物质基础，具有抑菌、生津安神、利尿排毒等作用。黄芪花这一资源，可作为比较理想的滋补食饮品(蜂蜜、茶饮、甜点、饮料等)和药妆。

30.3.5 野生黄芪林药培育示范工程支撑

项目位于三峪的林区(1 万亩)，以生态环境保护为前提，结合地貌及森林资源分布实际，开展仿野生抚育和规范化栽培，建设一批林木药材特色品种种植基地。大力发展适宜中药材品种的林下仿野生种植和珍稀菌类药材、药用动物林下养殖。

一是建设林木中药材仿野生种植基地。支持建设 2～5 个特色林木药材仿野生种植基地；支持建设黄芪、山楂、杏、酸枣、连翘、黄芩、柴胡、知母、远志、山楂、甘草等 6～8 个品种的标准化基地，每个不少于 300 亩。

二是发展菌类中药材。适度扶持发展松茸、猴头菇菌丝体、灵芝等项目。

三是适度发展林下药用动物生态养殖，发展黄芪羊、黄芪牛、黄芪鸡等种植养殖联动项目。

30.3.6 野生黄芪高端定制药园示范基地支撑

项目位于长江峪香炉台(800 亩),结合标准化中药材种植区域发展项目,鼓励支持医疗机构和中药企业采用"订单采购"等方式建设"定制药园",并将"定制药园"作为其原料供应基地,构建"医疗机构+中药企业+种植企业(合作社)"的乡村振兴机制,打造大同地区中药材乡村振兴示范基地。

30.3.7 "芳香药田"沉浸式体验示范基地支撑

以黄芪花为主,辅以鼠尾草、百合、月季、连翘、丁香等,充分利用花期,充分发挥山西优势道地药材(党参、山楂、黄芩、连翘、知母、酸枣仁、柴胡、远志、天花粉、款冬花、甘草等),依托中药植物芬多精的健康保健功效,打造一、三产融合的"芳香药田"沉浸式体验示范基地(图 30-2)。

图 30-2 创意"芳香药田"沉浸式体验示范基地意向效果图

(1)中草药花海景观区

花海景观作为国内较为流行的休闲观光形式,在考虑花海景观艺术性的前提下,考虑其经济价值,配置花海植物选择中草药观赏植物为主,搭配其他一些水生植物。功能区位于缓坡地,占地面积各 500 亩,在坡地种植中草药 26 种,有蜀葵、黄花菜、向日葵、母菊等。观赏期主要为 5—10 月,为游客提供观光、科普、体验、采摘等服务。在花海景观区内配套建设木屋、亭台等休憩设施,沿道路两侧布置各类中草药植物标本,设置植物种类及文化展示标牌等。

①中草药花海地形设计

中草药花海景观区为缓坡,在设计中保留坡度,形成"梯田式"景观,在外沿进行道路设计。在花海营造中,适宜的地形处理有利于丰富花海要素、增加植物的立面视觉效果,形成景观层次,达到加强景观艺术性的目的。

②中草药花海植物景观设计与配置

根据植物对自然环境条件的需求,运用植物色彩对比与调和、均衡与稳定、节奏与韵律的形式美构图法则,以及植物的季相变化,营造出丰富多层次的花海植物景观。

(2)中草药文化展示区

中草药展览馆以展示中草药文化为主线，以中草药标本、传统药方药膳、药文化与生活和中药加工器具等为主要展示内容，具备中药材展示、教育、科普等功能。药膳体验中心重视保健和食疗功能，将药膳科普与游客体验相结合，推广药膳文化，让游客享受药膳制作过程，并提供品茗与餐饮服务。游客接待中心为游客入园参观、住宿接待、露营体验等提供一站式服务。田园超市以展示和销售特色农产品、中草药保健产品、传统手工艺品和户外用品为主，如中草药香包，满足游客纪念、露营和度假等购物要求。

在入口处建设中草药文化展示区，占地面积 900 平方米，建筑面积 1500 平方米，由道地药材展览馆、药膳体验中心、游客接待中心和田园超市等组成，为游客提供教育科普、餐饮体验和购买特色农产品等服务。以主题建筑为主，结合园区水系建设开阔水面，布置木平台，以烘托主题建筑。

(3)中草药盆景区

将野生黄芪的根、茎、叶、花等植入艺瓷中制成盆景，既有观赏价值，又有药用价值，可清新室内空气，有益于身心健康。

(4)滨水休闲活动区

沿水系两侧建设帐篷公园、自驾车营地、户外活动中心、野炊烧烤中心、亲水活动中心等休闲设施。沿水系搭配种植金莲花、石竹、荷包牡丹等中草药植物。在水系两侧的平地建植草坪，配以帐篷酒店、各类户外运动设施等，营造绿地草原景观，同时为房车营地、帐篷公园等营造绿地景观。

(5)民宿体验区

对废弃宅基地进行内部设施的升级改造、外部庭院及道路的景观改造，建设农家住宿体验区，具备短住、度假、避暑等功能。种植紫苏、薄荷等植物，在景观空间小的环境中体现芳香价值与观形价值。

第 31 章　药食同源引领的生态加工业体系建设研究

药食同源中药是人类在长期生产和生活实践中逐渐发现的一类兼具药食两用特点的中药资源，即既能果腹，又能调节机体状态、预防疾病的中药资源，是健康中国建设和大健康产业发展的重要物质基础。

黄芪"药食同源"理论始终贯穿于中医药和饮食文化中，得到历代医家的重视。《黄帝内经》中"人以五谷为本""药以祛之，食以随之"是最早"药食同源" 理论表述。《神农本草经》中记载了包括黄芪在内的多种药食两用药材。作为药食同源的传统中药，黄芪含有多糖类、黄酮类、皂苷类、氨基酸类、微量元素及生物碱等化学成分，具有增强机体免疫功能、抗肿瘤、保护心脑血管系统及调节机体代谢等功效，在医药、食品、保健品、畜牧种植等领域应用广泛。黄芪作为药食两用的大宗药材可入药入肴，其市场需求较为广阔，有良好的发展前景。野生黄芪药食同源产品的开发应用不仅极大推动中药大健康产业的发展，而且使黄芪药食同源产业融合产品深度融入生活，有助于弘扬和推广白羊芪山野生黄芪文化。

31.1　药食同源产品发展现状

黄芪为豆科植物膜荚黄耆或蒙古黄耆的干燥根，其味甘，性微温，有补气升阳、固表止汗、利水消肿、脱毒生肌之功效。2021 版《药食同源目录大全》中包括黄芪、党参、肉苁蓉、西洋参及灵芝等。黄芪因具有"补气之圣药"的美誉，在临床应用、保健食品、化妆品等方面都具有极大的开发及应用价值。

31.1.1　药用方面

黄芪具有"补药之长""补气之圣药""疮家圣药"之美称。黄芪在临床上单用多以生品及其炮制品为主，黄芪的配伍使用多以增强疗效为目的，也可在临床上以制成剂型应用，在一定程度上提高了药物的生物利用度。

(1)单用

在临床治疗研究中发现，黄芪单用也可达到一定的治疗效果。现已有研究将单味生黄芪用水煎煮后代茶饮，以起到益卫气、养营气的功效，使脚痿软乏力为主症的痱病患者得以痊愈。另有研究发现，单味黄芪煎剂也可促进药物对患高脂血症大鼠的降脂作用。黄芪总黄酮通过抑制 miRNA-21 表达，阻断上皮间质转化过程，从而达到减缓大鼠肺纤维化的目的。黄芪具有逆转由电离辐射导致的机体免疫力低下、造血抑制、淋巴水肿的功效，能够改善患者生存质量，但目前该研究未对黄芪发挥抗辐射作用的具体活性成分与机制进一步探索。

(2)与其他药配伍

黄芪在临床上常用规格有生黄芪、蜜炙黄芪、盐制黄芪、麸制黄芪等，且黄芪的用量与配伍可影响临床疗效。黄芪在临床使用中并非用量越多越好，而应按照中医药理论及医学著作对中药的量效关系进行指导用药。对于黄芪的用量，现有学者就对黄芪单味药及复方的研究进行黄芪量效关系总结，但距其完整的配伍体系仍具有一定距离。

黄芪的配伍使用在医学古籍中早有记载，如《金匮要略》中记载了以治气虚里寒证为主的黄芪建中汤由黄芪、大枣、白芍等组成。在《内外伤辨惑论》一书中记载了由黄芪、当归配伍组成的当归补血汤可用于补气生血；由白术、人参、黄芪等组成的补中益气汤具有补中升阳的功效。《究原方》记载的玉屏风散是由防风、白术、黄芪配伍组成的，可益气固表止汗。记载于《济生方》的归脾汤由人参、黄芪、甘草、白术组成，该方可通过补脾益气达到生血的功效。记载于《医林改错》中的补阳还五汤中重用君药生黄芪，有加强补气及活血的功效。当前，现代药理学研究表明，黄芪配伍后可增强疗效。研究经典药对“黄芪—莪术”对患结肠癌小鼠的治疗作用，发现当黄芪与莪术质量配比为 1∶1 时，对结肠癌的抑制作用较好，为临床治疗结肠癌提供了依据。另有研究采用网络药理学分析，将“黄芪—鸡血藤”药对进行挖掘，发现该药对通过调节鼠类肉瘤病毒癌基因、白细胞介素-6、肿瘤坏死因子-α 等关键靶点，可调控机体代谢水平，进而治疗白细胞减少症。分析发现，药对 “黄芪—葛根”配伍后可对糖尿病大鼠有调节血糖、血脂及消炎的作用。通过研究“黄芪—丹参”药对配伍后的化学成分变化及药理作用，发现二者配伍后活性物质发生相互作用，产生新活性物质，另外，该研究也发现此药对还可激活 Wnt（分泌型糖蛋白）信号转导通路和酪氨酸蛋白激酶/信号转导与转录激活因子通路中的关键蛋白，从而改善肝肾纤维化。研究发现“冰片—黄芪”配伍后黄芪甲苷、三七总皂苷可激活 Notch 信号通路（细胞间通信的重要途径）、上调血管内皮生长因子表达，对脑缺血再灌注损伤大鼠的神经起到保护作用。淫羊藿与黄芪配伍后黄芪多糖与淫羊藿总黄酮可对去势骨质疏松的大鼠有治疗保护作用，具体表现为大鼠骨干质量、骨灰质量、骨骼中钙离子及骨骼中磷离子的含量均明显升高。

（3）相关制剂

随着中药药理学、中药药剂学、分子生物学、中药化学等学科的不断发展进步与互相交融，以及人们对疾病的深入探索，中药的给药形式日益完善，剂型的研究水平也不断提高。选用合理的剂型不仅可高效发挥药物的疗效，也可提高药物的生物利用度，并且针对同一药物若剂型不同，其发挥的药效作用也有所不同。

目前，临床上应用的黄芪制剂种类繁多，如黄芪口服液，该制剂常用于治疗慢性心力衰竭、心肌纤维化类疾病，也在辅助化疗治疗老年肺癌方面有较为显著的效果。《中华人民共和国药典》（2020 年版）中记载的黄芪颗粒可补气固表、利尿、生肌。有研究发现，黄芪颗粒可用来改善患有支原体肺炎和心肌损害病人的心肌功能。临床用黄芪注射液来缓解溃疡性结肠炎、治疗急性肺损伤、延缓慢性肾衰竭。黄芪胶囊在临床上常用来提高甲状腺疾病患者的自身免疫力。相关研究表明，黄芪药物也可治疗过敏性鼻炎，早期在临床使用的复方黄芪鼻腔喷雾有较好的临床疗效。随着制剂技术的改进，给药系统更加完善，黄芪纳米微粒、黄芪多糖脂质体等制剂的出现及应用，使黄芪在临床上发挥了更重要的作用。

在临床用药中中药和西药也常联合使用。黄芪可联合依诺肝素钠来治疗妊娠中期严重羊水过少，可联合二甲双胍改善 Ⅱ 型糖尿病患者的胰岛素抵抗并提高胰岛素分泌指数水平，可联合维生素 C 治疗病毒性心肌炎等疾病。同时，黄芪有效成分或其成方制剂也可与西药进行配伍。黄芪注射液可联合布地奈德雾化治疗支气管哮喘，联合磷酸肌酸钠治疗病毒性心肌炎；

黄芪胶囊可联合缬沙坦治疗高血压肾病，改善肾功能，降低血压水平；黄芪颗粒氢化可的松琥珀酸钠治疗过敏性紫癜，联合门冬胰岛素治疗妊娠糖尿病，联合丙酸氟替卡松治疗婴幼儿哮喘等。

31.1.2 食用方面

在《备急千金要方》食治篇中，孙思邈提出食治重于药治的思想观念，这一理念对于我国食疗养生学的发展有着重大而深远的意义。《食疗本草》一书的出现促进了食疗养生学的发展，将其推向新的阶段。《食性本草》《日用本草》《饮膳正要》《饮食须知》等著作的问世推动了中医食疗学的发展。其中，药膳体现着寓医于食的特点。苏轼在《善脾》一诗中写道："固脾节饮水，游乐多行走。盘腿擦涌泉，闲坐观菖蒲。地黄芪门煎，酌饮蛤蜊酒。长餐茯苓面，常食杞菊馐。"又在诗中写道："白发敲簪羞彩胜，黄芪煮粥荐春盘。"在古时以黄芪粥养生较为常见，亦有白居易在《斋居》中写道："黄耆数匙粥，赤箭一瓯汤。"黄芪古时称作黄耆，"耆"有年长之意，这体现着黄芪补益、延缓人体衰老的养生功效。黄芪在养生保健方面有着悠久的历史，随着食品工艺的发展，人们的健康意识不断提高，其养生应用形式更加多样化。

(1)食用现状

黄芪属于中医传统的补虚药，其历史悠久，在保健食品和诸多疾病临床治疗上被广泛应用，多与其他中药配伍应用于多种疾病的保健康复与治疗。黄芪提取物多被制成单剂或保健食品，其抗癌、抗衰老、预防感冒以及强身健体等作用得到广泛认可。其中，含黄芪的保健品配方有 1049 个，黄芪常通过煲汤、泡茶、泡酒、煎汤、烧饭、烧粥来作为药膳食用。黄芪性温，适宜气血不足、气短乏力、体虚者食用，感冒、糖尿病、白细胞减少、慢性肾炎、慢性肝炎、慢性溃疡、自汗多汗、内伤劳倦、脾虚泄泻、脱肛、子宫脱垂等症患者以及一切气虚体弱者可常食。但服用免疫抑制剂环磷酰胺患者以及肾阴虚、湿热体质、热毒炽盛之人不宜食用。

(2)产品的保健功能及配伍

黄芪含有黄芪多糖、黄芪黄酮、多种微量元素及人体所必需的氨基酸等成分，主要用于免疫性疾病、血液疾病、内分泌疾病、心血管疾病等的防治与辅助治疗。黄芪多糖常分别与枸杞多糖、当归多糖、党参多糖等配合使用，具有增强免疫力的保健功能；黄芪多糖分别与茯苓多糖、葛根素、苦瓜皂苷、山药等配合使用，以达到调节血糖的作用；黄芪多糖分别与阿魏酸、西洋参多糖、银杏黄酮等合用，可调节机体血脂；黄芪多糖与大枣中的皂苷配合使用，可调节血压；黄芪黄酮类分别和红景天提取物、灵芝三萜类、淫羊藿总黄酮、山楂黄酮类联合使用，常被应用于抗氧化、抗衰老功能性产品；在缓解体力疲劳的相关产品中常以黄芪多糖配合西洋参皂苷、红景天皂苷、鹿茸多肽类等成分使用，或将黄芪总黄酮与党参总黄酮联合使用；熟地黄多糖、大枣多糖、阿胶中蛋白质与氨基酸分别与黄芪多糖组合开发相关产品；黄芪多糖在防辐射、抗肿瘤、护肝方面也有较为广泛的开发和应用。

(3)产品类型

①流体类产品

黄芪流体类产品的开发种类有饮类、酒类、汤类等。如饮类有黄芪蜂蜜饮、黄芪薄荷红茶菌饮品、黄芪复合抗疲劳饮料、红枣黄芪减肥浓浆等饮品，在亚健康人群以及在由运动引起的暂时性疲劳中广泛应用。药膳领域以汤类为多，如黄芪羊肉汤、健胃黄芪鸡块汤，常作药膳食用，以增强健胃消食、壮阳益肾、健身提神、提高机体免疫力等。酒类有黄步新研制的黄芪药酒、黄芪多依果酒、黄芪土茯苓滋补酒，强健体魄、焕发精神，可提高免疫力。复合发酵型黄芪保健酒，在通过微生物复合发酵作用后，使得黄芪中活性物质提取率提高，该酒具有保健营养价值。奶制品类有益气补血黄芪牛奶，是将水果发酵后再加入黄芪、当归等提取物，该品益气补血、调经，多适用于女性。

近年来，中药发酵技术颇受关注，大量研究表明，黄芪发酵后可促使黄芪的有效成分溶出、新的化学成分产生、促进机体吸收、改善药物口感、有益于肠道菌群稳定。预计，黄芪发酵液也可能加工制成相关产品，如乳酸菌饮料、酵素类果冻、酵素类固体饮料等，拓宽黄芪的市场开发渠道。

②半流体类产品

半流体食物多适用于消化不良、手术前后或患有其他疾病的人群。将中药黄芪与半流体食物一起烹饪可增强养生效果。如黄芪养生粥有治疗郁病的作用。黄芪粥可达到健脾、固表止汗的作用；羊胰黄芪粥适用于多食、易饥、消瘦，易口干舌燥类人群。羹类有适用于半身不遂患者的黄芪猪肉羹，可补益精气、活血化瘀。黑豆芸豆黄芪羹、黄芪健胃膏及黄芪保健酸奶在日常生活中常可用于养胃，其中，黄芪健胃膏已被药典记录，该膏还具有补中益气、缓急止痛的功效。基于半流体产品的优点，可将黄芪开发成此类产品，如含黄芪土豆泥、含黄芪果泥等。

③固体类产品

固体类食物是最常见的食品形式，出于对健康生活的追求，人们在日常饮食生活中也常将中药作为保健料加入日常料理中。饭食类中，如黄芪保健饼干是将不同的主材料与保健料分别进行打糊、磨粉后，与面粉以及小麦胚芽粉进行混合，将制得的饼胚进行烘烤的饼干，不仅可以充饥，还具保健功效。黄芪蜂花粉糕可提高免疫力、补气生血，可作为糖尿病患者、高血脂病患者的食疗保健品。糖果类中，有可滋阴补血、养血调经的红枣黄芪滋补红糖、黄芪玫瑰方糖。黄芪纤维口香糖，不但对口腔和牙齿有清洁能力，同时又可增强身体免疫力。黄芪健齿洁口糖是一种咀嚼型食品，在洁净口腔的同时还可预防龋齿、提高机体免疫力。将黄芪制成保健蜜饯在补充维生素和糖类的同时还可补气养血。

茶叶类产品有可降压减脂的陈皮黄芪普洱茶、安神的黄芪花茶以及可降低血压血脂的黄芪茯茶。粉散类产品的代表是黄芪紫薯粉，其营养丰富、风味独特、保健功效强。以黄芪为主的黄芪燕麦即食米粉，其营养价值颇高，糖尿病人群、中老年人群可服用。

人们生活的忙碌，使得越来越多的人青睐于粉丝泡面、方便粥饭等速食食品和饼干糕点类即食食品。基于已有的产品之上，可开发关于黄芪的薯片、馍片、曲奇饼干、威化饼干、八宝饭、营养早餐食品等。自国家卫健委将中药黄芪纳入药食同源物质名录后，黄芪在食品领域、营养保健领域开始逐步发展，有着较为广阔的市场前景。经查阅文献专利，对黄芪已有的产品进行归纳，表 31-1 所示为黄芪在食品养生方面已有的部分产品。

表 31-1　黄芪药食同源保健产品

分类	专利产品
酒类	黄芪药酒、黄芪多依果酒、黄芪土茯苓滋补酒、复合发酵型黄芪保健酒、黄芪鳖甲酒、黄芪燕麦酒、灵芝黄芪保健药酒、黄芪糙米甜酒糟、黄芪枸杞糯米酒
饮类	黄芪蜂蜜饮、黄芪薄荷红茶菌饮品、黄芪复合抗疲劳饮料、红枣黄芪减肥浓浆、黄芪红茶、黄芪豆浆、黄芪大枣饮料、黄芪苹果醋、黄芪速溶咖啡

续表

分类	专利产品
奶制品	益气补血黄芪牛奶、黄芪保健酸奶
汤类	黄芪羊肉汤、健胃黄芪鸡块汤、黄芪虫草汤、果蔬汤(含黄芪)
粥类	黄芪粥、羊胰黄芪粥、黄芪山药粥、黄芪党参老母鸡保健粥、枸杞黄芪养生粥
糊类	黄芪保健米糊
羹类	黄芪猪肉羹、黑豆芸豆黄芪羹、黄鳝猪肉黄芪大枣煲
膏类	黄芪健胃膏
饭食类	黄芪保健饼干、黄芪蜂花粉糕、无糖黄芪酥性饼干、黄芪保健锅巴、黄芪多糖面包馅料、黄芪糕、党参黄芪糕、黄芪养生米、补血面条、莜麦黄芪挂面
茶叶类	陈皮黄芪普洱茶、黄芪花茶、黄芪茯茶、黄芪六堡茶、黄芪养生茶、黄芪护肝保健茶、黄芪甘草茶、黄芪保健茶、降脂减肥保健茶
糖果类	红枣黄芪滋补红糖、黄芪玫瑰方糖、黄芪健齿洁口糖、黄芪保健蜜饯、复方黄芪黑大蒜夹心巧克力、黄芪芝麻口香糖
粉散类	黄芪紫薯粉、黄芪燕麦米粉、黄秋葵黄芪麦冬米粉、黄芪全鱼鱼面、黄芪胡萝卜蜂蜜奶茶粉、川芎黄芪保健粉
肉食类	虫草黄芪鸭、黄芪牛肉、黄芪猪肝、龙眼黄芪鸭血、黄芪糯米炖鲈鱼、桂圆黄芪牛肉干
调味品	黄芪酱油、川芎黄芪酱油、川芎黄芪保健醋、茯苓黄芪保健调味粉、黄芪籽油

31.1.3 其他方面的应用

研究发现,在畜牧业中黄芪的应用也颇为广泛。在饲料中添加黄芪多糖可替代外源性激素类添加剂,可增加蛋鸡产蛋率。将黄芪药渣发酵后添加到饲料中或使用黄芪微生态饲料,可增强畜禽的免疫力,提高存活率。在畜牧业中抗生素的滥用存在着一定的健康隐患,中药可代替抗生素添加在饲料中应用,可将黄芪药用部位及其非药用部位充分开发应用。同时,也有将黄芪开发成生物复合肥,用于改善土壤,提高肥效利用率。化肥的滥用对环境造成了污染,也会在植物(农作物)体内有所残留,将植物中药用于农作物种植中,可开发相关的营养剂、中药化肥等。

随着生活品质的提高,人们在日化用品方面的要求也愈加严格,无激素、无化学产品、无刺激性的要求使得纯植物中药广泛地运用在该领域,黄芪在中药护肤品、化妆品的市场得到了开发。此外,黄芪在其他领域也有所开发,表 31-2 所示为黄芪在其他领域的开发产品。

表 31-2　黄芪的其他产品和应用

分类	专利产品
畜牧业产品	黄芪粉牦牛犊开食料、低聚壳聚糖—黄芪多糖生态饲料添加剂、黄芪微生态饲料、黄芪多糖吉丁虫饲料、黄芪提取物鱼饲料、黄芪渣饲料添加剂
种植业产品	黄芪专用发酵肥、黄芪专用生物复合肥
工业产品	黄芪废渣制备活性炭、含黄芪多糖和香芹酚的香蕉保鲜剂
日化产品	黄芪甲苷抗皮肤衰老护肤化妆品、黄芪滋润抗衰化妆品、黄芪薏米面膜、黄芪甲苷祛疤液、黄芪甲苷沐浴液、黄芪美白护肤皂、含有黄芪板蓝根的止痒洗发液、黄芪花粉晚霜、黄芪保湿护手霜、艾草黄芪足浴粉、活血暖宫中药泡脚液
家居产品	当归黄芪枕垫、养颜安眠可换药袋床垫、中药薰香、护腰保健靠垫
烟草类商品	黄芪叶非烟草香烟、黄芪保健香烟

31.2　成分、药理与药食同源发展

积极发展野生黄芪加工业，根据黄芪多糖免疫、皂苷抗炎、黄酮抗衰三大性能，利用破壁、发酵、膜分离等创新技术，结合全龄生态绿色健康生活理念，创新、重组、研发新生态加工产品。推进区域中药工业数字化、网络化、智能化建设，加强技术集成和工艺创新，提升中药装备制造水平，加速中药生产工艺、流程的标准化、现代化，提升中药工业知识产权运用能力，融入具有国内竞争力的大同地区中药制造产业集群。

31.2.1　化学成分和药理

(1)中医理论

黄芪味甘，性温。归经：归肺、脾经。功能主治补气升阳、固表止汗、利水消肿、生津养血、行滞通痹、托毒排脓、敛疮生肌。在临床中，各种癌症，无论手术与否，大都会辨证施用。其既能抗癌，又能增强机体免疫力，提高治愈率，提高患者生存、生活质量。放化疗时用黄芪，可减轻放化疗的毒副作用，提高疗效，增强病人的耐受力。

黄芪入肺、脾二经，长于补肺、脾之气，故多用于肺气不足、脾气虚弱的中晚期肺癌、胃癌等，常与党参、白术、茯苓等配合应用。

黄芪性温，功能升阳益气，故又常用于直肠癌、乙状结肠癌等肠道恶性肿瘤的治疗，常配伍升麻、柴胡等。

黄芪利水消肿，常常用于癌症晚期胸腹水，且临床中往往大剂量使用黄芪。

黄芪托毒排脓、敛疮生肌，因此，皮肤癌、鼻咽癌、骨癌等的治疗也经常使用大剂量的黄芪。

黄芪补气而能摄血、益卫而能固表，故又用于各种癌症引起的气亏出血和自汗、盗汗等症。

(2)化学成分

现代对黄芪的化学成分研究显示，其主要含皂苷、黄酮、多糖、氨基酸和多种微量元素等。

①多糖类

黄芪的多糖主要有葡聚糖和杂多糖。其中，葡聚糖又有水溶性葡聚糖和水不溶性葡聚糖。黄芪中所含的杂多糖多为水溶性酸性杂多糖，主要由葡萄糖、鼠李糖、阿拉伯糖和半乳糖组成，少量含有糖醛酸，由半乳糖醛酸和葡萄糖醛酸组成，而有些杂多糖仅由葡萄糖和阿拉伯糖组成。

②皂苷类

目前，从黄芪中已分离出 40 多种皂苷，主要有黄芪皂苷Ⅰ、Ⅱ、Ⅲ、Ⅳ、Ⅴ、Ⅵ、Ⅶ，异黄芪皂苷Ⅰ、Ⅱ、Ⅳ 及大豆皂苷Ⅰ等。除大豆皂苷Ⅰ、黄芪皂苷Ⅴ外，其余均以环羊毛脂烷型的四环三萜皂苷类为苷元，总称为黄芪皂苷。

③黄酮类

黄芪中分得黄酮或黄酮类物质 30 多种，主要有槲皮素、山奈黄素、异鼠李素、鼠李异柠檬素、羟基异黄酮、异黄烷、芦丁、芒柄花素、毛蕊异黄酮等。黄芪总黄酮中主要含有 6 种单体化合物，其中 4 种为异黄酮类化合物，它们分别是：β-谷甾醇、芒柄花黄素、毛蕊异黄酮、β-谷甾醇-3-0-β-D-葡萄糖苷、芒柄花黄素-7-O-β-D-吡喃葡萄糖苷和毛蕊异黄酮-7-0-β-D-吡喃葡萄糖苷。

④氨基酸类

黄芪中所含的氨基酸类物质大约有 25 种，如 γ-氨基丁酸、天冬酰胺、苏氨酸、丝氨酸等。

此外，黄芪中还含有微量元素、甾醇类物质、叶酸、亚麻酸、核黄素等。

(3)现代药理作用

现代药理学研究表明，黄芪具有多种生物活性，主要有保护心脑血管、改善心功能、免疫调节、促进机体代谢、抗病毒、抗炎、抗菌、治疗糖尿病、抗氧化、抗肿瘤、保肝、修复DNA损伤等多种药理作用等。研究表明，黄芪皂苷具有早期糖尿病治疗、缺血性脑损伤保护、抗炎等作用，黄芪多糖及皂苷具有免疫调节作用和心血管保护作用。黄芪总黄酮具有抗氧化、抗突变、抗衰老等作用。而对黄芪的抗癌作用也在不断探索中，现有的研究表明，黄芪对各种癌症均有效果，尤以肺癌、肝癌、肺腺癌、结肠癌、黑色素瘤、鼻咽癌、皮肤癌为甚。

①黄芪(皂苷和多糖)抗肿瘤作用机制

目前，黄芪的抗肿瘤作用成分研究主要集中于黄芪皂苷及黄芪多糖。

黄芪的抗癌作用主要是通过对机体的免疫调节、诱导细胞因子产生、增强抗氧化酶活性，以及黄芪富含微量元素和可能抑制癌基因表达等来实现的。

提高免疫功能。有关黄芪增强免疫功能的实验研究甚多。黄芪可以改善人体免疫球蛋白、T淋巴细胞亚群、天然杀伤细胞以及淋巴因子激活的杀伤细胞等各项免疫指标，单味黄芪即可使免疫抑制的体液和细胞免疫功能得到恢复，黄芪可促进造血干细胞和部分造血祖细胞的增殖、分化以及增强巨噬细胞的吞噬活性。研究表明，黄芪能使免疫器官增重、免疫细胞数复常、巨噬细胞功能增强、促T淋巴细胞转化。总之，黄芪具有多方位调节免疫功能的作用，可明显增强癌症患者的免疫力，进而通过机体的中介发挥抗癌效应。

抑制肿瘤血管生成。黄芪皂苷可以抑制肿瘤血管生成，同时也抑制肿瘤细胞的恶性入侵和新陈代谢。研究发现，黄芪皂苷可以通过抑制原有血管生成因子的作用而削弱癌细胞的恶性增殖，进而抑制血管生成和癌细胞迁移。此外，黄芪皂苷可与其他药物协同作用抑制血管生成，如雷帕霉素与黄芪皂苷协同孵育HCT-116癌细胞后，比单独用雷帕霉素或黄芪皂苷孵育时效果更好。

抑制癌细胞恶性增殖。黄芪皂苷可以通过抑制细胞有丝分裂来阻碍癌细胞的增殖。研究表明，在体外实验下，用黄芪皂苷孵育的胃癌细胞的增殖随着孵育浓度和时间的增加而受到的抑制作用越来越强。同时，黄芪皂苷使胃癌细胞中C-myc蛋白的表达量下降，进而抑制肿瘤组织块的快速恶性增殖。

抑制癌细胞侵袭和转移。黄芪皂苷可使癌细胞的迁移率大大降低，其抑制迁移效果明显。同时，黄芪总黄酮也能通过调控*FAK*和*BRCA*1基因的表达来抑制胸腺癌细胞的生长、转移和入侵。

诱导癌细胞凋亡。黄芪可诱导淋巴细胞产生白介素-2和干扰素。这两种物质是活性极高的生物效应调节剂，直接或间接参与细胞因子网络和免疫系统的调控，从而可以多种方式诱导肿瘤细胞凋亡。有研究表明，黄芪可使鼻咽癌细胞存活率降低、染色质凝缩、细胞核破裂和凋亡；黄芪多糖能抑制肝癌细胞增殖，用量合适时，抑制率可达80%以上；黄芪甲苷可加速乳腺癌细胞的凋亡，随着黄芪甲苷浓度的增大，乳腺癌细胞的凋亡速度不断增加；黄芪甲苷亦可抑制肺癌A549细胞中自噬通路P62蛋白的表达，从而抑制自噬的发生；芒柄花黄素可以抑制癌细胞*Bcl*-2基因的表达和凋亡，同时还可通过雌激素受体依赖性的机制来抑制乳腺癌细胞的增殖，促进其凋亡。而黄芪皂苷也有着促使癌细胞凋亡的同样作用，黄芪皂苷可使胃癌细胞BGC-823的细胞凋亡率增加。同时，有实验也证实了胸腺癌细胞在用黄酮皂苷处理后，生存能力大大降低。

抑制肿瘤生长。黄芪对肿瘤生长亦有抑制效应。研究表明，黄芪可使肝癌 H22、胃癌 BGC-823、胸腺癌 MDA-MB468、鼻咽癌 NPC 荷瘤小鼠的肿瘤块体积缩小，具有很好的抑制肿瘤块生长的功能，且不良反应很小，存活期延长。

增强抗氧化酶活性。自由基与肿瘤的发生、发展有关。作为自由基清除剂的超氧化物歧化酶(SOD)对抑制肿瘤发生有重要作用。而黄芪可激活和升高超氧化物歧化酶的活性，黄芪总黄酮可降低细胞脂质过氧化物生成，保护并增强 SOD 活性，阻断自由基的链式反应，防止细胞膜损伤和致突变作用。显而易见，黄芪通过增强 SOD 活性来清除自由基，则是在生化反应环节发挥了防癌、抗癌作用。

②黄芪甲苷抗肿瘤活性机理

黄芪甲苷是一种羊毛脂醇型四环三萜皂苷，鉴于黄芪甲苷是黄芪最主要的单体活性成分，具有抗菌抗炎、增强免疫等功效，其含量的多少是衡量黄芪质量好坏的最重要指标。因此，对黄芪甲苷的单独研究也是热点之一，国内外多项药理学研究已经证实黄芪甲苷具有显著的抗肿瘤活性，在肺癌、乳腺癌、结直肠癌、肝癌等众多癌症中能够起到明显的抑制癌症作用，其作为抗癌药物的价值逐渐体现出来。同时，通过对黄芪甲苷的抗癌机理研究也证实了黄芪的抗癌机理。黄芪甲苷的抗癌机制主要如下。

调节非编码 RNA(核糖核酸)，以调节免疫系统，增强对抗癌药物的敏感性以及调控信号通路等，诱导肿瘤细胞凋亡，并降低肿瘤细胞活力。黄芪甲苷能抑制非小细胞肺癌细胞的侵袭、迁移和血管生成。体内实验证明，黄芪甲苷能明显地抑制肿瘤生长并减少其转移。此外，黄芪甲苷还能通过阻断巨噬细胞的极化来减少肺癌的发生、发展。

调节肿瘤细胞生存微环境，促使肿瘤细胞凋亡。胃癌的相关细胞通过给癌细胞提供营养支持能显著促进胃癌的发生和进展，研究发现黄芪甲苷可通过调节 miRNA(微核糖核酸)的表达来抑制细胞的作用，是一种有效的调节肿瘤微环境的治疗药物，同时，黄芪甲苷还能抑制结肠癌、直肠癌细胞系的增殖，引起细胞分裂期阻滞，并下调细胞周期蛋白的表达水平，进而促使肿瘤细胞凋亡。

增强化疗药物敏感性。研究表明，黄芪甲苷可增强吉非替尼、紫杉醇、奥沙利铂、顺铂等化疗药物的敏感性，从而增强化疗药物的作用。

(4)综合功效

黄芪入药历史悠久，对其抗癌的分子机制研究在抗血管生成和诱导癌细胞凋亡等方面较为深入。在癌症的临床治疗中，中医药始终处于辅助治疗的位置，尽管黄芪使用频繁，对癌症患者的生存质量改善有较好的作用，但也不例外。目前，黄芪临床上多采取与其他药物联用或组方配合化疗应用。如用参芪注射液辅助治疗中晚期肝癌、用肺瘤平膏剂治疗肺癌、黄芪抗癌冲剂治疗的晚期胃癌等均取得了良好的疗效。用黄芪等中药，联合化疗，治疗胃癌、食管癌、肺癌等，能减轻化疗对造血系统的抑制，并具有一定的增效作用。

近年来，越来越多的中药单体被证实对一些肿瘤有明显的抑制作用，比如丹参酮、人参皂苷、淫羊藿素等。黄芪是另外一个最有希望开发出单体抗癌药物的中草药，其主要活性成分黄芪甲苷具有无毒副作用、高安全性、疗效显著等特点。现有的研究已经表明，它在肺癌、乳腺癌、结肠癌、肝癌等众多癌症中能够起到明显的抑制作用，一旦黄芪甲苷或其衍生化合物作为抗癌药物应用于临床，无疑会是中药抗癌的又一个重大突破。

31.2.2 发展重点

研究制定野生黄芪高质量生产的技术标准、程序标准。推进实施中药标准化行动计划，构建中药产业全链条的优质产品标准体系。

积极引进龙头企业，鼓励加工基地建设，实施中药绿色制造工程，形成门类丰富的新兴绿色产业体系，减少重金属及其化合物的使用量，严格执行《中药类制药工业水污染物排放标准》(GB 21906—2008)，建立中药绿色制造体系。

根据循环经济理论，提高黄芪资源的综合利用，对黄芪加工产生的附属品、黄芪提取物可再次生产利用。

探索野生黄芪在亚健康调理、保健预防、康复疗养、抗衰老、美容美体等方面的功效，加快形成一、二、三产业融合性产品。

根据药食同源理论，积极研发和生产野生黄芪中药材为主要原料的药品、功能性食品、保健食品、化妆品、添加剂、日用品、植物提取物等产品，提高中药材的综合利用率和附加值，延长产业链，促进中药工业转型升级。

以信息化体系支撑产品生产等全产业链条的智能化升级，引进智能制造生产线，实现自动化、信息化、连续化生产，提升产能且降低人工干预，实现关键生产指标的全程监控，最终提升产品质量。

31.2.3 科技与创新

(1)多糖类：免疫

黄芪多糖具有明显的抗氧化、抑菌、提高免疫力、抗肿瘤等生理活性，被用到保健食品中，市场前景广阔(图 31-1)。目前，大部分黄芪保健饮品的研究集中在新品研发及工艺优化上，应予以关注产品功能性的评价或功能性成分的检测，推进黄芪保健产品的应用。

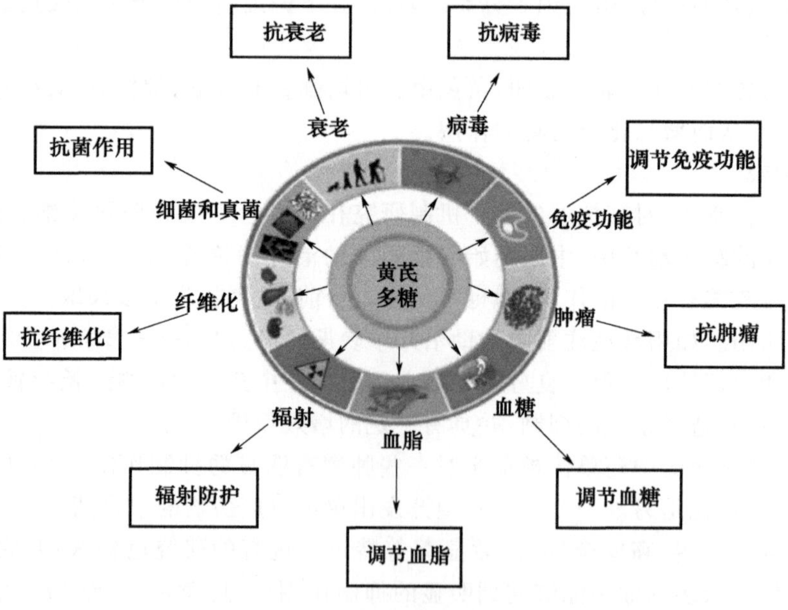

图 31-1　黄芪多糖的药理作用

黄芪的开发利用与其组织中黄芪多糖的提取效率密切相关。为了提高黄芪多糖的提取效率，学者对黄芪多糖的提取方法进行了大量研究。黄芪多糖的提取方法较多，常用的传统提取方法有水提醇沉法、碱提醇沉法等。近些年来，超声辅助提取法、微波辅助提取法、酶提取法等现代提取方法也被大量使用，经试验证实具有较高的提取效果。

采用纤维素酶法提取的黄芪多糖产率高、产品稳定，而且反应条件温和、节能环保，是提取植物多糖较好的方法。

①黄芪保健饮料

随着社会竞争日益激烈、工作节奏越来越快，疲劳已成为普遍存在的现象，缓解疲劳、恢复体力、提高机体抵抗力等功能的保健饮品成为研究的热点。以黄芪、枸杞为原料，添加山梨醇、浓缩猕猴桃汁和黄原胶，可以制成具有黄芪特有风味的黄芪枸杞复合饮料。以恒山黄芪、大枣和潞党参为原料，按 2：2：1 配比，通过优化提取工艺和制备工艺，制得颗粒和粉末两种类型的抗疲劳固体饮料，该方经证实抗疲劳效果显著。很多学者研究了黄芪多糖的抗衰老作用，研制了复合黄芪抗衰老饮料、板栗黄芪抗氧化饮料、黄芪玫瑰花抗氧化祛斑饮料等。这些保健饮品的研制为黄芪及其提取物的开发应用提供了新路径。

②黄芪保健酸奶

黄芪汁具有一定的抑菌作用，采用超声提取法获得黄芪提取物，将其与脱脂奶粉、蔗糖按比例混合、均质，加入保加利亚乳杆菌、嗜热链球菌进行发酵制得一款保健酸奶，并对其发酵工艺进行研究。通过响应面确定的最佳发酵工艺为：黄芪多糖添加量为 5%，蔗糖添加量为 10%，发酵时间为 6 小时，该条件下酸奶风味良好，感官测评得分最高，为 88 分。研制降血糖显著的黄芪酸奶，该产品中黄芪汁的添加量为 15.25%，麦芽糖醇的添加量为 8%，低聚木糖的添加量为 1.93%，选用嗜热链球菌、保加利亚乳杆菌和青春双歧杆菌三种菌等比例混合的复合菌，在 43 ℃下发酵 5 小时，菌种的接种量为 3.53%。在该发酵条件下，感官评分最高，为 94.4 分。经研究证明，它对肾脏病变和血脂也具有良好的改善作用。

③黄芪保健茶

黄芪茶具有很好的延缓衰老、调节血糖、改善心肌供血、提高机体免疫力等作用，是保健茶中的主要品种。黄芪茶制作简单，沸水冲泡，饮用方便，有单味或多味药物组成等不同种类。以黄芪、地梢瓜、黑枸杞、沙枣、葡萄干等为原料研制八宝茶，该茶具有养气补血、消暑败火的功效，非常适合哺乳期妈妈饮用。目前，保健茶的生产机械化程度较低，与标准化、产业化的要求还有一定的差距，应积极探索，实现保健茶产业的深度可持续发展。

④黄芪保健酒

很多学者采用浸泡勾兑工艺或蒸馏酒制备工艺等研制黄芪保健酒，取得了一系列研发成果。比如，以高粱和黄芪为原料，按 1：9 的比例混合，15 ℃发酵 40 小时，蒸馏、勾兑，制得含黄芪总多糖的发酵蒸馏型白酒。以黄米、糯米为原料，加入黄芪水提液发酵，制得含多糖的黄芪米酒。以企业生产中产生的苹果渣、板栗渣为原料，酶解、发酵、蒸馏，与黄芪提取液按比例混合，制得黄芪配制酒，生产成本低，又解决了企业难题，为开发保健食品提供了新思路。

(2)皂苷类：抗炎

黄芪皂苷是黄芪中主要的有效成分，从黄芪中分离出来的皂苷类化合物有 50 多种。黄芪皂苷的提取及分离纯化是以黄芪皂苷类作为指标成分进行黄芪药材及饮片质量评价的关键环节，合适的提取、分离纯化及含量测定方法对黄芪的开发与综合利用具有重要意义。

黄芪是中医临床上常用的大宗中药材，历史悠久，具有很高的保健价值和药用价值，多与其他中药配伍应用于多种疾病的保健与治疗中。黄芪皂苷类化合物是黄芪中主要的有效成分，但黄芪中成分复杂，且黄芪皂苷含量较低，故其各种提取、分离纯化方法均有一定的局限性，在具体试验操作中可根据实际情况，将多种方法有机结合，从而达到最佳的提取效果。同时，随着科技的发展，各项新技术的应用，使得黄芪皂苷的提取、分离纯化及含量测定方法存在的弊端将会得到有效解决。以黄芪为原料的保健品、食品、化妆品、动物饲料和有机绿肥等产品也具有极高的研发价值，这对于黄芪资源的进一步开发利用、实现黄芪的高值化利用具有重要意义。

(3)黄酮类:抗氧化、抗衰老、抗突变

黄芪总黄酮主要含黄酮、异黄酮、异黄烷和紫檀素型黄酮等 50 余种黄酮类化合物，其中，异黄酮的种类最多。黄芪总黄酮表现出显著的抗氧化、抗衰老、抗肿瘤、抗糖尿病、免疫调节和保护心血管系统等作用。

黄芪总黄酮的提取方法主要有乙醇回流提取法、超声波提取法、微波提取法等。目前，对黄芪中黄酮的研究主要集中在其药理作用上，现阶段国内外对黄芪黄酮的研究报道较少，黄芪黄酮还处于新的研究开发阶段，黄芪黄酮作为保健品和添加剂将成为新型保健食品和饲料添加剂中有发展潜力的一员，其开发利用具有广阔的前景。

从蒙古黄耆和膜荚黄耆的根、茎、叶和花中可提取分离到50余种黄酮类化合物，对其进行结构分类发现，主要为黄酮、异黄酮、异黄烷和紫檀素型黄酮，其中，异黄酮的种类最多。近年来，国内外对黄芪黄酮和黄酮苷类化合物的生物活性研究主要集中在免疫调节、抗氧化、抗衰老、抗肿瘤、抗糖尿病以及对心血管系统的影响等方面。随着机制研究的深入，发现黄芪总黄酮通过影响多条细胞信号转导通路发挥作用。黄酮类化合物为小分子，水溶性和脂溶性适中，具有开发成为药物的潜力。目前，对黄芪总黄酮和其中所含单一化合物的生物活性和药代动力学研究已比较完善，但仍需进一步总结其构效关系，为黄酮类药物的开发奠定基础。同时，以黄芪为原料的保健品、食品、化妆品、动物饲料和有机绿肥等产品也具有极高的研发价值。

(4)技术创新:黄芪破壁

①破壁技术

破壁技术，即利用高速气流破壁粉碎技术，把中药饮片细胞壁打破成为粉体后，再运用一种无添加成型的专利技术制作成均匀的颗粒状新型饮片。革命性创新技术解决了传统中药饮片存在的有效成分吸收利用率低、质量不稳定、品质不可控等问题，同时实现了用量准确、可直接冲泡服用、免煎煮、方便快捷，满足消费升级的需求。

②市场需求

在传统的养生应用领域，针灸、理疗以及服用一些能够调理身体、平衡体质的草本中药对健康进行干预的方法，几千年来都是养生的主流方式。随着时代发展，年轻一代消费者对过程繁琐、应用不便的方式产生了抵触，不利于中医药的传承。

③创新与技术

道地药材，道地炮制，再加上精湛的技术和手艺，对于本草独特的药性和作用具有不可或缺的作用。中药创新和回归天然既是顺势而为，是发展必然，也是中药企业坚持的创新方向。破壁草本改变了几千年传统中药饮片质量不均匀的问题，运用现代科技把植物细胞壁打破形成完全均匀的粉体，实现了临床剂量使用的品质保证，也实现了中药的可控，这一小步实现了中药很大的进步，是中药传承与创新的融合。一是有效成分更好吸收利用，有助于解决中药资源的可持续利用问题；二是冷水热水都可冲泡，服用非常便捷，能满足现代快节奏生活方式的需求。

④产品优势

黄芪破壁产品的特点：更好吸收，服用便捷。其有效成分吸收利用率达到 90%以上，而且可以直接冲泡饮用，无须耗时费力地煎煮，居家、旅行、办公都非常方便。

黄芪品牌中，如草晶华黄芪 2021 年市场份额达到 33%以上，高居黄芪饮片市场首位，全国销售量遥遥领先，市场占有率是排名第二位的 7 倍以上。其能在包括黄芪在内的整个破壁草本大类中脱颖而出，归根结底依靠的是产品力和品牌力。

31.3　加工产品与加工体系

31.3.1　加工产品建设

(1)初期产品

初期产品是指在较短时间内，利用较低的成本就可以开发并生产的产品。初期产品的类型大多为饮片、药材或普通食品。

(2)中期产品

中期产品是指经过 3～5 年，需要在较强资金支持下才能完成研究并投入生产，或者扩大已有产品的生产和市场规模的产品。中期产品的类型为保健食品、药品和动物饲料。据统计，以黄芪为原料的中成药达 200 多种，是我国大宗出口的商品之一。如黄芪注射液、参芪颗粒、芪蛭通络胶囊、北芪片、参芪消渴胶囊、参芪膏、参芪十一味颗粒、复芪止汗颗粒和十全大补丸等。除黄芪的药用产品外，还有黄芪养生保健食品、黄芪蛋白以及优质动物蛋白饲料或蛋白饲料添加剂、黄芪蛋白水解组合肽等多种新型药剂。药食同源的功能性食品、即食食品、美妆，将成为市场热点。

(3)远期产品

远期产品是经过 5～8 年，需要有充分资金支持才可以完成研究开发并投入生产的产品。如黄芪糖蛋白(一种新型免疫抑制药)、高 γ-干扰素活性功能牛奶和以黄芪为主药的新中药食品、复方药物、化妆品等。

31.3.2　加工体系建设

鼓励中药企业在生态原产地建设加工基地，加强采收、净选、切制、干燥、分级、保鲜、包装、贮藏等设施建设，配套现代加工装备，实现清洁化、连续化、自动化、标准化加工。

(1)产地加工能力建设

在继承与研究道地药材传统加工技艺的基础上，制定道地药材产地技术规范，建设清洁、规范、安全、高效的现代药材加工基地，综合运用化学、生物、工程、环保、信息等技术，提高药材质量。

(2)产地贮藏能力建设

加快道地药材生产基地产地贮藏设施设备建设，应用低温冷冻干燥、节能干燥、无硫处理、气调贮藏等新技术，提升药材保鲜能力，最大程度保持药效。

(3)综合利用能力建设

对药材生产过程中产生的非药用部位、药材及饮片加工过程中产生的下脚料等进行资源化利用，延伸产业链，提高综合收益。重点开展中药材产地加工，开发中药材功能性食品及保健品，提高产品附加值，推进加工工艺创新。

31.4 生态加工业体系支撑

生态加工业的布局如图 31-2 所示。

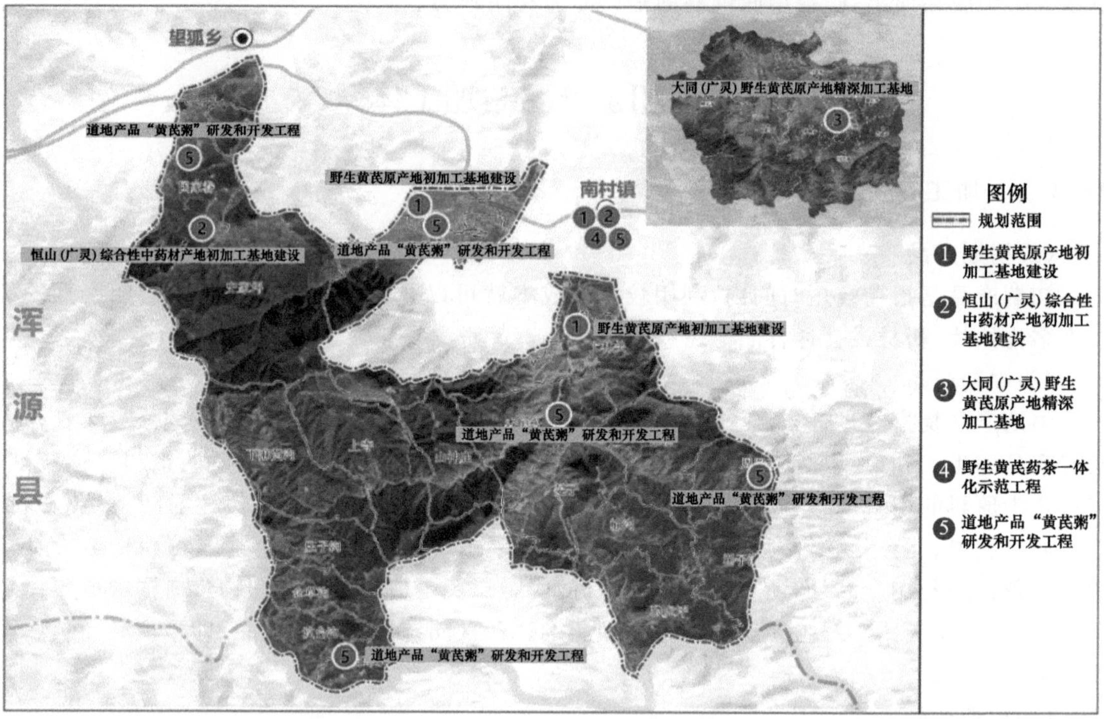

图 31-2 生态加工业布局图

31.4.1 现代野生黄芪中药材产地加工示范基地支撑

围绕野生黄芪，重点培育建设中药材初加工基地，适度发展或联合发展深加工基地。积极引进和扶持技术含量高、产品符合市场要求、规模化程度较高的加工企业，提高清洗、干燥、分选和包装的机械化、自动化水平。在原产地和集散地，鼓励逐步向开发特色炮制中药饮片、药食同源大健康产品等高层次精深加工方向发展。充分发挥中药材加工龙头企业对中药材加工基地的带动作用，推进中药材产地初加工标准化、规模化、集约化，鼓励中药生产企业向中药材产地延伸产业链，开展趁鲜切制和精深加工，提高药材加工品比例和规范化水平，增加附加值。包括初加工与中药饮片一体化、中药炮制自动化设备、植物提取物出口产品(美妆、功能性食品和饮品、预制菜)、饲用植物提取物粉(粗提物)等示范研究与应用推广。建议发展野生黄芪原产地初加工基地建设、恒山(广灵)综合性中药材产地初加工基地建设和大同(广灵)野生黄芪原产地精深加工基地项目。

31.4.2　野生黄芪药茶一体化示范工程支撑

药茶，是指中草药或具有药用性质的食物与茶叶(也可不含茶叶)合制而成的药剂，因其服用方法与日常饮茶相同而得名。药茶是中医学的一个组成部分，民间饮用药茶已有数千年的历史，因其调配方便，且疗效灵验的特点，已渐成人们乐于接受的防治疾病、养生保健新潮流。

(1)发展思路

野生黄芪药茶一体化示范工程，落户南村镇，是充分利用黄芪根、茎叶、花，利用现代一体化加工技术，以黄芪养生、药食同源为原则，研发和生产"野生黄芪药茶"系列产品的工程。

(2)产品研发

药茶一体化产品可分为三类：一是休闲药茶，包括黄芪红茶、黄芪绿茶、黄芪普洱茶、黄芪山楂茶、黄芪枸杞茶、黄芪菊花茶、黄芪奶茶等。二是功能药茶，包括四味补气血药茶、芪参药茶、芪风药茶、芪麦药茶、芪菊药茶、黄芪明目茶等。三是美容药茶，包括黄芪养颜茶、黄芪玉容茶、黄芪增颜茶、黄芪美肤茶、黄芪女皇茶、黄芪仙女茶等。

(3)发展重点

该工程包括建设药茶原料生产基地和加工基地；拓展"两网"(即建设药茶产地交易网络和药茶销地交易网络)；结合"康养山西、夏养山西"品牌契机，围绕"一山脉"(恒山山脉)，建设药茶主题展馆、主题公园、生态药茶园等标志性养生体验基地。

31.4.3　药食同源"黄芪粥"开发工程支撑

(1)开发思路

以中国黄芪粥文化博物品鉴馆为基地，以广灵三宝——野生黄芪、峪口小米、圣眷矿泉为核心食材，与其他养生食药配伍，突出功能性、文化性、艺术性，三峪乡村、度假村、民宿等均可开发道地"黄芪粥"系列产品，以速食粥和古法熬制粥为特色，鼓励以养生度假的形式现场品尝，可适度发展预制菜、即食食品和饮品。

(2)产品系列

药食同源"黄芪粥"可开发《诗经》"风雅颂"系列产品：一是风，代表地域、大众、多样，突出功能性。分为五大系列，分别是灵智粥和及第粥(少年粥)、补气粥(中老年)、强体粥(大众提高免疫力)、修行粥(素斋等)、康复粥(胃、心脏、肝脏、肾脏等功能恢复，以及调节血脂)。二是雅，代表文化、名人、艺术。分为六个子系列，分别是本性(长寿、君子、担当)、论道(典籍、名方)、名人(历史、文化、政治等)、文学(《红楼梦》等)、节庆(四时与节日、庆典)、宗教(宗教节日与素斋)。三是颂，代表四时节庆，包括节日、庆典、祭祀等。分为三个子系列，分别是以二十四节气、传统节日为主的节日子系列，以百日宴、生日宴、升学宴、婚宴、寿宴以及答谢宴、周年宴等为主的庆典子系列，以及以祭祀为主功能的子系列。

(3)开发重点

①功能性

依据药食同源理论，以功能性药粥为主，辅助黄芪粥点、黄芪菜、黄芪茶、黄芪饮、黄芪酒等。

a. 功能性药粥

结合黄芪促进机体代谢、保肝利尿、抗疲劳、增强和调节机体免疫功能、调节血糖、增强心肌收缩力(从而保护心血管)、降血脂、抗衰老、抗缺氧、抗辐射等功能,开发功能性黄芪药粥。

一是结合中医经典名方,开发玉屏风散粥、黄芪归脾粥、十全大补粥等,以黄芪为主药,可补益气血、活血通络、治疗多种疾病。

二是根据药食同源原则,整合广灵特产,开发多样化黄芪养生粥,如黄芪小米粥、黄芪党参粥、黄芪枸杞粥、黄芪羊脖粥、黄芪羊肉粥、黄芪当归乌鸡粥(益气补血)、黄芪山药老鸭粥、黄芪茯苓鲤鱼粥、"复方黄芪粥"等。

b. 配伍药食

中医诊脉,高端定制一对一的诊疗方案,配伍药食同源饮食,包括黄芪粥点、黄芪菜、黄芪茶、黄芪饮、黄芪酒等。

②文化性

粥品突出文化性,分为本性、论道、名人、文学(《红楼梦》)、节庆(腊八粥)、宗教(素斋)六大文化系列。

a. 本性

黄芪的药用历史已有2000多年,在中医处方中常有黄芪的身影,且多是担当主药。黄芪,味甘,性微温,归肺、脾经,具有健脾补中、益气升阳、固表止汗、利水消肿、托毒生肌作用,是中医补中益气的要药。

不同体质以及不同生理状态的人,都适宜长期食粥调补,古人把粥看成是养生保健、益寿延年的补益妙品。联合国规定的长寿地区标准是每百万人口中有百岁老人75位,而在江苏如皋地区的145万人口中,百岁老人已达172位,90岁以上的老人更是超过4000人。这与如皋地区"二粥一饭"的独特饮食习惯有关,如皋地区百岁老人中有74%每天早晚喝粥,这样可以减少热量的摄入,防止肥胖,有效抑制高血压、心脏病、糖尿病的发生。巴马的百岁老人中有74%的人每天早晚都要喝粥。

b. 论道

中华文明源远流长,上下可追溯几千年,而中国的粥文化根植于中华文明,一直流传至今。《周书》记载"黄帝始烹谷为粥",此"谷"泛指五谷:黍、稷、菽、麦、稻,"烹谷为粥"是说将黍、稷、菽、麦、稻等粮食用水煮至稠糊即为粥。可见,粥文化可以追溯到中华"人文始祖"时期。

粥在古时唤"鬻",亦唤"糜"。"鬻"本义为用火和水把米粒煮至最大体积,"糜"者粥粥然也,二者是粥最形象的表示。"烹谷为粥"使粥成为主要的特色饮食。随着时间的推移,粥的品种不断地发展。秦汉时有"麦粥""豆粥"之分,并且成为招待贵宾的食物,甚至是上位者用于奖赏的食物,曹操将红梁定为御粥,用于赏赐群臣;汉宣帝以粥赏赐儒生诵《楚辞》,"每一诵即与粥";唐明皇以"防风粥"赐文人学士。

随着粥的品种增加,粥的用途也不断延伸,不仅仅用于果腹充饥,还用于治病养生。《黄帝内经》云"药以祛之,食以随之","药粥"成为一种独特的食物存在,是集治病养生和果腹于一体的食物,并一直延续到现代。《史记》记载淳于意用"火齐粥"治疗齐王的阳虚痹。《伤寒论》张仲景令患者服用桂枝汤后,"啜热稀粥以助药力"。后《太平圣惠方》《太平总济》《脾胃论》等众多医药典籍对药粥进行阐述,并创造许多至今为人们沿用的粥品,如薏苡仁粥、黑豆粥、酸枣仁粥、羊骨粥等。

宋代时期,粥登上了大雅之堂。《太平御览》中把"糜粥"上升到"国食"的高度,足见说明粥的重要性。《圣济总录》《太平圣惠方》《养老奉亲书》等典籍中,收录了食疗粥方少则四十三首,多则一百二十九首。

明代医学家李时珍极为推崇药粥养生，他认为："世间第一补人之物，乃粥也。"经常喝粥，达到"日食二合米，胜似参芪一大包"的效果。李时珍主张老人、孩子以及脾胃功能虚弱的病人"药以去之，食以随之""谷肉果菜，食养尽之"。清光绪年间，黄云鹄编写《粥谱》，收录粥方二百四十七首，分为谷类、蔬类、木果类、植药类、卉药类、动物类等种类，分门别类，操作性强。

c. 名人

与粥结缘的名人大有人在。黄芪应用广泛，受到许多名人喜爱。如东汉光武帝与"将军粥"、北宋范仲淹"划粥断齑"、苏东坡与黄芪粥、白居易与黄芪粥、王维黄芪诗《送别》、南宋陆游《煮粥诗》、黄芪救太后传说、清代袁枚《随园食谱》、胡适坚持喝黄芪茶等。

d. 文学

黄芪粥与名著有不解之缘，以四大名著《红楼梦》为例，"品粥论红学，芪粥谈人生"，可开发"红楼文学粥""红楼美容粥"系列。《红楼梦》具有极高的文学价值和文化价值，是一部反映明清时代的百科全书，表现了那个时期非常丰富的文化内涵。书中将近有三分之一的内容描写了贾府众多人物丰富多彩的饮食文化活动，其中，粥的描写非常引人注目，有碧羹粥、御田粳米粥、腊八粥、奉儿粳米粥、红稻米粥、鸭子肉粥、燕窝粥等，更是清代盛世时对中国粥文化的生活实录。《红楼梦》中，薛宝钗注重美容养颜，在她的每日粥品中，可见一斑："每日早起，拿上等燕窝一两，冰糖五钱，用银吊子熬出粥来，若吃惯了，比药还强，最滋阴补气的。"燕窝本身就是美容养颜的上品，属"八珍"之一。一碗燕窝粥，显示了上流社会妇女的奢华和身份。

e. 节庆

按节庆类型，分为节日粥（四时节气、重阳节、寒食节、腊八等）和庆典粥（婚庆、生日庆、百天庆、纪念日庆、店庆等）。

寒食节：自周朝始，每年冬至后的第 105 天，是寒食节。节日期间，禁烟火，吃冷食。民间"寒食三日，煮粳米及麦为酪，捣杏仁煮作粥"。寒食节，粥成了主食。不仅如此，当时"仲秋之月，养衰老，授几杖，行糜粥"。用粥敬老的传统，延续至今，经久不息。

腊八粥：粥和民俗产生了交集。农历十二月初八，是佛祖成道节。佛教在南北朝时期传入中原后，寺庙的僧众在腊八施粥布道。受其影响，民间逐渐形成了腊八喝腊八粥的传统。南宋文人吴自牧在《梦粱录》中描述："此月八日，寺院谓之'腊八'，大刹寺等，俱设五味粥，名曰'腊八粥'。"由此，腊八粥在宋代演变为一种民俗。明清时期，腊八粥的内容更加充实。明《隆庆志》记载："用黍稷稻粱米杂之以豆，并枣、栗、核桃仁等物，煮粥食之。"清代文献《日下旧闻考》也提到："十二月八日，赐百官粥，民间也作腊八粥，以米果杂成之，品多者为胜，此盖循宋时故事。"

黄芪"果狮"腊八粥：具体做法是用黄芪汁浸泡，用黄芪花装饰，以烘干的脆枣做狮身，核桃仁、桃仁、甜杏仁的形状分别代表狮头、狮脚和狮尾，用糖粘住，与粥同煮即可。黄芪花和叶可与枣泥、豆沙、山药、山楂糕等食材结合，做成八仙、寿星和罗汉的造型，生动可爱，极富情趣。

f. 宗教

在极乐寺、周圆寺（即将扩建）、清凉寺（待复建）开设黄芪主题素斋，于宗教节日或初一、十五施粥，或为修士提供专业素斋。

③艺术性

从食器鉴赏、全景环境、沉浸养生三个方面体现艺术性。

a. 食器鉴赏

民以食为天，从古至今都有“美食配美器”之说。自古食器有鼎、金盘、乳钵、淡金盘、金碗、银蝶、玛瑙碗、玻璃盏、琥珀杯、金匙等精美的器具，为不同食物、不同场合，配合定制食用器具，将体现较高的艺术鉴赏水平。

b. 全景环境

对饮食环境全方位按照养生的要求布局，包括室外中药芳香园林、室内芳香园艺、就餐桌椅(即厅堂装饰)以及就餐的温度、湿度、负氧离子浓度、$PM_{2.5}$(可入肺颗粒物)浓度等均调整为适宜状态。

c. 沉浸养生

“饮食”在中国出生不凡，它是儒家文化的核心思想的本源。沉浸式养生，即通过服务人员的语言引导、仪表仪态，按照一定的饮食程序进行全方位养生饮食导引，使体验者全身心投入。

(4)药食同源“黄芪粥”文化

中国黄芪粥文化博物品鉴馆为中国第一家黄芪粥博物和品鉴馆，也是中国全面、生动展示中华几千年灿烂粥文化的主题博物馆。其位于上下白羊村，占地面积近 10 亩，建筑面积 3000 多平方米。该馆通过文物、文字、图片等配合 5D、VR(虚拟现实技术)等互动科技，详细介绍了粥的起源、发展、黄芪粥文化的足迹等，如少数民族粥、外国粥、名人与粥、《红楼梦》里的粥等。

①黄芪粥史

粥作为一种传统食品，在中国人心中的地位更是超过了世界上任何一个民族。在中国有文字记载的历史中，粥的踪迹伴随始终。关于粥的文字记载，最早见于《周书》：“黄帝始，烹谷为粥。”进入中古时期，粥的功能更是将“食用”“药用”高度融合，进入了带有人文色彩的“养生”层次，黄芪粥是当之无愧的代表。

②粥食器与千奇百怪粥品

罐装的粥、碗装的粥、袋装的粥、瓶装的粥，儿童营养粥、老人保健粥、妇女美容粥等各种各样的粥应有尽有。而更吸引游客目光的，是一些保存完好的古代制粥工具和食粥器皿等。

③制作体验与品鉴养生

该馆设置古法熬制现场，可参与体验；设置个人与团体品鉴空间，提前预约，穿越时空，体验苏轼黄芪粥、红楼名著粥、时令黄芪腊八粥、状元及第粥等。

④园林景观

馆舍地域开阔，周边山环水绕、高低层次错落有致。草木葱茏，环境优美，粥文化小品，点缀其间，人文景观与自然景观相映成趣。

第32章　全产业融合的生态服务业体系建设研究

生态服务业是指在充分合理开发、利用当地生态环境资源基础上发展的服务业。其发展在总体上有利于降低区域经济的资源和能源消耗强度，发展节约型社会，是整个循环经济正常运转的纽带和保障。白羊芪山生态服务业是基于野生黄芪抚育及其生态环境，以道地价值和数字化赋能生产性服务业和生活性服务业，从价值文化、服务形态、产业结构、产品项目等方面开展深入探索，构建全产业融合的生态服务业体系。

32.1　发展思路

生产性服务业方面，整合广灵县生产性服务业要素，围绕白羊芪山野生黄芪产业，以野生黄芪独特的地域品质和药理药效为核心，以科技为引领，借助云计算、云储藏、大数据，建设标准化体系、质量管理体系、科技研发体系，为中医药的发展提供了新的动力源；突出白羊芪山野生黄芪特色，发展多元化产业业态，以科技智能创新园区、战略储备基地和交易中心、黄芪香药综合开发项目为重点，做强、做大现代生产服务业；借助原产地地域识别和品牌效应，以产业联盟和论坛为抓手，线上和线下结合推广，引领健康消费理念。

生活性服务业方面，基于富锶、锰健康生态环境，以白羊芪山野生黄芪为主题，围绕"白羊芪山"品牌，基于野生黄芪原产地，以繁育基地、抚育基地、加工基地为基础，整合白羊峪、长江峪、圣眷峪，集合县域、镇域、乡域资源，着力培育康养、养老、文化、旅游、餐饮、住宿、体育等融合产业，鼓励发展中药材田园综合体、养生休闲农庄、药膳、中药文化民宿、康养文化、康养旅游等融合业态。

32.2　发展趋势

(1)科技化

可穿戴设备、远程医疗、双向音频远程、慢病监测、区块链医学等高科技将在白羊芪山健康医学领域大范围应用。

(2)精准化

通过精准的检测、治疗、康养来实现个性化、专业化的白羊芪山野生黄芪全生命周期健康的照顾管理系统。

(3)智能化

人工智能(AI)、物联网＋等新技术将为白羊芪山大健康产业带来变革。AI等信息化技术能够提升诊断治疗的智能化水平。

(4)融合化

白羊芪山大健康产业将与文化、旅游、体育、医疗、研学、教育等深度融合。

(5)国际化

国际合作与资源共享是未来白羊茋山医疗健康产业发展的趋势。通过“一带一路”建设，为白羊茋山与世界医疗健康产业合作搭建平台。

32.3 发展重点

32.3.1 生产性服务业

(1)培育生产服务主体

以政策支持、社会资本参与为原则，鼓励产业链链主企业作为龙头带动，专业大户、家庭农场、农民合作社等新型经营主体参与道地药材生产性服务。加快道地药材生产由分散生产服务向规模化生产服务转变，集中优势资源发展白羊茋山野生黄芪生产性服务业。

(2)创新生产经营模式

引导构建“龙头企业＋合作社＋基地”“龙头企业＋种植大户＋基地”等生产经营模式，鼓励社会资本参与道地药材生产，支持开展强强联合、共建共享。

(3)构建中药材流通体系

制定野生黄芪中药材流通体系建设规划，建设一批道地药材标准化、集约化、规模化和可追溯的初加工与仓储物流中心，与生产企业供应商管理和质量追溯体系紧密相连。利用大数据加强野生黄芪中药材生产信息搜集、价格动态监测分析和预测预警。实施野生黄芪中药材质量保障工程，建立中药材生产流通全过程质量管理和质量追溯体系，加强第三方检测平台建设。

(4)加强中药材供应保障

依托野生黄芪中药生产流通企业和中药材生产企业，完善国家和地方野生黄芪中药材应急储备，确保应对重大灾情、疫情及突发事件的用药需求。

(5)建立产销信息监测体系

构建白羊茋山野生黄芪道地药材产销信息监测网络，适时发布信息，引导合理安排生产，促进产销衔接。提供全面、准确、及时的白羊茋山野生黄芪中药材生产信息及趋势预测，促进产需有效衔接，防止生产大起大落和价格暴涨暴跌。

(6)建设生产技术服务网络

发挥农业技术推广体系作用，依托科研机构，构建全国性黄芪中药材生产技术服务网络，加强黄芪中药材生产先进适用技术转化和推广应用，促进白羊茋山野生黄芪中药材基地建设整体水平提高。

32.3.2 生活性服务业

(1)健康旅游

推动白羊茋山野生黄芪中医药健康服务与旅游产业有机融合，发展以中医药文化传播和体验为主题，融中医疗养、康复、养生、文化传播、商务会展、中药材科研与康养于一体的白羊茋山中医药健康旅游。

①鼓励发展一、二、三产融合性游览项目，包括野生黄芪抚育和采收体验、黄芪花酿蜜体

验、黄芪智能加工工厂游览参观、黄芪切片制作参与、自制黄芪药茶等。

②建设一批白羊芪山野生黄芪中医药特色旅游城镇、度假区、文化街、主题酒店，形成一批与野生黄芪中药科技农业、名贵中药材种植、田园风情生态休闲旅游结合的养生体验和观赏基地。重点开发建设白羊芪山国家中医药健康旅游示范基地、芳香药田中医药健康旅游综合体、黄芪小镇和黄芪乡村等项目。

③利用白羊芪山野生黄芪中医药文化元素突出的中医医疗机构、中药企业、名胜古迹、博物馆、中华老字号名店以及中药材种植基地、药用植物园、药膳食疗馆等资源，开发具有广灵地域特色的白羊芪山野生黄芪中医药健康旅游产品和线路。

④每年举办“白羊芪山野生黄芪中医药健康旅游季”，支持和举办国内外代表性强、发展潜力大、符合人民群众健康需求的中医药健康旅游展览、会议和论坛。

(2)养生文化

发掘白羊芪山野生黄芪中医药文化资源，优化野生黄芪中医药文化产业结构。创作科学准确、通俗易懂、贴近生活的野生黄芪中医药文化科普创意产品和文化精品。发展数字出版、移动多媒体、动漫等新兴文化业态，引进或培育知名品牌和企业，逐步形成野生黄芪中医药文化产业链。依据《中国公民中医养生保健素养》开展野生黄芪文化健康教育。将野生黄芪中医药知识纳入基础教育。借助海外中国文化中心、中医孔子学院等平台，推动野生黄芪中医药文化国际传播。

①野生黄芪中医药文化公共设施建设。加强野生黄芪中医药文化全媒体传播与监管评估。建设一批野生黄芪中医药文化科普宣传教育基地。依托现有县城和乡镇、村庄的文化、健康、休闲设施，引入野生黄芪中医药健康理念，推出一批融健康养生知识普及、养生保健体验、健康娱乐于一体的野生黄芪中医药文化主题街区、广场、活动空间。

②野生黄芪中医药文化大众传播工程。推进野生黄芪中医中药健康行活动。通过野生黄芪中医药科普宣传周、野生黄芪主题文化节、野生黄芪知识技能竞赛、野生黄芪中医药文化科普巡讲等多种形式，提高公众中医养生保健素养。建设野生黄芪中医药文化科普队伍，深入研究、挖掘、创作中医药文化艺术作品，开展野生黄芪中医药非遗传承与传播。

③白羊峪、长江峪、圣眷峪野生文化建设工程。大力发展野生黄芪养生文化，从百草园到博物馆，从养生村到养生城，从白羊峪清凉寺、长江峪周圆寺、圣眷峪望京楼到极乐寺，将黄芪养生文化与生态文化、乡村民俗文化、宗教文化融合。

(3)医养保健

加快中医治未病技术体系与白羊芪山野生黄芪产业体系建设。提升野生黄芪中医养生保健服务能力。推广融入中医治未病理念的健康工作和生活方式。鼓励引进国内知名中医医疗机构、养生保健机构，与企业、乡村联合。

①加快制定野生黄芪中医养生保健服务类规范和标准，推进各类机构根据规范和标准提供服务，形成针对不同健康状态人群的中医健康干预方案或指南。

②开展野生黄芪主题药膳食疗，辅助推广太极拳、健身气功、导引等中医传统运动。推广普及中医养生保健知识和易于掌握的理疗、推拿等中医养生保健技术与方法。运用云计算、移动互联网、物联网等信息技术开发智能化野生黄芪中医健康服务产品。鼓励中医药机构充分利用生物、仿生、智能等现代科学技术，研发一批黄芪主题保健食品、保健用品和保健器械器材。

③开展野生黄芪中医药特色健康管理。将野生黄芪中医药优势与健康管理结合，以慢性病管理为重点，以治未病理念为核心，探索融健康文化、健康管理、健康保险为一体的中医健康保障模式。建立中医健康状态评估方法，丰富中医健康体检服务。为异地养老、健康旅居等群体提供融中医健康监测、咨询评估、养生调理、跟踪管理于一体，高水平、个性化、便捷化的中医养生保健服务。

④加强野生黄芪中医养生保健宣传引导，积极利用新媒体传播中医药养生保健知识，引导人民群众更全面地认识健康，自觉培养健康生活习惯和精神追求。

⑤支持野生黄芪中医养生保健机构发展。支持社会力量举办规范的中医养生保健机构，培育一批技术成熟、信誉良好的知名中医养生保健服务集团或连锁机构。鼓励中医医疗机构发挥自身技术人才等资源优势，为中医养生保健机构规范发展提供支持。

(4)健康养老

推动白羊芪山野生黄芪中医药与养老融合发展，发展中医药特色养老机构，支持养老机构与中医医疗机构合作，鼓励中医医师在养老机构提供保健咨询和调理服务。

①鼓励社会资本新建以野生黄芪中医药健康养老为主的护理院、疗养院，探索设立中医药特色医养结合机构，建设一批医养结合示范基地。支持养老机构开展融合中医特色健康管理的老年人养生保健、医疗、康复、护理服务。有条件的养老机构设置以老年病、慢性病防治为主的中医诊室。

②推动国家级、省级、市级中医医院与广灵县老年护理院、康复疗养机构等开展合作。开展白羊芪山野生黄芪中医药健康养老服务，为异地养老的老年人建立健康档案，建立医疗契约服务，开展上门诊视、健康查体、保健咨询等服务。

③发挥黄芪的补气养生功效，鼓励发展一、二、三产融合的特色养生养老产业，如芳香药田空气浴、黄芪养生养老苑(村庄整治)等。

(5)健康食宿

以黄芪为主题，鼓励发展养生餐饮，研发功能性黄芪粥、黄芪牛羊、黄芪全宴以及其他功能性食品等。

积极发展康养住宿产品，将黄芪文化、中医药文化、地域民俗文化中的康养元素融入住宿设施和产品中。鼓励发展“本草民宿”、黄芪文化乡村、黄芪康养小镇、黄芪养生度假村等。

(6)健康体育

依托白羊芪山、长江峪开展山地运动，设计健康徒步线路、健康骑行线路、自驾线路，将长江峪打造为 AAAAA 级生态养生运动地。黄芪小镇、康养乡村、本草民宿可酌情组织研学五禽戏、八段锦、易筋经、保健功、放松功等。

(7)健康商品

加强白羊芪山野生黄芪中医药文化旅游商品的开发生产。以黄芪主题商品为主，包括功能性食品、保健品、日用品、化妆品、装饰品、伴手礼等。

32.4 重点项目

在野生黄芪生态原产地继承和发展中医药的绿色健康理念、天人合一的整体观念、辨证施治和综合施治的诊疗模式、运用自然的防治手段和全生命周期的健康服务，积极发展生产性和生活性服务业，促进现代中医药健康产业发展，培育新的经济增长动能，激发中医药原创优势，促进野生黄芪中医药产业提质增效（表 32-1）。

表 32-1　黄芪生态服务业建设项目

序号	生产性服务业项目	生活性服务业项目	中药数字经济建设
1	野生黄芪标准化体系建设	白羊芪山野生黄芪生态原产地健康养生旅游建设	乡村中药数字经济
2	野生黄芪道地药材质量管理体系建设	白羊书院	未来社区数字化设施和架构
3	野生黄芪花香药综合开发利用	瓷茗园	沉浸式技术、空间和设施
4	野生黄芪生态原产地科技智慧创新园区建设	野生黄芪博物馆	白羊芪山中医药数字博物馆
5	野生黄芪战备储备基地和中药材交易中心	治未病体验中心	
6	野生黄芪产业联盟项目	AAAAA 级长江峪“体医结合”修疗目的地	
7	白羊芪山野生黄芪生态原产地发展论坛	野生黄芪中医药健康文化线路	
8	野生黄芪养生道地价值商品体系		

32. 4. 1　生产性服务业重点建设项目

生产性服务业项目的布局如图 32-1 所示。

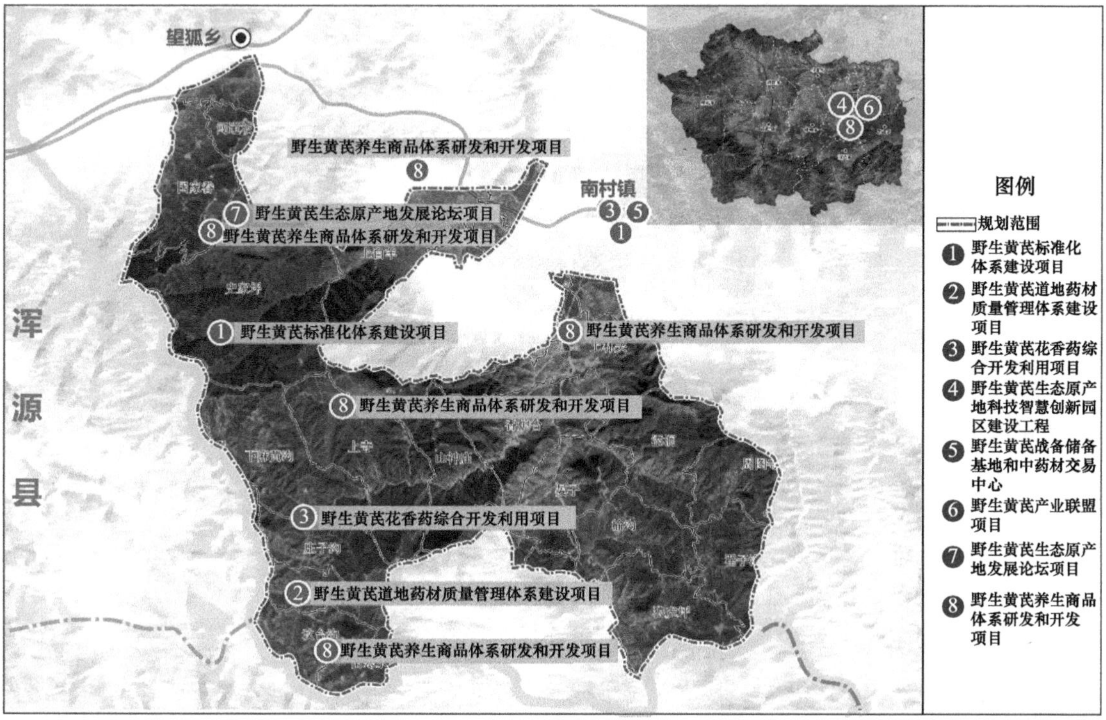

图 32-1　生产性服务业项目布局图

（1）野生黄芪标准化体系建设项目

按照绿色发展的要求，制定完善道地药材标准框架，建立健全生产技术、产地初加工、质量安全体系。

①对野生黄芪道地药材产业标准开展重点研究

制定良种繁育、种子种苗、种植(养殖)、采收、产地加工等全过程规范;全面制定野生黄芪道地药材生产技术规程、中药材种子种苗质量标准、中药材种子种苗繁育技术规程,构建优质道地药材全产业链生产技术规范与质量标准体系。依托龙头企业、农民合作社等新型经营主体,构建"龙头企业+合作社(种植大户)+基地"的生产经营模式,带动农民按标生产、规范管理,推进道地药材全程标准化生产。按照统一规划、合理布局、集中连片的原则,加强基础设施建设,配套水肥一体设施,建成能排能灌、土质良好、通行便利、抗灾能力较强的高标准道地药材生产基地。

②启动并推进野生黄芪道地药材认证

依托建立野生黄芪道地药材认证标准体系,制定包括认证规则和产品标准,以及相配套的服务和管理办法,推动符合条件的机构取得相应的认证许可,并启动野生黄芪道地药材认证服务。

③完善中药材流通行业规范

完善常用中药材商品规格等级,建立中药材包装、仓储、养护、运输行业标准,为中药材流通健康发展夯实基础。

④推进优质优价

以道地性和临床疗效为主要评价依据,制定完善道地药材商品规格等级标准,推动建立以优质优价为导向的价格形成机制。

⑤创响道地药材品牌

突出野生黄芪道地特色和产品特性,与白羊芪山生态动能产业发展相衔接,打造种植规模化、设施现代化、生产标准化的野生黄芪生态原产地,培育白羊芪山野生黄芪道地药材品牌。

(2)野生黄芪道地药材质量管理体系建设项目

以大学、科研单位为技术依托,组建按现代企业模式运作的中药质量标准研究开发中心,构筑国际化的野生黄芪多源参数数据库和质量检测技术平台。

在加快标准化生产的基础上,突出重点、突破难点,提升道地药材的质量安全水平,确保道地药材产品符合国家相关标准要求。

培育、扶持、引进发展第三方检验、检测、认证、评估及相应的咨询服务机构,开展质量检测、服务认证、健康市场调查和咨询服务。支持野生黄芪中医药技术转移机构开展科技成果转化。

①推广绿色生产技术

鼓励按照中药材生产质量管理规范,推广有机肥替代化肥、绿色防控替代化学防治等关键技术,减少化肥、农药用量。

②推进产地环境改善

用最适宜的土壤生产最优质的道地药材。加快中药绿色肥料代替农药化肥,优化审批程序,加快登记进程,解决道地药材生产无专用药的问题。

③加强质量追溯体系建设

构建白羊芪山道地药材全程质量管理体系,完善投入品管理、档案记录、产品检测、合格证准出等制度,构建覆盖良种繁育、种养、加工、收购、炮制、包装、贮藏、运输、销售等各环节的质量追溯体系，实现全程来源可查、质量可追、责任可究，确保产品质量安全。

④加强产品质量检测

围绕白羊芪山建设，健全中药材检测机构，提升检测能力，完善检测制度，加大抽样检测力度，鼓励第三方检测机构参与道地药材质量检测。配备水分、灰分、浸出物等常规质量检测仪器，对生态原产地产品进行检测，确保不符合质量标准的产品不采收、不销售。

(3)野生黄芪花香药综合开发利用项目

香药是芳香药物的简称，既包括芳香性药材，也包括传统香药和现代精油。在中医药理论指导下，将香药用于防病治病、养生保健的方法是中医香疗法。

纵观古今，人类从未间断过寻香之梦。汉武帝“祈香”、刁存“含香”、曹操“赠香”、荀令“留香”，人们熏香、佩香、吃香、喜香、爱香、用香，可见香与人类文明相伴相生。自古“香”“药”同源，香药更是大自然赐予人类的珍贵礼物，如何科学挖掘香药积淀千年的宝贵财富，传承精华、守正创新，推动香药服务人们治未病、保健养生和健康生活，在新时代让香药散发出独特“韵味”，是时代命题。

① 历史悠久香药幽香绵远

我国香药历经千年积累发展，渊源久远，并与外来药的输入有密切联系。早在殷商甲骨文中就有熏疗、艾蒸和酿制香酒的记载，在周代就有佩戴香囊和沐浴兰汤的习俗，从炎黄时期至战国时期，《山海经》《诗经》《屈原赋》中已有对“佩兰”“白芷”“艾”等香药的记载。

我国现存最早的药学专著《神农本草经》记载了大量香药，如木香、菖蒲、厚朴、山茱萸、当归等，并较详细地描述了它们的性味、生长环境、主治功用等，为后世应用提供了重要依据。南北朝梁代陶弘景的《本草经集注》不但补充了香薷、艾叶、高良姜等香药，而且收载了豆蔻、沉香、苏合香等外来香药。

隋唐时期，香药品种不断增多。古代药典《新修本草》新收载了不少香药，并把苏合香、阿魏、安息香、龙脑香、胡椒等外来香药正式收录，详述药性功用。李殉的《海药本草》中香药有50余种，几乎占了全书药物的一半，这些香药大多属于外来香药，如零陵香、艾纳香、迷迭香、丁香、降真香、乳香、龙脑、没药、安息香等。

宋代经过长期医疗实践，外来香药与我国药性理论完全融合，而且香药在本草学中的地位日益重要起来。《和剂局方》所载的外来香药约占全部方剂的 35%。其以香药命名的方剂就达 55 个，如苏合香丸、安息香丸、胡椒理中丸、木香槟榔丸等。

明代李时珍《本草纲目》记载“香木”35 种，“芳草”56 种，首次对芳香中药进行较为系统的归类，不仅数量增多，而且对芳香药物的性能和临床应用也进行了详细阐述。

至清代，由于温病学派的出现，使香药在临床应用上更加广泛。清代医学家徐灵胎总结香药的独特疗效，赞誉“凡芳香之物，皆能治头目肌表疾”等，充分阐释了香药的独特价值。

香药历经先秦萌芽，秦汉魏晋流行，唐宋鼎盛，金元交流扩大的历史。随着现代科技水平提高和生活方式转变，香药不断发展，临床应用日益扩大。

②抗疫法宝香药芳香避秽

香药芳香避秽，以未病先防的理念，在疫病的早期阶段，及时用香药进行干预，抵御病原微生物的侵袭，能够达到既病防变的目的；以“扶正祛邪”为防治原则，注重增强人体正气，提升机体自身抵抗力，从而防止病邪侵害。

香药用于抗击瘟疫有几千年的历史，《中国疫病史鉴》记载，西汉以来的 2000 多年里，中国先后发生过300多次大型疫病，香药防疫功不可没。

三国时代疫病流行，人们用丁香、香草装入布囊用于防疫。梁代《荆楚岁时记》中记载以艾草“悬门户上，以祛毒气”，端午悬挂菖蒲艾叶以祛瘟辟邪，一些习俗沿袭至今。晋代葛洪的《肘后方》提到：“断瘟疫病令不相染，密以艾灸病人床四角，各一壮，佳也。”香药的有效预防和治疗使得在有限的地域和时间内控制住了疫情的蔓延。

在抗击SARS（重症急性呼吸综合征）疫情中运用含有苍术、藿香、防风等香药的方剂加减处方，以提高人群抵抗力，并以苍术、黄柏、艾叶的熏香实现芳香化浊、温经散寒、净化空气，起到预防作用。在抗击新冠疫情中，香药通过香薰、熏蒸、吸嗅的方式净化空气，抗击病毒；清肺排毒汤方或银翘散合藿朴夏苓汤加减方，方中多以麻黄、桂枝、生姜、细辛、藿香、陈皮、金银花、薄荷等香药为主药，疗效显著。现代药理学研究证实，香药中的挥发油成分可杀灭空气中的霉菌、病毒、细菌，净化环境，阻断传染源，同时可兴奋中枢神经，达到增强人体免疫力的功能。

③作用显著药性功能独特

香药通过口服、吸嗅、经皮等途径进入体内，发挥芳香解表、芳香开窍、芳香理气、芳香化湿、芳香活血、芳香温通、芳香止痛、芳香辟邪等独特功能。

《本草经疏》中的苏合香滴丸通关利窍，用于冠心病治疗；《本草正》中的川芎能行气止痛，用于缓解疼痛；《证治准绳·类方》中的木香顺气丸芳香行气，用于腹泻、腹痛治疗；冰片芳香开窍，用于缺血性脑水肿等治疗。以上香药均体现了香药治疗疾病中驱除病痛的协同作用。香药在疾病康复调理中有调气机、行精血、养神志的核心作用，如芳香行气类香药用于调理术后肠蠕动、舒筋通络类香药用于缓解肌肉痉挛、行气止痛类香药用于治疗偏瘫、活血化瘀类香药用于产后调理等。

香药具有兴奋中枢神经系统、镇静安定、调节胃平滑肌、增加血流量、增加冠脉流量、调节微循环、抗菌、消炎等药理作用，广泛应用于神经系统、呼吸系统、心脑血管系统、消化系统、骨骼肌肉系统等方面的疾病治疗，作用显著；辛温解表药，如细辛，用于呼吸系统治疗慢性支气管炎、过敏性鼻炎；厚朴，用于治疗支气管哮喘；野菊花，用于治疗感冒、呼吸道感染等。芳香化湿药，如广藿香，用于消化系统治疗腹痛吐泻。芳香理气药，如木香，用于治疗胃炎、胃溃疡、反流性食管炎。芳香开窍的麝香在心脑血管系统中用于热病惊风、神志昏厥等脑病的治疗。

④前景广阔香药产业巨大

中医药保健在健康服务业中具有支柱地位，随着新技术的引入、新理念的建立，医学服务模式转变，香药发展空间广阔。香药除了用于疾病防治外，在其他领域的应用也有广阔前景。

在食品、保健品方面，在面粉、米粉中加入甘松香、玫瑰花粉、丹参、板蓝根、百合、金银花等，其制作的糕点不仅营养丰富，还是很好的抗病毒保健食品。将乳香、没药、檀香、丁香、白芷、当归、川芎等香药加入糯米和红曲发酵制成的药酒中，有很好的保健作用，并可预防妇科疾病。

在美容护肤方面，香药白芷可以使肌肤润泽，用作面脂。《千金翼方》卷五辟“妇人面药”一节，共载以悦泽、白嫩皮肤为目的的药方120首，多由香药白芷、白术、羌活等组成。

在畜牧业方面，香药毒副作用低、不易产生耐药性，既可抵御各种传染病的侵扰，避免抗生素在畜禽产品中的残留，又能提高产率以及肉食品的质量，保证肉食品的安全。

⑤野生黄芪香药产业

系统构建“五香理论体系”（香道、运香、香效、配香、施香），着力打造“五香技术体系”（寻香、提香、稳香、制香、评香)，建设“野生黄芪香药”综合开发产业基地。中远期依托香药这一朝阳产业，打造产业链，从种植、萃取、制造、包装、流通，到服务，涉及农业、林业、医药、日用化工、健康旅游、健康服务、现代物流等多个领域；香药产品应用从传统的SPA馆、美容美发、食品化工等，延伸到医疗养生保健、自然疗法、芳香食品等诸多方面。

(4)野生黄芪生态原产地科技智慧创新园区建设工程

位于广灵县接续减贫产业园区，占地面积20亩，建筑面积4000平方米，可容纳众多科技研发企业或团体。引导和扶持野生黄芪中药信息化研发、智能化生产制造、电子商务支持服务体系建设。充分运用现代智能技术和大数据技术，建设野生黄芪中药智能化制造生产系统，从药材种植、采收、加工炮制、制剂生产、质量检验、储存运输等环节整体实施智能化升级，提升野生黄芪中药整体质量控制水平，使野生黄芪中药向绿色制造、智能智造升级。

①推进野生黄芪中药种植研究

提升中药种植播种、采收自动化水平和信息化水平。

②推动野生黄芪中药饮片炮制装备升级

提升设备自动化水平，加快炮制规范建设，确保炮制标准统一，保证产品质量稳定。

③促进大数据分析技术在野生黄芪中药提取制造过程中的应用

使中药提取过程参数通过大数据分析不断优化，促使中药提取技术向高效、高质发展。

④深入开展野生黄芪中药生产基础装备研究

最终使中药产品的质量更稳定，中药产品的疗效更有保障。

⑤电子商务和市场调研

建立大数据库，持续记录黄芪的野生和种植资源分布、种植品种、种植规模与产量、价格、企业需求和贫困人口的动态变化大数据，构建大同野生黄芪中药材动态数据信息发布平台。

⑥数字白羊药山

除了将电商交易与第三方检测和全程溯源“三网合一”，数字白羊药山还融合信息、标准化、仓储物流、金融、国际贸易等服务体系，实现基地种植、药材收储、价格管控、标准化加工、金融服务等复合功能的融会贯通。

数字白羊药山将联动道地药材基地，搭建从种子种苗到仓储物流交易等全产业链的质量检测体系，通过研究植物DNA(脱氧核糖核酸)测定等技术给中药材办理“身份证”，进入该中药材平台的药材都要经过严格的第三方检测，同时，还利用物联网等技术构建追溯体系，最终达到“来源可查、去向可追、责任可究”。

⑦野生黄芪休闲新型业态研发与创意设计

培育野生黄芪中药材关联的休闲新型业态的研发与创意设计，支持中医药医疗、保健养生、规划设计、建筑美学、园林设计、环境保护、医疗管理、国际合作等各方面创新研发和突破。鼓励野生黄芪中药材进入居室园艺及园林景观创意设计，设计和培育野生黄芪中药材健康休闲、野生黄芪中药材种植与健康养殖及药膳相结合的新型业态产品。

⑧野生黄芪主题中医药健康产品开发

加强以野生黄芪为主题的中医诊疗设备、中医健身产品、中药、保健食品研发，重点研发中医健康识别系统、智能中医体检系统、经络健康辨识仪等中医健康辨识、干预设备；探索发展用于中医诊疗的便携式健康数据采集设备，与物联网、移动互联网融合，发展自动化、智能化的中医药健康信息服务。

⑨中医药商业健康保险产品开发

鼓励保险公司开发中医药养生保健、治未病保险以及各类医疗保险、疾病保险、护理保险和失能收入损失保险等商业健康保险产品，通过中医健康风险评估、风险干预等方式，提供与商业健康保险产品相结合的疾病预防、健康维护、慢性病管理等中医特色健康管理服务。

(5)野生黄芪战备储备基地和中药材交易中心

①全国性野生黄芪中药材交易中心

建设全国野生黄芪中药材产业交易中心，加强对恒山山脉中药材产业的带动引领、凝聚和提升能力，建设基础设施配套的中药材集散地。

②现代仓储物流中心配套建设

加快野生黄芪道地药材生产基地产地贮藏设施设备建设，完善中药材专业的仓储中心、物流配送系统、质量检验、追溯管理系统，促进野生黄芪中药材贸易流通体系现代化。

③野生黄芪网上交易平台建设

依托国内知名中药材专业和行业门户网站，推进"互联网＋中药材"等流通新业态、新模式发展，重点建设"互联网＋中药材"电子商务市场，积极与主流电商平台合作推广销售。

(6)野生黄芪产业联盟项目

积极推进大同野生黄芪中药材产业联盟的构建和发展。该联盟以广灵白羊数字药山野生黄芪生态原产地为基地，以国家级、省级中药材科研单位为技术平台，通过融合全国野生黄芪中药材产业相关资源，提高野生黄芪中药材栽培技术、生产加工以及中药资源研发水平，提升中药材加快构建以企业为主体、市场为导向、产学研相结合的技术创新体系，联合全国从事黄芪中药材研究的高等院校、科研院所、种植和加工企业、种植专业合作社等单位，成立"野生黄芪产业联盟"。

该联盟协调种植合作社、生产加工企业与高校及科研机构、中药材企业合作，突破影响产业发展的技术与市场的瓶颈，提供技术服务，着力推动产业向品牌化、规范化、专业化方向发展，提升野生黄芪中药材的经济效益和社会效益，促进中国现代中药材产业的可持续发展。

(7)白羊芪山野生黄芪生态原产地发展论坛(永久会址)

①项目背景

2020年8月25日，首届"白羊芪山"野生黄芪生态原产地保育与高质量发展研讨会在山西省大同市召开，来自中国科学院、中国中药协会、中国农业大学、北京林业大学等院校、协会相关领域的专家学者及嘉宾齐聚大同，共话黄芪产业发展之路。

②项目意义

举办该论坛是发展野生黄芪中医药旅游的一项值得高度重视、积极推动的形式。通过论坛，辅助野生黄芪中医药国际展览会、博览会、交易会等形式，既能宣传源远流长、博大精深的野生黄芪中医药文化，又可通过举办野生黄芪中医药知识讲座、学术研讨会、科技成果交流会，以及现场演示和体验、参观野生黄芪中药材生态原产地、参观野生黄芪国家中医药健康旅游示范基地等活动，展示野生黄芪中医药在医疗、保健、养生方面的特点和优势，促进野生黄芪中医药在国内、国际的推广应用，推动中医药的国内、国际合作。

③发展思路

每年召开"野生黄芪生态原产地发展论坛"，邀请国内外相关领域研究精深、成果颇丰的专家学者齐聚于广灵，共话野生黄芪产业发展。结合国内健康产业、山西省中药材产业建设和大同市广灵县中医药养生产业发展交流研讨，旨在推动野生黄芪生态原产地与山区生态文明建设、沟域经济、乡村振兴等相结合，促进野生黄芪产业与文化旅游和健康养生的融合的可持续发展。

设置永久会址，位于白羊书院，具有商务会议、教育培训、商贸洽谈、科研交流等功能，建筑面积 2000 平方米，共 2 层，设置大、中、小型会议室和研发室、研学交流室等。

(8)野生黄芪养生道地价值商品体系

①发展思路

深入挖掘野生黄芪文化，融入生态原产地的地域特性，整合区域民俗特色，突出商品属性和特性，设计新颖包装，构建体系丰富、文化深厚、形式多样、时尚美观“有含义、有创新、有心意、有美意”的白羊芪山野生黄芪系列商品。

②发展重点

a. 文化挖掘

黄芪文化：古籍诗词、遗址遗迹、养生文化、药食文化、栽培制度、加工文化、传承工艺等。

生态原产地文化：地域识别、自然资源、风景名胜等。

宗教与民俗文化：宗教文化、民俗文化、名人名方、传说故事等。

商品文化：属性、特性、观赏性、功能性等。

b. 体系研究

食品类：药材(黄芪等)、蜂产(黄芪花蜜系列)、深加工食品(黄芪养生粥、黄芪燕窝羹等)、山野菜、浆果和干果、农牧产品(黄芪驴、黄芪牛、黄芪羊、小米、豆腐干、葵花籽、黄花菜等)等。

保健品(含药茶)类：药茶、药酒、药浴、药熏、药饮、药用香包等。

药妆类：精油、面膜、面霜、爽肤水、保湿喷雾等。

工艺品类：剪刻绘印(广灵剪纸、工艺画)、根雕和石雕、刺绣、编织和扎制、塑造(面塑、泥塑、汉白玉雕塑等)、艺术陶器和玻璃、装饰和工艺家具、金属工艺和首饰等。

日用品类：工艺扇、香皂、牙膏、香包、锦盒、蜡烛、枕头、被子、毯子、毛巾等。

文化旅游类：书籍、影像、明信片、邮票、专刊报纸、杂志等。

生态动植物类：植物标本、动植物纪念品、矿泉水等。

地域农副产品类：广灵地区的农副产品，如杂粮等。

中医药文化类：其他中医药文化产品，如艾蒿、针灸、膏方、香药等。

c. 设计策略

针对中药材资源、文化资源、景观资源、民俗资源、手工艺品资源等，通过开创新的形态、寻找新的题材、选择新的环保材料、开发新的功能、使用新的工艺、制作新的包装，设计不同方面的、突出差异性的野生黄芪商品。

d. 地域公共品牌标识

统一设计和应用“白羊芪山野生黄芪”品牌标识，增强地域认同，做强、做大野生黄芪地域品牌。

32.4.2　生活性服务业重点建设项目

生活性服务业项目的布局如图 32-2 和图 32-3(彩)所示。

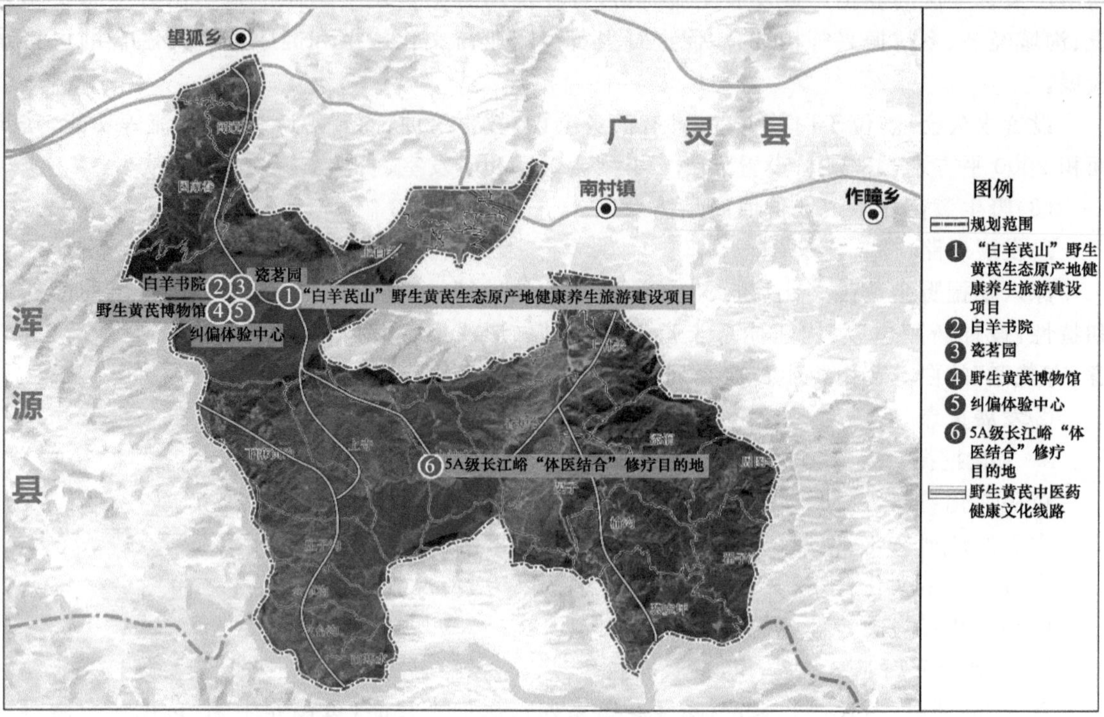

图 32-2　生活性服务业项目布局图

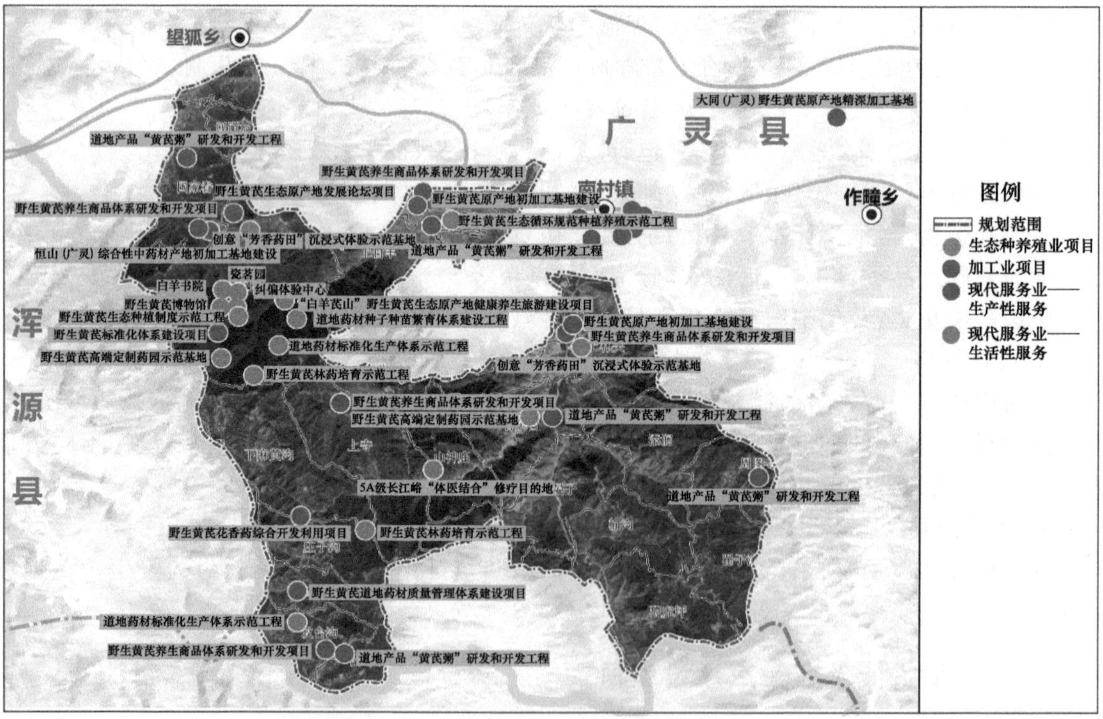

图 32-3　重大生活性服务业建设项目布局图

(1)白羊芪山野生黄芪生态原产地健康养生旅游建设项目

①项目定位

坚持以白羊芪山野生黄芪生态原产地为核心，紧抓白羊芪山野生黄芪生态原产地地域价值的独特性、唯一性，以野生黄芪原生区保护和抚育区、繁育区生态发展为依托，以国内外市场为导向，以生态文明建设为目标，谋划野生黄芪品牌发展，构建“道地价值＋生态动能”新发展模式，开创“专家思想、政府推动、社会主体”的独具特色的中国首座药山。

发挥野生黄芪中医药健康旅游资源优势，整合生态原产地种养基地、医疗机构、中医养生保健机构、养生保健产品生产企业、特色村镇、旅游景区(点)及优质自然和人文资源，引入社会力量，打造以中医养生保健服务为核心，融中药材种养、中医医疗服务、中医药健康养老服务为一体的国家中医药健康旅游示范区(图 32-4)。

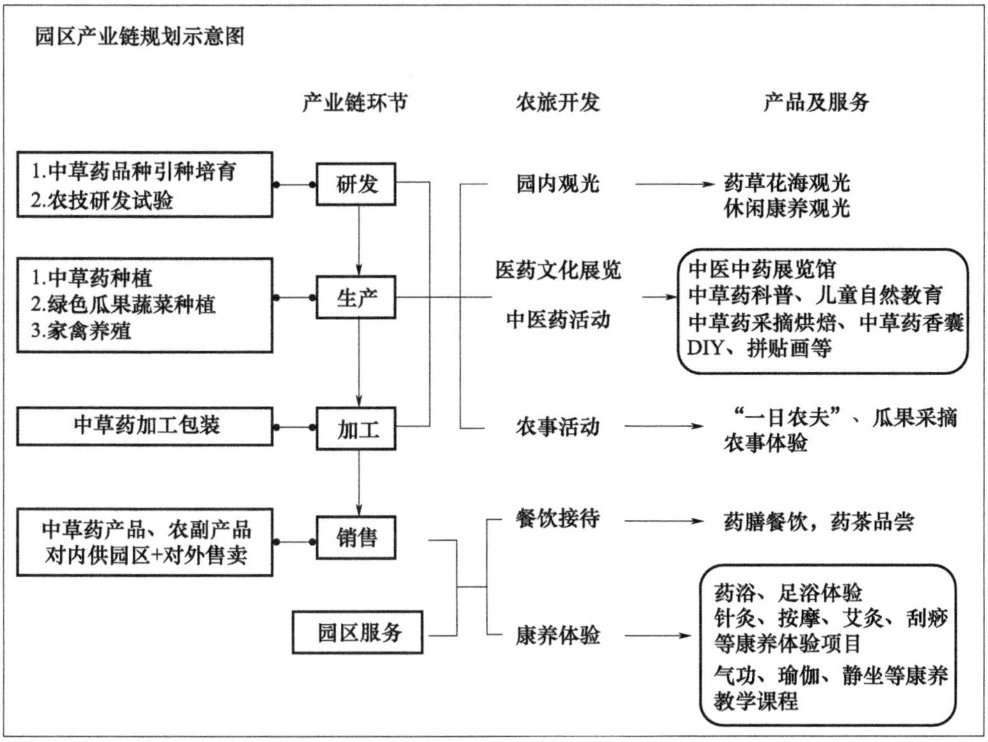

图 32-4　白羊芪山健康养生旅游产业链

②发展目标

至 2025 年，将白羊芪山建设成为中国首座生态药山、国内黄芪健康养生旅游目的地；至 2030 年，将白羊芪山建设成为“一带一路”中医药国际健康旅游驿站。

③重点项目

a. 一山三峪

“一山三峪”是野生黄芪生态原产地健康养生旅游的核心区域。其中，“一山”为“药山”，是核心，按照 AAAAA 级景区建设要求，建成国际知名、国内首个野生黄芪为主题的功能复合的健康养生旅游目的地、国家级中医药旅游示范基地、国家 AAAAA 级景区。“三峪”是野生黄芪原产地，依据现有资源和发展条件，分别定位为白羊峪(养生药山)、长江峪(体养佳境)、圣眷峪(避暑胜地)。

b."馆、园、区、点"融合性项目

根据野生黄芪中医药资源现状,以中药材种植基地、中药材畜养场、中医药博物馆、中医药文化园、中医药名人堂、中药植物园、中医院、中药厂、养生保健中心、药膳餐厅、养生茶座等,以及相关自然旅游景点、名胜古迹、宗教活动场所、中华老字号名店等为依托元素,打造融合性项目,形成特色文化旅游链,建设原产地健康养生旅游项目。

为游客提供参观观赏服务、中医药医疗养生知识讲座、医疗保健咨询、中医药文化展演、保健养生服务、中医药发展历史介绍、互动性保健养生活动等,使游客在旅游中感受中医药文化的博大精深,了解中医药医疗养生知识,亲身体验养生之道。

c. 城镇村体系

构建健康养生旅游"城镇村"三级城乡体系,分别定位为健康水城、康养小镇、颐养乡村。

城:积聚广灵县悠久的中医药历史、富集中医药资源、集聚中医药产业,由政府牵头,行业和企业跟进,打造中医药产业区、养生康疗区、养生购物街、养生美食城、养生健康文化体育场馆、养生健康酒店集群,创办特色广灵中医药旅游城,定位为"健康水城"。

镇:以野生黄芪为主题,整合南村镇中医药及可利用资源,以特色康养街区、特色乡村、特色民宿、特色度假区、特色农园(牧场)等为载体,将南村镇打造成以野生黄芪为特色的康养小镇。

村:在三峪村庄遴选具有中医药历史或资源、历史遗迹或民风民俗、自然景观或农牧林资源丰富的典型代表,依照一村一品原则,开发特色健康养生旅游村。

d. 保健养生旅游

该类产品将具有极为广泛的社会需求。亚健康人群和中老年人群的一个强烈的愿望,就是增强体质,对保健、养生有着极大的兴趣。此外,此类项目还涵盖所有追求健康快乐生活的人群,他们既有较强的养生意识,又渴望在旅游中享受回归自然的愉悦和快乐。随着社会的发展和生活水平的提高,这类人群会不断增多。从而使保健养生旅游服务具有广阔的市场。

在保健、养生方面,中医药恰恰有着极为丰富的资源,有着极具特色、不可取代的作用。这就使得中医药保健养生旅游项目的开发有着非常广阔的空间。

结合环境的养生保健项目。结合自然环境和人文环境,利用广灵县及恒山山脉独特的气候特征及特有的山岳、沟域、盆地、峪口、河流、矿泉、湿地、植物、绿色食品及人文资源(历史遗迹、宗教文化、民俗民风)等条件,开发诸如居住养生、生态养生、美食养生、美容养生、文化养生等养生项目和利用自然资源的保健项目,如药泉浴、日光浴、芳香芬多精浴、泥浴、沙疗等。

与药物结合的养生保健项目。如药浴、中药热敷、中药熏蒸、中医药美容美体等。物理保健养生项目,如拔火罐、刮痧、推拿、按摩等。运动类保健养生项目,如太极拳、五禽戏、八段锦、易筋经等。

上述中医药医疗、保健养生项目在实践中早已运用,有些还是常见的、运用较为普遍的手段。这些项目的着眼点是如何与旅游结合起来,使之融入旅游之中,形成旅游与中医药医疗、保健养生融为一体的中医药旅游项目。

e. 中医药医疗旅游

广灵县中医药资源丰富,历史悠久。康熙年间《广灵县志》有记载,广灵地区野生中药材种类繁多,有"黄芪、黄柏、甘草、麻黄、大黄、柴胡、远志、狼毒、黄芩、防风、升麻、苍术、草乌、知母、枸杞子、五味子、车前子、益母草、地骨皮、天仙子、甘遂等”。现全域野生和人工培育中药材面积广泛、数量繁多。

根据广灵县提供的地区知名中医数据，26 位名医中有 61%集中于广灵县城，本沟域有 2 位。其中，王本真先生为下林关人；韩全珍，上白羊卫生室，擅长辨识广灵地区野生中草药独特性。广灵县名医特色分析见表 13-12。

该产品开发主要是针对患病人群。针对常见的、运用西医手段难以较快治愈的慢性病，发挥广灵中医药治疗此类疾病的特长和优势，总结几千年来中医药在治疗此类疾病中的经验，形成有明显特点和优势的治疗方法和手段，结合广灵中西医医疗资源和旅游资源，建立特色医院、专科医疗中心、康复中心等，使患者通过医疗旅游机制，实现异地治疗疾病、恢复健康的目的。

f. 节庆活动

以纪念中医药历史名人、中医药经典典籍的节庆活动为载体，以野生黄芪中医药文化为媒介，结合广灵县丰富的中医药资源和其他旅游资源，举办野生黄芪中医药旅游文化节，支持和举办国内外代表性强、发展潜力大、符合人民群众健康需求的中医药健康旅游展览、会议和论坛。通过举办相关活动，既促进野生黄芪中医药的宣传、推广和普及，又带动广灵县旅游事业的发展。

结合传统节日(二十四节气等)、法定假日、带薪假期、寒暑假等，针对大众每年举办“野生黄芪中医药健康旅游季”，推出系列优惠活动，推动广灵县全域健康旅游全面发展。

g. 白羊长寿乡村田园综合体

依托下白羊村 2 位百岁长寿老人、峪口小米、“大尾羊”(省级重点保护品种)、长城及极乐寺等资源，集寿乡养老、养生度假、长寿农业、净心宗教、旅游集散等功能于一体，将上下白羊村打造成长寿乡村田园综合体，其重点项目如下。

白羊长寿农乐园：依托白羊峪口小米等特色资源，融入健康、养生、长寿功能，增设特色休闲农业项目，建设白羊长寿农乐园。占地面积 500 亩，建筑面积 1000 平方米。

极乐寺养生净修沟域：整合极乐寺，可在村庄北侧建设配套养生净修沟域，提供长、短期静修场所，增设静修项目。

清凉寺、龟山历史地标恢复项目：保护性重建龟山古塔，作为白羊峪重要的历史文化地标建筑，并配套旅游服务设施。投资约 3000 万元。以“净心”为主题，适时复建清凉寺和静修设施，开发静心—净身—养生系列宗教养生文化产品。建筑面积 4000 平方米。

白羊静养寿村：将白羊村打造成为以“静养”为主题、以长寿为特色的主题乡村，以寿星、寿果、寿菜、寿面为特色，建设一批健康养生长寿民宿，近期发展 10 户，远期全域覆盖。

白羊寿乡静心养老度假村：建设以“静心”为主题、以异地养老度假为功能的度假村。占地面积 50 亩，建筑面积 6000 平方米。

白羊事件红色教育沟域建设项目：围绕白羊事件，结合研学市场，建设红色教育沟域，依托上白羊村，开展红色教育、红色体验、红色农耕等系列项目。建筑面积 2000 平方米，占地面积 10 亩。

白羊文化旅游景观和公共服务设施建设项目：打造文化乡村，整治村域环境，新建文化景观设施和旅游公共服务设施。

配套设施：旅游服务中心、旅游标识、旅游厕所、停车场、休闲桌椅等(图 32-5)。

图 32-5　养老设施意向效果图

h. 老君洞天景区

依托洞穴遗迹，结合传说故事和历史文化，整合洞穴、山峰、溪水、松涛、植被等生态资源，打造成为集文化养生、休闲感悟、登山徒步、休闲娱乐等功能于一体的综合性文化养生景区，其重点项目如下。

松下岩溪：门区迎客松景观建设项目。打造沟口"流水＋石景＋五棵迎客松"的松下岩溪景观，作为生态门区，并配合老君洞天石刻标识。

九曲十八弯：生态亲水溯源体验项目。沟内溪流河道窄、水量大，散布叠水，利用原生态溪水缓坡，150～200 米，整合湿地、岩石、叠水，设计尺度适合的亲水溯溪项目。坡度由缓至陡，缓坡可亲子戏水，陡坡可运动体验。投资约 1000 万元。

碣石远眺：生态林观景休闲设施建设项目。该沟内植被为白羊峪之最，松树林、桦树林等乔木以及绣线菊、丁香等灌木丛交错，物种多样，环境宜人。在生态林中，利用巨石建设观景休闲平台设施。

松涛鸟鸣洞：原生态声音聆听项目。沟峪内通过松涛声、鸟鸣声，可获得"观林，听涛，闻鸣，悟道"综合感官的生态体验。

洞天论道：结合老君故事和老子文化，利用嶂石岩崖壁洞，选取 9 个洞口，内置老君道像，增设观景平台(观官帽山)、休闲桌椅、体验场景雕塑、飞天石老子讲道布阵道场。

少女峰景观和设施建设项目：老君洞天下行线路出口山谷处，崖壁上独立的石头，形态如女性。建设"少女峰"标识石碑、观景台和观景休闲椅、栈道设施。

将军崖景观和设施建设项目：老君洞天对面的崖壁为将军崖，建设栈道登顶，设置天然石棋盘 1 处、石墩 2 个，摩崖石刻"将军崖"1 处。

配套设施：配套建设门区、旅游接待服务点、旅游厕所、垃圾桶、休闲桌椅、休闲平台、观景塔、生态栈道等。

i. 逍遥谷景区

整合山、水、林、物、石等生态资源，以庄子梦蝶和庄子逍遥游为哲学意境的生态养生体验地，集健步走、观赏、餐饮、休闲、住宿、娱乐等功能于一体，建设生态文化养生景区，其重点项目如下。

三潭一瀑：为景观节点，由三个水潭形成瀑布并有心形石头，增设观景台和休闲设施。

杨柳岛：由瀑布陡壁、杨树、柳树组成景观，增设观景台和休闲设施。

桦林茶棚：景观约 30 米长、6 米宽，修木栈道和木桥，及观景亭台，可观流水和对面壁立千仞的石灰岩。溪水潺潺，奇石陡壁，增设休憩饮茶设施。

龟背洞：为景观节点，周围是花岗岩峡谷，下面是花岗岩，增设观景台和休闲设施。

叠水泉吟：将层层流水如吟唱一般展现为景观，增设观景台和休闲设施。

咽石飞鸟：将一块大花岗岩正好“咽”在两块石头上，潺潺流水从下流过作为景观节点，增设观景台、休闲座椅设施。

三石叠唱：三块花岗岩叠在一起作为景观节点，1 亩平台作为设施用地。

白羊山庄：将村遗址建设为山庄，具有餐饮、住宿、娱乐、养生等功能。建筑面积 2500 平方米。

森林养生客栈：占地面积 15 亩，建筑面积 3000 平方米。利用森林环绕、空气清新、谷底溪流环绕，打造森林养生度假村。

配套设施：配套建设门区、旅游接待服务点、旅游厕所、垃圾桶、休闲桌椅、休闲平台、观景塔等。重点建设沟峪生态步道和滨水栈道（图 32-6）。

图 32-6　绿林树屋意向效果图

j. 白羊暮霭景区

康熙年间《广灵县志》记载：“白羊暮霭：县西四十里，层峦而高耸者，为白羊山。亭云阁雾，窈诞离奇，四时变态不一。最可爱者，夕阳在山，朱霞映日，光光怪怪，无所不有。署下观之，犹为奇绝。”其重点项目如下。

白羊暮霭系列摩崖石刻：再现广灵八景之一“白羊暮霭”，位于仙女峰和白羊石滩处，建设崖壁题词“白羊暮霭”系列摩崖石刻，分别为《白羊暮霭》（李焕斗）、《白羊暮霭》（王五鼎）、《白羊暮霭》（周域）、《白羊暮霭》（齐相）。

白羊暮霭创意景观：通过自然景观与人造景观的结合，进行主题诠释。

观景亭台建设：结合夕阳光线，选择最佳观赏角度，适合拍照。设置观景亭台和休闲座椅，展现夕阳西下仙女赶白羊群的美景。

k. 白羊芪山修疗基地

位于白羊峪正南沟、草沟，整合中草药种植和优良生态环境，建设以野生黄芪养生文化为主题，结合传统中医精髓，整合五禽戏、八段锦、易筋经、站桩功、五行掌、内养功、保健功、放松功八大养生气功，集养生、度假、休闲、美食、住宿、运动等功能于一体的综合性、动静结合的中医药修疗地。建设项目包括黄芪养生度假苑、黄芪浴场、生态练功场等。占地面积 50 亩，有可移动环保设施（木屋、环保节能材料独栋为主），共 300 间，建筑面积 6000 平方米（图 32-7）。

图 32-7　白羊芪山修疗基地意向效果图

(2)白羊书院

①项目背景

1921 年，毛泽东就在《湖南自修大学创立宣言》中指出了现代学校教育“消磨个性”的坏处和书院教育“师生感情甚笃”“自由研究”的好处。忽略中华文化的传承是现代学校教育的根本缺陷之一，不利于中华民族凝聚力的增强和中华民族精神的发扬光大。

传统书院教育的特点和优点：第一，具有民间性和地方性。多数建在县乡，接近民众，得到地方支持，又影响地方风气。第二，具有自主性和多样性。由学者和文化士绅主办，风格各异，特色鲜明；教学则由学人统筹。第三，具有文化性和民族性。以研究和传播国学为己任，教人以修身、齐家、治国、平天下之道，经世安邦之策，充分体现中华文化生生不息、刚毅诚信、博厚悠远、仁爱通和精神。第四，具有人本性和尚德性。教人以五常八德、行己有耻、敬业乐群精神，仁、智、勇兼备而以仁德为体，把真、善、美统一起来。第五，具有开放性和实践性。不仅培养精英士子，也普及大众文化。学而优则仕，仕而优则学，教师来往讲学，学生进出自由，不受年龄、学历、出身、职业的限制，没有固定化的管理模式，强调学思并重、言行相接，从静处体验、在事上磨炼。

书院教育重生，有以下的重要价值和作用。首先，它可以率先成为继承和弘扬中华文化的基地和平台，凝聚中华人文学者，培养中华文化人才，有力地推进中华文化研究、交流和普及，充分开发各地文化资源，形成众多的文化中心和学术中心，又不断向四周辐射，弥补现有学校教育长期把中华文化边缘化的缺陷，为民众提供中华文化的精神食粮，提升中国的文化软实力和综合国力。其次，它可以为现有教育体制的改革提供一份有益的中国特色教育经验，特别在文化传创和人格养成方面，现代学校教育可以向书院教育学习许多东西，如经典阅读、修身自律、教学相长、启发论道等。再次，它可以与当地精神文明建设紧密结合，为改善地区社会道德风尚作贡献。秉承中华精神建立的书院，应当学以致用，推行道德教化，用传统美德教书育人和化民成俗，否则便是有其名而无其实。古代白鹿洞书院学规的“为学之序”是：博学之，审问之，慎思之，明辨之，笃行之；其“修身之要”是：严忠信，行笃敬，惩忿窒欲，迁善改过；其“接物之要”是：己所不欲，勿施于人，行有不得，反求诸己。2008 年成立的山东泗水尼山圣源书院的重要理念是：用儒家的精神办儒学的事业；扎根当地，为泗水新农村建设服务。书院已经为当地干部教师开办了多次文化培训班，效果良好。扩大而言，大、中、小学都应当参与所在城镇，特别是农村社区文化共建活动。最后，它可以给学者们提供自由度较大的学术空间，自主研究、切磋学问、讲学交流，实行百家争鸣。从历史上看，先秦的诸子百家，最初都有地区文化的分野，然后走向全国，如儒家为邹鲁文化，道家为荆楚文化，法家为三晋文化，神仙家为燕齐文化。宋代新儒家，则有关学（张载）、洛学（二程）、濂学（周敦颐）、闽学（朱熹）之兴起，然后发展成为国家级主流学术。

②项目定位

借鉴传统书院模式，基于“思想争鸣、互助共享”原则，秉承“发掘中国之美，传承优秀文化”使命，开展多元学术研究，返本开新、综合创新。白羊书院位于史家坪村，利用搬迁腾退村庄建设用地 30 亩，建筑面积 8000 平方米，将是科学家、思想者、传承者、设计师等产业链多主体的公益实验场和“孵化器”，呈现五千年薪火相传的中华文明和取之不竭的非物质文化遗产。

白羊书院致力于服务高端文化和旅居、养老、养生人群，将以文化养生度假酒店住宿、国学分享、美学创作、文化沙龙、文创发展、度假游玩等主要业态为核心发力点，力争发展成为颜值高、内涵丰的国内人文旅游打卡目的地、国内一流的人文交流中心、广灵对外文化展示窗口平台。

③发展思路

白羊书院根植中国传统文化，集天下之智力文人，开设中国传统文化研习社，汇聚医道、茶道、书画、赏鉴、手作香学、琴学等不同艺术门类艺术家、国家级非物质文化遗产传承人，以名家讲学、雅集分享、艺术展陈等形式，向社会各界人士普及中国传统文化生活美学之精髓。

④重点项目

白羊书院建设项目包括中国传统文化研习社、白羊国学研学中心、白羊茶馆、白羊书画长廊、白羊手作坊、白羊书画社、白羊诗社、白羊琴社、白羊影像社、白羊数码等文化业态，力争成为东方精神文化居住交流中心（图 32-8）。

（3）瓷茗园

①项目背景

在中国悠久的历史长河中，陶瓷是物质文明和精神文明的标志之一。远在 10000 多年前

图 32-8　白羊书院意向效果图

的新石器时代早期，我们的祖先就在中华大地上发明了制陶术，这使得我国成为世界上最早制作和使用陶器的国家之一。在距今 3000 多年前的商代中期，我国已能烧造原始瓷器。从红陶、灰陶、彩陶、黑陶、白陶，到原始瓷、青瓷、黑瓷、白瓷以及五光十色的颜色釉瓷和色彩缤纷的釉下彩、釉上彩瓷器等，展现出中国陶瓷 10000 多年绵延不断的发展历程，成为世界工艺史上的一大奇迹。

②项目定位

活化历史，文创今用。

言古韵之味，言广灵之美。

与潮流同行，与艺术同行。

③发展思路

瓷与茗艺术生活体验馆，位于史家坪村，占地面积 30 亩，建筑面积约 8000 平方米，以陶瓷艺术和黄芪药茶为主题，以中国历代名瓷博物馆和野生黄芪药茶博物茗品馆为两大建筑主体，融合了艺术展览、文化交流、文化休闲、文化讲堂、文化传播、文物鉴赏等门类的综合性创意艺术体验场馆。远期将发展成为集艺术创作、艺术鉴赏、艺术交流、艺术体验、艺术品拍卖、艺术家孵化，以及文博文创、旅游服务和美食文化等于一体的文化创意产业集群。

④重点项目

a. 中国历代名瓷博物馆

瓷，源于瓷土，融于水火，塑于人工，成于天意。瓷茗园的收藏涵盖：原始青瓷、六朝瓷器、唐五代瓷器、宋代瓷器、元明清瓷器、民国时期瓷器等；陈设器、文房用具、冥器、香器、日用器等；彩装饰、釉装饰、胎装饰等；人物图案、动物图案、植物图案、山水图案、吉祥图案等。各类瓷器、应有尽有，完整地展现了中国瓷器的学术体系。

b. 野生黄芪药茶博物茗品馆

该馆依托野生黄芪生态原产地，以黄芪药茶为主题，是集艺术创作、艺术体验、文创产品研发、展览展示、文物鉴赏、科普教育、茗品餐饮、养生旅游于一体的创意型文化教育体验馆，是国内首家黄芪药茶博物和茗品馆。

c. 瓷茗文创馆

以瓷器、野生黄芪为主题，结合广灵剪纸、黄芪根雕、汉白玉雕刻等艺术，在系列文创产品开发过程中，重视结合当下人们的生活方式、城市生活美学，将历史文化资源活态利用，突出广灵自然与文化的特质和优势。从历史、生活、美学、实用角度出发，提炼文化消费元素，打造 IP 形象(知识产权)提升品牌，形成立体、独特的“灵韵”文博文创的产品、文化体系。

d. 瓷茗健康文化游憩空间

艺术是生活的品位，文化是旅游的灵魂。瓷茗健康游憩空间注重细节设计，打造符合现代旅游、消费需求的文化之旅。园中建筑依自然而建，错落有致、不拘一格。内设瓷茗教育工坊、瓷茗艺品园、瓷茗博物馆、瓷茗论道堂、天工造物坊、创意街区、艺术餐饮等具有中国传统文化元素的旅游景点。

让传统穿越时代，将艺术还原生活。欣赏瓷器、绘画作品、文物展览，还能体验陶艺、非遗手工、植染、木工、珠串、茶艺、书法、DIY 绘画等课程。学习琴棋书画知识，在国学艺术大师讲堂中，了解更多的中国传统文化知识(图 32-9)。

图 32-9　瓷茗园意向效果图

(4)野生黄芪博物馆

①项目背景

以野生黄芪为主题的中医药文化博大精深，融入中医养生文化，集各种防病治病、修养锻炼方法于一体，其以中国古代哲学为理论基础，汇集道、儒、释家的思想精华，不仅具有健身延年的实用价值，而且映射出中华民族文化品格、民族心理、思维方式的特色，独具特色的养生文化成为我国传统文化生生不息的动力之源。

②发展思路

深入挖掘野生黄芪文化，传承、发扬传统的野生黄芪养生文化，弘扬和创新野生黄芪的药食同源文化，努力将该博物馆打造成我国最具野生黄芪文化色彩的集文化展示、科普教育、旅游购物、养生休闲等功能于一体的综合博物馆，国内一流的、有国际影响的专题博物馆。博物馆位于白羊芪山（史家坪村）脚下，占地面积 10 亩，建筑面积 3500 平方米，由社会资金建设，建设时间为 2021—2025 年，建设完成后面向社会免费开放。

③研究重点

a. 黄芪文化的挖掘和传承

深度挖掘野生黄芪文化，包含了黄芪史考、黄芪医疗、黄芪保健、黄芪美食、黄芪名人文化、黄芪栽培、黄芪加工、黄芪科研与其成果推广应用的全过程。

b. 不断创新在内容与形式上的设计

随着中国野生黄芪声名远播，大众对野生黄芪文化的了解也将向纵深发展。不断更新陈列内容，精心筹划基本陈列与各类专题展览，最大限度地满足各类观众的需求。在野生黄芪博物馆，不仅可以使人们购买到质优的野生黄芪，还要使人们充分了解野生黄芪知识、野生黄芪历史和野生黄芪文化。同时，在展馆形式设计上也应融入更多的科技文化，如 VR 等，研发 VR 实验室、VR 学习平台、VR 游戏、VR 电视、VR 纪录片、VR 动画片、VR 宣传片等。改变单一落后的陈列展览方式，采用新的声、光、电等现代技术，匠心独运地布展。

c. 努力将博物馆打造成深入挖掘野生黄芪文化的多元中心

一是打造野生黄芪文化平台中心。通过举办高层次的野生黄芪节、野生黄芪交易会、世界野生黄芪大会等节庆活动，吸引国内外野生黄芪专家、学者聚首广灵，搭建以野生黄芪为主的学术交流、文化展示平台。二是打造野生黄芪文化研究中心。以中国野生黄芪博物馆为载体，对野生黄芪文化进行广泛宣传研究，充分发挥野生黄芪文化研究机构和乡土专家的作用，深入挖掘、收集整理恒山野生黄芪历史文化资源，丰富野生黄芪产业的文化内涵。三是打造野生黄芪文化科普教育、养生体验和旅游中心。将野生黄芪文化优势和野生黄芪产品链优势结合起来，打造广灵健康游，开发野生黄芪餐饮、养生健体、护肤美容等一条龙服务项目，使游客体验走野生黄芪路、洗野生黄芪浴、品野生黄芪美食的野生黄芪之旅，让全国乃至世界知道野生黄芪、了解野生黄芪、喜欢野生黄芪，将野生黄芪文化真正融入饮食、旅游及恒山文化的大文化圈内。

d. 加强与国际同类博物馆的交流与合作

加强与欧洲各国、泰国、韩国、日本等国家或地区的天然药用植物类、医药类相关主题博物馆的交流与合作，融入“一带一路”走出国门，通过交流开阔视野，通过合作促进发展。

④博物馆研究

博物馆通过文物展陈、展板说明、VR 声光电多媒体互动、雕塑场景还原、模拟采收和加工流程等陈列来详细介绍黄芪的起源、发展、传承及创新。整个博物馆的设计构想，能让参观者补充视觉、听觉等感官系统的精神食粮，使参观者流连忘返、意犹未尽。除了空间设计外，再设置文化衍生产品产业区，设置文化养生体验和药茶美食制作、养生文化艺术节推广功能，增添文化主题公园咨询区域，设置政策关怀版块、爱好者互动版块、建议意见互动专栏版块等灵活多动区域，使整个博物馆设计成“凝固的空间，灵活的版块”，有利于文化建设延伸延续。

博物馆分为以下分区：序厅、第一展区（中医探源，圣药史载）、第二展区（人杰地灵，物华天宝）、第三展区（穿越时空，工艺再现）、第四展区（与时俱进，承古拓今）、第五展区（辉煌新时代、广灵新篇章）、尾厅。

a. 序厅

设计神农氏雕塑一座；展标一座，镶嵌文字“中华圣药 国之瑰宝”；主题墙、形象墙，以展开的画卷形式呈现，主题文字为“中国黄芪文化研究与体验基地”，还有博物馆徽标、野生黄芪地域识别和公共标识以及其他荣誉徽标；序厅两侧墙面为献辞、黑色大理石雕刻《黄芪赋》作为博物馆开篇。设置接待台作为物品存放处，包括监控屏、3D 眼镜领取等功能；设计迎宾卡通黄芪作为博物馆吉祥物。

b. 第一展区（中医探源，圣药史载）

该版块首先介绍中医药养生起源，由中医药展板、中医道具、相关药材标本、中医书籍、中医教学模型等组成；文史掠影版块由黄芪文献摘录、诗词歌赋、影视传播、权威认可、传说故事组成；古迹犹存版块由古代黄芪贸易、郑和下西洋、丝绸之路、“一带一路”等内容组成。其中，设置展板若干，进行详细的文字介绍（中、英文），设置展柜若干，供展品实物展示 。

c. 第二展区（人杰地灵，物华天宝）

构想空间展示恒山独特的地域文化和历史文化，重点突出野生黄芪历史文化和非遗。一是中国野生黄芪文化与分布展示。沙盘模型“恒山野生黄芪分布”，图片展示野生黄芪人文历史故事。二是黄芪养生文化、黄芪与二十四节气的养生诀窍。模拟广灵古街道、中医馆、药铺子，并展示《广灵县志》等文化典籍、《中医养生理疗示意图》；展陈实物有中医百家论著、药柜、器皿等；多媒体音频循环播放黄芪纪录片及影像资料。三是展示县文物单位出土文物复制品。系列绘画艺术作品、与本展区相关的书籍、同时期中医药器具、食器、陶艺、金属器、生活器皿、服装道具等。

d. 第三展区（穿越时空，工艺再现）

VR 影像作品为真人拍摄，模拟古代野生黄芪种采和加工流程，以写实油画作为背景，配合数字灯箱进行文字介绍，幻影成像，声情并茂再现黄芪工艺；雕塑模型选古代人物作为微缩景观，配合影像作品，动静结合；展品展示书籍、标本、古代劳作工具、中医药养生器具等。

e. 第四展区（与时俱进，承古拓今）

多媒体视频展示现代黄芪工艺流程宣传片：模拟现代数控生产车间流程，做成 VR 数字体验场景；场景模拟制作体验区、数字化中医会诊、健康体检数字化体验等。

沉浸式体验二十四节气与黄芪养生文化：参与常设“黄芪文化嘉年华艺术节”，可按季节和年龄、按职业和年龄、按性别和职业、按病情和理疗、按体质和自然情况定制黄芪食品，可参与多样化、多媒体的黄芪主题科普教育游戏，可参与制作和品尝黄芪养生食品，可阅览各种不同语言、版本的中医文化经典译著。

f. 第五展区（辉煌新时代、广灵新篇章）

展示大同市（含广灵县）多年保护野生黄芪资源、持续扶持野生黄芪产业、扶贫攻坚的历史性成果。介绍广灵县自然风貌、风土人情、丰富物产、旅游资源等。展示以野生黄芪为代表的君子精神、正气精神、新时代人民精神！

g. 尾厅

该厅为多功能厅，具有商贸交流、会议研讨、科普教育、新品发布、美食品鉴、亲子交流等功能。

⑤博物馆展陈

展陈，应既注重历史演绎，又注重现代实际；既注重方法展示，又注重宣扬中医药基本科学知识；既注重知识传承，又注重互动参与项目的设计；既注重传统展陈手段的应用，又注重现代科技的结合应用，以期为中医药养生文化传承接力，彰显野生黄芪文化。

a. 养生陈列历史篇

历史篇主要演绎中医药养生文化的发展历史，共分 7 个阶段展开，包括萌芽（上古时期）、奠基(春秋战国时期)、形成(秦汉时期)、完善(晋隋唐时期)、突破成熟(宋金元时期)、发展(明清时期)、复兴(近现代)。

萌芽(上古时期):伴随着人类的生产生活,探求健体强身、祛病延年的实践逐步积累,中医养生学开始萌芽。主要通过钻燧取火、相关甲骨文、山顶洞人饰物、有孔真贝、商代骨簪、《山海经》《汤液经法》等实物、图谱或场景来展现。

奠基(春秋战国时期):春秋战国时期,诸子蜂起、百家争鸣,诸子百家在探讨自然规律与生命奥秘的过程中,中医养生学的思想、观点与方法应运而生。主要通过《周易》《彭祖摄生养性论》《道家炼功长卷》《行气玉佩铭》等实物、图谱等展现。

形成(秦汉时期):秦汉时期,养生与医学日益结合,中医养生理论基本形成。通过《黄帝内经》《伤寒论》《论衡》《养生方》《导引图》等展示。

完善(晋隋唐时期):两晋至隋唐,佛、道教盛行,这一时期的养生理论既吸取了其在养生方面的积极思想,又融会了大量医学基础知识,并注重实际应用,中医养生理论得以逐步完善。主要通过《黄庭经》《抱朴子·内篇》《养生论》《渊鉴类函》《养性延命录》《颜氏家训·养生篇》等实物、图片或场景进行展示。

成熟(宋金元时期):宋金元是我国医学史上的又一个辉煌时期,中医养生学也进入新的阶段。宋活字印刷术的发明、理学的产生、医学流派的兴起,为中医养生学发展营造了创新氛围。主要通过《圣济总录》《寿亲养老新书》《御药院方》《饮膳正要》等实物、图片或场景进行展示。

发展(明清时期):明清时期,中医养生学不仅在理论上有所建树,而且越来越切合实际、注重实践。期间产生了众多著名的医学养生家,养生学著作剧增,并在民间广为传播。主要通过《修龄要指》《养生四要》《遵生八笺》《香奁润色》《寿世保元》《老老恒言》《随息居饮食谱》《随园食单》等实物、图片或场景进行展示。

复兴(近现代):由于受民国时期中医政策的影响,中医养生学停滞不前,几近夭折。中华人民共和国成立后,尤其是改革开放以来,随着人民生活水平的提高,中医养生学得到了全面发展。主要通过《延寿药言》《寿世医报》《寿身小补》《五养秘诀》《儿安氏健身篇》等实物、图片或场景进行展示。

b. 养生陈列理论篇

中医养生学以中医基础理论为指导,主张从整体观的角度去理解与善待生命,强调正气为本、形神共养、动静互涵、协调平衡,注重辨证思想、审因施养,倡导预防为主,未病先防。该篇章的目的就是要将中医养生的理论基础呈现给观众,中医理论是根,养生方法是枝叶,不可盲从一些养生方法,需要在中医理论的指导下有选择性地学习一些适合自身的养生方法。该篇从6个方面进行展示,即形神共养、动静互涵、协调平衡、正气为本、审因施养(包括因人养生:年龄、性别、职业、体质养生;因时养生:四季养生、节气养生、十二时辰养生;因地养生:地理、气候)、辨证施养等。展品包括《修真图》《马王堆导引图》《小儿药证直诀》《四气摄生图》《清代十二时辰小药瓶》等。

c. 养生陈列方法篇

在中医养生学发展的历史长河中,人们积累了大量宝贵和独特的养生方法,包括精神养生、起居食养、饮食养生、运动养生、针灸养生、按摩养生、美容养生、足疗养生等多种方法。本篇从精神养生、起居养生、饮食养生(含原药酒养生)、运动养生(五禽戏、八段锦、太极拳、易筋经)、针灸按摩养生(常用针灸保健穴位、按摩养生、小儿推拿)、美容养生、足疗养生、其他养生方法(熏蒸、辟谷等)等方面进行陈列。具体的展品有《情绪养生视频》、傅青主书法作品、《理瀹骈文》、膳食宝塔、《食物本草会纂》、红楼药膳、史德公药酒、《养生气功图》、石湾五禽戏陶瓷、《袖珍八段锦挂图》、各式太极拳视频(简化二十四式太极拳、陈氏太极、杨氏太极、吴氏太极、武氏太极、孙氏太极以及武当、赵堡等)、《易筋经》、玛瑙按摩器、《外台秘要》、铜薰香炉、《茶经》等。

d. 养生陈列黄芪篇

恒山山脉地理气候独特,以北岳恒山为代表,长久以来,形成了独特的恒山养生文化。黄芪篇从 3 个方面进行展示,即恒山独特地理气候、恒山养生理念、黄芪养生文化。具体展品包括地理气候图、《医碥》、古方拓片、《养生论》《苏轼像》《东坡养生集》等。

e. 养生互动体验区

养生陈列中应重视互动体验项目的设计,在该区共设置了 14 个互动项目,具体如下。

大力士测试:通过改造一台游戏用测力机,来测试参与者的力量大小,并通过灯光带的长短进行力量显示,为下一步体质指数测定提供中医的一个概念,即气与形的关系,气通过力量的大小来展示。

体质指数测定:通过身高仪测定身高,通过体重仪测定体重,再通过体质指数转盘查到体质指数,从而知道参与者的形体是正常还是偏胖、偏瘦。结合大力士测试项目,如果没力,则说明无气或气不足。对于偏胖又无力者,则符合《黄帝内经》中“气胜形者寿,形胜气者夭”的理念,提醒参与者积极锻炼、增强体质。

天人相应整体观:主要以展现中医“五运六气”学说为目的。了解“五运六气”学说,也就理解中医的整体观,加深对中医学整体观的理解。项目通过天花板上的“五气经天化五运”图,以及电子屏运气学说查询等相结合,告知参与者当前所处的运与气,当前、今后可能发生的疾病及如何预防调养等。

望舌识病:通过镜子让参与者观察自己的舌象,与参照图谱自行对比,判断自己的舌象正常与否,提示参与者的健康状态。

五脏体系结构图:通过互动设施,介绍中医的五脏体系。互动实施拟通过改造儿童玩具“神奇老师”来实现,设计五脏体系对应图,自动回答参与者提问。

体质辨识:通过九种体质挂图、互动判别软件,方便参与者进行体质辨识,采取相应的调养方案,普及体质概念。

阴阳平衡、虚火、实火等养生概念互动:同样以儿童玩具“神奇老师”的形式进行改造,重在普及阴阳、虚实的概念。

疾病养生查询:设置触摸屏电脑,有针对性地进行相应疾病的养生调养。

互动设施:看看自己的过去与未来。目的在于讲解《黄帝内经》关于男子 8 年生理节律、女子 7 年生理节律的论述。

拓印:古方复原供游客拓印,寿字复原供游客拓印、做成印章供人盖印。

音乐养生体验馆:突出中医的五行音乐。

笑疗体验馆:体验中医情志学说。

按摩、针灸等体验馆:体验中医按摩,感受针灸的神奇(图 32-10)。

图 32-10 野生黄芪博物馆意向效果图

(5)治未病体验中心

①项目背景

“上医治未病”最早源自于《黄帝内经》所记载:“上工治未病,不治已病,此之谓也。”治,为治理、管理的意思。治未病,即采取相应的措施,防止疾病的发生发展。其在中医中的主要思想是:未病先防和既病防变。未病先防重在养生。主要包括:法于自然之道、调理精神情志、保持阴平阳秘这三方面。

②项目定位

未病养生,未病康健。

③发展思路

利用史家坪村腾退的废弃村庄,建筑面积 5000 平方米。以“未病体验”为主题,以中医药养生为主功能,建设治未病中医养生养老中心、智能健康检查中心,涉长寿健康食品、养疗诊疗、运动养身、禅修养心、养生文化创意、生态文化旅游、商旅文化消费七大产品,打造京津冀晋特色治未病养生中心。

④重点项目

a. 治未病中医养生养老中心

随着社会的发展、生活方式的改变,传统的医疗模式也需要改变,逐渐向“防、治、养”模式转变,其中,“治未病”被视为蓝海。治未病以中医为核心,依托恒山近百种中草药资源,以我国传统养生哲学为基础,开发中医诊疗室、中医理疗中心、药膳养老会所、中草药种植园等未病先治项目,结合旅居养生养老项目,提供包括中医养生知识讲座、中医医疗服务、中草药园区体验等不同的服务。

b. 智能健康检查中心

中西医结合,以康体检查为核心,以大型医院雄厚的医疗资源和专业化的医疗服务为依托,为各年龄群体提供包括身体健康检查、医疗护理、健康咨询等多个领域立体化的养生养老服务体系。

⑤配套设施

配套中医治未病养生浴场、治未病健走栈道、观景廊、观景亭台以及停车场、旅游厕所、旅游标识、景观步道等(图 32-11)。

图 32-11　治未病体验中心意向效果图

(6)AAAAA 级长江峪“体医结合”修疗目的地

①“体医融合”背景

我国自 2014 年就已提出“推动体育健身与医疗、文化等融合发展”的理念,并将“全民健身”提升为国家战略。2016 年《“健康中国 2030”规划纲要》印发并实施,“体医融合”在其中也有体现。该纲要从生活方式、健康知识及技能、健康监测、健康教育等方面加大宣传力度,实现“体医融合”的推广,推进全民健身与全民健康事业。“体医融合”以医疗问题为导向,组织人们进行安全、有效的体育锻炼,特别注重发展健康运动技能,以区别传统的运动技能。主要解决医疗偏临床、体育偏竞技的健康供需矛盾,体医之间互相启发、互相引导,重新认识健康、认识疾病;以“有病治病”“无病防病”为健康目标,服务范围是全人类、全生命周期、全疾病过程的三全覆盖,形成养育、养生、养老的“三养”健康科技文化。

②“体医融合”目标

通过体医融合实施全民健身计划,普及科学健身知识和健身方法,推动全民健身生活化;实施青少年、妇女、老年人、职业群体及残疾人等特殊群体的体质健康干预计划;进一步优化市场环境,培育多元主体,引导社会力量参与健身休闲设施建设运营;引导人民群众向不得病、少得病、晚得病的方向努力。

③“三三四”模式

体医融合“三三四”模式如图 32-12 所示。

a. 体医融合一中心模式

体医融合一切以人民健康为中心,人民健康是民族昌盛和国家富强的重要标志。完善国民健康政策,为人民群众提供全方位、全周期健康服务。不断促进人的全面发展、全体人民共同富裕。坚持中西医并重,传承发展中医药事业。支持社会办医,发展健康产业。积极应对人口老龄化,构建养老、孝老、敬老政策体系和社会环境,推进医养结合,加快老龄事业和产业发展。

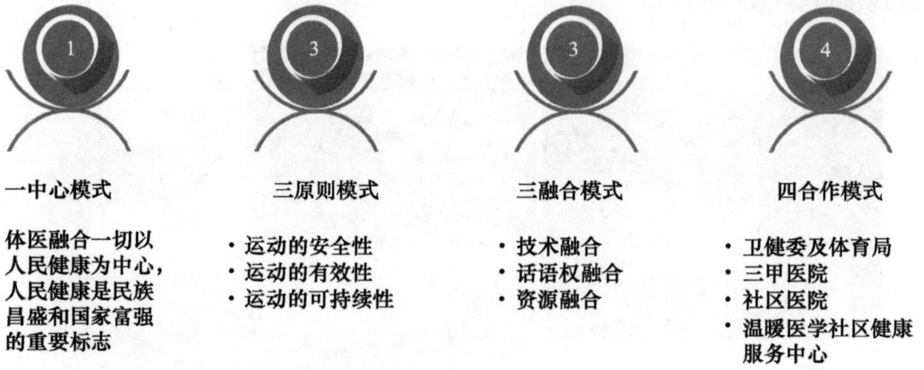

图 32-12　体医融合“三三四”模式

b. 体医融合三原则模式

运动的安全性：运动中，心脏和肾脏等脏器的安全性、血糖稳定性、运动器官伤病等运动安全无法保障，运动安全问题涉及多学科。运动引起的心源性猝死、横纹肌溶解症引起的急性肾衰等屡见不鲜，导致患者不敢进行有一定强度的运动，健身指导师也不敢指导，医生的运动处方医嘱无法落地。我国心血管病患者、糖尿病患者的运动指导目前无人负责，而安全的低强度运动未必有效，高强度的运动却未必安全。平衡考虑安全性和有效性，必须靠体医融合的新技术。

运动的有效性：运动的效果需要有一个较长时间的过程才能体现。运动是否达到降低疾病发生风险的效果？用什么指标评价？单纯靠体育科学或者医学的指标肯定都是不行的，必须结合在一起，来阐释什么样的运动可以降低什么样的疾病风险。尤其对于儿童、青少年运动的近期效果和远期终身效果的评价非常重要。慢性病都是发病于成年而病根在少年。运动预防慢性病的效果，需要多年的观察。必须让家长坚信运动对终身健康的巨大作用，才能让他们更加坚定地督促自己的孩子坚持体育锻炼。

运动的可持续性：运动增强体质预防慢性病，或运动作为慢性病康复的必须手段，都要求运动长期、终身进行。运动停止则效果也会逐渐消失。尤其是慢性病患者的运动康复，坚持终身规律性运动非常重要。但目前，运动难以坚持，是实现各种慢性病康复治疗的最大难点。虽然康复的效果显著，可以大大缩短住院时间、降低并发症的发生风险，但即使在美国，仍然有80%符合条件的患者没有坚持运动康复。运动的可持续性，实际上是运动文化属性的体现。运动如果只强调健康而不强调快乐、满足感等体育文化特性的内容，则很难坚持锻炼。坚持运动，有的是为了健康，有的是为了快乐，原因不同而效果相同，强调个性化引导才能实现运动的可持续性。

c. 体医融合三融合模式

技术融合：指体医互相启发、互相引导，重新认识健康、重新认识疾病，将体育系统培养奥运冠军的专业技术与卫生系统医疗技术融合；技术融合强调体医双方发挥各自技术优势，而不去做不擅长的事情，避免了要求医生必须掌握运动技能，或者要求体育专业人士必须掌握足够多的医学知识的尴尬局面，把医生的治病诊疗技术和运动指导师的运动技能整合，体医双方扬长避短，各自发挥各自的技术优势，亲密协作。

资源融合：宏观上是指医院的人、财、物资源同体育设施、器械、场地等资源共享，体育系统的人力资源（尤其是退役运动员、社会体育指导员等）和场地资源与医疗资源融合。退役运动员和体育专业毕业生经过体医融合理论和技术培训，可以给患者提供科学锻炼指导服务，可以获得更加满意的工作，并且发挥自己的技术优势。

话语权融合：指医生的话语权对患者运动有很大影响，而体育明星对青少年运动有很大带动作用，要相互融合。话语权融合强调三甲医院名医要大力宣传体育与健康的关系，并且推荐患者接受科学锻炼指导，把医生开具处方的话语权同教练落实处方的话语权融合，各自发挥各领域优势，从而让体育界与医疗界共同宣传体育锻炼对健康的重要性。

d. 体医融合四合作模式

体医融合四合作，即卫健委及体育局、三甲医院、社区医院和体养目的地的四方合作。

四方合作路径避免了医疗器械和设施场地不足、社会体育指导不专业、医生忙碌没时间、体育指导有风险等实际操作中的问题，最终达到对患者的体医融合治疗，实现医疗因高效而满意、患者因康复而满意、体育因特长发挥而满意和国家因降低医药负担而满意的多方共赢。

体医融合将极大改变医生服务模式：将医生从一对一服务转为以团队服务患者的健康，把科学锻炼指导师变为团队的重要组成部分；在团队中，分工协作、各负其责，而不是让体育人士重新学医，或者让医生重新学体育；将医生从院内服务延伸到院外服务；从医药服务获利转到健康服务获利；将极大推动国家号召的两个转变，即从“医疗健康干预”向“非医疗健康干预”转变和从“以治病为中心”向“以健康为中心”转变，提供温暖医学三全服务模式。四方合作符合医改精神，可以落实医疗三级诊疗服务模式，实现全民健身与全民健康的深度融合。

④发展思路

a. 发展定位

发挥长江峪沟域绵长的生态资源和环境优势，以野生黄芪为主题，构建“乡村集散＋养生基地＋立体线路＋旅游圈层”空间结构，构建全时空、全业态“养生＋运动＋文化”产业集群，打造“文化体验、山地运动、养生度假”一体化的山地运动型养生旅游经济聚集区。

b. 发展目标

国内首个以野生黄芪为主题的功能复合的体医旅游目的地、国家 AAAAA 级景区、养生修疗 & 山地运动型国家级旅游度假区、恒山体育养生名片(图 32-13)。

图 32-13　长江峪“体医结合”修疗目的地意向效果图

c. 形象口号

长江峪·体养家园。

⑤重点项目

a. 山地立体运动线路和设施

国家级登山健身步道系统：开展登山徒步、露营、野外生存、山地自行车等经典户外运动的国家级登山健身步道。全长约 30 千米(含木栈道)。

山地运动主题馆：位于香炉台村，占地面积 20 亩，建筑面积 2000 平方米，大型室内外结合山地主题科技馆，全业态、全时效。

翱翔俱乐部：国际热气球比赛基地、时尚动感的热气球迷乐园。

索道：由上段沟域内向山顶建设索道(长约 3 千米)，可空中观赏林海。

观景塔：在长江峪沟域源头制高点，建设观景塔，可瞭望全沟域美景。

观景台：源头山顶沿道路设置观景台 4 个或 5 个，并由步道串联。设施占地面积 5 亩，投资约 8000 万元。

b. 黄芪之海 AAAAA 级主题避暑养生度假村

位于南寒水村、长江峪的源头，以万亩黄芪种植沟域为环境背景，建设黄芪之海主题度假村，以黄芪为主题，围绕黄芪养生功能开展黄芪主题餐、黄芪养生健康理疗项目、黄芪保健用品和饮品制作项目等。占地面积 30 亩，建筑面积 5000 平方米，床位数 150 个，投资 8000 万元。黄芪之海餐饮和住宿设施应达到四星级饭店评定标准，基础设施、安全保障、管理服务等方面都要具备较高水平(图 32-14)。

图 32-14　黄芪之海 AAAAA 级主题避暑养生度假村意向效果图

c. 嶂石岩生态运动旅游区

以壮丽的嶂石岩地貌(石林、崖壁)为主，兼顾高山草甸、松林、沟峪等生态资源，建设成为休闲、运动、养生、感悟型的生态旅游区。旅游项目包括山神庙沟、上寺沟沟峪亲水溯溪攀岩体验项目，玻璃电梯和玻璃健走栈道，嶂石岩石林地质景观休闲和研学项目，高山草甸—松林避暑和运动休闲项目，崖顶观光塔，诗词文化崖壁建设项目，健走户外徒步步道建设等(图 32-15)。

d. 香炉台农旅综合体

依托香炉台村区位交通优势，依托水渠打造“水循环小城”，发掘小城故事，水要素循环起来，引水入村，户户水系环绕，营造优良的水环境和水景观，建设成农业、文化、旅游融合的产城一体的旅游水镇(图 32-16)。

图 32-15　嶂石岩生态运动旅游区意向效果图

图 32-16　香炉台农旅综合体意向效果图

e. 下林关中医旅游园

依托村庄悠久的中医药传承历史，汇集以王本真为代表的名医和名药、名方，整合农林、民俗、文化资源，建设集中医养生、中药种植、健康农林、养生度假、养生文化等多功能于一体的中医旅游特色园。汇集以王本真为代表的名医和名药、名方，整合中草药种植、观赏、采摘、加工、理疗等，建设长江峪名医堂(百草园、神农田、千金方、思邈馆四大主题)项目，打造京津冀晋知名的中医旅游园(图 32-17)。

图 32-17　下林关中医旅游园意向效果图

f. 庄子宾舍

该项目位于庄子东沟，海拔 1800 米，整合泉水、沟谷、松林等优良生态资源，以庄子养生文化为主题，崇尚“天人合一”“清静无为”，定位高端养生度假，接待 120 人，占地 40 亩，建筑面积 5000 平方米。

g. 北齐长城遗迹保护和旅游配套设施建设项目

以科学保护北齐长城为前提，配套建设观光步道、观光亭等设施，适度开展长城文旅研学等项目。

h. 周圆寺养生旅游配套设施建设项目

以周圆寺古迹建筑保护和修缮为前提，结合传说，配套修心、修身的养生旅游食宿、修炼、法务流通等设施。

(7)野生黄芪中医药健康文化线路

①世界文化线路借鉴

文化线路是近年来世界遗产领域中出现的一种新型遗产类型。自 2008 年，国际古迹遗址理事会通过《文化线路宪章》以来，便受到了各国的高度重视。世界著名的文化线路包括：西班牙的圣迪亚哥·德·卡姆波斯拉朝圣之路、阿曼的乳香之路、以色列的香料之路等，内容涵盖宗教、交通、商业线路。文化线路作为文化遗产的重要组成部分，不但具有遗传价值和考古价值，还具有很丰富的旅游价值。文化线路基本呈现线状结构，文化线路沿线一般都有很多文化遗产的遗存和古迹。

“欧洲文化线路”于 1984 年提出，并于 1987 年正式施行，其目标为“以文化合作的形式提升对欧洲一体化和文化多元化的认同，保护欧洲文化的多样性，鼓励文化间的交流，协助调解地区矛盾”。经过 40 余年的理论研究与实践，“欧洲文化线路”计划在文化线路的管理体系、标准设立、资金筹措以及与其他国际组织相关项目合作等方面形成了一套完整成熟的体系。体系、主题、形式的多元化构成了欧洲文化线路最大的特点。“欧洲文化线路”以推动新兴旅游业(如文化游、体验游等)促进当地发展，对欧洲地区的遗产保护和地区发展具有深远意义。

②发展思路

借鉴文化线路理念，以恒山山脉野生黄芪生态原产地的采收和加工相关的遗址和非遗为核心资源，整合区域自然和文化旅游资源，以中医药健康文旅为主题，深度发掘和整合中医健康文旅产业链的各个版块内容，把中医药养生文化及资源融入旅游产品中，将中医养生与文化旅游相结合，传播中医文化，提高旅游产品的文化吸引力，打造全国首个以黄芪为主题的中医药健康文化线路。

③特色线路设计

设计 6 个特色线路，分别为：野生黄芪中医药健康游、创新中医药 & 特色名医名馆体验游、野生黄芪文化博物一日游、“白羊芪山”体养沉浸游、舌尖上的黄芪美食体验游、三峪生态文化之旅。

a. 线路一：野生黄芪中医药健康游

将恒山野生黄芪生态原产地与中医药资源、采制传承人、传统作坊、名医名馆、黄芪乡村、古寺名刹等知名度较高的资源相结合，形成体验性强、参与度广的中医药健康旅游主题线路。

具体线路：下林关中医旅游园(长江峪名医堂——百草园、神农田、千金方、思邈馆，黄芪加工 DIY 体验和养生商品购物项目)—坟台沟村(中医药养生主题农庄)—南寒水村(黄芪之海主题度假村、“黄芪的海”农业湿地景观带生态养生休闲项目)—白羊田园综合体(白羊长寿农乐园、极乐寺养生净修基地)—药王谷景区。

b. 线路二：创新中医药 & 特色名医名馆体验游

结合医药科技创新和现代服务资源，推出野生黄芪中医药创新产品和服务体验。如参观野生黄芪现代中药生产车间、游览芳香药田、了解野生黄芪研发故事、品尝野生黄芪中医药膳、获取黄芪中医药养生保健方案等。

c. 线路三：野生黄芪文化博物一日游

野生黄芪博物馆—白羊书院—瓷茗园—治未病体验中心—中国黄芪粥文化博物品鉴馆。

d. 线路四:“白羊芪山”体养沉浸游

极乐寺—上白羊文化旅游园(清凉寺、龟山历史地标、白羊事件红色教育基地、上白羊文化民宿集群)—下白羊长寿旅游综合体(白羊长寿农乐园、极乐寺养生净修基地、白羊寿乡静心养老度假村、白羊静养乡村)—老君洞天景区—白羊暮霭景区—逍遥谷景点—药王谷景区—野生黄芪博物馆—白羊书院—瓷茗园—治未病体验中心—芳香药田——一面坡景区。

e. 线路五:舌尖上的黄芪美食体验游

美食体验线路,可用野生黄芪搭配极品峪口小米、甘甜的矿泉水、新鲜的野蔬、绝美的豆腐以及其他具有地域特征的农副产品,用黄芪茎叶花等作为中药饲料喂养出的“黄芪牛”“黄芪羊”等作为地域特色食材。策划推出黄芪美食,分别为黄芪养生粥(白羊村)、黄芪养生宴(白羊芪山)、黄芪全牛宴(海高牧业)、黄芪全羊宴(南村镇)、黄芪画眉驴、黄芪野肴(南村镇)、黄芪小米粥(白羊村)、黄芪药茶(广灵县)、黄芪豆腐宴、黄芪黄花菜。

f. 线路六:三峪生态文化之旅

广灵县县城服务主中心(湿地服务主中心,水神堂——城市会客厅)—南村镇(中心镇)—长江峪—白羊峪—望狐乡服务副中心—圣眷峪。

长江峪嶂石岩生态旅游区—卧羊厂生态旅游园—庄子宾舍—坟台沟村(中草药养生主题农庄)—南寒水村(南寒水源头民宿、黄芪之海主题度假村、“黄芪的海”农业湿地景观带生态养生休闲项目、天池湿地度假村)—老君洞天景区—白羊暮霭景区—逍遥谷景区—药王谷景区——面坡景点—广灵梯田—药岭花海。

32.5　中药数字经济建设

32.5.1　乡村中药数字经济

近年来,随着新一代信息技术蓬勃发展,数字技术日益融入人类的生产生活,数字经济在促进新时代我国经济社会高质量发展中起到关键作用。2019 年 5 月,中共中央 国务院印发《数字乡村发展战略纲要》,首次提出数字乡村建设目标。2022 年 1 月,中央网信办、农业农村部等 10 部门印发《数字乡村发展行动计划(2022—2025 年)》,指出“十四五”时期要充分发挥数字经济对乡村振兴的引领驱动作用,带动和提升农业农村现代化发展,成为全面推进乡村振兴新发展阶段下推进数字乡村工作的重要指引。产业振兴是乡村振兴的重要内容,是生态振兴、文化振兴等其他事业振兴的基础。深入探究数字经济推进以中药为主的乡村产业振兴的机理,明晰有效实施路径并提出有针对性的对策建议,对于全面推进乡村振兴具有重要现实意义。

32.5.1.1　综述

近年来,学界对于数字经济如何赋能乡村产业振兴开展了研究,相关研究围绕现实价值、作用机制、取得成效、问题障碍、路径对策等方面开展。数字经济的发展为乡村产业振兴提供了契机、注入了新动能,数字经济可以通过产业成本节约、产业效率提升、农产品质量变革、产业结构升级,以及一、二、三产业融合 5 个机制促进乡村产业振兴,但存在基础较薄弱、产业数字化水平不高、数字技术供给不足、人才资源短缺、发展环境有待改善等问题。数字经济在乡村产业专业化、融合化、信息化、集约化、绿色化发展中发挥着关键性作用,能从效率提升、产业变革、结构优化等方面赋能乡村产业振兴,但存在数字化转型能力不强、要素协同运转不通畅、数字基础设施不完善、数据共享机制不健全以及产业衔接不充分等制约。数字经济具有高渗透、高价值、高技术、非竞争性,通过发挥数字重生赋能效应、数字融生平台效应、数字增生长尾效应、数字新生蝶变效应,为城乡产业链深度融合与升级注入新动力。通过计量经济分析认为,农村数字化有利于促进农村产业融合发展,具体机制主要是延伸农业产业链条、拓展农业多重功能、发展农业新兴业态与培育产业融合主体。当前智慧农业生产、电子商务、金融科技等数字技术在推动乡村多业态融合与产业结构重塑方面卓有成效。实现乡村振兴,数字乡村建设是关键路径之一,数字乡村拆分成“数字+乡村”,叠加虚拟的“数字世界”和现实的“物理世界”,形成乡村建设领域的“数字孪生”现象,通过构建一个市场、组织、技术三者的闭环逻辑,论证“原生数字化”和“转基因数字化”是推进数字乡村建设的两种路径。探究数字化推动乡村振兴的内外机制,内以数字资源与技术驱动农民数字化改造、产业数字化与数字产业化发展,外以数字经济、数字社会、数字政府为主力加速全域数字化协同共生的环境建设,推动乡村全面振兴。提出数据要素、平台化经济组织与数字化治理分别推动农村生产力、生产关系与上层建筑的发展与变革的观点,解析数字乡村建设的内在机理与衔接机制。

综合来说,既有研究对于数字经济如何促进农业农村发展、推进数字乡村建设等进行了有益性阐释,但总体而言,存在相关概念不太清晰、对作用机制解释学理性不足、提出的路径难以实现等问题。

基于此,本节在厘清数字经济和乡村产业概念与范围的基础上,从经济学角度探讨数字经济促进乡村产业振兴的内在机理,从“农业+”“数字+”两个层面分析数字经济赋能农业生产经营和乡村产业转型与融合的实现路径;进一步分析当前数字经济促进乡村产业振兴存在的问题与障碍,提出对策建议。

32.5.1.2 数字经济促进乡村产业振兴的机理分析

关于数字经济,不同的人有不同的理解,采用国家统计局《数字经济及其核心产业统计分类(2021)》(国家统计局令第33号)中关于数字经济的概念和界定,即:数字经济是指以使用数字化的知识和信息作为关键生产要素、以现代信息网络作为重要载体、以信息通信技术的有效使用作为效率提升和经济结构优化的重要推动力的一系列经济活动。该分类将数字经济产业范围确定为:1数字产品制造业、2数字产品服务业、3数字技术应用业、4数字要素驱动业、5数字化效率提升业5个大类。数字经济包括数字产业化和产业数字化两大部分,其中,第1~4大类为数字产业化部分,对应数字经济核心产业;第5大类为产业数字化部分,是数字技术与实体经济的融合。本节所指的乡村产业,除了农业(农林牧渔业)之外,还包括留在农村发展的农民和农民工直接就业以及为农村经济发展直接服务的农村工业、商贸、旅游、文化、教育、康养、环保等产业。数字经济促进乡村产业振兴就是以数据为核心生产要素、以数字技术为主要驱动力、以现代信息网络为载体,充分发挥信息技术创新的扩散效应、信息和知识的溢出效应、数字技术释放的普惠效应,加快推进乡村产业现代化,进而推动乡村全面振兴和提升乡村整体价值的过程。

引入数字技术和数据要素,经过数字经济赋能后的乡村产业,无论是在产品(服务)数量、质量和价格,还是在产品(服务)品种种类方面,均有显著变化,也就是实现产品(服务)供给增加、质量提高、价格下降和品种种类丰富。与此同时,数字经济还助力稳定生产预期和畅通销售渠道,优化乡村产业发展环境,催生新产业新业态新模式,扩展乡村产业生态系统,促进乡村产业现代化和高质量发展。

(1)拓展生产可能性边界,增加产品(服务)供给

生产可能性边界是指在既定资源和技术条件下所能生产的各种商品最大数量的组合。在数字经济时代,数据成为最具有基础性和战略性的生产要素。数据要素具有非竞争、非排他、传输快、可无限供给等特点,打破了传统生产要素对生产活动的制约。党的十九届四中全会通过《中共中央关于坚持和完善中国特色社会主义制度推进国家治理体系和治理能力现代化若干重大问题的决定》,明确将数据与劳动、资本、土地、知识、技术和管理等生产要素并列,为充分发挥数据资源价值指明了方向。随着数据资源的引入和数字技术的采用,乡村产业的生产函数得以重构,乡村产业的生产可能性边界将大大扩展,产品(服务)产量和品种种类得以增加和丰富。

数字经济对于拓展乡村产业生产可能性边界是多方面的,利用数字技术对农业生产环境进行控制,通过对育种信息的数据化分析,提升育种效率和质量;利用传感器采集农业数据,并通过数字技术分析、计算、组织农业生产,实现精准化种植、可视化管理;利用数字技术实时监测农作物病虫害情况,有助于病虫害防治初期预警、精确诊断、对症下药;智能农机设备、农业机器人等的开发利用使农业生产过程实现自动化、规范化、智能化,提高了农业生产效率。数据要素流动突破了传统农业上下游产业链间的信息壁垒与数据孤岛,电商平台与农业的融合有助于从需求端刺激农业生产提高,实现精准营销、个性定制,打造农产品品牌,挖掘特色农产品价值。此外,数据要素的使用会产生一系列模仿、交流、带动和激励作用,对技术推广、知识扩散等具有明显的溢出效应,有助于提高数字技术生产效益,实现乡村发展互利共赢。

(2)缓解信息不对称,提高产品(服务)质量和安全水平

数字技术和互联网平台的应用可以解决农业生产、涉农产品购销领域的信息不对称问题,提高产品(服务)质量和安全。互联网提供了大量新的质量信号,通过将分散和个性化的信号聚合起来,例如,许多网站都建立了用户评论、信誉评价、信用查询及问责制度等,以解决信息不对称问题,帮助客户和消费者做出选择,为那些表现良好的企业赢得更多机会。电商平台通过提供第三方担保服务,实现消费者自由退货,进一步减轻了线上购物时信息不对称给消费者带来的影响。

大数据、物联网、区块链等现代信息技术推广使用,可实现农产品产前、产中、产后全过程的质量安全控制,全面提升农产品质量安全管理水平。通过建立农业投入品电子追溯监管体系,推动化肥农药减量使用,从源头上减少农产品农药残留和环境污染。应用农产品条码制度或视频追溯系统,实现生产记录可存储、产品流向可追踪、储运信息可查询,使农产品质量安全追溯成为现实。数字技术和数字管理系统的应用,有力地解决了农产品、食品领域信息不对称问题,解决了长期以来我国“从田间到餐桌”的食品安全问题。数字化使得信息透明,解决了“劣币逐良币”问题,无公害、绿色、有机产品更受青睐,实现优质优价。

(3)节约生产成本和交易成本,降低产品(服务)价格

在农业生产方面,智能设备的采用,如航空植保、智能农机设备在播种、灌溉、喷药、收割等农业生产过程中的广泛应用,节省生产成本。一方面,有助于实现精准作业,节约用水、用肥、用药及植保成本;另一方面,将部分农村劳动力从农业生产中解放出来,大大节省了农业生产的劳动力成本与时间成本。在物资采购和产品销售方面,电子商务、大数据等数字技术和平台的应用,降低了交易中的搜寻、谈判、签约、交通运输等交易成本。如电子商务的应用,导致“中

间环节的消失”和“距离的死亡”，一方面为农业经营主体提供了更便捷的获取生产资料渠道和产品销售渠道，另一方面显著降低了搜寻成本、交通成本、仓储费用等，加快了供应商与消费者的匹配，这些对于偏远的农村地区产业发展而言则更加有利。生产成本和交易成本的节省和降低，传导到消费终端，就是促进产品（服务）价格下降，有利于提高全社会福利水平。

（4）稳定生产预期和畅通销售渠道，优化乡村产业发展环境

数字技术的采用，可以有效规避农业生产掉入发散型“蛛网模型”陷阱。蛛网模型显示商品的当期需求量取决于当期价格，而当期价格又影响下一期的供给。粮食、生猪等农产品需求的价格弹性小，供给的价格弹性则相对较大，此时价格变动引起的供给量变动大于需求量变动；当出现供过于求时，为使市场出清，价格按需求曲线下降，导致下一年供给减少（由于供给弹性较大）而出现供应短缺；供应短缺又导致该年成交价格上升，从而使次年供应量更大幅度提高。这种失衡状态在竞争机制下不能恢复均衡，只会越来越向外发散，损害农产品生产者的利益。大数据、电子商务等数字技术和平台经济的推广应用，使得信息更加充分、精准、透明，消费者的需求更加明确，产出预测机制更为完善，从而避免农产品价格的大幅波动；且中间环节大大减少，使得传统销售模式下的“长鞭效应”（市场对产品的需求波动通过供应链层层放大，最终对生产源头造成很大的影响）大大改善，消费者需求波动造成的农产品供应不稳定大大减少，有利于农产品生产者更好地组织生产。数字技术还使得农业生产能力大幅度增强，突破传统“靠天吃饭”生产模式，形成相对稳定的农业生产条件。

数字经济时代，电子商务正介入乡村产业发展中，极大地拓展乡村产业参与者范围，极大拓展商品销售规模、品种范围、地域范围。电子商务平台可以将卖家和买家联系起来，提升供需两端的匹配度，推动乡村产业形成市场导向型的生产体系，由过去“农业生产什么就销售什么”转变为“农产品销售什么就生产什么”，打通了农产品销售的“第一公里”和“最后一公里”。电商平台还具有显著的“长尾效应”，使得“小众”“冷僻”的产品也具有极大市场，使得曾经地处偏远、品种独特、产量稀少、销售成本高或难觅需求者的农产品也能很顺利地销售出去。所谓长尾效应，是指当产品和服务多样化的成本足够低时，那些个性化强、需求不旺、销量很低的产品和服务仍然能够在互联网平台“上架”，这些“小众”“冷僻”的需求汇聚而成的市场份额，可以和那些少数热销产品所占据的市场份额相匹敌，甚至更大。许多电商还采取明星、网红代言的方式开展营销，不仅扩大了乡村产业参与者范围，许多明星、网红的小品牌还通过网络直播的形式吸引粉丝消费，继而扩大消费群体。

（5）催生新产业新业态新模式，扩展乡村产业生态系统

数字经济在推动现代农业与先进制造业和现代服务业融合发展中起到关键性作用，有利于扩展乡村产业生态系统，使得乡村产业发展不再局限于农业，乡村产业振兴也不再局限于农业技术进步和农业内部结构调整，而是使得农业与农村工业、商贸、旅游、文化、教育、康养、环保等实现融合发展，极大丰富产品（服务）品种种类。

数字经济扩展乡村产业生态系统，有利于化解乡村的长期单一产业发展所隐藏的产业风险。这样，乡村产业不再是“农产品—农产品加工—食品”的单一线性链条，而是一、二、三产业融合发展，如形成“农产品—医药原料—生物制药”“休闲农业—旅游—住宿、餐饮”“农业观光—直播网红—产品销售”“现代农业—生物育种—科普教育”等更加复杂的产业链条和网络型产业发展路径，有效规避产业单一发展路径的风险。丰富的乡村产业生态系统和发展前景将极大吸引城市资本、人才流入，形成乡村产业发展内生动力，助推乡村产业振兴。

32.5.1.3　数字经济促进乡村产业振兴的实现路径

数字经济促进乡村产业振兴主要通过两条路径来实现：一是“农业＋”，基于农村主体产业，即农业为出发点，经过数字经济对农业产前、产中、产后“赋能”，农业生产发生质的飞跃，农业的质量和效益进一步提高；二是“数字＋”，以数字经济为出发点，通过数字经济广泛作用于乡村产业，从“纵向”延伸农业产业链，从“横向”推动农业与旅游、文化、教育、康养、环保等产业融合，并催生乡村新产业、新业态、新模式发展，推动乡村产业转型发展，实现乡村产业融合和城乡融合，促进农村经济社会高质量发展(图 32-18)。

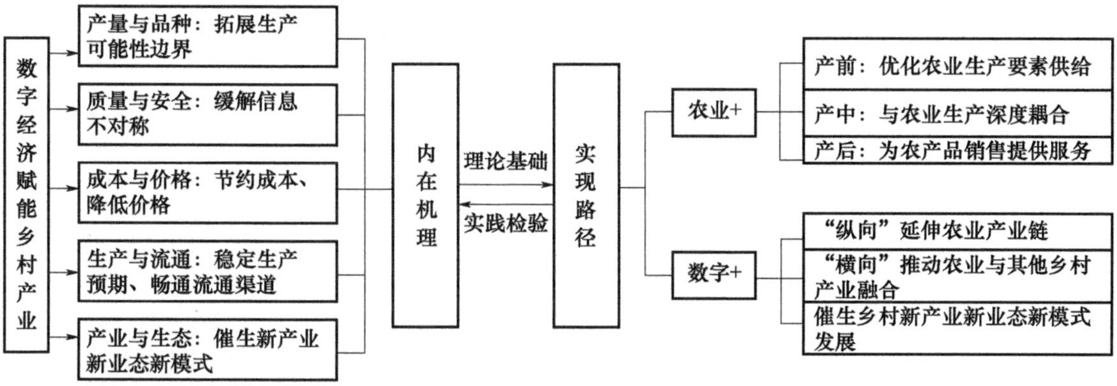

图 32-18　数字经济促进乡村产业振兴的机理与路径

(1)数字经济助推“农业＋”发展，提升农业的质量和效益

乡村产业的主体是农业，数字经济促进乡村产业发展，首先是促进农业生产经营、提高农业经济效益。由于数字经济的介入，使得传统的农业出现“脱胎换骨”的变化。数字经济对农业产前、产中、产后“赋能”，助推“农业＋”发展，不断提升农业生产的质量和效益。

数字经济对产前、产中、产后全程赋能而发挥更大的威力，综合运用大数据、物联网、区块链等现代信息技术，建立农产品质量安全追溯管理信息平台，开展农产品产前、产中、产后全过程的质量安全控制，实现从“田间到餐桌”的全程可追溯。

①产前：数字经济优化农业生产要素供给

a. 农业生产要素数字化，改善农业生产条件

随着大数据、信息技术的快速发展，土地、水源、气候、劳动力等农业生产要素信息不断被收集整合并实现信息共享，成为评估农业生产条件及新的农业生产选址的重要依据。目前，我国已建立起土地利用、水资源分布、土壤类型、地形地貌等多个自然要素数据库，如土壤科学数据库、水资源管理网，并设专门部门管理。农业农村大数据建设积极推进，已建成重点农产品市场信息平台，开展涉农数据共享、单品种全产业链大数据中心建设，为新型农业经营主体、小农户提供劳动力情况、生产销售情况与市场价格等社会信息服务。农业生产要素数字化，将显著改善农业生产条件。

b. 数字普惠金融，帮助解决农业融资困难

初期以来，农村金融资源匮乏，乡村产业融资困难，而数字普惠金融利用大数据等现代信息技术手段，以其普惠性、便捷性、共享性和低成本的特征，有效地解决了小微企业、个体农户“融资难、融资贵、融资慢”这一世界性难题。近年来，随着数字普惠金融服务的发展，我国农村

地区移动支付业务增长迅速。2020 年，银行业金融机构共处理农村地区移动支付业务 142.23 亿笔，同比增长 41.41%；非银行支付机构共处理农村地区网络支付业务 4670.42 亿笔，同比增长 5.99%。中国农业银行创新推出“惠农 e 贷”APP，农户贷款、审批、发放、还款线上完成，有效提升了农户贷款办理效率，截至 2020 年末，全行“惠农 e 贷”余额 3534 亿元，授信户数 274 万户，为农业数字化创新发展提供了有力支持。蚂蚁集团联合政府、金融机构、村淘等，建立了包括信贷、保险、支付在内的数字化服务平台，为农民提供无抵押、免担保的数字贷款。

②产中：数字技术与农业生产的深度耦合

a. 生产智能化，提高农业生产效率

借助人工智能、大数据、卫星遥感系统等数字技术在农业灌溉、收割、气象、温湿度控制、土壤监控各环节的应用，帮助实现精准农业、现代设施农业等。比如，利用智能设备，结合收集到的温度、湿度、气象数据等，建立智能灌溉、精准撒药、合理施肥、土壤探测、农田遥感等智慧农业管理系统，实现农业精准管控，合理调整农业生产布局，降低农业生产成本。

b. 经营管理数字化，提升农业生产能力

利用大数据、物联网对海量农业情报、市场变动等信息的收集与整合，提高农业经营主体利用数据信息的便捷性与准确性，规避生产风险；在收集整合相关数据的基础上，搭建数字信息决策系统，基于“数据＋算法＋算力”进行科学决策，帮助农业经营主体实现精准判别、快速响应，提高生产效率与决策实施靶向；利用数字技术架构农业主体培训平台，提高农业经营者现代化生产技能与决策水平；依托信息遥感、卫星监测、互联网等现代信息技术，探索建立农业保险数据库；开展自然资源数字化建库工作，明晰农村资源权属，对农业资源进行数字化管理。

③产后：数字平台为农产品销售提供全方位服务

a. 拓展农产品销售渠道

随着互联网、数字支付方式的发展，农村电子商务打破了农业销售的地理和信息障碍，正在改变着传统农产品流通销售格局。一是通过拓宽特色农副产品的网络销售渠道，积极利用主流电商平台，实现“互联网＋”农特产品全渠道销售。二是通过网络直播、电商平台直播，积极探索直播营销新模式，开辟出巨大的消费潜力，促进了农产品商业化进程。三是电子商务发展情况较好的淘宝村、淘宝镇，积极发挥自身优势，培育了一批网络零售、农产品供应龙头企业及农民合作社，以强化其对小农户的带动作用，为农村电商更好更快发展提供基础。

中华人民共和国农业农村部数据显示，2020 年全国农产品网络零售额 4158.9 亿元，同比增长 26.2%。作为我国最大的电商企业，阿里将平台延伸至农村，提升了农产品流通效率。2021 年的阿里农产品电商报告显示，阿里平台 2020 年实现农产品销售额 3037 亿元，比前一年增长超过 50%。

b. 解决“最后一公里”难题

电商服务站点、冷链物流配送中心、农产品集散中心等的建设，对于实施“快递下乡”工程和农产品配送“最后一公里”工程，培育线下农产品生产、收储、加工、销售实体，落实“农超对接、农市对接”举措，广泛建设加盟店、专柜店、无人店等具有重要意义。截至 2020 年底，全国已建有电商服务站点的行政村 40.1 万个，共建电商服务站点 54.7 万个，覆盖率达到 78.9%。

(2)通过“数字＋”拓展产业链和产业生态，促进乡村产业转型与融合

在数字技术作用下，不仅农业的产业链得以不断延伸、进行数字化转型，而且工业、商贸、旅游、文化、教育、康养、环保等其他农村产业的产业链也得以不断延伸、进行数字化转型，其结果

是产业边界、地域边界日益模糊,新产业新业态新模式不断涌现,呈现产业融合、城乡融合发展态势。

①数字经济"纵向"延伸农业产业链

数字经济"纵向"延伸农业产业链,就是将数字技术与现代产业运营方式导入农业全产业链、全价值链。农业产业链以农产品为核心要素与构成,是农业生产、加工、储运、销售、服务等环节紧密衔接、耦合配套的有机整体。农业产业链可分为上、中、下游三部分,上游是为生产准备的品种、水肥、农药、农机等产品投入,在数字经济时代新增数字要素投入;中游包括种植养殖与产品加工环节,在利用数字技术推动智慧种养的基础上,发展食品、皮革、木材等产品加工工业,积极创建农产品数字工厂,做精、做强农产品深加工,推动农产品升值增效;下游主要包括产品储存、流通、销售等环节,数字技术的快速发展创造了农村电商、直播带货等新的商业模式,催生中央厨房、农商直供、直供直销、个人定制、会员制等新业态,使产品在更大范围、更高层次上优化配置。

数字技术的发展使农业产业链各环节实现了智能数据化与服务精准化,不仅有利于数据资源共享、知识技术传播,还使农业生产加工主体与市场得以紧密联系,在提升各环节效率的同时延伸农业产业链,推进全产业链融合发展。这一过程中所涉及的农业科技研发、农业技术咨询、农机制造、农产品电商服务等领域不断拓宽,逐步形成种植基地农产品加工制作—仓储智能管理—全渠道平台营销体系,培育了一批农业产业化龙头企业、农业合作社等新型农业经营主体,这些新型农业经营主体应用、创新数字技术的能力强,在引导生产、深化加工、开拓市场、提升附加值等方面发挥着重要作用,成为农业全产业链中占据优势地位的市场主体。

②数字经济"横向"推动农业与旅游、文化、教育、康养、环保等产业融合

以数字技术为手段,当代产业发展的趋势是产业边界日益模糊、跨界融合成为常态。在数字经济驱动下,乡村产业中的农业与旅游、文化、教育、康养、环保等产业之间日益融合。比如,在乡村旅游方面,近年来乡村智慧旅游服务不断强化,各旅游景点、观光园区、特色村、农家乐、精品民宿等数字服务能力逐步提高,建设了旅游产品网络展示与预定平台、景区 VR 展示系统、语音导览系统、智能互动系统等,利用网络直播和短视频推介特色旅游项目,建设旅游特色小镇、观光农业示范园等。

农村环保领域,通过利用云计算、物联网、人工智能、3S 等信息技术手段,对土地、水源等进行监测,强化资源保护与节约利用,推动绿色农业发展;通过肥、药、机、大数据集成,实现有机质安全、高效、标准化还田,加速餐厨废弃物、粪便、秸秆的转化利用;针对当地土壤、作物及市场需求,构建配肥体系,实现"精准施肥",减少化肥使用量,保护耕地质量。

③数字经济催生乡村新产业新业态新模式发展

新产业蓬勃发展。随着数字经济发展,数据成为推动经济发展的关键要素,数字领域的关键核心技术得到新突破,5G、人工智能、物联网、电子商务等数字产业对农村发展的贡献日益增加。越来越多的乡村利用大数据及物联网等技术,搭建数字农业平台、农业数据中心,建设农村电商公共服务中心、物流服务网点,推动农村数字新产业蓬勃发展。中华人民共和国商务部数据显示,2021 年全国农村网络零售额达 2.05 万亿元,同比增长 11.3%,其中,不仅包括农产品,还包括由农产品衍生出的农产品加工、食品餐饮、服饰家装、在线旅游等产业,电商平台为农村创造了新价值,提升了乡村品牌,有力推动乡村产业振兴。

新业态加速涌现。随着云计算、大数据、物联网、人工智能在农业生产经营管理中的运用,新一代信息技术与种植业、种业、畜牧业、渔业、农产品加工业全面深度融合应用,科技农业、智

慧农业、品牌农业、智慧农(牧)场、精准化农(牧)业方兴未艾;互联网与特色农业深度融合,创意农业、认养农业、观光农业、都市农业等新业态不断发展,促进游憩休闲、健康养生、创意民宿等领域产业繁荣。

新模式不断突破。农村电子商务、网络直播、短视频等新营销模式带动订单农业、共享农场、云农场发展,产品销售渠道大大拓宽,前置仓、店仓一体化、社区团购、门店到家、冷柜自提等新零售模式有效提升了流通效率,促进乡村消费升级;大众参与式评价、数字创意漫游、沉浸式游览等在线经营模式打造旅游观光新体验,提升乡村原生态的自然景观、低密度的建成环境与多样化民风、民俗等"异质性"价值,促进农村优势特色产业发展。

32.5.1.4 存在的主要问题与障碍

当前,我国农村经济社会实际从供给和需求两个方面制约着数字经济在乡村的发展,使得数字经济对乡村产业振兴的赋能效应难以实现。

(1)供给侧存在诸多短板,导致农村数字经济驱动力不足

从农村数字经济发展的供给侧来看,数字金融、数字技术、数字人才以及数据资源的供给都存在不同程度的技术短板或现实约束,尚未对农业生产的数字化转型和产业融合发展形成充分和有效的支撑。

①资金投入不足,乡村产业弱质性难以吸引社会资本

从资金层面看,农村发展长期存在"资金缺口",而数字金融难以在短期内解决农村传统金融固有的问题与矛盾,如农村征信体系不健全导致的信贷信息成本问题、农村产业长周期低回报与金融资本逐利性之间的矛盾等。乡村产业弱质性意味着数字技术在农村产业中的应用需要大量的资金投入和漫长的回收周期(包括基础设施建设、购买设备、管理运营、后期维护、培育人才等),全部依靠财政资金解决不太现实,而一般农户甚至合作社、企业、村集体无法承担高昂的数字建设成本,制约乡村数字产业发展。

②农业数字技术有短板,技术支撑能力不足

从技术层面看,我国智能装备总体发展水平仍处于起步阶段,农业生产的大型化、智能化、信息化等机械设备应用率不高,且缺乏数字农业领域的基础性与原创性研究。我国数字农业技术整体上与发达国家差距在10年以上,特别是在农业传感器、农业人工智能、农业机器人等方面,差距更大。研究表明,我国自主研发的农业传感器数量不到10%,且稳定性差,智能感知系统灵敏度不高,终端远程控制系统和执行控制指令系统精确性不足,一些高端智能化农机设备主要依赖进口,数字技术与农业融合深度还有很大不足。

③农村数字技术人才奇缺,数字人才"下乡"力度不够

从人才角度看,随着我国城镇化进程的加快和农村人口老龄化的加剧,农村剩余劳动力掌握新技术的能力较差,专业的数字技术人才短缺。尽管数字经济给乡村发展带来的创业和就业机会带动了一些数字人才的"返乡"和"下乡",但与其所创造的城市非农就业机会所吸纳的农村年轻劳动力相比,前者在数量上毕竟只是少数。统计数据显示,2020年全国各类返乡入乡创业创新人员达到1010万人;实现就地就近就业的返乡留乡人员1900万人,两项合计接近3000万人;而同期全国农民工总量为2.86亿人,是前者的近10倍。目前来看,更大规模的数字人才的反哺乡村主要还需借助政策而非市场的力量。

④数据资源获取、分析、应用与共享能力不足,数据"孤岛化"问题严重

从数据资源的供给看,农业农村大数据面临关键核心技术的原始创新能力不足,和农业数

据获取、分析、应用与共享能力不足的多重挑战。很多大数据平台仍然停留在数据采集、粗加工的层面，数据要素价值的深度发挥依然存在较大限制。农业农村数据分享体系建设滞后，数据"孤岛化"问题成为制约数据资源发挥积极作用的重要技术挑战和体制壁垒。

(2)需求侧存在制约因素，导致乡村产业数字化转型乏力

从对乡村产业数字化转型的需求侧看，低集约化、高同质化的小农经营模式和低学历、高龄化的农村劳动力结构，较大程度上抑制了信息技术和数字经济在农业农村的作用空间和发展潜力。

①低集约化、高同质化的小农经营模式不利于数字技术在农村推广应用

长期以来，随着城市非农就业机会的增加，低集约化、高同质化的小农经营的不经济性日益凸显。然而，受传统重农观念以及城市非农就业不稳定性等因素影响，农民土地流转意愿不高，已成为制约农村土地规模化和集约化经营的重要因素。数据显示，我国现有农户 2.2 亿～2.3 亿户，50 亩以下农户耕地占全国耕地总面积的 80%。农村土地规模化利用和集约化经营程度偏低，无论从投入的经济性上，还是产出的规模性上，都不利于农业采用新的数字技术。

②低学历、高龄化的农村劳动力结构制约数字技术在乡村产业中的作用空间

《2020 中国农村电商人才现状与发展报告》显示，目前农产品上行电商人群，仍以中等文化水平为主，其中，初中文化占比为 50.0%，高中文化占比为 32.5%，大学文化占比仅为 16.5%；据该报告预测，截至 2025 年，我国农村电商人才缺口将达 350 万人。另有统计数据显示，截至 2020 年 5 月底，全国依法登记的农民合作社达到 222.5 万家，而当年全国开展网络销售的农民合作社数量仅为 2473 家，1000 家合作社中仅有 1 家开展网络销售业务。上述数据表明，农村开展电商能力的不足可能是制约农产品线上销售渠道与规模的一个重要原因。相关监测数据显示，2020 年，我国县域网络零售额达 35303.2 亿元，其中，县域农产品网络零售额为 3507.6 亿元，尽管农产品网络销售增长幅度超过了前者，但其占前者的比重仍不到 10%。低学历、高龄化的农村劳动力结构也很大程度上制约了数字技术在农业生产经营中的作用空间。

32.5.1.5　对策建议

为充分发掘和释放数字经济促进农村产业转型与融合发展的潜力，我们认为政策重点应聚焦于上述供给侧和需求侧存在的主要问题与挑战上，着力在以下方面发挥支持与引导作用。

(1)加快数字技术研发与创新，并创造条件促进数字技术在农业农村推广应用

应针对我国小农经营为主的基本农情和农业传感器等关键共性技术领域存在的短板等问题，一方面，加大国家对基础性和关键共性数字农业科技，特别是适合我国小农经济特点的智慧农业装备与技术的研发支持与攻关力度，提升数字技术供给的自主性和适用性；另一方面，从制度和政策层面加快推动农业农村大数据的开放共享，切实发挥数据资源对促进农业生产经营决策精准化、智能化的支撑作用；加快构建多元化的农业科技社会化服务体系，充分发挥数字技术在农业技术推广中的积极作用。

(2)坚持审慎监管与扶持发展并重，充分发挥数字金融服务"三农"的优势

应坚持审慎监管与扶持发展并重，扬长避短，充分发挥数字金融服务"三农"的作用：一方面，在审慎监管原则下支持金融机构在农业农村领域提供创新性、普惠性的金融服务，充分发挥数字普惠金融在识别融资需求、降低融资成本、服务小微信贷等方面的优势；另一方面，为数字金融和社会资本在"三农"领域发挥作用创造更好的政策环境与产业生态。例如，在长周期、

低回报农村产业项目中积极发挥财政资金、产业基金对社会资本的引导作用,探索实施 PPP(公共私营合作制)、产业链金融等多元化融资模式,引导和协同数字金融发挥作用,提高乡村产业发展的融资能力和抗风险能力。

(3)强化人才支撑,打造数字人才体系

应从育才、引才和用才等多维度积极探索构建数字与科技人才反哺农村的长效机制,用长期性的制度安排代替短期性的政策激励。在育才方面,应充分发挥政府、高校与企业在农村数字人才培育方面的互补作用,政府做好培育输送农村数字人才、提升农村居民数字素养的顶层设计与政策支持工作,高校特别是职业类院校聚焦对数字农业与农业科技综合型人才的培育,农业科技与平台型企业则专注于农村电商等应用型人才的培训。在引才方面,建立高等院校、科研院所等事业单位数字技术人员到乡村挂职和兼职制度,持续开展数字人才下乡活动,普及数字农业农村相关知识。在用才方面,利用好"大学生村官"、驻村第一书记等资源,充分发挥其在网络、信息、技术等方面的知识储备优势和派出单位的资源优势,推进数字乡村建设。

(4)优化土地资源供给,有效解决农村发展用地难题

一方面,继续加大对家庭农场、农民合作社、农业社会化服务组织等新型农业经营和服务主体的培育力度和政策支持强度,发挥其在辐射带动小农户、推动农业适度规模化经营中的引领作用;另一方面,从推动城乡公共服务均等化以及提升农民非农就业社会保障等方面,强化农民对非农就业与社会保障的稳定预期,增强其土地流转的积极性,提高农村土地要素市场活力。

(5)完善数字基础设施建设,优化产业发展环境

在基础设施与公共服务方面,政府部门除在农村网络、交通、冷链与物流等硬件基础设施领域继续加大投资力度外,还应注重在政务服务和教育、医疗、社会保障服务的信息化以及涉农信息服务等软设施方面提升服务质量与集约化水平,缩小城乡差距,为农业转型与产业融合发展创造更加有利的硬件设施和软件服务环境。

32.5.2 未来社区数字化设施和架构

2019 年,5G 技术规模化应用以来,中国和美国这两个全球率先掌握全部数字化技术(大数据、云计算、人工智能、物联网、5G、区块链等)的国家,正在大力推动数字经济建设和社会数字化转型。在数字化革命与新冠疫情的影响下,现实生活越来越呈现扁平化的网状社会结构,居民不再归依自己所居住的社区,而是在社区现实空间基础上,依赖于纵横交错的网络,形成网络中的虚拟社会互动,产生网络中的信息交流、情感交流,形成网络上提供的各类服务,这就是新的历史条件下基层社会结构的特点。

社区是人民群众的港湾家园,具有极其重要的战略地位,也是贯彻以人民为中心的发展思想最丰富、生动的领域之一。时代呼唤中国未来社区建设,但这不应是发达国家概念和样式的"复制",也不应是智慧社区的"翻版",而应是在整体数字化技术基础上,更具包容性、更高水平的中国式社区发展体系和能力现代化建设。

32.5.2.1 数字化设施与架构定义

以 5G、人工智能、工业互联网、物联网为代表的新型基础设施,本质上是数字化的基础设施。随着万物互联,全球范围的网络连接终端数量大幅增加,生成的数据将呈现指数级增长。未来社区建设将数字技术与网络技术相融合,以网络、智能设施、存储设备等硬件为基础,以数

据为驱动，使用各种智能技术，对感知和传送到的数据、信息进行分析处理，以数字化平台为支撑，综合利用 5G、物联网、人工智能、大数据等新一代信息技术，构筑未来社区技术底座，支撑社区智慧应用。随着物联网技术的进一步发展，未来社区建设中存在的诸多问题也可以顺利解决。建立未来社区可以实现对社区资源的有效整合，对于加强社区管理、提升社区智慧化具有重要意义。

(1)未来社区目标系统架构五大特征

未来社区目标系统架构具有五大特征：感知接入层凸显开放合作，提供全流程硬件支撑服务；IaaS(基础设施即服务)层强调全速率网络接入，面向全球开放智能管道能力；PaaS(平台即服务)层持续开放，加速产品变现；能力层强化算法能力，保障数据隐私安全；SaaS(软件即服务)层汇聚各类应用，打造智能生态共同体。

(2)未来社区数字化架构主要内容

未来社区数字化架构主要内容包括：感知接入层、IaaS 层、PaaS 层、能力层、SaaS 层等部分，与未来社区设施、网络、数据、系统、平台、业务组件相连接(图 32-19)。

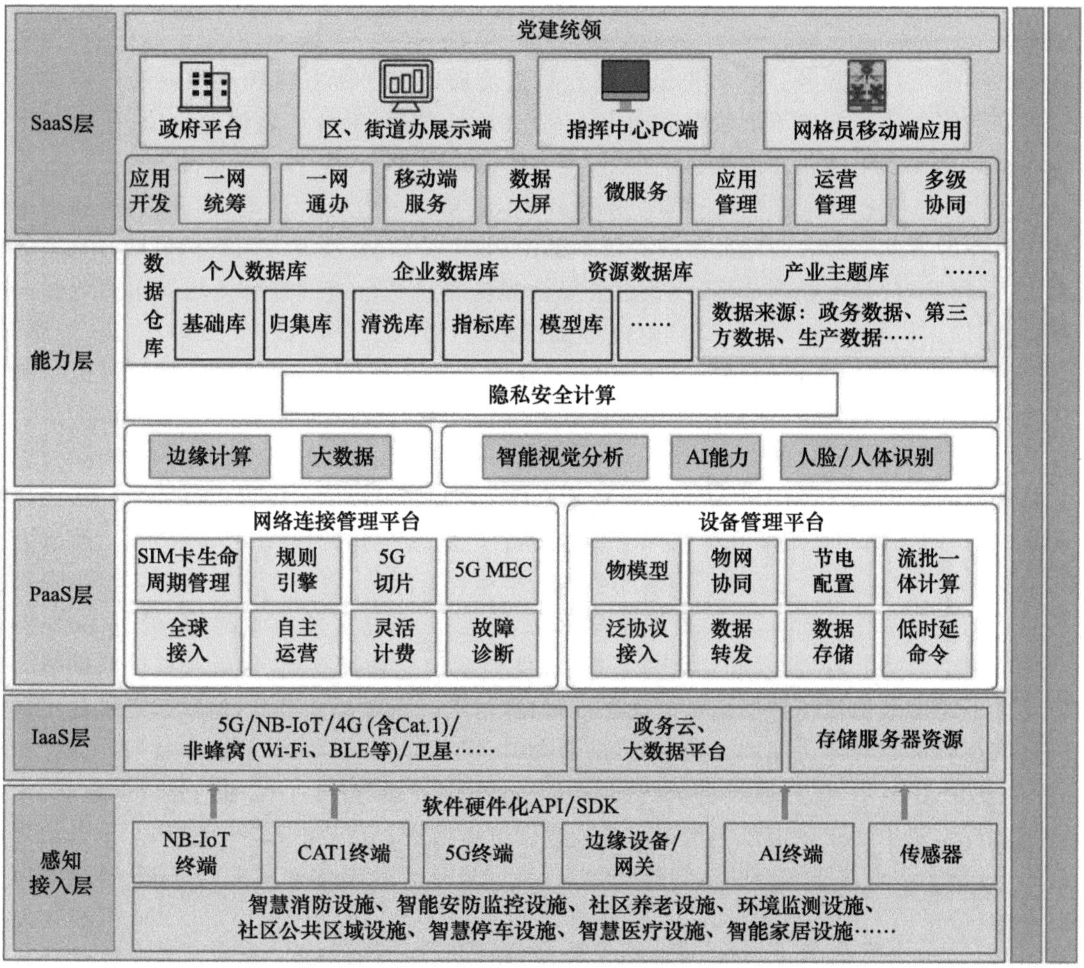

图 32-19　未来社区数字化技术逻辑架构图

感知接入层:包括终端感知设备,如智慧消防设施、智能安防监控设施、社区养老设施、环境监测设施、社区公共区域设施、智能家居设施等,通过基础芯片、定位模块、传感器、摄像头、设备工作状态监测模块等物联网感知技术传送数据。

IaaS 层:支持有线传输及无线传输,包括短距离传输 Wi-Fi(无线保真)、蓝牙、ZigBee(紫蜂)以及长距离传输 NB-IoT(窄带蜂窝物联网)、2G/3G/4G/5G 蜂窝网等,为社区内联网设施设备、系统提供信息传输通道,打造社区场景低功耗、低时延、高可靠的网络环境。

PaaS 层:包括网络连接管理平台、设备管理平台等,通过物联网汇聚智能终端能力、服务应用开发运行和提供轻量级应用。连接管理平台通过广泛融合新兴技术,积极打造数据统一接入、物网协同、主动智能、自我进化、统一计费的物联能力。设备管理平台为物联网设备提供安全可靠的连接通信能力,向下可以连接海量设备,支撑设备数据采集上云;向上可以提供云端 API(即云端开发),SaaS 应用可以通过调用云端 API(或者 Web(全球广域网)门户)将指令下发至设备端,实现远程控制、设备配置、设备故障诊断、设备应用和固件升级等高级设备应用。

能力层:包括数据仓库、数据隐私安全计算等。数据仓库是数据处理的核心,承接平台所有数据引入、清洗加工、建表建库、数据交换、归集、清洗、转换、上报、应用等重要任务,为平台内业务系统提供数据服务。隐私安全计算让数据流通过程中所有权和使用权的分离成为可能。在隐私安全计算框架下的数据流通中,不分享原始数据,只分享数据的价值,所有权不会因为数据共享而发生转移和流失。

SaaS 层:包括未来社区人员、车辆、房屋、环境、能源等进行社会治理、社区服务、商企治理和商企服务的管理平台。面向社区政务管理部门、业主委员会、物业等用户提供社区基础信息管理、人车物管理、社区设施管理、物业服务等管理功能。平台通过整合社区周边商业和服务资源,建立信用机制,面向居民、商户企业等提供治理、服务、邻里、教育、交通、创业、健康、建筑、养老、医疗、环保等方面的信息推送和服务,保障各类服务信息的可信性,畅通居民与其他社区人员之间的沟通渠道,优化社区服务模式。

(3)技术融合与场景应用

结合物联网、大数据、BIM(建筑信息模型)、GIS、CIM(城市信息模型)等技术手段,搭建数字化架构和平台,推动城市治理体系和治理能力智能化、现代化的模式,已在深圳、上海等多个城市成功开展,实现未来社区各个领域的数据与模型高度融合,也为未来社区数字治理提供了新的思路和借鉴。作为社区真实数据基础来源,各城市依托智能感知终端,通过 IaaS 层和 PaaS 层的能力(如上海"物联感知管理系统、设备档案信息管理系统"等版块提供基础能力支撑),支持多终端多协议传感器信息的动态接入,进行实时态势感知监测,构建起三维数字空间的社区信息有机综合体。深圳打造了"一网通办、一网统管、一网协同"智能中枢,以 CIM 为核心,融合 BIM 等技术,已建成经济运行、政务服务、生态环境等 14 个可视化分析专题,接入全市 99 套系统,初步建立城市监测指标体系和数据分析模型。在上海市"一网统管"平台治理创新应用中,聚焦中台建设,实现"观管防"同步。从未来社区数字化架构中的 SaaS 层及能力层来看,各城市采用不同的技术方式,CIM 数据管理平台、CIM 统一服务门户、CIM 可视化分析一张图、BIM 模型等版块,以数据融合为主线,搭建全域全时全空间、动态立体的智慧社区数字底座,实现可视化城市空间管理,实现跨层级、跨部门、跨业务的管理和协作。

32.5.2.2　感知接入层

(1)智能感知终端

未来社区智能感知终端是运用物联网、人工智能等新一代信息技术，对社区基础数据进行智能感知与采集的硬件设施与传感设备，包括智能安防、智能消防监测、公用设施智能监测、公共环境智能监测及智能家居等设施，是保障社区进行智慧化迭代升级、数据全面感知与采集的基础。通过物联网技术把社区数字化设备、物品与物联网相连接，进行信息交换与通信，实现对社区硬件或物品智能化识别、定位、监控和管理，涵盖安全防范、能源管理、社区服务、智能家居等诸多方面，形成完整的生态链，解决社区民生、安防等各方面需求。例如，以社区人车高效管理为目的的人脸识别门禁和车辆道闸、以社区安全保障为目的的各类智能摄像头、以社区环境监测为目的的温湿度空气质量监测设备、以让居家生活方便舒适为目的的各种智能家居设备等。智能感知终端的建设为未来社区智慧应用场景提供硬件支撑，居民对社区智慧应用的需求推动智能基础设施的建设与完善，而智能基础设施的建设与完善又进一步丰富了智慧社区应用场景。

(2)数字化设施类别

数字化设施主要包括以下五个类别：智慧消防设施、智能安防监控设施、社区养老设施、环境监测设施、其他社区公共区域设施。

32.5.3　沉浸式技术、空间和设施

32.5.3.1　沉浸式空间

沉浸式体验是指人在一种特定环境之下获得的感官体验与认知体验。沉浸式空间已经存在于与我们息息相关的生活中。例如：沉浸式展馆(科技馆、画展、艺术展)、沉浸式剧场、沉浸式乐园、沉浸式餐厅、沉浸式婚礼等。

32.5.3.2　沉浸式体验的原理

沉浸式体验是融合新媒体艺术、装置艺术、数字影像、特效、灯光设备技术等，通过投影融合技术，将投影画面投射到大型或者多面的投影幕上，配合音响、灯光、烟雾等，从各个层面包围观众，全面覆盖观众的视角。通过互动感应系统智能控制，和观众产生互动，如移步生花、手舞成花等，让参观者沉浸在充满趣味性、梦幻化的体验中。

32.5.3.3　沉浸式空间案例

(1)数字生态丛林

数字生态丛林是 Light House LAB 专为松江云间会堂文化艺术中心打造的。作品模拟大自然生态，把大自然的原生态还原到了一山一水、一石一路，有生动的元宇宙、数字人小松、活灵活现的小鹿群与生机盎然的数字山水巧妙结合，还原美丽大自然丛林的氛围(图 32-20)。

(2)武汉 N PLUS 科技音乐餐厅

由 Light House LAB 打造的武汉首家沉浸式音乐餐厅，在用餐的同时，又能感受山泉流水、竹林花香、流星闪烁、碧波荡漾。整个房间只设一张餐桌，且需提前预约，餐厅的墙壁和餐桌由虚拟影像组成。周围会自动切换场景，仿佛置身于一个虚拟的世界中，美食与动态影像互相搭配。在吃饭的同时，甚至还会有蝴蝶、鱼儿逗留穿梭(图 32-21)。

图 32-20　数字生态丛林沉浸式空间

图 32-21　武汉首家沉浸式音乐餐厅

(3)灵山小镇·拈花湾

灵山小镇·拈花湾，坐落在无锡马山国家风景名胜区的山水之间，这里向来有“净空、净土、净水”之称，生态秀美，环境优越。而拈花湾靠山面湖，更与灵山大佛依山为邻，可以说是得尽天地人文灵气(图 32-22)。其为世界级禅意旅居度假目的地，通过建设集旅游、观光、住宿、度假、体验于一体的旅游度假综合体，开创了特色文化旅游的新市场，与国内其他江南古镇区别显著，首创了国内以禅意文化为主题的特色小镇。2016 年，拈花湾的客流量为 148.7 万人次，当年门票收入为 7675 万元，而住宿、餐饮等二次消费收入达到了 1.31 亿元。在二次消费收入构成中，酒店住宿收入占比 98%。

32.5.4　白羊芪山中医药数字博物馆

当前，以互联网为代表的现代信息技术持续更新迭代，开展数字化建设是中医药博物馆发展的必然趋势。恒山山脉，蕴含着丰富的中医药文化资源，现实与数字中医药博物馆携手并进，发挥藏品与互联网优势，通过数字化博物馆的建设，取得更加生动的展示效果，扩大藏品共享面，推动展陈方式创新，为白羊芪山黄芪中医药文化传播助力。白羊芪山中医药博物馆是以恒山山脉野生黄芪为主题，进行中医药文化保存、研究和传播的重要机构，肩负着传承中医药文化的重要作用。

(1)白羊芪山野生黄芪中医药 VR 体验馆

①主题定位

白羊芪山野生黄芪中医药体验馆，是以野生黄芪为主题的 VR 沉浸式体验中医药馆，吸引来自世界各地的朋友们更好地体验中华传统文化的神奇和千年中医文化的传承与创新(图 32-23)。

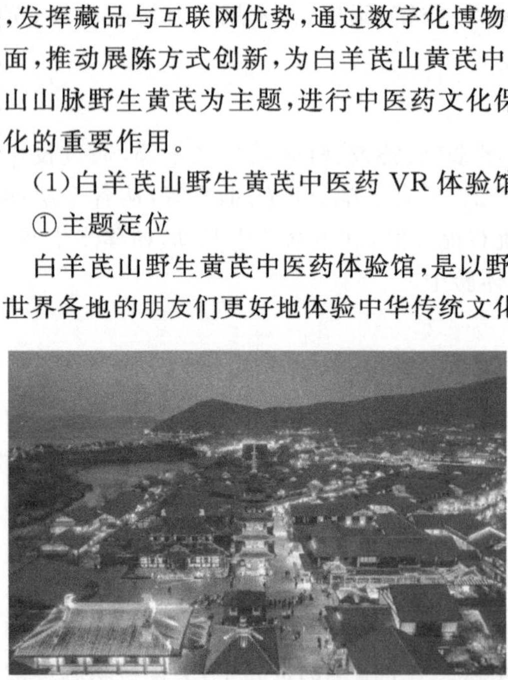

图 32-22　灵山小镇·拈花湾沉浸式空间

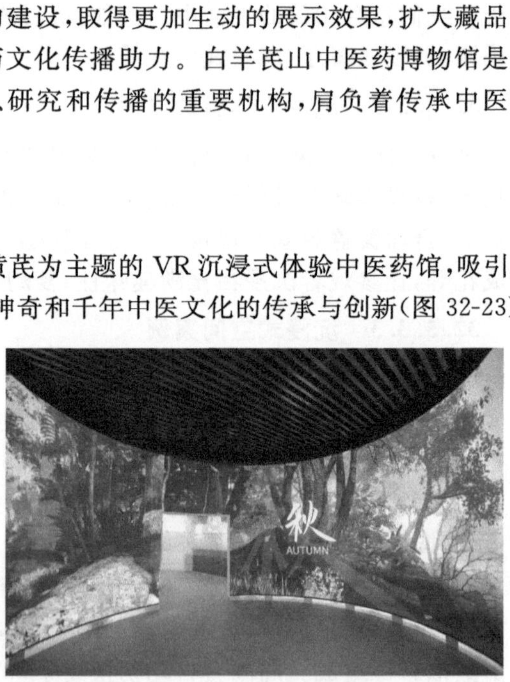

图 32-23　白羊芪山野生黄芪中医药 VR 体验馆沉浸式屏幕

②场馆设计

体验馆以野生黄芪中医药文化元素为核心，融合现代科技与国潮艺术，着力打造沉浸式多功能展厅。

在凝练野生黄芪中医药魅力的同时，更为运动员们提供了身心舒缓的场所——“天人合一”沉浸式体验区：在身心与天地四时相容的同时，细品为其身心状态量身定制的中国古典韵律，感受一次不寻常的视听盛宴。

(2) 白羊芪山中医情志音乐疗场

白羊芪山中医情志音乐疗场基于中医理论，以中医情志音乐疗法与中国传统健身功法为两大特色体验项目，通过系统评估，自动生成个性化音乐治疗方案和传统健身功法。

①中医理论

中医学认为，人的情志之间具有生克制化的动态关系，当某种情志失衡的时候，可以用另一种“相生”的情志“转移”“制约”或“平衡”它，从而使过度的情志得以调和。中医学理论中提到“五神”——神、魂、意、魄、志，是人体的精神意识与思维活动的表现形式，与现代心理学意识、感知、情绪、思维、记忆等概念有所交叉，而基于中医精神——气血，形体的心身一元整体观提出的“五音疗法”，角、徵、宫、商、羽五音与五脏、五神相对应，可以达到调节人体身心状态的功效。

②中医情志音乐疗法

中医情志音乐疗法，是“天人合一”沉浸式体验区的音乐设计，即以中医心理学为理论指导，借鉴“五音疗法”中的“中和之道”，融合现代人格心理学与心理治疗的理论，对体验者按照心境、人格与大脑失调状态进行精准描绘，并基于大数据技术，根据大量真实世界用户体验对音乐的情绪属性进行系统划分，从而实现体验者与音乐之间的智能匹配及个性化干预。

在中医药体验馆内，游客参与体验系统评估后，会自动生成个性化音乐治疗方案，配合沉浸式大屏幕的视觉效果，体验者可以感受中国古典音乐的魅力，沉浸式享受一分钟视听盛宴，有助于恢复或提升精神的能量，促进意识与内在真实自我的交互，提升大脑与天地自然之间的信息流通。

③中国传统健身功法

在体验馆中，习练者可参与和学习两套中国传统健身功法，分别是“中医导引五禽戏”与“中华传统健身操”。

中医导引五禽戏的配乐，以“古筝、竹笛、古琴、二胡、箫”五种主奏乐器，对应人体五脏的“心、肝、脾、肺、肾”，以及中医五行的“火、木、土、金、水”，采用“升、展、开、合、降”的旋律走向，表现出“虎的威猛”“鹿的舒展”“熊的沉稳”“猿的灵巧”“鸟的轻盈”等特点，加以五种动物的自然之声，让习练者能够跟随音乐融入“五禽戏”的氛围当中。

中华传统健身操以“古筝、竹笛、琵琶、古琴”四种乐器，采用左右对称式结构，展现“阴阳似水”“振臂展翅”“拓天劈山”“跨方循圆”“抚琴揽月”五段式。

(3)黄芪中药 DIY 手作体验堂

通过野生黄芪中草药生活化产品的开发、生物科技制程参观、提供养生保健观念，作为观光导览主轴，将黄芪生产提升至观光体验层次，丰富大众中医药知识，引导大众了解用药安全，参与手作课程，适合研学、亲子、银发、家庭、团队等市场。

①参观区

参观区域包括生产制程参观区、时光走廊参观区、养生主题区等，皆可免费自由参观。

生产制程参观区包括健康养生观光工厂。健康养生观光工厂，有野生黄芪加工流水线，历史典籍和传说故事，安排真伪药材辨识、上等药材鉴赏、早期中药生产老机具等辨识活动。

时光走廊参观区以植物时光隧道为主，集中展示现代化的生物科技萃取制程、医学美容保养品生产制作及其他药食同源的黄芪产品。

养生主题区以白羊芪山中医药学博物馆为主，有中药解惑、中医十二时辰的“子午流注”保养方法与穴道养生之道、手翻书等影音互动设施及运动游戏。

②健康养生趣味 DIY 手作课

以黄芪为主题，结合中医药知识与手作技术，内容定制化，自由度高，受游客欢迎。设置人气爆品课程：黄芪补气精油、黄芪补气精油 DIY 滚珠瓶、动物造型黄芪补气香包、黄芪补气造型手工皂等。

第33章　价值导向的生态产业设施配设研究

道地价值引导，生态动能引领，深入研究基础设施、服务设施、景观设施价值化和产业化，形成生态产业配套设施共同体。

33.1　白羊芪山基础设施配设研究

33.1.1　道路设施配套研究

发挥道路的交通功能与服务功能，实现健康养生资源串联带动、功能整合提升。积极推进区域交通、白羊芪山（区内）生产生活交通与康养文旅交通完善，形成乡村贯通、山区连通的交通体系。

（1）外部交通

白羊芪山区域应积极与周边高速路接驳，快速连接大同市机场、高铁站、火车站等枢纽；中远期，对过境货运实施分流，确保区域生产生活有序开展。

（2）内部交通

白羊芪山道路主要具备生产、生活、物流、健康、养老、文旅等功能。区域交通系统分为四个级别：主干道、风景道（支干道）、绿道和游步道。

一是主干道，白羊芪山三峪与外部连接的主干道，是通往各个功能区的交通线，主干道路面宽4.5米，为混凝土路面。

二是风景道（支干道），风景道（支干道）是通向各个园区、景区的主要道路，宽3米，采用混凝土路面或沙石路面。依托自然地形，因地制宜设计道路，可兼赏两侧景观，营造药山田园风光。道路两侧配以丛植、片植各类观赏类中草药，如党参、菊、桔梗、紫菀、石竹、连翘、金银花等。

三是绿道，绿道（骑游为主）路面材质以彩色沥青、透水混凝土为主，道路坡度宜为0～5%，最大不宜超过8%。对于乡镇绿道，可在单侧设宽2.5米的骑行道；山地，可设4～6米宽的绿道（2.5米骑行道＋1.5米步行道）。

四是游步道，游步道主要包括田间机耕道、专用自行车道、登山游道、亲水步道和栈桥等。主要供机耕、运输和参观用，宽度0.8～2.5米。两侧或单侧缓冲带每侧宽度不小于20厘米，缓冲带表面应有植被覆盖，可种植观赏性中草药。步道设置应因山就势、就地取材，路面材质分为土石道、碎石道、砾石道、间隔石道、石板道、木栈道、台阶等类型。观光步道宽1.5米，依照阶地的水平走向及冲沟的走向布置，蜿蜒于道地中草药花海景观中，使用条石、片石、碎石、卵石以及黏土砖汀步式设计。滨水步道沿水系两侧布置，长约500米，宽2米，使用碎石、卵石以及黏土砖汀步式设计，是游人戏水、赏景的主要道路。

（3）交通设施

道路交通和静态设施的布局如图33-1（彩）所示。

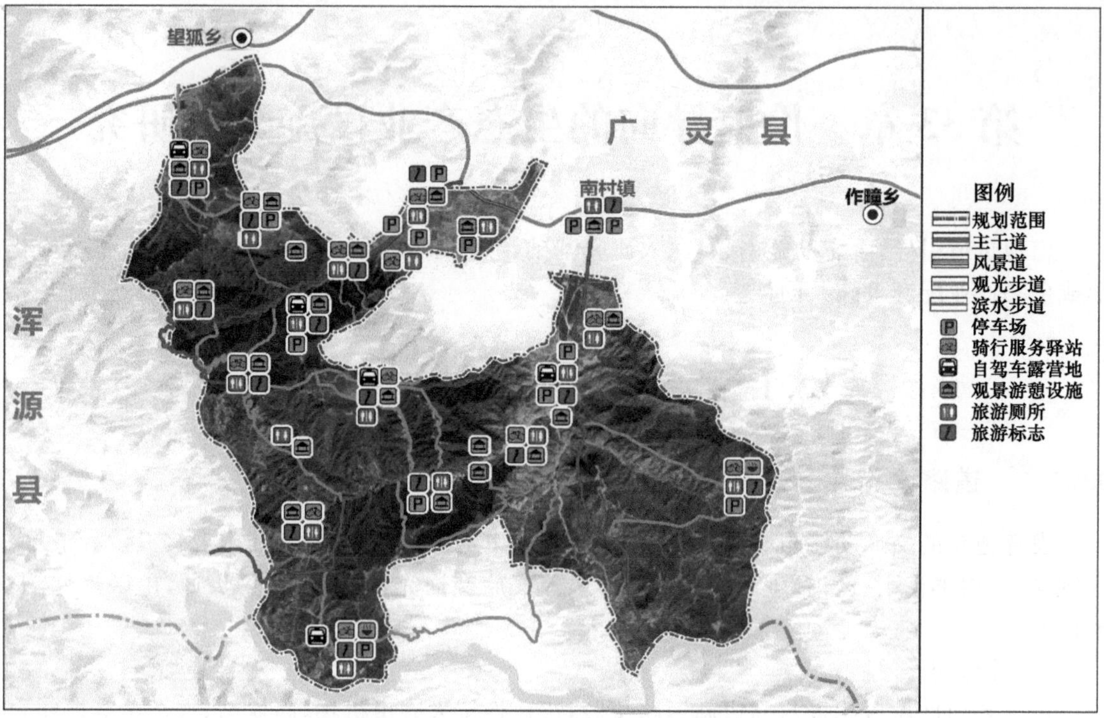

图 33-1 道路交通和静态设施布局图

①风景道(旅游公路)服务设施配置标准

风景道需配置七大服务设施类型:服务驿站、露营地、停车场、观景平台、卫生间、旅游标志和安全设施。明确各类服务设施设置间距的上限和下限,控制服务设施的数量与布局,防止服务设施泛滥或不足。

②静态交通规模测算

a. 三峪静态交通

在三峪应设置 9 个社会停车场,共提供停车位 900 个(表 33-1)。

表 33-1 三峪停车场设置表

位置		规模/平方米	停车位/个
白羊峪	门区停车场	2160	180
	药王谷内部停车场	960	80
	一面坡内部停车场	360	30
长江峪	门区停车场	1800	150
	香炉台内部停车场	960	80
	上寺内部停车场	600	50
	南寒水内部停车场	360	30
圣眷峪	国家眷停车场	1200	100
	史家坪停车场	2400	200
合计		10800	900

b. 乡镇静态交通

南村镇应设置 9 个社会停车场，共提供停车位 1160 个（表 33-2）。

表 33-2 乡镇停车场设置表

位置	停车场/个	规模/平方米	停车位/个
南村镇	2	4800	400
上下白羊村	2	2400	200
下林关村	1	1200	100
海高牧业	1	960	80
周圆寺	1	1200	100
南村镇周图寺新村	1	960	80
极乐寺	1	2400	200
合计	9	13920	1160

③绿道（骑游道）服务设施配置标准

绿道需配置六大服务设施类型：骑行驿站、停车设施、卫生设施、休憩设施、安全设施和标识系统（表 33-3）。

表 33-3 绿道（骑游道）服务设施设置表

设施名称	设置标准
骑行驿站	依托乡镇及交通换乘节点间距宜为 8 千米，依托集散咨询节点、村庄、景区、露营地及交通换乘节点间距宜为 4～5 千米
停车设施	设置停车设施、自行车停车场间距宜为 5 千米
卫生设施	旅游厕所间距宜为 3～5 千米，结合步行道设置 1.5～2 千米
休憩设施	观景平台间距宜为 3～5 千米，在景观、观景效果良好地段设置休息座椅间距宜为 3～5 千米
安全设施	在山地、滨水路段、骑行道高出基础路面等有安全隐患路段设置隔离设施
标识系统	在机非分离路段、在自行车与机动车道交叉口路段设置标识系统；立体标识在出入口、交叉口等的路段，根据实际情况设置空间引导、距离指示、导向指示、警示禁止标识及服务设施标识等；地面标识在出入口、交叉口等的路段，根据实际情况设置骑行道路标识线、绿道 Logo（标识）、骑行标识及方向指示等

④步道（徒步）服务设施配置标准

步道需配置四大服务设施类型：休憩设施、卫生设施、安全设施和标识系统（表 33-4）。

表 33-4 步道（徒步）服务设施设置表

设施名称	设置标准
休憩设施	休息站（亭）间距宜为 3～5 千米，在长坡变化点、景观效果良好的路段等设置观景平台间距宜为 3～5 千米，在景观、观景效果良好地段设置休息座椅间距宜为 1～3 千米
卫生设施	生态卫生间间距宜为 1.5～2 千米，垃圾桶间距宜为 0.5～1 千米
安全设施	普通报警点间距宜为 1～3 千米，太阳能救援报警灯杆间距宜为 3～5 千米
标识系统	立体标识在出入口、交叉口等的路段，根据实际情况设置导览标识、空间指引标识、警示提示标识、解说标识等；地面标识在出入口、交叉口等的路段，根据实际情况设置步道 Logo、步行方向及距离指示等

⑤旅游交通设施用地标准

明确各类服务设施的占地或建筑面积的上限，控制服务设施的用地规模，尽量利用存量建设用地，不占基本农田，尽量少占或不占建设用地指标。引导各项设施科学设置、合理布局，因功能配套需要宜将相关设施集中布局、相互结合建设，但应控制用地规模。

33.1.2 给排水配套研究

确保全域乡镇、村庄、旅游景区（点）提供安全饮用水和管网，有条件的可提供直饮水或达标的饮用山泉水。并设置雨污分流系统和污水处理系统，污水经处理达标后，可作为景观绿化用水再利用。

(1)给水

白羊芪山给排水根据实际需求，结合地形条件，采取灵活、可行的方案。保证给排水设施建设在数量上相互协调。近期供水以地下水为主，经处理达标后，可使用；中远期应设置中、小型水厂，供水管道全域覆盖，确保饮用水安全。供水群体由村庄居民、企业职工和游客组成。推进节水供水重大水利工程，实施农村饮水安全巩固提升工程。

(2)排水

排水按照雨污分流的原则，分设污水管道和雨水管道。结合道路建设和水体，建设通畅的给排水体系，保障生产、生活的基础设施运作正常，同时不污染生态环境。排水量按给水量的90%计算。经过处理达标后，可作为景观绿化用水再利用。白羊峪、长江峪下游，可新建小型污水处理设施。村庄均安装污水生态化处理设施，实现污水再利用。

33.1.3 电力系统配套研究

全域乡镇、村庄、企业、康养设施、景区（点）均将提供稳定的电力系统和设施；有条件的乡镇或村庄，可电力管线入地，改造低压配电网，提高城乡居民供电保障能力。康养服务设施应有备用应急电力系统，应尽量采用地埋光缆和电缆的暗线方式，避免破坏整体景观环境。白羊芪山主要用电电源引自周边110千伏变电站供给，远期有条件时建议电线入地。

33.1.4 通信网络配套研究

实施数字乡村战略，加快南村镇和村庄宽带网络及第四代移动通信网络覆盖步伐，开发适应"三农"特点的信息技术、产品、应用和服务，推动远程医疗、远程教育等应用普及。

白羊芪山及全域乡镇、村庄、企业、康养设施、旅游景区（点）均将实现通信网络覆盖，包括手机信号、互联网络（含光纤）、Wi-Fi、有线电视、电话等，为智能化原产地打下良好的基础。电力、电信设施的建设容量应适量，避免设施的过度供给和供给不足，以发挥设施的最大经济效用。

加快建设先进移动宽带网络，支持5G基站建设。实施电信普遍服务试点工程，加大网络降费优惠力度，推动乡村宽带网络建设。

远期固定电话主线普及率为100%，有线电视网用户覆盖率为100%，宽带接入网覆盖率为100%，乡村旅游空间场所、公共服务设施和户外休闲空间Wi-Fi覆盖率为100%。

33.1.5 能源系统配套研究

积极推进农村可再生能源开发利用。积极开展新能源及可再生能源就地消纳试点，加大分布式清洁能源生产和储存、大规模间歇式能源并网等技术的应用及推广力度，提升能源智能化利用水平，推进“互联网＋”智慧能源示范项目建设。远期种养加企业、康养设施、景区（点）和村庄、乡镇以使用清洁能源为主，包括太阳能、生物质能、风能等。

33.1.6　环卫设施配套研究

白羊芪山及乡村合理设垃圾中转站，将村庄、康养设施的生活垃圾进行定期集中清运，送往乡填埋场集中处理，并做好垃圾站周围的绿化。全域厕所可以分为建筑物内部厕所和公共厕所两类，应优先布置于人群数量较多的场所，应在较大的景观节点处进行公厕设置。

33.2　生态产业服务设施配设研究

33.2.1　健康公共信息服务设施配设研究

(1)优化线下旅游服务中心布局

全域覆盖 IC(健康集散服务中心)系统，共分为 3 个等级。

①一级健康服务中心

结合广灵县城市总体规划，建设“广灵健康城市会客厅”，位于广灵县城，与城市集散和文旅设施结合，即健康集散服务中心(IC)，建筑面积 3000 平方米，具备旅游集散、咨询、票务、交通、餐饮、购物、非物质文化展示演艺等功能，并做好与白羊芪山的白羊峪、长江峪、圣眷峪的园区、景区、健康设施、乡村和游客咨询点的信息和交通对接。

②二级健康服务中心

二级健康服务中心，共 4 处，面积 800～1000 平方米，分别位于南村镇、白羊峪(下白羊村)、长江峪(下林关村)、望狐乡史家坪村，具备旅游集散、健康咨询、票务、交通、餐饮、非物质文化演艺、购物等功能，并做好与广灵县和白羊芪山各景区(点)的咨询对接以及公共交通对接。

③三级健康服务中心(健康服务点)

健康服务点，近期有 20～30 处，面积 50～400 平方米；远期全域覆盖，分别位于各主要交通交叉口以及健康设施、景区、休闲农园、旅游乡村等，具有咨询、购票、购物等功能。

(2)打造线上信息服务平台

①建设白羊芪山野生黄芪健公共服务信息系统

建设和完善白羊芪山野生黄芪健康养生网。提供全方位信息的智能服务，提供各类整合的移动服务信息，推广白羊芪山野生黄芪知名品牌。

建设广灵县白羊芪山野生黄芪公共信息服务平台。以区块链、物联网、VR、可视穿戴等现代科学技术为基础，建立公共信息服务云平台、建立公共信息数据库、建立基于地理信息的服务平台，实现行业信息的收集、分类、处理、发布的自动化。

完善广灵县白羊芪山野生黄芪公共信息服务管理平台。建立健全相应的规章制度，加强信息收集、发布的管理平台建设。

②推进白羊芪山野生黄芪智慧健康电子商务系统建设

发展广灵县电子商务，积极推进白羊芪山野生黄芪智慧健康电子商务系统建设，建设和推广无障碍支付工程。推动广灵县白羊芪山野生黄芪智慧健康产品营销信息发布及产品在线预定、销售平台建设，推进健康文旅饭店、景区、种养加等企业提供在线预定和智能销售服务。

③推进智慧健康便民服务系统建设

建立广灵县白羊芪山虚拟健康文旅平台。编制网络虚拟健康旅游建设规范。以广灵县旅游信息网为载体，开发广灵县旅游区网络虚拟旅游平台。

推动建立健康自助诊断平台。编制健康养生诊断自助系统建设规范。采取多种智能形式，鼓励各企业或组织开发、引进和使用自助健康诊断和导引软硬件系统。

推动开发建设广灵县城市自助健康导览平台。编制城市自助导览系统建设规范。开展城市自助导览的研究、探索和开发工作。

推动无线宽带网覆盖。采取多种方式，促进种养加、住宿、饭店、乡村、景区等企业建设开通无线宽带网。

33.2.2 社会公共服务设施配设研究

遵循"主客共享"的理念，在社会公共服务设施中增加健康养生功能，构建高品质的健康环境和文旅环境。

一是以清洁家园为基础，整体优化健康养生环境和社会文旅环境，建设南村镇乡镇健康养生公共绿地、乡镇文体公园、乡村健康广场、绿道休闲慢行系统等，配套养生、休闲、文旅公共休闲与娱乐空间和设施。

二是加强公共交通体系建设，使广灵县城—南村镇—乡村—三峪—景区或设施之间有便捷的交通连接和服务；大同市机场、高铁站、火车站、高速路口到白羊芪山之间的交通实现无缝对接。

三是依托广灵县客运枢纽和站点，建设布局合理、功能完善的咨询集散中心、养生体验场馆，提供便利的信息咨询服务。

四是全域覆盖旅游厕所、停车场、环保设施、交通标识等公共服务配套设施，为"主客"出行提供方便。

五是完善旅游信息服务体系，实施5G技术，实现重点旅游场所Wi-Fi全覆盖，以"智慧旅游"为手段提升健康养生公共服务水平。

33.2.3 公共引导标识系统配设研究

为了便于科技人员和作业人员在园区内开展活动，在各节点按照国家颁布的《标志用公共信息图形符号》(GB/T 10001—2000)新建或完善各种公共信息标志(识)物，设置路线标识牌和药用作物说明牌。

(1)健康全景导览标识

健康全景导览标识(或全景导游图)共4块，位于三峪出入口和南村镇，应标出全域所处地点、方位、面积、主要设施、景点、服务点、游览线路(包括无障碍游览线路)、咨询投诉、紧急救援(及夜间值班)电话号码等信息。

(2)区域导览标识

区域导览标识(或区域导游图)共12～20块，位于南村镇、康养乡村、重要康养旅游景区或集散服务中心，标出区域辐射设施、景点的名称、最佳游览观赏方式、旅游线路、周边设施等信息。

(3)药用植物、设施和景区(点)介绍标识

药用植物、设施和景区(点)介绍标识应讲究科学性，突出重点，通俗易懂，共300～500块。

药用植物和农业种植养殖动植物介绍牌，如野生黄芪、黄芪牛、黄芪羊等，应说明其科属、外观特征、习性、珍稀程度、保护等级。

沟域、森林、湿地、滨河景观介绍牌，应说明地质地貌性质、构造特征、形成年代、科学价值、环境价值。

文化艺术景观介绍牌，如博物馆、书院、药山、文化馆、乡村风情展馆等，应突出语言的艺术性和美感，营造和烘托艺术享受的意境。

遗址遗迹景观介绍牌，如望京楼等，要说明产生年代、背景、发展历程、文化内涵、保护等级。

建筑与宗教景观介绍牌，如极乐寺、清凉寺、周圆寺、望京楼等，应说明建造年代、结构特点、民族文化内涵、建造者等基本信息。

体育游乐设施介绍，如健走步道、绿道等，应说明设施的运行方式、运行时间、可能产生的感觉效果，并提示不宜参与的人群。

生态养生旅游教育标识，包括低碳生活、节能环保、环境保护、动植物认识、垃圾分类等。

(4)道路交通引导标识

参照《国家道路交通标牌、标识、标志、标线设置规范及验收标准》执行，分为一级、二级两个级别，分别标注园区、景区(点)或服务设施(中英文名称、符号)、指示方向及千米数等，数量若干。

(5)公共服务设施导引标识

停车场、售票处、出入口、游客中心、厕所、购物点、公交车站、摄影部、餐饮点、电话亭、邮筒、医务室、住宿点、博物馆存包处等场所的标识必须使用标志用公共信息图形符号。

服务引导标识，包括景区、景点、景观、服务设施、出入口等处设置的引导牌，视功能需要标明方向、位置、距离等。

(6)警戒关怀标识

全域必须在相应显要位置以牌示形式给游人以警示忠告，含安全警示、友情提示、公益提议等，必要地带须设置安全须知牌并明示区域内可能发生危险的地带、景区所采取的防护措施、需要游客注意的事项。

33.3　道地文化景观设施配设研究

33.3.1　生产景观的设计研究

通过艺术的设计手法，将野生黄芪道地价值、水土动能与景观三者有机结合，形成生产景观，分为游憩型、体验型和科普型三种类型。

(1)游憩型生产景观设计

游憩型生产景观的主要功能是观赏游憩，主要以野生黄芪药圃景观、采摘农业景观和经济林景观为主。在生产种植区，应大面积种植中草药，造出具有景观识别性的药圃花海景观，形成独一无二的、具有一定的芳香疗法功效的花海景观，如黄芪花海、香炉台芳香药田、史家坪药田梯田；药圃的边缘应种植彩叶乔木林与其他生态林，有利于形成富有层次的生产景观。

(2)体验型生产景观设计

体验型生产景观将参与体验作为主要功能，具有娱乐性。积极组织体验性娱乐活动，如野生黄芪采摘与加工、黄芪药浴体验、黄芪药膳制作等，再结合与黄芪药事有关的景观小品，如药碾、药臼和研钵，方便游客进行参与性体验，增加原产地景观的多样性与趣味性。

(3)科普型生产景观设计

科普型生产景观将科普教育作为主要功能，展示白羊芪山野生黄芪中医药文化历史和科学知识。游客可在生态原产地游憩体验过程中，了解到野生黄芪中医药文化知识，实现寓教于乐，让景观具有积极的教育意义。

33.3.2 人工景观的设计研究

(1)建筑要素设计

积极建设生产性和服务性建筑或设施，如采收储藏室、养殖场、加工车间、杂用房、公共场所、设备间、员工宿舍和员工食堂等，应与种植养殖或加工主题契合，打造景观性艺术空间。康养、养老、文化、旅游等建筑场所，如博物馆、文化展示馆、购物设施、美食设施、住宿设施等，其外观既要体现野生黄芪主题和生态原产地地域文化，也应与生态景观相协调。建筑景观设计时，应确保不同使用功能的建筑在风格上协调统一，体现野生黄芪中医药文化。建筑以原产地传统民居为蓝本，采用新中式的现代简约建筑形式，以古朴自然、时尚简约的风格为主。在建筑景观空间营造时，通常运用植物与建筑单体进行联合造景，比如运用大乔木在建筑周围种植大同本土观赏性药用植物，增强景观多样化效果。

(2)景观小品设计

景观小品的设计需要满足体量小、外形新颖、功能易识别和体现地域文化等要求。在材料选择上一般选用以木材和石材为代表的自然朴实的材料；在外形上一般要有不同的轮廓外形和鲜明的色彩；在功能设计上进行人性化的设计，比如运用人体工程学的知识进行桌椅的设计，满足实用、好用和用着舒服的标准。野生黄芪中医药文化有着丰富的文化元素，包括与药材使用有关的戥子和熏炉、与行医有关的葫芦、与药材贮藏有关的药罐和与药材加工有关的药碾等系列文化元素，这些文化元素可以通过雕塑小品的形式进行艺术性的再现。雕塑小品和药用植物景观相搭配，有助于彰显白羊芪山景观的文化底蕴。

33.3.3 康养景观植物设计研究

康养景观建筑周围配置精细的整形植物山楂，精心搭配中药草花，在植物选择的色彩上，运用冷色系花卉为主色调，营造清幽、安静的氛围。种植紫苏、薄荷、鼠尾草、铃兰、荷包牡丹等植物，用芳香花卉散植自然布置，体现芳香价值与观形价值，营造轻松自在、悠然自得、精巧别致的景观氛围。

33.3.4 滨水休闲景观设计研究

沿白羊芪山白羊峪、长江峪水系两侧，采取自然式的手法，以花灌木的片植、丛植和散植为主，布置在溪流周边，配置黄花菜、铃兰、蜀葵、射干等宿根花卉，地面种植石竹、波斯菊和花菱草等自播自繁能力强、养护成本低且景观效果好的地被植物，形成花掩映水、水中有花的雅致景观，满足水景周围的休闲放松功能。

33.3.5 林地木屋景观设计研究

借助原有林地的油松、落叶松、白桦等天然树种，在林下种植耐阴植物，如铃兰、桔梗、党参、板蓝根，植物基本为蓝紫色系，形成丰富的林下景观。

33.3.6　道路植物设计研究

采用丛植的方式种植观赏期较长的中草药植物，如蒲公英、毛茛、飞燕草、千日红等。滨水步道临水侧为自然式驳岸，种植丁香等花灌木，下层种植蒲公英、毛茛、中国石竹等，配置菖蒲、香蒲、千屈菜等水生植物，起到美化环境和净化水体的作用。文化性强和内涵丰富的铺砖也是中医药文化传播的主要载体，可以通过艺术手法，在文化铺砖上再现与中医药文化有关的文化符号元素，比如将中国传统的“五禽戏”这一养生运动融入道路铺装设计中，制成“五禽戏”地雕铺砖，将其应用在道路与养生广场铺装中，有助于传播五禽戏这一健体养生运动。

第34章　品牌培育与文化IP设计研究

从古代黄芪诗词的鉴赏中汲取文化意涵，与白羊芪山道地价值和生态底色相互融合，形成意形融汇的白羊芪山品牌形象体系，再汲取道地文化价值，培育白羊芪山文化IP。

34.1　从古代黄芪诗词研究黄芪文化

古代众多名人与诗词均记录了黄芪药食同源的特效，表现出黄芪深入民间，普及应用广泛，亦药亦食，深得百姓喜爱。通过对古代黄芪诗词的鉴赏与分析，梳理黄芪文化的意涵和传承。

(1)苏东坡与黄芪粥

资深粥客，由北宋文豪苏东坡“实力担当”。他喝了豆浆和无锡贡米熬煮的白粥后，文思泉涌，诗兴大发，留下了“身心颠倒不自知，更让人间有真味”的千古佳句。在另一首诗中，苏东坡诗曰：“五日不见花猪肉，十日一遇黄鸡粥。”充分说明他对粥的偏爱。他在给友人的信中写道：“夜饥甚，吴子野劝吃白粥，云能推陈致新，利膈益胃，粥既快美，粥后一觉，尤妙不可言。”信中他对粥赞誉有加、分外推许。他被贬失意，大病初愈时，常用黄芪粥来补养病后虚弱的身体。苏东坡写过很多中药诗，其中有首与黄芪有关的诗：“孤灯照影夜漫漫，拈得花枝不忍看。白发欹簪羞彩胜，黄芪煮粥荐春盘。”可见，宋代就有人常食黄芪粥，自然也受注重养生的大文学家苏轼青睐了。

(2)白居易与黄芪粥

白居易也有一首《斋居》提到黄芪粥：“香火多相对，荤腥久不尝。黄耆数匙粥，赤箭一瓯汤。”诗中有黄耆(黄芪)、赤箭(天麻)两味中药。唐宋时期文人墨客用黄芪作为药食两用之材调养，已是一种时尚和习惯。

(3)王维与黄芪诗《送别》

王维的《山中送别》：“山中相送罢，日暮掩柴扉。春草明年绿，王孙归不归？”诗中，王孙与黄芪也有联系。

诗句中：王孙代表黄芪。

(4)陆游《煮粥诗》

升仙版粥客，非陆游莫属。南宋诗人陆游嗜粥如命，他在《煮粥诗》中云：“世人个个学长年，不晤长年在目前，我得宛丘平易法，又将食粥致神仙。”他将喝粥和延年益寿联系起来，在两者之间找到了平衡点。陆游在86岁高龄去世，或许与他常年喝粥有着密切的关系。

(5)黄芪救太后传说

《医方考》记载了一则“许胤宗黄芪防风汤熏蒸法”治好南陈柳太后中风不语的医案。方法是用黄芪、防风若干煮汤，置于床下熏蒸全身，柳太后“次日便得语”，经过一段时间调理便恢复了健康。中风为体质虚弱、气血失调所致，黄芪补气升阳、固表行滞；防风祛风胜湿，以熏蒸法令药力入腠理，可温通经络、促进气血运行，因此获效。

(6)袁枚《随园食谱》

清代才子袁枚在《随园食谱》里对粥进行了权威论断："见水不见米，非粥也；见米不见水，非粥也。必使水米融洽，柔腻如一，而后谓之粥。"粥是米、水、火三者共同作用的结果，细微之处，方显功夫。

(7)胡适坚持饮黄芪茶

我国著名学者、新文化运动的代表人物胡适，在中年以后渐感疲惫不堪、力不从心，于是常用黄芪泡水代茶饮。

34.2　品牌定位与 VIS(视觉识别系统)形象

34.2.1　国外原产地品牌发展模式借鉴

借鉴国外知名农产品品牌的发展经验，探索出适合中国中药材生态原产地发展的现代化、品牌化道路。

(1)农产品品牌发展模式：从品牌认证着手发展的法国农产品品牌

① "原产地命名控制"认证体系

法国在农产品出口方面可以排到世界第三，法国所实行的是将农业标准化建设与农产品品牌战略相结合。

法国从农产品认证这一农产品品牌发展的关键环节入手，以传统文化和地方资源优势为基础，制定了一系列产品认证体系，其中最有特点、最有代表性的就是"原产地命名控制"认证体系，即 AOC 认证标志(图 34-1)。它体现了农产品与其产地之间的密切关系，有着 AOC 认证标志的农产品在地理环境、气候环境、种养技术和经营管理方面都有着自身独特的优势，品质优良可被消费者长期认同，这样的农产品经过严格的检验程序后方可被认定为 AOC 产品。

图 34-1　法国 AOC 认证标志

如法国的 AOC 葡萄酒，原产地命名的葡萄酒自然是法国葡萄酒中的上品，将产地与产品挂钩就等同于将产品的质量、品质与产地原料品种和生产技术挂钩，所以对于土地、品种选择、种植酿造方式、储存、标识、酒精含量等都作出了严格的规定，对农产品品牌的发展有着重要的促进作用。

②严格的质量管理

法国是欧盟国家中对农产品标签、成分、生产过程等方面规定最为严格的国家。如法国香槟酒世界闻名，为了保证香槟酒文化的品牌影响力，法律上对香槟葡萄从种植土壤到品种，再到酿造工艺都给予了条文性的规定，只有用香槟葡萄按照传统香槟酒酿造工艺酿造出来的气泡葡萄酒，才称为香槟酒，不符合要求的只能为气泡酒或气泡葡萄酒，这种严格的要求才使得法国葡萄酒"国家品牌"久名远扬。以高品质为基础发展农产品品牌为法国的农业发展带来了巨大的利益。

③政府机构的支持管理

作为世界上第三大农产品出口国的法国，其葡萄酒文化及饮食文化享誉世界。文化品牌的建设除了农产品自身的品质基础外，政府机构的支持与管理也发挥了巨大的作用。法国食品协会和农业部就通过在多个国家和地区举办法国食品展览来倡导"法式生活"方式，每年还邀请不同国家的酒文化爱好者参加品酒大赛，以各式各样的活动向世界传播法国酒文化的魅力，传播法国农业的文化氛围。

(2)农产品品牌发展模式：发展"品牌农业"的日本

①品牌化战略的实施

在日本，品牌化战略的发展主要经历了3个主要阶段，即"一县一品"运动、"地产地销"战略、"本场本物"认证。

a."一县一品"运动

实施中以某一资源特色区域为中心，因地制宜，打造出一种或几种具有地方特色的优质农产品，形成一定区域具有最优效益的品牌农产品，逐步扩展到全国。

在多年的发展中，大分县逐步形成了大分香菇、温室蜜橘、麦烧酒等全国知名品牌，其他地区，如秋田县的"田园火腿"、山梨县打造水果之乡的"山梨品牌"、长野县的"信州黄酱"、千叶县打造蔬菜及特色水产的"千叶品牌"、北海道的"十胜葡萄酒"，也都是典型的"一村一品"的区域特色品牌。

b."地产地销"战略

该战略于1981年由当时的日本农林水产省首次提出，其最初目的是为人们传递一种健康、合理、科学饮食的概念。随着人们消费意识的不断转变，更多的消费者已经不单单追求价格上的优惠，而是更加强调产品的安全、绿色、新鲜度。"地产地销"使得当地产的农产品就近应时销售，不仅保障了人们能够吃上最新鲜的产品，也解决了生产销售企业远距离运输的成本消耗。

c."本场本物"认证

由日本农林水产省制定，在全国范围内推行实施的一种品牌认证制度。它是由区域食品品牌标记标准审查委员会对参与认证的生产加工企业生产的具有传统特色的农产品，从名称由来、产地范围、涵盖文化、原材料特质、加工工艺、质量卫生管理标准等方面进行认证审核，并对其品牌经营给予跟踪式管理。

②严格质量管控下的标准化程序

a. 以标准化程序打造标准化品牌是日本品牌农业的重要特点

农业生产是以高度标准化为基础的生产过程，农产品从新品种的选育，到播种、收获、加工、包装，销售，都有一套严格的标准，这一过程是严格质量管控的体现，从质量监督检验开始，在生产过程、销售过程中的农产品实施以标准化为前提的质量管控，实行产品可追溯的体制，保障农产品的品质，提高市场竞争力。

b. 在农产品生产方面，对其大小、粗细、形状都有明确的规定

在葱的种植中，从品种选育到生长的不同时期都制定了一套规范，要求每棵葱长短、粗细、颜色都要符合统一的质量要求。对于种植葡萄，规定每平方米的串数及每串的克数，甚至到每颗葡萄的重量都有明确的规定。这些标准都体现了日本以标准化为前提的质量控制体系。

③追求高品质的定位

严格的质量控制管理和标准化的生产程序决定了日本农产品的高品质定位，日本农业大

部分靠进口，其农业自产只能满足很小一部分的需求，但即使是这很小的一部分，也十分讲究其营养和口感等品质，追求品牌的高附加值。

(3)农产品品牌发展模式：专业化品牌发展的美国

美国农产品品牌发展比其他国家更有优势，主要得益于美国 1914 年通过推行史密斯·利弗农业推广法，形成了与农业生产第一线紧密联系的教育、研究推广体系，大大提升了美国农产品生产者的农业科技知识、经营管理知识和品牌意识。

①科技实力提升品牌价值

美国作为科技强国，其在农业生产中的科技实力不容小觑。科技作为品牌发展的绝对优势，在美国农产品发展中发挥了重要的作用。一方面，农业科技生产信息的网络支持技术，可以实现农业耕作的自动化，网上农资销售系统的实施，方便了消费者自助购物，信息技术在生产和销售中广泛应用，为农产品品牌发展提供了便利。另一方面，科技公司的发展也为品牌农产品发展提供了基础和便利，如美国著名的农业生物技术公司——孟山都公司，其每年花费大量的资金用于科技创新，公司每年的品牌收入有将近一半是来自科技创新。

②高广告投入的营销策略

美国是世界上广告投入最高的国家，广告可谓是美国农产品品牌发展的关键。大部分企业在将产品推向市场前都要投入高额的广告费用，作为销售的前期推广，如在 20 世纪 90 年代，华盛顿苹果刚刚进入中国市场时，企业就举办了以华盛顿果园的美丽风景为主题的少儿绘画大赛，以此来推广苹果；美国新奇士橙进入中国市场时，也是通过各种电视广告、路牌等传播媒介进行宣传推广的。

③专业化经营助品牌发展

美国农业的特点就是专业化经营，其中，协会对于品牌创建和发展有很大的作用。在美国，最为典型的就是新奇士橙品牌的发展模式，新奇士橙品牌的发展依赖于新奇士橙协会的作用，其主要特点可以从组织模式与营销模式两方面看：一方面从组织模式看，新奇士橙协会是一个分级管理的利益共享体，采用现代企业的运作模式，由各地果农自愿加入协会并成立包装厂，由包装厂组建成区域交易所，包装厂与果农签订合同，负责收购、加工，区域交易所负责接受订单与销售，并确保订单公平分配；另一方面从营销模式看，新奇士橙协会注重将质量和服务放在首位，完善数字化、信息化的产销管理系统，提高了工作的效率，积极寻求国家间的品牌合作，使其品牌多样化，拓展国内外市场，针对不同地区的不同文化消费者，适当调整产品口味，以满足不同需求。

34.2.2　中药色彩赋能品牌形象

杜燕孙(1912—2011 年)，我国染整工程技术专家，现代染整工艺技术的奠基人之一，他广泛收集含有可染色素的植物茎、皮、叶、根、花、果壳，择其主要者，参考国内《本草纲目》《天工开物》《植物学大辞典》等书籍以及国外著作，著《国产植物染料染色法》。该书是我国第一本植物染色专著，也为如今“天然染色”研究者提供了参考资料。

青色染料：蓼蓝、菘蓝、木蓝、马蓝、芥蓝。

绿色染料：七叶树、君迁子、紫色地丁、艾、芒、问荆。

黄色染料：黄芪、栀子、黄花、檬槐、姜黄、郁金、黄檗、地黄、林檎、黄栌、青茅、荩草、银杏、番红花、海州常山。

橙色染料：楸、玉葱（即洋葱）。

红色染料：茜草、苏枋、红花、棠梨、蔓荆。

紫色染料：紫草、紫苏、野苋、落葵、瑞木、黑豆、腊八树、紫檀。

棕褐染料：薯莨、栎木、桦木、榛、侧柏、枹、罂子桐、车轮梅、梅、清水樱、荞麦、紫杉、杜松、胡桃、桑木、山樟、冬青、野漆树、杨梅、柳。

黑灰染料：槲木、柯、栗、马目、山榛、盐肤木及五倍子、神子木、野葛、化香树、乌桕、菰、安石榴、旌节花。

颜色之于古人，诗意又多情。中药之于颜色，千百年来也惊艳了许多人。中药除了治疗疾病以外，还有许多我们未发现的美。

(1)青

青，东方色也，属木，入肝，如青黛、黛蓝。味咸，性寒，归肝经。具有清热解毒、凉血消斑、泻火定惊的功效。常用于治疗温毒发斑、血热吐衄、胸痛咳血、口疮、痄腮、喉痹、小儿惊痫。在《本草拾遗》中记载："解毒。小儿丹热，和水服之。"

(2)赤

赤，南方色也，属火，入心，如朱砂、胭脂等。味甘，性微寒，归心经。具有清心镇惊、安神明目、解毒的功效。《本经》中这样描述："养精神，安魂魄，益气，明目。"在《别录》中写道："通血脉，止烦满、消渴，益精神，悦泽人面，除中恶腹痛，毒气疥瘘诸疮。"

(3)姜黄

姜黄，味辛、苦，性温，归脾、肝经。可破血行气、痛经止痛，用于治疗胸胁刺痛、胸痹心痛、痛经经闭、症瘕、风湿肩臂疼痛、跌扑肿痛。《本草纲目》载其"治风痹臂痛"，《本草蒙筌》又论"主心服结气，并疰忤积气作膨；治产血攻心，及扑损瘀血为痛。更消痈肿，仍通月经"。

(4)白

白，西方色也，属金，入肺，如白芷、茶白等。味辛，性温，归肺、脾、胃经。有祛风燥湿、消肿止痛之功，可治头痛、眉棱骨痛、齿痛、鼻渊、寒湿腹痛、肠风痔漏、赤白带下、痈疽疮疡、皮肤燥痒、疥癣。《滇南本草》"祛皮肤游走之风，止胃冷腹痛寒痛，周身寒湿疼痛"的记载强调其祛风湿的功效。

白芍，象牙白，味苦、酸，性微寒，归肝、脾经。能够养血调经、敛阴止汗、柔肝止痛、平抑肝阳，对于血虚萎黄、月经不调、自汗盗汗、胁痛腹痛、四肢挛痛、头痛眩晕有良好的疗效。《本经》中记载其"主邪气腹痛，除血痹，破坚积，治寒热疝瘕，止痛，利小便，益气"。

(5)黑

黑，北方色也，属水，入肾，如熟地黄、漆黑等。味甘，性微温，入肝、肾经。是滋阴补血的良药，治阴虚血少、腰膝痿弱、劳嗽骨蒸、遗精、崩漏、月经不调、消渴、溲数、耳聋、目昏。《本草纲目》中详细阐释了其"填骨髓，长肌肉，生精血，补五脏、内伤不足，通血脉，利耳目，黑须发，男子五劳七伤，女子伤中胞漏，经候不调，胎产百病"的功效。

34.3 白羊芪山VIS形象设计及应用

34.3.1 白羊芪山形象意境与语言表达

①白羊芪山，中国药山（中国首个生态中药名山）。

②三羊开泰，正气君子(扶正气，重文化)。

③三病七养，十药九芪(多功能，重疗效)。

34.3.2　野生黄芪传统色彩与现代形象

(1)传统色彩

黄，地之色也，属土，入脾。黄芪牙色，味甘，性微温。归肺、脾、肝、肾经。可益卫固表，补气升阳，托毒生肌，利水消肿。

(2)现代形象表达与应用

在黄芪的现代形象表达上，学界进行了积极地尝试和探索。图形上，选取黄芪花、茎、叶、根的几何图形元素，进行现代拼接；色彩上，选取芪根黄为主色，芪叶绿为辅色，其他为黄芪四时不同节气的色彩(图 34-2，选自赵晓惠《黄芪抱枕图案设计》)。

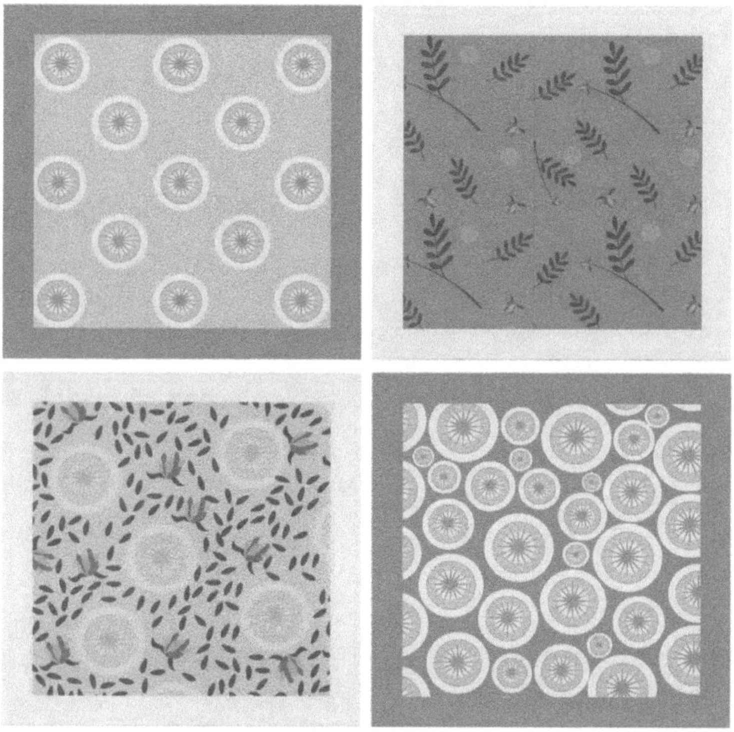

图 34-2　黄芪的现代形象表达

34.3.3　白羊芪山 Logo 设计

白羊芪山 Logo 在整体视觉上，造型灵动、色彩清新，将野生黄芪之雄伟厚重的轻柔、潇洒自如的风骨、青山绿水的淡然传达得淋漓尽致。

色彩上，由生态绿和黄芪黄构成标志主色调，寓意“绿水青山就是金山银山”。黄芪黄，彰显天才地宝的野生黄芪的淳朴质地和天地正气；生态绿，凸显弥足珍贵的野生黄芪生境的和谐之韵和静谧之美。

造型上，用三角拼图形式代表山谷层叠，展示了白羊芪山隶属“太行叠翠”的大气磅礴气质；山谷重叠的造型，又组成了灵动山羊的形象，尽显广灵古八景之一“白羊暮霭”的历史悠久和俊秀空灵。

白羊芪山 Logo 可广泛应用于品牌推广、招商引资、市场宣传、产品包装、旅游商品、办公用品、纪念礼品等(图 34-3 至图 34-8(彩))。

图 34-3　白羊芪山 Logo 标准组合一

图 34-4　白羊芪山 Logo 标准组合二

图 34-5　白羊芪山 Logo 应用一

图 34-6　白羊芪山 Logo 应用二

图 34-7　白羊芪山 Logo 应用三

图 34-8　白羊芪山 Logo 应用四

34.4　白羊芪山文化 IP 价值评估与融合应用

IP 即“Intellectual Property”，意为知识产权，原指权利人对其创作的智力劳动成果所享有的财产权利。伴随着新媒体的崛起，我国目前已进入“混态融合”时代，文化产品之间的连接融合更为明显，小说、动漫、影视剧、游戏乃至一切娱乐形式不再孤立发展，而是相互渗透、相互融合、相互协同，构建出泛娱乐产业生态圈。IP 经济已成为中国文娱产业发展的新形态。

文化 IP，特指一种文化产品之间的连接融合，是有着高辨识度、自带流量、有强变现穿透能力、有长变现周期的文化符号。从消费者角度看，文化 IP 代表着某一类标签、文化现象，引起兴趣，用户愿意追捧，可转化为消费行为。从运营商角度看，文化 IP 代表着某一个品牌、无形资产，可以通过商业化运营、产业化融合，转化为消费品，实现价值变现。

34.4.1　中国文化 IP 发展前景分析

(1)政策鼓励，中国文化 IP 进入发展机遇期

文化产业已成为我国社会经济中非常重要的组成部分，而文化 IP 作为其中的关键力量又处于一个发展机遇期。仅以与中国文化 IP 联系最紧密的版权产业为例，2017 年中国版权产业的行业增加值已超过 6 万亿元，占全国 GDP 比重的 7.35%。2013—2017 年，我国版权产业的行业增加值已从 42725.93 亿元人民币增长至 60810.92 亿元人民币，5 年间产业规模增长了 42%。

从全球尺度来看，2018 年全球 IP 市场增长约 1806 亿美元，比 2009 年的 1510 亿美元增加了 20%(图 34-9)。

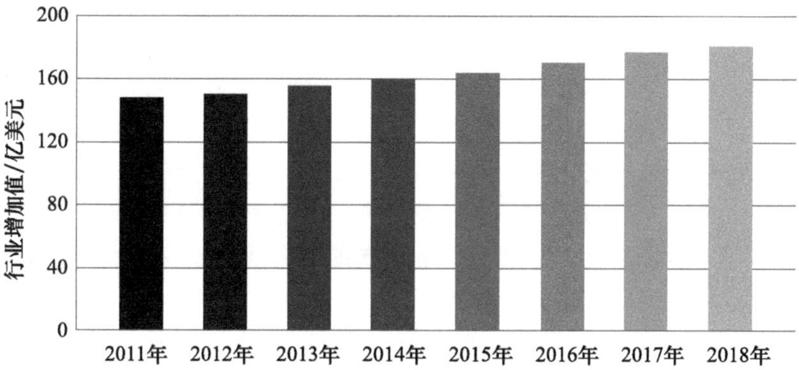

图 34-9　全球 IP 产业市场规模图

从政策环境看，我国文化产业受到政府高度重视，仅 2019 年就有多项相关政策持续出台，进一步引导鼓励产业发展，在财税金融、营商环境、公共服务等方面为文化相关企业提供切实帮助，激发文化产业结构多样性，同时鼓励社会资本投入，为文化 IP 的产业发展创造了良好的外部环境。

2018 年文化与旅游部组建，政府重视文旅产业，全面推动部署文化旅游的积极措施，具有巨大活跃性的文化 IP 产业和旅游业态融合成为必然。在文化消费需求日趋旺盛、文博单位保护与传承水平进一步提升的同时，博物馆 IP 运营将真正发展成为充满活力的朝阳产业，也肩负重要使命——深入挖掘丰厚文化资源，坚持以明德引领风尚，大力提升文化创意产业的思想文化内涵，充分彰显中华文化独特魅力，推动中华优秀传统文化创造性转化、创新性发展。

(2)文化 IP 产业化、体系化建设逐步完善

新中产的崛起带动了精神文化需求的增加，这一趋势将继续深化。新中产和年轻消费者释放出的巨大消费力，更是生活观的变化所引起的，由追求财富积累转为追求平衡的生活，使得文化类消费成为消费者的重要需求。

国家统计局数据显示，2018 年至 2019 年上半年，我国文化产业实现营业收入 89256 亿

元，比前一年增长8.2%。其中，文化制造业营业收入38074亿元，比前一年增长4.0%；文化批发和零售业16728亿元，比前一年增长4.5%；文化服务业营业收入34454亿元，比前一年增长高达15.4%。

在文化及相关产业的9个行业中，增速较快的有新闻信息服务(24.0%)、创意设计服务(16.5%)、文化传播渠道(12.0%)、内容创作生产(8.1%)，涵盖了大多数文化新业态，为文化IP的更好发展创造了非常好的产业链支持。

电商平台助推“文化IP产业化”加快成型。过去的产品开发受渠道和地域的局限，可覆盖人群非常有限，造成文化IP衍生品的开发成本高、动销慢，但电商的赋能，可以将品牌影响力延展到任何地方，打破之前的局限性。

(3)“文化自信”视域下“中国符号”受热捧

基于文化自信，中国文化IP的挖掘与开发成为市场趋势。清华大学文化经济研究院发布的《新文创消费趋势报告》显示，2019年浏览线上数字博物馆的人数首次超过去线下实体博物馆参观的人数，且线上博物馆旗舰店累计访问流量已达16亿人次，是全国博物馆接待人次的1.5倍，其中1亿人次是“90后”。

文化自信的崛起还支撑了“国潮”与“文创”在年轻人群体中的生根发芽。根据日本和韩国文创产业发展经验，人均GDP达到1万美元是本土文化崛起的分水岭，突出表现在年轻人对本民族文化特征的欣赏。如今，中国人均GDP已经来到了1万美元大关，“中国文化IP”将会势如破竹。

(4)互联网平台积极布局文化IP市场

文化IP市场规模巨大，且处于成长期，大型的互联网平台正积极布局文化IP市场。主流电商均以大数据为基础，为文化IP内容方、品牌方提供在线授权交易服务、联合营销服务，通过连接内容和电商，致力于引进包括影视剧、动漫、游戏、艺术等在内的优质文化IP，搭建了IP经济生态圈。腾讯则借助自身用户流量的优势，深度参与文化IP产业运营，建立了腾讯互动娱乐品牌体系，发布“泛娱乐”战略，以腾讯游戏、腾讯动漫、腾讯文学、腾讯电影等为主体，对文化IP进行培育、输出、延展，为用户提供立体多元的互动娱乐体验。

(5)新技术与文化IP行业深度融合

近年来，随着大数据、云计算、人工智能、区块链等信息技术的快速发展，新技术与文化IP产业深度结合，迸发出了产业发展新火花：一是新技术催生泛娱乐文化IP商业新场景、新机遇和新空间。以众多独家授权的知名文化IP资源为核心，打造了集VR、AR(增强现实技术)、MR(混合现实技术)为一体的新一代科技娱乐主题公园；人工智能公司与动漫文化IP、影视明星合作开发了能与粉丝进行语音互动的、具有养成属性的虚拟偶像，已进入人们的日常生活。二是新技术打通文化IP产业供给侧和需求侧，赋能行业新发展。借助大数据技术，可实现对文化IP受众多维度、精确地洞察与分析，进行用户画像，从而挖掘潜在高价值文化IP；通过区块链实现数字版权的确权与保护，并努力应用于文化IP孵化场景。

34.4.2 “白羊芪山”IP受众和市场价值评估

(1)“白羊芪山”IP属于老经典IP

老经典IP，指已经超过著作权保护期或公共版权的IP内容，一般来源于民族物质文化遗产、非物质文化遗产或自然山水资源，具有典型的民族个性和地方特色。如果对中国古代四大名著中的人物形象与故事内容进行开发，所形成的 IP 都属于老经典 IP 的范畴。

老经典 IP 得益于文化基因，是民族文化在历史长河中深厚积淀的集体硕果，是民族精神的集中体现和民族文化的基因载体。文化产业视域下的老经典 IP 包含的关键要素是传统文化基因、民族价值认同、时代精神风貌和文化创新意识。老经典 IP 的文化生命力经久不衰，不同时代的作者和读者都对其进行着不同的诠释和再造。

“白羊芪山”IP 定位：天地正气，中国精神。具有民族认同、人文情怀与低准入性，最能体现中华民族的传统价值观，具有高度持久的文化热度与历久弥新的新时代文化价值。

(2)“白羊芪山”老经典 IP 的受众价值

①民族文化认同

老经典 IP 的繁荣能够强化民族身份认同。以“白羊芪山”为主的中医药传统文化是中华民族拥有五千年的灿烂文化的代表，老经典 IP 的重现活力意味着这些文化元素不是被历史淘汰，而是在当代依然散发活力，甚至传播到更广阔的国际市场，如迪士尼的《花木兰》就是改编自中国的经典文化。老经典 IP 的持续开发和跨文化传播能够增强中国人的文化自信心与民族自尊心。

②体现人文情怀

“白羊芪山”老经典 IP 改编的出发点是一种对人文情怀的关照，很多受到过高等教育的人士对于传统文化精粹有着强烈的热爱。老经典 IP 对国粹的致敬，通常能够满足该类消费者对于文化情怀的需求。

③低认知准入性

“白羊芪山”老经典 IP 具有广泛的认知基础，对于绝大多数受众来说，其认知准入门槛较低，往往能够配合文化企业的宣传营销吸引各个年龄段、各种教育背景的人群前来消费。

34.4.3　“白羊芪山”文化 IP 五要素积聚

将“白羊芪山”文化 IP 打造为明星 IP，目标是具有较高曝光度、知名度和稳定粉丝群的优质 IP。“白羊芪山”明星 IP 包含五项基本要素，即核心价值观(Values)、鲜明形象(Image)、故事(Story)、多元演绎(Adaptation)与商业变现(Commercialization)。在图 34-10 的模型中，越向内层，IP 价值的实现越由内容创意者决定，而 IP 的文化属性也越强；越向外层，IP 价值的实现越由文化企业决定，而 IP 的商业属性也越强。

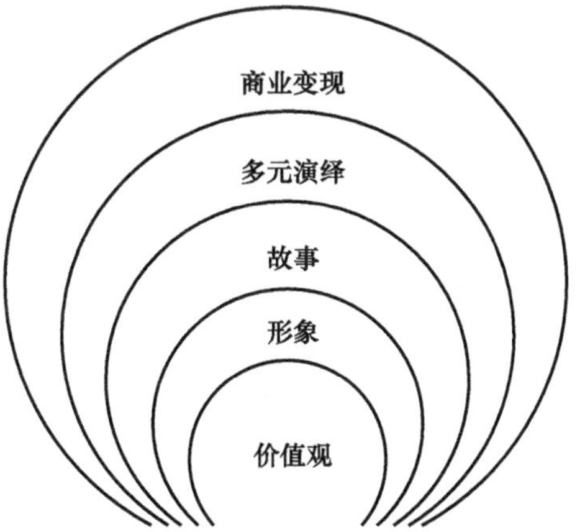

图 34-10　“白羊芪山”明星 IP 基本要素的洋葱模型

(1)价值观—内容基石—中国正气

价值观是原创 IP 内容是否具有开发和传播价值的第一标准。"白羊芪山"文化 IP 价值观定位为"中国正气"。基于黄芪"扶正气"的药理特征,以及其广泛适用、药食同源,是中华民族优秀传统文化的"正气"代表,更是新时代中国精神中"正气"的代表,着重表达契合社会共同认同的核心价值,将得到受众的广泛认可。同时,其也是广灵独特地域文化代表,将具有生态、社会、文化、经济综合效益,将代表大同、山西乃至中国,代表大国文化形象。

(2)形象—基本单元—"质地温和""颀长俊美""醇心仁厚""天地正气""润物无声"

形象鲜明是潜力 IP 跨界开发的落脚点,尤其是可视化的角色形象。根据张义丰研究员《黄芪赋》,以"黄芪质地温和,保持颀长俊美,修得醇心仁厚,得天地阳气,润物无声"为 IP 形象,紧抓"质地温和""颀长俊美""醇心仁厚""天地正气""润物无声",设计个性鲜明、别具一格、识别度较高的卡通角色形象,并不断地进行发散演绎,创意出各种引人入胜的故事。

(3)故事—受众连接—"白羊芪山"明星 IP 故事

从中国古典美学视角,故事是"象"的一种形式,是引发情感共鸣或文化认同的内容。《易传》有言,"言不尽意""立象以尽意",指概念不能将事物的意涵完全表达清楚。文化产品所承载的"象",往往能通过让人感同身受而把意涵、意蕴表达清楚,并有效接受。无论是儒道哲学还是社会知识,流传千古的学说道理大都载于故事与传奇之中,而非抽象的概念或体系的法则里。

故事在某些创作语境中又称为世界观,具有共鸣性的内容表达。"白羊芪山"明星 IP 的故事,以仁厚、憨萌、热心、正义的卡通人物为主角,通过富含情感且打动观众的系列故事,表达人与自然的和谐、可持续发展,传承中华民族优秀文化和品质,传达新时代天地正气的世界观和人生观。

(4)多元演绎—"粉丝"扩容

多元演绎是"白羊芪山"优质 IP 在形象的基础上、在不同的内容载体上对故事进行的延伸,通过持续建立情感连接来扩容受众,并将更多的受众转化成"粉丝"。

"粉丝"是忠诚度和热情度都非常高的受众,IP 孵化与开发的目的就是将更多的普通受众转化为超级"粉丝",通过"粉丝"的忠实消费实现 IP 价值开发的最大化,进而延长 IP 的生命周期与变现能力。

多元演绎不仅是明星 IP 吸引受众的关键要素,而且在维系超级"粉丝"的过程中发挥着更加重要的作用。"白羊芪山"明星 IP 的跨界开发过程就是要不断深化和强化"粉丝效应",有效地延长"白羊芪山"IP 的生命周期,实现明星 IP 的可持续开发。

(5)商业变现—资本转化

IP 是受法律保护的知识产权,具有可流转的财产属性,可以从文化资本转化为经济资本。在"内容为王"的文化产业中,优质的内容在经营好价值观、形象、故事和多元演绎的"白羊芪山"IP 要素后,便能够获得持续可观的商业收益。"白羊芪山"IP 原创内容可以通过授权的形式在文化企业之间实现买卖,不同的文化企业通过对原创内容的多元演绎而生产不同的文化商品,借助原有内容的影响力来销售更多形式的文化商品,可降低市场风险、扩大收益渠道。如与国货优质品牌联合打造限量版、节庆版产品。

34.4.4 "白羊芪山"文化 IP 产业链构建

(1)"白羊芪山"文化 IP 产业链

生产新时代"白羊芪山"文化 IP,并重构一条生态链,让流量自然化,各产业之间敞开怀抱,延续 IP 更长久的价值(图 34-11)。

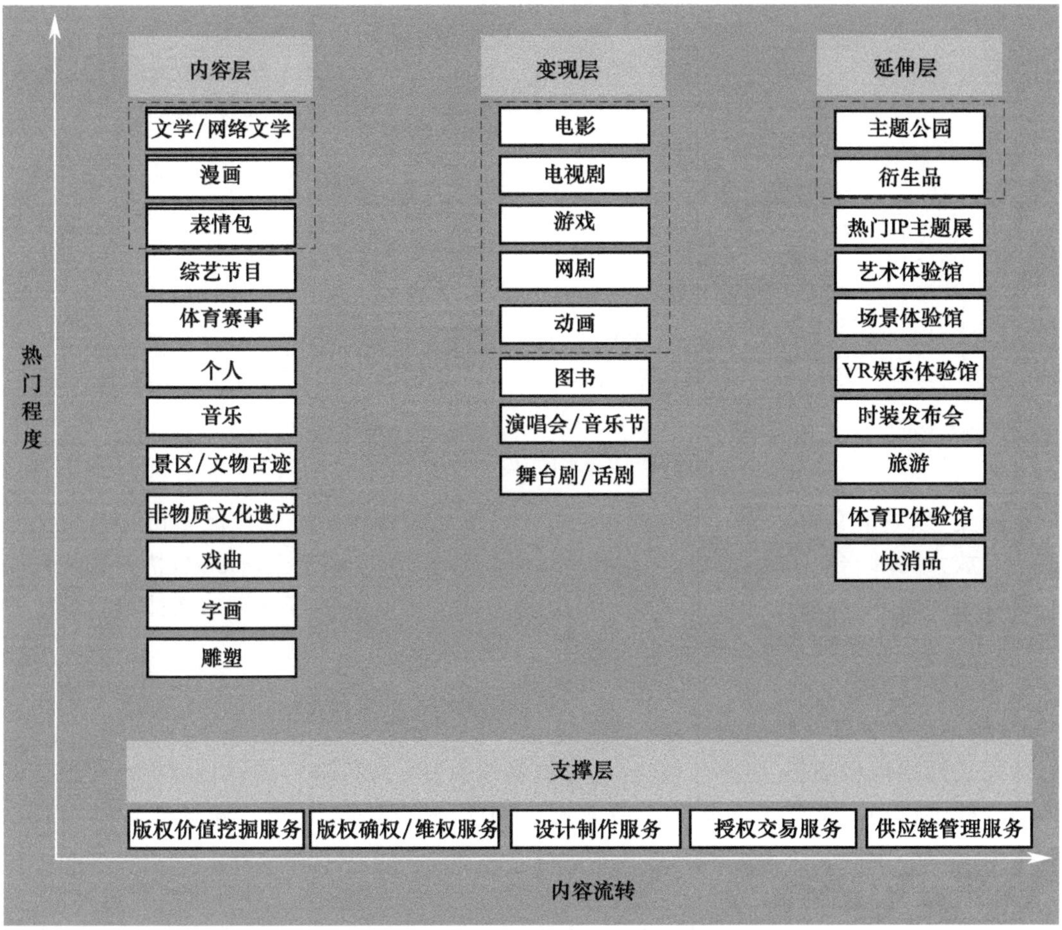

图 34-11　"白羊芪山"文化产业链

①内容层:除了"白羊芪山"主题文学以外,漫画、表情包、综艺节目、体育赛事等都会产生创作。

②变现层:通过"白羊芪山"主题相关电影、电视剧、游戏、网剧、动画等方式变现。

③延伸层:范围更大,包括"白羊芪山"主题公园、衍生品、主题展等。

④支撑层:包括版权价值的挖掘、版权确权和维权、设计制作、授权交易、供应链管理等服务,构成了"白羊芪山"文化 IP 产业的整个生态。

(2)"白羊芪山"文化 IPX 升级

文化 IP 以创意、内容、技术为核心要素,这些核心要素有助于提高产品的附加值,促进传统产业结构调整和产业升级。从供应链的角度看,文化 IP 行业是前端驱动的产业,即以 IP 的内容创作、设计及创意环节为主导的行业。所以文化 IP 的创新是传统行业与企业打造差异化产品、提高产品辨识度、提升产品竞争力和知名度、助力产业转型发展的方式。

①文化 IPX 文旅

文旅融合是新的经济增长极,也是未来文化 IP 发展的重点方向。目前,文化 IP 与区域及文旅的融合可以归类为融合、跨界、转型三个类别(图 34-12)。

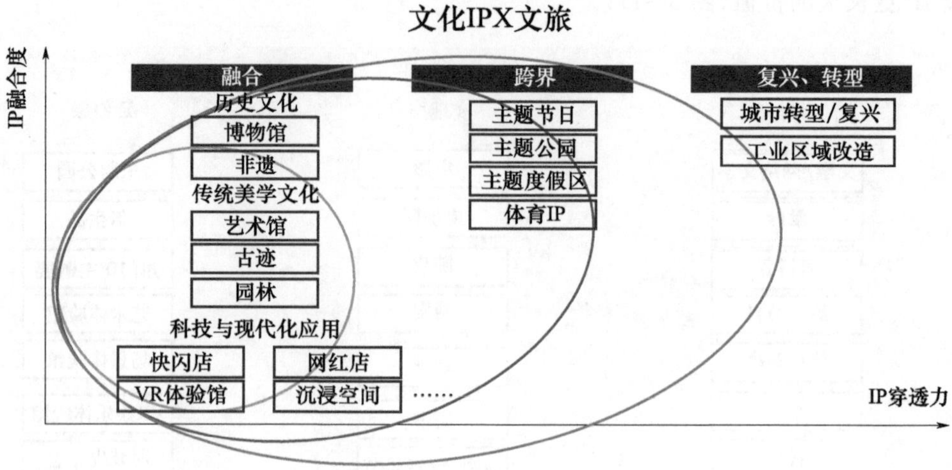

图 34-12　文化 IPX 文旅产业链

融合类:以城市文物建筑、商场业态为主,该环节对应野生黄芪和广灵城市特色文化元素的挖掘与放大,并结合互联网思维、网红经济、超级 IP 等热点,赋予全新形象,快速聚集人气。

跨界类和转型类:通过打造"白羊芪山"IP 形象并架构有着良好故事延展性和综合效应的故事,衍生康养、文旅融合产品和关联产业。

②产业升级项目

a.《飙山越野·长江峪挑战》

依托长江峪沟域绵长、生态植被良好、嶂石岩地貌发育较好等特点,集合跑步、登山等多元素的综合极限运动。不仅对参赛选手有超高的跑步技巧要求,更是一场意志与体能的双重考验。

《飙山越野》拥有《飙山越野·龙腾亚丁》和《飙山越野·魔山挑战》两项系列赛事。《飙山越野》将文化、文旅、文体进行有机结合,已连续 4 年举办 7 场赛事,每场赛事吸引超过 1000 人参与,成为中国规模最大的越野赛之一。单场赛事引发超过 4 亿次阅读,在国内、国外社交媒体产生强烈反响。赛事还设计了以飙山越野赛事为主题的品牌联名运动衍生品,广受好评。

打造《飙山越野·长江峪挑战》,复杂多变的道路和景观是其特色之一,跑手将穿过狭窄的峡谷,攀登至高山草甸,直至长江峪源头。

b. 圣眷峪康养避暑目的地

以"白羊芪山"IP 卡通人物形象为主人公,围绕 IP 呆萌形象和清新配色,融入中药梯田、避暑度假、康养文旅等项目,充分契合年轻人对治愈系动漫形象和对莫兰迪色系的热爱,适用于各种文创开发与推广。

第 35 章　品牌传播与新媒体融合研究

基于数字技术的新媒体，是未来“白羊芪山”品牌传播的重要载体和渠道。“黄芪文化艺术链”是黄芪文化视觉艺术相关应用场景的权威行业链，是元宇宙世界中，视觉艺术数字资产的确权与交易的重要底层基础设施。从数字化基础设施到数字化应用场景，围绕视觉艺术 Web 3.0，面向数字白羊芪山文化艺术的管理者、开发者、创作者、经营者提供平台化服务，展开学术研究、产品孵化和品牌推广。结合白羊芪山地域特色，以野生黄芪的科学价值和地域价值为核心，提炼品牌形象，凝练文化 IP，优化营销策略。

35.1　品牌传播的现存问题

白羊芪山产品和产能现存如下问题：一是野生黄芪产品类型相对单一，以切片为主；二是由于黄芪生长期较长，一般 5 年后采收，产能相对较低；三是产品档次，目前中档居多。

同时，从市场目标选择方面看，目前，目标市场以大众养生市场为主，侧重中老年群体、养生保健、治疗康复等。在定价方面，主要有两种定价策略：一是成本导向性定价策略。这种策略主要依据生产成本等因素制定价格，主要还是受制于原材料价格。二是折扣定价策略。针对特定的节事活动出台相关策略，另外，针对不同的渠道、团体，都有相对应的折扣定价策略。在渠道及推广方面，当前渠道划分主要包括经销商、特产店、药店、国医馆、餐饮企业、商超等，以及商贸会、展销会、政企活动、节事活动等。

35.2　新媒体与品牌传播优化策略

35.2.1　加强“白羊芪山”品牌理念推广

从产品设计、产品理念、产品推广以及产品故事方面加强“白羊芪山”品牌理念的推广。满足新消费需求的难点，更多的企业品牌参与到黄芪中医药文化的传播中，积极探索更多新思路、新方法，令传统黄芪焕发光彩，让黄芪中药养生更加方便快捷，充满时尚、科技元素。

35.2.2　调整原产地推广的市场定位

由于白羊芪山野生黄芪种质资源宝贵、道地药材生态原产地具有稀缺性和不可替代性，进而导致其产量有限。根据品牌形象定位，将市场重新定位为：国内高端健康养生市场，产品以高端定制、高端优选、原产地体验为主。

35.2.3　协同推广创新，提升品牌影响力

山西省、大同市、广灵县等各级政府应坚持多方位施策，精准发力，全方位加强白羊芪山品牌营

销。白羊芪山品牌打造、保护和品牌影响力的提升，是一项长期而系统的工作，需要政府强有力的政策支持和推动，充分发挥财政资金的撬动作用，调动社会力量和资金参与白羊芪山品牌建设。

35.2.4 借助社会化新媒体，提升品牌知名度

以政府为主导，公开招标采购主流媒体资源，传统媒体与网络新媒体同步，宣传与营销并重，以互联网、电台、电视台、报刊为平台，广泛宣传，借助中央媒体节目的力量，做到高位发声；在省内和营销目的地城市重要交通枢纽设立大型广告宣传牌，在重要枢纽场所投放公益广告，印发宣传手册和画册，扩大白羊芪山品牌被知晓的范围；以整体品牌形象为引领，充分利用各类国内外品牌专门展会、节庆活动等平台，联合各地优势区域公用品牌及龙头企业产品品牌，在国内外进行联合推介、捆绑式宣传推广。

35.2.5 建立网络舆情监控，营造品牌口碑

加强与人民网、新华网等权威主流网络媒体合作，对白羊芪山品牌建设进行专题报道与推介；通过与消费者关联度高的社会化网媒，开展与消费者的互动传播。建立白羊芪山品牌舆情预警机制，委托第三方专业团队，实施网络舆情实时监控，及时处理、化解舆情危机，为白羊芪山品牌建设营造良好的舆论氛围和口碑环境。建立白羊芪山宣传推广效果评估机制，为制定品牌宣传计划、媒介选择等提供科学参考依据。

35.2.6 电商助力坐实"互联网＋"工程

坚持线上线下同步发力，积极开辟白羊芪山野生黄芪相关产业产品的电商渠道，建设白羊芪山野生黄芪综合服务平台，拓展相关产品交易渠道。丰富和探索农村电商发展新路径，持续打造"电商政策洼地"，逐步形成电商产业发展的"生态圈"。进行农村电商培训，教授合作社和农民开设并运营网店。

35.2.7 开展白羊芪山黄芪草本养生节

针对主市场举办白羊芪山草本养生节，联合连锁商超、药店将新潮的养生产品推荐给消费者，特别是对年轻的消费者进行应用体验，初步完成新型饮片的市场教育。与战略合作客户进行防养调中心建设的探索，发挥黄芪中医药在预防、养生和调理领域的特殊作用。

35.3 电商运营策略

35.3.1 2020年黄芪电商行业市场规模

根据2020年黄芪行业的电商市场，对人群规模、人群价值等几项重要指标进行分析，黄芪类目电商市场特异性特征如下。

销售淡、旺季方面，2020年预估地区黄芪的线上销售额为2.353亿元，按照月度占比进行分析，1月占比最低，占全年销售额的3.99%；11月占比最高，占全年销售额的10.49%。"双十一""618"等强力度营销活动月，销售额略高。

访客淡、旺季方面，2020年黄芪类目访客人数为1027.48万人，月平均访客数为85.62万人。2020年黄芪类目的搜索人数为576.05万人，月平均搜索人数48.00万人，在整体访客中

的占比为 56.1%。全年搜索占比最低的月份为 11 月。

支付淡、旺季方面，2020 年黄芪类目的支付人数为 454.06 万人，月度平均支付人数为 37.84 万人。2020 年黄芪类目的全年平均客单价为 51.83 元，其中 1 月的平均客单价最低，为 40.77 元，全年最高月平均客单价出现在 12 月，为 60.26 元。

UV 价值(每一个独立访客对网站或者企业带来的价值)方面，2020 年黄芪类目的全年平均 UV 价值为 22.9 元，即每个访客会带来的价值为 22.9 元。

综上所述，根据线上市场消费特征，布局产品，制定价格，设计投放时间、优惠策略和强度，力争通过品质，提高品牌的认同和消费的认可。

35.3.2　产品布局

目前，黄芪相关电商产品布局分为两类。

一是黄芪主题店铺，目前，黄芪电商店铺的产品线布局是以黄芪品类为主要布局线，搭配如党参、当归等关联产品。以黄芪类目为主要流量入口，店铺内其他产品的布局更加偏向于对黄芪类目流量的二次和关联转化。

二是非黄芪主题店铺，其产品布局分为三种类型。

第一种以黄芪为主线，其他名优滋补药材如当归、党参为辅线，并关联其他名优特产如小米、赤小豆等杂粮进行布局。其店铺内产品几乎为原产滋补品。上一级类目南北干货类目进行相应产品联系的布局，店铺的产品布局针对上一级类目南北干货的消费人群进行。

第二种传统滋补产品布局。黄芪品牌产品线针对上一级类目传统滋补的消费人群进行布局，店铺整体也是以传统滋补理念进行运营，黄芪以其养生及滋补的功效在店铺中完成产品品类的补充，其产品不拘泥于某一地域性的特产。

第三种科技新产品布局。该品牌产品都是以各传统滋补品的破壁颗粒粉的形态进行销售。其有一定的生产加工工艺及技术，相比于其他品牌仍停留在初级加工的阶段，破壁粉具有更高的溢价空间及品牌力。

综上，白羊芪山的电商产品策略建议以黄芪为主线，本土名优滋补药材和杂粮为辅线，创新科技新消费产品作为中远期更新替代新产品。

35.3.3　运营思路

目前，黄芪中药材电商运营思路共分为三种。

一是黄芪品牌旗舰店+其他线上渠道，该运营思路是全力建设自身品牌旗舰店，并注重线上渠道的搭建和运营。

二是黄芪作为主营类目和主营单品，黄芪是店铺的主营类目和主营单品，甚至是很多店铺唯一的主流量来源。通过在黄芪不同品质价位段的产品布局，尽可能满足该类目人群的消费需求，再辅助相应的关联品。

三是黄芪作为爆款产品的辅助单品，该运营的特点在于黄芪并非店铺的主营类目或者主营单品。不将黄芪作为单一的店铺主流量来源，甚至不将黄芪作为流量来源，更多的在于对小爆款群的打造及其他品类的爆款打造，并通过其他关联爆品进行引流，或通过店铺人群定位及维护，实现对黄芪品类的营销。

根据上述黄芪市场电商运营思路，建议“白羊芪山”品牌可根据实际情况，近期以建立黄芪主营类目和主营单品的电商为主，远期应建立“白羊芪山”黄芪品牌旗舰店。

第36章 白羊芪山乡村振兴与共建共享研究

实施乡村振兴战略，要坚持党管农村工作，坚持农业农村优先发展，坚持农民主体地位，坚持乡村全面振兴，坚持城乡融合发展，坚持人与自然和谐共生，坚持因地制宜、循序渐进。基于地域独特性、道地价值化、产业生态化和主体多元化的特征，白羊芪山乡村振兴应构建因地制宜的模式和共建共享的路径。

36.1 区域乡村发展概况

白羊芪山行政区划上隶属南村镇和望狐乡2个乡镇，范围涉及26个行政村，其中，白羊峪涉及3个村（上白羊、下白羊和史家坪部分区域），圣眷峪涉及5个村（国家眷、闯道坡、望狐、车型和史家坪部分区域），长江峪涉及19个村（南寒水、坟台沟、念草沟、庄子沟、下麻黄、上寺、卧羊厂、山神庙、香炉台、上林关、林西、林东、林南、晏子、榆沟、狼虎坪、周图寺、添涧、翟子沟）。

36.2 "一山多村"型乡村振兴模式构建

围绕白羊芪山，依托黄芪产业链链主企业，积极探索"一山一产带多村"的乡村振兴模式，引导周边乡村向生态、绿色、高端农业转型，积极吸纳劳动力，全面建设美丽乡村和宜居家园。

36.2.1 乡村产业融合与现代新动能建设

①实施质量兴农战略

深入推进中医药产业绿色化、优质化、特色化、品牌化，调整优化生产力布局，推动由增产导向转向提质导向。推进广灵特色中药材和农产品优势区创建，建设现代产业园、科技园。实施产业兴村强县行动，推行标准化生产，培育特色农产品品牌，保护地理标志农产品，打造一村一品、一乡一业发展新格局。优化养殖业空间布局，大力发展中药材生态健康养殖。建立产学研融合的科技创新联盟，加强绿色生态、提质增效技术研发应用。实施药品食品安全战略，完善产品质量和安全标准体系，加强产品质量安全追溯体系建设。

②构建农村一、二、三产业融合发展体系

大力开发白羊芪山农业多种功能，延长产业链、提升价值链、完善利益链，通过保底分红、股份合作、利润返还等多种形式，让农民合理分享全产业链增值收益。实施广灵产品加工业提升行动，鼓励企业兼并重组，淘汰落后产能，支持主产区产品就地加工转化增值。重点解决中药材和特色农产品销售中的突出问题，加强产品产后分级、包装、营销，建设现代产品冷链仓储物流体系，打造产品销售公共服务平台，支持供销、邮政及各类企业把服务网点延伸到乡村，健全产品产销稳定衔接机制，大力建设具有广泛性的促进农村电子商务发展的基础设施，鼓励支持各类市场主体创新发展基于互联网的新型中医药产业模式，深入实施电子商务进农村综合示范，加快推进农村流通现代化。实施中医药、休闲农业和乡村旅游精品融合工程，建设一批设施完备、功能多样的康养基地、休闲药园、本草民宿、养生乡村、中药园，利用闲置农房发展民宿、养老等项目。

③构建对外开放新格局

实施白羊芪山野生黄芪特色优势中药材、广灵特色农副产品出口提升行动，扩大高附加值产品出口。深化与"一带一路"沿线国家和地区农产品贸易关系。积极支持野生黄芪中医药产业走出去，培育具有国际竞争力的中医药企业集团。

④促进小型种植户和现代农业发展有机衔接

统筹兼顾培育新型经营主体和扶持小农户，采取有针对性的措施，把小农生产引入野生黄芪现代中医药发展轨道。发展多样化的联合与合作，提升小农户组织化程度。注重发挥新型农业经营主体带动作用，打造区域公用品牌，开展药超对接、药社对接，帮助小农户对接市场。扶持小农户发展生态中药种养业、设施农业、体验农业、定制农业，提高产品档次和附加值，拓展增收空间。改善小农户生产设施条件，提升小农户抗风险能力(表 36-1)。

表 36-1　重点建设村庄和主题

村庄主题	村庄名称	村庄数量/个
康养基地	上白羊、下白羊、史家坪	3
休闲药园	史家坪、香炉台、南寒水、望狐、下麻黄、卧羊厂、山神庙	7
本草民宿	上白羊、下白羊	2
养生乡村	上白羊、下白羊、下林关	3
生态农业	史家坪	1
设施农业	上白羊、下白羊	2
体验农业	香炉台、下林关	2
定制农业	南寒水、下麻黄、卧羊厂	3

36.2.2　乡村生态宜居与美丽乡村建设

乡村振兴，生态宜居是关键。尊重自然、顺应自然、保护自然，推动乡村自然资本加快增值，实现百姓富、生态美的统一。

一是统筹生态系统治理，实施白羊芪山生态系统保护和修复工程。保护生境，保护种质资源，实施原产地生物多样性保护重大工程，有效防范外来生物入侵。继续推进白羊芪山生态治理，重点开展水土流失、地质灾害、生态修复综合治理。

二是加强突出环境问题综合治理，加强面源污染防治，开展野生黄芪中医药业绿色发展行动，实现生产清洁化、废弃物资源化、产业模式生态化。推进有机肥替代化肥、畜禽粪污处理、农作物秸秆综合利用、废弃农膜回收、病虫害绿色防控。加强农村水环境治理和农村饮用水水源保护，实施农村生态清洁小流域建设。加强农村环境监管能力建设，落实县乡两级农村环境保护主体责任。

三是全面整治农村环境，持续改善农村人居环境，逐步消除村域内存在的"脏、乱、差"现象。依法拆除侵街占道、私搭乱建的违法建设，同步整治农村违法用地、违法经营等行为。全面清理积存的生活垃圾、建筑垃圾、农业秸秆、白色污染和枯枝杂草等，完成村内废旧设施和老旧广告牌等设施的拆除清理工作。加大康养、文旅村庄的环境整治力度，抓好环境整治提升。

四是加快美丽乡村建设，加强村庄绿化美化和生态建设。坚持绿化与基础设施同步规划设计，统筹施工建设。在村庄房前屋后、河旁湖旁、渠边路边、零星闲置地等边角空地，拆违还绿、留白建绿、见空插绿，努力实现以绿治脏、以绿净村、以绿美村（表 36-2）。

表 36-2　重点建设村庄主题和项目

村庄名称	村庄主题	村庄项目
上下白羊	白羊暮霭，本草乡村	生态种植养殖、芳香药田、养生养老民宿等
南寒水	江峪之源，黄芪之海	南寒水源头避暑民宿等
圪台沟	药谷湿地，石景乡村	中草药养生主题农庄、清水石景美丽乡村、龙王庙修缮和文化休闲空间建设等
庄子沟	清静无为，养生宾舍	文化养生庄子沟村建设项目
上寺	古松迎客，宾至如归	健康旅游区服务村
山神庙	山景神韵，服务乡村	养生养老服务村
下麻黄	双泉遗址，幽静河谷	双泉寺遗迹保护和登山徒步设施建设
上林关	长城遗产，兴盛古堡	兴盛文化古堡和古堡养生民宿集群建设项目、烽火台地标景观和夜景建设项目、六郎城秦汉寨景点建设项目

36.2.3　基础设施和公共服务设施建设

提升白羊芪山农民住宅、农村公共建筑安全和抗震节能水平。进一步加强“四好农村路”建设，完善路灯、停车场等配套基础设施。推进“智慧乡村”建设，完善农村信息化基础设施，逐步实现宽带网络和移动通信网络全覆盖。加强农村卫生、医疗、文化、教育等公共服务建设，提升基本公共服务供给水平。

鼓励建设养老机构、老人日托中心、居家养老照料中心等，提升农村基本养老服务水平。推进农村社区建设，完善南村镇卫生院、村卫生室、文化活动场所、快递便民服务网点、连锁便民店等设施，2025 年年底前，基本形成以中心村为核心的 30 分钟公共服务圈（表 36-3）。

表 36-3　重点建设村庄主题和项目

项目主题	项目内容
“四好农村路”	完善路灯、停车场等配套基础设施
“智慧乡村”	完善农村信息化基础设施，逐步实现宽带网络和移动通信网络全覆盖。加强农村卫生、医疗、文化、教育等公共服务建设，提升基本公共服务供给水平
“银发友好”乡村	建设养老机构、老人日托中心、居家养老照料中心等，提升农村基本养老服务水平
“便民 1 公里”乡村	推进农村社区建设，完善南村镇卫生院、村卫生室、文化活动场所、快递便民服务网点、连锁便民店等设施

36.2.4　乡村文化传承与公共文化建设

①传承发展提升乡村优秀传统文化

立足乡村文明，在保护传承的基础上，创造性转化、创新性发展，不断赋予时代内涵、丰富表现形式。切实保护好野生黄芪优秀传统中医药文化遗产，推动优秀中医药文化遗产合理适度利用。深入挖掘乡村文化蕴含的优秀思想观念、人文精神、道德规范，充分发挥其在凝聚人心、教化群众、淳化民风中的重要作用。划定乡村建设的历史文化保护线，保护好文物古迹、传统村落、传统建筑、农业遗迹、灌溉工程等遗产。支持农村地区优秀戏曲曲艺、民间文化等传承发展，着力发展野生黄芪优秀传统中医药文化遗产（恒山山脉），优秀中医药文化遗产文物古迹（上下白羊、下林关）、传统村落（上下白羊、下林关、山神庙）、传统建筑（清凉寺遗址、周圆寺、极乐寺）、农业遗迹、灌溉工程等遗产。支持农村地区优秀戏曲曲艺、民间文化（剪纸）传承发展。

②加强乡村公共文化建设

按照有标准、有网络、有内容、有人才的要求，健全乡村公共文化服务体系。发挥广灵县公共文化机构辐射作用，推进南村镇基层综合性文化服务中心建设，实现镇村两级公共文化服务全覆盖，提升服务效能。深入推进文化惠民，公共文化资源要重点向乡村倾斜，提供更多更好的农村公共文化产品和服务。支持以野生黄芪为主题的“三农”题材文艺创作生产，鼓励文艺工作者不断推出反映农民生产生活尤其是野生黄芪采收、加工、养生和文化等乡村振兴实践的优秀文艺作品，充分展示新时代农村农民的精神面貌（图 36-1（彩））。

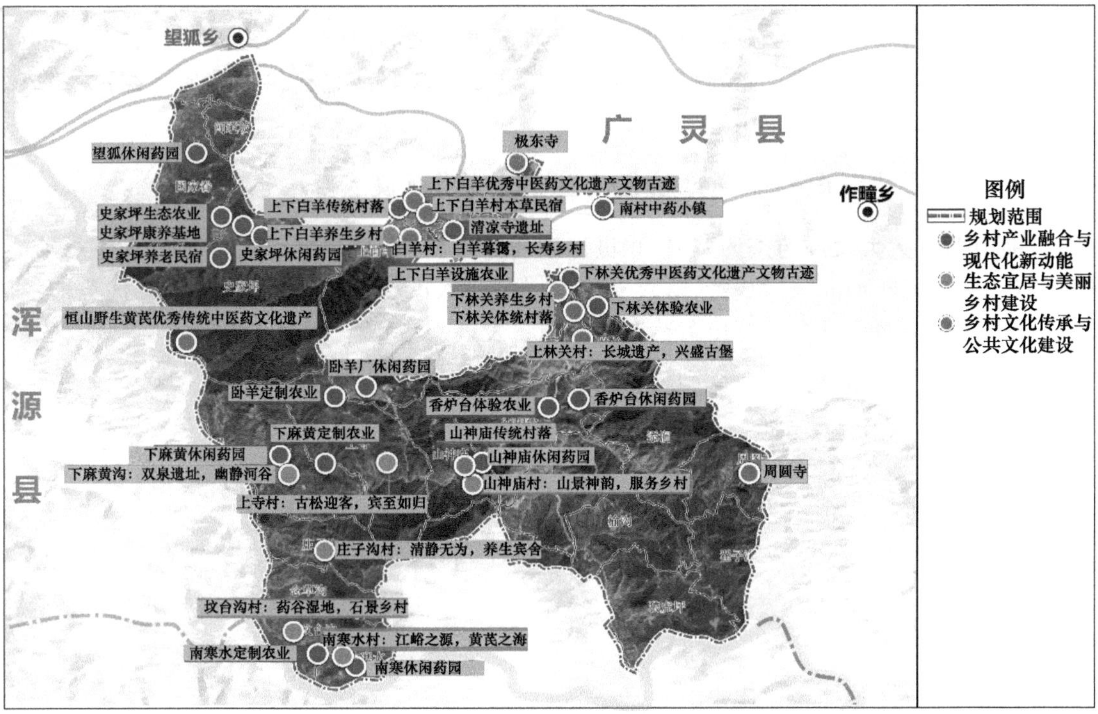

图 36-1　乡村振兴布局图

36.3　服务政村企的生态产业协作机制研究

36.3.1　加强各级组织领导

充分发挥国家、省、市、县各级政府的领导作用，强化宏观指导、统筹协调、督查考核。将白羊芪山中药材产业发展纳入乡村振兴、巩固拓展脱贫攻坚成果和农民增收的重点产业来抓，制定实施方案，狠抓工作落实，全方位推进中药材产业高质量发展。

36.3.2 实施乡企联合战略

围绕“村企联建、合作共赢”的发展思路，积极推进“村企携手共建，助力乡村振兴”行动。统筹乡村振兴、农业生产发展、中医药强省、企业技改、科技研发等项目，重点支持白羊芪山黄芪中药材资源保护、品种选育、基地建设、产地加工、科研推广、仓储物流、品牌创建和市场营销等关键环节。将企业的资本、技术、管理与村庄的土地、人工、资源等要素有机结合，实现村企共同发展、共同受益。

36.3.3 鼓励企业担当链主

规模以上中药材企业可享受省级以上农业产业化龙头企业各项政策，中药材“链主”企业可享受省政府市场主体倍增支持产业链“链主”企业的有关政策。

36.3.4 实施“公司＋基地＋农户”运营模式

积极探索“白羊芪山”生态原产地保育与高质量发展之路，优化生态环境，通过“公司＋基地＋农户”的生产运营模式，为乡村振兴和巩固拓展脱贫攻坚成果提供了重要支撑，黄芪成为当地群众增收致富的“金山银山”。

36.3.5 探索“地域识别＋道地价值＋生态动能”新模式

借助山西省大力发展药茶的契机，积极探索构建乡村“地域识别＋道地价值＋生态动能”的发展新模式，不断加大政策扶持、财政支持、科技支撑、市场开拓力度，推动资源优势向经济优势有效转化，全面促进白羊芪山黄芪产业高质量发展。

第37章　白羊芪山可持续发展的保障与实施研究

白羊芪山可持续发展需要政策、制度、组织、金融、监控、人才、科技、创新等方面的保障支持。

37.1　管理与实施

按照中医药治理体系和治理能力现代化要求，健全野生黄芪中药材管理体制，建立市、县、镇级中医药管理体系，进一步完善领导机制，切实加强野生黄芪管理工作。健全白羊芪山发展的领导体制和工作机制，成立工作领导组，将野生黄芪中药材产业发展列入大同市和广灵县国民经济和社会发展规划。

野生黄芪中药材产业相关政策衔接配合，产业过程融入全局，产业发展全面动员。各相关部门要在职责范围内，加强沟通交流、协调配合，形成共同推进野生黄芪原产地发展的工作合力。结合具体实施方案，完善考核评估和监督检查机制。

37.2　行业与组织

依托国家及山西省中药材行业协会，鼓励成立野生黄芪中药材区域分会，构建野生黄芪中药材行业组织管理体系。推进行业协会服务能力建设，加强与政府部门的沟通合作，及时传递政策动态，搭建交流协作和行业管理平台，充分发挥行业协会在技术支持、行业自律、营销网络等方面的积极作用。

完善"公司＋基地＋合作社""公司＋农场(农户)"等模式，发挥龙头企业和专业合作社的引领带动作用，建立起风险共担、利益共享的合作机制，推动野生黄芪中药材产业稳定发展。提升白羊芪山生态产业在农业公共服务中的地位，强化高等院校、科研单位、生产企业与广大药农的紧密合作关系，支持中药材专业合作社、专业服务公司、药农经纪人、龙头企业、家庭农场等提供多种形式的生产经营服务。

37.3　融资与风控

建立以"政府性资金为引导、企业投入为主体、社会资金广泛参与"的投入机制，重点支持野生黄芪抚育和繁育基地、园区的基础设施建设、生态保护和环境治理、生态产业发展、乡村振兴等，为白羊芪山生态产业发展提供资金保障。

整合中医药、农业、林业、科技、卫生、商务、文旅等行业部门资金，在产业发展、科技研发方面集中投入，充分发挥资金规模效应。采用直接投资或以奖代补方式，对野生黄芪种质资源圃、野生抚育区、良种选育及引进、质量监控技术体系、中药材育苗基地、生产基地、科技示范园、加工企业、乡村振兴等进行扶持。

制定扶持产业发展优惠政策，实行生产资料补贴、农机具补贴等补贴制度。将野生黄芪中药材品种纳入山西省种业发展扶持范围，纳入政策性农业保险范围。

积极推动银企合作和资本市场、债券市场融资，吸引各类投资主体加大对中药材产业发展投入。完善信贷担保抵押模式和担保机制，出台对药材种植基地、加工企业及有关科研单位的信贷扶持政策。

37.4　质量与监控

提高和完善野生黄芪中药材标准，完善野生黄芪生产、经营质量管理规范，建立覆盖野生黄芪的全过程追溯体系，完善野生黄芪中药材质量检验检测体系。

一是规范野生黄芪中药材种植(养殖)及过程管理，强化野生黄芪生产投入品管理。严禁滥用农药、化肥、生长调节剂，严厉打击掺杂使假、染色增重等不法行为。

二是健全交易管理和质量管理机构，加强野生黄芪中药材专业市场管理，严禁销售假劣中药材，建立长效追责制度。维护野生黄芪流通秩序，加大力度查处野生黄芪市场的不正当竞争行为。

37.5　人才与智库

实施中医药人才强县战略，完善野生黄芪生产种植和精深加工行业人才发展统筹和分类指导。加强白羊芪山生态产业链条上各层级人才培养，提高各环节各层级人员就业素质。加大野生黄芪高层次和国际化专业技术人才交流，建立一支结构合理、特色优势明显的野生黄芪中药材产业发展人才队伍。针对野生黄芪生产实践活动的技术需求，每年组织专家开展野生黄芪生产技术培训，重点培训野生黄芪种植(养殖)一线工作的技术人员。

建立和完善白羊芪山生态产业专家咨询机制，为野生黄芪中药材保护和发展决策提供咨询参考。支持企业与高校、科研院所的合作，加大对从事黄芪中药材种植、加工、流通等基层人员的培训，提升业务素质和专业水平。搭建野生黄芪中药材资源保护、种植养殖、加工、销售以及健康、养生、养老、文旅、体育等各领域专业人员交流合作平台，加强野生黄芪中药材领域高层次和国际化专业技术人才培养。

37.6　科技与创新

充分利用国家级、省级、市县级科研院所的技术实力和优势，建设野生黄芪道地药材认证中心、中药材第三方检验检测平台、野生黄芪中药资源国家重点实验室、野生黄芪种子种苗重点实验室、野生黄芪栽培育种重点实验室，开展野生黄芪道地药材种质资源收集、整理、评价研究，从源头解决品种混乱的问题。

加强野生黄芪资源保护和栽培技术研究与推广应用，开展野生黄芪良种繁育、新品种选育、生态种植、采收和初加工等生产全过程关键技术、标准规范、检测技术等研究，形成野生黄芪中药材产业技术系列平台，为野生黄芪高品质中药材生产提供技术保障。

37.7　政策与申报

积极争取国家政策支持，结合“十四五”项目申报，为白羊芪山顺应时代召唤，赓续政策走向，积极争取国家级、省级、市级、县级政策项目支持，重点涵盖农业、水利、文旅、生态环境、中医药等部门。

37.7.1　生态环境

中华人民共和国生态环境部主要扶持政策与项目如下。

(1)生态文明创建类

国家生态文明建设示范区创建；

“绿水青山就是金山银山”实践创新基地(简称“‘两山’基地”)。

(2)生态价值类

生态环境导向的开发(EOD)项目；

生态产品价值实现机制试点。

(3)生态城市类

国家低碳城市试点；

循环经济示范城市。

(4)环境治理类

中央生态环境资金项目储备库入库(竞争性分配)。

37.7.2　农业

中华人民共和国农业农村部主要扶持政策与项目如下。

(1)区域类

国家休闲农业重点县；

国家级农业产业强镇；

国家级农业绿色发展先行区；

国家级特色农产品优势区；

国家级农业现代化示范区。

(2)产业类

国家级优势特色产业集群。

(3)园区类

国家级现代农业产业园；

国家农业科技园；

国家农村产业融合发展示范园。

(4)补贴类

国家中药材生产扶持项目(100 万～300 万元)；

农作物良种生产及加工基地(300 万～700 万元)；

种子工程植保工程储备项目(500 万元)；

高标准农田建设补贴；
设施农业贷款补贴；
农业支持保护补贴；
造林补贴；
测土配方施肥补贴；
耕地轮作休耕补贴试点补贴；
菜、果、茶标准化创建支持政策。

37.7.3 文旅

中华人民共和国文化和旅游部主要扶持政策与项目如下。

(1)申报创建类

国家中医药健康旅游示范区；
文旅产业融合发展示范区；
国家旅游度假区创建；
A级旅游景区创建；
夜间文化和旅游消费集聚区；
国家文化产业示范区(基地)；
乡村文旅带头人支持项目；
国家旅游科技示范园区；
国家体育旅游示范基地；
全国智慧旅游沉浸式体验新空间培育试点；
国家旅游休闲街区；
最佳旅游乡村；
文化产业赋能乡村振兴试点。

(2)优秀案例遴选类

全国优秀旅游规划案例遴选；
老年旅游典型案例推荐遴选；
公共文化服务高质量发展典型案例遴选；
交通运输与旅游融合发展典型案例推荐遴选；
文明旅游宣传引导十佳案例、优秀案例；
国内旅游宣传推广优秀案例。

(3)科研课题类

国家文化和旅游科技创新研发项目；
文化和旅游部部级社科研究项目；
文化和旅游宏观决策课题。

37.7.4 中医药

国家中医药管理局主要扶持政策与项目如下。

(1)示范

国家中医药健康旅游示范区；

综合医院、专科医院和妇幼保健院中医药工作示范单位。

(2)文化

中医药传承创新发展示范试点；

中医药宣传基地；

国家级非遗代表传承人；

全国基层名老中医药专家工作室；

农村医疗机构中医特色优势重点专科建设项目；

中医药适宜技术推广项目；

中医康复中心建设。

(3)教育

国家级中医药继续教育。

(4)合作

中医药国际合作专项项目。

(5)研究

古代经典名方中药复方制剂及其物质基准项目；

国家中医临床研究基地；

中医药标准化研究中心；

国家中医药标准化项目。

37.7.5　市场监督管理

国家市场监督管理总局主要扶持政策与项目如下。

原产地保护认证；

地理标志产品保护。

37.7.6　水利

中华人民共和国水利部主要扶持政策与项目如下。

(1)水土保持

国家水土保持示范。

(2)农村水利

农村供水标准化管理工程；

农田水利建设与养护项目。

(3)美丽流域

“最美家乡河”名单公示。

(4)数字化

数字孪生流域建设先行先试应用案例推荐。

37.7.7　林草

国家林业和草原局主要扶持政策与项目如下。

(1)保护类

全国野生动植物保护工程；

国家林草种质资源申报。

(2)建设类

湿地保护建设项目；

乡村绿化美化行动建设项目。

37.7.8 乡村振兴

(1)行政区类

乡村振兴示范县、乡镇、村；

“一村一品”示范村镇；

中国美丽休闲乡村；

美丽宜居村庄。

(2)产业类

文化产业赋能乡村振兴试点。

(3)资金类

乡村振兴专项债；

中央财政衔接推进乡村振兴补助资金。

第6篇　白羊茋山"峪口小米"产业发展研究

第38章　"峪口小米"产业发展背景分析

38.1　我国杂粮发展的国内外形势与创新路径

38.1.1　我国杂粮发展的形势

我国小杂粮产业的分布极为广泛，且各地均存在悠久的小杂粮种植历史，小杂粮在我国传统农业向现代农业转型过程中也发挥着关键性作用（张雄 等，2003），特别是在我国西部地区有着极为显著的影响力。小杂粮属于我国西部很多地区的主要粮食品种和重要经济来源，新疆的奶花芸豆、云南丽江的大白芸豆、西藏的青稞、四川凉山的苦荞均属于其中的代表，这也使小杂粮产业成为我国中西部地区发展前景较为广阔的产业（姚成胜 等，2020）。值得注意的是，我国小杂粮在国际市场上极受欢迎，供不应求的情况也经常出现，小杂粮的出口价格往往数倍于大宗粮食的出口价格（柴岩 等，2003），因此，应更深入地认识小杂粮产业广阔的发展前景。

虽然我国小杂粮产业拥有广阔的发展前景，但结合实际调研可以发现，小杂粮产业同时也面临着多种问题，主要问题包括市场意识薄弱、深加工不足、产品科技含量低（陈锡文，2013）。市场意识薄弱指的是各地政府缺乏对小杂粮产业的重视，以及农民未能树立小杂粮商品意识，营销观念的缺乏也使小杂粮产业发展受到较为负面的影响。在粗放式小杂粮产业管理方式、忽视小杂粮产业发展潜力的情况下，各地农民往往无法适应市场经济，小杂粮产业的发展会因此受到严重阻碍（杨春 等，2004）；深加工不足指的是各地忽视小杂粮的深度挖掘和加工，小杂粮精品、新品匮乏，各地龙头企业的缺失也阻碍了小杂粮产业发展（李顺国 等，2014）；产品科技含量低主要体现在品种改良繁育少、种植技术落后、加工生产技术水平低下三个方面，市场经济下小杂粮产业的发展自然会因此受到负面影响。

38.1.2　我国杂粮发展的问题

杂粮作物主要分布在干旱或半干旱的山区，以户为单位分散种植和管理，多处在零星种植、粗放管理的落后状况。在这种农业生产现状下的种业存在诸多与现代农业不相适应的问题，具体表现在以下几个方面。

(1)种业发展缺乏长远规划和合理布局

多年来，粮油和小杂粮作物种业的发展多处于自发状态，大部分依靠育种单位和有长期种植习惯的零星区域种植户推广种植，缺乏政府层面的宏观长远规划以及相应的配套政策措施，导致布局结构不合理、产业带动不强、种植效益不明显。

(2)种子产权保护政策和法规不健全、监管体系不完善、保护力度不够

一方面，由于杂粮作物种植面积相对较小，种植区域狭窄，经济效益相对低下，加之大部分杂粮作物为常规用种，导致其品种选育相对滞后，品种保护意识低下，知识产权重视不够，对新品种的保护以及推广应用带来一定的影响。另一方面，由于杂粮作物品种多为常规品种，种子难以控制，缺乏与之相适应的产权保护措施。种子管理机构人员和经费不足、设施条件简陋、监管手段落后，质量检测技术支持体系、知识产权保护等监管服务能力仍难以满足行业发展需要。

(3)杂粮作物种子市场尚不够健全，缺乏“育繁推”一体化的种子企业

杂粮作物种类多而分散，市场规模较小，加上产权保护不力，种子企业对小作物种子的经营意愿不强，造成种子企业不愿经营与农民无处购种的矛盾。从事主要粮油作物及特色小杂粮良种生产经营的种业公司少而小，且处于分散无序的经营状态，大多数农户私下换种或连年留种种植，造成以粮代种，转化和效益低。特色杂粮种子企业基本没有研发能力，多数仅仅是简单的种子加工与销售，甚至是代销。

(4)育种创新能力有待提高

目前所采用的育种技术和模式以及研究设施还比较落后，杂粮育种人才匮乏，育种创新体系不健全，自主创新能力不高，商业化育种模式没有形成，导致杂粮品种创新能力不足，部分品种的增产增效潜力未能得到充分发挥。

(5)种子信息网络不健全

在网络信息技术快速发展的今天，甘肃省种业信息化建设刚刚起步，大部分企业和种植户相对分散，信息渠道不畅，许多信息难以收集，信息的传递和处理以及上下游信息共享不够，种业市场信息平台不健全，严重制约着杂粮作物种业的发展。

38.1.3 我国杂粮发展的趋势

(1)发挥自然气候生态特点，挖掘优势特色杂粮作物

充分发挥黄土高原旱作农业的特点，立足资源和区域优势，深入挖掘优势特色杂粮作物，进一步丰富杂粮种类。不断探索总结杂粮高产高效种植技术，以打造有机、绿色产品为目标，建立杂粮作物绿色种植基地，努力提升品质，打造区域杂粮品牌，真正生产出具有地方特色的优质杂粮作物。

(2)构建杂粮作物育种创新技术体系

一方面，要整合现有资源，建立并完善科研分工合理、产学研推结合、资源集中、运行高效的育种新机制，构建小麦、油菜、胡麻、豌豆、蚕豆、燕麦、荞麦、谷子、糜子等杂粮作物育种创新平台。另一方面，要以体制改革和机制创新为动力，坚持兴业扶贫、科技引领、市场运作、企业主体、政策扶持的原则，加强商业化育种体系建设，构建以企业为主体的产学研融合、“育繁推”

一体化的现代种业体系(冯佰利 等，2007)。进一步加快提升杂粮种业技术创新能力、市场竞争能力和供种保障能力。

(3)建立健全杂粮种子质量监控体制机制

一是强化质量管控。从种植、加工、销售等关键环节入手,加强生产经营许可,严格市场准入,规范生产经营行为,严厉打击无证经营、制假售假、套牌侵权等违法行为,严防不合格种子种苗流出基地、进入市场。二是加强检测检验。依托省级种子质量监督检测中心资源技术优势,建立市级区域性种子检测检疫中心和县级重点产业区域性种子质量检测检疫平台,着力提升杂粮种子常规检测和 DNA 分子检测能力水平,形成以种子质量监督检测中心为龙头,市级区域性检测平台为中坚力量,县级区域性检测平台为基础,上下相通、左右相连的杂粮种子质量监督检测网络体系。三是加强公共信息服务平台建设。强化种子生产、市场供需、价格监测体系建设,强化信息统计和分析预警等服务,引导基地生产和市场供需有序对接、高效运行。

(4)培育现代杂粮种业龙头企业和现代化销售网络

支持和鼓励现有种子企业通过兼并和强强联合,扩展融资渠道,优化资源配置,做大做强种企。支持龙头企业建设现代化杂粮种子繁育加工中心,引导企业对现有加工设备进行更新改造,整体提升生产技术水平。扶持优势企业通过“企业＋合作社＋农户”的订单形式,深入杂粮道地优势县(市、区)和乡镇建立种子生产基地,充分发挥区域资源优势,打造特色产品品牌。引导鼓励种企积极与基层农业技术推广机构、新型农民专业合作组织密切合作,实行统一采购、统一配送、统一销售的高效运营模式,积极探索特色杂粮种子及产品的“连锁直销模式”,充分利用乡、村“农资放心店”等载体开展配送直销。大胆创新发展电商、网络等现代营销模式,推动线上线下互动发展,不断创新营销模式,提高服务能力。

38.2 中国小米健康养生功能与提升空间

38.2.1 中国小米的健康养生功能

谷子起源于我国,作为五谷之首,在我国农业生产史上发挥了重要的作用,被誉为中华民族的哺育作物。作为我国的特色杂粮作物,谷子具有抗干旱、耐贫瘠、水分利用率高的特点,因此被认为是应对未来水资源短缺的重要战略储备作物。

目前,我国谷子的年种植面积约 2000 万亩,年总产 150 万吨,主要分布在我国北方 10 个省(区、市),其中,河北、山西、内蒙古 3 个省(区)占全国份额的 66.3%。近年来,随着小米等杂粮的营养保健价值不断被发现和南北方人口流动加快,南方市场消费也开始逐步增多,特别是随着消费升级和对主食多样化、保健性需求的提升,杂粮越来越受到市场的关注,小米也越来越受到关注。

随着人们生活水平的提高,膳食结构多样性的需求提高,对食品营养、健康和安全的逐步重视,社会和市场对谷子的需求逐步增大,以谷子为主的杂粮越来越成为人们餐桌的必备食品,使得谷子产业又一次面临难得的发展机遇。

我国小米资源丰富,谷子种植面积和产量均居全球第一位。中国的谷子种植集中在北方干旱及半干旱地区,主要分布在河北、山西、内蒙古、辽宁、吉林、黑龙江、山东、河南等省份。

小米富含多种营养素,不亚于大宗粮食。小米的营养非常丰富,富含碳水化合物、蛋白质、脂肪三大营养素和维生素、矿物质等微量营养物质。我国自古就有吃小米的传统。小米主要有补脾胃、益肾气、营养丰富等多项养生功能。

补脾胃。中医认为，小米味甘、咸，性凉，入肾、脾、胃经，具有健脾和胃、补益虚损、和中益肾、除热、解毒之功效，主治脾胃虚热、反胃呕吐、消渴、泄泻等。《本草纲目》最早提出小米“治反胃热痢，煮粥食，益丹田，补虚损，开肠胃”，意思是说，有胃灼热、反胃、呕吐等不适时，可适量喝小米粥，润养脾胃。中医认为，黄色入脾，甘味入脾，小米是黄色的，味甘而咸，因此，中医说小米能和胃温中。生活中，产妇生小孩后坐月子，宜喝小米粥，主要就是因为这个原因。

益肾气。小米补虚损的功效，不仅体现在补脾胃上，还体现在补肾上，所谓“人食五谷而化精”，五谷都具有养精气、补肾气的作用，但五谷当中，数小米的补肾功效最强。明代名医李时珍就曾说过：“粟(小米)之味咸淡，气寒下渗，肾之谷也。”小米性质偏寒，五味上是略带点咸味的，中医认为，咸味入肾，所以小米还具有益肾气、补元气的功效。因此，李时珍称它为肾之谷。除此之外，中医认为，小米有养心安神之效。因此，小米还作为养心安神的食疗佳品来食用，对于那些因胃肠不好导致的失眠，其安神效果明显。因此，也有人说，晚上喝一碗小米粥，能呼呼大睡。

营养丰富。从营养学的角度来说，人类赖以生存的七大类营养素：蛋白质、脂肪、碳水化合物、无机盐、维生素、水和膳食纤维在小米中都存在，并且各营养素含量相对均衡，不存在某种营养物质含量极高或极度缺乏的现象。因此，常食用小米可以提供机体全方位的营养。另外，小米中蛋白质的消化率为83.4%，含有人体所需的八种必需氨基酸；所含脂肪均为优质脂肪，消化率为90.8%，以不饱和脂肪酸为主，对防治动脉硬化、减少心脑血管疾病、降血压和抗癌具有重要作用。小米中的碳水化合物主要为淀粉(约70%)，在体内酶的作用下转化为葡萄糖，以供机体利用，其消化率为99.4%。同时，小米中含有丰富的维生素B1、B2，维生素B2可以促进新陈代谢，并且可以保护皮肤的健康，若能经常食用小米，则对糖尿病、心脑血管疾病、皮肤病等多种疾病具有食疗作用。

38.2.2 中国小米产业的提升路径

(1)调整小杂粮种植结构，打造产业发展优势

全面推广和完善有机旱作农业，结合山西地区的环境优势，因地制宜地开展适合的种植方式，严格按照绿色、安全、优质原则开展种植和田间管理，在保证植物水土和绿色化肥的基础上，还应该配合施用有机肥料，提高土壤肥力，实现大量的小杂粮增产增收。此外，还应该全面改革以往的种植观念，将合理化田间布局提上日程，重视森林、绿地的规划工作，结合实际的环境和种植情况选择适合的品种和配套的种植技术，通过混套种、播种期的选择、先进设备和技术的应用，打造出一支优质的小杂粮产业链，开展自主加工，运用先进的营销手段，突出小杂粮的特点，以品牌效应促进小杂粮产业的发展。

(2)提升农业技术推广创新水平

通过拓展先进的农业种植技术，建设特色的小米产业农业体系。深化推广手段，结合信息化技术的发展水平，建立农业的教育咨询网络，通过政府招标，开展显示服务咨询，利用互联网技术与种植专家进行线上交流，及时解决农业技术问题，实现农业技术的创新。结合“绿色服务热线”和小米种植技术对小米种植生产巡查指导，并积极召开技术研讨会，组织大家进行技术的集中研讨，交流种植心得，实现农业技术的取长补短，进一步提高特色农业的技术水平。

(3)全面发挥企业的带头作用,带动和引导小米产业的规模化发展

为了更好地实现小米全产业链发展,还要对小米种植土地的供给模式进行创新,政府部门应加大财力支持,开展招商引资活动,引导龙头企业、农民合作社、家庭农场等新型经营主体投资小米产业,实现小米的规模化发展,将“一家一户”的分散经营转变为集体经营,结合市场需求和种植户的意愿,建设标准化小米生产体系,将产业规模做大做强,提高产品的质量,打响小米的品牌知名度,实现产、供、销一体化服务。

(4)加强小米质量安全体系,保证产品品质

粮以安为先,从源头抓起。一方面,推行小米产品条码制度(产地准出证明或二维码标识),建立产供销一体化的小米产品质量安全追溯信息网络,实现生产记录可存储、产品流向可追踪、储运信息可查询,确保小米产品质量安全。另一方面,加大小米产品监管力度,严厉查处假冒伪劣产品的生产、销售等违法行为,提高小杂粮品牌的质量安全水平。

(5)大力开发小米系列产品,提高产品附加值

结合当前小米产业现状,积极开拓全新的小米发展思路,小米产业的发展不在于大,而在于精,应该更注重产品的特殊化,积极引导企业通过科研的方式,大力研究食疗和保健等功能的小米加工食品,发挥小米的自身优势,引领功能性产品的深度挖掘,形成良好的小米产品体系,从而促进小米产品走向特色产品的产业道路。

(6)建设小米产品全产业链销售渠道,健全多样化的品牌营销体系

推动小米品牌与第二、三产业相融合,延长小米产品价值链,为品牌注入源源不断的活力。全面提升小米的深加工技术,运用先进的葡萄糖提取技术,加工成人们所需要的营养食品。利用乡村旅游、休闲农业、观光旅游等方式,推动小米品牌的传播和产品销售。直接与终端消费者建立联系,一方面,可以在全国大、中型城市建立专卖店,专柜专销、直供直销,建立稳定的销售渠道;另一方面,创新小杂粮产品营销方式,大力发展小杂粮产品电子商务、直销配送、农超(社)对接等营销模式,实现线上线下相结合,经营消费无缝对接,健全完善实体店与网点相结合的小米产品营销体系。

38.3 山西小米的独特性与发展路径

38.3.1 山西小米的独特性

山西的现代农业发展,要打好特色优势牌。山西是著名的“小杂粮王国”,孕育出众多的特色农产品,谷子、杂豆、莜麦等产量在全国名列前茅,要立足优势,扬长避短,突出“特”字,发展现代特色农业。

山西素有“杂粮王国”的美誉,杂粮产量占全国10%以上。忻州作为山西杂粮主产区,种植有15个大类600余种,主要品类有“一粮(高粱)、二薯(马铃薯、红薯)、三麦(燕麦、荞麦、藜麦)、四米(小米、黄米、糜米、甜糯玉米)、五豆(红芸豆、大豆、豌豆、蚕豆、绿豆)”,总种植面积约350万亩,总产量60万吨以上,两项均为山西省第一。其中,红芸豆、藜麦、谷子、糜黍、甜糯玉米、莜麦、马铃薯等种植面积和产量均位居山西省前列。

山西是较早种植谷子的地区之一,据考古发现,最少已有5000~6000年的种植历史。直到今天,山西仍然是我国谷子主产区,拥有和保存品种资源5000余份,其中不乏流传着广泛的

名品，如沁州黄、东方亮等品种，这些品种的传播过程本身就是一种谷子文化传承。

山西地处黄土高原，山地和丘陵较多，昼夜温差大，光照充足而且海拔较高，气候生态环境独特，非常适宜谷子的生长，发展优势明显。山西谷子种植面积在450万亩左右，是我国春谷区面积最大的省份。作为全国优质小米生产基地，山西的小米加工业也发展迅速，产品多次荣获各项农博会金奖和名牌产品称号。随着近几年山西省杂粮优势产区战略的实施，谷子种植面积进一步增加，产量不断提高，种植效益逐年提升，市场前景非常好。

山西属于半干旱半湿润的温带大陆性气候，一年四季降水较少，主要集中在6—8月，年降水量为400～650毫米。春季播种时，昼夜温差大，有利于谷子蹲苗；夏季短而炎热，有利于谷子的营养生长；秋季短暂，秋高气爽，早晚温差大，有利于谷子灌浆结实及后期成熟。

山西谷子全产业链研发、食品加工工艺、功能农业研究等方面一直走在全国前列。小米主食化品种培育、传统主食的恢复、主食化食品的研发、其他消费途径的拓展迫在眉睫。创造小米新产品，引领市场新发展。建立以小米深加工产品为主导方向，集良种繁育、基地种植、科研开发、产品加工、市场营销、健康养生于一体的生态原产地产业实验区。

山西小米名扬华夏，素有“杂粮王国的国王”之称。享有如此美誉，主要是因为山西发展谷子产业具有得天独厚的优势。“山西小米”成为山西省最具影响力的农业区域公用品牌之一。目前，山西明确提出要做精杂粮，以开发功能性食品、发展功能农业为主攻方向，给小米产业发展带来新机遇。

地理环境优势。山西地处黄土高原，属温带气候，南北横跨6个纬度，独特的气候、生态类型，成就了山西小米的上佳品质，也决定了山西谷子从南到北广泛种植的特点。

种质资源优势。山西谷子种质资源丰富，可达5000余份，占到全国的1/5，其数量之多，全国罕见。

生态品质优势。山西小米营养价值较高，富含蛋白质、脂肪和维生素，包括不饱和脂肪酸及镁、铜、锌、硒等多种微量元素，具有清热、清渴，滋阴、补脾肾和肠胃、利小便、治水泻等功效。

特色品种优势。山西谷子品种以其独特的品质而著称，并成为全国各地优质品牌小米加工采用的主要品种，具有广泛影响力。

个性品牌优势。山西小米个性品牌突出，形成了沁州黄、汾州香、东方亮等诸多品牌，紧随其后的檀山皇、汾珍香、德御、天下谷、河峪、神山、隆化、鲁村、析城山等也是你追我赶、风生水起。

38.3.2 山西小米产业的发展路径

全力推进“山西小米”品牌建设，继续推动完善标准体系、扩大优质基地规模、加大广告宣传、多平台专题推介、畅通市场营销、强化质量监管和品牌维护等工作，重点推进6项任务有所突破。

(1)实施良种繁育工程

依托技术机构和联盟企业，试点建设两个良种展示中心，集中力量选育新品种，扩大良种推广和示范，优化现有品种结构，逐步实现统一供种，从源头保证高品质。积极推进“山西小米”纳入山西省政府有机旱作农业发展战略，实施秸秆还田、增施有机肥、轮作倒茬、节水抗旱、旱作农技改良创新等行动，培育特色优势产业。

(2)加快质量追溯体系建设

将质量追溯体系建设纳入重点任务，前期选择有产业基础的联盟企业开展追溯试点，逐步实现所有授权企业产品种植、加工、储存、销售可视化追溯，以现代化技术手段加强品牌产品质量管理，筑牢质量“防火墙”。

(3)健全制度加强规范管理

出台《“山西小米”产业联盟企业评价办法》《产品质量追溯办法》，涵盖基地、良种、质量、科研、市场、追溯等产业各方面，加强联盟日常管理和规范运行。

(4)挖掘品牌文化价值

联系专业团队，着手编写《山西小米志》，与健康中国、乡村振兴、文化旅游相结合，从农耕文明、红色历史、传统旱作、制作工艺、养生保健、人文情怀等多方面多角度多层次开展文化研究，提炼文化亮点，创新微电影、短视频、乡村田园体验等多种宣传形式，讲好“山西小米”品牌故事，提升品牌价值，丰富品牌内涵，提升品牌核心竞争力。

(5)培育开发新市场

随着人们从“吃得饱”向“吃得好、吃得营养健康”转变，消费结构升级，市场需求多元化。适应新时代新矛盾新要求，在巩固北方市场的基础上，着力开拓南方市场，扩大线上交易，拓宽线下渠道，优化营销布局，提升市场占有率。

(6)构建粮油品牌体系

以“山西小米”品牌建设为突破口，总结小米产业在全产业链开发、技术集成、人才培养、体制机制创新等方面的探索经验，发挥大同的“大同好粮”、忻州的“中国杂粮之都”、朔州的“中国杂粮强市”、长治的“中国小米之都”等市域优势，支持创建怀仁绿豆、静乐藜麦、五寨甜糯玉米、岢岚红芸豆等一批县域品牌，鼓励企业发展自主品牌，逐步构建省、市、县、企业立体化品牌体系。

38.4 “大同好粮”基地建设与“峪口小米”发展战略

38.4.1 “大同好粮”基地建设思路

2020 年，中央一号文件明确提出，要“创响一批‘土字号’‘乡字号’特色产品品牌”。近年来，大同市围绕农业品牌化建设，做了大量扎实的工作。全市认真贯彻落实习近平总书记视察山西重要讲话精神，立足当地实际，大力发展特色农业建设。2018 年底召开大同市黄花产业发展大会，出台《关于做优做强黄花产业 加快乡村产业振兴 助推脱贫攻坚的实施意见》，明确《扶持黄花产业发展十条政策》。聚焦农业供给侧结构性改革，围绕发展优质特色农产品，紧盯京津市场，大力发展有机旱作农业，强化品质品牌建设，不断提高全市农产品质量和竞争力。

“大同好粮”是大同市独特的地理气候孕育出的特色优质农产品，是严格质量标准、适应市场需求的有机、绿色、健康的农产品区域公用品牌。针对疫情带来的农产品销售困难，大同市千方百计为全市农产品销售牵线搭桥、稳定生产、保障供给、服务民生。在帮助滞销农特产品畅通销售渠道、帮助企业解决销售难题的同时，让利于民，取得了明显的实效。近年来，大同市大力推进以互联网、大数据智能化为引领的品牌战略，持续打造“大同好粮”品牌形象，实现互联网＋现代农业扶贫模式，助推农产品企业发展，带动贫困农民增收。特别是利用 10 多家具有影响力的电商企业，在网上对全市 147 个社区通过“线上预订、次日送达”的线上服务形式，开展“大同好粮”销售活动，完成销售订单 5433 单，销售金额达 23.8 万元。同时开展“大同好粮”网络直播，与本地网红合作，发起义卖活动，大大提升了“大同好粮”知名度。

“大同好粮”品牌倒逼农产品加工提档升级，推动农业发展方式由产供销向销供产转变，优化布局形成了酿品、饮品、乳品、糕点、果蔬、肉制品、功能食品、保健品、化妆品、中医药农产品精深加工十大产业集群，推动了一批农业龙头企业的签约落地。据国家统计局大同调查队调查，目前，总投资 5.6 亿元的左云沙棘原料基地及产品加工、灵丘生态循环农业、云州中央厨房 3 个项目正在加紧建设中；首农裕农公司天镇蔬菜基地 10 种农产品全部进入首都市场，促进了全市京津冀都市圈农产品供给基地建设。

“大同好粮”作为山西省首个市级全品类农产品区域公用品牌，不仅涵盖全市的优质农畜产品，同时，也涵盖了广灵剪纸、大同铜火锅等地域特点鲜明的优势特色产品，推动乡村产业发展，不断丰富和完善品牌内涵，在引领农业体系升级、提高农业综合效益、增加农民收入等方面发挥了重要作用。下一步，大同市将立足距离北京、天津近，消费市场广阔的实际，着力打造京津冀经济圈绿色、优质、稳定的农产品生产供应基地，同时，强化规范与引领，将“大同好粮”建设成为国内知名的农产品区域公用品牌。

近年来，大同市十分重视科技强农、品牌兴农。2018 年 5 月，市政府与京东集团达成战略合作，“大同好粮”品牌发布，并在京东独家上线推出了“大同好粮”产品，线上营销额已逾百万元。在品牌建设方面，重视科技支撑，强化与中国农业大学、中国农业科学院、山西农业大学、山西农业科学院等科研院校的合作，围绕本地特色农产品的产前、产后技术服务和产品加工研发，建立科技战略合作，不断推进本土优势特色农产品提质上档升级，做强做优“大同好粮”。按照规划，2019 年，“大同好粮”将努力建设成为中国百强农产品区域公用品牌，以“大同黄小米”“大同黄花”“大同黄芪”为代表的核心子品牌成为同品类中首屈一指的农产品品牌。力争到 2020 年底，“大同好粮”品牌年产值超过 100 亿元，同时以品牌扶贫、产业扶贫为带动，帮助贫困地区脱贫致富。

38.4.2 “峪口小米”发展战略

谷子是素有“塞北小江南”和“纯天然谷地”美誉的广灵县最主要的粮食作物之一，种植历史悠久。广灵小米品质优良，是明清两代的“贡米”，亦有“御米”之称，享誉大江南北。广灵小米中“东方亮”小米因其色泽金黄、颗粒均匀、口感甜润、香甜可口、营养丰富、经济价值高的特点而闻名遐迩，在山西素有“南有沁州黄，北有东方亮”之说。

2010 年，“广灵小米”获得“国家地理标志产品保护”；2012 年，“东方亮”小米被国家工商行政管理总局商标局授予“中国驰名商标”。在广灵小米产业发展的基础上，加强“峪口小米”品牌的发展。

一是坚持政府推动，搞好“峪口小米”品牌建设总设计。积极争取山西省委省政府对“山西小米”品牌建设的支持，将品牌建设融入全省产业振兴发展大盘。结合省情粮情，围绕“特”字做文章，坚持问题导向、目标导向，理清思路、明确目标，整体谋划，抓好推进落实。

二是坚持龙头带动，壮大“峪口小米”品牌建设市场主体。按照“先入轨、后规范、再完善”的原则，做大做强“峪口小米”产业联盟，构建品牌旗舰。以联盟企业为主体，上伸下延构建产业链供应链，集成优化提高创新链价值链。

三是坚持质量为先，筑牢“峪口小米”品牌发展硬实力。坚持高质量发展原则，走“质量兴米”之路。制定技术规范，加强标准体系建设和质量监管。建立专家企业联系机制，为企业提供“一对一”指导，以科技引领发展，保障高质量高效益。

四是坚持宣传推介，扩大“峪口小米”品牌影响力。借力山西省内外多种平台，开展针对性宣传推介活动，扩大“峪口小米”影响力，逐步开拓全国市场。当前，“峪口小米”已经成为网络热搜和业内热门话题。

五是坚持创新驱动，培育“峪口小米”品牌建设新动能。注重管理、服务和技术创新，研发新产品，开发新市场。注重经营业态创新，完善线上线下融合发展营销体系。注重品牌建设分工协作工作机制创新，政府企业社会专家媒体全方位密切联动、共谋发展。

第 39 章 “峪口小米”发展的自然环境基础分析

研究区位于广灵县南部山区山前沟峪口外的冲洪积扇地带，由东向西分别为墨峪冲洪积扇、直峪冲洪积扇、黄龙峪冲洪积扇、长江峪冲洪积扇和白羊峪冲洪积扇，这五个冲洪积扇是山前最主要的冲洪积扇，其东西向相互连通。该地带的微地貌独特，田地土质结构与壶流河两岸湿地系统有着较大差异，构成了带状缓坡以谷子等秋粮作物为主的农业种植区。经过多年种植和优选培育，名优谷子产品 “大白谷”和“东方亮”声名远播。

39. 1 自然地理特征

39. 1. 1 地貌特征

广灵县典型的地貌特征是两山夹一川（南山、北山与壶流河），其中，白羊峪、长江峪、黄龙峪、直峪和墨峪是其主要的五条沟域，这五条沟域在出山口形成了五个冲洪积扇。这些冲积扇是第四纪以来多期沉积建造的冲积扇复合体，其区域地理与气候条件独特，地貌和土壤条件突出，具备多种农牧业产品生产条件，适宜谷物栽培，是广灵小米的生态原产地。广灵县冲洪积扇在调节小气候、净化环境、固土保肥和积累营养物质等方面还提供了生态及社会等多种服务功能。沟域和冲积扇独特的气候变化改变了长期降水和沉积物的供应，冲积扇会通过侵蚀或沉积状态的变化来响应，从而导致沉积环境的变化。沟域的降水、谷风以及热量条件对沟域的植被产生明显影响，同时，降水、谷风、温度和植被变化也影响冲积扇的发育。因此，冲洪积扇区域不仅可以收获极高的地域经济效益，还可以兼顾社会和生态效益，实现可持续发展，对促进广灵县“峪口小米”品牌化建设具有重要意义。

39. 1. 2 地域价值

地域价值识别是基于自然本底条件和水土关系状况，对地域单元所生产产品的科学认知，只有在对地域价值充分理解的基础上，才能客观、科学地识别地域产品，为地域发展服务。一是地域价值的内涵；二是地域价值的功能；三是地域价值的发生学原理；四是地域价值如何形成，其演化遵循的规律是什么；五是地域价值功能的外延。地域价值是指一方水土气与一方产品的关系，确切地讲，是自然地理条件，尤其是气候和土壤的天然配置，这种条件提供给地域的自然本底功能与人类因生活生产活动需要而赋予的开发利用功能的复合体。因此，地域价值是地域系统独特的属性，具有强烈的稀缺性特征。地域价值功能具有随着时空转化而不断变化的基本特征，其类型与空间尺度相关，尺度越小，地域分异规律越明显，小气候条件也越独特。乡村振兴战略将“产业兴旺”放在首位，而发展特色农业是实现广灵县“产业兴旺”和脱贫攻坚的重要途径。极具地域价值的“峪口小米”品牌战略是发展特色农业协同创新发展、提升特色农业竞争力的关键，以峪口小米先行示范区和精准脱贫可持续发展示范区建设与乡村振兴的战略目标相结合，加快构筑地域功能识别的特色农产品优势区的发展，实现广灵县"产业兴旺"和脱贫致富。

39.1.3 生态保育功能

广灵县沟域冲洪积扇生态保育功能的空间集中度较高，为典型的生态原产地。冲洪积扇区域特色农业产品供给功能独特，主要分布区域由沟域出山口向河谷壶流河倾斜，形成了一个水土气高度结合的特殊区域。"峪口小米"供给功能主要集中于冲积扇从扇顶到扇源的区域。白羊峪、长江峪、黄龙峪、直峪、墨峪五条沟域共形成五个冲积扇，每个冲积扇面积在 1 万～2 万亩，为峪口小米主产区。"峪口小米"从品种选择、产业结构和空间布局三大维度考量，发挥区域优势，对农民增收、精准脱贫可持续发展、农业产业结构升级、农产品市场开拓及区域抗风险能力提升均具有较大的促进作用，对提升区域整体经济水平并实现高质量发展具有重要意义，成为推动乡村产业振兴、促进农民增收的有力抓手。

39.2 自然气候特征

广灵县属于暖温带大陆性季风气候，四季分明，春季干燥多风沙，温度回升；夏季温度高，雨量多而集中；秋季温度下降，前段雨量多，后段急剧减少，多晴朗凉爽天气；冬季寒冷少雪，空气干燥。由于受海河流域、蒙古高原以及地形、地貌的影响，广灵县气候垂直差异较大。广灵县主要气象灾害是干旱、洪涝、冰雹、大风和早霜。旱灾多发生在春、夏季，素有"十年九春旱"之说。洪涝多发生在夏、秋季。冰雹和早霜多发生在山区。1990—2019 年，平均气温 7.4 ℃，年降水量 380 毫米左右，无霜期 134 天左右。

39.2.1 气温

广灵县 1990—2019 年年平均气温变化如图 39-1 所示。年平均气温介于 6.5～8.5 ℃，历年均值为 7.4 ℃。其中，1998 年年平均气温最高；年平均气温呈波动上升的趋势，气候倾向率为 0.24 ℃/10 年；20 世纪 90 年代平均气温为 7.2 ℃，21 世纪 10 年代缓慢增温，平均气温为 7.3 ℃，2010—2019 年增温加快，平均气温为 7.5 ℃。

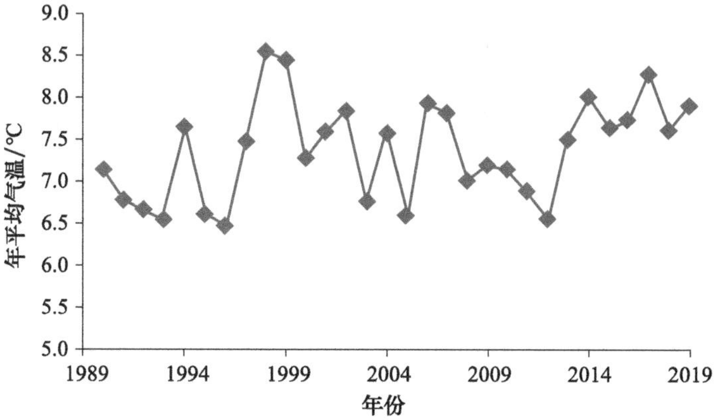

图 39-1 广灵县 1990—2019 年年平均气温变化图

广灵县四季鲜明,冬夏气温差距悬殊。冬季在强盛的干冷大陆性气团控制下,气温较低,1990—2019 年平均气温为－8.6 ℃,极端最低气温为－34.9 ℃(1997 年);春季气温不断升高,1990—2019 年平均气温为 9.5 ℃,虽然冬季之后气温回升迅速,但不稳定,仍不断有冷空气出现,多霜冻天气,致使春季天气乍暖乍冷,变化较大;夏季气温继续升高,1990—2019 年平均气温为 21.1 ℃,极端最高气温 37.5 ℃(2010 年),由于广灵县海拔较高,使得夏季平均气温略低于同纬度全球平均值;秋季极地大陆气流在低空基本取代热带海洋气团,出现秋高气爽天气,1990—2019 年平均气温为 7.4 ℃,秋温低于春温。

广灵县 1990—2019 年月平均气温变化如图 39-2 所示。广灵县平均气温月变化的主要特点为:1 月为全年最冷月;春季以 3—4 月升温最快; 7 月温度达到一年中最高;8 月开始温度降低;从秋季各月的变化幅度来看,基本上以 10—11 月降温最快。

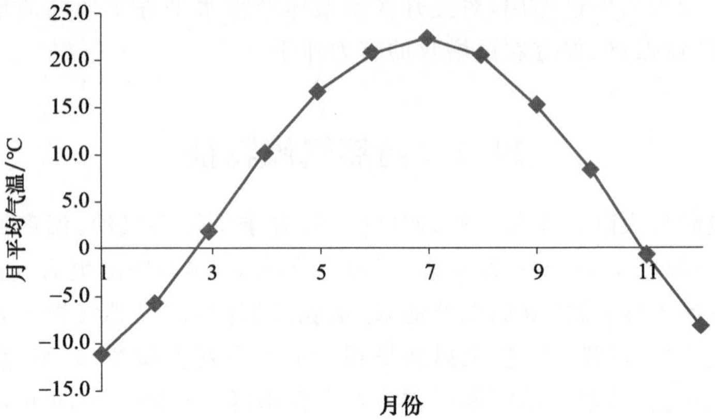

图 39-2　广灵县 1990—2019 年月平均气温变化图

广灵县气温日变化具有一定的周期性规律。通常,最高气温出现在 15 时左右,最低气温多出现在日出之前,气温日变化一般用日较差表示。广灵县 1990—2019 年气温日较差较大,平均日较差为 14.5 ℃(图 39-3)。由于气温日较差大,白天温度高,作物同化速度快,夜间温度低,作物呼吸速率慢,有利于作物体内营养物质积累。春季和初夏气温日较差较大,最大出现在 4 月,是因为冬季过后,太阳辐射逐步增强,此时正逢干季,白天升温快,夜间降温也迅速。

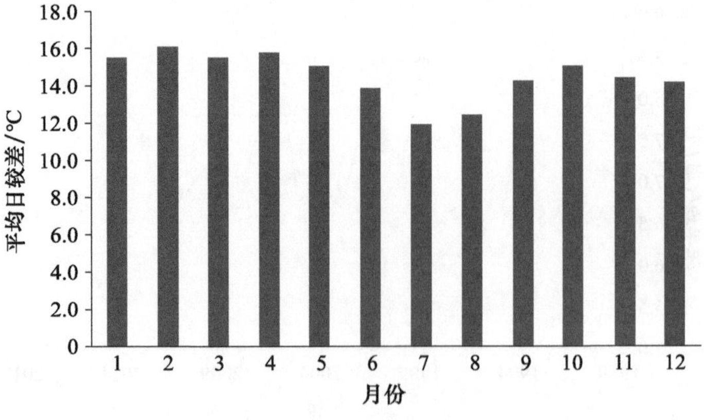

图 39-3　广灵县 1990—2019 年气温日较差变化图

39.2.2 降水

广灵县一年中仅夏季受到海洋性暖湿气流影响，成为多雨季节，且雨季时间较短，气候干燥、雨雪稀少。由于地形的地势抬升作用，暖湿气流遇山地极易成云致雨，致使山地降水量普遍多于川谷，这是广灵县降水的特征。

广灵县 1990—2019 年年降水量变化如图 39-4 所示。年降水量介于 241.4～509.1 毫米，历年均值为 379.3 毫米；1999 年年降水量最小，2004 年年降水量最大；20 世纪 90 年代年降水量均值为 377.0 毫米，21 世纪 10 年代年降水量均值最小，为 370.2 毫米，2010—2019 年年降水量均值为 390.6 毫米，且波动较小，介于 322.2～458.5 毫米。

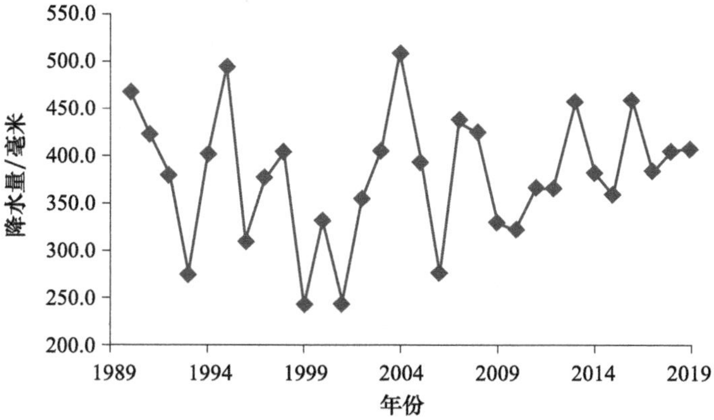

图 39-4 广灵县 1990—2019 年年降水量变化图

冬季，广灵县处在干冷的极地大陆性气团控制下，干旱少雨，平均降水量为 5.3 毫米；春季，由于冬季风势力开始减弱，夏季风逐渐活跃，降水明显增多，平均降水量为 59.4 毫米；夏季是降水特别集中的季节，平均降水量为 229.4 毫米，不足 250 毫米，常常造成伏旱；秋季是夏季风过渡到冬季风的转换季节，大部分地区出现秋高气爽的天气，平均降水量为 85.1 毫米。广灵县 1990—2019 年年降水日数介于 53～92 天，降水日数最多月份出现在夏季，最少月份出现在冬季；年最长连续降水日数介于 3～9 天，多出现在 6—8 月；日降水量≥10 毫米日数介于 7～18 天，普遍高于 10 天；日降水量≥25 毫米日数至多为 5 天。

广灵县 1990—2019 年月降水量变化如图 39-5 所示。由图可知，广灵县 11 月至次年 3 月

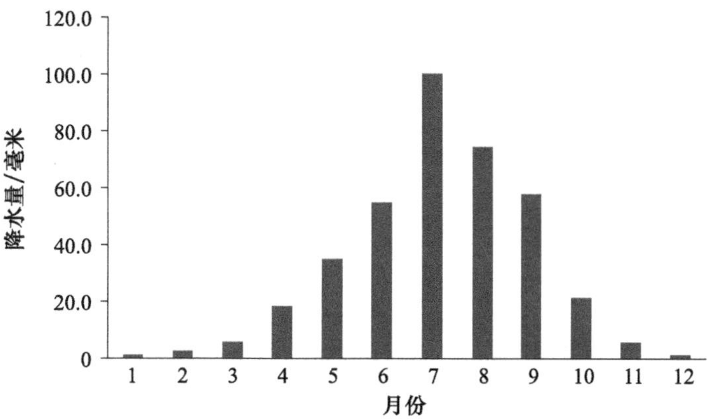

图 39-5 广灵县 1990—2019 年月降水量变化图

降水量较小，大部分年份月降水量都在 10 毫米以下；4 月开始降水逐渐增多，超过 15 毫米；降水主要集中在 6—9 月，月降水量均超过 50 毫米，7 月多年平均降水量达 100.1 毫米。

39.2.3 日照

广灵县 1990—2019 年年日照时数在 2512.0～2945.5 小时(图 39-6)。总体来看，年总日照时数波动较大，20 世纪 90 年代平均日照时数为 2734.4 小时，21 世纪 10 年代日照最多，平均日照时数为 2759.4 小时，2010—2019 年平均日照时数为 2742.7 小时。

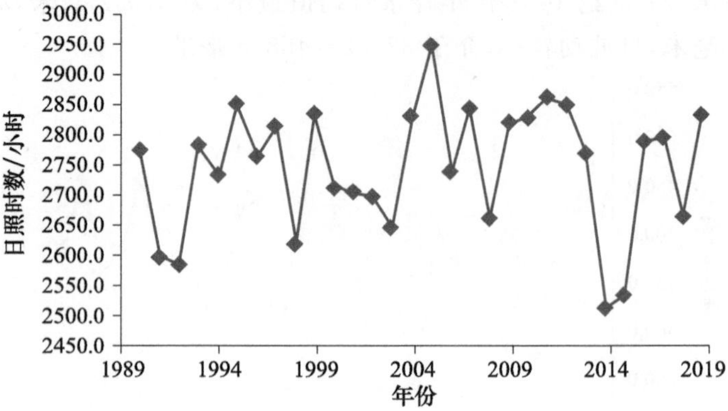

图 39-6　广灵县 1990—2019 年年日照时数变化图

由于受云雨和地理环境的影响，日照时数最多月份在各地间存在一定的差异。由图 39-7 可知，广灵县日照时数最多的月份为 5 月。这是因为 5 月多晴朗、少云雨天气，而 7 月多阴雨天气，导致地面实际接收到太阳光照的时数 5 月反而高于 7 月。日照时数最少的月份为 12 月。

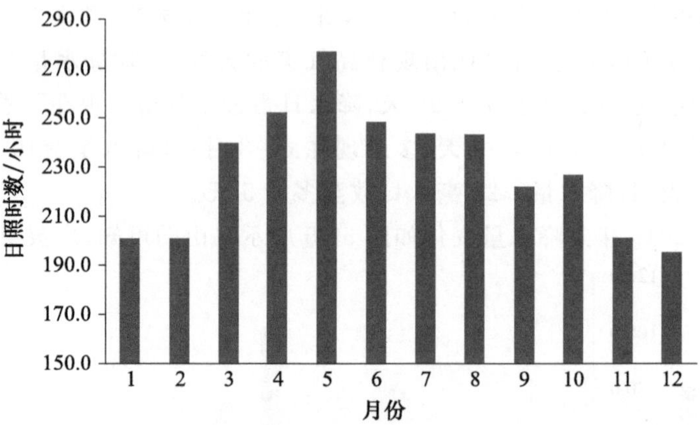

图 39-7　广灵县 1990—2019 年月日照时数变化图

39.2.4 风速

风是最重要的气候要素之一，盛行风向特征表示气压系统的形势、配置和稳定性，平均风速则表示气压系统的平均强度。广灵县以北风或偏北风为主，1990—2019 年年平均风速介于

2.3～3.0 米/秒,平均风速为 2.6 米/秒。年最大风速是指最大 10 分钟平均风速的极值,广灵县年最大风速介于 10～20 米/秒。广灵县风速的季节变化也比较明显,冬季平均风速为 2.6 米/秒;春季气旋活动频繁,平均风速迅速增大为 3.3 米/秒;夏季平均风速减小为 2.2 米/秒;秋季天气稳定,气候凉爽,平均风速较小,为 2.4 米/秒。由图 39-8 可以看出,广灵县 1990—2019 年全年月平均风速最大值出现在 4 月,为 3.5 米/秒,最小值出现在 8 月,为 1.9 米/秒。风速有较明显的日变化,其由气压系统的变化和局地因素所决定,风速开始增大、减小的时间随日出、日落时间的早晚而不同。值得注意的是,在实地调查中,广灵县峪口区域由于地理位置的特殊性,受地形影响,夏季山谷风强烈。

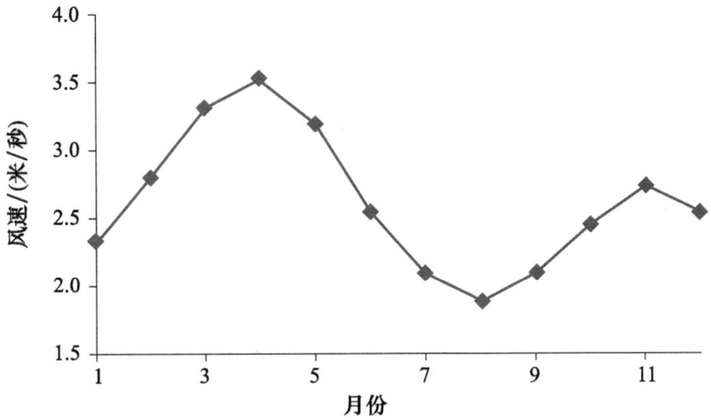

图 39-8 广灵县 1990—2019 年平均风速月变化图

39.2.5 湿度

广灵县年平均水汽压介于 6.0～8.0 百帕,月平均最大值出现在 7 月。相对湿度是在当时温度条件下,空气中实际水汽压与同温度下的饱和水汽压之比,以百分数表示。广灵县 1990—2019 年年平均相对湿度介于 50%～66%。图 39-9 为相对湿度的月变化,由图可以看出,广灵县 1990—2019 年夏季的相对湿度有明显增加,春季相对湿度则最小。相对湿度的日变化与温度的日变化恰好相反,温度最低时往往相对湿度最大,当天空布满云层时,由于下垫面辐射效应不显著,相对湿度的日变化幅度较小。

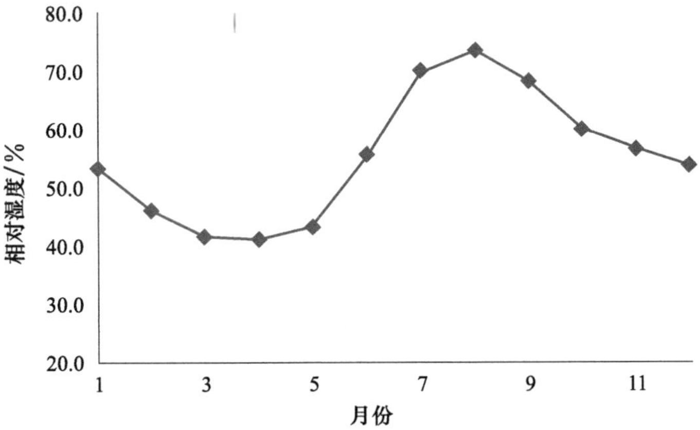

图 39-9 广灵县 1990—2019 年相对湿度月变化图

39.3 “峪口小米”生育期气候条件分析

广灵县峪口小米播种时间为5月上旬末至中旬，出苗为5月下旬，拔节为7月上旬，抽穗为8月中旬，成熟为10月上旬，广灵县峪口谷子的关键发育期在6—9月。

广灵县峪口谷子不同发育期累积日照时数在81.1～386.0小时，日平均日照时数7.7～9.5小时，以三叶—拔节期日平均日照时数最少。谷子为短日照作物，苗期需经历短日照，出苗—三叶期、三叶—拔节期日照时数分别为8.1小时、7.7小时，光照条件能够满足苗期日平均日照时数小于10小时的要求，对促进谷子提前抽穗、缩短生育进程有积极作用。广灵谷子不同发育期平均气温介于15.0～21.9 ℃，最高气温介于22.5～28.2 ℃，最低气温介于8.2～16.3 ℃。平均、最高、最低气温在各发育期表现较一致，均以抽穗—成熟期温度最低，拔节—抽穗期温度最高。广灵谷子全生育期≥10 ℃积温为3135 ℃・日，中晚熟品种优质生长的热量条件为大于2800 ℃・日，而据广灵县近30年的气候资料分析可知，广灵县≥10 ℃积温为3178 ℃・日，由此可见，广灵县的热量条件可以满足中晚熟品种生育的需要。广灵谷子不同生育期对气象因子的敏感性不同，因此，需要分析不同生育期、不同气象条件对谷子的影响。广灵谷子不同发育期的降水量介于12.0～122.1毫米，三叶—抽穗期降水量为212.7毫米，可完全满足拔节、抽穗生长需要，避免“卡脖旱”发生；播种—出苗期常年平均降水量为28.8毫米，可满足大于25毫米的需要，但个别年份有干旱情况出现，近年来推广地膜覆盖，可在一定程度上起到保墒作用，提高出苗率。以下分不同发育阶段分析其农业气象条件。

39.3.1 播种—出苗期气象条件影响

(1)播种—出苗期热量条件影响

①播种—出苗期平均气温

谷子是喜温作物，气温稳定在7 ℃时将开始播种，种子发芽最低温度为7～8 ℃。1990—2019年广灵谷子播种—出苗期平均气温变化趋势显示，播种—出苗期平均气温介于13.1～21.1 ℃，以0.3 ℃/10年的趋势升高。2001年为最高值，1992年为最低值。2010—2019年播种—出苗期的平均气温均在15.3 ℃以上，较1991—2000年平均气温升高了1 ℃，升温变暖趋势非常明显。

②播种—出苗期最高气温

1990—2019年广灵谷子播种—出苗期的最高气温变化显示，最高气温介于25.2～34.2 ℃，以0.9 ℃/10年的趋势升高。2018年为最高值，2004年为最低值。2016—2019年最高气温均超过30 ℃。

③播种—出苗期最低气温

1990—2019年，广灵谷子播种—出苗期最低气温介于0.6～7.3 ℃，以0.7 ℃/10年的趋势降低。2002年为最高值，2019年为最低值。与2000年以前相比，2010—2019年最低气温下降了1.6 ℃。

(2)播种—出苗期降水条件影响

1990—2019年，广灵谷子播种—出苗期降水量介于0～53.3毫米，以1.2毫米/10年的趋势增加。2018 年为最大值，但在 2010 年后，2011 年、2013 年、2015 年、2017 年降水量均小于 5 毫米，不利于播种。

(3)播种—出苗期日照条件影响

1990—2019 年，广灵谷子播种—出苗期日照时数介于 69.6～117.4 小时。2017 年日照时数最大，年代间成波动变化，2000 年后，2001 年、2007 年、2013 年、2015 年、2017 年日照时数均超过 100 小时，波动变化趋势较显著。

(4)播种—出苗期湿度条件影响

1990—2019 年，广灵谷子播种—出苗期相对湿度介于 26%～70%，呈下降趋势。2003 年相对湿度最高，2010 年后，相对湿度下降趋势明显，较 1990—2000 年下降了 9%，波动变化趋势较显著。

(5)播种—出苗期风速条件影响

1990—2019 年，广灵谷子播种—出苗期平均风速介于 1.9～4.3 米/秒，呈波动上升趋势。2007 年平均风速最大，2010 年后，平均风速上升趋势明显，较 1990—2000 年上升了 0.9 米/秒，尤其是 2015—2019 年，平均风速均在 3.4 米/秒以上。

39.3.2 出苗—拔节期气象条件影响

(1)出苗—拔节期热量条件影响

①出苗—拔节期平均气温

1990—2019 年广灵谷子出苗—拔节期平均气温的变化趋势显示，出苗—拔节期平均气温介于 18.5～21.7 ℃，以 0.3 ℃/10 年的趋势升高。1999 年为最高值，1991 年为最低值。20 世纪 90 年代出苗—拔节期的平均气温为 20.0 ℃，2000—2010 年出苗—拔节期的平均气温为 20.2 ℃，2011—2019 年出苗—拔节期的平均气温为 20.4 ℃，年代间升温变暖趋势明显。

②出苗—拔节期最高气温

1990—2019 年广灵谷子出苗—拔节期的最高气温显示，最高气温介于 29.8～33.8 ℃，以 0.2 ℃/10 年的趋势升高。2007 年为最高值，2015 年为最低值。2010—2019 年的最高气温较 20 世纪 90 年代上升 0.2 ℃。

③出苗—拔节期最低气温

1990—2019 年，广灵谷子出苗—拔节期最低气温介于 6.4～10.1 ℃，以 0.1 ℃/10 年的趋势升高。2010 年为最高值，2011 年为最低值。与 20 世纪 90 年代相比，21 世纪 10 年代的最低气温上升了 0.4 ℃。

(2)出苗—拔节期降水条件影响

1990—2019 年，广灵谷子出苗—拔节期降水量介于 31.0～162.4 毫米，以 5.7 毫米/10 年的趋势减少。1991 年为最大值，21 世纪 10 年代较 20 世纪 90 年代降水量下降了 9.6 毫米。

(3)出苗—拔节期日照条件影响

1990—2019 年，广灵谷子出苗—拔节期日照时数介于 274.9～398.1 小时。2009 年日照时数最大，年代间呈波动变化，21 世纪 10 年代较 20 世纪 90 年代日照时数少 14.9 小时。

(4)出苗—拔节期湿度条件影响

1990—2019 年，广灵谷子出苗—拔节期相对湿度介于 20%～70%，呈下降趋势。2003 年相对湿度最高，进入2010年后，相对湿度呈下降趋势，较20世纪90年代下降了5%，波动变化趋势较显著。

(5)出苗—拔节期风速条件影响

1990—2019年，广灵谷子出苗—拔节期平均风速介于1.5～4.5米/秒，呈波动上升趋势。2000年后，平均风速上升趋势明显，较20世纪90年代上升了0.4米/秒。

39.3.3 拔节—抽穗期气象条件影响

(1)拔节—抽穗期热量条件影响

①拔节—抽穗期平均气温

1990—2019年广灵谷子拔节—抽穗期平均气温的变化趋势显示，拔节—抽穗期平均气温介于20.6～23.7 ℃，以0.2 ℃/10年的趋势升高。2018年为最高值，2015年为最低值，均出现在2010年以后，表明21世纪10年代气温起伏较大，变化显著。20世纪90年代拔节—抽穗期的平均气温为22.0 ℃，21世纪00年代为22.2 ℃，21世纪10年代为22.3 ℃。

②拔节—抽穗期最高气温

1990—2019年广灵谷子拔节—抽穗期的最高气温显示，最高气温介于29.8～34.6 ℃，以0.4 ℃/10年的趋势升高。2000年为最高值，1996年为最低值。2010—2019年的最高气温较20世纪90年代上升0.8 ℃。

③拔节—抽穗期最低气温

1990—2019年，广灵谷子拔节—抽穗期最低气温介于10.0～15.3 ℃，以0.4 ℃/10年的趋势升高。2018年为最高值，1995为最低值。与20世纪90年代相比，21世纪10年代最低温度上升了0.7 ℃。

(2)拔节—抽穗期降水条件影响

1990—2019年，广灵谷子拔节—抽穗期降水量介于62.0～238.9毫米，以2.9毫米/10年的趋势降低。1999年为最小值，21世纪10年代较20世纪90年代降水量下降了5毫米。拔节—抽穗期是谷子需水关键期，1999年、2001年、2002年、2005年、2008年、2010年、2014年拔节—抽穗期降水量不足100毫米，不利于拔节、抽穗。

(3)拔节—抽穗期日照条件影响

1990—2019年，广灵谷子拔节—抽穗期日照时数介于229.7～362.1小时。2005年日照时数最大，年代间呈波动变化，21世纪10年代较20世纪90年代日照时数少13.4小时。

(4)拔节—抽穗期湿度条件影响

1990—2019年，广灵谷子拔节—抽穗期相对湿度介于64%～82%，呈下降趋势。1996年相对湿度最高，2000年后，相对湿度呈下降趋势，2010年以后波动上升。

(5)拔节—抽穗期风速条件影响

1990—2019年，广灵谷子拔节—抽穗期平均风速介于1.6～2.7米/秒，呈波动上升趋势。2018年平均风速最大，2015年平均风速最小，2010年后平均风速波动明显。21世纪10年代较20世纪90年代上升了0.3米/秒。

39.3.4 抽穗—成熟期气象条件影响

(1)抽穗—成熟期热量条件影响

①抽穗—成熟期平均气温

1990—2019 年广灵谷子抽穗—成熟期平均气温的变化趋势显示,抽穗—成熟期平均气温介于 14.6～17.9 ℃,以 0.14 ℃/10 年的趋势升高。1998 年为最高值,2004 年为最低值。20 世纪 90 年代抽穗—成熟期的平均气温为 15.9 ℃,21 世纪 00 年代为 15.9 ℃,21 世纪 10 年代为 16.0 ℃。

②抽穗—成熟期最高气温

1990—2019 年广灵谷子抽穗—成熟期的最高气温显示,最高气温介于 29.8～34.6 ℃,以 0.17 ℃/10 年的趋势升高。2000 年为最高值,1996 年为最低值。

③抽穗—成熟期最低气温

1990—2019 年,广灵谷子抽穗—成熟期最低气温介于 2.1～5.7 ℃,以 0.18 ℃/10 年的趋势升高。2007 年和 2010 年为最高值,2012 为最低值,2005 年后,最低气温变化较剧烈。与 20 世纪 90 年代相比,21 世纪 10 年代最低气温上升了 0.4 ℃。

(2)抽穗—成熟期降水条件影响

1990—2019 年,广灵谷子抽穗—成熟期降水量介于 50.0～250.0 毫米,以 12.6 毫米/10 年的趋势升高。21 世纪 10 年代较 20 世纪 90 年代降水量上升 24.3 毫米。

(3)抽穗—成熟期日照条件影响

1990—2019 年,广灵谷子抽穗—成熟期日照时数介于 225.5～362.0 小时,呈下降趋势。年代间呈波动变化,2014 年日照时数最小,21 世纪 10 年代较 20 世纪 90 年代日照时数少 10.3 小时。

(4)抽穗—成熟期湿度条件影响

1990—2019 年,广灵谷子抽穗—成熟期相对湿度介于 62%～76%,呈下降趋势。1996 年相对湿度最高,2000 年后,相对湿度呈下降趋势。

(5)抽穗—成熟期风速条件影响

1990—2019 年,广灵谷子抽穗—成熟期平均风速介于 1.7～2.6 米/秒,呈波动上升趋势。2017 年平均风速最大,2015 年平均风速最小,2000 年后,平均风速波动明显,21 世纪 10 年代较 20 世纪 90 年代上升了 0.3 米/秒。

39.4 “峪口小米”气象灾害风险评估

广灵县影响谷子产量和品质的灾害性天气和不利的农业气候条件主要有干旱、低温冷害、霜冻、大风等,尤其以干旱、低温冷害和霜冻影响最为严重。

39.4.1 干旱

干旱指在相对广阔的地区,长期无降水或降水异常偏少的气候背景下,水分供应严重不足的一种现象。干旱指数是反映干旱成因和干旱程度的量化指数。在评价广灵县干旱状况时，主要选取定量化的湿润指数，并进行适当的修正，来表征干旱程度。构建的指标具体如下：

$$K=R/0.2\sum t \tag{39-1}$$

式中：K 是年湿润指数，R 是年降水量，$\sum t$ 是大于 0 的年积温。K 值的意义为：$K=1.0$ 表示农业水分供需平衡；$K>1.0$ 表示水分供大于求；$K<1.0$ 表示水分不足引起干旱。K 值越小，干旱越严重。干旱程度的等级划分如表 39-1 所示。广灵县干旱风险以中风险为主，低风险区主要集中在山脉周围，该区域降水较为丰富。

表 39-1　按湿润指数(K)划分的干旱等级

K	干旱等级	干旱程度
≥1.00	无	无旱
0.75～1.00	低	轻旱
0.50～0.75	中	中旱
＜0.50	高	重旱

39.4.2　低温冷害

采用广灵县 5—9 月平均温度和(T_{5-9})的负距平来判断是否发生冷害及其危害程度。对所构建的低温冷害指标，进行适当修正，用于低温冷害的风险评估。具体指标见表 39-2。

$$R=T_{5-9}-M_{T5-9} \tag{39-2}$$

式中：R 为逐年的 5—9 月平均温度和与历年同期温度和之差，T_{5-9} 为 5—9 月平均温度和，M_{T5-9} 为历年 5—9 月平均温度和。

表 39-2　低温冷害划分指标

等级	R
非低温冷害	≥−1.3
一般低温冷害	−2.3～−1.3
中度低温冷害	−3.3～−2.3
重度低温冷害	＜−3.3

广灵县大部处于低温冷害中风险区，东部和北部山区处于高风险区。

39.4.3　霜冻

霜冻是一种威胁农业生产的气象灾害，气象上的霜日是以地面最低温度降到 0 ℃以下(含)为统计标准的，这里的霜冻并不是指作物霜冻，而仅仅指的是气候学上的霜冻，从空间和时间尺度上进行区划。霜冻的危害程度主要与霜冻日数和霜冻发生频率有关。构建指标具体如下：

$$F=\frac{N}{365-N}\times f_y \quad (39\text{-}3)$$

式中：F 指的是霜冻指数，N 指的是年霜冻日数，f_y 指的是霜冻的发生频率。

霜冻日数指的是一年中日平均气温小于 0 ℃的天数之和，霜冻发生频率指的是在 50 年内不同等级霜冻发生年数占总年数的百分率。具体的霜冻指数等级见表 39-3。广灵县整个县域均存在中风险及以上的霜冻发生风险。

表 39-3 霜冻指数等级

灾害等级	无霜冻	轻霜冻	中霜冻	较重霜冻	重霜冻
F	<0.1	0.1～0.6	0.6～0.8	0.8～1.0	≥1.0

39.5 优质小米品质特征

优质谷子品质评价指标分别为直链淀粉占比、粗蛋白含量、粗脂肪含量、维生素 B1 含量、胶稠度、碱消值。由中华人民共和国农业农村部谷物监测中心根据《食品安全国家标准 食品中蛋白质的测定》(GB 5009.5—2016)、《食品安全国家标准 食品中脂肪的测定》(GB 5009.6—2016)、《食品安全国家标准 食品中维生素 B1 的测定》(GB 5009.84—2016)等，进行测定得出结果，如表 39-4 所示。

表 39-4 广灵县不同区域小米品质测定结果表

项目	年份	品质指标					
		粗蛋白/(克/100 克)	粗脂肪/(克/100 克)	维生素 B1/(毫克/100 克)	胶稠度/毫米	碱消值/级	直链淀粉/%
水涧村小黄金	2019 年	11.7	5.3	0.44	80	4	15.9
水涧村大白谷		11.4	5.7	0.34	83	5	16.6
直峪		10.6	4.5	0.40	90	4	17.5
水涧	2020 年	9.74	2.5	0.398	123	5.0	28.6
宜兴		9.97	1.7	0.206	125	5.8	29.4

《沁州黄小米评价标准》中规定，优级指标为：粗蛋白≥9 克/100 克，粗脂肪≥3 克/100 克，维生素 B1≥0.6 毫克/100 克，胶稠度≥100 毫米，碱消值在 2～4 级，直连淀粉在 14%～20%。由表 39－4 可以看出，2019 年广灵小米品质指标中直链淀粉、粗蛋白、粗脂肪均达到优质；2020 年广灵小米品质指标中粗蛋白、胶稠度均达到了优质。谷子的营养价值由蛋白、脂肪和维生素等决定，而适口性主要在于胶稠度、碱消值及直链淀粉。较高的胶稠度、中等偏小的碱消值及直链淀粉，其适口性更佳。由此可得出，2019 年的小米营养价值品质因素、适口性品质因素均好于 2020 年。这可能与气象、土壤等多种因素有关。

39.6 “峪口小米”的地域气候优势

海拔较高(1000 米以上)、生殖生长期气温日较差大、高温(大于 30 ℃)日数少，有利于谷子产量形成，同时，太阳紫外辐射强、不利病害滋生，会减少农药使用量。

雨热同季，光、温、水的季节分配规律和谷子生育需求高度重合，适合有机旱作。拔节—抽穗期（7—8 月）正值一年中降水最多的季节，降水资源基本能满足生长发育需求（春季干旱影响播种期，因此抓住好雨，适时播种，是气象服务谷子生产的关键）。苗期（三叶—拔节期）的日均日照时数短（日均 7～8 小时），有利于谷子早抽穗，可缩短生育期，避免初霜冻，对提高产量和品质有利。

峪口处夏季山谷风多、风大，是峪口最显著的小气候特征，有利于田间二氧化碳交换，对减少病虫害发生、提高谷子的产量和品质都非常有利。同时，峪口处海拔相对较低，无霜期略长，有效积温多，热量资源相对丰富，适合大白谷（东方亮）品种栽植。

第 40 章 “峪口小米”发展的经济社会环境分析

对地区经济发展的推动，不仅是单一产业的分析，还应当包含对峪口小米发展的社会经济基础和产业基础的分析(张雄 等，2005)。重点分析全县小米产业发展现状及基础、冲洪积扇涉及区域的乡镇和重点村庄的经济社会基础和小米产业发展现状及存在问题等(黄季焜，2013)。

40.1 广灵小米产业发展基础分析与评价

小米是我国北方最主要的旱作农作物，广灵县自古就大面积种植谷子。广灵县属温带大陆性季风气候，年均降水量在 400 毫米左右，年均气温 7 ℃，无霜期 110～130 天，大于或等于 10 ℃的有效积温为 2300～2900 ℃·日。无霜期短、光照强、昼夜温差大、旱地占比高等气候环境特点，为发展谷子产业提供了得天独厚的条件。新中国成立后，1952 年，谷子种植面积创历史纪录，为 188134 亩；1973 年，谷子总产量创历史最高纪录，为 17160.55 吨。2017 年，全县谷子种植面积 5.2 万亩，占杂粮种植面积的 28.6%，总产量 0.95 万吨，占杂粮总产量的 42.41%。谷子种植区域主要分布在壶泉、宜兴、作疃、斗泉、蕉山、加斗、南村、梁庄 8 个乡镇。种植品种以大白谷(东方亮)、“8311”为主，大白谷占 30%左右，“8311”占 50%左右，其他品种占 20%左右。

40.1.1 劣势分析

(1)农业基础设施落后，抵御自然灾害能力较弱。广灵县杂粮大都种植在山区、半山区的旱地，60%以上都是在旱坡地。农业现代化必须以现代化的农业基础设施为基础，可是现实农业基础设施基本为零，仅有的也因年久失修而沦为摆设。十年九旱，抵御自然灾害能力差，产量低而不稳(黄国勤 等，2017)。

(2)种植机械化程度低，效益不高。丘陵山区农业机械化程度远远低于平原地区，机械化程度有的地区不到 40%，与机械化程度高的地区能够相差一半以上。山区大多种植的是特色经济作物，比如谷子、黍子、豆类。同时，丘陵山区大多属于贫困地区，农业种植仍然是当地农民家庭收入的重要来源。

(3)耕地地力差。由于杂粮生产规模小、产量低，再加上大牲畜养殖减少，有机肥施用逐年减少，土地地力下降，影响了杂粮生产。

(4)杂粮生产技术有待提高。近几年，随着新技术新品种的应用推广，一些地方农民零星种植地膜谷子、马铃薯等杂粮作物，没有形成规模，主要是因为技术不成熟、操作不熟练。

(5)精加工农产品企业少，设备水平低，加工技术落后。现有的加工企业生产规模较小，产品档次也低，多为粗加工产品。多数小杂粮加工企业只经过 简单加工就把产品投放市场，现有的深加工产品附加值也低，远不能满足消费市场需求。

(6)多数农民种植杂粮以自食为主，对外加工销售以原粮为主。分散种植增加了收购、流通难度,产后销售不畅。

40.1.2 优势分析

(1)发展前景广阔。近年来,随着城乡人民生活水平的提高及国人的消费意识转变,小杂粮及其加工制品以其营养丰富、风味独特、粮药兼用等特点愈来愈受到人们的青睐,消费需求增加,国内供给偏紧,市场价格走高,比较效益大幅提升。

(2)地理优势和资源优势明显。小杂粮适应性广泛、耐旱耐瘠薄,可在丘陵山区和旱薄地上种植。广灵县旱地面积大,许多地方又有种植谷子、豆类等小杂粮的传统,加上杂粮产地土壤和空气均未受到污染,生产过程纯净安全,极适宜发展多种绿色有机小杂粮。

(3)增产潜力较大。过去,传统种植小杂粮产量很低,和大宗粮豆相比,单产差距很大。现在,随着品种改良,生产条件改善,只要施以科学管理,提高单产增加总产不仅成为可能,而且潜力巨大,对于不断提高山丘地区粮食自给水平、保障粮食安全具有十分重要的意义。

40.1.3 总体评价

广灵小米产业发展具有明显的地理优势和资源优势,独特的地形地貌、肥厚的土壤土层、地块平坦、有机质含量高,诸多因素使得广灵小米在众多小米品种中脱颖而出,独具特色。广灵小米产业化格局逐步形成,探索形成了大面积专业农户型、农民协会型、公司+农户型、公司+基地+农户型等产业化的发展模式,具备了产业化发展的基础条件;成长了如山西立景农业科技有限公司、东方物华等一批集种植、收购、加工和销售为一体的生产型企业,有助于推动小米产业规模化、市场化及产业化发展;广灵小米品牌建设取得显著成效,品牌效应将不断提高广灵小米的市场影响力,2010年“广灵小米”获得“国家地理标志产品保护”,2012年“东方亮”小米被国家工商行政管理总局商标局授予“中国驰名商标”。一个链条相对完整、一二三产业融合发展的特色产业集群正在形成,广灵小米产业发展潜力巨大。

40.2 主要小米生产乡镇产业基础分析

40.2.1 南村镇

南村镇是一个以种养业为支柱的农业大镇,农作物主要以玉米、谷子、黍子、豆类、马铃薯为主。近五年,南村镇谷子种植面积保持在6000亩以上。上林关村小米扶贫车间是一家集农户加工、销售为一体的企业,以“林关小米”为品牌精深加工项目。在基地建设上,“扶贫车间+基地+农户”的运营模式,实行统一规划、统一供种、统一种植、统一标准方案、统一技术要求、统一收购仓储,与农户签订保护价收购合同。目前,已建设有机小米基地400亩,辐射全镇发展绿色种植5000亩。山西佰佳盛食品有限公司是一家专注于小米产品、小杂粮产品研究、开发、生产及销售的高科技企业,其总部及研发基地设立于风景秀丽的广灵县南村镇下白羊村口。

40.2.2 作疃乡

作疃乡位于广灵城西6.5千米处,东倚壶泉镇,西接南村镇,南与宜兴乡相望,北邻斗泉乡。总面积 112 平方千米，耕地面积 59202 亩，其中，水浇地 30238 亩，是一个以传统种植业为主的农业乡镇，主要种植作物为黄花、玉米、谷子和杂粮。

近两年，作疃乡谷子种植面积约 10000 亩，约占耕地总面积的 20%，山西立景农业科技有限公司是一家集谷子、杂粮种植、加工销售，农产品加工销售，畜牧养殖、产品加工销售，餐饮、旅游、科研于一体的农业科技型公司，2016 年，立景小米系列产品获得“中国粮食有机产品认证”，立景小米也成为广灵县的标志性名优特产。广灵县为全农副产品有限公司是集种、产、加、销、农工贸一体化经营，引导分散的农户小生产转变为社会化大生产的组织形式，集种植、收购、加工、销售为一体的生产型企业。

40.2.3 宜兴乡

宜兴乡是广灵县谷子的主产区，也是东方亮谷子的原产地，尤其以南房、三间房、直峪、西宜兴 4 个村的东方亮小米品质最优，其他 13 个村也有大面积种植，区域内耕地面积 3.4 万亩，适宜谷子种植面积达 1 万余亩。

全乡境内自然条件复杂多样，垣地、坡地、梁地、沟地交错，形成了适宜各种杂粮不同生理要求的独特气候、生态类型。川区年平均气温 7 ℃，山区年平均气温 5.3 ℃，年日照时数 2860 小时，年降水量 415 毫米，无霜期 110～130 天，年有效积温 2300～3036 ℃ · 日，昼夜温差大，地力基础较好，土层肥厚、地块平坦，土壤有机质含量 11 克/千克以上，地下水资源丰富，适宜各种小杂粮生长，尤其是谷子生长具有独特的气候和地理优势，无工业三废污染，是宜兴乡无公害小杂粮的优生区。

东方物华、禾卓伟业、三村谷物合作社、树二小杂粮种植加工合作社，既是优质谷子种植基地，也是优质谷子示范推广基地，更是加工销售的龙头企业，有强大的科技队伍。宜兴乡有几百年的谷子种植历史，农民种植谷子经验丰富。近年来，县乡两级农业技术推广站现有从事种植谷子技术推广、培训和指导的高中级技术人员 8 人，有农业科技示范户 20 户，在技术上有保障。

40.2.4 加斗乡

加斗乡位于广灵县城东南 12 千米处，东与河北省张家口市蔚县接壤，南与灵丘县相邻，西与壶泉镇、宜兴乡相接，北与蕉山乡毗邻，素有“文化之乡”“米粮之川”的美誉。该乡水利条件得天独厚、地上水资源广益渠横贯东西，灌溉面积 1 万余亩，地下水资源机井、高灌星罗棋布，现有机井 70 眼、高灌 10 余处。加斗乡谷子种植面积为 280 亩。

40.3 冲洪积扇区域村庄的基本情况分析

40.3.1 村庄基本情况分析

广灵县壶流河南岸冲洪积扇区域共涉及 4 个乡镇的 44 个行政村，乡村总户数 21157 户、54804 人，耕地总面积 146228 亩，其中，水浇地 102667 亩、旱地 43561 亩。2018 年谷子种植总面积 13242 亩，蔬菜种植面积 4892 亩（表 40-1）。

表 40-1 冲洪积扇区域村庄基本情况汇总表

乡镇	村	耕地面积/亩	水地/亩	旱地/亩	户数/户	人数/人	谷子种植面积/亩	蔬菜种植面积/亩
南村镇	南村	6120	5370	750	1340	3452	131	231
	南土	2320	2320		485	1155	148	133
	北土	4950	4500	450	770	1950	60	435
	庄头	5180	3200	1980	685	1805	330	40
	林关东庄	3560	2400	1160	590	1440	797	332
	林关西庄	3000	2400	600	438	1010	220	157
	林关南庄	2000	450	1550	218	535	296	51
	上林关	2560	360	2200	239	570	193	44
	张家洼	4550	2600	1950	480	1120	243	31
	黑土洼	2120	1000	1120	255	620	224	30
	下白羊	5250	1500	3750	760	2057	1484	207
加斗乡	西加斗	7104	6094	1010	1132	2992		81
	东石门	2333	2333		210	591		21
	西石门	9180		9180	855	2459		38
	东加斗	5032	3393	1639	455	1228	150	45
	东河乡	2184	1892	292	297	856		93
	南加斗	1340	1288	51	224	638		57
	东姚疃	3529	3419	109	424	1098		34
	西姚疃	5500	5327	175	520	1502		200
	登场堡	4135	4008	127	545	1362		103
	东留疃	4205	3747	458	515	1387	130	155
	西留疃	3927	2795	1132	824	2160		98
	坡岩	790	372	418	72	213		
作疃乡	作东	3985	3185	800	529	1236		
	作西	2145	2125	20	372	966		
	作南	3430	2720	710	470	1138	300	
	将官庄	5610	3900	1710	570	1464	145	
	大西庄	2501	2010	491	217	558		
	憨崖洼	3799	2500	1299	702	1851	1210	
	唐山口	1164		1164	166	421	380	
	百东	2970	2630	340	452	1176	10	
	百西	2952	2500	452	642	1639	350	
	百南	3335	2685	650	650	1565	340	
	贺窑	490	350	140	140	329		
	宋窑	2900	1300	1600	493	1238	200	

续表

乡镇	村	耕地面积/亩	水地/亩	旱地/亩	户数/户	人数/人	谷子种植面积/亩	蔬菜种植面积/亩
宜兴乡	西宜兴	4982	3952	1030	936	2486	2100	370
	屯堡	2294	1937	357	354	949	161	337
	东宜兴	1625	1000	625	277	701	500	127
	宜兴庄	929	550	379	176	531	25	52
	苍耳洼	2895	2000	895	428	1072	80	520
	南房	937	900	37	145	392	550	50
	三间房	1847	1600	247	366	949	1000	260
	直峪	4055	4055	0	695	1843	1400	560
	张家湾	514		514	44	100	85	
合计		146228	102667	43561	21157	54804	13242	4892

40.3.2 农业产业发展现状

40.3.2.1 农业产业发展状况

在深山区的村庄中，杂粮（谷、黍、莜麦、荞麦）仍然是沟域农户种植的主要农作物。一是由山区气候、土壤条件所决定，二是由山区农村形成的杂粮种植习惯所决定。马铃薯作为深山区的主粮，村村有种植、户户有调剂。在沟域浅山区及沟域洪积、冲积扇地带，由于土地平整，部分农田可以进行浇灌，玉米、高粱等主要作物开始种植，农作物的品种也有所增加。

40.3.2.2 农业生产成本及效益分析

目前，我国山区村庄从事农业生产的劳动力的年龄日益增大（多为 60～70 岁），农村农林生产的成本也逐渐增加，山区沟域农林生产的管理水平较低，农林生产效益虽然较高，但总收入不多。

（1）农业生产成本

从广灵县农业产业的生产成本及效益（地方乡镇政府提供）中可以看到：山区农产品的生产成本和效益同全国平原地区相比，比较接近，但是涉及的总体耕地面积、林果地面积绝对数量少，很难推动整个山区村庄的人均收入水平提高；养羊业仍然是贫困山区的主要经济收入来源，但是养羊业的规模会受到生态环境承载力的制约，同时，全国养羊业近年来一直处于收购价格忽高忽低不平稳的态势中，无法构成山区沟域农户脱贫致富的主导产业（表 40-2 和表 40-3）。

表 40-2 种植业单位成本及毛收入估算表

品种	产量/（千克/亩）	生产成本/元	销售单价/（元/千克）	亩产值/元	毛收入/元
玉米	600	300	1.4	840	540
土豆	1500	350	1	1500	1150
谷子	300	260	4	1200	940
黍子	150	200	3	450	250

续表

品种	产量/(千克/亩)	生产成本/元	销售单价/(元/千克)	亩产值/元	毛收入/元
莜麦	75	100	4	300	200
荞麦	75	100	3	225	125
杂豆	100	120	5.4	540	420
西红柿	3000	1600	1.6	4800	3200
扁豆	1500	1700	4	6000	4300
西葫芦	2000	700	1	2000	1300
黄芪	550	1050	28	15400	14350
食用杏	1000	300	6	6000	5700

注:生产成本包括种子、农药、劳动用工等;蔬菜为露地蔬菜;杂粮数据由 2016 年 9 月《广灵县小杂粮产业发展调研报告》及南村镇、望狐乡政府提供。

表 40-3 养殖业单位成本及毛收入估算表

品种	幼畜体重/千克	饲养时间	出售毛重/千克	单价/(元/千克)	产值/元	毛收入/元
羊	30	1 年	40	20	800	200
牛	300	10 个月	400	26	10400	5000
驴	200	10 个月	350	16	5600	3800
柴鸡		15 个月			450	150

注:柴鸡的出售毛重按产蛋 150 枚计,单价按鸡蛋 3 元/个计;羊、牛为农户自家母畜所产,出售体重按羊、牛成年体重计算;本表不计算人工成本;数据根据市场近年平均水平测算;数据由南村镇、宜兴乡政府提供。

(2)农业生产总产值、总收入估算

表 40-4 的统计结果表明:目前,年农业生产总产值为 11927.49 万元,从事农业生产的收入为 7638.95 万元。扣除黄芪产业总收入后为 4561.59 万元。纯农村农业产业的总收入为 3077.36 万元,按照农村总人口核算农业生产的人均收入是 2144.05 元(沟域总户数 5590 户,总人口 14353 人,常住人口 9417 人,耕地统计面积 40401.75 亩)。

表 40-4 农业生产总产值、总收入估算表

指标		数量/亩	产值/万元	收入/万元
种植业	主要农作物	44719	4471.90	2683.14
	黄芪中药材	11569	3563.24	3077.36
	蔬菜	2390	1434.00	860.40
	杂粮作物	1950	78.00	23.40
经济林果	食用杏	300	180.00	171.00
养殖业	羊	18320	1465.60	366.40
	牛(驴)	910	728.00	455.00
	鸡	150	6.75	2.25
合计			11927.49	7638.95

注:主要农作物产值按照平均 1000 元/亩计算,蔬菜产值按照平均 6000 元/亩计算,杂粮作物产值按照平均 400 元/亩计算;沟域养牛(驴)数量按照村域统计,以 8000 元/头计算。

(3)农村居民人均可支配收入结构的比较

根据表 40-5 的数据分析可知，沟域居民人均可支配收入为 4994.05 元，比全县农村居民人均可支配收入低 1405.95 元。

广灵县地处太行山区，距离大、中型城市较远，区位交通条件和地方经济的总量不足以支撑目前的农业产业结构向休闲农业、旅游观光农业方向快速转变。尤其是在山区脱贫任务艰巨的情况下，沟域农业产业结构必须以生态农业为主攻方向，以特色农业、特色中药材为基础，加大初级农产品产业链的开发力度，做好农产品的深加工业，逐渐向一、二、三产业融合发展方向过渡。

表 40-5 沟域农村居民人均可支配收入估算表

<table>
<tr><th colspan="2">指标名称</th><th>家庭收入</th><th>人均收入/元</th><th>同比增长</th></tr>
<tr><td colspan="2">工资性收入(外出务工)</td><td></td><td>2700.00</td><td></td></tr>
<tr><td rowspan="3">经营性收入</td><td>第一产业收入</td><td></td><td>2144.05</td><td></td></tr>
<tr><td>第二产业收入</td><td></td><td></td><td></td></tr>
<tr><td>第三产业收入</td><td></td><td></td><td></td></tr>
<tr><td rowspan="2">财产收入
(出租房屋等)</td><td>出租房屋收入</td><td></td><td></td><td></td></tr>
<tr><td>转让承包土地经营权收入(草地)</td><td>50 元/亩</td><td>150.00</td><td></td></tr>
<tr><td colspan="2">转移性净收入(低保等收入)</td><td></td><td></td><td></td></tr>
<tr><td colspan="2">合计</td><td></td><td>4994.05</td><td></td></tr>
<tr><td colspan="2">全县农村居民人均可支配收入(2016 年)</td><td></td><td>6400.00</td><td>6.0%</td></tr>
<tr><td colspan="2">全县城镇居民人均可支配收入(2016 年)</td><td></td><td>19656.00</td><td>5.7%</td></tr>
</table>

注：人均工资性收入按照农村年轻/中年劳动力外出打工时间为 7 个月，每个月平均剩余收入 2700 元核算。

第41章 “峪口小米”发展总体思路

41.1 “峪口小米”产业发展的整体思路

党的二十大报告中提出：“加快建设农业强国，扎实推动乡村产业、人才、文化、生态、组织振兴。”农业是关系国计民生的基础产业，是安天下、稳民心的战略产业（魏后凯 等，2022）。结合广灵县的实际情况，以“峪口小米”特色产业振兴为根本任务，以生态原产地质量和效益为中心，立足冲洪积扇和沟域资源禀赋及小米产业生产基础，强化创新驱动，完善产业链条，推出独具特色的峪口小米品牌（王敏 等，2017），加速产业聚集和转型升级，培育和发展规模体量大、专业化程度高、延伸配套性好、支撑带动力强的龙头企业（陈文胜，2016），成为广灵县峪口小米高质量发展的主引擎，为新时期全面建设大同“三黄”产业和“大同好粮”提供有力支撑。

以市场对地域农业发展的需求为动力，以政府宏观政策为指导，以知识增值、技术和非技术创新、产业优化升级为目标（李克强，2015），在广灵小米自然资源、物质基础、技术条件、市场环境、制度体制和社会文化的共同作用下，发挥其优势（刘凤兰 等，2006）。

41.2 “峪口小米”产业发展的原则

41.2.1 坚持高质量发展与落实地域价值功能发展理念相结合原则

实现白羊峪、长江峪、黄龙峪、直峪、墨峪五条沟域小米产业布局、产村融合、生态建设等有机结合，推动龙头带动和政策聚焦，各种要素和服务聚集，形成土地节约、资源集约、产业聚集的“大同好粮高质量发展先行示范区”。

41.2.2 坚持突出地域功能特色与广灵小米产业基础相结合原则

突出峪口地域功能识别，明确创建方向，因地制宜、合理布局、协同发展，统一峪口品牌，避免同质化无序竞争。

41.2.3 坚持扶优扶强与精准脱贫可持续发展相结合原则

突出培植主导特色产业和龙头骨干企业，重点培育五条沟域冲洪积扇核心发展区，打造峪口优势产品，推出峪口区域品牌，示范区建设与乡村振兴扶贫可持续发展结合，形成优势产业链条，实行项目、基地、扇区、产业整体推进。

41.2.4 坚持协调联动与龙头引领相结合原则

实行市级指导、县级统筹、县级主体的工作机制，推动构建责任协同、上下贯通、落实有力的责任体系，因地制宜、积极作为，分类指导、精准施策，创造性地推动峪口小米产业发展。同时，强化龙头企业带动作用，提升产业配套协作能力，提高中、小型企业融通发展水平。

41.3 “峪口小米”产业发展定位分析

41.3.1 总体定位

以高品质杂粮产业综合发展示范基地为目标，逐步稳定提升种植业，大力发展休闲业，积极推动加工业和服务业，基于白羊峪、长江峪、黄龙峪、直峪、墨峪的峪口区域现有生态、农业基础，以及当地特有的乡土文化资源，将峪口区域打造成集高端农业、休闲农业、体验农业于一体的功能复合型的“大同好粮”(峪口小米)高质量发展先行示范区。

41.3.2 功能定位

(1)国家优质小米种植基地

高标准建设峪口小米示范基地，通过 5 年的建设周期完成 5 万亩核心区＋5 万亩扩展区＋10 万亩缓冲区的规模，提升“山西小米 · 峪口小米”的品牌知名度，争创在全国有一定知名度的小米地域品牌，打造成为国家优质小米种植基地。

(2)国家气候好产品

“气候好产品”由各级气象、农业、林业等部门经过分析各阶段气候条件对农产品品质的影响，进行实验、对比分析，建立农产品气候品质认证模型，综合评测该农产品气候品质的认证等级。“气候好产品”的认定对挖掘地方农产品品牌效益和附加值、调整地方农业产业结构起到积极作用。“峪口小米”的高品质与峪口区域的独特气候环境密不可分。“峪口小米”应争创“国家气候好产品”。

(3)山西省休闲农业与乡村旅游示范区

借助峪口小米产业的发展，建设峪口小米示范基地、特色小镇、田园综合体和美丽乡村等，提升峪口区域核心村庄的发展水平，整体打造成为山西省休闲农业与乡村旅游示范区。

(4)“山西小米”高质量发展示范区

因其丰富的杂粮品种资源，山西一直以“小杂粮王国”的美誉蜚声海内外。其中，山西小米又以其独特品种和环境孕育的综合优势，被誉为“王冠上的明珠”。2017 年 9 月，山西省政府印发《“山西小米”品牌建设实施方案》，将“山西小米”品牌建设成为全国著名区域公共品牌，推动“山西小米”由“好米”变“名米”，由“名米”卖“好价”。广灵县峪口小米的发展要紧跟“山西小米”建设的步伐，建设成为“山西小米”高质量发展示范区。

(5)大同市优质杂粮产业发展示范区

大同市以其特殊的地理环境和杂粮资源成为山西省“杂粮王国”发展的排头兵。“大同好粮”的发展对于优质杂粮的建设需求较高。广灵县峪口小米是大同市“三黄”产业之一，峪口小米高质量发展示范区的建设应该以打造成为大同市优质杂粮产业发展示范区为目标，为“大同好粮”产业的发展贡献广灵智慧和广灵力量，为山西省杂粮产业发展提供示范。

(6)大同市养生农业发展示范区

发挥峪口小米的养生功能，拓展养殖业、加工业产业链条，提升峪口小米的养生价值。利用区域内的沟域、乡村、民俗等旅游资源，拓展峪口小米的健康养生空间，建设成为大同市养生农业发展示范区。

41.4 空间布局

(1)一心："大同好粮"(峪口小米)高质量发展先行示范区。

(2)三区：核心区、拓展区和生态协同区。

(3)五基地：白羊峪、长江峪、黄龙峪、直峪、墨峪。

(4)多组团：高质量发展先行示范区生态与环境建设，峪口小米加工园区，示范区建设与南村镇、作疃乡、宜兴乡、加斗乡精准脱贫可持续发展，示范区健康养生旅游(图 41-1(彩))。

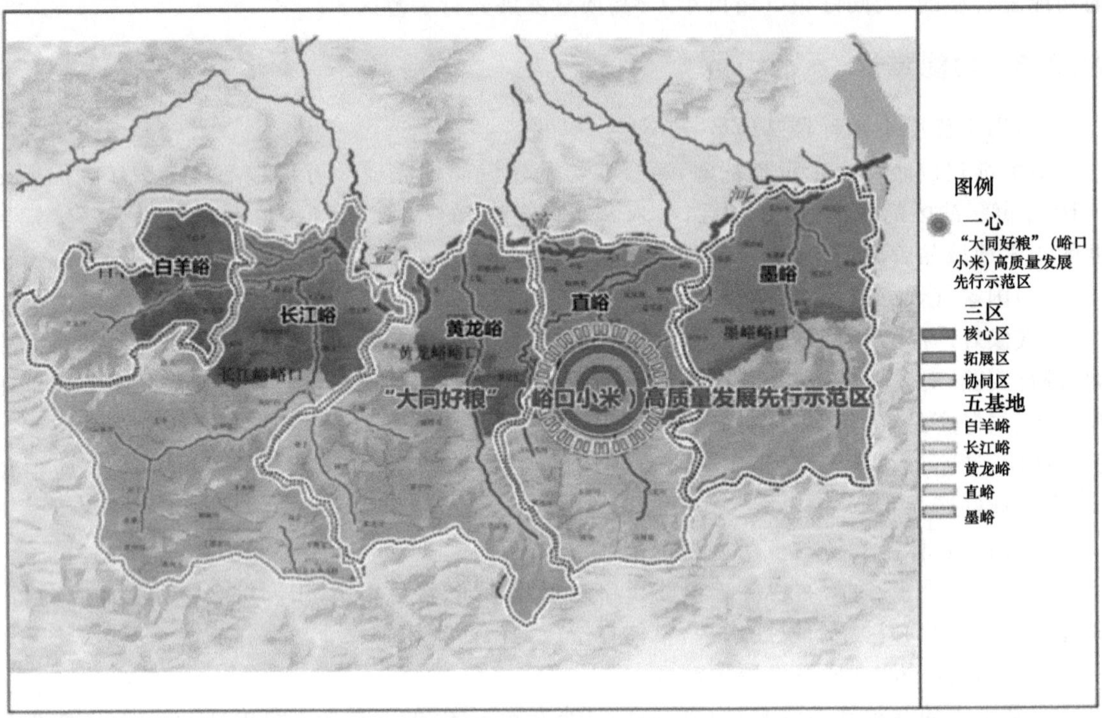

图 41-1　总体空间布局图

41.5 主要任务

培育大同市乃至山西省"大同好粮"(峪口小米)高质量发展先行示范区，打造以地域功能识别为主体的峪口小米，并在广灵小米、东方亮小米等基础上统一推出峪口小米品牌，实现中国小米由地名向地域功能的转化，形成特殊水土特殊产品"省级样板"乃至"全国典范"。

41.5.1 实施规划引领，树立规划引导发展理念

启动广灵县冲洪积扇峪口小米地域价值与生态发展规划，树立规划即生产力的发展理念，突出规划对特色产业发展的引领作用，根据区域功能定位和特色产业发展基础，按照布局合

理、产业协同、资源节约、生态环保的原则,高端站位、高起点谋划,每个特色产业编制一个发展规划,明确发展目标,理清发展思路,突出工作重点,完善配套措施,为特色产业高质量发展提供指引。抓住新一轮规划修编机遇,推进“多规合一”,加强特色产业发展规划与全市经济社会发展规划、土地利用规划、城镇发展规划、环境保护规划等相互衔接,构建有机统一的规划体系。

41.5.2 推动入园聚集

把各类园区作为峪口小米产业发展的主要载体,完善能源供应、给排水、排污综合治理等基础设施,优化营商环境,引导产业向园区聚集,吸引人才、资金、技术等要素向园区流动,实现生产力集中布局、资源要素集约利用、污染物和废弃物集中治理和综合利用、企业经营成本降低,打造特色产业发展新优势。鼓励有条件的园区建设多层标准厂房,支持建设企业孵化器,设立小微企业创业创新基地等,为入园企业提供低成本、一站式、全方位、专业化服务,不断提升小米产业发展承载能力。

41.5.3 实施创新驱动

加快谷子新品种、新技术开发,全面提升传统产业科技含量和附加值。提高优势产品市场占有率。强化品牌文化建设,举办或对接全国性展会,建设统一产品展示窗口,通过多种形式的展览展示、品牌发布等活动,提升区域品牌影响力,打造地域名片。

41.5.4 扶持龙头骨干企业

选择产业关联度高、行业优势明显、辐射带动作用大、创新能力强的龙头企业,予以重点支持。

鼓励龙头企业通过联合、兼并、股权收购和推进上下游一体化经营等方式提高产业集中度和竞争力,打造行业领军企业。

支持有条件的企业开展产业关键共性技术、装备和标准的研发攻关,牵头成立技术创新或产业发展联盟。

支持骨干企业开展产品、技术、管理和商业模式等全方位创新,向专业化、精细化、特色化、新颖化方向发展,培育一批“专精特新”中、小型企业,打造“小巨人”企业。

41.5.5 推动产业链协同

围绕主导产业,推广订单生产,壮大专业市场,加强产供销对接,形成种植养殖、加工、销售、物流及其他服务业一体化的产业链体系,打造一、二、三产业融合发展新格局。推动小米产业做强做大、跨越发展。围绕供应链整合、创新能力共享、数据应用等关键环节,推广资源开放、能力共享等协同机制,推进专业化协作,提高产品本地化配套率,构建大、中、小企业融通发展的产业生态。

41.5.6 做强服务平台

整合社会资源,重点建设技术研发、标准制定、检验检测、信息服务、融资担保、人才培训、商贸流通等专业公共服务平台。推动建设一批技术水平高、服务能力强、辐射带动作用大的综合公共服务平台,引进“加工业大夫”、组建“新企业诊所”、对标一批知名企业,满足企业共性技术和服务需求。

第42章 “峪口小米”优先发展示范区建设

优先发展建设示范区的提出，紧紧围绕国家“稳粮保供”战略，把促进小米产业高质量发展作为实施农业特优战略的重要抓手（李裕瑞 等，2014），打造地区小米产业标杆模式，推进农业产业发展进入快车道。峪口小米农业示范区建设的开展，有利于提高农民素质，为小米种植规范化发展起引导带动作用（贺峰 等，2005），进一步加深地区农民的组织化程度，促进小米种植技术现代化发展，提高土地产出率和农民收益（龙冬平 等，2014）。

42.1 “峪口小米”高质量发展示范区划定与分区

根据峪口区域与位置，结合流域范围，以行政村为单元将高质量发展示范区划分为核心区、拓展区和生态协同区。

白羊峪峪口位于上白羊村，其核心区包括上白羊、下白羊和黑土洼三个行政村，共27.29平方千米。其拓展区主要包括从白羊峪峪口到壶流河流经的行政村，包含庄头、张家洼、林关西庄、鳌峪四个行政村，总面积16.84平方千米。其生态协同区包含白羊峪上游的史家坪、卧羊厂两个村，共38.40平方千米。

长江峪峪口位于香炉台村，其核心区包括林关南庄、上林关、林关东庄三个行政村，共18.82平方千米。其拓展区主要包括南土岭、南村，面积13.56平方千米。其生态协同区包括下麻黄沟、上寺、庄子沟、念草沟、坟台沟、南寒水、上墨家沟、神数沟、山神庙、香炉台、晏子、海子、下墨家沟、榆沟、狼虎坪、贺窑、周图寺等行政村，共138.62平方千米。

黄龙峪峪口位于唐山口村，其核心区包括唐山口、百疃南庄、大西庄、作疃南庄、憨崖洼等行政村，面积28.78平方千米。其拓展区包括尚疃、作疃堡、张庄、作疃西堡、百疃东堡、百疃西堡等行政村，面积20.38平方千米。其生态协同区包括聂家沟、周图寺、翟子沟三个行政村，面积46.51平方千米。

直峪峪口位于三间房村，其核心区主要包括直峪、三间房、南房村、西宜兴等行政村，面积25.85平方千米。其拓展区包括将宜庄、榆林堡、田窑、西河洼、南关、翟疃、吴家地、苍耳洼、集兴疃、南汇、东宜兴、屯堡等村，共27.83平方千米。其生态协同区包含张家湾、邵家庄、冯家沟、南阁崖、探堡、东沙沟、下麻地沟、上麻地沟等行政村，共56.88平方千米。

墨峪峪口位于南加斗村，其核心区包含东留疃、南加斗、东姚疃三个行政村，面积为13.20平方千米。其拓展区包含西留疃、登场堡、西姚疃、东河乡、西加斗、西石门、东加斗等行政村，面积为36.97平方千米。其生态协同区涉及张岔村，共55.96平方千米（表42-1、图42-1(彩)）。

表 42-1 峪口小米高质量发展示范区分区

峪口	功能分区	涉及行政村	面积/平方千米
白羊峪	核心区	下白羊、上白羊、黑土洼	27.79
	拓展区	庄头、张家洼、林关西庄、鳌峪	16.84
	生态协同区	史家坪、卧羊厂	38.40
长江峪	核心区	林关南庄、上林关、林关东庄	18.82
	拓展区	南土岭、南村	13.56
	生态协同区	下麻黄沟、上寺、庄子沟、念草沟、坟台沟、南寒水、上墨家沟、神数沟、山神庙、香炉台、晏子、海子、下墨家沟、榆沟、狼虎坪、贺窑、周图寺	138.62
黄龙峪	核心区	唐山口、百疃南庄、大西庄、作疃南庄、憨崖洼	28.78
	拓展区	尚疃、作疃堡、张庄、作疃西堡、百疃东堡、百疃西堡	20.38
	生态协同区	聂家沟、周图寺、翟子沟	46.51
直峪	核心区	直峪、三间房、南房村、西宜兴	25.85
	拓展区	将宜庄、榆林堡、田窑、西河洼、南关、翟疃、吴家地、苍耳洼、集兴疃、南汇、东宜兴、屯堡	27.83
	生态协同区	张家湾、邵家庄、冯家沟、南阁崖、探堡、东沙沟、下麻地沟、上麻地沟	56.88
墨峪	核心区	东留疃、南加斗、东姚疃	13.20
	拓展区	西留疃、登场堡、西姚疃、东河乡、西加斗、西石门、东加斗	36.97
	生态协同区	张岔	55.96

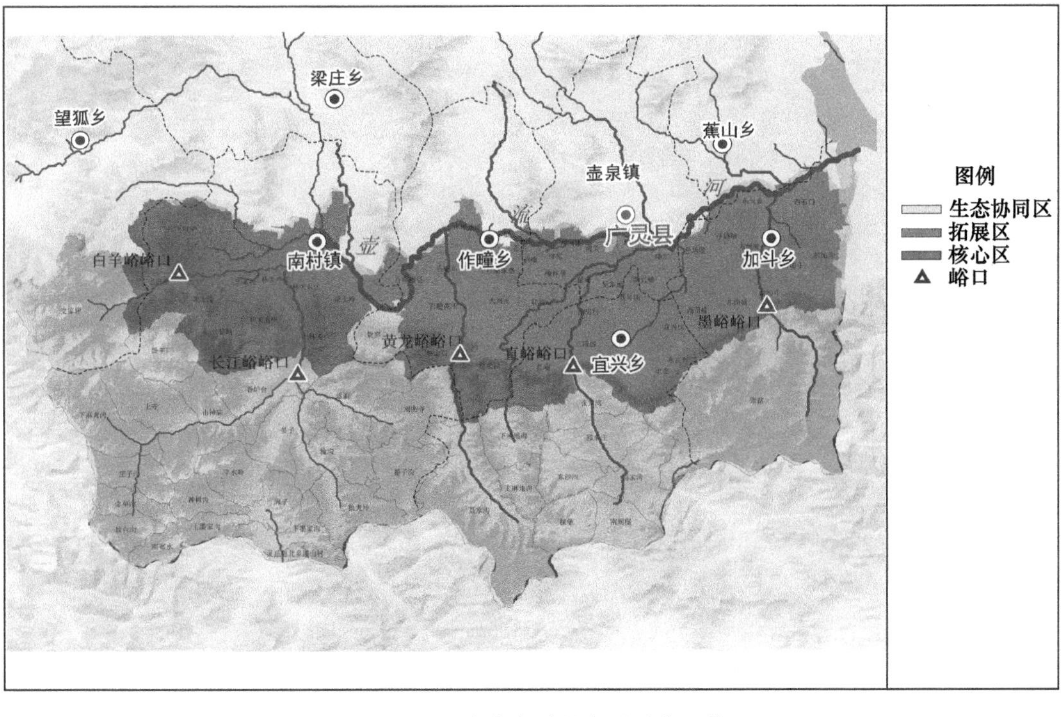

图 42-1 峪口小米高质量发展示范区分区

核心区主要土地类型以耕地、林地及自然保留地为主。耕地总面积3704.77公顷，占核心区土地总面积的34.07%，其中，水浇地2137.35公顷、旱地1567.42公顷。林地总面积2216.96公顷，占核心区土地总面积的20.39%。自然保留地4060.62公顷，占核心区土地总面积的37.34%。农村居民点用地416.72公顷，占核心区土地总面积的3.83%(表42-2、图42-2(彩))。

表42-2　核心区土地利用现状表

地类	面积/公顷	占比/%
采矿用地	18.85	0.17
风景名胜设施用地	29.40	0.27
公路用地	7.30	0.07
旱地	1567.42	14.41
林地	2216.96	20.39
农村居民点用地	416.72	3.83
设施农用地	47.44	0.44
水工建筑用地	0.17	0.00
水浇地	2137.35	19.66
滩涂	294.35	2.71
园地	76.98	0.71
自然保留地	4060.62	37.34
合计	10873.56	100.00

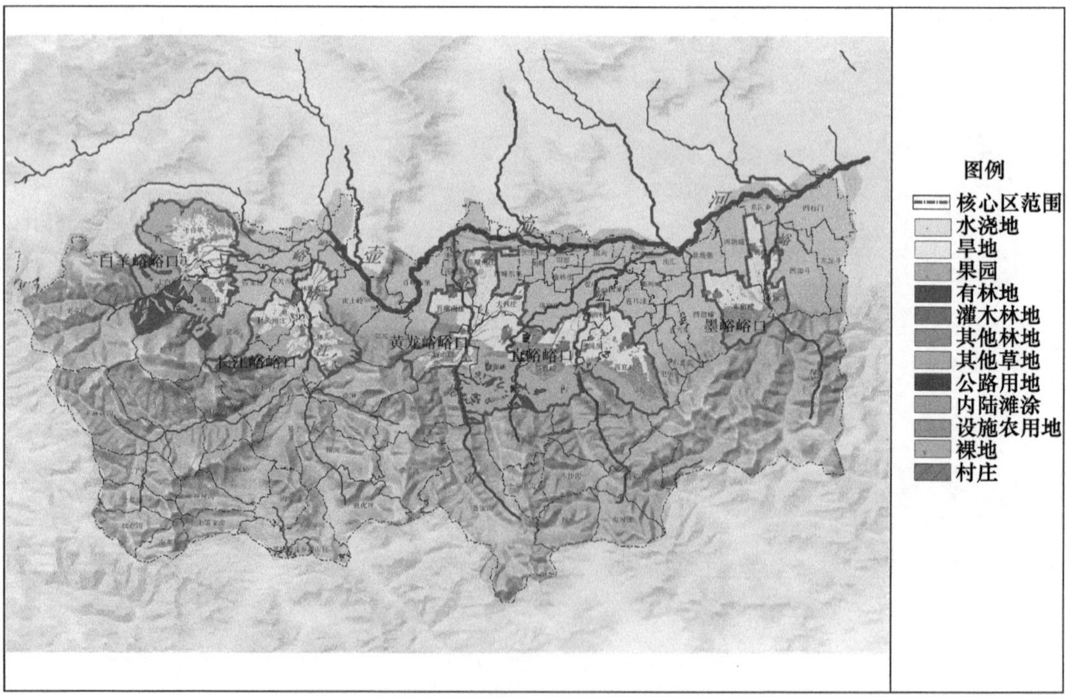

图42-2　核心区土地利用现状图

拓展区主要土地类型以耕地、林地及自然保留地为主。耕地总面积 7070.62 公顷，占拓展区土地总面积的 60.42%，超过拓展区土地总面积的一半，其中，水浇地 4223.64 公顷、旱地 2846.98 公顷。林地总面积 1458.49 公顷，占拓展区土地总面积的 12.46%。自然保留地 1671.57 公顷，占拓展区土地总面积的 14.28%。农村居民点用地 748.81 公顷，占拓展区土地总面积的 6.40%。城镇用地 86.60 公顷，占拓展区土地总面积的 0.74%(表 42-3、图 42-3(彩))。

表 42-3 拓展区土地利用现状表

地类	面积/公顷	占比/%
采矿用地	25.85	0.22
城镇用地	86.60	0.74
风景名胜设施用地	39.64	0.34
公路用地	27.20	0.23
旱地	2846.98	24.33
坑塘水面	39.61	0.34
林地	1458.49	12.46
农村居民点用地	748.81	6.40
农田水利用地	0.86	0.01
设施农用地	164.94	1.41
水工建筑用地	1.86	0.02
水浇地	4223.64	36.09
水库水面	20.10	0.17
水田	2.11	0.02
滩涂	266.15	2.27
园地	79.03	0.68
自然保留地	1671.57	14.28
合计	11703.44	100.00

生态协同区主要土地类型以自然保留地为主，总面积 35804.23 公顷，占生态协同区土地总面积的 80.40%。其次为林地，总面积 4798.31 公顷，占生态协同区土地总面积的 10.78%。旱地和水浇地分别占生态协同区土地总面积的 7.47%和 0.08%。农村居民点用地 189.07 公顷，仅占生态协同区总面积的 0.42%(表 42-4、图 42-4(彩))。

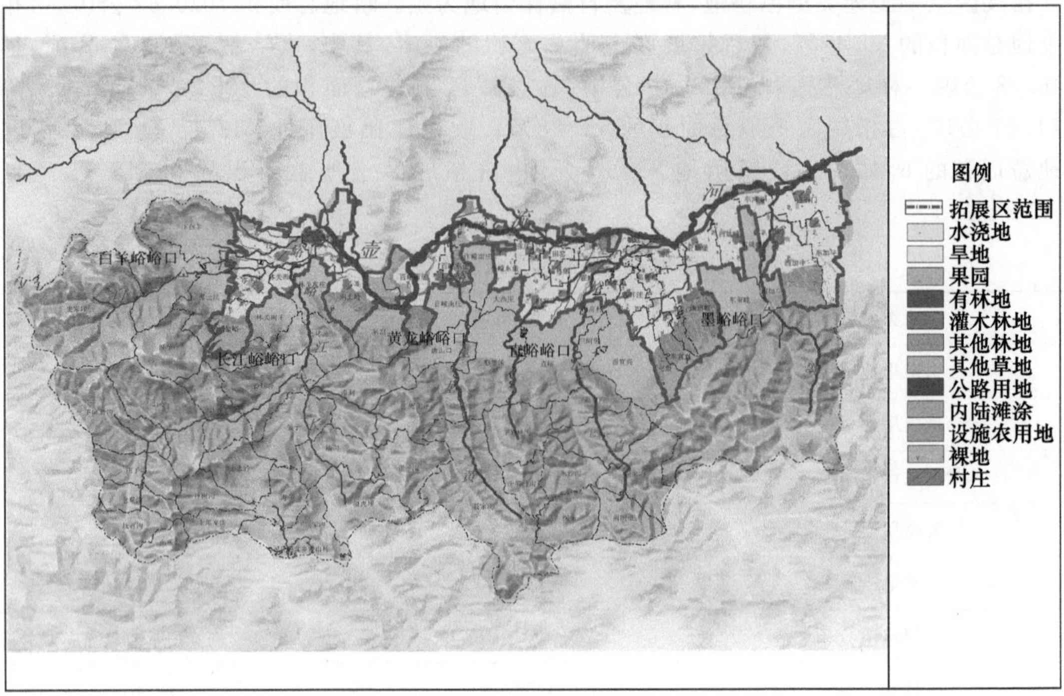

图 42-3　拓展区土地利用现状图

表 42-4　生态协同区土地利用现状表

地类	面积/公顷	占比/%
采矿用地	11.24	0.03
风景名胜设施用地	15.38	0.03
旱地	3324.75	7.47
坑塘水面	0.89	0.00
林地	4798.31	10.78
农村居民点用地	189.07	0.42
设施农用地	6.89	0.02
水浇地	34.19	0.08
水库水面	26.03	0.06
滩涂	316.38	0.71
园地	2.55	0.01
自然保留地	35804.23	80.40
合计	44529.91	100.00

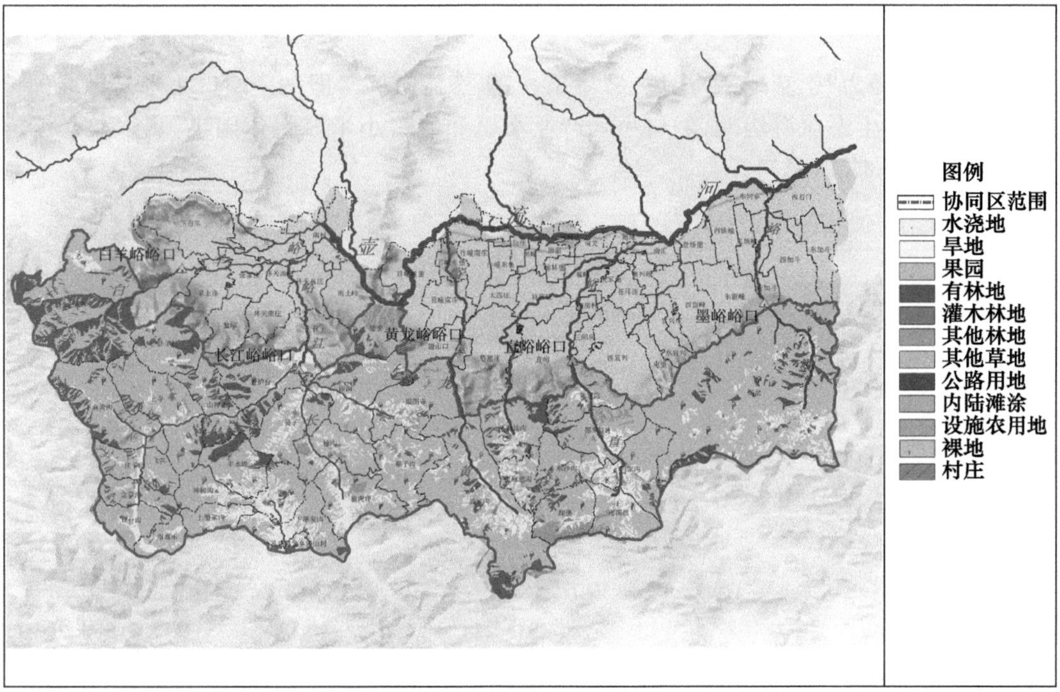

图 42-4 生态协同区土地利用现状图

42.2 直峪“峪口小米”高质量发展研究

42.2.1 发展思路

直峪峪口的宜兴乡是广灵县谷子生产的主产区，尤其以南房、三间房、直峪、西宜兴 4 个村的东方亮小米品质最优，其他 13 个村也有大面积种植，区内耕地 3.4 万亩，适宜谷子种植面积达 1 万余亩。该区域为峪口小米生产的核心区域，目前，也是东方亮小米的核心产区和连片种植基地所在。直峪峪口小米应在做好峪口小米高端产品的同时，大力发展“小米＋研学”“小米＋养生”“小米＋旅游”“小米＋乡村”等配套产业，打造峪口小米高端养生米品牌，拓展小米产业链条。

42.2.2 发展重点

小米＋养生：高标准建设峪口小米种植基地，拓展峪口小米养生功能，发展小米养生产业。

小米＋研学：基于小米产业，深挖小米文化，拓展研学旅游产品。

小米＋旅游：建设“小米文旅小镇—小米旅游乡村—旅游区”体系，通过旅游区龙头带动，辅以旅游镇村配套设施和服务建设。

小米＋乡村：有机农业和休闲乡村旅游的产业融合。

42.2.3 空间布局

直峪空间布局为“一基地、一沟域、二小镇、一生态旅游区”，即一个峪口小米高标准种植示范基地，一条直峪生态旅游沟域，峪口小米产业小镇和峪口小米养生休闲小镇，以及壶流河湿地生态旅游区（图 42-5（彩））。

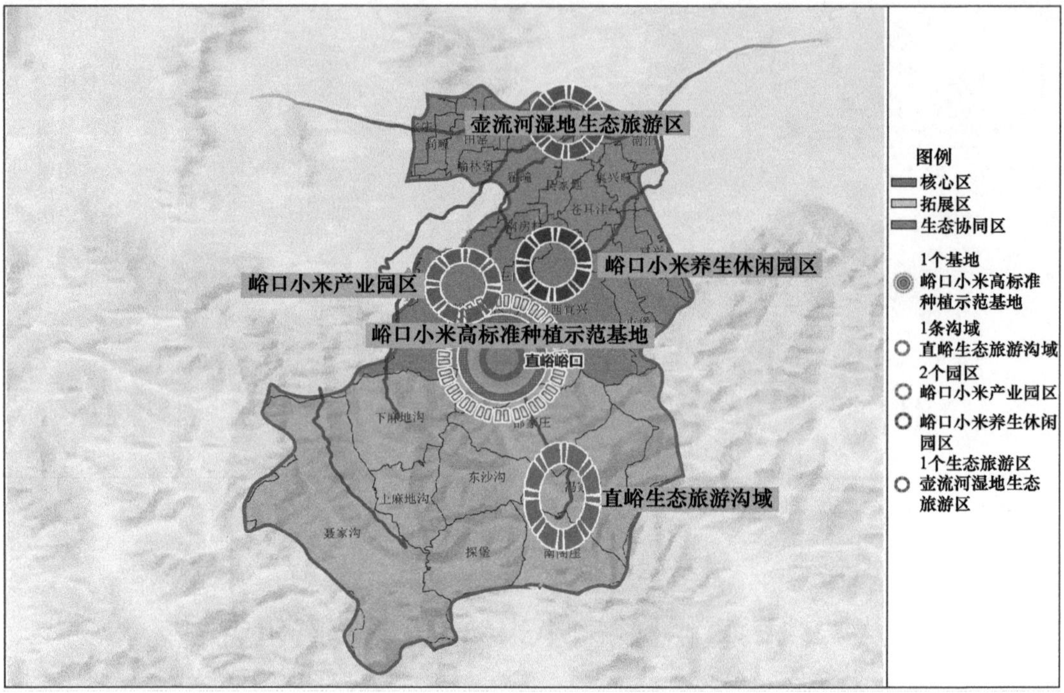

图 42-5 直峪项目空间布局图

42.3 黄龙峪“峪口小米”高质量发展研究

42.3.1 发展思路

以峪口小米产业的发展带动黄龙峪地区的种植业产业结构改革。配套峪口小米产业的发展，大力开发黄龙峪旅游资源，建设黄龙峪嶂石岩生态旅游区。依托重点龙头企业发展以小米为主体的农副产品加工业。通过一、二、三产的高度融合发展，带动作疃乡的乡村振兴和产业结构转型升级。

42.3.2 发展重点

农业＋生态：峪口小米产业开发与区域生态环境建设相结合，提升峪口小米品质的同时，提升区域整体环境质量。

三产融合发展：开发黄龙峪生态旅游，通过旅游业带动第一产业和第二产业的发展。

农业＋养生：以峪口小米为吸引物，发展农业养生旅游，开发峪口小米系列产品，建设优美舒适的养生环境，吸引养生旅游的游客群体。

42.3.3 空间布局

黄龙峪空间布局为"一基地、一旅游区、一园区"，即一个峪口小米种植加工一体化示范基地，一个黄龙峪嶂石岩生态旅游区，一个峪口小米文化养生园区（图 42-6（彩））。

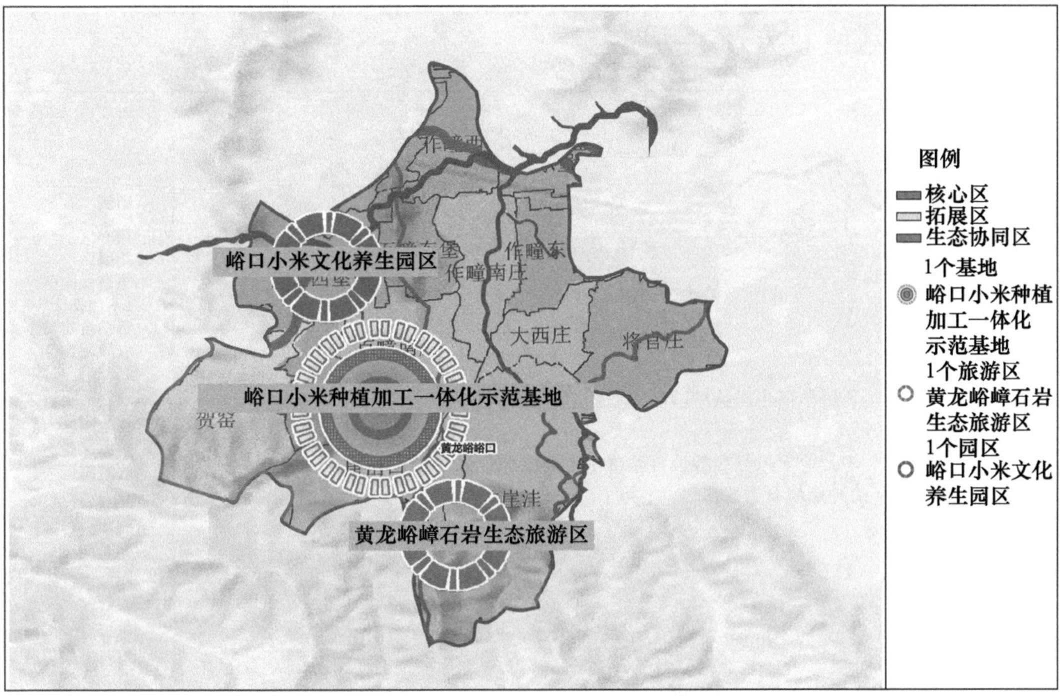

图 42-6 黄龙峪项目空间布局图

42.4 长江峪"峪口小米"高质量发展研究

42.4.1 发展思路

该沟域特色为农业产业和中药材产业，以黄芪的海、嶂石岩生态旅游区、下林关中医小镇、卧羊厂生态旅游小镇为特色，打造成为以小米和黄芪为代表的集山西小米和太行山道地中药种植、中医养生、休闲度假、体育运动功能于一体的特色杂粮与中医药健康养生沟域。

42.4.2 发展重点

生态＋旅游：生态建设（生态林、生态湿地、生态环境修复）与生态旅游结合。

养生＋旅游：重点发展以峪口小米和道地北芪为代表的杂粮与中草药种植，以下林关为代表的小米养生小镇建设，以沟域为载体辐射县城的名医养生诊疗集群培育，中医药养生配套的餐饮、住宿、休闲、康养等项目和设施建设。

服务＋旅游：建设"旅游小镇—旅游乡村—旅游区"体系，通过旅游区龙头带动，辅以旅游镇村配套设施和服务建设。

农业＋旅游：有机农业和休闲农业旅游的产业融合。

42.4.3 空间布局

长江峪空间布局为“一体、二镇、三区”，即香炉台峪口小米农旅综合体，下林关峪口小米养生小镇、卧羊厂生态旅游小镇，海子峪农游产业旅游区、南寒水江峪之源旅游区、上寺村—山神庙嶂石岩旅游区（图 42-7（彩））。

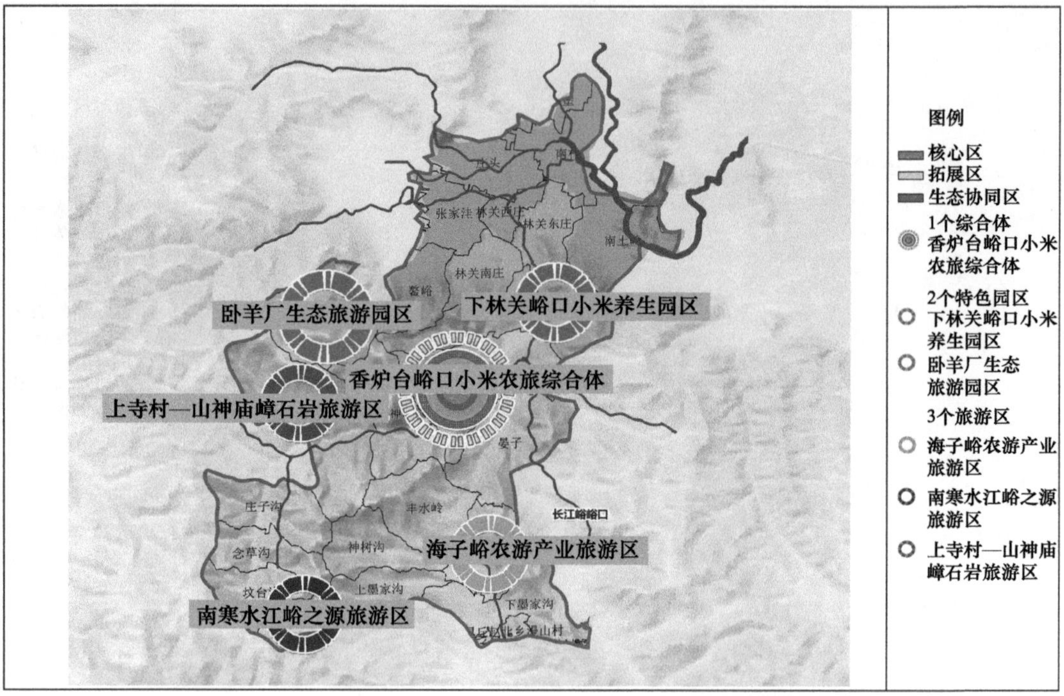

图 42-7 长江峪项目空间布局图

42.5 白羊峪“峪口小米”高质量发展研究

42.5.1 发展思路

以白羊峪峪口小米开发为抓手，带动白羊峪三产融合发展和乡村振兴工作。以白羊峪小米田园综合体开发为重点，带动上游的老君洞天、逍遥谷两个景区和上白羊峪特色旅游小镇的建设。

42.5.2 发展重点

农游一体化发展：通过峪口小米和野生黄芪的开发，带动白羊峪区域的农游一体化发展。

养生＋农业：开发峪口小米的养生功能，开发峪口小米养生系列产品和养生旅游业。

服务＋旅游：建设“旅游小镇—旅游乡村—旅游区”体系，通过旅游区龙头带动，辅以旅游镇村配套设施和服务建设。

42.5.3 空间布局

白羊峪空间布局为“一综合体、一特色小镇、三个景区”，即白羊峪口小米田园综合体，上白羊生态旅游小镇，老君洞天景区、逍遥谷景区和农禅文化耕作区(图 42-8(彩))。

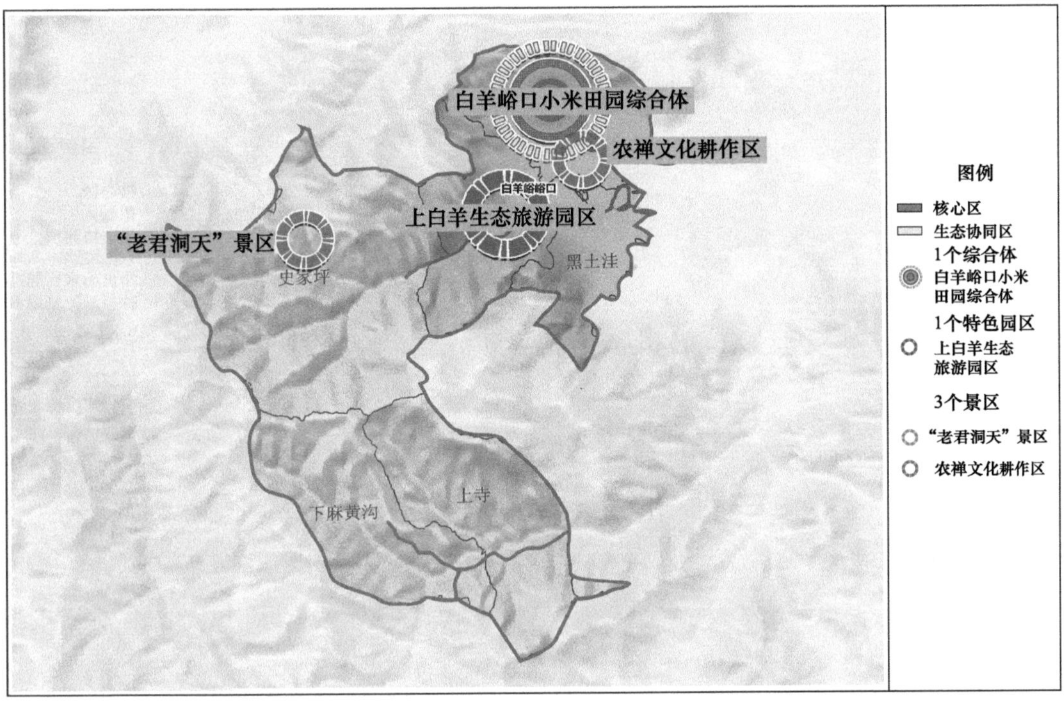

图 42-8 白羊峪项目空间布局图

42.6 墨峪“峪口小米”高质量发展研究

42.6.1 发展思路

以峪口小米开发为引擎，带动墨峪地区的杂粮产业转型升级改造。通过核心区峪口小米种植，盘活墨峪峪口的峪口小米种植＋加工＋休闲产业的发展。

42.6.2 发展重点

生态＋旅游：注重墨峪的山体修复和生态建设(生态林、沟域边坡治理、生态环境修复)与生态旅游结合。

农业＋旅游：重点发展以峪口小米为主的杂粮种植，开发以小米为引导的种养加工业一条龙产业体系，为农游一体化发展配套的餐饮、住宿、休闲、康养等项目和设施建设。

农业＋养生：开发以峪口小米为主导的杂粮养生产品，发展峪口小米养生度假休闲游。

42.6.3 空间布局

墨峪空间布局为“一基地、两区”，即一个峪口小米高标准种植示范基地，墨峪户外极限旅游区和壶流河湿地观光旅游区(图 42-9(彩))。

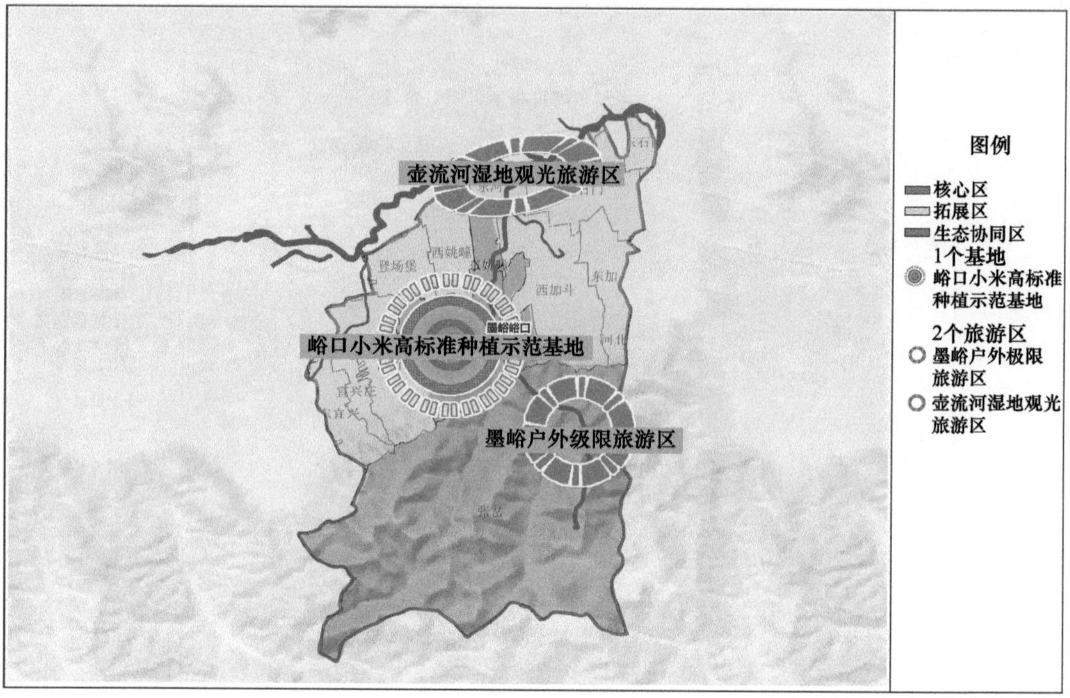

图 42-9　墨峪项目空间布局图

第43章 “峪口小米”全产业链发展研究

43.1 “峪口小米”的循环产业链构建

43.1.1 “峪口小米”加工业发展思路

①坚持以乡村振兴战略为加工业发展主导

乡村振兴战略将“产业兴旺”放在首位，而发展特色农业是实现“产业兴旺”的重要途径（刘彦随，2018），因此，特色农业协同创新是提升特色农业竞争力的关键（刘战伟，2018）。峪口小米从品种选择、产业结构和空间布局三大维度考量，发挥区域比较优势，力争在山西省内形成最大优势地域特色农业区（刘彦随 等，2018），对农民增收、精准脱贫可持续发展、农业产业结构升级、农产品市场开拓及区域抗风险能力提升均具有较大的促进作用（蔡进 等，2019），进一步提升峪口小米的加工业品牌价值，进而促进峪口小米加工业产业转型（郭远智 等，2021）。

②促成加工业发展的“四大抓手”，以“东方亮”为例

广灵县应坚定不移地把做大“东方亮”小米作为调产富农的基本思路，依托县域内上市公司东方亮生命科技和禾卓伟业两家公司倾力打造“广灵小米”品牌，使“东方亮”小米逐步走向“做大、做强、做优”的品牌良性发展道路。东方亮小米先后通过“绿色食品认证”，也获得“国家地理标志产品保护”，并被选定为“国家两会早餐专供小米”。2018年，广灵小米“东方亮”在美国纽约时代广场打出广告，标志着东方亮小米走出了国门。2019年，全县谷子种植面积达2万多亩，带动7306人，人均增收2000元。通过品牌打造，精包装的“东方亮”小米甚至卖到了200元/千克。广灵县借助品牌战略可以有效地提升贫困地区产品的价值，提高相关产业的品牌化程度，进而创造品牌溢价并极大地增加农民收益。

除东方亮小米之外，非小米产业可以打出促进加工业发展的“组合拳”。例如，在干果经济上打造“白老大”品牌、在菌业发展上打造“北野菌业”品牌、在手工业加工上做大做强“广灵巧娘”品牌、在小杂粮加工上打造“广灵豆品”品牌、在畜牧业上打造“海高牧业”品牌。未来，广灵县应继续狠抓特色品牌创建，使现代特色农业产业成为带动当地农民增收致富的重要途径（刘海启，2019）。通过特色引领、园区带动、科技支撑、主体培育系列联合发展，推动各行业的供给侧结构性改革，品牌建设项目已经成为引领农民脱贫增收、攻克深度贫困的有力支撑。

峪口小米加工业在整体规划中可分为四个抓手：一是强化自主产品——主食产品，包括小米复合营养米、小米米粉、小米面条、小米早餐粥、小米代餐粉等；二是重点推广产品——健康产品，包括小米＋红曲＋燕麦的降血脂产品、小米醋饮料或口服液、针对糖尿病患者的小米低GI（升糖指数）值产品等；三是与其他企业合作的产品——休闲食品，包括小米锅巴、小米麻花、小米煎饼、小米曲奇、小米花生酥等产品；四是副产物利用，提升峪口小米副产物的利用价

值与循环创新价值，提升小米产业附加值(张超 等，2007)。

③探索一、三产业融合的加工业创新体系

峪口小米深化产业融合能力，学习国内外农业产业深加工优秀案例。进一步探索个性化的小米饮食方案，筹建一站式精准营养体验中心，通过健康信息收集、营养检测报告、全面科学分析评估、个性化干预方案、营养干预产品、定期跟踪监测等步骤，形成健康管理闭环，为人们提供个性化的小米产品健康服务帮助。一是探索现代金融服务，力争峪口小米以企业为依托，通过基金参与供应链金融，支持科技成果转化，扶持后加工产业链；二是通过期货交易推出峪口小米谷子期货品种，平抑谷子价格；三是通过农业保险，转移种植风险，并探索与精准扶贫相结合的模式，不让广灵县农民因灾返贫。

④峪口小米深加工的思路与创新点

峪口小米加工企业在精深加工水平上要寻找一个技术依托，必须有先进的技术及现代化的工艺设备作支撑。峪口小米相关产品要想走得远、走得广阔，必须要做品牌，树立、塑造属于自己的品牌。峪口小米相关企业要思考如何把小米自身的营养成分和功效发挥到最大，让消费者更容易吸收营养成分，而深加工是要最大限度地将功能性成分提取出来，更好地为消费者所食用。

强化组织领导，科学制定规划。为加快峪口小米产业化发展，广灵县已成立了农业产业化经营领导组，由县主要领导亲自挂帅，分管领导具体负责，对全县农业产业化进行统一领导和部署。领导组先后多次组织相关部门的领导及龙头企业代表赴山东、厦门、北京等地考察，以拓宽视野，深化认识，增强推进农业产业化经营的自觉性、责任感和紧迫感。广灵县把科学规划作为产业开发的前提，在深入调研的基础上，聘请国家级专家指导、编制了《山西广灵绿色农业示范区建设规划(2006—2010)》，并通过了国家级专家评审。峪口小米发展就是在该规划统一指引下进行的，为全县小杂粮科学有序发展奠定了坚实的基础，以组织领导与科学规划为依托，峪口小米应该继续加强政策监管与扶持工作。

进一步扩大对外开放，加强招商引资。广灵县针对全县农业产业开发缺资金、缺龙头、缺技术，导致资源优势难以转化为经济优势的突出问题，抓住雁门关生态畜牧经济区建设和晋西北太行山革命老区扶贫开发机遇，加大招商引资力度，扩大农业对外开放。坚持以特招商，通过兴建特色产业基地，壮大基地规模，吸引了一批境外企业来县参与特色产业开发。近年来，全县农业招商引资项目超过 30 个，引进和争取各类项目资金超过 20 亿元。其中，东方物华科技有限公司、荞宝科技有限公司都是通过招商引资吸引外地投资建起的小杂粮龙头企业，峪口小米发展模式应以广灵普通农业发展经验为先例，带动峪口小米产业高质量、开放性发展。

优化发展环境，提供优质服务。广灵县政府及相关部门转变职能、改进工作方法，为峪口小米产业化发展提供优质服务，如结合县域实际，开通农产品运输的“绿色通道”；对乡镇干部、专业大户和龙头企业开展多种形式的培训活动，提升峪口小米的“智慧价值”；为峪口小米的发展和企业发展提供信息、技术、项目、资金服务；帮助峪口小米相关企业编制项目，并积极向国家及省(区、市)有关部门争取立项。龙头企业为分散、力弱的千家万户提供销供产、种养加一条龙服务，建立和完善合作共赢、利益均沾、风险共担的经营机制和分配机制。如广灵广宽公司生产出口英、法、德和南非等国的“犀鸟”牌鸟饲料，所用原料粮食大部分来自本县，公司派技术人员到村宣传、指导种植技术，免费为农民提供种子、尿素、打籽机，产品以高于市场价收回，这是峪口小米发展的新思路、稳思路、灵思路。

43.1.2 “峪口小米”养殖业发展思路

①以“现代农业化”为养殖业发展向心力

加强政策引导，鼓励峪口优势产区小米种植，引导规模化机械化种植、种养结合种植，支持小米深加工企业发展。鼓励规模化机械化种植与养殖相结合，并进一步探索不同方式的鼓励政策：对于规模化种植的种植大户减免地租；给予更大力度的良种补贴和农机补贴；给予收储企业最低收购价保障，进而极大调动了峪口种植大户的积极性，引导种植大户流转土地和机械化种植，走现代农业“养＋种”双核发展之路。

②发展“种养结合”峪口新模式——以“画眉驴”种养结合为例

广灵县应进一步鼓励种养结合模式。以新疆探索秸秆养牛的种养结合模式为例，种养结合下的饲草谷子不仅效益好，而且营养成分也非常高，因此，在我国的中西部地区种植饲草小米具有很大作用，这一点适用于广灵县峪口小米的种植。种养结合下的小米不仅可以有稳定的粮食产出，同时谷草又能为林区和牛羊养殖区提供充足的优质饲草，谷子粮草兼用既缓解了粮草争地的矛盾，又增加了种植业的产值，还有助于形成一个新的空间较大的饲草产业，有利于峪口小米的深层次、可持续发展。

广灵驴俗称“画眉驴”，是全国五大优良品种之一，早在 1959 年，广灵县就被山西省确定为画眉驴育种基地。画眉驴外貌特征“五白一黑”，即内耳、眼圈、嘴头、肚皮、前胸为白色，形如美丽的画眉鸟，故称为画眉驴。画眉驴的驴肉细嫩鲜美、营养丰富，驴皮又是熬制中药“阿胶”的上等原料。

“种＋养”是一种新型的农业发展思路与产业提升模式。广灵县以画眉驴为产业核心，打造驴产业种养结合产业圈，可以从以下几个层次入手(图 43-1)。一是创建画眉驴产业经济体系，以入股分红为核心，画眉驴养殖公司和各村合作社按照比例分红，如公司分 60％、合作社分 40％，在带动村民提高种养积极性的同时，也带动广灵县扶贫产业的发展。二是建立群众饲养模式，画眉驴相关企业优先安排有劳动能力的贫困群众任饲养员，增加饲养员的工资性收入；以农业种植业经验丰富的村民为培养人，输送驴业饲养经验，打造“种植业—饲养业”全能村民模范。三是种养作物循环，以收购秸秆为核心，广灵县作为精品小米的重要农产地，以小米作物秸秆为农业循环物，以循环利用＋政府收购双维度带动画眉驴产业发展。四是种养废弃物处理，无偿提供肥料也是“种养结合”的重要环节，驴粪作为常用温床的酿热物，在冬春培育韭菜、韭黄或茄瓜豆类时均可使用。堆肥时加入适量的驴粪，可以促进腐熟，进而提升广灵县农业种植力。画眉驴粪的有机质含量较高，对盐碱地、旱涝地种植也有一定的改良作用。

进一步把“种养加”养殖新模式延续到“资源—畜产品—再资源化”的现代畜牧生产过程转变，提升“种养结合”中驴产业附加值的开发与延伸。

广灵县应依托外省(区、市)优秀“种养结合”经验，以家庭经营辅导模式，进一步发展企业和专业合作社一体化运作的联合经营体制，通过统一购进和调配，统一进行配种，统一开展技术服务和防疫灭病，统一组织养殖保险和活体抵押贷款等。

作为配套产业发展，驴奶也是重要的附加产品。广灵县应进一步发展系列化的标准养殖、观光体验、科普宣传、知识产权、保健养生、特色饮食、乡村风情等综合文化产品，完善全产业开发链条，建设田园综合体，打造画眉驴业小镇和美丽乡村，形成富有广灵县种养特色的健康产业和龙头企业。

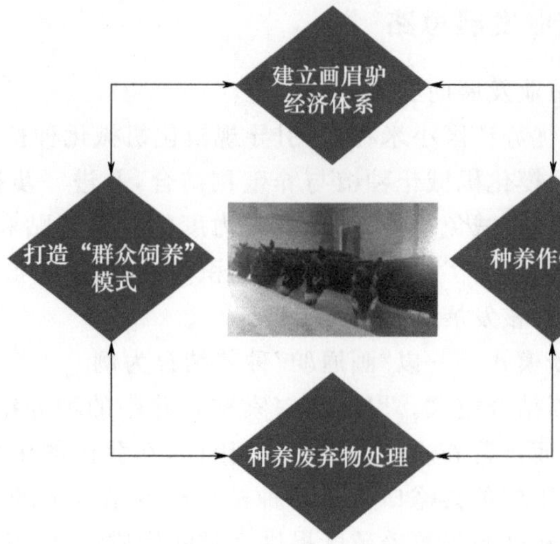

图 43-1　画眉驴“种养结合”模式思路图

结合大同市乃至山西省的农业扶贫发展思路，当前，产业扶贫在打赢脱贫攻坚战中将起到越来越重要的作用，产业扶贫也是脱贫攻坚与乡村振兴有机衔接的重要载体，确保以画眉驴特色产业为依托的扶贫工作健康发展，要做到以下几点。

因地制宜发展驴产业，谋划发展画眉驴产业立足广灵县产业发展基础，综合考虑广灵县自然资源禀赋、群众养殖习惯、产品销售市场等多方面因素，做好产业发展规划，不要急功近利、盲目跟风。充分利用科学技术实现产业转型升级，积极开拓市场，确保产业发展可持续。

发挥龙头企业带动作用，加快万荣农牧发展公司即“广灵县画眉驴养殖基地”等龙头企业培育，引导企业建立稳定生产基地，以养殖户和专业合作机制结成共同体。通过龙头企业带动促进产业融合、拓展产业发展空间，不断提升画眉驴产业规模化、品牌化、合作化水平，提升产业价值链。

统筹用好产业扶贫政策，进一步强化画眉驴产业作为产业扶贫的政策保障，加大对驴产业扶贫的财政涉农资金整合支持力度。以小米产业的成熟发展为引导，进一步完善广灵县种养产业融合机制发展。

43.1.3　“峪口小米”休闲产业发展思路

①打造“峪口休闲农业”样板

峪口进一步依托农村自然生态、田园景观、民俗文化和农业特色优势，以休闲农业旅游市场的发展需求为导向，合理开发和充分利用农业旅游资源，推动农业转型、发展促进农民增收的朝阳产业，发展小米种植与休闲采摘为一体的新式休闲农业样板。

以生态养生度假、山水休闲观光、民俗文化体验为开发主体，以生态旅游为核心品牌依托，以乡村休闲度假和美食旅游为重要补充，把广灵县打造成‘一城、两谷、三公园、四基地、五小镇’的智慧旅游目的地和全域旅游示范区。

②“峪口休闲农业”模式多元化

峪口小米在保留特色种植结构和传统生产方式的基础上，注入科技和创意元素，培育壮大以创意农业和乡村旅游为代表的特色产业，加快发展电商物流、乡建培训、会议会展、康养度假等新产业新业态，通过“接二连三”“从三进一”和“由二带一”等不同方式，加强一、二、三产业间的联系，促进峪口小米休闲农业融合发展。

③凸显峪口休闲农业的特色化

发展峪口小米田园综合体，以创意农业和农事体验型田园综合体为典型代表，厚植大同本土特色，将现有的传统农业与村落资源结合，继续深化、细化，实现文、农、旅结合，实现农村“三生三美、三产融合”的生活经济新形态，推进峪口小米达到农业增效、农民增收、农村增绿的全面发展。实施具有特色化的新型休闲农业发展项目，包括创意农业园、大同家庭农场、田间地头有机农业、休闲创意农场等，将峪口小米的旅游价值做大，更好地促进一、三产业全面融合、共促共进。

④以建设“湿地颐养示范区”为例

广灵县依托丰富的湿地资源，可打造成“湿地颐养”的著名县城。颐养，顾名思义，就是保养、保护、调养。与一般意义的“健康”“养老”“养生”和“疗养”等概念相比，“颐养”是一个更具包容性的概念，涵盖范围广阔。颐养既可以是一种持续性、系统性的保养行为，又可以是诸如休息、疗养、康复等具有短暂性、针对性的健康和医疗行为。如果从生命的长度、丰度、自由度这三个维度来看，社会各个年龄阶层的人群都有必要纳入颐养的范畴。因此，涵盖养老、养生、医疗、旅游等诸多业态的颐养产业正在成为备受国民关注的新兴产业。

广灵县位于山西省东北边陲，永定河上游，北岳恒山东襟，地处温带大陆性季风气候带，四季分明、冬暖夏凉、气候宜人；一条壶流河由西向东、蜿蜒曲折，在境内形成 3 万亩宝贵的天然湿地，素有京津地区“后花园”、塞外明珠“小江南”、晋北大地“小蓬莱”之称，是“中国绿色名县”“中国最佳文化生态旅游名县”“国际剪纸艺术之乡”和“中国民间文化艺术之乡”。良好的自然生态和深厚的人文底蕴为打造“湿地颐养”名县提供了优越的先天条件。

就发展前景而言，众所周知，颐养具有保养调养、放松身心、怡情养性的重要作用。从市场需求趋势来看，涉及颐养的相关产业正在成为一个上万亿级的蓝海。因此，打造“湿地颐养”名县，不仅能够发掘放大现有湿地生态旅游资源优势，还有助于推动颐养关联产业的快速发展，是广灵县这样的深度贫困县依托自身资源优势践行“两山”理论、探索生态价值转换的新方法、新路径，也是贫困地区实现乡村振兴、推动县域经济绿色可持续发展的新引擎、新动力。

认真落实山西省委、省政府打响“康养山西、夏养山西”品牌的决策部署。广灵县委、县政府贯彻上级精神，按照“科学规划，保护优先，合理利用，持续发展”的基本原则，依托“山水城、杂粮县，有机田、民俗乡，美食坊、颐养堂”等地域特点，以全域旅游为载体，以颐养产业为支撑，以“三产融合发展”为目标，深度挖掘塞上湿地资源优势，积极构建“一园、三区、三团、多点”（“一园”，即壶流河国家级湿地公园（图 43-2）；“三区”，即湿地综合服务区、生态体验区和颐养度假区；“三团”，即山水颐养组团、农耕文明颐养组团、田园风光颐养组团；“多点”，即颐养关联产业）的颐养产业发展格局，全力打造辐射京津晋冀蒙“3 小时经济圈”的塞上湿地颐养名县。

⑤建设“湿地颐养示范区”的优势

叠加的政策优势。2019 年，山西省发布《支持康养产业发展行动计划（2019—2021）》，提出从省级层面谋划培育一批康养小镇、康养社区，打响“康养山西、夏养山西”品牌，推动康养项目落地，促进全省康养产业快速发展。国家和省（区、市）的相关政策文件为广灵打造“湿地颐养”名县、发展湿地颐养产业提供了有效支持。

独特的气候优势。地处 114.28°E、39.77°N 的温带大陆性季风气候带，海拔介于 930～

2375 米，昼夜温差大，日照充足，年均气温 7 ℃、光照 2854 小时、降水量 400 毫米、无霜期 134 天、优良天气 280 天，空气清新、夏秋凉爽，非常适于颐养宜居。

原生的湿地优势。境内湿地存量位居大同市各县（区）首位，3 万亩天然湿地芦苇荡漾、百鸟合鸣、生态宜人，被誉为华北地区湿地物种的"基因库""聚宝盆"，有野生种子植物 745 种、陆栖野生动物 174 种，其中，黑鹳、白尾海雕、大天鹅等国家一、二级重点保护野生动物 26 种，是京都上游、晋冀大地重要的生态屏障。

良好的农业优势。地处黄土高原北部丘陵区，土壤透气性好、有机质含量高，赋予了农畜产品丰富多样的品种和天然健康的品质，"东方亮"小米、画眉驴、黄花菜、大尾羊等驰名海内外，是晋北地区杂粮和有机旱作农作物的优质产区，也是国家级食品安全示范县、山西省无公害农产品认证整体推进县。

厚重的文化优势。历史悠久、民风淳朴，孕育出剪纸、秧歌、大号、皮影、背阁、八音会、打树花等一大批独具地方特色的民间传统文化，其中，"广灵剪纸"被列入世界非物质文化遗产名录，是"国际剪纸艺术之乡""中国民间文化艺术之乡"和"中国最佳文化生态旅游名县"。

丰富的景观优势。旅游资源存量名列大同市各县（区）前列，主要有独具江南神韵的水神堂，闻名于世的汉白玉石林、小悬空圣泉寺、天然氧吧圣佛寺，自然风光白羊峪、长江峪、圣眷峪、甸顶山空中草原，还有唐松、唐槐、明柳、明榆等名树古木和殷家庄、涧西村等明清古民居建筑群，以及佛教文化圣地极乐寺、朝阳寺，丰富的自然人文景观吸引了众多游客前来观光。

特有的民食优势。塞北农牧交错带的地域特点，孕育出了色、香、味、意、形俱全的独特饮食文化，以杂粮为主的广灵豆宴、小米粥、豆面、莜面、荞面、甜糊糊、八大碗、画眉驴肉等种类丰富、健康营养的特色饮食享誉国内外。

便利的交通优势。广灵县位于环京津经济圈内和京西黄金旅游带上，距离北京门头沟 180 千米，是山西到首都最近的县。境内 239 国道、201 省道纵横交错、南北贯通，随着连接张石高速和京大高速的广源高速东出口开通，大大缩短了与京津冀等地大、中型城市的时空距离，为承接人流物流辐射提供了便利的交通条件。

从颐养业态来看，目前，广灵县突出核心引领、区块带动、组团辐射、产业支撑，以"一园、三区、三团、多点"为发展框架，进行整体布局，推进实施。该项目若进一步提升与推进，可带动峪口小米产业与广灵县旅游业的"双轴联动"效应。

图 43-2　省级保护区"壶流河湿地自然保护区"

43.1.4 “峪口小米”节庆发展思路

①丰富并创新峪口小米节庆机制

针对当前峪口小米休闲农业经营活动科技含量不高，且多停留在四季游客数量波动大的传统自然的节庆活动中这一现状，峪口小米休闲农业节庆应融入先进的科学技术及理念，进行节庆活动内容和服务的创新，丰富休闲农业节庆产品的数量，提高节庆活动的质量。进一步深挖峪口小米的特色农业资源，塑造出独树一帜、别具一格的农业节庆活动。大同市有关企业、部门应做好农业节庆活动的定位，挖掘峪口小米节庆的深度和内涵，杜绝走马观花、昙花一现，注重创新，避免千篇一律，打造具有峪口小米特色的节庆活动。

②强化市场运作能力与社会参与度

广泛的民众性是节庆活动持续发展的前提条件。峪口小米休闲农业节庆活动应得到大同市各级政府的参与支持。由政府举办节庆活动不仅会影响节庆活动的内容和形式，还会影响节庆活动的长期稳定发展。峪口小米节庆在未来的规划与发展中应清楚界定政府和企业的职责，摒弃政府包办模式，给予企业和民众更多的自由，提高他们的自主性与积极性，从根本上解决节庆活动市场化发展的动力问题，推动峪口小米休闲农业节庆活动的高质量、高水平举行。大同市各级政府要鼓励和扶持峪口小米相关企业举办休闲农业节庆，例如，给予企业资金上的支持、调动协会和社会团体的参与主动性、加强农业科技部门技术支撑力度等，从而调动峪口小米相关企业和民众的积极性。

③以“中国农民丰收节”暨第一届“广灵·望狐土豆节”“广灵·斗泉小米节”为例

该节日是广灵县近两年重点打造的农业丰收节庆。该节日展示“广灵珍品”为主打的系列特色农产品，有金灿灿的广灵旱地小米、深加工产品“味之权”咪时代小米锅巴，有一箱箱包装精美的“神水”豆腐干，还有一件件颜色鲜艳的“白老大”核桃酥、每日坚果棒、斗山杏核等质优价廉、绿色环保无公害的“广灵珍品”系列农产品。每一件展品既具有精美的外观包装，又具有上乘的内涵品质；既具有鲜明的区域传统特色，又具有很强的时代科技感，充分展示了广灵县脱贫攻坚的成果和电子商务进农村综合示范项目所取得的成绩。

“中国农民丰收节”暨第一届“广灵·望狐土豆节”“广灵·斗泉小米节”是一个多赢、多维度的节庆。以推广宣传“互联网＋”与“广灵珍品”相融合、企业主体与政府推动相融合、电子商务与优势产业相融合、网上市场与实体市场相融合，让广灵县村民更加了解电商，与消费地市场实现精准对接，推进广灵县商业业态提档升级，更好地满足社区居民便利化、个性化消费需求，形成农产品从田间到餐桌的全链条流动，实现双赢、多赢、共赢。

在助力峪口小米产业文化发扬光大的同时，扩大了广灵县土豆种植和销售市场，让村民和返乡青年深切感受到电商的益处，纷纷咨询电商相关事宜，助力精准扶贫。下一步还将继续促进广灵县农村电商深入发展，推进农村一、二、三产业融合发展，推动广灵县乡村振兴战略的实施。

④以“神农点谷节”为例

“神农点谷节”是广灵县具有特色的节庆日，亦是以峪口小米为代表的农作物大丰收纪念日。谷雨前后，点瓜种豆。五一劳动节之际，正是塞北高原春耕大忙的时节。在这个属于广大劳动者的节日里，山西省大同市广灵县百疃西堡村广袤的田野上，春和景明，风和日丽，人欢马叫，一派春耕播种的繁忙景象。该节日由广灵县文化和旅游局、大同市休闲农业与乡村旅游协会主办。

大同市旅游集散中心有限公司和山西立景农业科技有限公司承办的“中国·广灵首届神农点谷节”，在广灵县百疃西堡村举行。每年举办一次，2020年活动的主题是“感恩神农，祈福丰收”，通过击鼓、问天、祭拜、敬酒、亲子农耕体验、品尝广灵小米宴、参观立景生态农业等活动，展示农耕文明的内涵，感受农耕劳作的艰辛，让群众度过一个体验农耕、增长知识、与大自然亲密接触的节日。在敬畏大自然的同时，该节日还设立参观立景生态农业活动，游客们可以走进传统农耕文化趣味课堂，学习神农精神，了解农耕知识。

项目主办方之一的山西立景农业科技有限公司，位于广灵县作疃乡百疃西堡村，是一家集谷子、杂粮种植、加工销售，农产品加工销售，畜牧养殖、畜禽产品加工销售，餐饮、旅游、科研于一体的农业科技型公司。“神农点谷节”在促进了峪口小米及相关农产品影响力扩大的同时，通过耕作实践积极挖掘传统农耕文化，大力开发农耕旅游资源，吸引广大游客关注悠久的农耕文明，提升“广灵珍品”农产品的知名度，为其扩大销路，带动贫困农户持续增收、稳定脱贫，进一步助力峪口小米全方位的高质量发展。

⑤以“广灵湿地文化节”为例

在以“东方亮”品牌小米著称于世的山西省广灵县，已成功举办了三届湿地文化节。来自北京、山西、河北、河南等地的二百余名新媒体代表参加盛会。文化节以“突出颐养、欢庆华诞、提振精神、共筑梦想”为主旨，新媒体围绕“山水城、杂粮县、有机田、民俗乡、美食坊、颐养堂”地域特点，为大美广灵代言宣传。他们现场采访、实地观摩、深入挖掘沟峪、湿地和广灵剪纸、大号、秧歌等文旅资源优势，全方位、多角度、深层次展现广灵经济社会转型发展的新面貌和近年来脱贫攻坚、文旅产业、生态建设等方面的新成果，借新媒体独特的媒介优势，绘声绘色、高谈阔论、有力发声，提升广灵县在京津晋冀蒙“3小时经济圈”的知名度和美誉度。

广灵县借助本届湿地文化节的成功举办，全面推进县域生态颐养产业快速发展，全力打造“京西二百里、旅居颐养地”消夏品牌，逐步做大做强广灵县文旅产业，推动全县经济发展方式转变和产业结构优化升级，在建设“民富、县强、域美、安康、宜居”新广灵的征程中谱写更加辉煌的时代篇章。

43.2 “峪口小米”多样化发展模式选择

43.2.1 构建“地域功能识别＋小米＋黄芪＋养生矿泉”特色产业发展新模式

地域功能识别说是我国在区域发展实践中的理论创新。以地域功能识别为地理指导，以小米、黄芪、养生矿泉为三大发展支柱，进而带动峪口小米的多样化发展是创新的、高质量的、高水平的。充分发挥区域特色及功能农业的示范引领作用，黄芪与黄花、黄小米是大同市重点发展的“三黄”产业，大同市通过固守传统、扩大种植、强化品质、科学管理，使得黄芪产业有了较快发展，全市黄芪种植面积达到50万亩。

将“三黄”产业中的“两黄”，即黄小米、黄芪相融合，有滋补、养颜的食疗功效，配之以广灵县得天独厚的自然环境所蕴含的养生泉水，三者相得益彰，小米黄芪养生粥焕然新生。广灵县应加大构建“地域功能识别＋小米＋黄芪＋养生矿泉”特色产业发展新模式，上下扎实推进经济发展方式转变，将乡村振兴和脱贫攻坚进行有机衔接，将“两黄一水”（黄芪、黄小米、汤泉）发展为“一乡一镇”“一村一业”的主导产业和脱贫攻坚的支柱产业，有效引领全县农村一、二、三产业融合发展。

43.2.2 构建“生态文明＋沟域经济＋小米产业＋全域旅游”第六产业新模式

第六产业是一种多元化、多层次的新兴产业体系。广灵县开启“生态文明＋沟域经济＋小米产业＋全域旅游”的第六产业的实质就是通过鼓励本地农户搞多种经营，即不仅种植农作物（第一产业），而且从事农产品加工（第二产业）与销售农产品及其加工产品（第三产业），以获得更多的增值价值，为广灵县农业和农村的可持续发展开辟光明前景，进而提升峪口小米的多样化发展模式。推动“新六产”的新型高效产业，成为促进农民增收和满足居民休闲的民生产业，成为缓解资源约束和保护生态环境的绿色产业，成为深入践行“绿水青山就是金山银山”理念的新样板。

广灵县近年来依托山区优美的自然生态环境、丰富的人文历史遗迹、以悠历史久的峪口小米为代表的民俗文化，大力发展“沟域经济”。通过科学规划，对山区丰富的旅游资源进行整合，对生态绿色产业进行合理布局，对民俗文化进行挖掘保护，并加大招商力度，吸引外来资金与社会力量参与山区建设，探索出一种以生态建设和休闲旅游产业为龙头，集绿色循环产业发展、旅游休闲观光、民俗欣赏、文化创意等为一体的广灵县经济发展新模式，促进了生态文明、沟域经济及全域旅游的有机结合，使“第六产业”以多维度的抓手带动广灵县全县生态经济与农业经济、旅游经济协调发展。

43.2.3 构建“地域识别＋健康养生＋峪口小米＋乡村振兴”发展新模式

继续深化地域识别对广灵县全局发展的视野导向作用与科学性指引作用。以健康养生与乡村振兴为两大向心力，带动峪口小米的高质量、全层次发展。大力发展全域乡村康养项目，广灵县风景旖旎、人杰地灵，自然生态景观优异，具有得天独厚的乡村康养地理条件。发展广灵县全域的乡村康养工程是一个以健康产业为核心，集健康、旅游、养老养生等多种功能于一体，结合健康疗养、医疗美容、生态旅游、文化休闲、体育运动等多种业态于一体的康养产业模式。

以峪口小米为发展契机，以农作、农事、农活为生活内容，以全县农业生产和农村经济发展为生活目标，广灵县进而以回归自然、享受生命、修身养性、度假休闲、健康身体、颐养天年为康养方式，以乡村振兴、乡村优先发展、乡村全方位高质量产业革新为依托，深层次地构建“地域识别＋健康养生＋峪口小米＋乡村振兴”发展新模式。

第 44 章 “峪口小米”产业发展保障措施

44.1 管理体制改革

44.1.1 推进示范区建设的管理体制改革

加强广灵县峪口小米产业发展统筹协调和部门联动，各级农业部门要切实承担起峪口小米资源整合与开发、产业发展规划与产业促进、示范区监督管理与综合执法、峪口小米营销推广与形象提升、农旅公共服务与资金管理、产业数据统计与综合考核等职责(张伟 等，2014)。发挥峪口小米行业协会自律作用，完善产业监管服务平台，健全峪口小米诚信体系。

推进峪口小米产业综合协调与管理体制改革创新(杨建利 等，2016)：在小米产业开发用地、考核、标准化建设等方面，进行体制机制创新，促进峪口小米产业与农旅一体化大发展，促进全域产业化体系构建。

建立示范区建设的综合协调和综合管理机制，全面构建“1＋3”(农业发展委员会＋农业督察、旅游巡回法庭、旅游工商分局)示范区综合管理体制。

44.1.2 建立示范区建设的组织领导机制

构建以广灵县政府为责任主体的峪口小米先行示范区领导推进机制，成立广灵县峪口小米先行示范区工作领导小组。

加强示范区创建工作的组织领导和顶层设计：编制广灵县峪口小米先行示范区规划、实施方案、行动计划等支持广灵县峪口小米先行示范区创建的文件，明确责任分工。建立广灵县峪口小米示范区工作联席会议制度，并出台促进峪口小米改革与发展的意见。

44.1.3 创新协调参与机制

强化峪口小米先行示范区组织领导，加强全部门联动，建立健全峪口小米联席会议、农旅产业投融资、示范区标准化建设和考核激励等工作机制。

44.2 财政金融支持

通过现有资金渠道，加大示范区基础设施和公共服务设施建设投入力度，鼓励地方统筹相关资金支持峪口小米先行示范区发展(刘婷婷，2016)。创新产业投融资机制，鼓励设立产业促进基金并实行市场化运作，充分依托已有平台促进资源资产交易，促进资源市场化配置，加强监管、防范风险，积极引导私募股权、创业投资基金等投资各类农业和旅游项目。

44.2.1 加大政府财政支持，协调利用多方资金

抢抓旅游发展契机，加大财政支持带动旅游业发展，设立旅游发展专项资金；加强与国家、市有关部门的沟通协调。

44.2.2 成立专门招商部门，加大招商引资力度

做好政府引导性投入，增加基础设施的建设；建立项目投资机制，改善投资环境，树立亲商、富商的理念。

44.2.3 培育多元投资主体，构建全面化融筹资渠道

贯彻国家、地方、部门、集体和个人多元投资方针，培育多元投资主体，减少政府单独投资的风险；鼓励潜力民营主体参与峪口小米示范区开发建设。

44.2.4 设立广灵县峪口小米示范区发展年度资金

设立峪口小米示范区发展年度资金，专项用于扶持峪口小米各项事业发展，主要用于峪口小米龙头项目招商引资、公共服务设施建设等，探索 PPP、众筹等模式：支持企业通过政府和社会资本合作（PPP）模式投资、建设、运营峪口小米项目。

44.2.5 制定广灵县峪口小米示范区政策扶持和资金支持

在财税、优惠政策、土地等方面给予峪口小米产业以全面支持；设立专项经费支持广灵县峪口小米示范区创建；创新金融合作，搭建广灵县峪口小米示范区发展的投资平台；加大招商引资力度，包装大项目，实施龙头引领策略。

44.3 用地保障

44.3.1 做好项目用地保障

（1）加强峪口小米示范区项目用地规划保障。各地在土地和矿产资源利用总体规划编制和调整中，要充分考虑峪口小米示范区发展用地需要，优先将峪口小米示范区基础设施和重点项目建设用地纳入规划保障。对符合相关规划的峪口小米示范区建设项目，特别是投资大、发展前景好的重点项目，优先纳入年度用地计划，优先安排用地指标。在符合法律规定、不占用基本农田的前提下，可按规定对土地利用总体规划予以调整。

（2）加强峪口小米示范区项目用地报批供应。对符合规划、需要使用新增建设用地的项目，优先纳入年度用地报征计划，并及时组卷报批。加大对已报批项目的用地征收储备力度，做好与规划等相关部门衔接配合，按照项目建设时序和“净地”供应等有关要求，及时组织旅游项目用地供应，全力保障峪口小米示范区建设项目顺利落地。

（3）积极支持峪口小米示范区项目使用未利用地、废弃地等土地开发建设。在符合生态环境保护要求和相关规划的前提下，对使用荒山、荒地、荒滩等土地建设的项目，优先安排新增建设用地计划指标；采取出让方式供地的，出让底价可按不低于土地取得成本、土地前期开发成

本和按规定应收取相关费用之和的原则确定。对复垦利用垃圾场、废弃矿山等历史遗留损毁土地建设的示范区建设配套项目,可按照“谁投资、谁受益”的原则,吸引社会投资,鼓励土地权利人自行复垦。对政府收回和征收的历史遗留损毁土地用于峪口小米示范区项目建设的,在国土资源部门独立编制供地方案、签订土地出让合同、开展用地供后监管的前提下,可将通过竞争方式确定的复垦投资主体和项目用地者的环节合并实施,但应通过招标拍卖挂牌方式进行。

(4)实行峪口小米示范区项目用地分类管理制度。属于永久性设施建设用地的,依法按建设用地管理。属于自然景观用地及农牧渔业种植、养殖用地的,不征收(收回)、不转用,按现用途管理,由景区管理机构和经营主体与土地权利人依法协调种植、养殖、管护与旅游经营关系。

(5)多方式供应峪口小米示范区项目建设用地。用途单一且符合法定划拨范围的项目用地,可以划拨方式供应。用途混合且包括经营性用途的,应当采取招标拍卖挂牌方式供应;景区内建设亭、台、栈道、厕所、步道、索道缆车等设施用地,参照公园用途办理土地供应手续。鼓励以长期租赁、先租后让、租让结合等方式供应项目建设用地。

44.3.2 推进峪口小米新业态发展

(1)推进地质、地貌等涉矿农旅一体化发展。加快推进地热矿业权出让工作,科学编制嶂石岩等地貌资源开发规划方案,着力发展特色地质旅游,打造集休闲、观光、养生、乡村旅游为一体的旅游综合体,为资源优势转化为农旅产业优势提供有力支撑。加大山水林田湖生态修复等项目争取,进一步加大矿山环境恢复治理监管,促进生态效益好转,促进生态旅游发展。

(2)助推乡村旅游发展。在符合相关规划的前提下,农村集体经济组织可以依法使用集体经营性建设用地自办或以土地使用权入股、联营等方式与其他单位或个人共同举办住宿、餐饮、停车场等旅游接待服务企业。城镇和乡村居民可以利用自有住宅或者其他条件依法从事民宿等旅游项目经营。农村集体经济组织以外的单位或个人,可依法通过承包经营流转的方式,使用农民集体所有的农用地、未利用地,从事与旅游相关的种植业、林业、畜牧业生产。支持通过实施土地综合整治、城乡建设用地增减挂钩,优化农村建设用地布局,建设旅游设施,推动乡村产业振兴和幸福美丽新村建设。涉及改变土地用途的,应依法办理审批手续。

(3)助推自驾车、房车营地旅游优化发展。自驾车、房车营地项目土地用途按旅馆用地管理,按旅游用地确定供应底价、供应方式和使用年限。利用现有设施用地、房产增设住宿、餐饮、娱乐等商业服务设施的,经批准可以协议方式办理用地手续。

44.3.3 严格监管和服务

(1)严格土地用途管制。严格旅游相关农用地、未利用地用途管制,未经批准,擅自改为建设用地的,依法追究责任。严禁以任何名义和方式出让或变相出让风景名胜区资源及其景区土地。严格旅游项目配套商品住宅管理,因旅游项目配套安排商品住宅要求修改土地利用总体规划、城乡规划的,不得批准。严格相关旅游设施用地改变用途管理,土地出让合同中应明确约定,整宗或部分改变用途,用于商品住宅等其他经营项目的,应由政府收回,重新依法供应。规范土地供应行为,以协议方式供应土地的,出让金不得低于按国家规定所确定的最低价。

(2)严格矿权审批监管。严格按照相关规定禁止、限制旅游景区的矿产资源勘查、开采活动。旅游景区内一律不得新设矿权;已设矿权的不得延续扩界,到期后依法退出。将矿山地质环境治理恢复保证金的缴纳与采矿权年检、延续、变更相结合,对未足额缴纳保证金的、已建矿山未按规定修编矿山地质环境治理方案的，一律不予通过年检，不予办理延续、变更、转让手续，对矿山地质环境治理恢复方案不予评审。对未认真执行地质环境治理恢复方案的，其采矿许可证不予通过年检，不予办理延续、变更登记；对不按开发利用方案开采的，及时督促矿山企业修编、调整矿产资源开发利用方案和地质环境治理恢复方案，并责令停产整顿。

(3)强化用地保障服务。建立旅游项目用地服务绿色通道，不断增强服务意识、改进服务质量、提高办事效率。按照不动产统一登记有关规定，积极做好旅游项目不动产登记发证工作，为旅游产业发展提供必要的产权保障和融资条件。加大对旅游项目及旅游景区地质灾害隐患排查和评估工作，通过采取工程治理等方式，及时消除地质灾害隐患，保障旅游安全。

44.4 加强人才建设

44.4.1 加强农业、旅游人才保障

实施“人才强农、科教兴农”战略，将农业人才队伍建设纳入重点人才支持计划。大力发展农业职业教育，深化校企合作，加快培养适应峪口小米示范区发展要求的技术技能人才，积极推进涉农行业全员培训。鼓励规划、建筑、设计、艺术等各类专业人才通过到基层挂职等方式帮扶指导示范区发展。

44.4.2 加强人才资源引进

制定长中期的峪口小米示范区建设人力资源规划和外来人才引进优惠政策，创造良好的就业和创业发展环境，建立人才资源信息库，形成良好的人才流动机制；建立广灵县峪口小米和休闲旅游专家智库，引进各个领域的专家定期指导，确保发展得健康、有序。

44.4.3 加强农旅教育和专业培训

构建农旅教育和培训资源共享、有事互补的战略布局；改进农旅教育培训形式和方法，走出去、引进来，学习他人成功经验；注重对农业技术人员、农旅服务人员的道德素质、专业技能等多方面培训；依托广灵县农旅发展层面，各旅游景区之间形成“联盟”景区，选派重点培养对象定期进行学习考察。

44.4.4 优先培养当地农民人才队伍

当地农牧民是休闲农牧业发展的重要主体，优先培养当地农民人才队伍，不仅可以就地解决农民就业问题，还可以提高其生活技能水平，增加经济收入，实现居民安居乐业的社会目标。通过定期办班的模式，采用当地农民易于理解、学习的直观培训方法，大力培训当地居民的农业新技术、休闲农业管理理念和方法等，使当地农民更快、更好地融入广灵县峪口小米示范区建设和农旅发展事业。

44.5 提升发展质量

44.5.1 以标准化提升服务品质

完善服务标准，加强涉旅行业从业人员培训，规范服务礼仪与服务流程，增强服务意识与

服务能力，塑造规范专业、热情主动的农旅服务形象。

44.5.2 以品牌化提高满意度

按照个性化需求，实施峪口小米服务质量标杆引领计划和服务承诺制度，建立优质峪口小米服务商名录，推出优质农旅服务品牌，开展以游客评价为主的旅游目的地评价，不断提高游客满意度。

44.5.3 推进服务智能化

涉旅场所实现免费 Wi-Fi、通信信号、视频监控全覆盖，主要旅游消费场所实现在线预订、网上支付，主要旅游区实现智能导游、电子讲解、实时信息推送，开发建设咨询、导览、导游、导购、导航和分享评价等智能化旅游服务系统。

44.5.4 推行旅游志愿服务

建立旅游志愿服务工作站，制定管理激励制度，开展志愿服务公益行动，提供文明引导、游览讲解、信息咨询和应急救援等服务，打造旅游志愿服务品牌。

44.5.5 提升导游服务质量

加强导游队伍建设和权益保护，指导督促用人单位依法与导游签订劳动合同，落实导游薪酬和社会保险制度，明确用人单位与导游的权利义务，构建和谐稳定的劳动关系，为持续提升导游服务质量奠定坚实基础。全面开展导游培训，组织导游服务技能竞赛，建设导游服务网络平台，切实提高导游服务水平。

44.6 强化监督考核

44.6.1 加强规划统筹协调

将峪口小米示范区发展作为重要内容纳入广灵县经济社会发展规划和城乡建设、土地利用、基础设施建设、生态环境保护等相关规划中，由广灵县人民政府委托编制峪口小米示范区发展规划和专项规划，并依法开展环境影响评价。

44.6.2 做好规划实施监督工作

广灵县峪口小米示范区发展规划、重要专项规划及重点项目规划应制定实施分工方案与细则，建立规划评估与实施督导机制，提升规划实施效果。

参考文献

蔡进，禹洋春，邱继勤，2019. 国家精准扶贫政策对贫困农户脱贫增收的效果评价——基于双重差分模型的检验[J]. 人文地理，34(2)：90-96.

柴岩，冯佰利，2003. 中国小杂粮产业发展现状及对策[J]. 干旱地区农业研究：145-151.

陈文胜，2016. 论中国农业供给侧结构性改革的着力点——以区域地标品牌为战略调整农业结构[J]. 农村经济(11)：3-7.

陈锡文，2013. 构建新型农业经营体系刻不容缓[J]. 求是(1)：38-41.

冯佰利，代惠萍，柴岩，等，2007. 小杂粮保护性耕作技术探讨[J]. 干旱地区农业研究(1)：206-211.

郭远智，刘彦随，2021. 中国乡村发展进程与乡村振兴路径[J]. 地理学报，76(6)：1408-1421.

贺峰，雷海章，2005. 论生态农业与中国农业现代化[J]. 中国人口·资源与环境(2)：23-26.

黄国勤，赵其国，2017. 轮作休耕问题探讨[J]. 生态环境学报，26(2)：357-362.

黄季焜，2013. 新时期的中国农业发展：机遇、挑战和战略选择[J]. 中国科学院院刊，28(3)：295-300.

李克强，2015. 以改革创新为动力加快推进农业现代化[J]. 求是(4)：3-10.

李顺国，刘斐，刘猛，等，2014. 我国谷子产业现状、发展趋势及对策建议[J]. 农业现代化研究，35(5)：531-535.

李裕瑞，王婧，刘彦随，等，2014. 中国“四化”协调发展的区域格局及其影响因素[J]. 地理学报，69(2)：199-212.

刘凤兰，贾蕊，2006. 山西小杂粮产业发展现状及对策研究[J]. 食品科学(10)：620-622.

刘海启，2019. 以精准农业驱动农业现代化加速现代农业数字化转型[J]. 中国农业资源与区划，40(1)：1-6，73.

刘婷婷，2016. 新型农业经营主体的融资困境与金融支农改革路径[J]. 农村经济(3)：73-77.

刘彦随，2018. 中国新时代城乡融合与乡村振兴[J]. 地理学报，73(4)：637-650.

刘彦随，张紫雯，王介勇，2018. 中国农业地域分异与现代农业区划方案[J]. 地理学报，73(2)：203-218.

刘战伟，2018. 中国农业全要素生产率的动态演进及其影响因素分析[J]. 中国农业资源与区划，39(12)：104-111.

龙冬平，李同昇，苗园园，等，2014. 中国农业现代化发展水平空间分异及类型[J]. 地理学报，69(2)：213-226.

王敏，马纯莉，朱竑，2017.“互联网＋”时代下的乡村地方品牌建构——以从化市良口镇三村为例[J]. 经济地理，37(1)：115-122.

魏后凯，崔凯，2022. 建设农业强国的中国道路：基本逻辑、进程研判与战略支撑[J]. 中国农村经济(1)：2-23.

杨春，田志芳，李秀莲，2004. 山西优质小杂粮产业化条件比较分析[J]. 中国农业资源与区划(2)：57-60.

杨建利，邢娇阳，2016. 我国农业供给侧结构性改革研究[J]. 农业现代化研究，37(4)：613-620.

姚成胜，杨一单，殷伟，2020. 中国非主粮生产的地理集聚特征及其空间演化机制[J]. 经济地理，40(12)：155-165.

张超，张晖，李冀新，2007. 小米的营养以及应用研究进展[J]. 中国粮油学报(1)：51-55，78.

张伟，岑敏华，罗向明，2014. 中国农业风险的多维保障机制研究[J]. 农村经济(2)：61-65.

张雄，李增嘉，山颖，等，2005. 小杂粮市场竞争力分析及产业开发研究[J]. 中国粮油学报(6)：44-48，54.

张雄，王立祥，柴岩，等，2003. 小杂粮生产可持续发展探讨[J]. 中国农业科学(12)：1595-1598.

参考文献